DICTIONNAIRE BILINGUE DE L'ARGOT D'AUJOURD'HUI

BILINGUAL DICTIONARY OF TODAY'S SLANG

DICTIONNAIRE BILINGUE DE L'ARGOT D'AUJOURD'HUI

BILINGUAL DICTIONARY OF TODAY'S SLANG

par / by

François Brunet

Agrégé de grammaire, maître de conférences en littérature américaine à l'Université Paris 7

et / and

Declan Mc Cavana M.A.

Diplômé (B.A., M.A.) de Trinity College Dublin, chef de travaux pratiques à l'Ecole Polytechnique

2ème édition

François Brunet

François Brunet est agrégé de grammaire et docteur de l'Ecole des Hautes Etudes en Sciences Sociales. Il est actuellement maître de conférences en littérature américaine à l'Université Paris 7-Denis Diderot.

François Brunet holds the " Agregation " in grammar and a doctorate from the " Ecole des Hautes Etudes en Sciences Sociales ". He is Associate Professor of American Literature at the University of Paris 7-Denis Diderot.

Declan Mc Cavana M.A.

Declan Mc Cavana est diplômé (B.A., M.A.) de Trinity College Dublin. Il est actuellement chef de travaux pratiques en anglais à l'Ecole Polytechnique. Il enseigne également à l'E.N.A. et à l'Assemblée Nationale.

Declan Mc Cavana is a graduate (B.A., M.A.) of Trinity College Dublin. He is a lecturer in English at the Ecole Polytechnique. He also lectures at the Ecole Nationale d'Administration and the French National Assembly.

© Pocket - Langues pour tous, 1996
ISBN 2-266-10711-9

Sommaire

Introduction

■ Ce *Dictionnaire bilingue de l'argot d'aujourd'hui* marque bien par son titre ce qui fait son originalité. Deux préoccupations principales ont en effet guidé les auteurs. D'une part, il s'adresse aussi bien au lecteur anglophone qu'au lecteur francophone ; à l'un comme à l'autre, nous avons voulu permettre de découvrir, de traduire, voire de pratiquer dans leurs nuances les formes les plus parlées (et parfois les plus tabous) de l'anglais et du français. D'autre part, il s'agit bien de l'argot d'aujourd'hui : ce qui signifie que, laissant délibérément de côté les " antiquités " linguistiques, nous avons voulu nous en tenir aussi strictement que possible aux argots qui ont cours aujourd'hui dans chacune des deux langues.

■ Quelques mots nous permettront de définir ce que nous entendons par argot. Dans son sens étroit – langue de la pègre ou de milieux souterrains – il apparaît comme un domaine relativement restreint, et reste par définition méconnu longtemps avant de pénétrer les franges de la langue commune. C'est donc plutôt à l'*argot* au sens courant – plus proche de l'anglais *slang* – que nous nous sommes attachés : vaste continent aux contours imprécis, qui recouvre en partie l'ensemble des catégories " familier", " populaire " et " vulgaire " des dictionnaires classiques.

■ Notre dictionnaire ne prétend évidemment pas à l'exhaustivité. S'agissant de deux langues aussi riches en argot que le français et l'anglais, nous avouons volontiers que des limites de temps et d'espace, correspondant au souci de produire un ouvrage clair et maniable, nous ont contraints à faire des choix.

● En premier lieu, concernant l'anglais, dans la mesure où notre public anglophone est *a priori* plutôt britannique ou britanniste, nous avons privilégié le *British slang*, en faisant par exemple largement part au *rhyming slang* (par ex. *plates of meat* = feet, *apples and pears* = stairs), à peu près inconnu aux Etats-Unis ; cependant, nous avons systématiquement inclus ce que l'on pourrait appeler l'*international slang*, c'est-à-dire un argot – d'ailleurs souvent d'origine américaine – qui se parle ou du moins se comprend aujourd'hui dans toutes les parties du monde anglophone ; sans oublier un certain nombre d'américanismes plus ou moins marquants. Ces spécialisations régionales, on le verra, sont explicitement marquées comme telles dans les entrées.

Introduction

■ By its very title, this *Bilingual Dictionary of Today's Slang* proves its originality. In fact the authors had two main concerns in mind whilst writing it. Firstly, it is aimed at the anglophone as well as the francophone reader. We have attempted to enable both types of reader to discover, to translate and ultimately to use the most everyday (and at times the most taboo) forms of English and French. Secondly, it does indeed deal with the slang of *today* and thus has deliberately left aside linguistic " dinosaurs ", concentrating as much as possible on contemporary slang usage in the two languages.

■ A few words of definition may be required at this point. In its most narrow sense, the French word *argot* refers to the language of the criminal underworld and that of alternative society. This language, by definition, is used in a relatively limited area and thus remains largely unknown before, if ever, it reaches a wider audience. Rather than this limited definition of *argot*, we have chosen a wider one which roughly corresponds to the English notion of " slang ". The area covered by this term is indeed vast and often uncharted but could be said to include the categories frequently referred to as " informal ", " colloquial " and " vulgar ".

■ This dictionary clearly does not claim to be exhaustive. We freely admit that since it deals with two languages so rich in slang as French and English, constraints of time and space and the desire to produce a clear and readable work, led us to make choices.

● First of all, as regards English, given that our anglophone audience tends to be of the British English variety, we have favoured British slang, making, for example, ample room for " rhyming slang " (e.g. *plates of meat* = feet, *apples and pears* = stairs), a phenomenon virtually unknown in the United States. However, we have systematically included what could be labelled " international slang ", i.e. a form of slang, often of American origin, which is spoken or at least understood in all parts of the anglophone world. In addition to this, we have taken into account a certain number of the more frequent Americanisms. These regional variations are explicitly indicated as such in the entries.

● En second lieu, concernant le français, nous étions confrontés à une question difficile avec l'extraordinaire prolifération, dans ce qu'on est convenu d'appeler la langue " des banlieues ", du verlan (par ex. *charclo* = clochard, *chetron* = tronche, *garettesi* = cigarette, *malva* = (ça) va mal, *teuf* = fête, etc.). Considérant que cette langue si vivante, et parfois si opaque pour les francophones eux-mêmes, était du domaine quasi exclusif de l'*oral*, et qu'elle évoluait à très grande vitesse, nous avons renoncé à en proposer un recensement exhaustif, qui à nos yeux n'aurait guère de sens ; aussi ne trouvera-t-on dans notre dictionnaire que des termes empruntés au verlan par la langue courante (par ex. *keuf* = flic, *meuf* = femme, etc.). Cette décision se trouvait en outre confortée par la quasi-impossibilité de traduire ces formations inversées de façon satisfaisante en anglais, compte tenu de la faible productivité du *backslang*, équivalent anglais le plus proche du verlan.

■ La langue populaire, on le sait, est " verte " en plus d'un sens : notamment au sens où elle n'hésite pas à nommer, et souvent à mettre en relief, les réalités les plus crues : le corps, le sexe, le crime, l'illégalité, le racisme. Un dictionnaire d'argot est donc inévitablement confronté à la question délicate des convenances, *a fortiori* dans le cas d'un dictionnaire bilingue, où l'on ne saurait masquer cet aspect, tout en ayant pour devoir de ne pas trahir l'innocence du lecteur non averti.

● Ainsi, nous avons eu à cœur, sans reproduire la vieille tripartition " familier " / "populaire " / " vulgaire", laquelle nous a paru à bien des égards critiquable, de marquer de la façon la plus explicite possible – par un symbole bien visible – les termes susceptibles de choquer – soit en raison de leur contenu ordurier, soit aussi en raison de leur coloration raciste.

● Dans le même esprit, et par fidélité à une évolution chaque jour plus sensible dans les deux langues, nous avons évité les interprétations trop étroitement sexistes, notamment dans le vocabulaire sexuel, où la plupart des dictionnaires d'argot ont tendance à privilégier de façon artificielle le point de vue masculin.

■ D'un point de vue pratique, nous avons voulu faire de ce *Dictionnaire bilingue de l'argot d'aujourd'hui* un instrument de consultation et d'apprentissage simple, clair et commode.

• Secondly, as regards French, we were faced with the difficult question of the extraordinary growth, in the so-called *banlieue* dialect, of *verlan* (literally " backslang ") ; e.g. *charclo = clochard, chetron = tronche, garettesi = cigarette, malva = (ça) va mal* and *teuf = fête*). Considering that this colourful and, even for native French speakers, often cryptic language belongs almost exclusively to the unwritten realm and that it is constantly and rapidly evolving, we have decided not to provide an exhaustive list of its features. Thus the dictionary only includes those *verlan* terms which have entered current slang usage (e.g. *keuf = flic, meuf = femme,* etc.). A secondary reason for this policy was the near-impossibility of translating these inverted forms into satisfactory English versions, given the limited scope of the closest English equivalent form, i.e. " backslang ".

■ Slang is notoriously " bad ", in more ways than one. This is chiefly due to the fact that it does not hesitate to name and often to highlight the crudest of realities : bodily functions, crime, racism... sex and drugs and rock and roll ! A slang dictionary therefore has to address the delicate issue of propriety. This is particularly true in the case of a bilingual slang dictionary, where one has to render as true a translation as possible without leading the uninformed reader astray.

• Thus we have taken pains to indicate in the most explicit way possible, i.e. with a clear symbol, terms liable to shock either by their vulgarity or their racist content.

• In the same way and bearing in mind recent developments in the two languages, we have tended to avoid narrowly sexist interpretations, notably in sexual vocabulary, where most slang dictionaries tend to artificially over-emphasize the male point of view.

■ From a practical point of view, we have aimed at making this dictionary a simple, clear and user-friendly tool for consultation and learning.

● Ainsi, pour ne pas surcharger les entrées dans le cas où elles se subdivisent en plusieurs catégories grammaticales, nous avons préféré répartir celles-ci en plusieurs entrées distinctes, selon l'ordre alphabétique des catégories.

● Dans le même esprit de concision, dans la partie anglais-français, nous avons choisi – par convention – de ne marquer que le genre féminin des noms.

● Dans un souci de clarté, nous avons donné, pour la plupart des entrées, une traduction standard nettement distinguée – par un symbole *ad hoc* – de la ou des traduction(s) argotique(s) ; celles-ci visant à rendre aussi fidèlement que possible non seulement le sens, mais le registre et l'ancienneté relative du terme considéré.

● Pour faciliter l'usage actif de l'ouvrage, nous avons donné autant que possible des exemples d'usage des termes considérés dans leur contexte. Enfin, nous avons limité au maximum les renvois internes, afin de ne pas alourdir la lecture.

■ On n'oubliera pas, avant d'entamer la lecture, de se reporter à la liste des abréviations et symboles pages 12 et 13.

■ Notre expérience nous amène à suggérer un dernier conseil au lecteur qui s'apprête à explorer un monde linguistique qui s'apparente à une jungle : qu'il sache en apprécier la couleur et la vitalité, sans oublier qu'il s'engage sur un terrain glissant. Bonne lecture mais... *gaffe !*

Les auteurs

• Thus, in order not to overload entries encompassing several different grammatical categories, we have divided them into separate entries, following the alphabetical order of the categories.

• Similarly with a view to concision, in the English-French section, we have chosen, by convention, to indicate only the feminine gender of nouns.

• Out of a concern for clarity, we have given for most entries, a standard translation, clearly indicated by a specific symbol, which distinguishes it from the slang translation(s). The latter aim at rendering as faithfully as possible, not only the meaning , but also the register and the relative age of the slang term.

• To facilitate an active reading of the dictionary, we have given, as often as possible, examples of the slang terms used in context. Finally, we have reduced to a minimum internal cross-referencing in order to make the reader's task easier.

■ The reader is advised before starting to refer to the list of abbreviations and symbols on pages 12 and 13.

■ Our experience in the preparation of this work leads us to suggest one last piece of advice to the reader about to embark on his / her voyage of discovery in the land of slang : let him / her appreciate its pleasures and its vitality without forgetting the fact that he / she is walking through a minefield. Enjoy your reading but...*watch out !*

The authors

Abréviations

abr.	abréviation	abbreviation
adj.	adjectif	adjective
adv.	adverbe	adverb
conj.	conjonction	conjunction
euph.	euphémisme	euphemism
excl.	exclamation, interjection	exclamation, interjection
(GB)	britannique	British
iron.	ironique	ironic
jav.	javanais	javanais
larg.	largonji	largonji
loc.	locution	expression
n.	nom	noun
n.f.	nom féminin	feminine noun
n.m.	nom masculin	masculine noun
n.pr.	nom propre	proper name
onom.	onomatopée	onomatopeia
pl.	pluriel	plural
pref.	préfixe	prefix
prep.	préposition	preposition
pron.	pronom	pronoun
qqch.	quelque chose	*s.t.* / something
qqun	quelqu'un	*s.o.* / someone
RS	rhyming slang	rhyming slang
sp.	spécialement (indique une spécialisation sémantique)	especially (refers to a semantic specialization)
suff.	suffixe	suffix
(US)	américain	American
v.	verbe	verb
v.i.	verbe intransitif	intransitive verb
v.pr.	verbe pronominal	reflexive verb
v.t.	verbe transitif	transitive verb
verl.	verlan	verlan

Symboles

° (en exposant après un terme) signale le terme standard, non-argotique.

• (après un terme ou une expression) signale un terme, une signification ou une expression susceptibles de choquer, soit en raison de sa grossièreté, soit en raison de son caractère fortement péjoratif ou explicitement raciste.

■ Les entrées sont rangées selon l'ordre alphabétique des catégories grammaticales. Ainsi, lorsqu'un terme peut être alternativement adjectif et substantif, on trouvera une première entrée suivie de *adj.*, et une seconde suivie de *n.* Toutefois, dans le cas des verbes, on a fait figurer la forme *pronominale* après les emplois *transitifs* ou *intransitifs*.

■ Dans la partie français-anglais, le genre des noms est indiqué explicitement (*n.f.* ou *n.m.*), sauf lorsque les deux genres coexistent pour le même terme avec la même signification, auquel cas on a fait figurer la terminaison du féminin après le masculin en tête d'entrée (par ex. **raseur,-euse**).

■ Dans la partie anglais-français, seul le genre féminin est indiqué pour les noms (par un *f* suivant le terme concerné). Il s'ensuit que les noms non marqués sont masculins.

Symbols

° (in superscript after a term) designates the standard non-slang term.

• (after a term or an expression) designates a term, meaning or expression liable to shock either on account of its crudeness or of its strongly pejorative or explicitly racist connotation.

■ The entries are arranged according to the alphabetical order of grammatical categories. Thus, when a term may be both adjective and noun, the reader will find a first entry followed by *adj.* and a second followed by *n.* In the case of verbs however the *reflexive* form follows the *intransitive* and *transitive* form.

■ In the French-English section, the gender of nouns is explicitly marked (*n.f.* or *n.m.*) unless both genders exist for the same term with the same meaning, in which case the entry heading features the feminine ending after the masculine (e.g. **raseur,-euse**).

■ In the English-French section, only the feminine gender is indicated for nouns (by a *f* following the term in question). All nouns without such an indication are therefore masculine.

ANGLAIS – FRANÇAIS
ENGLISH – FRENCH

A

A *n.* 1. LSD°, acide. 2. amphétamines° *f*, amphés *f*, amphets *f*, speed.

A-1 *adj.* formidable°, extra, surchoix, de première (bourre).

Abdul• *n.* Arabe°, bougnoule, bicot, arbi, melon, crouille.

able to cut it (to be) *loc.* être compétent° / capable / à la hauteur; **he's not able to cut it,** il ne fait pas le poids.

abortion *n.* chose laide°, mocheté *f*, catastrophe *f*, désastre ; **that dress is really an abortion,** cette robe est vraiment à chier.

absobloodylutely ! *excl.* absolument°, tout juste Auguste !, un peu !, banco !

absofuckinglutely !• *excl.* absolument°, tu l'as dit bouffi !, je veux !, putain, c'est sûr !

Abyssinia ! *(abr. = I'll be seeing you) loc.* à la revoyure !, à la prochaine !, à plusse !

accidentally on purpose *loc.* exprès°, pas tout à fait par hasard, pas par l'opération du Saint-Esprit ; **you might say that he did it accidentally on purpose,** on peut dire sans exagérer qu'il y était pas pour rien.

AC / DC *adj.* bisexuel°, bi, à voile et à vapeur, jazz-tango.

ace *adj.* remarquable°, de première, super, géant ; **he's a really ace driver,** c'est un as du volant ; **she's an ace chick,** c'est une nana canon.

ace, ace out 1. *v.i.* réussir°, cartonner, faire un malheur, faire

sauter la baraque ; **I aced out,** j'ai fait un carton. 2. *v.t.* a) réussir (qqch.)°, faire un malheur / un carton (à qqch.), assurer (à qqch.) ; **I aced the exam,** j'ai cartonné à l'exam ; b) **to ace s.o. out,** dominer° / écraser / ratatiner qqun, filer la pâtée à qqun.

acid *n.* LSD°, acide.

acid freak, acid head *n.* drogué° à / accro de l'acide.

acid test *n.* épreuve de vérité° *f*, épreuve du feu *f*, test suprême ; **he passed the acid test, so he's now a member of the gang,** il a réussi le baptême du feu, ce qui en fait un membre de la bande.

acid trip *n.* trip / planage / défonce *f* à l'acide.

act *n.* 1. **to be in on the act,** a) être au courant° / au parfum / affranchi ; b) participer à l'affaire°, être dans le coup / la combine / la magouille ; **the whole gang was in on the act,** toute la bande a marché dans le coup. 2. **to get one's act together,** se reprendre en main°, se réveiller, se secouer, se remuer; **come on, get your act together,** allez, bouge-toi un peu !

act *v. t.* agir en°, jouer ; **don't act the idiot !** fais pas le con ! ; **act your age, not your shoe-size !** arrête de jouer aux billes !

act up *v.i.* faire des siennes°, faire le clown / le guignol / le mariole ; **the kids are acting**

up again, les gosses recommencent leur cirque.

action *n.* mouvement°, action *f* ; **where is the action around here ?** où est-ce que ça bouge dans le coin ? ; **he was looking for some action with her and he got it**, il cherchait à arriver au fait avec elle et il a réussi son coup.

adam and eve *(RS* = believe) *v.t.* *(G.B.)* croire°, mordre ; **you'll never adam and eve me**, tu vas pas me croire.

addict *n.* passionné°, fana, mordu, accro ; **she's a real jazz addict**, elle est vraiment branchée jazz.

afro (cut) *n.* coupe afro *f*.

afters *n.* dessert° ; **what's for afters ?** qu'est-ce qu'il y a après ?

aggro *n.* violence° *f*, grabuge, bagarre *f*, baston *f* ; **there's aggro in the air**, ça va chauffer.

agonies *n. pl.* souffrances dues à la privation de drogue° *f*, manque.

agony aunt *n.* responsable du courrier du cœur°, Madame Souffre-douleur.

agony column *n.* courrier du cœur°, rubrique sentimentale *f*, déversoir des peines de cœur.

a-hole• *(abr.* = **asshole**) *n.* individu méprisable°, enculé, salaud, enfoiré.

airball, airbrain, airhead *n.* individu stupide°, cloche *f*, nouille *f*, tête de nœud *f*.

airy-fairy *adj.* excentrique°, farfelu, zarbi, à côté de la plaque; **don't be so airy-fairy, come back to reality**, arrête de mar-

cher à côté de tes pompes, reviens sur terre.

a.k.a. *(abr.* = also known as) *n.* pseudonyme°, pseudo, nom de guerre ; **what's his a.k.a. ?**, quel est son code ? 2. *prep.* alias ; **I'm talking about my dog, a.k.a. Fido**, je parle de mon chien, à savoir Fido.

alcho *(abr.* = alcoholic) *n.* alcoolique°, alcoolo, poivrot, pochard.

alchy, alkie *n.* 1. alcool°, gnôle *f*, carburant. 2. = **alcho**.

alive and kicking (to be) *loc.* être bien vivant°, être vigousse, avoir la forme ; **don't worry, he's very much alive and kicking**, t'inquiète pas, il est et bien là.

all *adv.* 1. **to be all for s.t.**, être tout à fait en faveur de qqch.°, être à fond / cent pour cent pour qqch.; **I'm all for it**, je ne demande que ça. 2. **to be all in**, être épuisé° / crevé / pompé / vanné. 3. **that's her all over**, c'est tout elle, c'est bien son genre. 4. **to be all there**, être rusé / malin, connaître les ficelles ; **not to be all there**, ne pas avoir toute sa tête° ; **since the accident, he's not been all there**, depuis l'accident, il n'y est plus tout à fait. 5. **to be all over s.o.**, a) ne pas laisser qqun tranquille°, coller à qqun, être pendu à qqun ; **he's been all over me the whole night**, il m'a pas lâchée de toute la soirée ; b) flagorner qqun°, fayoter auprès de qqun, faire de la lèche à qqun, lécher les bottes à qqun ; **the candidate was all over the undecided voters**, le candidat cirait les pompes à tous les électeurs indécis. 6. *(US)* **as all get out**, complètement°, totalement, vachement, à fond : **I'm as tired as all get out**, je suis crevé comme tout.

all-American *adj.* cent pour cent Américain(e)°, Yankee pur sang / pur porc ; **her son is the typical all-American boy**, son fils, c'est le prototype du parfait Amerloque.

all-clear *n.* autorisation° *f*, feu vert, okay ; **to give the all-clear**, libérer la voie, donner le feu vert.

all ears (to be) *loc.* être pleinement attentif°, être tout oreilles / tout ouïe ; **go ahead, I'm all ears**, vas-y, je t'écoute de mes deux oreilles.

all hot and bothered (to be) *loc.* être très agité° *(colère, peur, inquiétude)*, être dans tous ses états, être excité comme une puce, être aux cent coups.

all-nighter *n.* qui dure *ou* reste ouvert toute la nuit° *(spectacle, magasin, restaurant)* ; **his parties are usually all-nighters**, en général ses fêtes durent jusqu'à l'aube.

all over the shop /**show** /*(US)* **ballpark** / *(US)* **lot** *loc.* partout°, de tous les côtés, dans tous les coins, tous azimuts ; **when he left the bar, he was all over the shop**, quand il a quitté le bar, il partait dans tous les sens ; **the President's ans-** wers to the journalists' questions were all over the ballpark, le Président a répondu n'importe quoi aux questions des journalistes.

all right, alright *adj.* 1. *(personnes)* sympathique°, bien, sympa, cool ; **he's all right,** il est réglo ; **he's an alright guy**, c'est un chic type. 2. *(choses)* qui va bien° / marche / tourne / roule ; **it's all right**, c'est OK, ça colle. 3. *(GB)* **I'm all right, Jack**, le monde peut crouler, je m'en cogne.

all right !, alright ! *excl. (US)* bravo° !, bien vu !, génial !, super !

all right (to see s.o.) *loc.* veiller sur qqun°, prendre qqun en charge, s'occuper de qqun ; **don't worry, I'll see you all right**, t'inquiète pas, j'ai ton affaire en main.

all right (a bit of) *n. (GB)* personne attirante° / mettable / bandante *f*, beau morceau ; **he / she's a bit of all right**, il/elle est bien foutu(e).

all spruced up / tarted up / togged up *adj.* endimanché°, sur son trente-et-un, super-fringué / sapé / loqué.

all that *loc.* le sexe°, la chose, ça ; **he was young and naive and knew nothing about all that**, il était jeune et naïf et il ne connaissait rien aux choses de la vie.

all that jazz (and) *loc.* et tout le reste° / le tintouin / le tralala, et tout ce qui s'ensuit ; **you bring**

the beer, whiskey and all that jazz, tu apportes la bière, le whisky, et tout le toutim.

all the way (to go) *loc.* faire l'amour°, s'envoyer en l'air, faire une partie de jambes en l'air ; **I was eighteen years old when I first went all the way**, la première fois j'avais dix-huit ans.

all (fingers and) thumbs *loc.* maladroit°, empoté, glandu, incapable ; **he can't even change a lightbulb, he's all fingers and thumbs**, il est tellement infoutu qu'il peut même pas changer une ampoule.

alright = all right.

also-ran *n.* médiocre°, individu de troisième zone / classe / ordre, minable, minus, nullité *f* ; **as an actor he's an also-ran**, comme acteur, c'est un moins que rien.

altogether (in the) *loc. (GB)* nu°, dans le plus simple appareil, en costume d'Adam.

ambidextrous *adj.* bisexuel°, bi, à voile et à vapeur, jazz-tango.

ambulance chaser *n. (US)* 1. avocat sans scrupules°. 2. avocat°, bavard, babillard, démerdeur.

ammo *n.* information compromettante° *f,* dossier noir, casserole *f* ; **I've got lots of ammo on the opposition candidate**, j'ai tout ce qu'il faut pour couler le candidat de l'opposition.

ammunition *n. (US)* papier-toilette°, papier-cul, PQ, torche-cul.

amps (*abr.* = amphetamines) *n. (US)* amphétamines° *f,* amphets *f,* amphés *f,* speed.

ancient *adj.* antique°, vieux comme Mathusalem, antédiluvien, préhistorique ; **that joke's really ancient**, cette vanne est vraiment usée.

and co. *loc.* et les autres°, et compagnie, et toute la troupe / la smala.

and no messing about *loc.* pas par quatre chemins°, sans faire de fioritures / de détails ; **the new boss cleaned the place up and no messing about**, le nouveau patron a nettoyé la boîte sans faire dans la dentelle.

angel *n.* 1. **he's no angel**, c'est pas un enfant de chœur. 2. homosexuel°, tante *f,* tantouze *f,* pédé. 3. *(US)* cocaïne° *f,* coke *f,* blanche *f,* poudre *f.*

angel dust *n.* phéncyclidine *f,* PCP, poussière d'ange *f.*

animal *adj.* violent°, sauvage, chaud; **it'll be really animal tonight at the bar**, ce soir, ça va être la foire au bar.

animal *n.* 1. brute° *f,* monstre, animal, sauvage. 2. homme impoli°, goujat, ours, sauvage.

answer Nature's call (to) *loc.* aller aux toilettes° / au petit coin, faire ses besoins, faire pipi.

ants in one's pants (to have) *loc.* ne pas tenir en place°, avoir la bougeotte, avoir des fourmis dans les jambes.

antsy *adj. (US)* 1. agité°, incapable de rester en place, papillonnant. 2. sexuellement excité°, en chaleur / rut, chaud (de la pince).

any *adj.* 1. **any amount,** beaucoup°, énormément, une tapée / foule / flopée. 2. **any day,** n'importe quand, quand on veut / voudra ; **I'll take you on any day,** ton jour sera le mien. 3. **any joy ?** *(GB)* (et) alors ?, qu'est-ce que ça donne ?, qu'est-ce que ça dit ?

any old *adj.* tout°, quelconque, n'importe quel ; **just bring a bottle, any old bottle will do,** t'as qu'à apporter une bouteille, ce qui te tombera sous la main ; **any old how, any old way,** n'importe comment, à la n'importe quoi, à la va-comme-je-te-pousse ; **he painted my kitchen any old how,** il a peint ma cuisine comme un sagouin.

anyroad(s) *adv.* comment qu'on s'y prenne, n'importe comment, de toute façon.

A-OK *adj.* parfait°, au top, au poil ; **I'm really feeling A-OK,** j'ai vraiment la frite / la pêche.

ape, apeshit *adj.* 1. fou° / fana / toqué / mordu (de qqch. / qqun) ; **he's apeshit about her,** il est dingue d'elle. 2. **to go ape / apeshit,** se mettre en colère°, se foutre en rogne / en pétard / en renaud.

ape *n.* 1. garde du corps°, gorille, gros bras. 2. brute° *f,* animal, monstre, sauvage.

aped *adj. (US)* ivre°, bourré, pété, fait.

apeshit = ape *adj.*

apple *n.* 1. **apples (and pears)** *(RS* = stairs) *(G.B.),* escalier°, escadrin. 2. *(US)* balle° *f (baseball).*

apple-polish *v.t. (US)* faire de la lèche / lécher les bottes / cirer les pompes (à qqun) ; **he's always apple-polishing the teacher,** il est toujours à fayoter avec le maître.

apple-polisher *n. (US)* flagorneur°, fayot, lèche-bottes, lécheur.

are you ready for this ? *loc. (US)* tiens-toi bien, accroche-toi (à la rambarde / au bastingage), attention les yeux.

Argie *adj. (GB)* argentin°.

Argie *n. (GB)* Argentin°.

argue the toss (to) *loc.* discuter à perte de vue°, discutailler, discuter du sexe des anges.

argy-bargy *n. (GB)* querelle° *f,* prise de bec *f,* engueulade *f,* crêpage de chignon, rébecca.

ark (descended from the) *loc.* antique°, antédiluvien, préhistorique.

arm *n.* 1. *(US)* policier°, flic, poulet, perdreau. 2. **the long arm of the law,** la rousse, la flicaille, la maison Poulaga.

armpit *n.* lieu extrêmement déplaisant°, chiotte(s) *f,* bled pourri ; **this place is the armpit of the universe,** ici, c'est vraiment un trou merdique.

army (you and whose) ? *loc. (GB)* tu vas avoir du mal°, je voudrais voir ça, avec l'aide de qui ?

around (to have been) *loc.* avoir vécu°, avoir fait du chemin, avoir roulé sa bosse, en avoir vu de toutes les couleurs.

arse• *(GB)*, **ass•** *(US)* n. 1. derrière°, cul, dargeot, derche ; a) **my arse !** mon œil !, mon cul !, et mon cul c'est du poulet ? ; b) **arse about face**, sens devant derrière°; c) **arse over tip / tits**, cul par-dessus tête ; d) **kiss my arse !** va te faire enculer / foutre / aimer ! e) **to sit on one's arse**, rester le cul par terre, ne rien foutre / branler ; f) **get (up) off your arse ! get your arse into gear !**, lève ton cul, bouge-toi le cul, remue-toi le cul ; g) **you can stick it up your arse !** tu peux te le foutre au cul / où je pense ! ; h) **to work one's arse off**, travailler dur°, se casser / se crever le cul ; i) **to shag one's arse off**, baiser comme un lapin / jusqu'à plus soif ; j) **to get one's arse kicked** ; (i) se faire botter le cul / astiquer le postérieur; (ii) se faire engueuler / sonner les cloches /secouer les puces, prendre un savon maison ; k) **pain in the arse**, (i) casse-cul, casse-couilles, emmerdeur; (ii) chierie f, chiotte f, emmerdement ; **it's a real pain in the arse**, c'est vraiment emmerdant ; l) **to tear the arse out of s.t.**, exagérer°, charrier, chier dans la colle ; m) **to think the sun shines out of one's arse**, avoir une opinion excessive de soi-même°, se prendre pour Dieu le père, ne pas se prendre pour la merde. 2. imbécile°, con, cor-

niaud, emplâtre ; **silly arse !** bougre de connard !

arse about• / around• *(GB)*, **ass about• / around•** *(US)* v. i. déconner, faire le con, jouer au con.

arse-bandit• *(GB)* , **ass-bandit•** *(US)* n. homosexuel°, pédé, tapette f, empaffé.

arse-end• n. *(GB)* **in the arse-end of nowhere**, au bout du monde°, à perpette (-les-bains), dans un trou perdu.

arsehole• *(GB)* , **asshole•** *(US)* n. 1. anus°, trou du cul, trou de balle, oignon. 2. individu pénible°, enculé, salaud, enfoiré.

arseholed• *adj.* *(GB)* ivre mort°, complètement bourré, rond comme une barrique, totalement cuit.

arse-licker• *(GB)*, **ass-licker•** *(US)*, **ass-kisser•** *(US)* n. flagorneur°, fayot, lèche-bottes, lèche-cul.

arse-man• *(GB)*, **ass-man•** *(US)* n. homme particulièrement attiré par les fesses°, amateur de culs.

arse up• v. t. *(GB)* abîmer°/ saloper (qqch.), foutre le bordel / la merde (dans qqch.).

artist n. spécialiste (de qqch.)°, expert dans tel ou tel domaine°, roi (de qqch.) ; **booze artist**, ivrogne°, soiffard, biberonneur, poivrot ; **con artist**, escroc°, magouilleur, combinard.

arty-farty adj. qui se pique d'art°, qui donne dans le genre artiste, snobinard.

A.S.A.P. (*abr.* = **as soon as**

possible) *loc.* dès que possible°, vite fait, illico (presto).

ask 1. *v. i.* **to ask for it**, chercher les ennuis° / les emmerdes / les crosses ; **he asked for it**, il l'a bien cherché. 2. *v. t.* **I ask you !** franchement !, je vous demande un peu !

ass *n.* 1.• *(US)* = **arse**. 2.• *(US)* derrière°, cul, dargif, derche ; a) **to chew s.o.'s ass out**, réprimander sévèrement° / engueuler / enguirlander / tuer qqun ; b) **to throw s.o. out on his ass**, chasser° / lourder / virer qqun, foutre qqun dehors ; c) **your ass is mine, your ass is grass**, t'es foutu, je vais t'avoir ; d) **to have one's ass in a sling / on the line**, avoir de gros ennuis°, être dans la merde / dans le pétrin ; e) **ass over tincups / teacups**, sens dessus dessous°, cul par-dessus tête. 3.• *(US)* sexe°, cul, fesse *f* ; **I'm gonna get me some ass**, je vais tirer un coup ; **to peddle ass**, se prostituer° faire le trottoir / le tapin ; **piece of ass**, a) partie de baise *f* ; b) femme considérée comme un objet sexuel°, fesse *f*, cuisse *f.* 4. imbécile°, crétin, andouille *f* ; **don't act the ass**, ne fais pas le con.

ass about• / around• = **arse about• / around•**.

ass-bandit• = **arse-bandit•**.

asshole• = **arsehole•**.

ass-kicker• *n.* *(US)* personne très sévère° *f*, pète-sec, dragon.

ass-kisser• *n.* *(US)* = **arse-licker•**.

ass-wipe• *n.* *(US)* 1. papier-toilette°, papier-cul, PQ, torche-cul. 2. individu méprisable°, pauvre con, cul, trouduc.

at it (to be) *loc.* faire l'amour°, aller au radada, tirer sa crampette.

attic *n.* *(US)* tête° *f*, cafetière *f*, cigare, melon ; **he's got nothing in the attic**, il a rien dans le ciboulot.

Aussie *n.* Australien°, kangourou.

Aussieland *n.* Australie°.

away *adv.* 1. **to have it away with s.o.**, posséder qqun sexuellement°, se taper / se farcir / s'envoyer qqun. 2. **to put s.o. away**, mettre qqun en prison° / à l'ombre / en cabane / au frais. 3. **to be well away (with it)**, a) être légèrement ivre° / être pompette / parti / paf ; b) être sous l'influence de la drogue°, être parti, planer, tripper.

awesome *adj.* remarquable°, génialissime, monstrueux, géant.

a.w.o.l. / AWOL (*abr.* = **absent without leave**) *adj.* absent°, introuvable, aux fraises ; **when there's work to be done he's always a.w.o.l.**, quand il y a du boulot à faire, il est toujours aux abonnés absents.

axe *n.* 1. guitare° *f*, gratte *f*, guitoune *f*, râpe *f.* 2. **to get the axe**, se faire chasser° / jeter / éjecter / lourder ; **to give s.o. the axe**, chasser° / virer / lourder / saquer qqun.

axe *v.t.* congédier°, virer, lourder, éjecter ; **he wasn't pulling his weight, so they axed him,** il ne faisait pas son boulot, alors ils l'ont mis à la porte.

B

b = bee 1.

babe *n.* fille° *f*, minette *f*, poupée *f*, gonzesse *f* ; **a hot babe** *(US)*, une sacrée baiseuse, une chaude lapine.

babe in the woods *n.* nouveau°, pied-tendre, bleu, bleubite.

baby *n.* 1. copine *f*, petite amie *f* ; **she's my baby**, c'est mon amour / ma biche / ma meuf. 2. gars, type, mec ; **get ahold of this baby**, vise / mate un peu ce gonzier ; **hold it, baby !** eh, mec, vas-y mollo ! 3. affaire° *f ou* responsabilité° *f* (de qqun), truc ; **the new project is his baby**, le nouveau projet, c'est son bébé. 4. **to be left holding the baby,** se retrouver avec l'affaire sur les bras°, se retrouver en plan, porter le chapeau ; **he was left holding the baby,** le truc lui est retombé dessus. 5. **to nearly have a baby,** en être époustouflé° / scié, en rester baba / sur le cul.

baby's bottom (as smooth as) *loc.* extrêmement doux°, doux comme tout, doux comme les joues de maman.

baby-snatcher *n.* homme / femme *f* qui sort avec un partenaire beaucoup plus jeune° ; **she's a real babysnatcher,** elle les prend au berceau.

back *n.* 1. **to be / get on s.o.'s back,** importuner qqun°, casser les pieds / taper sur le système à qqun ; **get off my back,** fous-moi la paix, lâche-moi (les baskets / la grappe). 2. **you scratch my back and I'll scratch yours,** sois sympa et ça sera pas oublié, fais-moi une faveur et je te renverrai l'ascenseur. 3. **to take a back seat,** quitter le devant de la scène°, passer la main, se ranger. 4. **at the back of beyond,** au bout du monde°, au diable, en plein bled, à perpète (-les-bains). 5. **to see the back of s.o. / s.t.,** voir partir qqun° / la fin de qqch., dire adieu à qqun / qqch., en finir avec qqun / qqch. ; **he'll be pleased to see the back of his mother-in-law,** il sera pas fâché quand sa belle-mère videra le plancher. 6. **the back door,** l'anus°, l'entrée de service *f*, l'entrée des artistes *f*. 7. **to break the back of s.t.,** faire le plus dur / le plus gros de qqch. 8. **to be on one's back,** être malade° / mal fichu / mal foutu. 9. **to put one's back into s.t.,** travailler d'arrache-pied sur qqch.°, bosser dur sur qqch., en mettre un coup.

backasswards, bassackwards *adv. (US)* à l'envers°, sens devant derrière, cul par-dessus tête.

back-burner (to put on the) *loc.* mettre en attente° / en veilleuse / au placard.

back-hander *n.* dessous-de-table°, bakchich, pot-de-vin, graissage de patte.

back off *v.i.* laisser tranquille°,

lâcher les baskets (à qqun) ;
back off ! fiche-moi la paix ! ,
lâche-moi ! , barre-toi de mon
herbe !

backroom boys *n. pl.* ceux qui
restent dans l'ombre° / tra-
vaillent en coulisse, les ano-
nymes.

backseat driver *n.* passager qui
donne des conseils intempestifs
au chauffeur°, passager qui
emmerde le conducteur.

backyard *adj.* artisanal° *ou*
alternatif° ; **a backyard record
label**, un petit label indépendant.

bad *adj.* 1. **not bad, not half
bad**, pas mauvais°, pas piqué
des vers / hannetons, de derrière les fagots ; **this combo ain't
half bad**, ce groupe en jette un
max. 2. sensationnel°, génial,
super, géant ; **that movie was
really baaad**, ce film était vraiment hyper-géant. 3. mauvais°,
nul, craignos, gnoscré ; **bad
news**, ça craint ; **he's bad
news**, il craint un max ; **it's a
bad scene here**, c'est flippant
ici ; **bad shit**, super-merde.

bad *adv.* 1. **to need s.t. (real)
bad**, avoir énormément° /
super / hyper-besoin de qqch.
2. **to have s.t. (real) bad**,
être complètement obsédé° /
piqué / fana de qqch. 3. **to have
it bad for s.o.**, être toqué /
dingue de qqun, avoir qqun
dans la peau.

bad *n.* **to go to the bad**, mal
tourner° / finir, se mettre à
craindre, devenir grave.

bad-ass• *n.* *(US)* individu

méchant°, ordure, salaud, salopard.

baddie *n.* vilain, méchant.

badmouth *v. t.* dire du mal (de
qqun / qqch.)°, allumer, débiner, baver (sur qqun / qqch.).

bag *n.* 1. **an old bag**, une vieille
femme°, une viocque / mémé /
vieille peau. 2. **bag of tricks**
a)• testicules°, bijoux de
famille, précieuses *f*, valseuses *f* ; b) attirail°, barda, tintouin ; **and the whole bag of
tricks**, et tout le bataclan / bordel / tralala. 3. *(US)*
préservatif°, capote *f*, caoutchouc, marguerite.*f* 4. **to look
like a bag of shit tied up with
string**, avoir une figure
laide° / une gueule à gerber /
une tronche à chier. 5. **to be left
holding the bag** *(US)*, payer les
pots cassés, se retrouver avec
l'affaire sur les bras, écoper du
bébé. 6. scrotum°, bourses *f*.
7. **it's in the bag**, l'affaire est
dans le sac, c'est dans la poche,
c'est du tout cuit. 8. *pl.* **bags**
a) *(GB)* pantalon°, fute, futal,
falzar ; b) grande quantité°,
chiée *f*, tonnes *f* ; **there's bags
of it**, il y en a un tas / une flopée / à ne pas savoir qu'en faire.

bag *v.t.* 1. arrêter°, piquer, choper, niquer. 2. saisir°, choper,
barboter ; **to bag a husband /
wife**, faire un bon mariage°,
toucher le gros lot. 3. (I) **bags
that !** *(GB)* je prends !, ça, c'est
pour bibi ! 4. *(US)* abandon-
ner° (qqch.), plaquer, larguer ;
I should bag this teaching

**business and get into compu-
ters**, je devrais laisser tomber
ce boulot de prof et me brancher informatique. 5. **to bag
some rays** *(US)* prendre le
soleil°, se dorer la pilule, se
faire un plan bronzette.

bag ass (out of some place) *v. i.*
partir°, se casser, ficher / foutre
le camp.

bag-lady *n.* femme qui transpor-
te ses affaires dans des sacs° *f,*
clocharde *f.*

bald as a coot / billiard ball *adj.*
chauve comme un œuf / comme
une boule de billard, déplumé
(du caillou / des hauts plateaux).

ball *n.* 1. **to have (oneself) a
ball**, bien s'amuser° / rigoler, se
marrer, s'en payer une tranche.
2. **to be on the ball**, a) être
futé° / débrouillard / démerde /
démerdard ; b) connaître son
affaire°, toucher (sa bille), assurer. 3. a) **to set the ball rolling**,
faire démarrer qqch.°, ouvrir le
feu / le bal ; b) **to keep the ball
rolling**, faire continuer qqch..°,
faire tourner la machine / la
baraque. 4. **to play ball with
s.o.**, coopérer avec qqun°,
entrer dans le jeu de qqun, marcher avec qqun.

ball• *v.t.* posséder sexuelle-
ment°, baiser, tringler, fourrer.

ball-breaker•, ball-buster• *n.*
(US) 1. tâche difficile° *f,* boulot
chiant / casse-couilles / coton.
2. personne difficile° *f,* emmerdeur, chieur.

ball off• *v. i.* se branler, s'astiquer

(le manche), s'allonger le macaroni, se toucher.

ball out = bawl out.

ballock-naked = bollock-naked.

ballocks = bollocks.

balls• *n. pl.* 1. testicules°, couilles *f,* roupettes *f,* joyeuses *f* ; **to
chew s.o.'s balls off**, réprimander sévèrement° / engueuler /
passer un savon (maison) à /
tuer qqun ; **she's got him by
the balls**, elle le tient à sa
merci° / à sa pogne / par la peau
des couilles ; **I'll have his
balls for this**, j'aurai sa peau ;
to work one's balls off, se tuer
au travail°, se casser / se crever
le cul ; **to break / bust s.o.'s
balls**, casser le cul / les couilles
à qqun, les casser à qqun.
2. audace° *f,* culot, couilles (au
cul) *f* ; **she's got a lot of balls**,
elle manque pas d'air ; **he's got
his balls in the right place**, il
en a. 3. sornettes° *f,* foutaises *f,*
conneries *f* ; **what a load of
balls !** quel tas de conneries ! 4.
balls ! merde !, zob !, foutre ! ;
balls to you ! je t'emmerde !
5. **to make a real balls of s.t.**,
abîmer° / saloper qqch, ficher
le bordel / foutre le
merdier / foutre la merde dans
qqch.

balls-up *n.* 1. désordre°, bordel,
merdier, boxon. 2. gâchis°, foirade *f,* plantage.

balls up *(GB)*, **ball up** *(US)*
v.t. détruire°, saboter, foutre
(qqch.) en l'air, bousiller.

ballsy *adj.* audacieux°, culotté,
qui a des couilles, qui ne

manque pas d'air.

ballyhoo *n*. 1. propagande publicitaire° *f*, battage, ramdam, bourrage de crâne. 2. sornettes° *f*, bobards, craques *f*, esbroufe *f*.

baloney = **boloney**.

banana *n*. pénis°, zizi, zézette *f*, quéquette *f*.

bananas *adj*. fou°, cinglé, taré, secoué ; **to go bananas**, devenir dingue / guedin, perdre la boule, disjoncter.

bandwagon (to jump on the) *loc*. suivre le mouvement°, prendre le train en marche, aller dans le sens du vent.

bang *adv*. 1. **bang on**, exact, pile, en plein dans le mille ; **bang on time**, pile à l'heure. 2. vlan ! , boum ! ; **and bang went my salary**, et hop ! mon salaire y est passé.

bang *n*. 1. **and the whole bang lot**, et tout le bataclan / bordel / tralala. 2.• acte sexuel°, baise *f*, coup, crampette *f* ; **she's a good bang**, c'est un bon coup. 3. **to get a bang out of s.t.**, prendre du plaisir° / son pied / son panard / son fade avec qqch. 4. injection de drogue° *f*, piquouze *f*, shoot, teushou. 5. **to go off with a bang**, avoir un grand succès°, cartonner, faire un malheur / un carton. 6. **to have a bang at s.t.**, faire un essai°, tenter / risquer le coup.

bang• *v.t.* posséder sexuellement°, baiser, s'envoyer, se farcir.

banger *n*. 1. voiture° *f*, bagnole *f*, caisse *f*, tire *f*. 2. *(GB)* saucisse° *f*, chipolata *f*.

bang-on *adv*. au poil, au quart de poil, pile-poil.

banjax *v.t.* abîmer°, bousiller, ficher / foutre en l'air.

banjaxed *adj*. abîmé°, bousillé, foutu, naze.

barbs (*abr.* = barbiturates) *n.pl.* barbituriques°.

barf *n*. vomi°, dégueulis, gerbe *f*.

barf *v.i., v.t.* vomir°, dégueuler, dégobiller, gerber.

bar-fly *n*. habitué des bars°, pilier de bistrot.

bar hustler *n*. prostituée qui exerce dans les bars° *f*, entraîneuse *f*.

barge in *v.i.* 1. arriver à l'improviste°, se pointer sans prévenir, s'amener impromptu. 2. **to barge in on / into a conversation**, s'immiscer dans une conversation°, ramener sa fraise, mettre son grain de sel.

barge into *v.i.* **to barge into s.o.** se heurter à qqun°, cogner / rentrer dans qqun.

barnet (fair) (*RS* = hair) *n*. *(GB)* cheveux°, tifs, crayons, gazon, cresson.

barney *n*. dispute° *f*, engueulade *f*, corrida *f*, rébecca.

barrel *n*. 1. **a barrel of**, beaucoup de°, plein de, un tas de, une tonne de ; **he's a barrel of laughs**, il est à se rouler par terre. 2. **to be over a barrel**, avoir des ennuis°, être dans le pétrin / la merde / la galère. 3. **to have s.o. over a barrel**, avoir qqun à sa merci° / à sa main / à sa pogne.

bash *n.* 1. coup°, marron, beigne *f*, avoine *f*. 2. **to have a bash at s.t.**, faire un essai°, tenter / risquer le coup. 3. noce *f*, fête *f*, boum *f* ; **to be on the bash**, faire la nouba / la bringue.

bash, bash in, bash up *v.t.* frapper°, tabasser, latter, démolir la gueule / éclater la tête (à qqun).

bashing *n.* volée de coups° *f*, rossée *f*, trempe *f*, dérouillée *f* ; **to take a bashing**, prendre une raclée.

basinful *n.* 1. **let's have a basinful**, OK, va pour ça. 2. **I've had a basinful**, j'en ai ras le bol / plein les bottes / plein le dos / plein le cul.

basket *n.* *(GB)* *(euph. = bastard)* individu méprisable°, ordure, saligaud, enfoiré.

bastard• *n.* 1. a) individu méchant°, salaud, fumier, salopard; **he's a real fucking bastard**, c'est un vrai putain de salaud / d'enculé ; b) chose pénible° *f*, chierie *f*, saloperie *f*, galère *f* ; **writing that book was a real bastard**, pour écrire ce bouquin, j'en ai vraiment chié. 2. **you lucky bastard !** t'as un de ces culs ! , t'as vraiment le cul bordé de nouilles !

bat *n.* 1. femme laide° *f*, mocheté *f*, camion, cageot ; **old bat**, vieille bique / croûte / peau. 2. **like a bat out of hell**, à toute vitesse° / berzingue, à fond la caisse / les manettes. 3. **straight off the bat**, *(US)* **right off the bat**, du premier coup°, d'entrée (de jeu), directos. 4. **to have bats in the belfry**, avoir une araignée au plafond ; **he's got bats in the belfry**, il lui manque une case ; **to be completely bats**, être complètement fou° / givré / cinglé / ouf.

battleaxe *n.* **an old battleaxe**, une vieille mégère°, un dragon, un chameau.

batty *adj.* fou°, cinglé, frappé, ouf.

bawl out, ball out *v.t.* réprimander sévèrement°, engueuler, enguirlander, secouer les puces (à qqun).

bazookas, bazoongies *n.pl.* seins°, amortisseurs, doudounes *f*, rotoplots.

beam (to be off the) *loc.* être dans l'erreur° / à côté de la plaque, se planter, se fourrer le doigt dans l'œil (jusqu'à l'omoplate).

beam me up Scottie ! *loc.* je te crois pas ! °, et mon cul, c'est du poulet ?

bean *n.* 1. a) **not to have a bean**, être désargenté° / fauché (comme les blés), ne pas avoir un radis, être sans un ; b) **not to be worth a bean**, ne rien valoir°, valoir des clous / des prunes *f* / des cacahouètes *f*. 2. **to be full of beans**, avoir la santé / la pêche / la frite, péter la forme.

bean-eater• *n.* *(US)* Latino-Américain°, hispano, basané.

bean-feast *n.* festin°, gueuleton, grande bouffe.

bear *n.* *(US)* policier°, flic, poulaga, perdreau.

bearing up *loc.* *(réponse à* " how are you? ") on fait aller, ça va comme ça peut.

beat *v.t.* 1. **to beat it,** partir°, se tailler, se casser, se barrer; **beat it !** fous-moi le camp ! 2. **(it) beats me,** a) je n'y comprends rien°, ça me dépasse, j'y pige que dalle, je suis (complètement) largué ; b) je n'en sais strictement rien° / foutre rien, j'ai aucune idée (sur la question). 3. **to beat one's meat•,** se masturber°, se branler, s'astiquer le manche, s'allonger le macaroni. 4. **that beats the band / everything,** c'est le comble° / le bouquet / le pompon. 5. **can you beat that !** faut le faire !, ça, c'est champion ! 6. **to beat the living daylights / the shit out of s.o.,** battre° / rosser qqun, flanquer une dérouillée / une dégelée à qqun.

beat *adj.* 1. épuisé°, crevé, claqué, pompé. 2. **to be beat,** ne rien comprendre° / piger (au film), être largué / paumé.

beat off• *v.i.* se masturber°, se branler, se taper une pignole, s'astiquer le manche.

beat-up *adj.* usé°, pété, déglingué, pourri.

beaut *n.* 1. personne très belle°, beauté *f*, merveille *f*; **she's a beaut,** c'est une super nana / une nana canon / un prix de Diane. 2. chose très belle°; **it's a beaut,** c'est chouette / choucard, ça en jette, ça déménage.

beaver• *n.* 1. sexe féminin°, chatte *f*, barbu, baba. 2. **to look for (some) beaver,** chercher de la femme / de la meuf / de la fesse.

bed *v.t.* coucher (avec qqun), sauter / se faire / se taper (qqun).

beddable *adj.* désirable°, baisable, mettable, sautable.

beddy-byes *n.pl.* coucher° *(enfants)*, dodo ; **all right, kids, time for beddy-byes !** allez, les enfants, le marchand de sable est passé !

bee *n.* 1. **bee, b** *(euph.* = **bastard)* *(GB)* ; **he's a real effing bee,** c'est un vrai saligaud / une sacrée ordure / un bougre de coquin. 2. **bees and honey** *(RS* = money) *(GB),* argent°, fric, ronds, oseille *f.* 3. **the bee's knees,** ce qu'il y a de mieux°, le dessus du panier, la crème (de la crème), le top.

beef *n.* plainte° *f*, rouspétance *f*, râlerie *f* ; **what's your beef ?** qu'est-ce qui te fait râler ?

beef *v.i.* protester°, rouspéter, râler, chialer.

beef bayonet• pénis°, andouille de calcif *f*, arbalète *f*, queue *f*.

bell (to give s.o. a) *loc.* téléphoner à qqun°, passer un coup de fil / de bigophone / de biniou à qqun.

bellyache *v.i.* protester°, rouspéter, râler, ronchonner.

bellyful *n.* **to have had a bellyful of s.t.,** en avoir plus qu'assez° / plein le dos / plein les bottes / jusque-là de qqch.

belt *n.* 1. coup°, mandale *f*, beigne *f*, avoine *f* ; **to give s.o. a belt (around the ear / lug)**, foutre une trempe / un gnon / un pain à qqun. 2. **below the belt**, déloyal°, en dessous de la ceinture, en vache. 3. **under one's belt**, à son actif°, à son compte, derrière soi, sous son oreiller.

belt *v.t.* battre° / tabasser (qqun), foutre une raclée / une dégelée (à qqun).

belt along *v.i.* rouler très vite° / plein pot / à fond la caisse, tracer.

belt down *v.t.* boire *ou* manger vite°, avaler, descendre ; **he belted down his drink in no time**, il a éclusé son verre en moins de deux.

belt up *v.i.* se taire°, la fermer, la boucler ; **belt up, will you !** écrase, tu veux ?

belter *n.* *(GB)* qqun *ou* qqch. de remarquable°, bijou, trésor.

belting *n.* 1. volée de coups° *f*, raclée *f*, dégelée *f*. 2. défaite sévère° *f*, raclée *f*, déculottée *f*, piquette *f*.

bend *n.* **to go round the bend**, devenir fou° / dingue, perdre la boule / les pédales ; **to drive s.o. round / around the bend**, rendre qqun fou° / marteau / chèvre / zinzin.

bend *v.t.* **to bend one's elbow**, boire un coup°, lever le coude, s'en jeter un (derrière la cravate), écluser un godet.

bender *n.* 1. **to go on a ben-**der**, sortir pour se saouler°, aller se bourrer / prendre une cuite. 2. homosexuel°, homo, pédé, pédale *f*.

bent, bent as a butcher's hook *adj.* 1. malhonnête°, pourri, vicieux, tordu. 2. homosexuel°, homo, pédé (comme un phoque).

berk *n.* imbécile°, andouille *f*, nœud, neuneu.

bet *v.t.* 1. **you bet !** *(US)* , je n'y manquerai pas°, un peu ! , je veux ! , tu peux y compter ! 2. **to bet both ways**, avoir deux fers au feu°, se couvrir, jouer sur les deux tableaux.

bevvied (up) *adj.* ivre°, bourré, schlasse, bituré.

bevvy *n.* coup à boire, glasse, godet, canon.

bevvy up *v.i.* se saouler°, se bourrer, se beurrer, se biturer.

bi *(abr. = bisexual) adj.* bisexuel°, bi, à voile et à vapeur, jazz-tango.

bible-basher, bible-thumper *n.* prédicateur de choc.

biddy *n.* **an old biddy**, une vioque, une vieille croûte / peau / bique.

biff *n.* coup°, gnon, beigne *f*, pain.

biff *v.t.* battre°, flanquer une beigne / une trempe / une raclée (à qqun).

big *adj.* 1. **big cheese / noise / shot,** *(US)* **big shit**, personnage important°, huile *f*, grosse légume, gros bonnet ; **big guns**, huiles, gros (calibres), caïds. 2. **big mouth**, hâbleur°, gueulard, grande gueule. 3. **the big time**, le succès°, la gloire ; **to hit the big time**, décrocher le gros lot / le jackpot, arriver. 4. **big talk**, paroles en l'air *f*, vent, baratin, frime *f*. 5. **big deal**, a) grosse affaire°, truc super-important ; b) **big deal ! what's the big deal ?** et après ?, et alors ?, qu'est-ce que ça peut foutre ? ; c) **(it's) no big deal**, c'est pas grave, faut pas se frapper, t'inquiète ; d) **this movie is really no big deal**, ce film ne vaut pas grand-chose° / ne casse rien / ne casse pas des briques. 6. **what's the big idea ?** (non mais) qu'est-ce que c'est que cette histoire ? 7. **to be big on s.t.**, être fana / mordu / accro de qqch. 8. **to give s.o. a big hand**, applaudir qqun à tout rompre°, faire un triomphe à qqun. 9. **in a big way**, énormé-ment°, un maximum, un max. 10. **that's big of you**, merci bien, c'est vraiment sympa, tu me gâtes *(sincère ou ironique)*. 11. **to be too big for one's boots**, être prétentieux°, ne pas se prendre pour de la merde, péter plus haut que son cul.

big *adv.* 1. **to go over / down big**, avoir un succès fou° / monstre, faire un malheur / faire un tabac. 2. **to hit / make it big**, décrocher le gros lot / la timbale / le jackpot. 3. **to talk big**, frimer, crâner, faire la grande gueule. 4. **to think big**, voir grand°, viser loin / haut.

Big Apple (the) *n.* New York.

Big C *n.* cocaïne° *f*, coke *f*, corin-ne *f*, neige *f*.

Big E *(abr. = big elbow)* *n.* **to give s.o. the Big E**, chasser° / lourder qqun, mettre / foutre qqun à la porte.

big girl's blouse *n.* minable°, descente de lit *f*, lavette *f*, minus.

Big H *n.* héroïne° *f*, poudre *f*, dre-pou *f*, fée blanche *f*.

bighead *n.* m'as-tu-vu°, frimeur, crâneur.

big-headed *adj.* imbu de soi-même°, frimeur, crâneur.

big-mouthed *adj.* hâbleur°, fort en gueule; **to be big-mouthed**, avoir une grande gueule.

Big Smoke grande ville°, la ville, *sp.* Londres.

big-time *adj.* gros°, de première catégorie / classe ; **big-time gangster**, gros bonnet du crime.

bigwig *n.* huile *f*, gros bonnet, grosse légume.

bike *n.* 1. bicyclette° *f*, vélo. 2. motocyclette° *f*, moto *f*, meule *f.*, bourrin 3. **on your bike !** casse-toi ! fous le camp ! dégage ! 4. **to need s.t. like a fish needs a bike**, avoir vrai-ment besoin de ça *(iron.)* ; **I needed that like a fish needs a bike**, il me manquait plus que ça. 5. femme de mœurs légères° *f*, marie-couche-toi-là *f*, salope *f*, roulure *f*.

biker *n.* motocycliste°, motard.

bilge *n.* bêtises° *f*, foutaises *f*, conneries *f* ; **to talk bilge,**

débloquer, déconner, délirer.

bill (to fit the) *loc.* satisfaire les besoins°, faire l'affaire, gazer.

Bill (the old) *n.* *(GB)* la police°, la maison Poulaga, la rousse, la flicaille.

bimbo *n.* 1. jeune femme écervelée°, pouffiasse *f*, pétasse *f*. 2. individu stupide°, andouille *f*, crétin, taré.

binge (to go on a) *loc.* faire la fête° / la bamboula / la bringue / la noce.

binge *v.i.* manger *ou* boire avec excès°, s'en coller jusque-là, s'en foutre plein la gueule / la lampe.

bingo ! *excl.* gagné !°, et voilà le travail ! , dans le mille !

bint *n.* *(GB)* femme° *f*, gonzesse *f*, poule *f*, meuf *f*.

bird *n.* 1. *(GB)* femme° *f*, nana *f*, meuf *f*, loute *f* ; **I took the bird out last night**, hier soir, j'ai sorti ma poulette. 2. individu°, oiseau, gus; **an odd bird**, un drôle de zèbre. 3. **it's for the birds**, c'est de la folie°, c'est un truc de dingues / de malades. 4. *(GB)* **to do bird** (*abr.* = **birdlime** *RS* = **time**) faire de la prison° / de la taule, passer du temps à l'ombre.

birdbrain *n.* personne stupide° *f*, tête de linotte *f*, crâne de piaf.

bird-brained *adj.* stupide°, crétinesque, débile.

birdie biker *n.* motarde *f*, pétroleuse *f*.

birthday suit (to be in one's) *loc.* être nu° / dans le plus simple appareil / en costume d'Adam (*homme*) / en costume d'Eve (*femme*).

bit *n.* 1. **that's a bit much**, c'est un peu excessif° / fort (de café), ils poussent un peu. 2. **a bit of all right / of crumpet, a nice bit (of stuff)**, une personne désirable° / mettable, un beau morceau, qqun qui a du chien. 3. **a bit of fluff**, une minette / pétasse / pouffiasse. 4. **he's a bit of a lad**, c'est un sacré tombeur / dragueur, il emballe un max. 5. **a bit of the old how's-your-father / of the other, a bit of crumpet**, du sexe°, de la fesse, du cul ; **a bit of tit**, de la femme, de la meuf. 6. **to have a bit on the side, to have a bit of spare**, avoir une maîtresse° / un amant°, se faire / s'offrir un petit extra. 7. **to be thrilled to bits**, être ravi° / aux anges / au septième ciel / super-jouasse.

bitch• *n.* 1. femme désagréable° *f*, chienne *f*, salope *f*, connasse *f*. 2. chose désagréable° *f*, saloperie *f*, putasserie *f* ; **what a bitch of a car !** foutue bagnole ! 3. ennui°, emmerdement, galère *f*, chierie *f* ; **losing his job was a bitch**, perdre son boulot, c'était vraiment la galère ; **life's a bitch and then you die**, la vie est une salope et en prime tu crèves. 4. **to make a bitch of s.t.**, abîmer° / saloper qqch., foutre la merde / le bordel dans qqch.

bitch *v.i.* protester°, gueuler, râler, rouspéter.

itch up *v.t.* abîmer°, saloper, bousiller, foutre en l'air.

itchy *adj.* 1. méchant°, dur, vache, dégueulasse. 2. grognon°, rouspéteur, râleur ; **he's a really bitchy guy**, il passe son temps à geindre.

ite *n.* **to have a bite (to eat)**, casser la croûte / une croûte / une graine, manger un morceau.

ite off more than one can chew (to) *loc.* avoir des ambitions démesurées°, avoir les yeux plus grands que le ventre.

iz *n.* *(abr. = business)* *(GB)* 1. **what's the biz ?** quoi de neuf ?, qu'est-ce que tu racontes ? 2. = **business**.

lab (off) 1. *v.t.* parler à tort et à travers°, jacter, trop l'ouvrir. 2. *v.t.* révéler un secret°, lâcher / manger / cracher le morceau.

labbermouth *n.* personne qui laisse échapper un secret°, bavard, jaspineur.

lack *adj.* 1. **black as your boot / as the ace of spades**, noir d'ébène°, noir comme dans un four / tunnel. 2. **the black stuff** *(GB)*, le macadam°. 3. **black velvet**, cocktail de champagne et stout°.

lack (to be in the) *loc.* avoir un compte créditeur°, avoir des sous, être au-dessus de zéro.

lackleg *n.* travailleur qui ne participe pas à une grève°, jaune.

blah-blah *n.* blabla, baratin, parlotte *f.*

lah-blah-blah *adv.* et cetera et

cetera, et patati et patata.

blarney *n.* bagou°, tchatche *f* ; **to have the blarney**, avoir la langue bien pendue°, être un beau parleur, savoir causer.

blast *n.* 1. bouffée° *f* / taf *f* d'un joint. 2. fête° *f*, boum *f*, bringue *f*, noce *f.* 3. **to have a blast**, s'amuser°, s'en payer une tranche, s'éclater.

blast *v.t.* **blast it !** , **damn blast !** merde ! , purée ! , bon sang !

blasted *adj.* 1. fichu, foutu, sacré ; **what a blasted nuisance !** quel foutu emmerdement ! 2. drogué°, défoncé, raide (def), stone.

bleeder *n.* *(GB)* individu méprisable°, ordure *f*, connard, salopard.

bleeding *adj.* *(GB)* bougrement, fichtrement, foutument; **it's bleedin' brilliant**, c'est vachement bien vu.

blighter *n.* *(GB)* homme°, gars, type, gus.

blimey ! *excl.* *(GB)* zut alors ! , flûte ! , mince !

blind *adj.* 1. **blind drunk**, complètement saoul°, bourré / beurré / pété à mort. 2. **blind date**, rendez-vous galant avec qqun qu'on ne connaît pas°, rencontre à l'aveuglette *f.* 3. **not to take a blind bit of notice**, ne pas faire attention° / gaffe, ne pas gaffer, se ficher royalement (de qqch.) ; **not a blind bit of use**, totalement inutile°, qui n'a strictement aucun intérêt ; **that new electric mixer I bought isn't the blindest bit of use**, le nouveau mixer que j'ai acheté me sert à que dalle. 4. **to turn a blind eye to s.t.**, ignorer qqch.°, fermer les yeux sur qqch. 5. **to swear blind**, jurer ses grands dieux° / sur père et mère / sur la tête de sa mère.

blind 1. *v.i.* **to eff and blind**, parler grossièrement°, jurer comme un charretier. 2. *v.t.* **to blind s.o. with science**, éblouir qqun° / en mettre plein la vue à qqun avec sa science.

blinder *n.* 1. fête° *f*, bringue *f*, bamboula *f*, nouba *f*. 2. ivrognerie° *f*, saoulerie *f*, soûlographie *f* ; **to go on a blinder**, sortir pour se saouler°, aller se bourrer la gueule, aller prendre une cuite. 3. **to play a blinder**, jouer à la perfection° / comme un dieu, être impérial.

blitherer *n.* imbécile°, nouille *f*, cruche *f*, empoté.

blithering *adj.* **a blithering fool**, une andouille, un taré fini, une crème d'emplâtre.

block *n.* tête°, cafetière *f*, cigare, pomme *f* ; **to knock s.o.'s block off**, casser la gueule à qqun, faire une tête au carré à qqun, éclater la tête à qqun.

blockhead *n.* imbécile°, nouille *f*, taré, tête de nœud *f*.

bloke *n.* *(GB)* individu°, type, mec, gars.

bloody *adj.* *(GB)* fichu, foutu, sacré ; **what a bloody fool !** quel bougre de couillon ! ; **the bloody underground is on strike again**, ce putain de métro est en grève encore un coup ; **not bloody likely !** tu peux toujours courir ! / te brosser ! , plutôt crever ! ; **bloody hell !** bon Dieu de merde ! ; **too bloody right !** plutôt deux fois qu'une ! , je veux ! , un peu !

bloody-minded *adj.* 1. entêté°, buté, tête de mule / de lard *f*. 2. qui crée des difficultés°, enquiquinant, enchosant, emmerdant.

bloomer *n.* erreur° *f*, gaffe *f*, bourde *f*, gourance *f*.

blooming *adj.* *(euph. =* **bloody***)* *(GB) =* **bloody***.*

blooper *n.* *(US)* erreur° *f*, gaffe *f*, perle *f*, connerie *f*.

blotto *adj.* complètement saoul° / bourré / bituré / pété.

blow *n.* cannabis°, merde, shit.

blow 1. *v.i.* partir°, se barrer, se tirer, se faire la malle ; **let's blow**, on se casse. 2. *v.t.* a) **to blow one's top / one's stack, to blow a fuse**, exploser de rage°, se foutre en pétard, piquer une crise, péter les plombs ; b) **to blow the gaff**, révéler un secret°, vendre la mèche, cracher / lâcher le morceau; **to blow the gaff / the whistle on s.o.**, dénoncer° / balancer / donner qqun; c) **to blow money**, dépenser° / claquer / croquer / manger de l'argent ; **I blew my salary on a new computer**, j'ai flambé tout mon salaire sur un nouvel ordinateur ; d) **to blow it**, (i) rater°, se planter, louper son coup, foirer ; (ii) ruiner°, bousiller, saloper (*un projet, etc.*) ; **you blew it**, t'as tout foutu en l'air ; e) **to blow (a joint)**, fumer un joint, se faire un pétard ; f) **to blow s.o.'s mind**, époustoufler° qqun, en boucher un coin / une surface à qqun ; **that concert really blew my mind**, ce concert, j'en suis resté baba ; g)• faire une fellation (à qqun)°, sucer (qqun), tailler une pipe / une plume / un pompier (à qqun) ; h) **I'll be blowed**, eh ben ça alors ! ; **I'll be blowed if I'll do it**, je veux être pendu si je le fais°, plutôt crever !

blow away v.t. 1. tuer°, descendre, buter, liquider. 2. époustoufler°, scier, en boucher un coin / une surface (à qqun); **it just blows me away**, j'en suis sur le cul.

blower n. téléphone°, bigophone, biniou.

blow-in n. étranger°, nouveau, pied-tendre.

blow-job• n. fellation° f, pipe f, pompier, sucette f, fantaisie f ; **to give s.o. a blow-job**, tailler une pipe / un pompier / une plume à qqun.

blow-out n. gros repas°, festin, gueuleton, grande bouffe f.

blow-up n. dispute° f, engueulade f, rébecca, prise de bec f.

blow up v.i. exploser de colère°, péter les plombs, se mettre en pétard / en rogne.

blue adj. 1. grivois°, de fesse, porno, X ; **a blue movie**, un porno; **a blue joke**, une histoire gaillarde. 2. **until one is blue in the face**, à l'infini°, à perte de vue ; **he can grumble until he's blue in the face, it won't change a thing**, il peut râler tout ce qu'il pourra, ça ne changera rien. 3. **once in a blue moon**, rarement°, tous les trente-six du mois. 4. **to scream / cry blue murder**, beugler / gueuler comme un porc qu'on égorge.

blue (out of the) loc. tout d'un coup°, sans prévenir, sans crier gare ; **he showed up out of the blue**, il a débarqué comme une fleur.

blue-arsed fly (like a) adj. comme un dératé, comme un pantin à ressort ; **to run around / buzz about like a blue-arsed fly**, s'agiter dans tous les sens°, se démener comme un diable.

blurb n. texte de réclame° (livre, disque), pub f, sauce f, jus.

B.O. (abr. = **body odour**) mauvaise odeur corporelle° ; **to have B.O.**, cocotter, sentir la crevette, cognotter.

boat race (RS = **face**) n. (GB) visage°, gueule f, fraise f, tronche f.

bob n. shilling°, fifrelin, sou ; **not short of a bob or two**, riche°, plein aux as.

Bob's your uncle ! (and) loc. et voilà !, et le tour est joué !, emballez, c'est pesé ! ; **just add water and Bob's your uncle !**, ajoute un peu d'eau et voilà le travail !

bobby n. (GB) policier°, flic, poulet, perdreau.

bobby-dazzler *n.* qqch. *ou* qqun d'époustouflant° / qui en jette / qui décoiffe / qui déménage

bod *n.* 1. *(GB)* individu°, zèbre, gaillard, gus ; **he's a bit of an odd bod,** c'est un drôle de zèbre / un sacré numéro. 2. *(abr. = body)* corps°, physique, châssis ; **nice bod !** le châssis ! ; **to hawk one's bod,** vendre son corps°, faire le trottoir / le bitume / la verdure.

bog, bogs, bog-house *n. (GB)* toilettes° *f*, chiottes *f*, gogues *f* ; **to go to the bogs,** aller aux chiottes.

bog-roll *n. (GB)* papier-toilette°, papier-cul, PQ, torche-cul.

bog (up) *v.t.* abîmer°, bousiller, saloper, foutre en l'air.

bog-up *n.* 1. désordre°, foutoir, merdier, boxon. 2. gâchis°, foirade *f*, plantage, fiasco.

bog-trotter• *n.* Irlandais°, Iriche.

bollock• *v.t. (GB)* réprimander sévèrement°, engueuler, secouer les puces (à qqun), remonter les bretelles (à qqun).

bollocking• *n. (GB)* réprimande sévère° *f*, engueulade *f*, savon ; **the boss gave him a good bollocking,** le chef lui a remonté les bretelles.

bollock-naked•, ballock-naked• *adj. (GB)* nu°, à poil, à loilpé, les couilles à l'air.

bollocks•, ballocks• *n. (GB)* 1. testicules°, couilles *f*, roupettes *f*, joyeuses *f*. 2. bêtises° *f*, foutaises *f*, conneries *f* ; **what**

a load of old bollocks ! , c'est rien que de la couillonnade ! 3. **bollocks to you, mate !** va te faire foutre !, va te faire voir chez les Grecs ! , va te faire aimer ! 4. **to make a bollocks of s.t.,** bousiller / saloper / foutre en l'air qqch. 5. **a bollocks,** un con, un couillon, une tête de nœud; **that guy's a real bollocks,** quel trouduc, ce mec.

bollocks about *v.i. (GB)* ne rien faire°, glander, glandouiller, se branler les couilles.

bollocks'd *adj. (GB)* hors d'usage°, foutu, pété, naze.

bollocks up *v.t. (GB)* abîmer°, saloper, bousiller, massacrer.

boloney, baloney *n. (US)* bêtise° *f*, foutaise(s) *f*, connerie(s) *f*, conceté *f* ; **what a load of baloney !** quelle couillonnade !

bolshie, bolshy *adj.* 1. communiste°, bolcho, coco. 2. râleur, grognon ; **he's a bit bolshy,** il est un peu geignard sur les bords.

bolshie, bolshy *n.* communiste°, coco, rouge, bolcho.

bomb *n.* 1. **it costs a bomb,** ça coûte une fortune / les yeux de la tête / la peau des fesses. 2. **to make a bomb,** gagner une fortune°, (se) faire un paquet de fric / de blé. 3. **to go like a bomb,** a) aller très vite°, foncer, dépoter, déménager ; b) bien marcher°, aller comme sur des roulettes, boumer, rouler ; c) *(US)* échouer°, faire un four / un flop / un fiasco, foirer.

bomb 1. *v.i.* a) *(US)* échouer°,

faire un flop / un fiasco / flanelle, foirer ; b) aller vite°, foncer, dépoter, tracer. 2. *v.t.* graffiter, taguer.

bombed (out) *adj.* 1. saoul°, beurré, bourré, pété. 2. drogué°, défoncé, raide ; **bombed out of one's mind**, raide def, foncedé.

bomb out *v.i.* annuler° *(concert, spectacle, etc.)*, faire faux bond.

bombshell *n.* 1. femme attirante°, nana canon *f*, bombe sexuelle. 2. événement ahurissant°, coup de massue, bombe *f*.

bonce *n.* tête° *f*, boule *f*, cafetière *f*, citrouille *f*.

boner *n.* érection° *f*, trique *f*, matraque *f*, bambou.

bone-shaker *n.* vieille voiture°, tacot, tromblon, guimbarde *f*.

bonk• *n.* *(GB)* coït°, baise *f*, coup, tringlette *f*.

bonk• *v.i, v.t.* *(GB)* faire l'amour°, aller au radada, baiser, s'envoyer en l'air.

bonkers *adj.* fou°, cinglé, secoué, ravagé ; **to go bonkers**, perdre la boule, devenir dingue / guedin.

boob, booby *n.* erreur° *f*, gaffe *f*, gourance *f*, plantage.

boob *v.i.* faire un impair° / une gaffe / une connerie, gaffer.

booboo *n.* erreur° *f* *(enfants)*, bêtise *f*, boulette *f*.

boobs, boobies *n.pl.* seins°, nichons, lolos, roberts.

boob tube *n.* 1. *(US)* télévision° *f*, télé *f*, téloche *f*. 2. bustier°, porte-nichons.

boogie box *n.* radio-cassette (portatif)°, boîte à musique *f*.

book *n.* 1. **to go by the book**, suivre le règlement à la lettre°, être bête et discipliné. 2. **to be in s.o.'s good books**, avoir la faveur de qqun°, être dans les petits papiers de qqun, avoir la cote avec qqun. 3. **little black book**, liste d'adresses sentimentales°, carnet rose. 4. **to throw the book at s.o.**, a) infliger la peine maximale° / coller le maximum à qqun ; b) réprimander sévèrement qqun°, passer un savon / secouer les puces / remonter les bretelles à qqun. 5. **one for the book(s)**, un événement mémorable°, un moment historique, une occasion unique; **a turn-up for the books**, une méga-surprise.

book *v.t.* 1. infliger une amende° (à qqun), coller un PV / une prune / une contredanse (à qqun). 2. arrêter°, pincer, choper, niquer.

boondocks, boonies *n.pl.* *(US)* coin° / trou / bled perdu ; **in the boonies**, au diable, en plein désert, à perpète (-les-bains).

boot *n.* 1. **to give s.o. the boot**, chasser° / éjecter / virer qqun, flanquer / foutre qqun à la porte. 2. **to lick s.o.'s boots**, flatter qqun°, fayotter auprès de qqun, lécher les bottes / cirer les pompes à qqun. 3. **to put the boot in**, a) devenir violent°, se mettre à cogner / frapper / taper ; b) critiquer sévèrement°, éreinter, démolir. 4. **the boot is on the other foot**, les rôles sont inversés, on change de côté, la balle change de camp. 5. femme laide°, cageot, prix à réclamer; **an old boot**, une pouffiasse / pétasse / grognasse.

boot *v.t.* démarrer° *(ordinateur)*, mettre en route.

boot hill *n.* cimetière°, champ des allongés.

bootleg *n.* enregistrement non autorisé° / pirate.

bootleg *v.i.* faire de la contrebande d'alcool°.

bootlegger *n.* contrebandier°, bootlegger.

bootlicker *n.* flagorneur°, fayot, lèche-bottes.

boot out *v.t.* chasser°, éjecter, virer, lourder.

booze *n.* alcool°, carburant, boisson *f* ; **to hit the booze**, toucher à la bouteille ; **to go off the booze**, arrêter de boire°, poser son verre.

booze *v.i.* boire de l'alcool°, biberonner, picoler, pitancher.

boozer *n.* 1. alcoolique°, alcoolo, poivrot, éponge *f.* 2. *(GB)* bar°, troquet, rade.

booze-up *n.* beuverie *f,* séance de picolage *f,* soûlographie *f,* saoulerie *f.*

boozy *adj.* qui a rapport à l'alcool°, alcoolisé ; **a boozy party**, une fête bien arrosée.

bop *n.* bal°, soirée dansante, surboum *f.*

bop 1. *v.i.* danser°, guincher, swinguer. 2.• *v.i., v.t. (US)* coïter°, baiser, limer, tringler.

boracic *(abr. = **boracic lint**,*

*RS = **skint**) adj. (GB)* désargenté°, fauché, à sec, sans un.

bore the pants / the balls off / the shit out of (to) *loc.* ennuyer à mort°, bassiner, casser les couilles / le cul (à qqun), faire chier.

boss *adj. (US)* excellent°, hyperbien, génial, géant.

bossy-boots *n.* personne autoritaire° / pétsèque *f,* vache *f,* dragon.

bother, bovver *(GB) n.* bagarre° *f,* castagne *f,* baston *f,* rififi ; **a spot of bother**, du suif.

bottle *n.* 1. **to hit the bottle**, s'adonner à la boisson°, se mettre à picoler, téter la bouteille. 2. courage°, cran, culot ; **to lose one's bottle**, se dégonfler.

bottle out *v.i.* perdre son courage°, se dégonfler, se déculotter, se déballonner.

bounce 1. *v.i.* **to bounce with sex-appeal**, avoir beaucoup° / être plein de charme, jeter du jus, avoir du chien. 2. *v.t.* chasser° *(boîte de nuit)*, virer, vider, foutre dehors.

bouncer *n.* portier° *(boîte de nuit)*, videur.

bouncers *n.pl.* seins°, amortisseurs, lolos, roberts.

bovver = bother.

bovver boots *n.pl. (GB)* grosses chaussures montantes°, rangers.

bovver boy *n. (GB)* voyou°, loubard, *sp.* skinhead, skin.

box *n.* 1.• vagin°, tirelire *f,* boîte à ouvrage *f,* baba. 2.• organes sexuels mâles°, parties *f*, service trois-pièces. 3.• anus°, bocal, fion, rondelle *f*. 4. télévision° *f*, télé *f*, téloche *f* ; **what's on the box tonight ?**, qu'est-ce qu'y a au poste ce soir ? 5. **box of tricks**, attirail°, boîte à malices *f*, arsenal.

boy in the boat• *n.* clitoris°, clicli, bouton, berlingot.

bozo *n.* *(US)* imbécile°, neuneu, tête de nœud *f*, ducon.

bracelets *n.pl.* menottes° *f*, cadènes *f*, bracelets.

Brahms and Liszt (*RS* = **pissed**) *adj.* *(GB)* ivre°, bourré, rétamé, pinté.

brain *v.t.* frapper à la tête°, faire une tête au carré / éclater la tête (à qqun).

brainbox *n.* personne très intelligente°, cerveau, grosse tête ; **he's a real brainbox**, c'est une tête.

brains *n.pl.* 1. **to have brains**, être très intelligent°, avoir la grosse tête, être une tête. 2. inspirateur° ; **to be the brains behind the operation**, être le cerveau de l'opération.

brainy *adj.* intelligent°, malin, futé, calé.

brass *n.* 1. argent°, pognon, fric, blé. 2. audace° *f*, culot, toupet ; **he's certainly got brass**, il manque pas d'air.

brass monkey weather *loc.* *(GB)* temps froid°, temps à ne pas mettre le nez dehors / à se les geler.

brass-neck (to have a), avoir de l'audace°, ne pas manquer d'air,

être culotté / gonflé.

brass tacks (to get down to) *loc.* attaquer le fond du problème°, s'y mettre, en venir au fait / aux choses sérieuses.

brat *n.* 1. enfant mal élevé°, sale gosse, affreux jojo. 2. enfant°, gosse, môme, chiard.

bread *n.* argent°, blé, fric, thune *f* ; **to be on the bread line**, être juste au point de vue fric ; **to be below the bread line**, être fauché (comme les blés), être sans un (radis) / à sec.

break *n.* 1. chance° *f*, occasion *f*, occase *f*, coup de bol / pot ; **to get all the breaks**, avoir un cul d'acier. 2. **to give s.o. a break**, a) donner sa chance à qqun°, donner un tremplin à qqun, mettre qqun en piste; b) laisser qqun tranquille°, lâcher les baskets à qqun ; **give me a break**, lâche-moi (la grappe). 3. **to make a break (for it)**, s'évader°, faire le mur, se faire la belle / la malle.

breakfast *n.* **to have s.o. for breakfast**, dominer° / se faire / se taper qqun ; **I could have ten like him for breakfast**, des mecs comme ça, j'en bouffe dix au petit déjeuner.

breeze *n.* tâche facile° *f*, du tout cuit; **it's a breeze**, c'est du gâteau / du cousu main.

brekker *n.* petit déjeuner°, petit dej.

brew *n.* *(GB)* coup à boire, godet, canon, glasse.

brewed (up) *adj.* ivre°, bourré,

noir, schlasse.

brewer's droop (to have) *loc.* être rendu impuissant par l'alcool°, bander mou à force d'avoir bu.

bricks and mortar (*RS* = daughter) *n.* *(GB)* fille° *f,* petite *f,* minette *f.*

bright bastard *n.* petit rusé / malin / futé.

bring off *v.t.* amener à l'orgasme°, faire jouir, faire briller / reluire ; **to bring oneself off,** se finir.

bristols (*abr.* = **Bristol City's,** *RS* = **titties**) *n.pl.* *(GB)* seins°, nichons, roberts, roploplots.

bro (*abr.* = brother) *n.* frère°, frérot, frangin.

broad *n.* *(US)* femme° *f,* poule *f,* gonzesse *f,* meuf *f.*

broke *adj.* 1. désargenté°, à sec, fauché, sans un; **flat / stoney broke,** complètement ratiboisé. 2. **to go for broke,** miser le maximum°, risquer le paquet, faire banco.

broke loose (all hell) *loc.* c'est devenu la pagaille° / l'enfer / le bordel.

brolly *n.* *(GB)* parapluie°, pépin, pébroque.

brothel-creepers *n.pl.* chaussures à semelle de crêpe° *f,* creepers.

brown• *n.* 1. anus°, fion, bagouse *f,* turbine à chocolat *f.* 2. **a bit of brown,** coït anal°, enculage, passage par-derrière.

brown• *v.t.* sodomiser°, enculer, empaffer, défoncer la rondelle (à qqun).

brown-hatter• *n.* homosexuel°, empaffé, enfoiré, emmanché.

brown-nose *v.t.* flatter°, lécher les bottes / le cul (à qqun), cirer les pompes (à qqun).

brown-nose, brownnoser *n.* flagorneur°, fayot, lèche-bottes, lèche-cul.

brown off *v.t.* 1. importuner°, taper sur le système / les casser (à qqun), faire chier. 2. décourager°, déprimer, filer le cafard / foutre les boules (à qqun); **to be browned off,** être découragé°, déprimer, avoir les boules, flipper.

brownie points *n.pl.* *(GB)* points de récompense° *(école),* bons points.

bubbly *n.* champagne°, champ.

buck *n.* *(US)* dollar°, billet vert.

bucket (to kick the) *loc.* mourir°, casser sa pipe, déposer son bilan, remercier son boulanger.

bucket *v.i.* pleuvoir fortement°, flotter à pleins tuyaux ; **it's bucketing,** il pleut des cordes / des hallebardes / comme vache qui pisse.

buck up 1. *v.i.* se ressaisir°, se reprendre en main, se secouer ; **come on, buck (yourself) up !** allez ! , du nerf ! / courage ! 2. *v.t.* remonter le moral° / donner un coup de fouet (à qqun).

bud *n.* *(US)* individu°, type, gars, gus; **hey bud !** hé, mec ! , alors, chef?

buddy *n.* 1. ami°, copain, pote, poteau; **hi buddy !** salut, vieux pote ! ; **we've been buddies for years,** ça fait un bail qu'on est copains. 2. = **bud.**

buddy-buddy *adj.* ami-ami°, copain-copain ; **to be buddy-buddy,** être comme cul et chemise.

buff *n.* 1. expert°, spécialiste, pro ; **film-buff,** cinéphile ; **jazz-buff,** jazzeux. 2. **in the buff,** nu°, à poil, à loilpé.

bug *n.* 1. *(US)* insecte°, bestiole *f.* 2. dispositif d'écoute secrète°, micro. 3. microbe° *ou* bactérie° *f,* saloperie *f,* cochonnerie *f.* 4. virus informatique°, bug. 5. **to have caught the bug,** s'être pris d'une passion°, avoir attrapé le virus / la maladie (de qqch.).

bug *v.t.* 1. importuner°, enquiquiner, emmerder ; **stop bugging me,** arrête de me bassiner ; **what's bugging you ?** qu'est-ce qui te chiffonne ? 2. placer sur écoute°.

bugger• *n. (GB)* 1. sodomite°, enfoiré, empaffé, enculé. 2. **(dirty) bugger,** salaud, salopard, saligaud. 3. **(silly) bugger,** con, connard, couillon. 4. individu°, type, mec ; **poor little bugger,** pauv' type ; **lucky bugger,** veinard. 5. ennui°, saloperie *f,* emmerdement ; **this is a real bugger of a tin to get opened,** cette boîte, qu'est-ce que ça peut être chiant à ouvrir.

bugger• *v.t. (GB)* 1. sodomiser°, enculer, emmancher, enviander. 2. abimer°, saloper, bousiller, foutre en l'air ; **it's buggered,** c'est foutu.

3. **bugger (it) !** et merde ! ; **bugger you !** je t'emmerde ! ; **well I'll be buggered !** putain de bordel de merde ! ; **buggered if I know,** j'en sais foutre rien.

bugger about *v.i. (GB)* 1. ne rien faire°, glander, glandouiller, zoner. 2. **to bugger about with s.t.,** déconner / faire le con / faire le clown avec qqch.

bugger all *n. (GB)* rien°, que dalle, bal peau, peau de zob.

bugger off *v.i. (GB)* décamper°, décaniller, foutre le camp, dégager; **bugger off !** casse-toi !

bugger up *v.t. (GB)* abîmer°, saloper, foutre en l'air, massacrer.

buggered *adj. (GB)* 1. usé°, foutu, naze, niqué. 2. épuisé°, crevé, pompé, vanné.

bug off ! *loc.* barre-toi de ma vue ! , casse-toi (de mon herbe) ! , fous le camp !

bull *n.* 1. policier°, flic, poulet, poulaga. 2. = **bullshit.**

bull artist = **bullshit artist.**

bullshit•, bull *n.* mensonges° *ou* bêtises° *f,* bobards, connerie(s) *f,* couillonnerie(s) *f* ; **that's a load of bullshit,** c'est rien que de la connerie ; **bullshit !** , mon cul ! et mon cul, c'est du poulet ?

bullshit• 1. *v.i.* raconter des bêtises° *f* / craques *f* / conneries *f* / bobards, déconner ; **stop bullshitting !** arrête tes conneries / ton cinéma / ton baratin ! 2. *v.t.* **to bullshit s.o.,** se moquer de qqun°, faire marcher qqun, raconter des conneries à qqun, se foutre de la gueule de qqun; **don't bullshit me !**, ne me prends pas / pour un con.

bullshit artist, bull artist, bullshitter *n.* 1. beau parleur°, baratineur, guignol, guignolo. 2. individu méprisable°, connard, branleur, pauvre con.

bullshit detector *n.* détecteur de connerie, déconnomètre.

bullshitter = bullshit artist.

bum *adj.* malhonnête°, tordu, dégueulasse, vache ; **a bum deal**, un coup tordu, une arnaque; **a bum rap**, une fausse accusation° ; **a bum steer**, une information fausse°, un tuyau crevé / percé.

bum *n.* 1. derrière°, cul, dargeot, oignon. 2. paresseux°, feignant, branleur, glandeur ; **what a lazy bum**, quel cossard ; **beach bum**, zonard de plage. 3. mendiant°, clochard, clodo, SDF. 4. **to be on the bum**, a) être sans domicile° / à la rue; b) mendier°, taper, faire la manche.

bum *v.t.* emprunter°, torpiller, taxer; **to bum a cigarette off s.o.**, taper une clope à qqun.

bum around *v.i.* ne rien faire°, glander, glandouiller, zoner.

bum-boy• *n.* homosexuel°, tapette *f*, tantouze *f*, pédé.

bumchum• *n.* partenaire d'un homosexuel°.

bumf *n.* 1. papier-toilette°,

papier-cul, PQ. 2. formulaires administratifs°, paperasse *f*, paperasserie *f*.

bumfreezer *n. (GB)* veste courte°, rase-pet.

bum-fuck• *n.* coït anal°, enculage, empaffage.

bum-fuck• *v.t.* sodomiser°, enculer, empaffer, emmancher, péter la rondelle (à qqun).

bum-fucker• *n.* homosexuel°, emmanché, enfoiré, empaffé.

bum-hole• *n.* anus°, trou du cul, fion, rondelle *f*.

bum-licker• *n.* flagorneur°, fayot, lèche-cul.

bummer *n.* 1. déception° *f*, douche froide / écossaise ; **what a bummer !** dur ! 2. expérience déplaisante°, galère *f*, merde *f*, emmerde(s) *f*.

bump off *v.t.* tuer°, effacer, buter, liquider.

bum-robber• *n.* homosexuel°, enfoiré, empaffé, enculé

bun *n.* 1. **to have a bun in the oven**, être enceinte° / en cloque, avoir le ballon, avoir un polichinelle dans le tiroir. 2. *pl. (US)* **buns**, fesses° *f*, miches *f*, meules *f*, brioches *f*.

bunch of fives *n.* coup de poing°, direct, gnon, bourre-pif.

bundle *n.* 1. grosse somme d'argent°, pacson, matelas ; **to make a bundle**, gagner une fortune°, se faire un tas / paquet de fric. 2. **a bundle of nerves**, une personne très nerveuse°, un paquet de nerfs.

bung *v.t.* 1. jeter°, envoyer, balancer ; **bung that bag over**

here ! envoie voir ton sac par ici ! 2. **to bung one on s.o.**, donner un coup à qqun°, envoyer une beigne / une mandale / une avoine à qqun.

bunghole• *n.* anus°, trou du cul, anneau, fignedé.

bunghole• *v.t.* sodomiser°, enculer, empaffer, enviander, péter la rondelle (à qqun).

bunk *n.* 1. paroles en l'air° *f*, foutaise(s) *f*, vent, bobards. 2. **to do a bunk**, partir°, se tirer, se casser, mettre les bouts ; **when he heard she was in trouble he did a bunk on her**, quand il a su qu'elle était en cloque, il l'a plantée là.

bunk *v.t.* 1. ne pas assister (à un cours)°, sécher. 2. voyager sans payer° ; **to bunk the train**, brûler le dur.

bunk off *v.i.* 1. ne pas assister (à un cours)° / sécher ; **I bunked off from geog class yesterday**, hier j'ai sauté la géo. 2. prendre la poudre d'escampette°, se barrer, se tailler, décamper.

bunkum = bunk *n.* 1.

bunny-fuck• *n.* acte sexuel rapide°, petite crampette, petite baise vite faite.

bunny-fuck• *v.i.* faire l'amour en vitesse°, tirer un coup vite fait, se faire un cinq-à-sept.

burn *v.t.* 1. escroquer°, pigeonner, rouler, arnaquer. 2. tuer°, buter, brûler, dégommer.

burned out *adj.* 1. usé par la drogue°, naze, HS. 2. épuisé°, vanné, crevé, pompé.

burp *n.* éructation° *f*, rot.

burp *v.i.* éructer°, roter.

burp a rainbow (to) *loc.* vomir°, dégueuler, dégobiller, gerber.

bush *n.* poils du pubis°, barbu, touffe *f*, chicorée *f*.

bushed *adj.* épuisé°, crevé, pompé, vanné.

bush telegraph *n.* rumeur°, tam-tam, téléphone arabe.

business *n.* 1. **to do one's business**, faire ses besoins°, déposer un kilo, mouler un cake. 2. *(GB)* a) **to do the business** faire le nécessaire°, remplir son contrat; b) ce qu'il y a de mieux°, le top, la super-classe ; **try this stuff, it's the real business**, essaie ça, c'est vraiment champion. 3. **like nobody's business**, extrêmement°, foutument, vachement ; **he came rushing over like nobody's business**, il a foncé ici en moins de deux. 4. prostitution° *f*, biznès, tapin.

business girl *n.* prostituée° *f*, professionnelle *f*, gagneuse *f*, frangine *f*.

busk *v.i.* jouer *ou* chanter dans les lieux publics pour de l'argent°.

busker *n.* musicien de rue°.

bust *adj.* 1. usé°, pété, mort, naze; **the bloody computer is bust again**, ce putain d'ordinateur est encore déglingué. 2. a) **(flat) bust**, désargenté°, raide, fauché, sans un ; b) **to go bust**, faire faillite°, fermer boutique, couler.

bust *n.* 1. arrestation°, emballage, crâne. 2. fête *f*, bringue *f*, noce *f*, nouba *f*.

bust *v.t.* 1. arrêter°, cueillir, piquer, emballer ; **he got busted**, il s'est fait niquer. 2. **to bust s.o.'s face (in) / ass**, battre qqun°, casser / friter / péter la gueule à qqun. 3. rétrograder° (*police, armée*), casser. 4. **to bust a gut / one's ass**, s'épuiser au travail°, se casser / se crever le cul. 5. casser°, péter, bousiller, foutre en l'air.

buster *n.* individu°, mec, type ; **hey buster, come over here !** hé, mon gars, ramène-toi par ici !

bust-up *n.* 1. séparation° *f*, rupture *f*, brouille *f*, split. 2. dispute° *f*, engueulade *f*, rébecca.

bust up 1. *v.i.* se séparer°, rompre, se brouiller, se démaquer. 2. *v.t.* abîmer°, amocher, bousiller, massacrer; **the cops bust up my place**, les flics ont foutu en l'air ma piaule.

busty *adj.* à la poitrine forte° / avantageuse, qui a des avantages; **she's a busty lass**, y a du monde au balcon.

butch *adj.* viril°, macho, mâle.

butch *n.* 1. homme viril°, macho, vrai de vrai, vrai mec. 2. homosexuel mâle actif°, homo cuir, butch. 3. lesbienne d'allure masculine° / hommasse *f*.

butchers (*abr.* = **butcher's hook**, *RS* = **look**) *n.* (*GB*) coup d'œil°, œil, coup de périscope ; **take a butchers at this one**, vise / mate un peu celui-là ; **give us a butchers**, montre voir.

butt *n.* (*US*) derrière°, derche, dargif, cul ; **he's a pain in the butt**, il est vraiment casse-cul.

butterfingers *n.* **to have butterfingers, to be a butterfingers**, être (un) maladroit° / empoté, être adroit comme un manche, être une catastrophe ambulante.

butterflies (to have the / to have) *loc.* être nerveux°, avoir le trac, mouiller.

buttfuck• *n.* 1. coït anal°, enculage, baise à la riche *f*. 2. sodomite°, enculé, enfoiré, empaffé. 3. salaud, connard, trouduc.

buttfuck• *v.t.* sodomiser°, enculer, emmancher, empaffer.

button *n.* 1. clitoris°, clicli, bouton, berlingot. 2. **on the button,** pile !, dans le mille !, pile-poil !

button *v.t.* **button your lip / your flap !** tais-toi ! ° , ferme ta gueule ! / ton clapet ! ; **button it !** la ferme ! , écrase !

buttonhole *v.t.* **to buttonhole s.o.,** surprendre qqun°, tomber sur (le paletot à) qqun, alpaguer qqun.

buy *v.t.* 1. **I'll buy that**, d'accord, je marche, je prends. 2. **to buy it**, se faire tuer° / effacer / buter / descendre.

buzz *n.* 1. **to give s.o. a buzz**, passer un coup de téléphone° / fil / bigophone / biniou à qqun. 2. plaisir intense°, superpied, kif; **when I smoke my first cigarette of the day I get a buzz**, la première cigarette de la journée me fait toujours planer.

buzz off *v.i.* partir°, décamper, vider le plancher ; **buzz off !** | casse-toi !, dégage !, gagedé !

cabbage *n.* 1. argent°, blé, oseille *f*, galette *f*. 2. handicapé°, légume, végétal.

cabbie *n.* chauffeur de taxi°, taxi, sapin.

caboodle (the whole) *loc.* tout le bataclan / fourbi / bazar, la totale.

caboose *n.* *(US)* prison° *f*, taule *f*, ballon, cabane *f*.

cacks *n.pl.* *(GB)* pantalon°, futal, fute, falzar.

cad *n.* *(GB)* homme détestable°, malotru, mufle, ours.

cadge (to be on the) *loc.* quémander°, taper, torpiller, taxer.

cadge *v.t.* quémander°, taper, torpiller ; **he's always cadging fags**, il est toujours à taxer des clopes.

cadger *n.* quémandeur°, tapeur, torpilleur.

caff *n.* *(GB)* café°, bistrot, rade.

cahoots *n.pl.* **to be in cahoots with s.o.**, être complice° / de mèche avec qqun ; **the lawyer and the judge were in cahoots on the deal**, l'avocat et le juge ont travaillé la main dans la main dans cette affaire.

cake *n.* 1. **to have your cake and eat it (too)**, avoir le beurre et l'argent du beurre. 2. **it's (a piece of) cake**, c'est facile°, c'est du gâteau / de la tarte / galette. 3. **to have a slice of the cake**, recevoir sa juste part°, avoir sa part du gâteau.

cake-hole *n.* *(GB)* bouche° *f*, gueule *f*, bec ; **shut your cake-hole !** ferme-la.

cakewalk *n.* qqch. de facile°, du gâteau, du billard ; **last season was a cakewalk for the team**, la saison dernière a été une promenade de santé pour l'équipe.

call *n.* **to answer the call of the great outdoors/Nature's call**, uriner°, aller faire pipi, changer son poisson d'eau, vidanger.

call *v.t.* 1. **to call it quits**, en finir°, laisser tomber / béton, arrêter les frais ; **let's call it quits for now !** allez, c'est marre ! ; **to call it a day**, s'arrêter°, s'en tenir là ; **as soon as he reached sixty-five he decided to call it a day**, dès ses soixante-cinq ans, il a décidé de se ranger des voitures. 2. **to call s.o.'s bluff**, dévoiler le jeu de qqun°, démonter les mensonges de qqun. 3. **to call for Hughie / Charlie / Ruth**, vomir°, dégueuler, dégobiller, gerber. 4. **to call s.o. all the names of the day / under the sun**, insulter qqun violemment°, traiter qqun de tous les noms / comme du poisson pourri. 5. **to call the shots**, être le responsable°, mener la ronde, faire la loi ; **I'm the one who calls the shots here**, c'est moi le boss ici.

call-girl *n.* prostituée° *f*, call-girl *f*, frangine *f*, gagneuse *f*.

camp *adj.* 1. efféminé°, qui fait tapette, qui a un look tantouse. 2. homosexuel°, homo, gay, pédé.

camp *v.i.* = **camp up** ; **camp it up** *loc.* 1. affecter des manières efféminées°, faire l'affiche. 2. surjouer° (*acteurs, etc.*), cabotiner, faire son cinéma.

campness *n.* style efféminé° *ou* homosexuel°, camp.

campy *adj.* 1. efféminé°, qui fait tapette/lopette. 2. maniéré°, affecté°, camp.

can *n.* 1. prison° *f*, cabane *f*, taule *f* ; **to put s.o. in the can**, mettre qqun à l'ombre, fourrer qqun au bloc. 2. **it's in the can**, a) c'est en préparation°, c'est une affaire qui roule ; b) l'affaire est faite°, ça roule, c'est dans la poche. 3. **to carry / take the can for s.o.**, recevoir la responsabilité° / écoper / prendre à la place de qqun, porter le chapeau pour qqun ; **to be left carrying the can**, payer à la place de qqun. 4.• *(US)* toilettes° *f*, chiottes *f*, gogues. 5.• *(US)* postérieur°, cul, fion ; **to kick s.o. in the can**, botter le derrière à qqun. 6. **can of worms**, problème épineux°, sac de nœuds ; **dealing with environmental issues is like opening a can of worms**, s'attaquer aux questions écologiques, c'est ouvrir la boîte de Pandore. 7. *pl.* **cans**, casque° (*hi-fi, etc.*), écoutilles *f*.

cancer-stick *n.* cigarette° *f*, clope *f*, tige *f*, sèche *f*.

candy *n.* 1. cocaïne° *f*, coke *f*, neige *f*, poudre *f*. 2. LSD°, acide.

candyman *n.* revendeur de drogue°, dealer, dileur.

cane *v.t.* battre largement°, écraser, filer une branlée / une raclée (à qqun).

canned *adj.* saoul°, fait, bourré, plein comme une barrique.

canny *adj.* *(GB)* rusé°, futé, malin comme un singe, pas con.

Canuck *n.* Canadien°.

cap *n.* 1. capsule de drogue° *f*. 2. diaphragme° (*contraception*).

cap *v.t.* *(US)* insulter°, traiter; **her mother capped her in front of all her friends**, sa mère l'a agonie devant toutes ses amies.

caper *n.* 1. métier°, job, boulot. 2. manœuvre malhonnête° *f*, entourloupe *f*, pigeonnage, arnaque *f* ; **you'll get done for this caper**, après ce coup-là tu n'y couperas pas ! 3. opération criminelle de grande envergure°, gros coup, grosse affaire ; **that was some caper they pulled at the museum**, sacré joli coup qu'ils ont réussi au musée ! 4. rigolade *f*, marrade *f*, bonne tranche ; **that was a real caper !** qu'est-ce qu'on s'est poirés !

caput *adj.* cassé°, kaput, naze, HS.

card *n.* 1. **to get one's cards**, se faire licencier° / virer / saquer / lourder ; **to give s.o. his cards**, licencier qqun°, mettre qqun à la porte, saquer qqun. 2. individu qui sort de l'ordinaire°, (drôle de) zèbre, phénomène ;

this guy's a real card, ce mec, c'est un sacré numéro ! 3. **it's on the cards / (US) in the cards**, vraisemblablement°, y a toutes les chances que ; **it's on the cards that our candidate is going to win**, notre candidat va gagner, c'est tout vu. 4. **to go through the card**, tout essayer°, goûter à tous les plats ; **wine, women, song, I've been through the card in my life**, l'alcool, les femmes, le plaisir, je connais toute la gamme.

card v.t. (US) demander une pièce d'identité (à qqun)° (pour vérifier son âge), contrôler ; **every time I go into that bar I get carded**, chaque fois que je vais dans ce bar, on me demande si je suis pas mineur.

carpet n. **to have s.o. on the carpet**, réprimander° / enguirlander / engueuler qqun; **to be on the carpet**, se faire engueuler, prendre un savon / un shampooing.

carpet v.t. réprimander°, laver la tête/passer un savon (à qqun) ; **I was carpetted by the boss**, je me suis fait incendier par le patron.

carrot-top n. rouquin°, poil de carotte.

carry v.i. être armé°, avoir un flingue, porter un calibre.

carry-on n. simagrées° f, chichis, comédie f, cinéma ; **what's all this carry-on about ?** qu'est-ce que c'est que cette histoire ?

carry on v.i. 1. **to carry on with s.o.**, avoir une liaison° / une aventure avec qqun. 2. faire des simagrées° / une scène / tout un cinéma / toute une histoire.

cart about / around v.t. transporter°, traîner, trimballer, coltiner ; **I've been carting this thing around all morning**, je me balade avec ce truc depuis ce matin.

cart off v.t. emmener°, embarquer; **the cops carted him off to jail for the night**, les flics l'ont embarqué au poste pour la nuit.

carve (up) v.t. 1. taillader°, charcuter, larder (qqun) de coups de couteau, balafrer. 2. **to carve up the loot**, partager le butin° / le gâteau.

carve-up n. partage du butin° / du gâteau, distribution f.

case n. individu singulier°, phénomène, zèbre, numéro ; **he's a real case**, c'est un cas.

case v.t. **to case the joint**, 1. inspecter les lieux avant un cambriolage° / un casse, faire une reconnaissance préliminaire. 2. reconnaître les lieux°, donner un coup d'œil, jeter un œil, **if you fancy a jar, let's case this joint**, si t'as envie de prendre un pot, on peut essayer ce troquet.

cash in 1. v.i. **to cash in on s.t.**, tirer tout le bénéfice de qqch.°, faire son beurre de qqch. 2. v.t. **to cash in one's chips**, mourir°, passer l'arme à gauche, lâcher la rampe, remercier son boulanger.

casting couch *n.* canapé-lit du metteur en scène°; **the director uses his casting couch to choose his female parts,** elles doivent toutes passer par le divan du réalisateur pour décrocher leurs rôles.

cast-iron *adj.* inattaquable°, d'acier ; **a cast-iron alibi,** un alibi en béton.

cat *n.* 1. femme méchante°, mégère *f,* bique *f,* dragon. 2. musicien de jazz°, jazzeux. 3. personne° *f,* type / typesse *f,* keum *f* / meuf *f* ; **she's a real cool cat,** c'est une nana supercool. 4. **to let the cat out of the bag,** révéler le secret°, vendre la mèche, cracher / manger le morceau, se déboutonner. 5. **the cat's whiskers / pyjamas,** ce qu'il y a de mieux°, le fin du fin, le top ; **this place is really the cat's whiskers,** ici, c'est la crème de la crème. 6. **to look like something the cat brought / dragged in,** avoir mauvaise allure° / une sale gueule, avoir l'air sorti d'une poubelle. 7. **to rain cats and dogs,** pleuvoir abondamment° / des cor-des / comme vache qui pisse. 8. **to put the cat among the pigeons,** faire un scandale°, faire des vagues, jeter un pavé dans la mare. 9. **there's not enough room to swing a cat in here,** il y a à peine la place de se retourner ici°, c'est carrément rikiki ici ! 10. **that's enough to make the cat / a cat laugh,** c'est incroyable° / hallu-

cinant / à se les mordre.

catbird seat (the) *n. (US)* situation avantageuse° ; **to be / to sit in the catbird seat,** dominer la situation, trôner.

cat burglar *n.* cambrioleur°, monte-en-l'air, caroubeur, braqueur.

catch *n.* 1. inconvénient caché°, piège ; **winning a new kitchen seems fine, but where's the catch ?** gagner une cuisine neuve, ça paraît super, mais il doit y avoir une couille quelque part. 2. **a catch 22 situation,** une situation sans issue° ; **it's a catch 22 situation,** on perd à tous les coups. 3. acquisition enviable° *f,* affaire (en or) *f,* grosse prise ; **getting the President to speak at our annual dinner would be a great catch,** si le Président vient parler à notre dîner annuel, ce sera le méga-événement.

catch *v.t.* 1. **to catch s.o. with their trousers / pants down, to catch s.o. napping,** *(US)* **to catch s.o. off base,** prendre qqun au dépourvu° / à contrepied, cueillir qqun. 2. **not to be caught (dead) doing s.t.,** ne pas avoir la moindre envie de faire qqch.°, ne pas faire qqch. pour tout l'or du monde ; **I wouldn't be caught dead there,** plutôt crever que d'y mettre les pieds. 3. **to catch s.o. red headed / with one's hand in the till,** prendre qqun en flagrant délit° / en flag / la main dans le sac. 4. **to catch it**, recevoir qqch. de désagréable°, en prendre plein la gueule, morfler ; **he caught it in the neck**, il a pris le pruneau dans la nuque. 5. *(US)* **to catch some Zs**, dormir°, piquer un roupillon / une ronflette. 6. *(US)* **to catch some rays**, bronzer°, prendre le soleil, se dorer la pilule, se faire un plan bronzette.

catch on *v.i.* 1. comprendre°, piger, saisir ; **he's a bit slow to catch on**, il comprend vite, mais il faut lui expliquer longtemps. 2. réussir°, prendre, marcher; **I'm sure it'll catch on**, je suis sûr que ça prendra.

cat-house *n.* maison close°, boxon, bordel.

catty *adj.* méchant°, vache, vachard, dégueulasse ; **that was a catty thing to say**, ça c'était vraiment une vacherie !

cert *(abr. = certainty)* *n.* certitude° *f*, du tout cuit ; **he's a cert to win the first race**, je parierais mon cheval qu'il va gagner la première course ; **he's a dead cert to win the election**, il va gagner l'élection à tous les coups.

certified *adj.* aliéné°, (fou) patenté, taré intégral ; **I think you need certified !** à mon avis, c'est Sainte-Anne qu'il te faut !

chain-smoke *v.i.* fumer constamment° / comme un pompier / comme une cheminée, cloper comme un malade.

chain-smoker *n.* fumeur invétéré°, clopeur fou.

chair (the) *n. (US)* la chaise électrique°.

champ *(abr. = champion)* *n.* champion°, as, maître.

champers *n. (GB)* champagne°, champe.

champion *adj. (GB)* remarquable°, extra, génial, champion.

chance *n.* **no chance ! not a chance !** pas question !°, tu peux toujours courir ! / te brosser !, des clous !

chance *v.t. (GB)* **to chance it / one's arm**, 1. faire un essai à tout hasard°, tenter / risquer le coup. 2. exagérer°, y aller un peu fort, charrier ; **using your dad's credit card to call abroad is really chancing your arm**, tu trouves pas que tu pousses un peu quand tu te sers de la carte de crédit de ton père pour téléphoner à l'étranger ?

chancellor of the Exchequer *n. (GB)* trésorier d'une association°, porte-bourse.

chancer *n. (GB)* individu peu fiable°, bluffeur, guignol, clown.

chancy *adj. (GB)* douteux°, risqué, juste, limite ; **it's a chancy deal**, c'est une affaire que je sens mal.

change *n.* **to get no change out of s.o.**, ne rien obtenir° / tirer / sortir de qqun.

chap *n.* homme°, type, gars, gus ; **hello, old chap !** salut, vieux ! ; **he's not a bad old chap,** c'est un bon bougre.

char *n.* *(GB)* thé°.

character *n.* 1. individu°, type, mec, gonze ; **this character walked into the bar,** alors à ce moment-là un gus s'est ramené dans le troquet. 2. personnage singulier°, phénomène, zèbre ; **he's a real character,** c'est un sacré numéro.

charge *n.* **to get a charge out of s.t.,** tirer du plaisir de qqch.°, prendre son pied à qqch., s'éclater / kiffer avec qqch.

charged up *adj.* 1. saoul°, bourré, bituré, chargé. 2. drogué°, défoncé, pété, raide.

charity girl/goods *n.* femme facile° *f,* marie-couche-toi-là *f,* marie-salope *f,* coucheuse *f.*

char-lady *n.* *(GB)* femme de ménage° *f,* bonne à tout faire *f,* bonniche *f.*

Charley, charlie *n.* 1. *(GB)* idiot°, crétin, andouille *f,* taré ; **to look like a right / proper Charley,** avoir l'air du parfait zozo. 2. *(US)* soldat vietcong°, viet. 3. cocaïne° *f,* coke *f,* blanche *f,* poudre *f.*

charming ! *excl. (iron.)* c'est dégoûtant !°, charmant !, comme c'est agréable !

chart(s) *n.* classement°, hit-parade, chart ; **to top the charts,** être numéro un (dans les charts).

chart-buster *n.* chanson à succès° *f,* hit, tube.

chase the dragon (to) *loc.* inhaler de l'héroïne°, chasser le dragon.

chaser *n.* 1. coureur°, tombeur, dragueur. 2. petit verre d'alcool pris à la suite d'un verre de bière°, pousse-bière.

chassis *n.* corps°, physique, châssis ; **what a classy chassis !** ça, c'est un beau morceau !

chat *n.* *(GB)* parole facile° *f,* bagou, tchatche *f* ; **to be full of chat,** avoir la langue bien pendue.

chat-show *n.* causerie télévisée°, talk-show.

chat up *v.t.* séduire°, draguer, baratiner ; **I was chatting up this nice bit of stuff when her husband butted in,** j'étais là à emballer une jolie nana quand son mari a ramené sa fraise.

cheapie *adj.* bon marché°, donné, cheap.

cheapie *n.* affaire *f,* occasion *f.* 1. billet à tarif réduit°, billet discount. 2. repas bon marché° ; **that was a real cheapie we had at the Chinese,** c'était vraiment une affaire, ce déjeuner au chinois.

cheapo *adj.* 1. bon marché°, à prix écrasés, sacrifié ; **it's a great shop, they do real cheapo deals,** c'est une boutique super, ils font des deals d'enfer. 2. médiocre°, zonard, cheap, de troisième zone.

cheapskate *n.* *(US)* avare°, radin, rat.

cheat on *v.t.* tromper°, doubler, faire cocu, cocufier ; **she's been cheating on her husband for two years,** ça fait deux ans qu'elle met des cornes à son mari.

check ! *excl.* *(US)* d'accord !, OK !, entendu !

check out 1. *v.i.* a) partir°, se tirer, se casser ; **let's check outta here !** allez, on se barre ! ; b) mourir°, casser sa pipe, rendre ses clés. 2. *v.t.* regarder°, viser, zyeuter, mater ; **hey ! check out the wheels !** putain ! t'as vu c'te caisse !

cheek *n.* 1. audace° *f*, culot, toupet; **to have a hell of a cheek,** ne pas manquer d'air. 2. impertinence° *f*, culot ; **enough of your cheek !** baisse d'un ton !

cheeky *adj.* 1. audacieux°, gonflé, ballonné. 2. impertinent°, culotté ; **he's a cheeky little bugger,** qu'est-ce qu'il est mal élevé, ce petit monstre.

cheeribye *excl.* salut !, à la prochaine !, à la revoyure !

cheerio *excl.* salut !, ciao !, à plusse !

cheers *excl.* santé !, à la tienne, Etienne !, tchin-tchin !

cheese *n.* 1. **hard cheese !** pas de chance !°, manque de bol ! / de pot ! 2. **cheese and kisses** (*RS = missus*) épouse° *f*, moitié *f*, légitime *f*, bourgeoise *f*. 3. **(say) cheese !** souriez, le petit oiseau va sortir ! 4. **(big) cheese,** personnage important°, grosse légume, caïd, gros bonnet.

cheese it (to) *loc.* *(US)* partir°, décamper, se tailler, se casser ; **cheese it, here comes the Law !** vingt-deux, v'là la rousse !

cheese off *v.t.* irriter°, emmerder, gonfler, bassiner; **God ! he really cheeses me off !** purée !, qu'est-ce qu'il me fait chier ! ; **to be cheesed off,** en avoir assez° / marre / ras la patate.

cheeser *n.* *(GB)* individu qui sent mauvais°, puant, camembert.

cheesy *adj.* désagréable°, craignos, merdique.

cherry *n.* virginité° *f*, pucelage, capital, fleur *f* ; **to lose one's cherry,** virer sa cuti.

cherry-popping *n.* dépucelage, défloration *f*, baptême de l'air ; **he really used to get off on cherry-popping,** son truc, c'était de cueillir les berlingots des minettes.

chesty *adj.* à la poitrine généreuse° / avantageuse, qui a du monde à l'avant-scène ; **she's a chesty girl,** elle a du monde au balcon.

chew *v.t.* 1. réprimander sévèrement°, engueuler, enguirlander, savonner ; *(US)* **to chew s.o.'s ass,** bouffer le cul à qqun. 2. **to chew the fat / the rag,** bavarder°, faire causette, tailler une bavette, discuter le bout de gras.

chew off *v.t.* **to chew s.o.'s head / ears / balls off,** réprimander sévèrement° / engueuler / enguirlander qqun, passer un savon (maison) à qqun.

chew out *v.t.* réprimander sévèrement°, engueuler, enguirlander, tuer.

chewed (up) *adj.* éreinté°, épuisé, crevé, pompé.

chick *n.* femme° *f*, nénette *f*,

poule *f*, poulette *f* ; **to pull a chick,** lever une loute.

chicken *adj.* lâche°, dégonflé, déballonné ; **to turn chicken,** perdre son courage°, se dégonfler, bander mou.

chicken *n.* 1. poltron°, dégonflé, couille molle ; **chicken !** t'es pas cap ! 2. jeune homme efféminé°, tapette *f*, demoiselle *f*. 3. jeune fille mineure°, minette *f*. 4. **to count one's chickens (before they're hatched),** se montrer présomptueux°, vendre la peau de l'ours (avant de l'avoir tué) ; **don't count your chickens !** j'y compterais pas trop! 5. jeu de défi° ; **to play chicken,** jouer à chiche-kebab. 6. **to be no (spring) chicken,** ne pas être toute jeune°, ne pas être de première fraîcheur / le dernier modèle.

chicken-feed *n.* 1. très peu d'argent°, des clopinettes *f*, des clous, des cacahouètes *f*. 2. rien°, que dalle, des clous.

chicken out *v.i.* perdre son courage°, se dégonfler, baisser son froc ; **we were all set to go but he chickened out at the last minute,** on était tous prêts à y aller mais il s'est déballonné à la dernière minute.

chicken-shit• *adj. (US)* 1. poltron°, dégonflé, mollasson ; **this guy is really chicken-shit,** franchement, ce gus a pas de couilles. 2. méprisable°, minable, trouducuteux.

chicken-shit• *n. (US)* 1. bêtises° *f*, foutaises *f*, salades *f*, conne-

ries *f* ; **chickenshit !** quelle connerie ! 2. rien°, que dalle, balpeau.

chief *n.* chef°, boss, patron ; **great / big white chief,** grand manitou; **chief cook and bottle washer,** homme à tout faire°, factotum, esclave, larbin.

chill *n. (US)* **to put the chill on s.o.** 1. tuer° / liquider / refroidir qqun, mettre qqun au frigo. 2. ignorer° / snober qqun, faire la gueule / la tronche à qqun.

chill *v.i. (US)* se décontracter°, se relaxer, se déstresser; **go chill !** relax, Max !

chill(ed), chilling *adj.* remarquable°, génial, géant, canon.

chill out = **chill** *v.i.*

chin *n.* 1. **to keep one's chin up,** avoir du courage°, tenir le coup, avoir du cran. 2. **to be in s.t. up to one's chin,** être intimement mêlé à qqch., être mouillé dans qqch. jusqu'au cou. 3. **to take it on the chin,** accepter l'adversité sans se plaindre°, encaisser sans broncher, ne pas se laisser abattre.

chin *v.t.* frapper°, bastonner, tabasser, avoiner; **they argued for a while and then he chinned him one,** ils se sont disputés pendant un moment et puis l'autre lui a foutu un chtar.

china (*abr.* = **china plate**, *RS* = **mate**) *n. (GB)*, ami(e)°, pote, copain; **my old china,** mon vieux poteau.

Chinese rocks *n.pl.* héroïne° *f*, dragon, blanche *f*.

chink•, chinkie• *adj.* asiatique°,

bridé, chinetoque.

Chink•, Chinkie• *n.* 1. Asiatique°, bridé, chinetoque. 2. (restaurant) chinois ; **let's eat at the local Chink,** et si on allait au chinois du coin ? 3. repas chinois° ; **fancy a Chinkie tonight ?** ça te dirait, un petit chinois, ce soir ?

chinwag *n.* conversation° *f*, causette *f*, jactance *f* ; **to have a bit of an old chinwag,** tailler une bavette.

chinwag *v.i.* bavarder°, bavasser, causer, jacasser.

chip *n.* 1. *(US)* **to be in the chips**, être très riche°, rouler sur l'or, nager dans le fric. 2. **to have a chip on one's shoulder**, être aigri° / mal dans sa peau, en vouloir à la terre entière. 3. **to cash/hand in one's chips,** mourir°, déposer son bilan, mettre les volets à la boutique. 4. **to have had one's chips,** être fini° / foutu / cuit / naze. 5. **to be a chip off the old block**, être bien le fils *ou* la fille de ses parents°, sortir du moule ; **she's certainly a chip off the old block**, elle ressemble à ses vieux comme deux gouttes d'eau. 6. **the chips are down**, c'est le moment critique° / l'heure de vérité ; **when the chips are down he rises to the occasion**, quand il faut y aller, il y va.

chip in *v.i., v.t.* 1. payer sa part des frais°, payer son écot, casquer. 2. participer à une conversation°, mettre son / y aller de

son grain de sel, dire sa phrase.

chippy *n.* 1. *(US)* femme facile° *f*, coureuse *f*, dragueuse *f*. 2. *(GB)* friterie° *f*, palais de la frite.

chips, chippie *n. (GB)* menuisier°.

chirpy *adj. (GB)* de bonne humeur°, bien luné; **to be / feel chirpy**, avoir la pêche / la frite.

chiv(e) *n. (GB)* couteau°, coutelas, surin, lame *f*.

chiv(e) *v.t. (GB)* attaquer à coups de couteau°, suriner, larder.

choccy (*abr.* = chocolate) *n. (GB)* chocolat°.

chock-a-block *adj. (GB)* rempli à craquer°, bourré, plein comme un œuf ; **the bar was chock-a-block**, le bar était plein à craquer.

chocolate bandit• *n.* homosexuel°, enfoiré, emmanché, empaffé.

chocolate drop• *n.* Noir°, bamboula, chocolat.

choirboy *n. (US)* 1. jeune homme naïf°, pied-tendre, corne verte. 2. jeune policier°, bleu, bleubite.

choked (off) *adj. (GB)* rempli de ressentiment°, qui a les boules ; **when she said she was leaving me I was really choked**, quand elle a dit qu'elle me quittait, je l'avais vraiment mauvaise.

choosey, choosy *adj.* pointilleux°, chipoteur, chichiteux.

chop *n.* 1. **to give s.o. the chop**, se débarrasser de qqun°, virer / lourder qqun ; **to get the chop**, se faire jeter / virer, prendre la porte ; **to give s.t. the chop**, laisser tomber / béton qqch. 2. *pl.* **chops,** bouche° *f*, gueule *f*, bec ; **shut up or I'll give you a clout in the chops !** ferme-la ou je te colle une beigne dedans !

chop *v.t.* 1. **to chop to pieces,** cribler de balles°, mitrailler, remplir de plomb, trouer la peau. 2. tacler méchamment°, massacrer, assassiner. 3. abandonner°, laisser tomber / béton, plaquer; **let's chop this whole deal !** allez, on dit adieu à toute cette histoire !

chop-chop *adv.* rapidement°, presto, rapidos ; **chop-chop !** et que ça saute !

chop-chop *n.* petit repas pris sur le pouce°, en-cas, graine *f.*

chop-chop *v.i.* faire vite° / fissa, magner ; **come on, chop-chop !** allez !, grouille !

chopper *n.* 1. hélicoptère°, hélico. 2.• pénis°, bite *f*, engin, arbalète *f.* 3. moto customisée, chopper. 4. **choppers** *pl.* dents° *f*, crocs, chailles *f* ; **I got a brand new set of choppers,** je me suis fait refaire les dominos ; **get your choppers into that !** allez, attaque-moi ça !

chow *n.* 1. nourriture° *f*, mangeaille *f*, bouffe *f*, boustifaille *f*; **chow's up !** à table !, à la graille! 2.• Chinois°, chinetoque.

chow down *v.i., v.t.* manger°, bouffer, croûter, grainer.

Christ• *n.* Christ ! putain ! ;

Christ almighty ! bordel de Dieu ! ; **for Christ's sake !** putain de bordel de Dieu ! ; **for Christ's sake, what the fuck are you doing ?** putain de bordel de merde, qu'est-ce que tu branles ? ; **Christ (only) knows !,** foutre seul le sait !

Christmas ! *excl.* sapristi !, saperlipopette !, sac à patates !

Christmas crackers• (*RS = knackers*) *n.pl.* (*GB*) testicules°, couilles *f*, burnes *f*, joyeuses *f*, roupettes *f.*

Christmas-crackered (*RS = knackered*) *adj.* (*GB*) épuisé°, crevé, pompé, lessivé.

chrome-dome *n.* (*GB*) personne chauve° *f*, vélodrome à mouches, perruque en peau de fesses *f.*

chronic *adj.* (*GB*) de mauvaise qualité°, nul à chier, craignos; **that movie was really chronic !** ce film, c'était vraiment grave !

chubbette *n.* (*US*) femme potelée° / rondelette, meufette grassouillette.

chuck *n.* 1. nourriture° *f*, bouffe *f*, boustifaille *f*, bectance *f.* 2. (*GB*) chéri(e), coco/cocotte. 3. **to give s.o. the chuck,** se débarrasser de qqun°, virer / lourder / jeter qqun ; **he was given the chuck from his new job,** il s'est fait saquer de son nouveau boulot.

chuck *v.t.* 1. jeter°, balancer ; **chuck the salt over, will you !** envoie voir le sel ! 2. abandonner°, laisser tomber ; a) virer, plaquer ; **she's chucked her new boyfriend,** elle a jeté son nouveau mec ; b) **to chuck the habit,** se défaire d'une habitude° *(sp. drogue, tabac)*, décrocher. 3. **chuck it !** assez !°, ça suffit !, y en a marre ! 4. *(US)* **chuck you, Farley !•** je t'encule, duschtroumpf !

chuck about / around *v.t.* **to chuck one's weight about / around,** montrer son autorité°, rouler des mécaniques, faire le caïd.

chucker-out(er) *n. (GB)* préposé à l'expulsion des clients indésirables°, videur.

chuck in *v.t.* abandonner°, lâcher, laisser tomber; **to chuck it in,** jeter l'éponge.

chucking-out time *n. (GB)* heure de fermeture des bars° *f* ; **let's get a few more pints in before chucking-out time,** allez, on se prend encore quelques verres avant qu'ils nous foutent à la porte.

chucklehead *n. (US)* imbécile°, crétin, tête de nœud *f*, cornichon.

chuck out *v.t.* chasser°, foutre à la porte, virer, lourder; **we got chucked out of that new nightclub last night,** hier soir on s'est fait vider de la nouvelle boîte.

chuck up *v.i., v.t.* vomir°, dégueuler, gerber ; **he chucked up his dinner,** il a rendu son dîner.

chuffed *adj. (GB)* ravi°, aux anges, tout jouasse ; **to be chuf-**

fed, être au septième ciel.

chum *n.* ami°, pote, poteau, copain.

chummy *adj.* amical°, copain-copain ; **to be chummy with s.o.,** être copain avec qqun ; **they're very chummy,** ils sont comme cul et chemise.

chump *n.* imbécile°, crétin, neu-neu; **what a chump !** quel cornichon !

chum up *v.i.* **to chum up with s.o.,** faire ami-ami / copain-copain avec qqun.

chunder *v.i. (GB)* vomir°, dégueuler, gerber.

chute (up the) *loc.* sans espoir°, foutu, en l'air, à l'eau ; **the whole operation is up the chute,** toute l'affaire est dans le lac.

chuzpah *n.* audace extrême° *f*, culot d'enfer, couilles énormes *f*.

cig, ciggie *(abr. = cigarette) n.* cigarette° *f*, clope *f*, clopeau, sèche *f*.

cigar ! (close, but no) *loc. (US)* manqué de peu !, bien tenté !

cinch *n.* 1. certitude° *f*, du tout cuit ; **it's a cinch,** c'est du garanti sur facture. 2. chose facile° *f*, du gâteau ; **don't worry, the exam will be a cinch,** t'inquiète, l'exam, tu vas l'avoir les doigts dans le nez.

cine, cinny *(abr. = cinema) n. (GB)* cinéma°, cinoche.

city slicker *n.* citadin°, rat des villes.

civvies *n.pl.* costume civil° ; **in civvies,** en civil°, en tenue de ville.

civvy *adj.* civil°; **in Civvy Street**, en dehors de l'armée°, dans le civil.

civvy *n.* non-militaire°, civil°, pékin ; **two civvies were killed,** deux civils ont été tués.

clam *n.* *(US)* 1. personne discrète° *f* ; a) personne qui sait garder des secrets° *f*, tombeau ; b) personne qui ne dit pas grand-chose° *f*, huître *f.* 2. dollar°, billet vert.

clamber aboard ! *loc.* viens là, chéri ! *(invite sexuelle),* monte à bord !

clam up *v.i.* se taire°, rester motus et bouche cousue, ne pas l'ouvrir; **come on, answer me, don't just clam up !** allez, réponds-moi, ne reste pas muet comme une carpe !

clang *v.i.* faire une erreur° / une bourde / une gaffe / une couille, gaffer ; **uh-oh, I clanged again !** ouh là, je me remets à déconner !

clanger *n.* erreur° *f*, gourance *f* ; **to drop a clanger,** faire une gaffe / une connerie / une bourde ; **God ! that was a real clanger you dropped !** purée ! là, t'as vraiment déconné !

clap *n.* blennoragie° *f*, chaude-pisse *f*, chtouille *f* ; **to get a dose of the clap,** choper la chtouille.

clapped = clapped out 1.

clapped out *adj.* *(GB)* 1. épuisé°, pompé, vanné, crevé. 2. cassé° *(moteur, machine, etc.),* naze, mort, cuit, foutu.

clappers (like the) *loc.* très vite°, à fond la caisse / les manettes ; **to run like the clappers,** tracer.

clap-trap *n.* idioties° *f*, foutaises *f*, conneries *f*; **enough of this clap-trap !** assez déconné !

class *adj.* *(GB)* excellent°, génial, classe, extra.

classic = class.

classy *adj.* qui a de l'allure° / du chic / de la classe; **she's a really classy chick,** c'est une nana super-classe.

clatter *v.t.* *(GB)* frapper°, tabasser, bastonner ; **God, I could have clattered him !** putain, je l'aurais bien baffé !

clean *adj.* 1. sans armes° ; **let him in, he's clean,** laisse-le entrer, il n'a rien sur lui. 2. étranger à toute activité criminelle° ; a) innocent°, sans casier (judiciaire), blanc comme neige ; b) propre, clean ; **clean wheels,** voiture non fichée (à la police). 3. désintoxiqué°, désintox ; **I don't do drugs anymore, I've been clean for two years,** je me came plus, ça fait deux ans que je suis clean. 4. sans argent°, sans le sou, fauché (comme les blés), sans un. 5. exempt de toute vulgarité°, propre ; **let's keep the stories clean in front of the children,** pas de cochonneries devant les enfants. 6. **to make a clean breast of s.t.,** avouer toute la vérité°, cracher le morceau, tout déballer. 7. **clean round the**

bend, totalement fou° / cinglé / allumé.

clean *adv.* 1. entièrement°, absolument, totalement ; **I clean forgot**, ça m'est complètement sorti de la tête. 2. **to come clean**, avouer la vérité°, se mettre à table, cracher le morceau, déballer son sac, se déboutonner.

cleaned out *adj.* ruiné°, fauché, sans un radis, à sec.

cleaners (to take to the) *loc.* 1. battre à plates coutures°, filer une branlée / dégelée / raclée (à qqun). 2. ruiner au jeu°, lessiver, nettoyer.

clean out *v.t.* ruiner au jeu°, lessiver, plumer.

clean-up (to make a) *loc.* (*US*) gagner beaucoup d'argent°, se faire un paquet de fric / un tas de blé / un max.

clean up *v.i.* gagner beaucoup d'argent°, se faire un paquet de fric / un tas de blé / un max ; **brokers really cleaned up on the company's crash**, les agents de change s'en sont mis plein les poches quand la boîte a fait faillite.

clear *adj.* **to be as clear as mud/shit**, ne pas être clair°, être clair comme de la soupe / crotte.

clear (to be in the) *loc.* être sorti des ennuis° / des emmerdes, être tiré d'affaire.

clear off *v.i.* partir°, décamper, décaniller, se casser ; **clear off !** barre-toi !

clear out *v.i.* partir°, se barrer, se casser.

clear the decks (to) *loc.* 1. ranger°, déblayer le terrain ; **come on, clear the decks, let's get to work !** allez, débarrassez-moi tout ça, et au boulot ! 2. préparer le terrain, se préparer à attaquer.

cleavage *n.* naissance des seins° *f*, gorge *f*.

clever-boots, clever-clogs, clever-dick *n.* 1. individu intelligent°, futé, rusé, petit malin ; **that's a good idea, you are a clever-clogs !** en v'là une idée qu'elle est bonne, sacré petit rusé ! 2. (*iron.*) gros malin, benêt, bêta.

click *v.i.* 1. devenir clair°, faire tilt; **as soon as she said it, it clicked**, dès qu'elle l'a dit, j'ai pigé. 2. **to click with s.o.,** s'entendre tout de suite / accrocher avec qqun ; **from the moment we met, we clicked**, dès qu'on s'est rencontrés, on a fait copains.

client *n.* (*GB*) individu°, gus, client.

cliff-hanger *n.* événement *ou* production *f* à suspense° ; **the election result could have gone either way, it was a real cliff-hanger**, l'élection s'est jouée à très peu de chose, il s'en est fallu d'un cheveu.

clincher *n.* événement *ou* mot décisif° ; **that's the clincher !** voilà qui emporte le morceau !

clink *n.* prison° *f*, taule *f*, cabane *f*, trou ; **to throw s.o. in the clink**, mettre qqun à l'ombre.

clinker *n.* *(US)* 1. erreur° *f* ; a) gaffe *f*, gourance *f*, plantage ; b) couac, canard. 2. échec°, four, bide, flop.

clip *n.* coup°, beigne *f*, tarte *f* ; **do you want a clip round the ear ?** tu veux ma main sur la figure ?

clip *v.t.* gifler°, talocher, en allonger une (à qqun).

clip-joint *n.* boîte malhonnête° *f*, attrape-con, attrape-couillon.

clit• *n.* clitoris°, bouton, clicli, berlingot.

clobber *n.* *(GB)* 1. vêtements°, fringues *f*, frusques *f*, fripes *f* ; **nice clobber !** sacrées sapes ! 2. affaires *f*, barda, bataclan, fourbi ; **put all your clobber down in the corner**, pose voir ton bazar là dans le coin.

clobber *v.t.* 1. rouer de coups°, rosser, foutre une raclée (à qqun). 2. frapper durement°, en foutre plein la gueule (à qqun) ; **the new tax on pets certainly clobbered us**, ce nouvel impôt sur les animaux domestiques nous a vraiment matraqués. 3. **to clobber s.o. with s.t.**, imposer° / refiler / balancer qqch. à qqun ; **I got clobbered with doing the dishes**, on m'a collé la vaisselle sur les bras.

clock *n.* 1. tête° *f*, poire *f*, fraise *f*. 2. **round the clock**, vingt-quatre heures sur vingt-quatre°, à longueur de temps, sans arrêt.

clock *v.t.* 1. frapper°, filer / flanquer / balancer un coup (à qqun) ; **the team captain clocked the referee**, le capitaine de l'équipe a filé une beigne à l'arbitre. 2. regarder°, viser, mater ; **clock this guy !** zyeute-moi un peu ce gus !

clock-watcher *n.* travailleur paresseux°, fainéant, tire-au-flanc, tire-au-cul.

clodhopper *n.* 1. personne maladroite°, balourd, lourdaud, empoté. 2. *pl.* **clodhoppers**, grosses chaussures°, savates *f*, écrase-merde *f*.

clonk *v.t.* frapper°, cogner, foutre un marron / une beigne (à qqun).

clonk *n.* coup°, beigne *f*, avoine *f*, mandale *f*.

closet (to come out of the) *loc.* avouer son homosexualité°, sortir du placard.

closet *adj.* secret°, rentré, refoulé ; **closet communist**, crypto-communiste ; **closet queen**, pédé rentré.

clot *n.* imbécile°, andouille *f*, duconneau, pauvre con.

cloth ears *n.* sourd°, dur de la feuille ; **can you hear me, cloth ears ?** tu me reçois, monsieur Sourdingue ?

cloud nine (to be on) *loc.* être très heureux° / aux anges / au septième ciel ; **when he kissed me, I was on cloud nine**, quand il m'a embrassée, je suis montée au paradis.

cloud-cuckoo land *n.* *(GB)* pays imaginaire°, pays des merveilles ; **to live in cloud-cuckoo land**, ne pas avoir les pieds sur terre, construire des châteaux en Espagne ; **the government is living in cloud-cuckoo land**, ils rêvent, au gouvernement.

clout *n.* 1. coup°, beigne *f*, avoine *f*, mandale *f* ; **to give s.o. a good clout round the ear**, foutre à qqun une bonne trempe dans la figure. 2. influence° *sp.* politique *f*, surface *f* ; **he's got plenty of clout**, il a le bras long.

clout *v.t.* frapper°, cogner, bastonner, avoiner.

clover (to be in) *loc.* être très à l'aise°, vivre comme un coq en pâte, avoir la belle vie.

club *n.* 1. **to be in / join the club**, tomber enceinte° / en cloque, avoir le ballon. 2. **join the club !** tu n'es pas le seul !, bienvenue au club !

clubber *n.* habitué des boîtes de nuit°, noctambule, nightclubber.

clubbing *n.* tournée des boîtes de nuit° *f*.

cluck *n.* imbécile°, crétin, nouille *f*, andouille *f*.

clue (not to have a) *loc.* 1. ne pas avoir la moindre idée°, ne pas savoir, être dans le noir ; **he hasn't got a clue**, il a pas vu le film ; **(I) haven't a clue !** pas l'ombre d'une idée. 2. être incompétent° / nul / nullard / nullache ; **he hasn't a clue at football**, au foot, il touche pas une bille.

clue in *v.t.* mettre au courant° / au parfum / au parf ; **I clued them in on the details of the**

job, je les ai éclairés sur les détails de l'affaire.

clue up *v.t.* mettre au courant° / au parfum / au parf / au parf, affranchir.

clued up *adj.* informé et intelligent°, calé, expert ; **this guy is very clued up on modern art**, ce type, question art moderne, il touche ; **to get clued up on s.t.**, se faire tuyauter sur qqch.

clueless *adj.* 1. ignorant°, débile, nul. 2. qui n'a pas la moindre idée°, à côté de la plaque ; **I don't know how to handle this, I'm clueless !** je ne vois pas comment me sortir de ce coup-là, je suis dans les ténèbres.

cluey = **clued up**.

clutz *n.* *(US)* crétin°, andouille *f*, dugland, taré.

coals (to haul over the) *loc.* réprimander sévèrement°, passer un savon / un shampooing, laver la tête.

coasting *adj.* *(US)* sous l'influence de la drogue°, flippé, planant.

cob• *n.* *(GB)* testicule°, couille *f*, burne *f*, roupette *f*.

cobblers (*abr.* = **cobblers' awls**, *RS* = **balls**) *n.pl.* *(GB)* 1.• testicules°, couilles *f*, roupettes *f*, valseuses *f*. 2. bêtises° *f*, foutaises *f*, salades *f* ; **what a load of old cobblers !** quel tas de conneries ! 3.• **cobblers to you !** je t'emmerde !

cock *n.* 1.• pénis°, bite *f*, queue *f*, zob ; **for fuck's sake, put your cock away !** putain de bordel, tu vas me ranger cet engin ?

2. bêtises° f, salades f, foutaises f ; **to talk (a load of old) cock,** dire des conneries, déconner. 3. **old cock !** *(GB)* vieille branche !

cock-eyed *adj.* 1. qui a un strabisme°, qui a un œil qui dit zut / merde à l'autre. 2. mauvais°, débile, à la noix, à la mords-moi-le-noeud ; **that's a really cock-eyed idea !** en v'là une idée de cinglé ! 3. saoul°, bourré, plein comme une outre. 4. de travers°, de traviole ; **he put his hat on all cock-eyed,** v'là-t-y pas qu'il a enfilé son galurin de guingois !

cock-happy *adj. (GB)* trop confiant°, arrogant°, merdeux ; **don't get so cock-happy because you won the first game !** ne triomphe pas avant d'avoir joué la revanche !

cock-shy *adj. (GB)* 1. qui craint de se montrer nu° *(homme)*, coincé. 2. qui craint l'amour physique° *(femme)*, coincée, refoulée.

cocksman• *n. (US)* amateur de sexe°, obsédé sexuel, OS.

cock-sucker• *n.*1. personne qui pratique la fellation°, suceur / suceuse, bouffeur / bouffeuse de bite. 2. individu méprisable°, fumier, enfoiré, enculé de sa mère ; **your cousin is a real cocksucker !** ton cousin est un vrai salopard !

cock-sucking• *adj.* méprisable°, enculé, enfoiré, salopard ; **what a cock-sucking bastard !** quel putain de connard d'enfoiré !

cock-sucking• *n.* fellation° f, pipe f, pompier.

cock-tease• *v.t.* exciter°, allumer, faire bander ; **she loves to cock-tease,** elle adore allumer les bites.

cock-tease(r)• *n.* 1. femme excitante° / bandante / baisable f. 2. aguicheuse° f, allumeuse f, chauffe-cul.

cock-up *n. (GB)* 1. erreur° f, connerie f, plantage ; **the whole project was just one cock-up after another,** toute cette affaire n'a été qu'une série de couilles. 2. désordre°, foutoir, merdier, boxon.

cock up 1. *v.i.* se tromper°, faire une connerie / une gourance, se planter. 2. *v.t.* ruiner°, saloper, foutre le bordel (dans qqch.) ; **he really cocked it up this time,** cette fois-ci, il a vraiment foutu la merde.

cocky *adj.* excessivement confiant°, suffisant, merdeux ; **he's a bit too cocky for my liking,** il est un peu trop sûr de lui-même à mon goût.

cod *v.t. (GB)* faire marcher°, mener en bateau, monter un char (à qqun); **are you codding me ?** tu me charries ?

cod (around) *v.i. (GB)* faire l'imbécile° / le clown / le mariole, déconner ; **stop codding around !** arrête ton char !

cod *n. (GB)* clown, guignol, déconneur ; **to act the cod,** jouer au con ; **if you don't stop acting the cod, you're in for it !** joue au con, tu vas perdre !

codology n. (GB) imbécillité° f, clownerie f, guignolerie f, déconnance f ; **enough of this codology !** assez déconné !

cods• n.pl. (GB) testicules°, couilles f, roupettes f, joyeuses f.

codswallop n. (GB) bêtises° f, foutaises f, salades f ; **what a load of old codswallop !** quel tas de conneries !

coffin nail n. (GB) cigarette° f, sèche f, toche f, tige de mort f.

coke n. cocaïne° f, coke f, poudre f, reniflette f.

coked (up) adj. drogué à la cocaïne°, défoncé à la coke.

cold adj. 1. **to leave s.o. cold**, laisser qqun indifférent° / de marbre ; **his new movie leaves me cold**, son nouveau film ne me fait ni chaud ni froid. 2. **to be out cold**, être inconscient°, être dans les vapes / les pommes / le cirage ; **to knock s.o. out cold**, laisser qqun sur le carreau. 3. qui ne peut être retrouvé par la police° (marchandise volée), sûr ; **don't worry, these guns are cold**, t'inquiète, ces flingues sont pas fichés. 4. **to have / get cold feet**, a) avoir peur°, avoir la frousse / la trouille / la pétoche ; b) perdre courage°, se dégonfler, se déballonner ; **at the last moment he got cold feet**, au dernier moment il a fait gonflaga. 5. **to give s.o. the cold shoulder**, ignorer° / snober qqun, pisser qqun froid.

6. **to be / to go cold turkey**, a) être en manque° (drogue), avoir la guenon / la guêpe ; b) quitter soudainement une habitude°, décrocher, raccrocher. 7. **cold fish**, individu froid°, pisse-froid ; **she's a real cold fish**, cette nana, elle est vraiment glaçante. 8. **to put s.t. in cold storage**, mettre qqch. de côté (pour l'avenir)°, mettre au frigo.

cold adv. (US) 1. parfaitement°, farpaitement ; **she knew her stuff cold**, elle connaissait son affaire à fond. 2. complètement°, pour de bon ; **after the chase the cops had him cold**, après la chasse, les flics avaient plus qu'à le cueillir.

cold (out in the) loc. à l'écart°, seulâbre ; **to leave s.o. out in the cold**, isoler qqun°, mettre qqun au placard.

cold-shoulder v.t. ignorer°, snober, pisser (qqun) froid.

collar v.t. 1. arrêter°, pincer, agrafer, épingler. 2. intercepter°, attraper par la peau du cou, piquer ; **the headmaster collared him smoking in the toilets**, le proviseur l'a coincé en train de fumer dans les toilettes.

collywobbles n.pl. (GB) **to get / have the collywobbles**, avoir peur°, avoir la frousse / la trouille, avoir les miches à zéro.

combo n. groupe (musical)°, peugrou ; **they're a really great combo**, c'est un groupe d'enfer.

come•, cum• *n.* sperme°, jute, foutre; **there was come all over the sheets**, il y avait une carte de France sur les draps.

come *v.i.* 1.• jouir°, prendre son pied, venir, arracher son copeau. 2. **to come the...,** jouer au / à la... ; **to come the idiot / fool / dope**, faire le con / le guignol ; **don't come the hard man with me**, ne joue pas au dur avec moi ; **to come the cunt**, être salaud (avec qqun) ; **don't come the cunt !** fais pas l'enculé ! 3. **to come over all queer / funny**, se sentir malade° / patraque / pas dans son assiette ; **and suddenly I came over all queer**, et tout d'un coup je me suis senti tout chose. 4. **how come ?, how comes it ?** comment que ça se fait ? ; **how come you're here ?** qu'est-ce tu fous là ? 5. *(GB)* **come again ?** pardon ?°, plaît-il ?, comment ? 6. **to come apart at the seams**, s'effondrer° ; a) être dans tous ses états°, être dans le trente-sixième dessous, être par terre ; b) échouer°, tourner en eau de boudin, partir en couille ; **the whole project came apart at the seams**, toute l'affaire est allée au lac. 7. **to come it a bit strong**, exagérer°, y aller un peu fort, charrier, pousser mémé dans les bégonias. 8. **to come clean**, avouer°, lâcher le paquet, manger le morceau, se déboutonner. 9. **to come good**, réussir°, emporter le morceau ;

in the end they came good, à la fin des fins, ils ont fini par s'en sortir. 10. **to come to a sticky end,** se terminer dans des circonstances dramatiques°, avoir une fin tragique, mal finir ; **the gangster is bound to come to a sticky end**, ce truand va finir par se casser la gueule. 11. *(GB)* **come to it ! / that !** à propos !°, tiens !, justement ! 12. **to come undone / unstuck**, se défaire, partir en miettes / en petits morceaux ; **our carefully laid plan came unstuck**, ce projet que nous avions mitonné si soigneusement a tourné en eau de boudin. 13. **as... as they come**, des plus... t'en trouveras pas, plus... tu meurs ; **she's as innocent as they come**, elle est naïve comme l'agneau qui vient de naître. 14. **to have it coming to one**, être destiné à avoir des ennuis°, être bon pour les emmerdes, avoir une grosse merde qui se profile à l'horizon; **I told you you had it coming to you,** je t'avais pourtant prévenu ; **she had it coming to her**, elle l'a cherché et elle l'a eu.

come-back (to make a) *loc.* revenir (après une absence)°, faire un come-back ; **after twenty years off the screen she made a come-back**, après vingt ans d'absence des écrans, elle a fait son retour.

come-down *n.* 1. déception° *f*, douche (écossaise) *f*. 2. retour à l'état normal°*(drogue)*, descente *f*, redescente *f*, déplanage.

come down *v.i.* 1. revenir à l'état normal° *(drogue)*, redescendre, détripper, déplaner. 2. **to come down on s.o. (like a ton of bricks)** réprimander qqun sévèrement°, tomber sur le dos de qqun, engueuler qqun, passer un savon à qqun.

come it (to) *loc. (GB)* 1. se comporter de façon agressive°, faire le dur, jouer au dur. 2. se montrer présomptueux°, faire le mariole ; **don't come it with me, my boy !** arrête ton char, mecton !

come off 1. *v.i.* **to come off**, jouir°, prendre son pied, arracher son copeau, venir. 2. *v.t.* **come off it !** arrête ton char !, assez déconné !

come on *v.i.* 1. aguicher°, allumer ; **to come on strong**, dégager un maximum ; **this guy has been coming on strong to me for several weeks,** ça fait des semaines que ce mec cherche à m'allumer. 2. **come on !** a) allez !, courage !, du nerf !; b) ça suffit !, arrête !, basta !

come-on *n.* comportement de séduction°, drague *f* ; **to give s.o. the come-on,** faire du gringue / charre à qqun ; **he didn't stop giving her the come-on all night,** il n'a pas arrêté de l'emballer toute la soirée.

come out *v.i.* 1. finir par donner la réponse attendue°, cracher sa valda, accoucher ; **come on, come out with it !** allez, c'est pour aujourd'hui ou pour demain ? 2. **to come out (of the closet)**, annoncer qu'on est homosexuel°, sortir du placard.

come-to-bed eyes *n.pl.* yeux langoureux°, yeux qui invitent au lit ; **that girl has come-to-bed eyes,** cette fille a des yeux à te faire pleurer de désir.

come-uppance (to get one's) *loc. (GB)* trouver un sort mérité°, recevoir la monnaie de sa pièce, recevoir son dû ; **he finally got his come-uppance,** il a fini par avoir ce qu'il méritait.

comfy *(abr. =* **comfortable***)* *adj.* confortable°, douillet, cozy ; **if you're comfy, then I'll begin,** si vous êtes bien installés, je vais commencer.

commie *(abr. =* **communist***)* *adj.* communiste°, coco, rouge, bolcho.

commie *(abr. =* **communist***)* *n.* communiste°, coco, rouge, bolcho.

commission (out of) *loc.* en mauvaise forme°, HS, hachesse ; **to feel out of commission,** se sentir patraque.

common *(abr. =* **common sense***)* *n. (GB)* bon sens°, jugeote *f*, tête *f* ; **come on, have a bit of common !** allez, fais marcher ton ciboulot !

comp *(abr. =* **complimentary ticket***)* *n. (GB)* ticket gratuit°, entrée gratos *f*.

comprehensively *adv. (GB)*

complètement°, à plates coutures, en beauté ; **the goalkeeper was comprehensively beaten**, le gardien s'est fait battre dans les grandes largeurs.

con *n.* 1. (*abr.* = **convict**) prisonnier°, taulard ; **ex-con**, qui a fait de la taule. 2. (*abr.* = **confidence-trick**) escroquerie° *f*, entourloupe *f*, attrape-con, arnaque *f* ; **don't get taken in, it's all a big con !** ne te fais pas avoir, c'est un piéjacon !

con *v.t.* 1. escroquer°, rouler, pigeonner ; **the salesman conned us out of twenty quid**, le vendeur nous a refaits de vingt livres ; **to get conned**, se faire baiser. 2. persuader par des voies détournées°, embistrouiller, empaumer ; **he conned me into lending him my car**, il m'a tellement tchatché que j'ai fini par lui prêter ma voiture.

con artist, escroc°, arnaqueur, pigeonneur, faisandier.

condo (*abr.* = **condominium**) *n.* (*US*) copropriété° *f*.

confab, conflab (*abr.* = **confabulation**) *n.* (*GB*) discussion° *f*, conciliabule, parlotte *f*, jactance *f*.

confab *v.i.* (*GB*) discuter°, parlotter, bavasser.

conflab = confab.

congame, con job *n.* escroquerie° *f*, arnaque *f*, attrape-couillon.

conk *n.* 1. (*GB*) nez°, pif, tarbouif, tarin. 2. (*US*) tête° *f*, cafetière *f*, théière *f*, cigare.

conk *v.t.* frapper (qqun) sur la tête°, matraquer ; **he conked me over the head with a truncheon**, il m'a balancé un grand coup de goumi sur la tête.

conk out *v.i.* 1. mourir°, crever, clamecer. 2. s'endormir tout d'un coup°, s'écrouler, s'effondrer ; **he told me to go home before I conked out**, il m'a dit de rentrer chez moi avant que je tourne de l'œil. 3. tomber en panne° (*machine*), claquer, péter ; **my car conked out ten miles from home**, ma voiture a rendu l'âme à quinze kilomètres de chez moi.

conman *n.* escroc°, filou, arnaqueur, carotteur.

connect *v.i.* se mettre en contact avec un revendeur de drogue°, trouver un dealer / une connection/un contact.

connection *n.* 1. revendeur de drogue°, dealer, fourgue. 2. réseau (de trafiquants de drogue)° ; **the French connection**, la French connection.

contours *n.pl.* courbes du corps° *f*, châssis, lignes *f* ; **nice contours !** joli morceau !

contract *n.* meurtre sur commande°, contrat ; **to have a contract out on s.o.**, avoir qqun sur sa liste ; **contract killer**, tueur à gages.

conversion job *n.* (*GB*) volée de coups° *f*, tabassage, bastonnade *f* ; **if you're not careful, you'll get a severe conversion job**, si tu fais pas gaffe, on va te refaire la façade.

cook 1.*v.i.* a) **what's cooking ?** qu'est-ce qui se passe ?°, quoi de neuf ? b) *(US)* **to cook with gas,** jouer admirablement° *(musique)*, déménager, cartonner. 2. *v.t.* a) **to cook s.o.'s goose,** régler son compte à qqun°, s'occuper de qqun, faire son affaire à qqun ; **my goose is cooked,** les carottes sont cuites ; b) falsifier°, maquiller ; **to cook the books,** truquer les comptes.

cookie *n.* 1. individu°, type, gus ; **she's a tough cookie,** c'est une dure à cuire. 2. **that's the way the cookie crumbles !** c'est la vie !, qu'est-ce que tu veux y faire ? 3. *(US)* **to shoot one's cookies,** vomir°, dégobiller, gerber, lâcher son dîner.

cook up *v.t.* inventer°, combiner, arranger; **he cooked up some half-baked story,** il a fabriqué une histoire montée de toutes pièces.

cool *adj.* 1. décontracté°, relax, rilaxe, cool ; **stay / keep cool !** t'énerve pas ! ; **a cool customer,** un maître de sang-froid. 2. excellent°, super, génial, extra ; **that's really cool !** c'est le pied ; **cool wheels you got, man !** sympa, ta caisse, mec ! 3. loyal°, régulier, réglo ; **don't worry, he's cool,** t'inquiète, il est OK. 4. **cool cat, cool dude,** personne *f* d'allure impressionnante° / qui en jette / qui dégage. 5. **a cool thousand,** un beau petit paquet (de fric), une jolie fortune ; **she inherited a cool million,** elle a hérité un pactole.

cool *adv.* de manière décontractée°, coulos, tranquille ; **to play it cool,** la jouer tranquille.

cool *n.* 1. sang-froid°, self-control ; **keep your cool,** t'affole pas ; **to lose one's cool,** perdre la tête, piquer une crise. 2. allure° *f,* classe *f,* chic; **he's the master of cool,** il en jette un max.

cool *v.t.* **to cool it,** se calmer°, se déspeeder ; **cool it !** du calme !°, calmos !; **to cool things,** calmer le jeu.

cool off = cool out.

cool out *v.i.* se calmer°, se déspeeder, relaxer ; **cool out !** du calme !°, calmos !

cooler *n.* 1. quartier de haute sécurité°, QHS, mitard. 2. prison° *f,* taule *f,* cabane *f,* trou.

coon• *n.* Noir°, boubou, bamboula.

coot (as bald as a) *loc.* complètement chauve° / déplumé (des hauts plateaux), chauve comme une boule de billard.

cop *n.* 1. policier°, flic, poulet, poulaga ; **speed cop,** policier de la route°, motard. 2. *(GB)* arrestation° *f,* crâne, empaquetage ; **it's a fair cop,** je me rends. 3. *(GB)* **it's not much cop,** c'est pas terrible, c'est pas la joie ; **the movie wasn't much cop,** ce film cassait pas des briques.

cop 1. *v.i.* accepter un pot-de-vin, toucher un dessous-de-table, se faire graisser (la patte) ; **did he cop ?** il a palpé ?

2. *v.t.* a) *(GB)* arrêter°, agrafer, pincer ; **he was copped robbing the bank,** il s'est fait niquer en plein casse ; b) **to cop it,** mourir°, casser sa pipe, rendre ses clés ; c) **to cop a packet,** se faire blesser° / amocher, en prendre plein la gueule ; d) recevoir°, écoper ; **to cop a fine,** choper une amende ; **to cop ten years,** en prendre pour dix berges ; e) (i) écouter°, esgourder ; **cop a load of this !** écoute-moi un peu ça ; (ii) regarder°, zyeuter, viser ; **cop this bit of stuff !** mate-moi voir un peu ça !; f) **to cop onto s.t.,** comprendre° / piger qqch., voir le coup ; **did he cop on ?** il a suivi le topo ? ; g) **to cop a feel,** caresser°, peloter, tripoter ; **I didn't even get as far as copping a feel,** j'ai même pas pu mettre une main au panier ; h) **to cop hold of s.t.,** se saisir de qqch.°, mettre la main sur qqch.; **here, cop hold of the other end !** tiens, attrape-moi voir l'autre bout ! ; i) *(US)* **to cop a plea,** plaider coupable pour une charge mineure° ; j) *(US)* attraper°, choper, se prendre ; **to cop some z's,** piquer un roupillon.

cop-out *n.* comportement visant à éviter d'assumer ses responsabilités°, dérobade° *f,* défilage ; **that was just a cop-out on his part,** il a fait ça simplement pour sauver ses billes.

cop out *v.i.* 1. se dérober (à ses responsabilités)°, se défiler, se débiner. 2. se retirer de qqch.°, retirer ses billes.

copper *n. (GB)* 1. policier°, flic, poulet, keuf. 2. **copper's nark,** indicateur°, indic, mouchard, balance *f.* 3. *pl.* **coppers,** petite monnaie°, ferraille *f,* mitraille *f ;* **I gave him a few coppers,** je lui ai filé quelques sous.

copper *v.i. (GB)* être policier°, porter l'uniforme ; **my dad coppered for ten years,** mon père a fait flic pendant dix ans.

copshop *n.* poste (de police)°, maison Poulaga *f,* quart ; **they carted him off to the copshop,** ils l'ont emmené au bloc.

copycat *n.* 1. imitateur°, singe. 2. copieur *(école).*

corked *adj. (GB)* ivre mort°, chargé, chlasse, noir.

corker *n. (GB)* 1. belle fille°, super-nana *f,* beau morceau ; **she's a real corker,** c'est une nana canon. 2. chose remarquable° *f,* truc génial ; **his new movie is a real corker,** son nouveau film dégage un max. 3. mensonge de vastes proportions°, cinéma d'enfer, baratin monumental ; **every time he came back from fishing he was full of corkers,** chaque fois qu'il revenait de la pêche, il me sortait des histoires à la marseillaise.

corking *adj. (GB)* excellent°, génial, super.

corn *n.* sentimentalisme°, eau de rose *f,* guimauve *f.*

corner-boy *n.* *(GB)* garçon des rues°, traîne-savates, zonard.

corny *adj.* 1. ridicule°, cucu, bébête ; **he told us another one of his corny stories**, il nous a encore sorti une de ses histoires à la con. 2. sentimental°, à l'eau de rose, cucu-la-praline ; **will she ever stop writing corny novels ?** jamais elle va s'arrêter d'écrire ces romans dégoulinants ?

corpse *n.* erreur d'acteur° *f,* gaffe de scène *f.*

corpse *v.i.* oublier son texte° *(théâtre),* gaffer sur scène, sécher.

cosmic *adj.* remarquable°, magnifique, génial, géant.

cost *v.t.* coûter cher° ; **this is going to cost,** ça va faire cher ; **to cost an arm and a leg,** valoir les yeux de la tête ; **to cost a bomb / packet,** coûter la peau des fesses.

cottage *n.* *(GB)* toilettes publiques°, pissotière *f,* pissoir.

cottaging (to go) *loc.* *(GB)* draguer dans les toilettes *(homosexuels).*

cotton on *v.i.* *(GB)* comprendre°, piger, entraver ; **he cottoned on straight away,** il a saisi le topo du premier coup.

couch potato *n.* *(US)* personne qui passe tout son temps devant la télévision° *f,* canapard.

cough *v.t.* avouer°, manger le morceau, déballer, se déboutonner ; **did he cough ?** est-ce qu'il a craché le morceau ?

cough up 1. *v.i., v.t.* payer°, casquer, cracher, banquer ; **you'd better cough up or else …** t'as intérêt à les lâcher, sinon … 2. = **cough.**

count (to be out for the) *loc.* 1. être assommé°, voir trente-six chandelles, avoir son compte. 2. être épuisé° / pompé / naze. 3. être profondément endormi° / dans les bras de Morphée / hors circuit.

counter (under the) *loc.* illégalement°, sous la table ; **to buy s.t. under the counter,** acheter qqch. au marché noir.

count in *v.t.* inclure°, compter avec soi ; **count me in !** j'en suis !

count out *v.t.* exclure°, ne pas compter avec soi ; **you can count me out,** moi, je refuse d'en être.

coupla *(abr. =* **couple of***) n.* petit nombre°, quelques-uns ; **I'll take a coupla them,** je vais en prendre un ou deux.

Coventry (to send to) *loc. (GB)* ostraciser°, mettre en quarantaine ; **after breaking the strike the whole work force sent him to Coventry,** en tant que briseur de grève, il s'est fait appeler Arthur par tout le personnel.

cover *n.* excuse° *f,* couverture *f,* alibi.

cover for *v.t.* 1. remplacer°, boucher un trou (pour qqun) ; **if I go out on a date tonight, will you cover for me ?** si je sors avec ma copine ce soir, est-ce

que tu prendras le relais ?
2. fournir un alibi / une couverture (à qqun) ; **if the teacher comes back, will you cover for me ?**, si le prof revient, tu me couvriras ?

cow *n.* 1. femme pénible° *f*, mégère *f*, vache *f*, chameau ; **what a fucking cow !** quelle connasse ! 2. **till the cows come home**, indéfiniment°, jusqu'à la Saint-Glinglin.

cowboy *adj. (GB)* peu fiable°, pas sérieux, léger; **a cowboy mechanic**, un mécano à la mords-moi-le-nœud.

cowboy *n. (GB)* travailleur pas sérieux°, guignol, bricolo, branquignol ; **I wouldn't trust your gardener, he's a bit of a cowboy**, je ne ferais pas confiance à ton jardinier, c'est un clown.

cow-flop *n. (US)* excrément de vache°, bouse *f*.

cow-pat *(GB)* = **cow-flop**.

crabs *n.pl.* poux du pubis°, morpions.

crack *n.* 1.• vagin°, tirelire *f*, chatte *f*, fente *f*. 2. crack *(drogue)*. 3. plaisanterie° *f*, blague *f*, vanne *f*, craque *f* ; **a wise crack**, une bien bonne; **enough of the cracks !** arrête de vanner ! 4. *(GB)* divertissement°, marrade *f*, bonne tranche, fun ; **the crack was mighty**, qu'est-ce qu'on s'est marrés ! 5. *(GB)* information° *f*, info *f* ; **what's the crack ?** qu'est-ce qui se passe ? 6. **to take a crack at s.t.**, faire un

essai°, tenter / risquer le coup.
7. coup°, marron, beigne *f* ; **to give s.o. a crack around the ear**, coller à qqun une mandale dans l'oreille.

crack *adj.* d'excellente qualité°, de première (classe), champion ; **a crack marksman**, un tireur d'élite.

crack 1. *v.i.* a) **to get cracking**, se dépêcher°, se magner, se bouger ; **let's get cracking**, allez, on met le turbo ! ; b) devenir fou°, péter les plombs, disjoncter ; c) craquer *(interrogatoire)* ; **the murderer finally cracked and spilled the beans**, l'assassin a fini par se déculotter et il a lâché le morceau. 2. *v.t.* a) ouvrir°, (i) entamer, inaugurer, baptiser ; **to crack a bottle**, décapsuler une bouteille ; **when we get home we'll crack a few beers**, quand on rentrera on se fera quelques bières ; (ii) **to crack a safe**, forcer° / casser un coffre ; b) *(GB)* **to crack it**, réussir°, y arriver ; **we've almost cracked it**, on y est presque ; c) **to crack a market**, percer sur un marché ; d) **to crack jokes**, plaisanter°, vanner, raconter des craques ; e) percer° (un secret) ; **the scientists finally cracked the enigma of DNA**, les savants ont enfin résolu l'énigme de l'ADN ; f) **to crack a banknote**, casser un billet ; **can you crack a tenner ?** est-ce que tu peux me faire de la monnaie sur dix livres ?

crack down *v.i.* montrer son autorité° (à qqun), serrer la vis ; **the cops are cracking down on gambling joints**, les flics ferment les tripots.

cracked *adj.* fou°, zinzin, maboul, fêlé.

cracker *n.* 1. qqch. *ou* qqun de remarquable° / de génial / de première ; **she's a cracker**, c'est une nana canon. 2. **(safe) cracker**, expert en percement de coffres-forts, perce-muraille.

crackers *adj.* fou°, cinglé, frappé, frappadingue.

crackhead *n.* drogué au crack.

cracking *adj.* 1. remarquable°, formidable, super, extra ; **to be in cracking good form**, avoir une pêche d'enfer. 2. **at a cracking pace**, très vite°, à fond la caisse / les manettes ; **he went off at a cracking pace**, il a démarré sur les chapeaux de roues.

crackpot *adj.* loufoque°, louf, louftingue ; **a crackpot idea**, une idée tordue.

crackpot *n.* individu loufoque°, cinglé, fêlé, taré.

crack up 1. *v.i.* a) faire une dépression°, craquer ; b) perdre la raison° / la boule, péter les plombs, disjoncter ; c) se tordre de rire°, se tenir les côtes, se rouler par terre. 2. *v.t.* a) faire rire° / craquer / bidonner / marrer ; b) **to crack s.t. up**, faire l'éloge de qqch.° ; **it's not what it's cracked up to be**, ça ne vaut pas tout ce qu'on en dit.

cradle-snatcher *n.* amateur de partenaires sexuels jeunes° ; **she's a cradle-snatcher**, elle les prend au berceau.

crafty *adj.* rusé°, malin, sioux, futé.

cram *v.i.* étudier d'arrache-pied°, bachoter ; **to cram for an exam**, bûcher pour un exam.

cramp *v.t.* **to cramp s.o.'s style**, gêner qqun dans son élan°, couper les effets à qqun, bousiller le jeu de qqun; **get outta here, you're cramping my style !** barre-toi, tu me casses la baraque !

crank *n.* excentrique°, toqué, tordu, zarbi ; **the nuclear physicist was a bit of a crank**, le physicien nucléaire était un peu louf.

crank up *v.i.* s'injecter de la drogue°, se piquer, se shooter.

cranky *adj.* original°, zarbi, spécial, bizarroïde.

crap *adj.* = **crappy**.

crap *n.* 1.• excrément°, merde *f,* mouscaille *f* ; **to have / to take a crap**, couler un bronze, mouler un cake. 2. bêtises° *f,* salades *f,* foutaises *f* ; **cut the crap !** arrête tes conneries ! ; **that's a load of crap !** rien que des conneries ! ; **to be full of crap**, déconner à pleins tubes. 3. marchandise sans valeur° *f,* camelote *f,* merde en paquet *f* ; **don't touch it, it's crap !** n'y touche pas, c'est de la saloperie.

crap• *v.i.* déféquer°, chier, faire, poser un cake, déflaquer ; **where's the bogs ? I need to**

crap ! où sont les chiottes ? faut que je débourre !

crap on 1. *v.i.* raconter des boniments° / des salades *f*, dire des conneries *f*, déconner ; **he's always crapping on about something**, il est toujours là à débloquer sur tout et n'importe quoi. 2.• *v.t.* **to crap on s.o.**, traiter qqun abominablement°, traiter qqun comme de la merde, chier sur qqun.

crapper• *n.* toilettes° *f*, chiottes *f*, tartissoires *f*, goguenots.

crappy *adj.* mauvais°, crado, cradingue, merdique ; **that movie was really crappy**, ce film était vraiment nul à chier.

crash 1. *v.i.* a) dormir°, pioncer, roupiller ; **I'm ready to crash**, je suis prêt à m'écrouler ; b) résider temporairement (chez qqun)°, crécher ; **can I crash in your place tonight ?** est-ce que je peux pieuter chez toi ce soir ? 2. *v.t.* a) **to crash a party,** s'inviter à une fête°, taper l'incruste ; b) **to crash the ash**, partager un paquet de cigarettes°, faire passer les clopes.

crashing bore *n.* individu ennuyeux°, raseur de première, casse-bonbon, casse-couilles.

crash out *v.i.* dormir°, pioncer, roupiller ; **I'm exhausted, I'm going to crash out**, je suis épuisé, je vais m'écrouler.

crash-pad *n.* asile temporaire°, piaule pour la nuit *f*.

crawl *v.i.* 1. s'humilier°, ramper, s'écraser, s'aplatir (devant qqun) ; **he crawled in front of the boss begging for a raise**, il a balayé le plancher devant le patron pour quémander une augmentation. 2. **to crawl with**, être rempli de°, grouiller de ; **the place was crawling with secret service agents**, là-bas, ça pullulait d'agents secrets.

crawler *n.* flagorneur°, fayot, lèche-bottes.

crawling *adj.* plein°, rempli, grouillant ; **he's just absolutely crawling with money**, il est tout simplement pourri de fric.

crazy (like) *loc.* extrêmement°, à la folie, comme un cinglé ; **to run like crazy**, courir comme un dératé.

crazy *n.* fou°, sinoque, toqué ; **on Thursdays the crazies all get out for the day**, le jeudi est le jour de sortie pour les cinglés.

crazy mixed-up kid *n.* jeune au cerveau dérangé°, jeune cinglé / taré.

cream• *n.* sperme°, jus, foutre, jute.

cream• 1. *v.i.* jouir°, venir ; a) éjaculer°, juter, balancer la sauce (*hommes*) ; b) mouiller, reluire, briller (*femmes*). 2. *v.t.* **to cream one's jeans / panties**, jouir dans son jean / son slip°, mouiller son jean / son slip.

cream-puff *n.* individu sans courage°, lavette *f*, couille molle, descente de lit *f*.

crease (up) *v.t.* **to crease oneself**, être mort de rire°, se tordre / être plié en quatre de rire ; **this guy really creases me (up)**, ce mec me fait criser de rire.

creased *adj.* mort de rire°, tordu / plié de rire.

creek *n.* **to be up the creek,** avoir des ennuis°, être dans le pétrin / la mouise ; **to be up shit creek (without a paddle),** avoir de gros ennuis°, être salement emmerdé, être dans la merde jusqu'au cou.

creep *n.* individu méprisable°, con, fumier ; **this guy is a real creep,** ce mec est une vraie ordure.

creeps (the) *n.pl.* angoisse° *f*, jetons ; **it gives me the creeps,** ça me flanque la trouille, ça me fout les boules.

creep-show *adj.* épouvantable°, abominable ; **she turned up with all her creep-show friends,** elle s'est ramenée avec tous ses monstres ambulants d'amis.

creepy *adj.* effrayant°, abominable, froussant, qui file les boules ; **to have a creepy feeling,** avoir la chair de poule.

creepy-crawly *adj.* = **creepy.**

creepy-crawly *n.* petit insecte°, bestiole *f*.

cretin *n.* crétin°, andouille *f*, nouille *f*, cornichon.

cretinous *adj.* stupide°, débile, neuneu.

crew *n.* 1. *(GB)* bande (de jeunes) *f*, gang. 2. *(US)* groupe musical°, groupe.

crib *n.* informations illicites° *f (examen)*, antisèche *f*, pompe *f*.

crib *v.i.* tricher à l'examen°, pomper.

cricket *n. (GB)* acceptable°, fairplay, orthodoxe ; **that's just not cricket !** ça, vraiment, c'est pas de jeu ! / c'est pas très catholique !

crikey ! *excl. (GB)* mince !, flûte !, sapristi !

Crimbo *n. (GB)* Noël° ; **get any nice Crimbo pressies ?** tu as eu de jolis cadeaux pour ton petit Noël ?

cringe 1. *v.i.* **to make s.o. cringe,** agacer qqun°, rendre qqun allergique, donner envie à qqun de rentrer dans sa coquille / de rentrer sous terre ; **every time he tells one of his stupid jokes, it makes me cringe,** chaque fois qu'il sort une de ses histoires à la flan, ça me file des boutons. 2. *v.t. (GB)* gêner°, embêter ; **would it cringe you if I brought my mother-in-law along ?** tu serais pas trop mal si je ramenais ma beldoche ?

cringe-making *adj.* très agaçant°, hérissant, qui file des boutons.

crinkly *n.* personne âgée°, croulant, fossile.

Cripes ! *excl.* Cristi ! ; **Cripes almighty !** Jésus Marie !

critical *adj.* dans un état critique°, sur la mauvaise pente, mal parti.

croak 1. *v.t.* a) tuer°, buter, effacer ; b) pendre°, pendouiller, mettre la corde au cou. 2. *v.i.* mourir°, clamecer, claquer ; **my uncle croaked and left me everything,** mon oncle a calanché et m'a tout laissé.

crock *n.* 1. vieux cheval°, canasson. 2. vieille voiture°, tacot, guimbarde *f.*

crocked *adj. (US)* ivre°, pété, bourré, schlasse.

cropper (to come a) *loc.* 1. faire une chute°, se casser la gueule / la margoulette, prendre une pelle / un gadin. 2. échouer°, se planter, prendre une casquette ; **he came a cropper in the maths exam**, il s'est ramassé en maths.

cross *v.t.* 1. tromper°, rouler, doubler ; **be careful with him, he'll cross you as quick as look at you !** attention à lui, ou il va te niquer à la première occase ! 2. **to cross one's fingers**, croiser les doigts ; **I'll keep my fingers crossed**, je touche du bois.

crot *n. (GB)* excrément°, crotte *f*, étron.

crotch *n. (GB)* entrejambe ; **to kick s.o. in the crotch**, latter qqun dans les parties.

crow (to eat) *loc.* s'humilier°, manger son chapeau, en rabattre ; **to make s.o. eat crow**, faire rentrer son orgueil à qqun°, faire rentrer qqun sous terre.

crowd *n.* groupe des familiers°, bande *f*, clique *f* ; **he's not one of our crowd**, il ne fait pas partie de notre monde.

crowd (out) *v.t.* importuner°, emmieller, enchoser, brouter ; **don't crowd me, I'll handle this**, arrête de me gonfler,

j'assure.

crown *v.t.* 1. frapper° / cogner qqun sur la tête, matraquer. 2. **that crowns it !** c'est le pompon ! / le comble ! / le bouquet ! ; **and to crown it all, he began to sing**, et pour comble de malheur, il s'est mis à chanter.

crown jewels *n.pl. (GB)* organes sexuels masculins°, bijoux de famille, service trois-pièces.

crucial *adj. (GB)* remarquable°, génial, géant, magique.

crud *n. (GB)* personne méprisable° *f*, ordure *f*, salopard, fumier.

cruddy *adj. (GB)* 1. sale°, salingue, crado, cradingue. 2. médiocre°, minable, tocard, craignos.

cruise *v.i.* draguer en voiture ; **come on guys, let's go cruisin' tonite !** allez les potes, on se fait une virée en bagnole ce soir !

cruiser *n.* dragueur motorisé.

cruising *n.* drague en voiture *f.*

cruising for a bruising (to be) *loc.* chercher les ennuis° / les crosses *f* / les emmerdes *f* / la baston ; **if you guys are cruising for a bruising, you got it !** hé, les mecs, si vous cherchez la bagarre, c'est quand vous voulez !

crumb *n. (GB)* individu méprisable°, minable, tocard, moins que rien.

crumbs ! *excl. (GB)* zut alors !, mince !, flûte !

crummy *adj.* médiocre°,

minable, moche, nul, craignos.

crumpet *n.* *(GB)* 1. femme° *f* *(considérée comme objet sexuel)*, de la meuf, de la fesse ; **a nice bit of crumpet**, un beau morceau ; **let's go down the town and have a look at the crumpet**, si on se faisait un tour en ville pour mater de la meuf. 2. sexe°, la chose ; **to have / get a bit of crumpet**, s'envoyer en l'air ; **getting any crumpet ?** tu prends ton pied ces temps-ci ?

crunch *n.* moment critique°, heure de vérité *f* ; **when it comes to the crunch, he delivers**, quand faut y aller, il y va.

crush *n.* sentiment amoureux°, béguin, faible ; **to get a crush on s.o.**, flasher sur qqun ; **to have a crush on s.o.**, être toqué de qqun.

cry-baby *n.* personne qui se lamente° *f*, pleurnichard, chialeur.

cry out *v.i.* 1. avoir extrêmement besoin° / être en attente / manquer désespérément (de qqch.) ; **this apartment is crying out for a good cleaning**, un bon coup de torchon, ça ne ferait pas de mal à cet appartement. 2. **for crying out loud !** pour l'amour de Dieu !, pour l'amour du Ciel !

cuckoo *adj.* excentrique°, loufoque, louftingue, zarbi ; **that idea is completely cuckoo**, cette idée est totalement louf.

cuff *n.* 1. *(GB)* coup°, taloche *f*, beigne *f* ; **to give s.o. a cuff**

around the ear, filer une mandale à qqun. 2. *(US)* **on the cuff**, à crédit°, à croume. 3. **off the cuff**, sans réfléchir°, tel quel, comme ça vient ; **I apologize, I just said that off the cuff**, je m'excuse, c'est sorti tout seul.

cum• = **come•** *n.*

cunt• *n.* 1. vagin°, chatte *f*, con. 2. femme *f* *(considérée comme objet sexuel)*, fesse *f*, cul ; **to go looking for some cunt**, aller chasser de la chatte. 3. individu méprisable°, salopard, connard, enfoiré ; **he's a real fucking cunt**, c'est un vrai enculé de sa mère.

cunt around• *v.i.* ne rien faire°, glander, branler, glandouiller.

cunted• *adj.* saoul°, bourré, pété, chargé.

cunt-face• *n.* individu méprisable°, salopard, connard, enculé.

cunt-struck• *adj.* *(GB)* 1. amoureux°, toqué, qui bande / gode pour qqun. 2. dominé par une femme°, tenu comme un chien en laisse ; **he's completely cunt-struck**, elle le mène par la queue.

cunty• *adj.* méprisable°, enculé, enfoiré, empaffé ; **what a cunty bastard !** quel putain d'enculé !

cup of tea *loc.* goût personnel°, dada ; **it's not my cup of tea**, ce n'est pas ma tasse de thé.

cuppa *n.* 1. *(GB)* tasse de thé *f* ; **do you fancy a cuppa ?** ça te dirait, une tasse de thé ? 2. *(US)*

cuppa coffee, tasse de café°, gobelet ; **let's grab a cuppa coffee**, on se prend un café vite fait ?

curlies (the short and) *n.pl.* les poils du pubis°, le persil, la touffe ; **to have s.o. by the short and curlies**, avoir qqun à sa pogne, tenir qqun par la peau des couilles.

curse (the) *n.* menstruation°, les histoires *f*, les époques *f* ; **to have the curse**, avoir ses règles° *f* / ses affaires *f* / ses argagnasses *f* ; **no fun this weekend, she has the curse !** ça va pas être drôle ce week-end, les Anglais ont débarqué !

cursed *adj.* maudit, sacré, satané ; **give me the cursed thing !** passe-moi ce bon Dieu de truc !

curtains (to be) *loc.* être fini° / foutu / cuit ; **it's curtains !** c'est la fin des haricots !

curvaceous *adj.* au physique avantageux°, bien balancée, bien roulée, bien foutue ; **the curvaceous blonde walked down the catwalk**, la blonde aux belles courbes a descendu la passerelle.

cushy *adj.* facile°, peinard, tranquillos ; **a cushy number**, une sinécure, une planque ; **to have a cushy time**, se la couler douce ; **it's a cushy life in the army**, ah ! c'est tranquille, l'armée !

customer *n.* individu°, pékin, gus; **a tough customer**, un dur à cuire ; **a queer customer**, un drôle de zèbre.

cut *adj.* 1. dilué°, coupé ; **cut coke**, de la blanche coupée. 2. **a cut version**, une version abrégée° / courte. 3. saoul°, beurré, rétamé, chargé.

cut *n.* 1. part° *f*, fade, taf ; **to get one's cut**, avoir sa part du gâteau. 2. morceau de musique° *(sur un disque)*, track ; **to lay down cuts**, enregistrer.

cut 1. *v.i.* **to cut (and run)**, partir°, mettre les bouts, se tailler, se casser. 2. *v.t.* a) **cut !** (i) *(cinéma)* coupez ! ; (ii) silence !, motus ! ; b) arrêter°, stopper ; **cut the crap !** arrête de déconner ! ; **cut the rough stuff !** *(sports)*, je ne veux pas voir ça ! ; **cut the cackle !** assez bavardé ! ; c) **to cut a drug**, couper une drogue ; d) **to cut s.o. down to size**, remettre qqun à sa place ; e) **to cut it fine**, calculer au plus près ; f) **to cut corners**, faire des économies°, rogner sur les dépenses ; **things have been tight recently in the business so he's cutting corners**, comme les affaires vont tout doucement ces temps-ci, il racle les fonds de tiroir ; g) **to cut the mustard**, réussir°, prendre, marcher ; **well I'm afraid this just doesn't cut the mustard**, eh bien, je crains que ceci ne fasse pas l'affaire ; h) **to cut class**, ne pas assister à un cours°, sécher ; i) **to cut one's losses**, limiter les dommages°, arrêter les frais.

cute *adj.* 1. petit et mignon, gentil ; **what a cute little girl !**

qu'est-ce qu'elle est mignonne, cette petite fille ! 2. *(US)*
charmant°, mignon, à croquer ;
her husband is really cute,
son mari est vraiment un
amour. 3. astucieux°, rusé,
futé, malin; **he's a cute customer**, c'est un sacré petit malin.

cutie *n.* jolie fille°, mignonne *f*,
poupée *f*.

cutie pie *n.* *(US)* ma jolie,
mignonne, petite mère.

cut in *v.t.* intéresser (qqun) à
une affaire°, mettre (qqun)
dans le coup ; **let's cut him
in**, on le branche sur ce coup.

cut out 1. *v.i.* partir°, se tailler, se
casser ; **let's cut out !** allez !, on
se tire ! 2. *v.t.* a) arrêter°, stopper, en finir avec ; **cut it out !**
assez !, basta !; b) **to be cut out
for s.t.**, avoir le profil voulu
pour qqch.°, être taillé pour

qqch. ; **I'm not cut out for this
sort of thing**, cette affaire, c'est
pas vraiment mon truc ; c) **to
have one's work cut out**, avoir
beaucoup de travail°, avoir du
pain sur la planche, avoir de
quoi faire ; **you know you're
gonna have your work cut
out**, tu sais que ça va pas être
de la tarte ; d) exclure (qqun)
d'une affaire°, tenir (qqun)
hors du coup.

cut up 1. *v.i.* **to cut up rough**,
se mettre en colère° / en bou-
le / en pétard / en rogne. 2. *v.t.*
a) affecter gravement°, ficher
par terre/en l'air ; **her
father's death really cut her
up**, depuis la mort de son
père, elle est sens dessus dessous ; b) attaquer avec un
couteau°, larder, suriner,
charcuter.

D

da(a) (*abr.* = **dad**) *n.* *(GB)* père°, vieux, paternel ; **me da,** mon vieux.

dab hand (to be a) *loc.* être doué° (*manuel*), avoir des mains en or.

dabs *n.pl.* empreintes digitales°.

dad *n.* 1. papa°, pap's. 2. vieil homme°, vieux, croulant ; **all right, dad, move along now,** bon, allez, pépé, on se bouge.

daddio, daddy-o *n.* 1. mon papa que j'aime, petit papa chéri. 2. patron° (*apostrophe*), vieux, chef.

daddy of them all (the) *n.* le fondateur°, l'ancêtre, le grand bonhomme.

dago *adj.* 1. italien°, rital, macaroni. 2. hispanique° ; a) espagnol°, espinguoin ; b) sud-américain°, latino.

dago *n.* 1. Italien°, rital, macaroni. 2. Hispanique° ; a) Espagnol°, espingouin ; b) Sud-Américain°, latino.

daks *n.* *(GB)* pantalon°, futal, fute, falzar.

damage ? (what's the) *loc.* ça fait combien ?°, ça va chercher dans les combien ? ; **what's the damage ?** (*restaurant*), apportez la douloureuse.

dame *n.* *(US)* femme° *f,* poupée *f,* poulette *f,* pépée *f.*

damfool, damn-fool *adj.* stupide°, con, débile ; **that was a damfool thing to do,** c'était vraiment une connerie.

damfool, damn-fool *n.* crétin°, andouille *f,* (pauvre) con, dugland.

dammit !, damn !, damn it ! *excl.* bondieu !, merde !, bon sang !

damn *n.* 1. **not to give a damn,** s'en ficher°, s'en balancer, s'en tamponner, s'en foutre. 2. **it's not worth a damn,** ça vaut rien° / que dalle / des clous.

damn *v.t.* 1. **damn you !** va te faire voir (ailleurs) !, va te faire aimer !, va te faire cuire un œuf ! ; **damn this !** fichue saloperie ! ; **damn him !** l'enfoiré ! 2. **(well) I'll be damned !** a) ben alors là, c'est le bouquet ! ; b) incroyable !°, invraisemblable !, putain ! 3. **I'll be damned if he comes,** je veux bien être pendu s'il vient ; **I'll be damned if I do it !** plutôt crever !

damn *adj., adv.* = **damned.**

damnable *adj.* détestable°, maudit, sacré, fichu.

damn-all *n.* *(GB)* rien°, que dalle, balpeau ; **there's damn-all to do in this hole,** y a vraiment rien à foutre dans ce trou; **he knows damn-all,** il est nul, il touche pas une bille.

damnation *n.* 1. **(hell and) damnation !** enfer et damnation ! 2. **what in damnation is the matter ?** pour l'amour de Dieu, que se passe-t-il ?

damned, damn *adj.* satané, maudit, sacré, fichu ; **he's a damned fool,** c'est un bougre de con ; **it's one damned thing after another**, j'ai pépin sur pépin.

damned, damn *adv.* sacrément, fichument, fichtrement ; **it's a damn awful movie**, ce film est carrément nul ; **he's a damned nice guy**, c'est un type vachement sympa.

damnedest *adj.* 1. **the damnedest,** le plus étrange° / dingue / zarbi ; **that's the damnedest thing I've ever heard**, c'est le truc le plus fou que j'aie jamais entendu. 2. **to do one's damnedest,** faire de son mieux°, faire le maximum ; **he did his damnedest to pass the exam**, il a bûché comme un malade pour réussir à l'exam.

damned-well, damn-well *adv.* parfaitement° / fichtrement bien ; **you damn-well know what I mean**, tu sais parfaitement bien ce que je veux dire.

damn-fool = damfool.

danger *n.* 1. **no danger !** a) ça risque pas (d'arriver) ! , c'est pas demain la veille ! ; b) oui à cent pour cent !, absolument !, tu peux compter dessus ! ; « **will you be at the club tonight ? - certainly, no danger !** », « tu seras au club ce soir ? - affirmatif ! » 2. **any danger of... ?** est-ce qu'il y a une chance pour que... ? ; **any danger of you driving us tonight ?** est-ce que tu nous conduirais ce soir par hasard ?

darkie•, dark(e)y• *n.* Noir°, bougnoule, bamboula.

darn *n. (US)* 1. **not to give a darn**, s'en ficher°, s'en balancer, s'en tamponner, s'en foutre. 2. **it's not worth a darn**, ça vaut rien° / que dalle / des clous.

darn *v.t. (US)* 1. **darn you !** va te faire voir (ailleurs) ! , va te faire aimer ! , va te faire cuire un œuf ! ; **darn this !** fichue saloperie ! ; **darn him !** l'enfoiré ! 2. **(well) I'll be darned !** a) ben alors là c'est le bouquet ! ; b) incroyable ! °, invraisemblable !, putain ! 3. **I'll be darned if he comes**, je veux bien être pendu s'il vient ; **I'll be darned if I do it !** plutôt crever !

darn ! *excl. (US)* bon sang ! , bon Dieu ! , mince !

darned *adj. (US)* satané, maudit, sacré, fichu ; **he's a darned fool**, c'est un bougre de con ; **it's one darned thing after another**, j'ai pépin sur pépin.

darned *adv. (US)* sacrément, fichument, fichtrement ; **it's a darn awful movie**, ce film est carrément nul ; **he's a darned nice guy**, c'est un type vachement sympa.

darnedest *adj. (US)* 1. **the darnedest,** le plus étrange° / dingue / zarbi ; **that's the darnedest thing I've ever heard**, c'est le truc le plus fou que j'aie jamais entendu. 2. **to do one's darnedest,** faire de son mieux°, faire le maximum ; **he did his darnedest to pass the exam**, il a bûché comme un malade pour réussir à l'exam.

darned-well, darn-well *adv.* *(US)* parfaitement° / fichtrement bien ; **you darn-well know what I mean,** tu sais parfaitement bien ce que je veux dire.

dashed *adj.* fichu, sacré, maudit.

date *n.* 1. rendez-vous°, RV, rencard, *sp.* rendez-vous galant° ; **let's make a date,** on se rencarde ? ; **I'm sorry I can't see you, I've got a date tonite,** désolé, je peux pas te voir, je suis déjà pris ce soir. 2. partenaire amoureux°, personne avec laquelle on sort *f*, copain / copine ; **my new date is a real goer,** le mec / la nana avec qui je sors est un(e) chaud(e) lapin(e).

date *v.t.* *(US)* avoir une relation avec°, fréquenter, sortir avec.

day *n.* 1. **to make s.o.'s day,** a) apaiser qqun°, mettre du baume au cœur de qqun, remonter qqun ; **what she said really made my day,** ce qu'elle a dit m'a fait vraiment chaud au coeur ; b) rendre la tâche facile pour qqun°, faire l'affaire de qqun, simplifier la vie de qqun ; **go ahead, make my day !** vas-y, fais-moi un cadeau ! 2. **that'll be the day !** je n'y crois pas°, je voudrais voir ça !

daylights *n.pl.* 1. **to beat / bash the living daylights out of s.o.,** frapper violemment qqun°, défoncer / tabasser / friter la gueule à qqun. 2. **to scare the living daylights out of s.o.,** faire très peur à qqun°, foutre la trouille / la pétoche / la frousse à qqun.

daylight robbery *loc.* du vol°, du carottage organisé, du pigeonnage professionnel ; **don't go into that shop, it's daylight robbery,** ne va pas dans ce magasin, c'est de l'arnaque pure.

dead *adj.* 1. **dead cert(ainty) / cinch,** fait assuré°, du tout cuit ; **he's a dead cert to win,** il va gagner, c'est couru. 2. **dead loss,** minable°, zéro (intégral), nullité *f* ; **her new husband is a real dead loss,** son nouveau mari est un nullos total. 3. **dead duck,** a) échec°, fiasco, bide, flop ; b) **to be a dead duck,** être fini° / cuit / foutu (d'avance) ; **if you dare do that, you're a dead duck,** si tu fais ça, t'es mort. 4. **over my dead body !** jamais de la vie ! °, faudra me tuer d'abord ! 5. **dead from the neck up,** complètement idiot°, bête comme ses pieds. 6. **dead to the world,** a) profondément endormi°, dans le coltar, hors circuit ; b) ivre mort°, bourré à mort. 7. **dead man / soldier,** bouteille vide°, cadavre. 8. **(go and) drop dead !** crève !, va mourir ! 9. **dead on,** en plein dans le mille°, en plein dedans, pile (-poil). 10. **to be in dead trouble,** avoir de sacrés ennuis°, être dans une merde noire. 11. **not to be seen dead doing s.t.,** préférer mourir plutôt que de faire qqch.° ; **I wouldn't be seen dead in his company**, plutôt crever que de me montrer avec lui. 12. **dead giveaway**, signe indiscutable°, preuve par neuf *f* ; **he was obviously Australian, his accent was a dead giveaway**, il était manifestement australien, rien qu'à son accent ça se voyait gros comme une maison.

dead *adv.* extrêmement°, sacrément, fichtrement ; **dead broke**, fauché comme les blés, sans (une) thune ; **dead pleased**, heureux comme un roi°, drôlement jouasse ; **it was dead easy**, c'était de la tarte ; **dead scared**, mort de trouille ; **dead drunk**, bourré à mort ; **dead boring**, ennuyeux° / chiant comme la pluie, mortel ; **dead lucky**, veinard comme pas deux ; **dead beat / tired**, crevé, pompé, mort ; **dead set**, fermement décidé°, décidé à fond ; **he was dead set on getting a bicycle for Christmas**, il voulait absolument avoir un vélo pour Noël.

dead-ass *adj. (US)* stupide°, con, taré ; **that's a real dead-ass idea**, cette idée est totalement débile / conne à chier.

dead-ass *n. (US)* crétin°, andouille *f*, glandu, tête de nœud *f*.

deadbeat *n. (US)* 1. clochard°, SDF, clodo, déchard. 2. pique-assiette°, parasite, tapeur, taxeur.

deadhead *n. (US)* crétin°, tête de nœud *f*, con, tête de con *f*.

deadly (boring) *adj.* extrêmement ennuyeux°, chiant à mourir / comme la pluie, mortel.

dead-pan *n.* humour froid°, pince-sans-rire.

deal *n.* 1. affaire° *f*, marché ; **it's a deal !** ça roule ! , ça marche ! 2. **the deal is...**, ce qui est convenu° / ce qui va se passer, c'est que... 3. affaire de drogue° *f*, deal.

deal *v.i., v.t.* vendre de la drogue°, dealer, fourguer.

dealer *n.* revendeur de drogue°, dealer, dileur.

death *n.* 1. a) **to look like death warmed up**, avoir très mauvaise mine°, avoir l'air vraiment mal, avoir une tête de crevard ; **what's wrong with you, you look like death warmed up**, qu'est-ce qu'il y a, t'as une gueule de cadavre ; b) **to feel like death warmed up**, se sentir vraiment mal / mal à crever / au bord de la tombe. 2. **the death of s.o.**, la mort° / la fin de qqun ; **writing this book is going to be the death of me**, écrire ce bouquin ça va m'achever.

deb (*abr.* = **debutante**) *n.* débutante° *f*.

debag *v.t. (GB)* enlever le pantalon° (à qqun), déculotter, trousser ; **I got thrown out of school for debagging a pal**, j'ai été viré de l'école pour avoir mis à l'air un camarade.

decider *n.* partie décisive°, belle *f*.

deck *n.* 1. **not to play with a full deck**, ne pas avoir toute sa tête°, être (un peu) dérangé, déménager, avoir une case en moins. 2. **to hit the deck**, a) tomber à plat ventre°, s'écraser, s'aplatir (comme une crêpe), prendre une pelle ; b) se coucher°, se foutre à plat ventre ; **all right, guys, hit the deck !** allez, les gars, tout le monde couché ! 3. **to be on deck**, être prêt°, être fin prêt, être bon pour attaquer. 4. quantité de drogue° *f*, *sp.* d'héroïne°, fixe, dose *f*.

deck *v.t.* 1. **to deck s.o.**, frapper qqun°, filer / flanquer / balancer un pain à qqun. 2. **to deck s.o.**, mettre qqun KO, envoyer qqun au tapis, étendre qqun.

decorators *n.pl.* **to have the decorators in**, avoir ses règles° / ses histoires / son rouge, repeindre sa grille au minium ; **the decorators are in**, les Anglais ont débarqué.

dee-jay = **D.J.**

deffo *adv.* *(GB)* oui à cent pour cent, absolument, affirmatif.

dekko *n.* *(GB)* regard°, coup d'œil, œil, coup de sabord ; **giv'us a dekko**, fais voir (un peu).

Delhi-belly *n.* diarrhée° *f*, courante *f*, foirade *f* ; **to have the Delhi-belly**, avoir la chiasse.

deli *(abr. = delicatessen) adj.* fin°, gourmand, pour gourmets ; **deli food**, épicerie fine°.

deli *(abr. = delicatessen) n.* traiteur°, épicerie fine°.

demo *(abr. = demonstration) n.* 1. manifestation° *f*, manif *f*. 2. cassette° *ou* disquette° de démonstration° *f*, échantillon, sample.

demolish *v.t.* 1. critiquer sévèrement°, démolir, flinguer, descendre en flammes. 2. dévorer°, descendre, bâfrer.

dense *adj.* stupide°, bouché (à l'émeri), lourd, emmanché.

dent *n.* dépense° *f* ; **to make a dent in one's savings**, faire un trou dans son budget°, enta-mer / écorner ses économies, écorcher son matelas.

Denver boot *n.* sabot (de Denver).

destroyed *adj.* 1. ivre°, pété, plein, fait. 2. drogué°, raide, défoncé.

detox *n.* désintoxication° *f*, désintox *f* ; **detox center**, centre de désintoxication°.

devil *n.* 1. personne°, individu, type ; **poor devil**, pauvre diable ; **lucky devil**, veinard ; **little devil**, petit monstre. 2. **come on, be a devil**, allez, sois canaille pour une fois ! °, ose un peu ! 3. **to be a devil for s.t.**, avoir une passion pour qqch.°, être fou / toqué / mordu de qqch. 4. **the devil of a time / of a job**, la foire d'empoigne°, la croix et la bannière ; **with all the traffic we had the devil of a time getting home**, avec cette circulation ça a été l'enfer pour rentrer ; **the devil's own job**, l'enfer absolu. 5. **to have the luck of the devil**, avoir une chance° / un bol d'enfer, avoir le cul bordé de nouilles. **6. like the devil,** extrêmement°, comme une bête, comme un sauvage ; **to run like the devil,** courir comme un dératé. **7. the devil,** par tous les diables ; **who the devil's been eating my porridge ?** qui diable a mangé ma soupe ? ; **what the devil's going on here ?** mais qu'est-ce que c'est que cette histoire ?

dew-drop *n.* morve qui coule du nez° *f,* chandelle *f,* goutte au nez *f.*

diabolical *adj.* satané, sacré, infernal ; **what a diabolical cheek !** faut avoir un sacré culot !

dial *n. (GB)* visage°, museau, fraise *f,* bobine *f* ; **go on, wash your dial !** allez, va te débarbouiller !

dicey *adj.* dangereux°, limite, glissant ; **it was dicey,** c'était tangent.

dick *n.* 1.• pénis°, queue *f,* zob, bout. 2.• crétin°, andouille *f,* (tête de) nœud *f,* gland. 3. inspecteur de police°, bœuf-carottes.

dick• *v.i., v.t.* copuler°, baiser, tringler, fourrer.

dick around• *v.i.* faire l'imbécile° / l'andouille *f* / le con, déconner.

dickey = dicky.

dickbrain• = **dickhead•.**

dickbrained• *adj.* stupide°, à la con, à la flan, à la noix, à la mords-moi-le-nœud.

dickhead, dickbrain• *n.* crétin°, enflé, connard, tête de nœud *f.*

dick(e)y *adj.* mal assuré°, branlant, flageolant ; **he's got a dicky heart,** il est un peu faible du palpitant.

dicky-bird (*RS* = word) *n. (GB)* mot° ; **don't say a dicky-bird about it !** motus (et bouche cousue) ! ; **I couldn't hear a dicky-bird,** j'entendais que dalle (à ce qu'il disait).

diddies• *n.pl.* seins°, nénés, nichons, doudounes *f.*

diddle *v.t.* 1. escroquer°, arnaquer, couillonner, pigeonner ; **you've been diddled, mate !** tu t'es fait rouler dans la farine, vieux ! 2.• *(US)* copuler°, baiser, tringler, trombonner.

diddy *n.* idiot°, crétin°, cloche *f,* cruche *f.*

die a death (to) *loc.* échouer°, faire un four / bide / fiasco.

dig *n.* remarque acerbe° *f,* pique ; **to take a dig at s.o.,** envoyer des fleurs à qqun.

dig *v.t. (US)* 1. raffoler° (de qqch.), adorer ; **I really dig surfing,** le surf, ça m'éclate ; **do you dig it ?** ça te branche ? 2. comprendre°, piger, entraver ; **dig, man ?** vu, mec ? 3. regarder°, zyeuter, viser ; **dig that chick !** mate un peu la nana !

dig in *v.i., v.t.* 1. commencer à manger°, entamer, attaquer. 2. manger goulûment°, se goinfrer, s'empiffrer, (se) bâfrer, morfaler.

dig up *v.t.* découvrir°, dégoter,

dénicher, pêcher ; **where did you dig that one up from ?** où est-ce que tu as été chercher celle-là ?

dike = dyke.

dildo• *n.* 1. vibromasseur°, godemiché. 2. crétin°, andouille *f*, con, tête de nœud *f*, gland.

dill *n.* imbécile°, nouille *f*, cruche *f*, cloche *f*.

dilly *n.* 1. qqch.° *ou* qqun° de remarquable° / de génial / d'éclatant ; **it's a dilly**, c'est le pied. 2. imbécile°, nouille *f*, cruche *f*, cloche *f*, gourde *f*.

dim *adj.* 1. bête°, bouché, lent à la comprenette, concon. 2. **to take a dim view of s.t.**, voir qqch. d'un mauvais œil°, ne pas trop aimer qqch., ne pas être très amateur de qqch.

dimbo *n.* crétin°, nouille *f*, neuneu, nunuchon.

dim bulb *n.* crétin°, cloche *f*, taré ; **he's a real dim bulb**, c'est pas une lumière.

dime *n.* **a dime a dozen**, en abondance°, à la pelle, en pagaille ; **arts graduates are a dime a dozen these days**, des littéraires, y en a à pas savoir qu'en faire.

dimwit *n.* crétin°, nouille *f*, andouille *f*, cruche *f*.

din-dins *n.pl.* dîner° ; **what's for din-dins tonight ?** qu'est-ce qu'y a à grailler ce soir ?

dingbat *n.* 1. crétin°, andouille *f*, bougre d'emplâtre, cornichon. 2. *(US)* objet indéfini°, bidule, schmilblic, machintruc.

ding-dong *n.* 1. querelle° *f*,

engueulade *f*, crêpage de chignon, rébecca; **there's a bit of a ding-dong going on next door**, il y a du rififi chez les voisins. 2. fête bruyante°, surboume *f*, surpatte *f*, fiesta *f*.

dingleberries *n.pl.* fragments d'excréments attachés aux poils de l'anus°, grelots.

dink *n.* 1.• Asiatique°, chinetoque, bridé. 2. imbécile°, pauvre con, andouille *f*, tête de nœud.

DINK (*abr.* = **double-income-no-kids**) *n.* jeune homme *ou* femme *f* dans un couple aisé sans enfant°.

dinky *adj.* 1. charmant°, gentil, mignon, craquant. 2. *(US)* petit°, riquiqui, de rien du tout.

dip = dipshit.

dip one's wick (to)• *loc.* posséder (une femme) sexuellement°, baiser, tremper le biscuit, se mettre (qqun) sur le bout.

dippy *adj.* légèrement fou°, dérangé, toqué, fêlé.

dipshit•, dip• *n.* *(US)* individu méprisable°, salopard, connard, enfoiré.

dipso (*abr.* = **dipsomaniac**) *n.* alcoolique°, alcoolo, poivrot, pochard, éponge *f*.

dipstick• *n.* 1. pénis°, bite *f*, queue *f*, pine *f*. 2. imbécile°, connard, ducon, tête de nœud *f*.

dirt *n.* 1. **to do the dirt on s.o.**, faire des méchancetés° *f* / des vacheries *f* / des saloperies *f* à qqun. 2. informations compromettantes°, ragots, casseroles f; **to have the dirt on s.o.**, savoir des trucs sales sur qqun.

dirtbag n. individu méprisable°, fumier, ordure f, raclure f.

dirtbox• n. anus°, trou du cul, trou de balle, anneau.

dirt-cheap adj. très bon marché°, donné, trois fois rien ; **transatlantic flights are really dirt-cheap these days**, en ce moment, les vols transatlantiques se vendent pour des clopinettes.

dirty adj. 1. malhonnête° ou méchant°, dégueulasse, dégueu ; **dirty trick**, sale coup, coup de vache ; **dirty tricks**, saloperies f, vacheries f ; **publishing is a dirty business**, l'édition est un sale métier ; **a dirty player**, un joueur salaud ; **to give s.o. a dirty look**, regarder qqun d'un sale œil ; **dirty money**, argent sale. 2. déplaisant°, sale, dégueulasse, débectant ; **to do the dirty work**, faire le sale boulot ; **dirty weather**, temps pourri, sale temps. 3. salace°, cochon, gaulois ; **dirty joke**, histoire cochonne ; **dirty weekend**, weekend lubrique ; **to have a dirty mind**, avoir l'esprit mal tourné°, ne penser qu'à ça ; **dirty old man**, vieux saligaud ; **dirty word**, a) gros mot ; b) mot tabou ; **federalism is the dirty word these days**, ces temps-ci le fédéralisme est un mot à éviter.

dirty adv. 1. **dirty big / great**, énorme°, vachement gros / grand ; **he pulled up in this dirty big limousine**, il s'est ramené dans un char long comme ça. 2. **to play dirty**, jouer vache.

dirty (to do the) loc. faire des méchancetés° / crasses / vacheries / saloperies.

dis(s) v.t. (US) manquer de respect°, traiter ; **if you dis my sister once more I'll blow your brains out**, si tu traites ma sœur une autre fois, je te nique la tête.

disaster area n. personne très malchanceuse°, désastre ambulant ; **keep away from that guy, he's a walking disaster area**, t'approche pas de ce type, c'est une catastrophe naturelle.

disgustingly adv. excessivement°, incroyablement, invraisemblablement ; **you're looking disgustingly healthy**, t'as vachement bonne mine.

dish n. personne attirante° / qui a du chien f, beauté f, mec / nana canon.

dish out v.t. 1. **to dish out the money**, payer°, casquer, banquer, passer à la caisse. 2. **to dish it out**, réprimander sévèrement° / engueuler (qqun), passer un savon (à qqun) ; **he certainly knows how to dish it out**, question engueulade, il est champion.

dish up v.t. inventer°, fabriquer / sortir / servir (un boniment) ; **use any excuse, dish up anything you want**, trouve-toi une excuse, raconte ce que tu voudras.

dishwater *n.* boisson sans saveur° *f*, lavasse *f*, jus de chaussette.

dishy *adj.* attirant°, sexy, appétissant, qui a du chien.

diss = dis.

ditch *v.t.* 1. se débarrasser de°, ficher en l'air, fourguer ; **they ditched the car after fifty miles,** ils ont bazardé la bagnole au bout de quatre-vingts kilomètres. 2. abandonner°, laisser tomber, plaquer, larguer ; **she finally ditched her husband after twenty years,** au bout de vingt ans elle a fini par jeter son mari.

ditchwater (as dull as) *loc.* ennuyeux comme la pluie, casse-bonbon, casse-pieds.

ditto *adv.* la même chose°, idem (au cresson), bis.

dive *n.* bar mal fréquenté°, bouge, boui-boui.

DIY = do-it-yourself.

dizzy blonde *n.* blonde platine / vaporeuse.

DJ, dee-jay (*abr. = disc-jockey*) *n.* disc-jockey, DJ.

do *n.* fête° *f*, nouba *f*, sauterie *f*, pince-fesses.

do *v.t.* 1. posséder sexuellement°, baiser, sauter, se faire (qqun) ; **to do it,** faire l'amour, le faire. 2. escroquer°, arnaquer, rouler, pigeonner; **to be done,** se faire avoir; **I was done in more ways than one,** je me suis fait couillonner dans les grandes largeurs. 3. **to do s.o.,** frapper qqun°, casser la gueule / la tête

à qqun ; **shut up unless you want to get done !** ferme ta gueule si tu veux pas qu'on te l'arrange. 4. attaquer°, braquer, faire ; **to do a bank,** se faire une banque. 5. **to do right by s.o.,** bien se conduire° / être réglo avec qqun, marcher droit. 6. prendre° *(drogue)* ; **to do LSD,** être au LSD. 7. passer du temps en prison°, faire de la taule ; **he's doing five years for that bank job,** il a plongé cinq ans pour le coup de la banque. 8. **to get done for s.t.,** se faire emprisonner° / enchtiber / mettre à l'ombre pour qqch. 9. **to be done,** être épuisé° / crevé / pompé / naze. 10. **done !** tope là !, marché conclu !, c'est une affaire faite ! 11. **nothing doing !** rien à faire !, pas question !, tu peux toujours courir ! 12. **well, that's done it !** alors là, bravo ! *(iron.)*. 13. a) **to do with s.t.,** avoir envie de qqch.° ; **I could certainly do with a drink right now,** un petit verre, là, je dirais pas non ; b) **to do without,** se passer de° ; **if there's none left, you'll have to do without,** s'il n'y en a plus, faudra faire sans.

D.O.A. (*abr. = dead on arrival*) *loc.* ivre mort°, HS, complètement naze.

doat *n. (GB)* personne adorable° *f*, chou, ange ; **thanks, you're a real doat,** merci, tu es un vrai amour.

doddle *n.* tâche facile° *f*, partie de plaisir *f*, billard ; **it was a**

doddle, c'était du gâteau.

dodge *n.* manoeuvre louche° *f*, truc, combine *f* ; **to be on the dodge,** magouiller.

dodge *v.t.* éviter°, passer autour (de qqch.) / à travers (qqch.) / à côté (de qqch.) ; **to dodge the draft,** éviter le service militaire°, se faire porter pâle.

dodger *n.* manœuvrier°, combinard, magouilleur.

dodgy *adj.* *(GB)* 1. louche°, glauque, pas net ; **dodgy goods,** camelote. 2. dangereux° *ou* incertain°, limite, tangent, glissant ; **I wouldn't ride with him, his driving is a bit dodgy,** je monterais pas avec lui, il est un peu juste comme conducteur.

dog *n.* 1. personne° *f*, individu, type ; **lucky dog,** veinard ; **dirty dog,** saligaud, cochon. 2. individu méprisable°, salopard, chien ; **pig dog,** gros salaud. 3. femme laide°, cageot, mocheté *f*. 4. chose sans valeur° *f*, nullité *f*, merde *f* ; **that movie was a total dog,** ce film était un navet total. 4.*(GB)* **dog (and bone)** *(RS = telephone),* téléphone°, cornichon, bigophone, biniou. 5. **dog's breakfast / dinner,** a) désordre°, foutoir, boxon, bordel ; **to make a dog's dinner of s.t.,** saloper qqch. ; b) étalage de luxe tapageur°, tralala ; **to be dressed up like a dog's dinner,** être sapé comme un pantin (de défilé) ; **to do up one's flat like a dog's dinner,** décorer son appart façon paillettes de topaze. 6. **to work like a dog,** travailler énormément° / comme une bête / comme un malade. 7. **to lead a dog's life,** avoir une vie misérable° / une vie de chien. 8. **top dog,** chef°, boss, grand manitou. 9. **there's life in the old dog yet,** je suis encore / il est encore loin de la fin°, je ne suis pas / il n'est pas encore sous terre. 10. **to see a man about a dog,** s'absenter pour aller uriner° / vidanger / changer le poisson d'eau. 11. **not to stand / have a dog's chance,** ne pas avoir l'ombre d'une chance° / une chance sur un million. 12. **the dog's bollocks,•** le mieux°, le top, la super-classe ; **these sausages are the dog's bollocks,** foutre, ces saucisses sont imbattables. 13. *(US)* hot dog. 14. *pl.* **dogs,** a) pieds°, panards, escalopes, ripatons; b) courses de lévriers° ; c) **to go to the dogs,** être en situation difficile°, mal tourner, être sur la mauvaise pente, filer un mauvais coton.

dogbreath, dogsbreath *n.* individu déplaisant°, crevure *f*, raclure *f*, ordure *f*.

doggie doo *n.* excrément° / crotte *f* de chien.

doggone, doggoned *(euph. = God damn)* *(US)* *adj.* sacré, satané, maudit ; **the doggone TV's bust,** cette fichue télé est foutue.

doggone it ! *(euph. = God damn it !*) *(US)* *excl.* sacrebleu !, vingt-dieux ! , sac à patates !

doggoned = doggone.

doggy *n.* chien°, chienchien, toutou, ouah-ouah.

doggy-bag *n.* paquet pour emporter les restes°, doggy-bag.

dog-house (in the) *loc.* **to be in the dog-house**, être mal vu (de qqun)°, être mal en cour, ne pas avoir la cote ; **ever since I got drunk at her party I've been in the dog-house**, depuis que je me suis saoulé à sa fête, elle me fait la gueule ; **to put s.o. in the dog-house**, traiter qqun avec distance°, faire la gueule / la tronche à qqun.

do-gooder *n.* qqun qui fait le bien°, belle âme, bon Samaritain.

dogsbody *n.* factotum°, esclave, bonne à tout faire *f* ; **to be the general dogsbody**, être le pigeon de service.

dogsbreath = dogbreath.

do in *v.t.* 1. tuer°, liquider, buter, effacer; **to do oneself in**, se suicider°, se foutre en l'air, se flinguer ; **you're not gonna do yourself in just coz I say I don't love you any more**, tu vas pas te mettre en l'air simplement parce que je te dis que je t'aime plus. 2. frapper°, tabasser, casser la gueule / faire sa fête (à qqun). 3. ruiner° (*projets, etc.*), foutre en l'air, bousiller ; **another season like that will do us in**, encore une saison comme ça et on est fichus.

doings *n.pl.* *(GB)* 1. **the doings**, le nécessaire°, la marchandise; **have you got the doings ?** t'as ce qu'il faut ? 2. objet indéfini°, machin, bazar, fourbi ; **hand me that doings, will you ?** tu peux me passer ce chose, là ?

do-it-yourself, DIY *n.* bricolage°, bricole *f* ; **he's really into DIY**, c'est un bricoleur fou.

dole *n.* *(GB)* assurance chômage° *f*, ASSEDIC *f* ; **to be on the dole**, être au chômage° / au chômedu, pointer à l'ANPE.

dole-queue *n.* *(GB)* file des chômeurs° *f*, ANPE *f* ; **I'm just another number in the dole-queue**, je suis rien qu'un numéro au chômedu.

doll *n.* 1. fille° *f*, nénette *f*, poupée *f*, minette *f*. 2. personne affectueuse°, amour, ange ; **isn't he a real doll ?** il est pas chou ?

dollop *n.* 1. portion généreuse°, louchée *f* ; **who wants a lovely piece of apple-tart with a nice little dollop of cream on top ?** qui veut une délicieuse part de tarte aux pommes avec une bonne petite cuillerée de chantilly par-dessus ? 2. *pl.* **dollops**, grande quantité° (*nourriture*), wagon, montagne *f*.

doll up *v.t.* **to doll oneself up**, s'habiller élégamment°, se saper, se linger ; **to be all dolled-up**, être sapé comme un milord.

dolly-bird *n.* jeune fille attirante°, mignonne *f*, (jolie) poupée *f*.

dolly-mixtures (*RS = pictures*)

n.pl. *(GB)* cinéma°, ciné, cinoche.

done for *adj.* fichu°, foutu, cuit, mort ; **if we get home late again we're done for**, si on rentre trop tard encore un coup, on va se faire tuer.

done in *adj.* épuisé°, crevé, pompé, vanné ; **God I'm all done in**, putain, je suis complètement naze.

done thing (the) *loc.* ce qui se fait°, la chose à faire ; **eating with your elbows on the table is not the done thing**, manger (avec) les coudes sur la table, c'est pas comme il faut.

dong• , donger• , donker• *n.* pénis°, queue *f*, zob, bite *f*.

donkey *n.* 1. **donkey's (years)**, une période extrêmement longue°, une éternité, un bail ; **it must be donkey's since I last saw him**, ça fait bien un siècle et demi que je l'ai pas vu ; **donkey's years ago**, il y a belle lurette. 2. **donkey work**, travail désagréable°, corvée *f*, boulot chiant ; **he gets all the praise and I do all the donkey work**, c'est lui qui récolte les éloges, moi je fais le sale boulot.

doodad, doodah, dooflop, doowillie *n.* objet indéfini°, bidule, machintruc, bazar.

doormat *n.* personne qui se laisse humilier sans réagir° / qui se laisse marcher dessus, paillasson, descente de lit *f*.

do out *v.t.* **to do s.o. out of s.t.**, s'approprier qqch. aux dépens de qqun°, carotter / faucher qqch. à qqun ; **he did me out of my place in the team**, il m'a piqué ma place dans l'équipe.

do over *v.t.* 1. tromper°, rouler, arnaquer, pigeonner. 2. frapper°, tabasser, friter / casser la gueule (à qqun). 3. cambrioler°, faire, vendanger ; **to do over a joint**, faire un casse.

doowillie = doodad.

dope *n.* 1. drogue° *f*, came *f*, dope *f* ; **dope head, dope fiend**, drogué°, camé, toxico, junkie ; **dope ring**, filière de trafic de drogue° *f*. 2. information° *f*, info *f*, tuyau ; **what's the dope on his new girlfriend ?** alors, sa nouvelle copine ? 3. imbécile°, andouille *f*, cornichon, nouille *f*.

dope *v.t.* 1. administrer des drogues (à qqun)° ; a) droguer°, endormir ; **in order to calm him down they had to dope him**, pour le calmer ils ont dû le piquer ; b) doper°, donner des stimulants° / dopants (à qqun). 2. **to dope oneself**, se droguer°, se camer, se méca. 3. ajouter un sédatif (à qqch.)°, mêler ; **they doped his drink before kidnapping him**, ils ont bidouillé son verre avant de le kidnapper.

dope up 1. *v.i.* se droguer°, se camer, se doper. 2. *v.t.* = **dope** 1.

dopey *adj.* 1. stupide°, nouille, neuneu, concon. 2. abruti°, vasouillard, cotonneux, dans le cirage.

do-re-mi *n.* argent°, fric, oseille *f*, thune *f*.

dork• *n.* *(US)* 1. pénis°, queue *f*,

bite *f*, zob. 2. crétin°, andouille *f*, gland, con ; **your brother is a nice guy but you'll admit he's a bit of a dork**, ton frangin est sympa mais quand même il est un peu neuneu sur les bords.

dose *n.* **a dose (of the clap)**, maladie vénérienne°, chaude-lance *f*, chaude-pisse *f*, chtouille *f* ; **to get / to cop a dose**, attraper la chtouille.

dosh *n.* *(GB)* argent°, fric, pèze, blé.

doss *v.i.* *(GB)* dormir°, pioncer, roupiller, coincer la bulle.

doss down *v.i.* *(GB)* se coucher°, se pieuter, se bâcher, aller au pieu.

dosser *n.* *(GB)* clochard°, clodo, SDF, déchard.

doss-house *n.* *(GB)* 1. asile de nuit°, Nanterre. 2. hôtel minable° / borgne.

dot (on the) *loc.* exactement°, pile ; **at five on the dot**, à cinq heures pétantes.

dotty *adj.* légèrement fou°, fêlé, dérangé, zinzin.

double *adj.* 1. **double talk**, discours délibérément ambigu ou contourné°, langue de bois *f*, baratin. 2. **double Dutch**, langue *ou* discours incompréhensible°, chinois, hébreu ; **this computer business is all double Dutch to me**, pour moi l'informatique et tout ça c'est du chinois. 3. **double top** *(GB)*, coup de maître°, exploit, perf.

double (to do the) *loc.* travailler tout en touchant une allocation chômage°, toucher le doublé.

double-cross *v.t.* tromper°, doubler, rouler, pigeonner ; **the bastard double-crossed me**, ce salaud m'a fait un enfant dans le dos.

double-take (to do a) *loc.* s'y reprendre à deux fois avant de reconnaître (qqun) *ou* de réaliser (qqch.)° ; **when I saw him he'd changed so much, I nearly did a double-take**, quand je l'ai revu, il avait tellement changé que d'abord je l'ai pas reconnu.

douchebag *n.* *(US)* individu méprisable°, tête de nœud *f*, gland, connard.

dough *n.* argent°, fric, blé, pognon.

doughboy *n.* soldat de l'armée américaine°, GI, troufion.

do up *v.t.* 1. frapper°, tabasser, friter, faire une tête au carré (à qqun) ; **to get done up**, se faire péter la gueule. 2. prendre (de la drogue)° ; **let's do up some hash**, on se fume un pétard ? 3. **to do oneself up**, se faire beau / belle°, se pomponner, se bichonner.

down *adj.* 1. **to feel / be down (in the dumps)**, être déprimé° / flippé, avoir les boules. 2. déprimant°, flippant, angoissant ; **that was such a down movie**, ce film m'a vraiment foutu les boules. 3. **down drug = downer** 1.

down *adv.* 1. **to be down on s.o.**, en vouloir à qqun°, avoir une dent contre qqun, l'avoir là pour qqun. 2. **to come down**

on s.o. **(like a ton of bricks)**, réprimander sévèrement qqun°, passer un savon à qqun, tomber sur le paletot / le râble à qqun. 3. **to go / be down on s.o.•**, faire une fellation° *ou* un cunnilingus° à qqun, faire une fantaisie à qqun, a) sucer, tailler une pipe / un pompier ; b) brouter, lécher, faire une descente au barbu / à la cave. 4. **down the chute / plughole / tubes / drain / flush**, sans espoir°, foutu, à la poubelle, à l'eau, aux chiottes ; **if you don't get your act together the whole project will go down the tubes**, si tu t'agites pas un minimum, le projet est bon à mettre au panier. 5. **down home** *(US)*, a) dans le Sud des Etats-Unis° ; b) typique du Sud des Etats-Unis° ; c) campagnard°, des familles ; **she'll just serve you some good old down home cookin**, t'inquiète pas, elle te fera une bonne petite tambouille des chaumières. 6. **down under**, l'Australie° ; **he's from down under**, il est australien. 7. **down the hatch !** cul sec !

down *n*. **to have a down on s.o.**, en vouloir à qqun°, avoir une dent contre qqun, avoir qqun dans le collimateur.

down *v.t.* 1. consommer°, avaler, descendre, se taper ; **this guy downs a bottle of whiskey a day**, ce type siffle une bouteille de whisky par jour ; **he downed his sandwich in no time and got back to work**, il a clapé son sandwich en moins de deux et il s'est remis au travail. 2. faire tomber°, descendre, étendre, envoyer au tapis ; **they downed him before he reached the line**, ils l'ont plaqué avant qu'il touche la ligne.

down and out *adj*. dans la misère° / la dèche / la mouise / la mouscaille.

down-and-out *n*. clochard°, déchard, clodo.

downer *n*. 1. sédatif°, calmant ; **he's on downers**, il prend du valium. 2. dépression° *f*, déprime *f*, flip ; **to be on a downer**, flipper.

downstairs *adv*. dans les organes / les couilles *f* / les parties *f*.

dozy *adj*. *(GB)* lent intellectuellement°, endormi, abruti, mollasson ; **wake up, you dozy bunch !** réveillez-vous, bande de feignants !

drag *n*. 1. a) chose ennuyeuse° / gonflante / barbante, barbe *f*, casse-pattes ; **what a drag !** quelle barbe ! ; b) personne ennuyeuse°, raseur, emmerdeur ; **this guy is such a drag**, qu'est-ce qu'il peut être chiant, ce mec. 2. bouffée° *f*, taffe *f* ; **go on, give me a drag**, allez, file-moi une taffe. 3. *(US)* **the main drag**, la rue principale°, la grand-rue. 4. **in drag**, travesti°, en travelo, en trav ; **drag queen,** trav, folle *f*, sœur *f*.

drag-ass (to) *loc*. *(US)* partir rapidement°, se bouger, décoller, se casser vite fait.

drag-ass (around) *v.i.* *(US)* paresser°, se traîner, traînasser, feignasser.

dragged up *adj.* 1. travesti°, en travelo, en trav. 2. très bien habillé°, super-sapé, lingé luxe.

dragged in ! (look what the cat) *loc.* regarde-moi ça ! , quel tableau !

drag on *v.i.* 1. parler sans cesse°, baratiner (à perte de vue), parlotter. 2. s'éterniser°, traîner (en longueur), traînasser.

dragon *n.* femme acariâtre° *f*, dragon, chameau, vache *f*.

drag out 1. *v.i.* = **dragon** 2. *v.t.* a) prolonger°, faire traîner (qqch.), faire durer le plaisir ; b) **to drag s.t. out of s.o.**, extorquer (une information) à qqun°, tirer les vers du nez à qqun.

dragsville *adj.* extrêmement ennuyeux°, ultra-barbant, superchiant ; **let's split, this party's really dragsville**, allez, on se casse, cette fête c'est Craignoscity.

drag up *v.t.* mal élever° *(enfants)* ; **he wasn't brought up, he was dragged up**, c'est pas chez des parents qu'il a été élevé, c'est chez les sauvages.

drain one's radiator (to) *loc.* uriner°, pisser (un boc), vidanger, égoutter la sardine.

drain-pipes *n.pl.* pantalon étroit°, tuyau de poêle.

drapes *n.pl.* vêtements°, fringues *f*, sapes *f*.

drat ! *excl.* *(euph.* = **damn** !)* flûte ! , mince ! , zut !

draw *n.* 1. *(GB)* a) tabac°, foin, perlot, trèfle. b) cannabis°, herbe *f*, shit, douce *f*. 2. **to be quick on the draw**, être vif° / futé / fute-fute / rapide à la détente.

draw a picture (to) *loc.* donner des explications plus complètes°, faire un dessin (à qqun) ; **do you understand what I'm saying or do I need to draw you a picture ?** tu vas comprendre à la fin ou il faut que je te fasse un dessin ?

dreadlocks *n.pl.* coiffure rasta *f*, dreadlocks.

dream *n.* 1. **wet dream**, pollution° *f*, rêve humide. 2. **to go like a dream**, marcher à merveille° / au poil, baigner ; **the exam went like a dream**, à l'exam ça a marché comme sur des roulettes ; **my new car goes like a dream**, ma nouvelle voiture marche du tonnerre. 3. **a dream of a s.t.**, un amour de qqch., un chou, le rêve ; **isn't he a dream of a husband ?** n'est-ce pas le mari rêvé ?

dream and cream about (to) *loc.* *(US)* être très excité par (qqun)°, baver sur, mouiller pour.

dreamboat *n.* personne très attirante°, homme / femme rêvé(e).

dreamy *adj.* ravissant°, sensass, de rêve.

dress down *v.t.* réprimander sévèrement°, passer un savon (à qqun), engueuler, laver la tête (à qqun), tuer.

dressed to kill *loc.* vêtu de façon très élégante°, sapé comme un dieu, qui a un look d'enfer.

dressed up *adj.* 1. **dressed up to the nines**, très bien habillé°, (mis) sur son trente et un, sapé grand chic. 2. **all dressed up with / and nowhere to go**, vêtu élégamment en vain°, sapé pour des prunes ; **the girls were all dressed up with nowhere to go**, les filles étaient là à faire tapisserie dans leurs robes de bal.

dressing-down *n.* réprimande° *f*, savon, engueulade *f*, fritage ; **to get a good dressing-down**, se prendre une engueulade maison.

drift *n.* fil (des idées)°, tableau, topo ; **do you catch my drift ?** tu vois ce que je veux dire ?

drink *n.* 1. **the drink,** étendue d'eau° *f*, la flotte, la baille ; **he fell in the drink**, il est tombé à l'eau. 2. alcool°, à boire, carburant ; **God I hope there'll be some drink at the party**, putain, j'espère qu'il y aura de quoi boire à cette fête ; **careful, he's got drink in him**, attention, il a un coup dans le nez.

drinkies *n.pl.* *(GB)* apéritif°, cocktail, apéro.

drip *n.* individu ennuyeux°, raseur, casse-bonbon, barbe *f*.

drippy *adj.* ennuyeux°, rasoir, barbant, casse-bonbon.

drive *v.t.* 1. **to drive s.o. around the bend / up the wall**, rendre qqun fou° / dingo / zinzin / mar-

teau ; **all this loud music really drives me up the wall**, avec cette musique qui gueule je commence à devenir chèvre. 2. **to drive s.o. to drink,** pousser qqun à l'alcoolisme° ; **I don't need to take my car, my wife drives me to drink,** j'ai pas besoin d'être au volant, ma femme me conduit à boire. 3. **to drive the big / porcelain / great white bus**, vomir dans les toilettes°, dégueuler dans les chiottes, gerber aux tartissoires.

droid (*abr.* = **android**) *n.* *(US)* 1. individu sans caractéristiques humaines°, semi-humain, robot. 2. crétin°, andouille *f*, duschmoll, dunœuf *f*.

drone *n.* individu ennuyeux° / barbant, raseur, casse-bonbon.

droop (brewer's) *n.* incapacité (due à l'alcool) à avoir une érection° *f* ; **to have brewer's droop**, bander mou, faire flanelle, faire un fiasco.

drop *n.* 1. **a drop of the hard stuff**, un verre d'alcool°, une goutte (à boire) ; **to have a drop taken / too much**, avoir pris un verre de trop°, avoir un coup / un verre dans le nez. 2. a) livraison° (de marchandise ou d'argent illicite) *f* ; b) cache° *f*, planque *f*, planquouse *f* ; c) convoyeur° (d'argent ou de marchandise illicite), fourgue.

drop *v.t.* 1. abandonner°, laisser choir / tomber, plaquer, lourder, lâcher ; **she dropped him after only three weeks**, au bout de trois semaines elle l'avait déjà éjecté ; **to drop s.t. / s.o. like a hot potato / like a hot brick**, se débarrasser de qqch. / qqun au plus vite°, lâcher qqch. / qqun vite fait. 2. **to let it drop, to drop it,** a) abandonner°, laisser tomber, laisser pisser ; b) cesser d'importuner°, faire des vacances ; **drop it !** ta gueule !, arrête de me gonfler ! 3. **to drop s.o. (right) in the shit / in it,** créer des ennuis à qqun°, foutre qqun dans la merde / dans la galère. 4. **to drop a clanger / a brick,** faire une erreur° / une gaffe / une bourde / une couille. 5. **to drop one's guts / a bomb / one,** avoir des gaz°, péter, lâcher (une louise / Médor). 6. **to drop them,** se déshabiller en vue d'un rapport sexuel°, se désaper pour baiser ; **does she drop them ?** est-ce qu'elle couche ? 7. **drop dead !** va te faire foutre ! / aimer !, va mourir !, crève ! 8. **to drop (tablets),** prendre (des pilules, *sp.* de l'acide). 9. **to drop (a baby),** accoucher°, mettre bas, pisser sa côtelette ; **has she dropped it yet ?** ça y est, elle a craché son pépin ? 10. **to drop one's load •,** éjaculer°, juter, balancer la purée / sauce. 11. a) faire tomber°, étendre, envoyer au tapis ; **if you do that again I'll drop you,** si tu me refais ce coup-là je te fous en l'air ; b) tuer°, descendre, buter, effacer. 12. **to drop a bundle,** perdre une fortune° (*sp.* au jeu), se faire

nettoyer / lessiver. 13. **to drop the ball,** échouer°, se planter, se fourrer le doigt dans l'œil, se gourer.

drop in *v.i.* **to drop in on s.o.,** rendre visite à qqun°, faire un saut chez qqun, passer chez qqun.

drop off *v.i.* s'endormir°, s'écrouler, s'effondrer.

drop-out *n.* 1. jeune qui abandonne ses études°. 2. marginal°, margeo, zonard.

drop out *v.i.* 1. laisser tomber ses études° ; **I dropped out of school at fourteen,** j'ai quitté l'école à quatorze ans. 2. se rebeller contre la société°, refuser le système ; **I decided I would drop out on my eighteenth birthday,** j'ai décidé de me tirer du système le jour de mes dix-huit ans.

drunk *n.* 1. ivrogne°, poivrot, pochard, soiffard. 2. partie de boisson° *f*, beuverie *f*, saoulerie *f*, biture *f*.

drunk-tank *n.* cellule pour les ivrognes° *f*.

dry *v.i.* avoir un trou de mémoire *(acteurs)*°, sécher.

dry out *v.i.* subir un sevrage (de l'alcool)°, se désintoxiquer.

dry up *v.i.* se taire°, la boucler; **dry up !** écrase !, la ferme !, mets-y un bouchon !

DT's (the) (*abr.* = **delirium tremens**) *n.* **to get the DT's,** avoir des hallucinations sous l'effet du manque d'alcool°, prendre la digue-digue.

duck *n.* 1. a) **Lord love a duck !**

saperlipopette ! , sapristi ! , sac à papier ! ; b) **fuck a duck !•** saloperie ! , chié ! , foutu bon Dieu ! 2. **to be a dead duck**, être cuit / fichu / bon pour la casserole ; **had that cat been a dog, it would be a dead duck**, ce chat eût-il été un chien que ses jours eussent été comptés. 3. **lame duck**, président-croupion, potiche *f.* 4. **sitting duck**, cible facile° *f*, carton gagné d'avance. 5. **to score a duck (egg)**, a) obtenir un score nul°, faire fanny, être capot ; **to break one's duck**, marquer son premier point°, éviter la fanny ; b) obtenir la note zéro°, prendre une bulle. 6. **duck soup** *(US)*, tâche facile *f*, du gâteau, du billard, du tout cuit. 7. **it's like water off a duck's back**, ça ne sert à rien°, c'est comme si tu jouais du trombone à piston ; **there's no point in talking sense to him, it's like water off a duck's back**, c'est pas la peine de lui faire entendre raison, c'est comme si on pissait dans un violon. 8. **lovely day / great day for ducks**, quel temps pluvieux !°, quel temps de canard !

duck out *v.i.* se dérober°, se débiner, se défiler ; **he's a crafty guy, he always ducks out of doing the dishes**, ça c'est un petit malin, il se démerde toujours pour échapper à la vaisselle.

ducky *adj.* mignon°, mimi, chouette, gentil *(sp. iron.)* ; **that**

is a really **ducky idea !** en voilà une idée qu'elle est choucarde !

ducky *n. (GB)* mon trésor, mon chou, mon ange.

dud *n.* 1. appareil qui ne marche pas°, camelote *f*, daube *f*. 2. faux°, daube *f*, toc, *sp.* fausse monnaie°. 3. échec°, bide, four, flop. 4. individu médiocre°, pauvre type, guignol, raté, nul. 5. *pl.* **duds**, vêtements°, fringues *f*, sapes *f*, nippes *f*.

dude *n.* homme°, gars, mec, keum ; **a cool dude**, un mec branché.

duff *adj.* mauvais°, craignos, ringard, nul.

duff up *v.t.* frapper°, cogner, tabasser, bastonner.

dumb *adj.* bête°, débile, débilos, cruche.

dumb blonde *n.* jeune femme blonde à l'allure niaise°, blonde platine / vaporeuse / glamour.

dumbell, dumbo *n.* crétin°, nouille *f*, neuneu, dugland.

dumdum, dumb-dumb *adj.* bête°, neuneu, bêta, concon.

dumdum, dumb-dumb *n.* crétin°, neuneu, dugland, glandu.

dummy *n.* 1. crétin°, nouille *f*, cloche *f*, emplâtre. 2. **to beat / to flog the dummy•**, se masturber° *(homme)*, s'astiquer le manche, se taper la colonne, s'allonger le macaroni.

dump *n.* 1. endroit misérable°, taudis, cage à lapins *f*. 2. bar mal fréquenté°, troquet pourri, bouge. 3. **to take a dump•**, déféquer°, déposer un kilo, mouler un cake ; **to take a speed dump•,** couler un bronze vite fait.

dump *v.t.* 1. abandonner°, larguer, laisser tomber, plaquer. 2. congédier°, virer, lourder, éjecter. 3. déposer°, envoyer, balancer ; **dump your stuff over in the corner,** fous ton bazar là-bas dans le coin. 4. **to dump a load•,** déféquer°, déflaquer, faire un tas, déposer un kilo.

dump on *v.i.* dénigrer°, débiner, charrier, baver sur.

dunno (*abr.* = I don't know) *loc.* je ne sais pas°, s'pas, chsaipas.

dust *n.* 1. **(happy) dust,** drogue sous forme de poudre° *f,* poudre *f,* dreupou *f,* poudrette *f ;* **angel dust,** poussière d'ange *f.* 2. **to bite the dust,** a) mourir°, casser sa pipe, dévisser son billard, rendre ses clés ; b) échouer°, se planter, mordre la poussière.

dust up *v.t.* frapper°, tabasser, bastonner, faire une tête au carré (à qqun).

Dutch *adj.* 1. **Dutch courage,** courage dû à l'alcool°, audace d'ivrogne. 2. **to go Dutch,** partager les frais°, *sp.* faire fifti-fifti; **Dutch treat,** repas ouvert à tous avec PAF.

dyke, dike *n.* lesbienne° *f,* gouine *f,* gougnotte *f.*

dynamite *n.* 1. drogue très puissante°, dynamite *f, sp.* cocaïne° *f.* 2. qqch. de très impressionnant° / du tonnerre, éclat ; **that show is really dynamite,** leur spectacle déménage un max. 3. affaire *ou* information explosive°, bombe *f ;* **watch it, this is dynamite,** attention, c'est de la dynamite.

E

E *n.* 1. (*abr.* = **ecstasy**) extasy *f.* 2. **to give s.o. the big E**, renvoyer° / virer / lourder / saquer qqun.

each way *adj.* bisexuel°, à voile et à vapeur, jazz-tango.

ear *n.* 1. **on one's ear**, ivre°, pété, bourré. 2. **to keep one's ear to the ground**, se tenir au courant° / au parfum / au parf. 3. **to give s.o. a thick ear**, frapper qqun°, casser / péter la gueule à qqun. 4. **up to one's ears**, par-dessus la tête°, jusque-là ; **to be up to one's ears in work**, être débordé de boulot. 5. **to come out of s.o.'s ears**, être insupportable à qqun°, sortir par les yeux à qqun. 5. **to throw s.o. out on his ear**, chasser ° / lourder / éjecter qqun, foutre qqun à la porte. 6. **to play it by ear**, faire qqch. d'instinct°, y aller au pif, la jouer au feeling. 7. **to be wet / not to be dry behind the ears**, être encore un peu jeune°, être encore à téter le lait de sa mère, avoir du lait qui sort des narines.

earache *n.* (GB) 1. bavardage continuel°, parlotte *f*, jactance *f*. 2. personne qui parle continuellement° *f*, moulin à paroles, casse-oreilles.

earbasher *n.* bavard°, bavasseur, moulin à paroles, casse-oreilles.

earful *n.* 1. **to give s.o. an earful**, réprimander° / enguirlander / engueuler qqun. 2. **get an ear-**full of this, écoute-moi ça, attends un peu que je te raconte.

early bath (to get sent for the) *loc.* 1. rentrer au vestiaire avant la fin du match° *sp.* après avoir été exclu. 2. se faire licencier prématurément°, se faire jeter avant l'heure, prendre une retraite anticipée.

earner *n.* métier *ou* affaire *f* qui rapporte°, bon business, bon plan.

earth *n.* 1. **to pay the earth for s.t.**, payer très cher° / les yeux de la tête / la peau des fesses pour qqch. 2. **where on earth ?** où diable ? ; **where on earth can he be ?** mais où est-ce qu'il peut bien être ?

earthly (not to have an) *loc.* ne pas avoir l'ombre d'une chance°, ne pas avoir une chance sur un million.

earwig *v.i., v.t.* écouter indiscrètement°, ouvrir les oreilles, clocher.

easy *adj.* 1. **it's easy as pie / easy as taking candy from a baby**, c'est très facile° / du gâteau / de la tarte. 2. **easy lay / ride(r) / make**, femme facile° *f*, coucheuse *f*, marie-couche-toi-là *f*, marie-salope *f*. 3. **to be on easy street**, être riche° / bourré de fric / plein aux as, rouler sur l'or. 4. **easy meat**, a) adversaire facile°, minus ; b) qqch. de facile°, du fastoche, du tout cuit, du cousu main. 5. **easy on the eye**, attirant°, qui en jette, qui a du chien.

easy *adv.* 1. **take it easy !** t'en fais pas !, t'inquiète !, cool Raoul ! 2. **easy now !, easy does it !**, mollo !, calmos !, relax Max ! 3. **easy come easy go**, ça va, ça vient, ça rentre d'un côté, ça sort de l'autre. 4. **to go easy on s.t. / s.o.**, y aller doucement° / mollo / cool avec qqch. / qqun.

eat *v.t.* 1. a) **to eat it / shit• / crap**, souffrir°, en baver, bouffer de la merde, galérer ; b) **eat shit (and die) !•** *(US)*, va te faire foutre !, va mourir ! 2. **what's eating you?** qu'est-ce qui ne va pas ?, qu'est-ce qu'y a ?, qu'est-ce qui te tracasse ? 3. **to eat (pussy)•**, pratiquer le cunnilingus°, brouter (le cresson), faire une descente au barbu / à la cave.

eat off *v.t.* **to eat s.o.'s head off**, réprimander sévèrement qqun°, enguirlander / engueuler qqun, passer un savon / laver la tête à qqun.

eat out *v.t.* 1.• pratiquer le cunnilingus (sur qqun)°, brouter le cresson (à qqun), lécher (qqun). 2. **to eat s.o. out of house and home**, manger toutes les provisions de qqun°, vider les placards de qqun, mettre qqun sur la paille. 3. **to eat out of s.o.'s hand**, être obéissant envers qqun°, manger dans la main de qqun, se faire mener à la baguette par qqun.

eats *n.pl.* nourriture° *f*, bouffe *f*,

mangeaille *f*, graille *f*.

ecofreak, econut *n.* écologiste°, écolo, vert.

ecstasy *n.* extasy *f*.

edged *adj.* *(US)* ivre°, bourré, rétamé, chargé.

edgeways *adv.* quelque part° ; **I couldn't get a word in edgeways**, impossible d'en placer une.

edgy *adj.* nerveux°, crispé, à cran, speed.

eff *(euph. = fuck)* *v.i.* 1. **eff off !** va te faire voir !, va te faire cuire un œuf ! 2. **to eff and blind**, jurer comme un charretier°, parler comme on dégueule.

effer *(euph. = fucker)* *n.* individu méprisable°, fumier, ordure *f*, raclure *f*.

effing *(euph. = fucking)* *adj.* sacré, fichu, maudit ; **effing bee / bastard**, foutu salopard.

egg *n.* 1. **bad / rotten egg**, individu déplaisant°, sale type, saligaud. 2. **to get egg on one's face**, avoir l'air ridicule° / fin / débile. 3. **don't try to teach your grandmother to suck eggs**, ce n'est pas aux vieux singes qu'on apprend à faire des grimaces. 4. *(US)* **to lay an egg**, échouer°, faire flanelle / un fiasco / un bide / un flop.

eggbeater *n.* vieux moteur°, tromblon, moulin.

egghead *n.* intellectuel°, intello, tête *f* / crâne d'œuf.

ego-trip (to be on an) *loc.* être imbu de soi-même°, s'y croire, croire que c'est arrivé.

eight (to have had one over the) *loc.* avoir bu un coup de trop°, avoir un coup / un verre dans le nez.

elbow *n.* 1. **to bend the elbow**, boire°, picoler, biberonner, lever le coude. 2. **elbow grease**, énergie au travail°, huile de coude ; **put a bit of elbow grease into it** ! bouge-toi / remue-toi un peu ! 3. **to give s.o. the elbow**, congédier / virer / saquer / lourder qqun.

elbow-bender *n.* gros buveur°, picoleur, soiffard, pochard.

elbow (out) *v.t.* évincer°, pousser à la porte, prendre la place (de qqun).

elephants (*abr.* = **elephant's trunk**, *RS* = **drunk**) *adj.* *(GB)* complètement saoul°, rond comme une barrique / un tonneau.

elevenses *n.pl.* *(GB)* pause café du matin° *f*, dix-heures.

el primo *n.* *(US)* le meilleur°, le top, la super-classe, la crème.

embalmed *adj.* *(US)* ivre°, bourré, beurré, fait.

embalming fluid *n.* *(US)* whisky°, gnôle *f*.

end *n.* 1. • pénis°, bite *f*, queue *f*, bout ; **to get one's end in / away**, forniquer°, tirer un coup, tremper le biscuit, se mettre quelque chose sur le bout. 2. **the end of the line / of the ball-game**, la fin°, la fin des haricots ; **it's the end of the line**, les carottes sont cuites. 3. **to keep one's end up**, tenir bon°, se cramponner, s'ac-

crocher. 4. **to the bitter end**, jusqu'au bout°, jusqu'à la fin des fins, jusqu'à la fin du monde. 5. **no end of s.t.**, une grande quantité° / une tapée / une flopée / une chiée de qqch. ; **he had no end of funny stories to tell**, il nous a raconté vanne sur vanne pendant des heures. 6. **the deep end**, a) **to go off the deep end** *(US)* (i) avoir une crise de nerfs°, disjoncter, péter les plombs ; (ii) mourir°, passer l'arme à gauche, casser sa pipe ; b) **to be thrown in at the deep end**, faire ses débuts dans une activité difficile°, recevoir le baptême du feu. 7. **the living end**, le meilleur°, la crème, le top.

English spliff *n.* *(US)* joint contenant un mélange de haschisch et de marijuana°.

equipment• *n.* organes sexuels masculins°, service trois-pièces, artillerie.

erase *v.t.* tuer°, buter, liquider, effacer.

Esso-B• *(euph.* = **S.O.B** , *abr.* = **son-of-a-bitch**) *n.* individu méprisable°, fils de pute, enfant de salope, salopard.

even *adj.* 1. **to get even (with s.o.)**, se venger°, rendre la pareille (à qqun), revaloir qqch. (à qqun) ; **don't worry, I'll get even with him**, t'en fais pas, il va me payer ça / il l'emportera pas en paradis. 2. **even Stephen(s)**, équitable°, fifti-fifti ; **let's go even Stephens**, coupons la poire en deux.

ever *adv.* au grand jamais ; **did you ever !** ça alors !, purée !, la vache !

every which way *adv.* de manière négligée°, n'importe comment, à la va-comme-je-te-pousse.

evil *adj.* remarquable°, génial, d'enfer, géant.

ex *n.* ancien partenaire°, ex ; **I saw him going out with your ex**, je l'ai vu sortir avec ton ex.

ex-con *n.* ancien prisonnier° / taulard, ex-taulard.

extract *v.t.* **to extract the Michael / the urine out of s.o.** *(GB)* se moquer de qqun°, charrier qqun, mettre qqun en boîte, se ficher / foutre de la gueule de qqun.

eye *n.* 1. **my eye !** je n'y crois pas !°, mon œil ! 2. **to keep one's eyes peeled / skinned**, veiller attentivement°, être aux aguets, ouvrir l'œil et le bon. 3. **to keep an eye on s.o. / s.t.**, surveiller qqun / qqch.°, avoir qqun / qqch. à l'œil, garder qqun / qqch. en vue. 4. **to keep an eye out for s.t. / s.o.**, rester attentif° / ouvrir l'œil (pour trouver qqch. ou qqun). 5. **to see eye to eye (with s.o.)**, être d'accord° (avec qqun), être sur la même longueur d'onde. 6. **to turn a blind eye to s.t.**, ignorer volontairement qqch.°, fermer les yeux sur qqch. 7. **to be in it up to one's eyes**, avoir beaucoup d'ennuis°, être dans la merde jusqu'au cou. 8. **a sight for sore eyes**, un spectacle réjouissant°, un plaisir pour les yeux, de quoi se rincer l'oeil. 9. **to give s.o. the eye**, jeter une oeillade à qqun°, faire de l'oeil à qqun. 10. **that's one in the eye for him**, il a ce qu'il mérite°, et vlan ! dans les dents, bien fait pour lui. 11. **to have eyes for s.o.**, être amoureux de qqun°, faire les yeux doux à qqun.

eyeball to eyeball *loc.* en tête-à-tête°, entre quat'z-yeux.

eyeball *v.t.* regarder°, mater, zyeuter, visionner.

eyetie *n.* Italien°, rital, macaroni.

eyewash *n.* boniment°, baratin, salades *f*, cinéma.

F

F. A., sweet F. A. (*abr.* = **fuck all / Fanny Adams**) *loc.* *(GB)* rien°, que dalle, des clous, foutrement rien ; **to do (sweet) F.A.**, ne pas (en) foutre / branler une rame.

fab (*abr.* = **fabulous**) *adj.* remarquable°, fabuleux, super, génial, géant.

face *n.* 1. **shut (up) your face !** tais-toi !°, ferme ta gueule !, la ferme ! 2. **to have a face like the back of a bus**, être très laid°, être moche comme un pou, avoir une tronche à gerber, être beau comme un camion. 3. **to stuff / feed one's face**, se goinfrer°, morfaler, s'en foutre plein la gueule. 4. **to laugh on / out of the other side of one's face**, rire jaune°, ne pas rigoler, passer un mauvais quart d'heure. 5. personnalité célèbre du milieu° *(musique, pègre)* f, star f.

face-ache *n.* 1. personne laide°, mocheté f, face de rat f. 2. personne désagréable° f, ducon, tache f ; **here comes face-ache again**, et revoilà duncœud.

fade *v.i.* partir en avance°, s'éclipser.

faff about, faff around *v.i.* ne rien faire°, branler, glander, glandouiller.

fag *n.* 1. *(GB)* cigarette° f, sèche f, clope f, tige f. 2.• *(US)* homosexuel°, pédé, pédale f, tantouze f.

fagged (out) *adj.* épuisé°,

pompé, crevé, naze.

faggot *n.* = **fag** 2.

fag hag *n.* femme hétérosexuelle qui fréquente les homosexuels°.

fag joint *n.* bar homosexuel° / homo / gay.

fair doo's *n.pl.* (juste) part° f ; **to give s.o. his / her fair doo's**, 1. donner à qqun son dû / sa part de gâteau / son taf. 2. rendre justice à qqun°, donner son crédit à qqun.

fairy *n.* homosexuel (efféminé)°, tapette f, tante f, folle f.

fairy lady / queen *n.* lesbienne° f, gouine f, gousse f.

fall-guy *n.* 1. bouc émissaire°, celui qui prend / qui porte le chapeau, dindon de la farce. 2. victime° f, pigeon, couillon, poire f.

falsies *n.pl.* soutien-gorge rembourré°, nichons en laine.

family jewels• *n.pl.* organes sexuels masculins°, bijoux de famille, service trois-pièces.

fancy *adj.* 1. **fancy piece / woman**, a) partenaire féminine°, poulette f, meuf f ; b) prostituée° f, frangine f, pute f. 2. **fancy man**, a) amant°, jules, mec ; b) proxénète°, souteneur, maquereau, marlou.

fancy *v.t.* 1. **to fancy s.o.**, être attiré (sexuellement) par qqun°, être toqué de qqun, avoir un béguin pour qqun ; **I fancy her**, elle me plaît bien. 2. **to fancy oneself**, avoir une haute opinion de soi-même°, ne pas se prendre pour de la crotte, s'y croire. 3. **fancy (that)** ! ça alors !, eh ben !, l'eusses-tu cru ! ; **fancy meeting you here** ! a) ça par exemple !, quelle bonne surprise ! ; b) *(iron.)* vous ici !

fancy-schmancy *adj.* *(US)* excessivement recherché°, hyper-sophistiqué, quatre étoiles.

fanny• *n.* 1. *(GB)* vagin°, chatte *f*, fente *f*, minou ; **fanny rat**, séducteur°, tombeur. 2. *(US)* derrière°, postérieur, fion, baba ; **park your fanny down there**, va poser ton cul par là-bas.

fanny about *v.i.* *(GB)* ne rien faire°, branler, glander, glandouiller.

fantabulous *adj.* *(GB)* remarquable°, sensass, fantass, superchouette.

far out *adj.* extraordinaire°, extra, génial, bottant ; **far out !** le pied !

fart *n.* 1. pet°, perle *f*, caisse *f*, loufe *f* ; **to let out a fart**, lâcher une louise ; **I don't give a fart**, j'en ai rien à secouer / cirer / branler ; **to have as much chance as a fart in a gale**, n'avoir aucune chance°, ne pas avoir une chance sur un million, être foutu d'avance ; **pissed as a fart**, complètement saoul°, bourré comme un coing, plein comme une barrique. 2. **a (boring) old fart**, une personne démodée°, un ringard, un blaireau.

fart *v.i.* avoir des gaz°, péter, lâcher, larguer.

fart about / around *v.i.* ne rien faire°, glander, glandouiller, branler.

fart-arse about / around *v.i.* *(GB)* ne rien faire°, glander, glandouiller, branler.

fart-sack *n.* lit°, pieu, plumard, paddock, pucier.

fast one *n.* mauvais tour°, carottage, arnaque *f* ; **to pull a fast one on s.o.**, faire une entourloupe à qqun°, rouler / arnaquer / pigeonner qqun.

fat *adj.* 1. (a) **fat chance** ! il n'y a pas de danger !°, aucun risque !, jamais de la vie ! 2. **a fat lot**, rien°, que dalle, des clous ; **a fat lot of good that'll do him** ! *(iron.)*, ça va vachement l'aider !, avec ça il sera bien avancé ! 3. **fat cat**, riche°, (gros) richard, gros-plein-de-fric. 4. *(US)* **to be in fat city**, avoir la belle vie°, être à l'aise Blaise, avoir tout qui baigne.

fatso, fatty *n.* individu corpulent°, gros, gros père, gros-plein-de-soupe.

fear (no) *loc.* pas de danger°, aucun risque, jamais de la vie.

-features *suff.* qui ressemble à°, tête de ; **hey, dog-features** ! hé face de rat ! ; **here comes old dick-features again**, et revoilà gueule-de-bite.

Feds (the) *(abr. = FBI) n. pl.* *(US)* police fédérale°, les fédéraux.

fed up *adj.* **to be fed up (to the back teeth / the gills)**, en avoir assez° / par-dessus la tête / plein le dos / ras le bol.

feel (up) *v.t.* caresser°, peloter, tripoter, palper.

fella, fellah, feller *n.* homme°, gars, type, mec.

fence *n.* receleur°, fourgue, fourgat.

fence *v.t.* receler°, fourguer, lessiver.

-fest *suff.* festival de° ; **beanfest**, banquet°, gueuleton, grande bouffe ; **gayfest**, fête homosexuelle°, festival gay, gayfest.

fetch up *v.i.* (*GB*) vomir°, dégobiller, dégueuler, gerber.

few (a) *pr.* **to have a few**, prendre quelques verres°, s'en jeter quelques-uns (derrière la cravate), écluser deux ou trois glasses ; **to have had a few (too many)**, avoir trop bu, avoir un coup dans le nez / dans l'aile.

fib *n.* mensonge°, salade *f*, baratin, bobard.

fib *v.i.* raconter des mensonges° / des histoires *f* / des bobards / des salades *f*.

fibber *n.* menteur°, baratineur, bidonneur.

fiddle *n.* opération suspecte°, magouille *f*, combine *f*, entourloupe *f* ; **to be on the fiddle**, magouiller, avoir des plans pas clairs.

fiddle *v.i.* se livrer à des opérations suspectes°, traficoter, magouiller, combiner.

fiddle about, fiddle around *v.i.* 1. ne rien faire°, glander, zoner, branler. 2. **to fiddle around**

with s.t., pratiquer occasionnellement qqch.°, bricoler dans qqch., mettre la main à qqch.

fiddler *n.* individu qui se livre à des opérations suspectes°, magouilleur, magouillard, combinard.

field day *n.* jour de chance°, journée en or *f* ; **after their goalie was sent off we had a field day**, après l'expulsion de leur gardien, ça a été du gâteau pour nous.

figure *v.i.* (*US*) **that figures**, ça s'explique°, (c'est) logique, comme de bien entendu, évidemment.

filleted *adj.* (*GB*) déçu°, douché, à plat ; **when I got my exam results I was totally filleted**, quand j'ai eu mes résultats d'exams, ça m'a vraiment foutu par terre.

fill in *v.t.* (*GB*) frapper°, passer à tabac, casser / péter la gueule (à qqun).

filly *n.* (*GB*) jeune femme séduisante°, pouliche *f*.

filth (the) *n.* (*GB*) police° *f*, flicaille *f*, maison Poulaga *f*.

filthy *adj.* 1. **to have a filthy mind**, avoir l'esprit mal tourné°, être OS, ne penser qu'à ça. 2. **filthy (rich)**, très riche°, plein de blé, qui pue le fric.

finagle 1. *v.t.* acquérir (qqch.) par ruse°, dégotter, dégauchir. 2. *v.i.* faire des opérations louches°, magouiller, traficoter, bidouiller.

finagler *n.* individu qui se livre à des opérations suspectes°, magouilleur, magouillard, combinard.

finagling *n.* opération suspecte°, magouille(s) *f*, combine(s) *f*, micmac.

finger *n.* 1.• **to give the finger** *US*) , faire le geste du médius levé°, tailler une basane, envoyer chier ; **to give the fingers** *(GB)*, faire le geste des deux doigts levés°, faire un bras d'honneur, envoyer chier ; **fingers to you !** va te faire foutre ! / aimer ! / enculer ! 2. a) **to get / take the finger out**, faire un effort°, se remuer, se décarcasser ; b) **not to lift one's little finger**, ne pas intervenir° (pour aider qqun), ne pas bouger le petit doigt. 3. **to put the finger on s.o.**, dénoncer° / balancer / donner / cafter qqun. 4. **not to lay a finger on s.o.**, ne pas lever la main sur qqun°, ne pas toucher qqun, ne pas toucher un cheveu à qqun. 5. **to keep one's fingers crossed**, croiser les doigts, toucher du bois. 6. **to twist s.o. round one's (little) finger**, avoir qqun à sa merci° / à sa main / à sa pogne.

finger *v.t.* 1. dénoncer°, moucharder, donner, balancer. 2. **to finger s.o.•**, introduire un doigt dans le vagin *ou* dans l'anus de qqun°, y aller au doigt avec qqun, enfiler qqun ; **to finger oneself**, se masturber° *(femme)*, s'astiquer le bouton, se jouer un air de mandoline.

finger-fuck• *n.* 1. insertion *f*

d'un doigt dans l'anus ou le vagin°, doigt. 2. masturbation° *f* *(femme)*, chatouillage de bouton.

finger-fuck = finger *v.t.* 2.

fingers *n. (GB)* voleur à la tire°, pickpocket, fourchette *f*, piqueur.

fink *n. (US)* 1. indicateur°, indic, mouchard, balance *f*. 2. briseur de grève°, jaune. 3. individu méprisable°, salaud, salopard, enflure *f*.

fink on *v.i. (US)* dénoncer°, moucharder (sur qqun), balancer, donner.

fire away *v.i.* commencer°, démarrer, ouvrir le feu ; **all right, fire away !** allez, vas-y !

fired up *adj.* 1. en colère°, en pétard, en rogne, en boule. 2. excité sexuellement°, allumé, chaud. 3. stimulé par une drogue°, dopé, speedé.

firewater *n.* alcool fort°, gnôle *f*, eau-de-feu *f*.

fish *n.* 1. **a queer fish**, une personne étrange°, un drôle d'oiseau, un sacré numéro. 2. **to drink like a fish**, boire beaucoup°, boire comme un trou.

fishy *adj.* suspect°, glauque, pas net ; **seems a bit fishy to me**, ça me paraît louche, ce truc.

fist-fuck• *n.* insertion du poing dans l'anus° *f*, fist-fucking.

fist-fuck• *v.t.* insérer le poing dans l'anus (de qqun)°, mettre un poing, bourrer le cul.

fit up *v.t.* piéger°, monter un coup (contre qqun), empaumer.

five *adj.* 1. **to take five**, faire

une pause° / un break, souffler (un peu). 2. *(US)* **to give five**, a) taper dans la main de son partenaire pour le féliciter° ; **gimme five !** bravo !, bien vu ! ; **high five**, action de se taper les mains en signe de congratulation° ; b) serrer la main° / la pogne, en serrer cinq.

fiver *n.* billet de cinq livres° *(GB)* *ou* de cinq dollars° *(US)*.

fivespot *n.* *(GB)* dose de drogue d'une valeur de cinq livres° *f.*

fix *n.* 1. dose de drogue° *f*, fix, *sp.* injection° *f*, piquouse *f*, shoot, teushou ; **to get / to take / to do a fix**, se piquer, se shooter. 2. ration° *f*, dose *f* ; **I need my daily fix of TV**, j'ai besoin de mon taf quotidien de télé. 3. **to be in a fix**, avoir des ennuis°, être dans la merde / la galère. 4. match truqué° / bidon ; **it was a fix**, c'était arrangé (d'avance)° / bidonné.

fix *v.t.* 1. a) préparer°, arranger, bricoler ; **let me fix you a drink**, qu'est-ce que je te sers ? ; **I'll fix it for you**, je m'en occupe. b) **to be fixed**, être dans tel état°, aller ; **how are you fixed job-wise ?** question boulot, ça roule ? ; c) s'occuper de, faire son affaire (à qqun) ; **I'll fix him**, je vais lui faire son compte. 2. truquer°, bidonner, bidouiller ; **the match was fixed**, ce match, c'était du chiqué.

fixer *n.* personne qui trouve des solutions°, débrouilleur, dépanneur.

fix up *v.t.* 1. **to fix s.o. up with s.o.**, mettre en rapport qqun avec qqun°, brancher qqun avec / sur qqun°. 2. **to fix s.o. up with s.t.**, fournir qqch à qqun°, dépanner qqun de qqch., dégotter qqch. pour qqun.

flak *n.* critiques° *f*, éreintage, débinage ; **to take a lot of flak**, recevoir des critiques sévères°, en prendre plein la gueule, se faire casser la baraque.

flake *n.* *(US)* 1. cocaïne° *f*, coke *f*, corinne *f.* 2. crétin°, andouille *f*, taré, nœud.

flaked (out) *adj.* *(GB)* épuisé°, crevé, pompé, vanné.

flake out *v.i.* 1. partir en avance°, s'éclipser, prendre la poudre d'escampette. 2. tomber de sommeil *ou* de fatigue°, s'écrouler, s'effondrer.

flaky *adj.* *(US)* 1. fou°, louf, ouf, givré. 2. bizarre°, zarbi, spécial.

flaming *adj.* *(euph. = fucking)* 1. *(GB)* sacré, fichu, satané ; **flaming heck !** par tous les diables !, saperlipopette !, sac à papier ! 2. *(US)* **flaming queen / queer**, homosexuel affiché°, affiche *f*, pédé toutes voiles dehors, pédé comme un phoque.

flap *n.* *(GB)* **to be in a flap**, être très inquiet°, être aux cent coups / dans tous ses états ; **to get into a flap**, avoir un accès de panique°, paniquer, criser, piquer sa crise.

flash, flashy *adj.* clinquant°, tape-à-l'œil, frime *f.*

flash *n.* 1. acte d'exhibitionnisme°, exhibition *f.* 2. sensation de plaisir intense après une prise de drogue° *f*, flash.

flash *v.i.* faire un acte d'exhibitionnisme°, s'exhiber, montrer son artillerie.

flasher *n.* exhibitionniste°, exhib, exhibo.

flat *adv.* extrêmement°, totalement, absolument. 1. **flat bust, flat broke,** extrêmement démuni°, fauché comme les blés, sans un (radis). 2. **flat out,** à toute vitesse°, à fond la caisse / les manettes. 3. **to fall flat (on one's / its face),** échouer°, rater son effet, tomber à plat, faire un flop.

flatten *v.t.* battre°, casser la gueule (à qqun), aplatir, écrabouiller.

fleabag *n.* 1. a) lit°, pucier, pieu, pageot ; b) sac de couchage°, sac à viande. 2. hôtel minable°, écurie *f*, bouge. 3. individu malpropre°, pouilleux, sac à puces.

fleapit *n.* cinéma minable°, salle miteuse.

flick *n.* 1. film°, toile *f.* 2. *pl.* **the flicks** le cinéma°, le ciné, le cinoche.

fling *n.* 1. fête° *f*, noce *f*, nouba *f*, fiesta *f* ; **he had a last fling before going into the army,** il s'en est payé une tranche avant d'aller à l'armée. 2. aventure amoureuse°, liaison *f*, passade *f*.

fling *v.t.* lancer°, balancer, flanquer ; **she flung herself at me,** elle s'est jetée dans mes bras.

flip 1. *v.i.* a) exploser° *(de joie, de surprise, etc.)*, sauter au pla-

fond, ne pas en revenir ; **he flipped when she said she'd marry him,** quand elle lui a dit qu'elle voulait l'épouser, il est parti en transe ; b) se mettre en colère°, se foutre en boule / en rogne / en pétard. 2. *v.t.* a) **flip me !** ça alors !, mince alors !, ben alors là ! ; b) **to flip one's lid / top / wig,** devenir fou° / dingue / marteau / zinzin, perdre la boule.

flipping *adj.* *(euph.* = fucking)* sacré, fichu, satané.

flog *v.t.* 1. vendre°, bazarder, fourguer. 2. **to flog the bishop / one's dong / one's meat / one's mutton•,** se masturber°, se branler, s'astiquer le manche, se taper la colonne.

floor (to have one's foot on the) *loc.* aller aussi vite que possible, écraser le champignon, y aller à fond la caisse / plein pot.

floor *v.t.* 1. mettre (qqun) KO°, étendre, envoyer au tapis. 2. abasourdir°, en boucher un coin (à qqun), scier ; **when he told his parents he was gay they were floored,** quand il a dit à ses parents qu'il était homo, ils en sont restés sur le cul.

floosie, floozy *n.* femme facile° *f*, roulure *f*, marie-salope *f*, coucheuse *f*.

flop *n.* échec°, bide, flop, fiasco.

flop *v.i.* échouer°, ne pas passer la rampe, faire un bide / un flop / un fiasco.

fluff (bit of) *n.* jeune fille° *f*, nana *f*, gonzesse *f*, meuf *f* ; **a**

nice bit of fluff she is, c'est une mignonne.

fluff *v.t.* rater°, louper, foirer ; **to fluff a line**, massacrer une réplique, faire un pataquès.

flummox *v.t.* mystifier°, embrouiller, embistrouiller, laisser qqun baba ; **I was flummoxed**, j'y ai vu que couic.

flunk 1. *v.i.* échouer à un examen°, se planter à un exam, se faire coller / étendre. 2. *v.t.* a) **to flunk an exam**, échouer à un examen°, se planter à un exam, se faire coller / étendre ; b) **to flunk s.o.**, faire échouer qqun (à un examen)°, coller / étendre / planter qqun ; c) **to flunk school**, abandonner ses études°, quitter l'école.

flutter *n.* petit pari° ; **to have a flutter**, parier° de petites sommes, jouer petit.

fly *adj.* rusé°, malin, finaud, fute-fute ; **be careful with him, he's a fly man**, attention à lui, c'est un petit malin.

fly *n.* 1. fermeture de pantalon° *f*, braguette *f*, devanture *f*. 2. **there are no flies on him**, c'est un petit rusé, il est pas tombé de la dernière pluie.

fly-by-night *adj.* peu fiable°, léger, à la manque, à la noix ; **a fly-by-night merchant**, 1. un travailleur peu fiable°, un amateur, un guignol, un bricolo. 2. un individu peu fiable°, un type louche / pas net / glauque.

fob off *v.t.* *(GB)* se débarrasser (de qqch.) en le donnant à qqun°, repasser, fourguer, refiler.

fogey (old) *loc.* vieillard°, vieux schnoque, croûton, croulant.

foggiest (not to have the) *loc.* ne pas avoir la moindre idée°, être totalement dans le brouillard, être totalement largué.

fold *v.i.* capoter°, fermer boutique, plier.

fool about, fool around *v.i.* 1. traîner°, glander, glandouiller, faire le mariole ; **stop foolin' around**, arrête de déconner. 2. avoir une aventure sexuelle°, prendre un petit extra, avoir des à-côtés.

foot *n.* 1. **my (left) foot !** je n'y crois pas°, mon œil !, et mon cul, c'est du poulet ? 2. **to put one's foot in it**, faire un impair°, se fourrer le doigt dans l'œil, mettre les pieds dans le plat.

foot *v.t.* 1. **to foot it**, y aller à pied° / à pattes / à pinces / sur pieds. 2. **to foot the bill**, payer la note°, casquer, raquer, régler l'addition.

footer, footy *n.* *(GB)* football°, foot.

footsie *n.* **to play footsie with s.o.**, faire des appels du pied à qqun°, faire du pied / du panard à qqun.

for *prep.* 1. **to be in for it**, être condamné° (à qqch), être bon pour qqch. ; **when you get home you're in for it**, en rentrant à la maison tu auras droit à un savon. 2. **to be all for s.t.**, être tout à fait d'accord pour qqch.°, être partant / à fond pour qqch.

for crying out loud = **for the love of Mike**.

forget it ! *loc.* laisse tomber !, laisse choir !, laisse béton !

for the love of Mike *(GB)*, **for the love of Pete** *(US)*,, **for crying out loud** *loc.* pour l'amour du Ciel, pour l'amour de Dieu, par tous les saints.

fossil *n.* vieillard°, croûton, croulant, fossile ; **the fossils**, les parents°, les vieux.

foul-up *n.* 1. erreur° *f*, gourance *f*, foirade *f*, plantage. 2. confusion° *f*, bazar, bordel, boxon, merdier.

foul up 1. *v.i.* faire une erreur° / une gourance / une gaffe, se planter. 2.*v.t.* ruiner°, bousiller, saloper, foutre la merde (dans qqch).

four-eyes *n.* qui porte des lunettes°, binoclard.

four-letter word *n.* gros mot°, mot à éviter ; **" bastard " has become a four-letter word**, le mot " bastard " est devenu tabou.

foxy *adj.* attirante°, sexy, bandante, godante ; **foxy lady**, femme qui jette du jus.

frame *v.t.* piéger°, entuber, monter un coup (contre qqun) ; **I'm innocent, I was framed**, je suis innocent, c'est un coup monté.

freak *n.* fanatique°, dingue, fana, obsédé ; **acid-freak**, accro à l'acide.

freak *v.i.* perdre son calme°,

paniquer, piquer / faire sa crise.

freak out 1. *v.i.* a) perdre le contrôle de soi-même *(sous l'effet d'une drogue)*, se mettre à délirer, partir ; b) = **freak** *v.i.* 2. *v.t.* mettre (qqun) hors de son état normal°, défoncer, faire flipper ; a) **reaching the top of Everest really freaked me out**, faire le sommet de l'Everest, c'était vraiment planant ; b) **that movie really freaked me out**, ce film m'a vraiment filé / foutu les boules.

freebase *v.i.* fumer de la cocaïne°.

freebie *n.* 1. cadeau (promotionnel)°. 2. **a freebie (trip)**, un voyage gratuit° / aux frais de la princesse. 3. *pl.* **freebies**, avantages supplémentaires°, à-côtés, extras.

free-for-all *n.* bataille générale°, bagarre / baston / castagne généralisée.

free, gratis and for nothing *loc.* gratuitement°, gratis, gratos, pour que dalle.

free-load *v.i. (US)* vivre en parasite°, taper l'incruste, parasiter.

free-loader *n. (US)* personne qui vit aux crochets d'autrui°, parasite, pique-assiette.

free-loading *n. (US)* fait de vivre aux crochets d'autrui°, parasi-tage.

freeze 1. *v.i.* s'immobiliser°, se figer ; **everybody freeze !** plus un geste ! 2. *v.t.* ignorer°, snober, bêcher, faire la gueule (à qqun).

freeze out *v.t.* évincer°, ostraciser, boycotter.

French (excuse my / pardon my) *loc.* si je puis m'exprimer ainsi°, passez-moi l'expression.

french *v.t.* 1. • pratiquer un acte sexuel oral° ; a) faire une fellation°, sucer, tailler une pipe / un pompier / une flûte ; b) faire un cunnilingus°, lécher, brouter le cresson. 2. embrasser en insérant la langue dans la bouche°, faire une langue (fourrée), rouler un patin.

frenchie = **French letter**.

French kiss *n.* baiser profond°, langue (fourrée) *f,* patin, pallot.

french kiss *v.t.* = **french** 2.

French letter, frenchie *n.* préservatif°, capote (anglaise) *f,* latex, marguerite *f,* imperméable.

French tickler *n.* préservatif muni de reliefs destinés à accroître l'excitation vaginale°, capote fantaisie *f.*

fresh *adj.* 1. insolent°, culotté, gonflé ; **don't get fresh with me,** parle-moi sur un autre ton. 2. qui fait des avances°, dragueur, emballeur ; **I'm not that kind of girl, don't get fresh with me,** arrête de me faire du gringue, je ne suis pas de cette race-là.

frig •1. *v.i.* a) se masturber°, se branler, se polir la colonne ; b) **frig off !** va te faire voir (ailleurs) !, va te faire foutre !, va te faire ! 2. *v.t.* a) masturber°, branler, cirer ; b) posséder sexuellement°, baiser, bourrer, tringler ; c) escroquer°, entuber,

niquer ; d) **frig it !** merde !, putain !, bordel !

frigging *adj.* fichu, foutu, sacré ; **frigging Ada !** pute borgne !

frighteners *n.pl. (GB)* **to put the frighteners on s.o.,** menacer qqun°, mettre la pression sur qqun, faire les gros yeux à qqun.

frog, froggie *adj.* français° ; **I hate frog food,** je déteste la cuisine franchouillarde.

frog *n.* 1. Français°, mangeur de grenouilles ; **those bloody frogs always beat us at rugby,** ces enfoirés de Français nous foutent toujours la pilule au rugby. 2. langue française° ; **can you speak frog ?** tu causes français ?

frog-eater, froggie = **frog** *n.* 1.

froggie = **frog** *adj.*

frost *v.t.* ignorer°, snober, bêcher, faire la gueule (à qqun).

fruit *n.* homosexuel°, tante *f,* tantouze *f,* caroline *f.*

fruit-basket• *n.* sexe de la femme°, abricot, boîte à ouvrage *f,* panier.

fruitcake *n.* fou°, dingue, malade, fondu ; **he's as nutty as a fruitcake,** il est complètement secoué / allumé / givré.

fry *v.t.* 1. exécuter par électrocution°, faire passer à la chaise / à la casserole. 2. punir sévèrement°, passer un savon / laver la tête (à qqun), tuer.

fuck !• *excl.* 1. putain (de merde) !, bordel ! 2. **so fuck !** qu'est-ce que ça peut me foutre ? 3. **like fuck !** (et) mon cul !, je t'en foutrai ! 4. **is it fuck !** un peu !, à peine ! ; « **is he a good player ? - is he fuck !** », « il joue bien ? - putain tu parles ! » 5. **Jesus fuck !, holy fuck !** putain de bon Dieu de merde !, nom de Dieu de bordel de merde ! 6. **fuck knows !** j'en sais foutre rien !

fuck• *n.* 1. acte sexuel°, baise *f*, coup, tringlette *f* ; **a quick fuck**, une petite baise rapide, un petit coup vite fait. 2. partenaire sexuel°, baiseur / baiseuse ; **a good fuck**, un bon coup ; **she's an easy fuck**, elle demande que ça. 3. **dumb fuck**, imbécile°, (pauvre) con, connard, enfoiré. 4. **not to give a (flying) fuck about s.t.**, se moquer de qqch.°, n'avoir rien à branler / secouer / cirer / cogner de qqch. ; **he doesn't give a fuck about it**, il s'en fout (et s'en contrefout), il en a strictement rien à branler ; **who gives a fuck ?** qu'est-ce que ça peut foutre ? 5. **who the fuck do you think you are ?** putain, mais pour qui tu te prends ? ; **what the fuck is going on here ?** qu'est-ce que c'est que ce foutu bordel ? ; **where the fuck is my car ?** bordel, mais où elle est cette putain de bagnole ? ; **how the fuck should I know ?** mais putain, comment tu veux que je sache ? ; **get the fuck outta here !** fous-moi le camp (d'ici) !, vire ton cul de mon paysage ! 6. **for fuck's sake,**

putain de bordel de merde, bon dieu de bon dieu de merde.

fuck• 1. *v.i.* a) faire l'amour°, baiser, tringler ; **they spent all afternoon fucking on the porch**, ils ont passé l'après-midi entière à trombonner sur la terrasse ; **does she fuck ?** elle baise ? ; b) **to fuck with s.o. / s.t.**, chercher des ennuis° / des emmerdes à qqun / avec qqch., déconner avec qqun / qqch. ; **don't fuck with me if you know what's good for you !** joue pas au con avec moi, tu vas perdre. 2. *v.t.* a) posséder sexuellement°, baiser, niquer, sauter, s'envoyer ; **she'd fuck anything that moves**, elle foutrait n'importe quoi dans son pieu ; b) **fuck you !** je t'emmerde ! ; **fuck them !** qu'ils aillent se faire foutre ! ; **fuck it !, fuck that !**, (i) y en a ras le cul !, putain de connerie de truc ! ; (ii) tant pis !°, et merde ! ; (iii) putain !, merde !, bordel ! ; **fuck me !** putain, c'est dingue !, putain, le truc ! ; **well, fuck a duck !** ben alors là putain ! ; **fuck that fancy cuisine, I just want my good old steak and fries,** y en a plein le cul de la haute cuisine, je demande rien qu'un bon vieux steak-frites ; c) **I'll be fucked !** putain je l'aurais jamais cru ! ; d) **(I'm) fucked if I know !** j'en sais foutre rien ! ; e) escroquer°, baiser, niquer, entuber ; **that dealer really fucked me**, le vendeur m'a couillonné jusqu'à l'os.

fuckable• *adj.* 1. sexuellement très désirable°, bandant, godant. 2. sexuellement acceptable°, baisable, mettable. 3. disposé à l'acte sexuel°, prêt à baiser ; **when you're feeling fuckable, just come over**, quand tu seras en chaleur, t'as qu'à venir chez moi.

fuck about•, fuck around• 1. *v.i.* a) ne rien faire°, glander, glandouiller, branler ; b) faire l'imbécile°, déconner, faire des conneries ; **to fuck around with s.o. / s.t.**, jouer au con avec qqun / qqch. ; **never fuck around with the organization**, faut jamais déconner avec l'organisation. 2. *v.t.* importuner°, emmerder, faire chier, casser le cul (à qqun) ; **stop fucking me around !** arrête de me casser les couilles.

fuck-all• *n.* *(GB)* rien°, que dalle, peau de zob ; **that guy knows fuck-all about football**, ce mec, il connaît foutre rien au foot.

fuck-brained• *adj.* *(US)* stupide°, débile, nul, couillon ; **that's a real fuck-brained idea**, ça, c'est vraiment un plan de con.

fucked• *adj.* 1. hors-service°, bousillé, pété, foutu, naze ; **after the accident my car was really fucked**, après l'accident ma voiture était complètement foutue. 2. difficile°, emmerdant, merdique, chiant ; **this is fucked**, c'est la merde ; **we are really fucked now**, alors là on est vraiment dans la merde. 3. épuisé°, lessivé, vanné, pompé, HS ; **I'm absolutely fucked**, je suis complètement naze.

fucked-up• *adj.* 1. = **fucked** 1. 2. a) psychologiquement perturbé°, barjo, à la masse, malade. b) malade des effets de la drogue *ou* de l'alcool°, mal, chargé ; **to be badly fucked-up**, piquer du nez.

fucker• *n.* 1. individu méprisable°, connard, enfoiré, tête de con *f* ; **he's a stupid fucker**, c'est un enculé de mes deux. 2. **hey, fucker !** *(apostrophe)*, hé ! mec, hé ! con. 3. individu°, type, gus ; **the poor fucker doesn't stand a snowball's**, pauv'mec, il a pas une chance sur trois millions.

fuckface• *n.* individu méprisable°, tête de nœud *f*, ducon, trouduc.

fuckhead• *n.* imbécile°, taré, con, couillon.

fucking• *adj.* sacré°, foutu, putain de, bordel de ; **the fucking cop gave me a fucking ticket**, cet enfoiré de flic m'a collé une saloperie de PV ; **you fucking cunt !** espèce d'enculé ! ; **fucking A !** 1. absolument !°, putain, je te jure !, putain, tu peux compter dessus ! 2. génial !, le super-pied ! ; **fucking hell !** foutre !, bordel de merde !

fucking• *adv.* sacrément°, vachement, foutument ; **this**

place is fucking expensive, bordel, qu'est-ce que c'est cher ici ! ; **Jesus, it's fucking freezing today**, putain, qu'est-ce qu'on se les gèle aujourd'hui !
-**fucking-** *infixe* **in-fucking-believable**, totalement incroyable° / invraisemblable, hallucinant ; **this guy is in-fucking-credible**, putain ce mec, faut le voir pour le croire.

fuck off *v.i.* 1. partir°, se casser, s'arracher, foutre le camp ; **I'd better be fucking off**, il faut que je me tire ; **fuck off !** casse-toi !, fous-moi le camp ! 2. **fuck off !** va te faire foutre !, va te faire aimer ! 3. se masturber°, se branler, se taper la colonne, s'astiquer le manche.

fuck over *v.t.* 1. = **fuck about** 2. maltraiter°, chercher des crosses (à qqun), faire des emmerdes (à qqun). 3. escroquer°, rouler, arnaquer, entuber ; **my roommate really fucked me over with the rent**, pour le loyer, je me suis fait baiser jusqu'au trognon par mon colocataire.

fuckpig *n. (GB)* individu méprisable°, enculé, salaud, salopard.

fuck up 1. *v.i.* a) échouer°, se planter, foirer, merder ; b) faire une erreur°, se planter, faire une connerie / une gourance ; **uh-oh, I fucked up again**, zut, j'ai encore déconné ; c) se taire°, la fermer, la boucler ; **fuck up, will you !** ferme ta putain de gueule ! 2. *v.t.* a) ruiner°, bousiller, saloper, foutre la merde

(dans qqch.) ; **don't lend him anything, he always fucks things up**, faut rien lui prêter, il nique tout ce qu'il touche ; **when you left me you really fucked up my life**, quand tu m'as quitté(e), ça a foutu une sacrée merde dans ma vie ; b) rater°, foirer, se planter à ; **I fucked up my exams again**, j'ai encore merdé à mes exams. c) **to fuck s.o. up**, profondément perturber qqun sur le plan psychologique°, foutre qqun par terre / en l'air ; **his death really fucked me up in a big way**, sa mort m'a complètement bousillé le moral.

fuck-up *n.* 1. désastre°, cata *f*, chierie *f*, merdier ; **the operation was a real fuck-up**, l'opération a complètement merdé ; **this is a real fuck-up**, quelle merde ! 2. erreur° *f*, gaffe *f*, gourance *f*, connerie *f* ; **there was a fuck-up in the computer system**, il y avait une couille dans le système de l'ordi. 3. *(US)* individu malchanceux *ou* malhabile°, désastre, catastrophe *f*. 4. individu psychologiquement perturbé°, ma-lade, cinglé ; **he's a real fuck-up**, il est vraiment grave.

fuckwit *n.* crétin°, andouille *f*, tête de nœud *f*, glandu.

fuddy-duddy *n.* vieillard°, vieux schnoque, débris, pépé.

full *adj.* 1. ivre°, bourré, plein, rond. 2. **full of it / of shit**, menteur°, baratineur, déconnant ; **don't listen to him, he's**

full of it, l'écoute pas, il déconne à pleins tubes.

fungus *n.* barbe° *f*, barbouse *f*, piège à macaroni ; **fungus face / features**, barbu°.

funk *n.* *(GB)* peur° *f*, frousse *f*, trouille *f* ; **to be in a blue funk**, avoir les miches, mouiller, baliser.

funky *adj.* *(US)* 1. remarquable°, génial, super-chouette, fantass. 2. excentrique°, loufoque, louftingue, louf. 3. louche°, glauque, pas net. 4. malodorant°, puant, chlinguant, chlipotant.

funny business *n.* affaire louche° / glauque / pas nette, magouille, combine.

funny farm / house *n.* asile d'aliénés° *f*, Sainte-Anne, Charenton.

funny money *n.* fausse monnaie°, fausse thune.

furburger• *n.* sexe de la femme°, chatte *f*, barbu, cresson.

fur pie = **furburger**.

fuss-pot *n.* personne qui fait des manières° *f*, enquiquineur.

fuzz (the) *n.* la police°, les flics, la rousse.

f-word (the) *(euph.* = **fuck**) *n.* le mot " fuck " °, gros mot.

G

gab *n.* 1. bouche° *f*, gueule *f*, bec, clapet. 2. **to have the / a gift of the gab, to have the gab,** savoir parler°, avoir du bagou / la tchatche.

gab *v.i.* bavarder°, bavasser, jacter, parlotter.

gabfest *n.* conversation animée°, festival de tchatche, grande parlotte.

gaff *n.* 1. chambre° *f*, piaule *f*, turne *f*. 2. domicile°, crèche *f*, appart, baraque *f* ; **he invited us over to his gaff,** il nous a invités à sa baraque. 3. **to blow the gaff,** dévoiler un secret°, vendre la mèche ; **to blow the gaff on s.o.,** dénoncer° / moucharder / donner / balancer qqun.

gaffer *n.* contremaître°, patron, chef, boss.

gag *n.* 1. plaisanterie° *f*, blague *f*, histoire *f*, vanne *f*. 2. farce° *f*, bateau, esbroufe *f* ; **to pull a gag on s.o.,** faire un canular à qqun.

gag me with a spoon ! *loc.* *(US)* dégueulasse !, c'est à gerber !, je vais dégueuler !

gaga *adj.* 1. sénile°, gaga, qui sucre les fraises. 2. fou°, cinglé, givré, dingo ; **he just drives me gaga,** ce type me tape sur le système. 3. **to go gaga over s.t.,** s'enticher° / se toquer de qqch., devenir marteau à cause de qqch.

gal *n.* *(US)* fille° *f*, nénette *f*, pépette *f*, pépée *f*.

gall *n.* audace° *f*, toupet, culot, air ; **to have the gall to say s.t.,** ne pas avoir peur de l'ouvrir ; **she had the gall to leave her kids,** elle a eu le culot de larguer ses enfants.

game *adj.* **to be game (for s.t.),** être d'accord° / partant / dans le coup (pour qqch.) ; **I'm game !** d'accord !°, je marche !

game *n.* 1. **game ball !** la partie est gagnée !°, c'est gagné !, c'est dans la poche ! 2. **to be on the game,** se prostituer°, faire le trottoir, faire l'article. 3. **to have the game sewn up,** tenir le bon bout°, avoir l'affaire en poche. 4. **the game,** la profession°, le circuit, le bizness ; **he's been in this game for years,** ça fait des années qu'il est dans le métier.

gammy *adj.* boiteux°, béquillard ; **to have a gammy leg,** avoir une patte folle.

gander *n.* regard°, coup de sabord / de périscope ; **to take a gander,** jeter un coup d'œil, jeter un œil.

ganga, ganja *n.* marijuana° *f*, herbe *f*, beu *f*, douce *f*.

gannef, gonef, gonof *n.* *(US)* bandit°, malfrat, gangster.

gang-bang•, gang-shag• *n.* viol collectif°, barlu, passage en série, rodéo.

gang-bang• *v.t.* violer à tour de rôle°, faire passer à la casserole, passer en série.

gang up *v.i.* **to gang up on s.o.**

se liguer contre qqun°, faire équipe / bande contre qqun, ramener sa bande contre qqun.

gaol-bait = jail-bait.

garbage n. *(US)* détritus°, bouillie pour les chats f, merde en boîte f ; **that speech was plain garbage**, ce discours c'était de la merde en paquet.

gargle v.i. *(GB)* boire de l'alcool°, picoler, biberonner, pitancher ; **he certainly likes to gargle**, lui, on peut dire qu'il tète la bouteille !

gargle n. *(GB)* boisson alcoolisée°, carburant, à boire ; **will there be enough gargle at the party ?** y aura assez à picoler à la fête ?

gas n. 1. **it's a gas**, c'est excellent°, c'est le pied / l'éclat. 2. *(US)* carburant°, benzine f, jus, coco f ; **to step on the gas**, accélérer°, appuyer sur le champignon.

gasbag n. bavard°, moulin à paroles, jaspineur.

gasper n. cigarette° f, clope f, cibiche f, sèche f.

gat n. *(US)* pistolet°, flingue, feu, engin.

gate-crash v.t. s'introduire sans invitation° (dans une réception), taper l'incruste, s'inviter.

gate-crasher n. resquilleur°, incrusteur, pique-assiette.

Gawd n. *(GB)* Dieu° ; **aoh my Gawd !** oh Jésus Marie !

gawk v.t. *(GB)* regarder fixement°, mater, viser ; **what are you gawking at ?** qu'est-ce que tu zyeutes là ?

gawk n. personne grande et maladroite°, godiche f, grand dadais, manche.

gawky adj. d'allure niaise°, nunuchon, nouille, emmanché.

gay adj. homosexuel°, homo, gay ; **gay boy**, pédé ; **gay bar**, bar homo.

gay n. homosexuel°, homo, gay.

gay-bashing n. agression contre des homosexuels° f, cassage de pédés.

gay-bash v.t., v.i. agresser des homosexuels°, casser / bouffer du pédé ; **to go gay-bashing**, se faire un plan casse-pédés.

gay-basher n. 1. journaliste *ou* politicien hostile aux homosexuels° / homophobe. 2. agresseur anti-homosexuels°, casseur de pédés, bouffeur de pédés.

gay-lib n. mouvement de libération des homosexuels°.

gay-lord n. homosexuel°, tante f, tapette f, tantouze f.

gear adj. remarquable°, génial, super, géant ; **this is really gear**, c'est vraiment le pied.

gear n. 1. attirail°, barda, bataclan, artillerie f. 2. **to be in high / top gear**, être de bonne humeur°, péter le feu, avoir la pêche. 3. drogue° f, dope f, came f ; **good gear**, bonne camelote. 4. butin°, marchandise f, camelote f ; **after the robbery he made off with the gear**, après le casse il s'est taillé avec le gâteau. 5. vêtements°, fringues f, frusques f, fripes f ; **I really like your new gear,**

tes nouvelles nippes me branchent un max.

geared up *adj.* prêt°, fin prêt, paré (à attaquer).

gee, gee whizz *excl. (US)* mince !, flûte !, ah ben ça alors !

gee-gee *n. (GB)* cheval°, dada, bidet.

geek *n.* 1. crétin°, andouille *f*, con, tête de nœud *f*. 2. *(US)* individu singulier°, monstre, phénomène, zèbre.

geezer *n.* homme°, type, mec, gonzier ; **he's a real tasty geezer**, ce mec me fait mouiller.

gelt *n.* argent°, fric, pèze, pognon.

gen *n.* information° *f*, tuyau, info *f*, rencard ; **give me all the gen you have on him**, passe-moi toutes les infos que t'as sur lui.

gen up *v.t.* **to get genned up on s.t.**, se renseigner°, se rencarder, se mettre au parf sur qqch ; **he was well genned up on the deal**, il était parfaitement tuyauté sur l'affaire.

gents *n.pl.* toilettes *f (hommes)*°, vécés, ouatères.

get, git *n. (GB)* individu méprisable°, connard, enfoiré ; **I can't stand that get**, quel con, ce type, je peux pas le saquer.

get 1. *v.i.* a) **to get going / cracking**, se mettre en branle°, se bouger, se remuer ; b) **to get on s.o.'s nerves**, énerver° / gon-fler / brouter qqun, taper sur les nerfs à qqun ; c) **to get there**, réussir°, arriver ; **we're getting there**, on y est presque ; **this is getting us nowhere**, ça

ne nous mène nulle part ; d) **to get with it**, sortir de sa stupeur°, se réveiller, s'y mettre ; e) **to get laid•**, faire l'amour°, s'envoyer en l'air, tringler ; f) **to get down on it**, danser°, guincher, gambiller, agiter les gambettes. 2. *v.t.* a) comprendre°, saisir, piger, entraver ; **get it ?** tu piges ? ; **(do you) get me ?** tu me suis ? ; **get my drift ?** tu vois le topo ? ; b) escroquer°, couillonner, avoir, pigeonner ; **to get had, to get taken**, se faire entuber ; **I got you there**, je t'ai bien eu, je t'ai bien attrapé ; c) avoir sa vengeance°, avoir la peau (de qqun) ; **I'll get you for that**, tu vas me le payer cher ; d) énerver°, gonfler, brouter ; **it gets me**, ça me tape sur le système ; **it really gets me when she spends too much time in the bathroom**, ça m'asticote un tantinet quand elle passe des heures à la salle de bains ; e) recevoir le châtiment mérité°, écoper, payer ; **the hitman got his in the end**, le tueur a fini par prendre ce qu'il méritait ; f) poser une question difficile° / une colle (à qqun), coincer, coller ; **you've really got me with that one**, alors là tu m'en poses une bel-le ; g) **to get a move on**, accélérer°, se magner, bouger (le cul) ; **come on, let's get a move on !** allez, on se remue ! ; h) (i) **get this !** écoute-moi ça ! ; (ii) **get a load of that !** vise un peu le topo ! (iii) **get him** ! (iiia) regarde-moi ce mec ! ; (iiib) écoute-le parler ! ; i) **to get one's end away•**, forniquer°, tremper son biscuit, se mettre qqun sur le bout ; **to get one's leg over**, fourrer, défourailler, tringler ; **to get one's rocks off**, atteindre l'orgasme°, décharger, jouir, cracher son venin ; **to get some**, faire une partie de jambes en l'air ; **are you gettin' any at the moment ?** tu baises en ce moment ? ; j) **to get one's oats**, avoir du plaisir sexuel°, prendre son pied / son panard / son fa-de ; k) recevoir un châtiment°, écoper, (en) prendre pour ; **he got six months for robbery**, il a pris six mois pour vol ; l) émouvoir°, bouleverser, chavirer ; **that song really gets me right here**, cette chanson me touche droit au cœur ; m) **to get a kick out of s.t.**, prendre du plaisir° / son pied avec qqch., s'éclater avec qqch.

get about *v.i.* 1. voyager beaucoup°, rouler sa bosse, voir le monde ; **he certainly gets about**, pour ce qui est de voir du pays, il en voit. 2. avoir beaucoup de partenaires sexuels°, baiser la ville entière, coucher à droite et à gauche.

get across *v.t.* faire comprendre° / piger / passer ; **he just doesn't manage to get his message across**, il est totalement infoutu de faire passer son message.

get along *v.i.* 1. se mettre en route°, se tirer, mettre les voiles. 2. **to get along with s.o.**, bien s'entendre avec qqun°, être (bons) copains avec qqun.

get around *v.i.* 1. = **get about** 1, 2. **it's getting around that...** on dit que..., il paraît que...

get at *v.t.* 1. vouloir dire°, avoir en tête, avoir dans l'idée ; **what are you getting at ?** qu'est-ce que tu as derrière la tête ? 2. **to get at s.o.**, importuner qqun°, gonfler qqun, les briser à qqun ; **he's always getting at me**, il est toujours là à me brouter.

getaway *n.* fuite° *f*, belle *f* ; **after the robbery they made a quick getaway**, après le casse, ils se sont fait la malle vite fait ; **the getaway route**, la route de la débine.

get away *v.i.* 1. **to get away with s.t.**, réussir qqch.°, s'en tirer ; **I never pay my parking tickets and somehow I get away with it,** je ne paie jamais mes PV et pourtant je m'en sors sans problème ; **they let their kids get away with murder**, ils passent tous leurs caprices à leurs gosses ; **you'll never get away with this**, tu l'emporteras pas en paradis. 2. **get away (with you)** !, a) fiche le camp !°, va te faire voir ailleurs ! ; b) arrête ton boniment !° / tes salades ! / ton char !

get by *v.i.* 1. se sortir d'affaire°, se débrouiller, se démerder ; **he always manages to get by**, il arrive toujours à se dépatouiller. 2. avoir juste de quoi vivre°, s'en sortir de justesse, être juste ; **he just about gets by**, il arrive juste à joindre les deux bouts.

get down 1. *v.i.* a) **to get down to s.t.**, commencer qqch.°, se mettre à qqch. ; **let's get down to it,** allons-y !, on s'y met ! ; **let's get down to business**, au boulot ! ; b) **to get down on it**, danser°, guincher, bopper ; **get down on it !** vas-y, agite tes pinceaux ! ; c) jouir de la vie°, jouir, prendre du bon temps ; **come on, guys, let's get down !** allez, les mecs, on va se faire plaisir ! **2.** *v.t.* **to get s.o. down**, déprimer qqun°, démonter / faire flipper qqun ; **the system really gets me down**, ce système me fout les boules ; **don't let the buggers get you down !** laisse pas ces connards t'enfoncer !

get nowhere fast (to) *loc.* n'obtenir aucun résultat°, n'arriver à rien ; **using this new computer is getting us nowhere fast**, bosser avec ce nouvel ordinateur, c'est comme si on sifflait.

get off 1. *v.i* a) **get off it !** arrête ton boniment !° / cinéma / char ! ; **where do you get off ?** t'as pas bientôt fini ton cirque ? ; **to tell s.o. where to get off**, envoyer promener° / paître / balader qqun ; **get off my back / my case !** laisse-moi tranquille !°, fous-moi la paix ! ; b) **to get off on s.t.** (i) se droguer° / se défoncer / planer à

qqch. ; (ii) apprécier°, s'éclater avec qqch. ; **I really get off on big cars**, les grosses bagnoles me branchent un max ; c) **to get off with s.o.**, avoir un succès amoureux° / faire bingo avec qqun, lever qqun ; **he got off with a blonde last night**, il s'est tapé une blonde hier soir. **2.** *v.t.* a) **to get it off one's chest**, dire ce qu'on a sur le cœur°, vider son sac, cracher son venin, tout déballer ; b) **to get (it) off•**, avoir du plaisir sexuel°, jouir, prendre son pied ; (i) **to get it off with s.o.**, s'envoyer en l'air avec qqun, se farcir qqun ; (ii) **to get it off**, se masturber°, se branler, s'astiquer le manche.

get on 1. *v.i.* **to get on s.o.'s back / case / nerves / tits / wick**, importuner qqun°, scier le dos à qqun, casser le bonbon / les couilles à qqun, les brouter à qqun. **2.** *v.t.* **to get it on**, faire l'amour°, s'envoyer en l'air, faire une partie de jambes en l'air.

get on to *v.t.* trouver°, dénicher, dégotter, dégauchir ; **I got on to something**, je suis sur un truc ; **the police got on to him**, les flics l'ont dépisté.

get out *v.i.* **1. get out of it !** arrête ton boniment !° / ton cinéma ! / ton char ! **2. get outta here !** va te faire voir ! ; **get the hell out of here !** fous-moi le camp ! ; **get the fuck outta here !•** va te faire enculer chez les Grecs !

get over *v.t.* 1. **not to be able to get over s.t.**, être sidéré par qqch.°, ne pas en croire ses oreilles, en être scié / baba, ne pas revenir de qqch. ; **I couldn't get over how slim he'd got**, il avait tellement maigri que je l'aurais pas reconnu. 2. surmonter°, s'en sortir, s'en remettre ; **don't worry, you'll get over it !** t'inquiète, ça ira ! ; **to get over s.o.**, oublier qqun° *(après une relation amoureuse)*, faire son deuil de qqun, mettre qqun au passé.

get-rich-quick *adj.* 1. cupide°, assoiffé de fric ; **a get-rich-quick merchant**, un obsédé du fric. 2. qui promet un enrichissement rapide°, qui promet des millions ; **he's full of get-rich-quick ideas**, il a plein d'idées pour se remplir les poches vite fait.

get round *v.t.* 1. obtenir (de qqun) ce que l'on veut°, entortiller, embobiner ; **the kids know how to get round their mother**, les gosses savent la prendre, leur mère. 2. **to get round to s.t.**, finir par faire qqch.°, en arriver / en venir à qqch. ; **I'll do it when I get round to it,** je le ferai quand j'aurai le temps.

get through *v.i.* **to get through to s.o.**, faire comprendre son propos à qqun°, faire saisir le message à qqun, faire piger le topo à qqun ; **am I getting through to you ?** tu me re-çois ?

get to fuck !• *loc.* va te faire foutre (chez les Grecs) !

get-together *n.* réunion° *f*, fête *f*, festouille *f*, sauterie *f*.

get together *v.t.* **to get it / one's act / one's head / one's shit together**, se ressaisir°, se secouer, se prendre en main, se reprendre ; **come on, get it together !** allez !, du nerf !

get-up *n.* *(GB)* tenue° *f*, fringues *f*, nippes *f*, fripes *f* ; **you shoulda seen the get-up of the people at the wedding**, t'aurais dû voir comment ils étaient sapés au mariage.

get up *v.t.* 1. **to get it up•**, avoir une érection°, bander, l'avoir en l'air, avoir la trique ; **he was so drunk he couldn't get it up**, il était tellement bourré qu'il bandait mou. 2. **to get s.o.'s back up**, importuner qqun°, casser la tête / les pieds à qqun ; **to get up s.o.'s nose**, faire chier qqun ; **he really gets up my nose**, il commence vraiment à me casser le cul.

get-up-and-go *n.* dynamisme°, pêche *f*, frite *f* ; **to be full of get-up-and-go**, péter le feu.

ghetto blaster *n.* *(US)* radio-cassette portatif°, grosse boîte à musique.

ghost of a chance (not the) *loc.* pas l'ombre d'une chance°, pas une chance sur un million.

GI *n.* soldat américain°, GI, trouffion.

gift *n.* qqch. de facile°, du gâteau, un cadeau ; **the goal was a gift,** le but était servi sur un plateau.

gig *n.* concert°, gig.

gig *v.i.* faire des concerts°, être en tournée, être sur la route.

gilded ballocks (to have)• *loc.* avoir beaucoup de chance°, avoir des couilles en or, l'avoir en or.

gills (to be stewed to the) *loc.* être complètement saoul°, être cuit à point / complètement fait / plein comme une barrique.

gimp *n.* boiteux°, patte folle.

gimp *v.i.* boiter°, avoir une patte folle.

gin and Jaguar belt *n. (GB)* quartiers riches° *(équivalent du " triangle d'or " Neuilly-Auteuil-Passy).*

gink *n.* individu médiocre°, pauvre type, couillon, traîne-patates.

ginormous *adj.* énorme°, colossal, maousse.

gin palace *n.* bar°, troquet, bistrot, rade.

gippo *n.* bohémien°, manouche, romani.

girl (working) *n.* prostituée° *f,* fille de joie *f,* gagneuse *f,* professionnelle *f.*

girlie *n.* **girlie bar,** bar à putes ; **girlie magazine,** revue de cul.

giro technician *n. (GB)* chômeur recevant l'assurance chômage°, chômedu.

gism• *n.* sperme°, foutre, jute, jus d'homme.

git = get *n.*

give *v.t.* 1. **don't give me that, don't give me that crap /** **shit !** arrête ton boniment° ! / ton cinéma ! / tes conneries ! 2. **to give it to s.o., to give s.o. what for,** réprimander qqun sévèrement°, passer un savon (de Marseille) à qqun, secouer les puces à qqun. 3. **what gives ?** que se passe-t-il ?°, quoi de neuf ? 4. **not to give a damn / a rap / a fuck• / a shit• / a flying fuck• / a monkey's (fuck)• / a tinker's cuss,** s'en ficher, s'en taper, s'en foutre (pas mal), s'en cogner, s'en branler. 5. **to give s.o. flak,** critiquer qqun sévèrement°, éreinter / démolir / flinguer qqun. 6. **to give s.o. a piece of one's mind,** dire ce qu'on a sur le cœur à qqun°, dire ses quatre vérités à qqun, vider son sac / cracher son venin contre qqun.

give-away *n.* indice révélateur°, ce qui trahit, ce qui découvre le pot-aux-roses ; **his bowler hat was a dead give-away,** son chapeau melon était une étiquette de provenance.

give over *v.i.* se taire°, fermer sa gueule, la boucler ; **just give over, will you ?,** tu vas la fermer, oui ou merde ?

gizmo *n.* gadget°, bidule, schmilblic.

glamour boy *n.* beau garçon°, beau gosse, bourreau des cœurs ; **here comes glamour boy !** et voici Monsieur Glamour !

glazed *adj. (US)* saoul°, pété, blindé, bourré.

glitch *n.* ennui technique°, pépin,

os, couille dans le potage *f.*

glitterati *n.pl.* célébrités° *f,* jet-set, beau linge.

glitzy *adj.* extrêmement élégant°, glamour, classos, tape-à-l'oeil.

glory-hole *n.* débarras°, capharnaüm, vide-bordel, range-bordel.

glue, glue-sniffer *n.* drogué à la colle°, sniffeur de colle.

glue, glue-sniff *v.i.* se droguer en respirant de la colle°, sniffer de la colle.

gnaff = naff.

gnat, gnat's piss *n.* boisson médiocre° *f,* bibine *f,* jus de chaussette, pipi de chat.

go *adj.* en ordre (de marche)°, OK ; **all systems go,** tous les voyants au vert.

go *n.* 1. **no go, it's no go,** rien à faire, ça ne marche pas. 2. essai° ; **have a go !** vas-y, tente le coup ! ; **to give s.t. a go,** risquer le coup ; **to make a go of it,** tenter sa chance. 3. **to be on the go,** être actif°, être sur le pont ; **he's on the go from 8 in the morning till midnight,** il est en branle de huit heures du mat' à minuit ; **it's all go,** ça n'arrête pas ; **to be full of go,** être plein d'énergie° / de jus / de peps ; **there's no go left in him,** il a plus de batteries. 4. **in one go,** d'un seul coup (d'un seul) ; **to knock a drink back in one go,** lamper un verre d'un trait, faire cul-sec. 5. **from the word go,** dès le début°, depuis le départ, d'entrée de jeu ; **return to go,** retour

à la case départ. 6. **to be all the go,** être très à la mode°, faire fureur ; **it's all the go,** c'est le dernier cri. 7. **it's your go,** à toi de jouer°, à toi la main.

go 1. *v.i.* a) **to go all the way,** aller jusqu'au bout°, y aller à fond, faire le maximum ; b) **to go bananas / bonkers / crazy / nuts,** devenir fou° / cinglé / marteau / zinzin ; c) aller aux toilettes° / aux vécés / au petit coin, aller faire un pissou ; d) **what goes ?** quoi de neuf ?, ça roule ? ; e) **here goes !** c'est parti !, on se lance ! ; f) **anything goes,** tout est permis°, tous les coups sont permis ; g) être disposé à l'acte sexuel°, être porté sur la chose ; **does your wife go ?** est-ce qu'elle couche, votre dame ? ; **to go the whole way,** s'abandonner°, s'offrir, se laisser aller ; **does she go the whole way ?** est-ce qu'elle se laisse faire ? ; h) dire°, faire ; **and so I goes shut up !** et puis moi je lui sors ta gueule ! ; i) *(US)* **go for it !** vas-y, fonce !, vas-y Jeannot ! 2. *v.t.* **to go s.t.,** prendre qqch.°, se faire (un plan) qqch. ; **I could certainly go a pizza,** je me ferais bien une pizza.

go-ahead *n.* autorisation° *f,* estampille *f* ; **to get the go-ahead,** avoir le feu vert.

goat (to get s.o.'s) *loc.* importuner qqun°, faire tourner qqun en bourrique, rendre qqun chèvre ; **he's always getting my goat !** il me casse les pieds.

gob *n.* 1. *(GB)* bouche° *f*, bec, clapet ; **shut your gob !** ferme ta gueule ! 2. crachat°, molard, glaviot.

gob *v.i., v.t. (GB)* cracher°, molarder, juter ; **the punks gobbed on him to show approval,** les punks lui ont glavioté dessus, histoire de le féliciter.

gobble (off)• *v.t.* faire une fellation°, sucer (qqun), tailler une pipe / un pompier (à qqun).

gobbledygook *n.* absurdités° *f*, tissu d'âneries, charabia.

gob-shite• *n.* individu méprisable°, connard, couillon, salopard.

gob-smacked *adj.* ahuri°, pantois, sur le cul ; **when he told me he was getting married I was left gob-smacked,** le jour où il m'a dit qu'il se mariait j'en suis resté baba.

God *n.* Dieu° ; **oh my God !** oh, mon Dieu ! ; **holy God !** vingt-dieux ! ; **God almighty !** bondieu de bondieu ! ; **in the name of God !** nom de Dieu ! ; **God (only) knows !** Dieu seul le sait ! ; **for God's sake !** pour l'amour de Dieu ! ; **God forbid !** à Dieu ne plaise !

god-awful *adj.* exécrable°, merdique, dégueu, à chier.

god-damned, goddamned, goddam *adj.* sacré, foutu, putain de ; **what a goddamned fool !** quel bougre de con !

goddamit ! *excl.* nom de Dieu !, bondieu de bondieu !, bon sang de bonsoir !

go down *v.i.* 1. **to go down (south) on s.o.•,** pratiquer un acte sexuel oral sur qqun° ; a) faire une fellation à qqun°, sucer qqun, tailler une pipe à qqun, faire un pompier à qqun ; b) faire un cunnilingus à qqun°, lécher qqun, brouter le cresson à qqun, faire une descente au barbu. 2. *(GB)* **to go down a bomb,** avoir un grand succès°, faire un tabac / un malheur ; **their new show went down a real bomb,** leur nouveau show a été un succès d'enfer. 3. **to go down on one's bended (knees),** supplier°, se mettre à genoux (devant qqun). 4. **to go down with s.t.,** tomber malade°, attraper une saleté ; **he went down with the flu,** il a chopé un rhume. 5. aller en prison° / en taule / à l'ombre, plonger ; **he went down for five years,** il en a pris pour cinq ans. 6. **to go down,** arriver°, se passer ; **what's going down here ?** qu'est-ce qui se passe ?

God squad *n.* armée de Dieu° *f*, commando d'évangélistes.

goer *n.* 1. individu dynamique°, battant, gagnant, fonceur. 2.• individu d'une grande énergie sexuelle°, baiseur / baiseuse, chaud(e) lapin(e) ; **she's a real goer,** elle démarre au quart de tour.

go for *v.t.* 1. **to go for s.o.,** attaquer qqun°, tomber sur le paletot / le râble à qqun. 2. **to go for it,** se lancer°, y aller, se jeter à l'eau ; **go for it !** vas-y

Jeannot ! 3. **to go for s.t.**, aimer qqch.°, être branché par qqch., s'éclater avec qqch. ; **I don't go for that kind of stuff**, c'est pas mon truc ; **to go for s.t. in a big way**, être fana de qqch.

go-getter *n.* individu dynamique°, gagnant, battant, fonceur.

goggle-box *n.* *(GB)* poste de télévision°, téloche *f*, déconnomètre.

goggles *n.pl.* lunettes° *f*, carreaux, hublots.

gogo girl *n.* 1. danseuse de charme° *f*, coco girl. *f* 2. strip-teaseuse° *f*, effeuilleuse *f*.

gogs *(abr.* = **goggles)** *n.pl.* *(GB)* lunettes° *f*, carreaux, hublots.

going *n.* 1. **to get out while the going is good**, profiter d'une situation favorable pour partir°, se retirer quand on a l'avantage, se barrer avant que ça ne tourne mal ; **get out now while the going is good !** tire-toi avant que ça chauffe ! 2. **nice going !** bravo !°, bien vu !, super !

going for one (to have a lot) *loc.* être dans une situation très favorable°, avoir le vent en poupe, avoir tous les atouts ; **he's got a lot going for him**, il est bien parti dans la vie ; **he's got nothing going for him !** il est pas gâté, le pauvre type !

going-over *n.* volée de coups° *f*, dégelée *f*, dérouillée *f* ; **to give s.o. a (good) going-over**, flanquer une (bonne) branlée à qqun.

goings-on *n.pl.* événements°,

situasse *f* ; **there were unusual goings-on happening**, il se passait de drôles de trucs.

gold dust *n.* cocaïne° *f*, coke *f*, neige *f*, reniflette *f*.

gold watch *n.* *(RS* = scotch) *(GB)* whisky écossais°, scotch.

golden *adj.* 1. **golden ballocks•**, beaucoup de chance°, couilles en or *f*, cul d'acier ; **this guy's got golden ballocks**, ce mec, il chie de l'or. 2. **golden handshake** *(GB)* , indemnité de licenciement° *f*, cadeau de la maison ; **to get the golden handshake**, se faire licencier° / virer / saquer / lourder avec prime à la clé. 3. **golden oldie**, chanson à succès classique° *f*, vieux tube, oldie *f*. 4. **golden opportunity**, occasion unique° / en or *f*, affaire du siècle *f*. 5. **golden boy**, jeune boursicoteur°, golden boy.

golf widow *n.* femme délaissée par un mari amateur de golf°, veuve-golfeur *f*.

gone *adj.* 1. hors de son état normal°, pété, parti, défoncé ; **I was totally gone last night**, hier soir j'étais complètement fait. 2. **to be gone**, être enceinte° / en cloque, avoir le ballon ; **how far is she gone ?** elle en a pour combien ?

goner *n.* 1. individu qui n'a pas d'espoir de s'en sortir°, type fini / fichu / cuit ; **do that, and you're a goner !** fais ça, et t'es foutu ! 2. personne menacée de mourir° / qui est au bord de la tombe, crevard.

goo *n*. 1. matière visqueuse°, bouillasse *f*, gnaque *f* ; **you got goo all over your dress !** t'as de la gnasse partout sur ta robe ! 2. sentimentalité° *f*, mélo, guimauve *f* ; **this movie was full of goo**, dans ce film, ça dégoulinait de partout.

good *adj*. 1. **good God !, good heavens !, good gracious !** bondieu !, ça alors ! 2. **good and...**, bel et bien ; **well, he's good and dead now !** eh bé, il est bien mort maintenant ! 3. **good for you !, good on you !** bravo !, bien fait !, bien envoyé ! 4. **good skin / sort / chap** *(GB)* , individu honnête°, brave type, mec sympa. 5. **good thing**, affaire prometteuse°, filon ; **to be onto a good thing**, être sur un bon coup. 6. **good deal !** *(US)*, bonne affaire !, bon plan !

goodfella *n. (US)* maffioso°, affranchi.

goodies *n.pl.* marchandise° *f (sp.* drogue), camelote *f*, came *f*.

goodies and baddies *loc.* les bons et les mauvais°, les gentils et les méchants.

goods *n.pl.* 1. = **goodies**. 2. marchandise volée° *ou* de contrebande° *f*, camelote *f*, bazar. 3. ce qu'il faut°, le nécessaire ; a) caractère°, étoffe des héros *f* ; **when it comes to the crunch he can deliver the goods**, quand il faut y aller il est toujours là ; b) information compromettante° *f* ; (i) pièces à conviction° *f*, preuves *f* ; **when**

they arrested him they had the goods to put him away, quand ils l'ont arrêté ils avaient de quoi le faire plonger ; (ii) **to have the goods on s.o.**, avoir des informations compromettantes / des casseroles *f* sur qqun°, avoir qqun dans sa main ; c) **that's just the goods !** c'est ce qu'il faut !°, parfait !, au poil ! ; **to come up with / deliver the goods**, fournir la marchandise.

good-time girl *n. (GB)* femme facile° *f*, marie-couche-toi-là *f*, marie-salope *f*, coucheuse *f*.

goody-goody *adj.* angélique° ; **to be goody-goody**, faire le petit saint / la sainte nitouche.

goody-goody ! *excl.* formidable !, chouette !, sensass !

goody-goody *n.* modèle de bonté° *(iron.)*, bienfaiteur de l'humanité, petit saint.

gooey *adj.* 1. gluant°, gadouillard, gnaqueux. 2. sentimental°, mièvre, guimauve, dégoulinant.

goof *n.* 1. imbécile°, andouille *f*, taré, couillon. 2. erreur° *f*, gourance *f*, gaffe *f*, bourde *f*.

goof *v.i.* faire une erreur°, gaffer, dire *ou* faire une connerie ; **uh-oh ! I goofed again !** oh ! zut alors ! je me suis encore planté !

goofball *n.* individu excentrique°, numéro, phénomène, clown.

go off *v.i.* 1. **to go off s.t. / s.o.** se lasser° / se fatiguer de qqch. / de qqun, avoir épuisé les joies de qqch. / de qqun ; **I've really gone off him**, je peux plus le saquer. 2.• atteindre l'orgasme°, jouir, décharger. 3. **to go off one's brain / one's head / one's rocker**, devenir fou°, perdre la boule, disjoncter.

goof up 1. v.i. = **goof** v.i. 2. v.t. ruiner°, saloper, bousiller ; **she goofed up the deal**, elle nous a cassé la baraque.

goofy adj. 1. (US) bête°, bébête, concon, neuneu, cruchon. 2. **to go goofy over s.t.**, devenir fanatique° / dingo / mordu de qqch.

gook n. 1.• a) Asiatique°, chinetoque, gnak ; b) Vietnamien°, viet. 2. substance visqueuse°, gadoue f, gnaque f ; **I can't get this gook off my hands !** j'arrive pas à me décoller cette bouillasse !

goolie• n. testicule°, couille f, burne f, roupette f ; **do you want a boot in the goolies ?** tu veux un coup de latte dans les roustons ? ; **off with their goolies !** qu'on leur coupe les couilles !

goon n. 1. crétin°, andouille f, enflure f, cornichon. 2. garde du corps°, gorille, gros bras.

go on v.i. bavarder inconsidérément°, parler à perte de vue, parler pour ne rien dire ; **God, but he goes on !** purée de merde, qu'est-ce qu'il jacte !

gooseberry (to play) loc. servir d'intermédiaire (entre deux amoureux)°, jouer les entremetteuses, tenir la chandelle.

go out like a light (to) loc. 1. s'endormir d'épuisement°, s'écrouler, tomber. 2. s'évanouir°, tomber dans les pommes, partir dans les vapes.

go over 1. v.i. être apprécié°, passer (la rampe) ; **how did it go over with your parents when you told them you were gay ?**, comment tes parents ont réagi quand tu leur as dit que tu étais homo ? 2. v.t. **to go over the top**, exagérer°, dépasser les bornes, pousser (trop loin) ; **when he turned the volume up again he just went over the top**, quand il a remonté le son, il y a vraiment été un peu fort.

gorblimey ! excl. (GB) nom d'un petit bonhomme !, saperlipopette !, nom d'un chien !

gorilla = **goon** 2.

gospel n. vérité indubitable° f, parole d'évangile f ; **if he says it then take it for gospel,** s'il le dit, c'est que c'est vrai.

go through v.t. frapper violemment°, bastonner, avoiner, tabasser.

gov, guv, governor, guv'nor n. (GB) 1. patron°, boss, chef. 2. père°, vieux, paternel. 3. mec, chef (apostrophe) ; **scuse me guv, got a light ?** pardon, patron, t'as du feu ?

goy n. non-juif°, goy.

grab v.t. 1. **to grab a bite (to eat)**, faire un léger repas°, casser une croûte / une graine, manger un morceau. 2. arrêter°, niquer, piquer, agrafer, pincer, choper. 3. plaire°, brancher, botter ; **how does going to the movies grab you ?** ça te dirait d'aller au ciné ?

grabs (up for) *loc.* disponible°, à vendre ; **since the champion's death the title is up for grabs,** depuis que le champion est mort, le titre est à prendre.

grade (to make the) *loc.* être à la hauteur°, avoir le calibre requis, faire le poids.

graft *n.* 1. dessous-de-table°, pot-de-vin, bakchich. 2. *(GB)* travail°, boulot, turbin ; **hard graft,** bagne, trime *f.*

graft *v.i.* 1. se livrer à des activités malhonnêtes°, traficoter, magouiller. 2. travailler° / bosser dur, turbiner, bagner, trimer.

grafter *n.* 1. escroc°, tripoteur, traficoteur, magouilleur. 2. *(GB)* gros travailleur°, bosseur, bûcheur.

gramps *n.* 1. grand-père°, papi, pépé. 2. vieillard°, pépé, croulant ; **hey gramps ! need a hand ?** alors papi, tu veux un coup de main ?

gran, grannie, granny *n.* grand-mère° *f,* mamie *f,* mémé *f.*

grand *n.* mille dollars / livres°, brique *f.*

grand-daddy *n.* 1. grand-père°, pépé, papi. 2. **the grand-daddy of them all,** le fondateur°, l'ancêtre, le premier de la série, le grand bonhomme.

grannie, granny = **gran.**

grapevine (the) *n.* la rumeur°, le téléphone arabe, le tam-tam ; **I heard it on / through the grapevine,** c'est ce qu'on m'a dit.

grass *n.* 1. marijuana° *f,* douce *f,* herbe *f,* beu *f.* 2. *(GB)* indicateur°, balance *f,* indic, mouchard. 3. **to be put out to grass,** être mis à la retraite° / partir au vert avant l'heure, ne pas faire de vieux os dans son métier.

grass *v.i.* *(GB)* dénoncer°, vendre, balancer ; **to grass on s.o.,** donner qqun.

grasshopper *n.* 1. usager de marijuana°, camé à l'herbe. 2. *(RS = copper) (GB)* policier°, flic, perdreau, drauper. 3. *(GB)* indicateur°, indic, balance *f,* mouchard.

gravy *n.* 1. bénéfice°, bénef, affure. 2. **the gravy train,** une affaire profitable° / en or, le filon ; **to ride the gravy train,** avoir un métier facile°, avoir trouvé la bonne planque.

grease *n.* 1. argent°, pèze, fric, tune *f.* 2. dessous-de-table°, pot-de-vin, bakchich.

grease *v.t.* 1. **to grease s.o.'s palm,** donner de l'argent en cachette à qqun°, graisser la patte à qqun, acheter qqun. 2. *(US)* tuer°, liquider, refroidir, supprimer.

greaseball *n.* 1. individu d'origine méditerranéenne°, bronzé, basané. 2. *(US)* Sud-Américain°, latino, bronzé.

greased lightning (like) *loc.* à toute vitesse° / biture / berzingue ; **he got outta there like greased lightning,** il est sorti de là comme un dératé.

greaser *n.* 1. flagorneur°, lèche-bottes, lèche-cul. 2. voyou°, blouson noir, loubard. 3. *(US)* Sud-Américain°, latino, basané.

greasy spoon *n.* restaurant de camionneurs°, routier.

greedygorb, greedyguts *n.* gros mangeur°, goinfre, morfale, ventre sans fond.

green *adj.* 1. **to have green fingers**, être doué pour le jardinage°, avoir la main verte. 2. naïf°, tendre, vert ; **to be green,** manquer d'expérience°, être encore un peu jeune ; **I'm not as green as I'm cabbage-looking**, je ne suis pas né de la dernière pluie. 3. **green stuff**, argent°, oseille *f*, artiche, fraîche *f*.

green *n.* argent°, fric, fraîche *f*, oseille *f*.

green-back *n.* billet de banque°, bifton, talbin.

gremlin *n.* problème°, os, merde *f*, pépin ; **I've got gremlins in my computer once again**, y a encore une couille dans mon ordinateur.

grill *v.t.* soumettre à un interrogatoire musclé°, cuisiner, faire passer à la casserole.

grilling *n.* 1. interrogatoire°, cuisinage. 2. réprimande° *f*, engueulade *f*, lavage de tête ; **to give s.o. a good grilling**, passer un savon de Marseille à qqun.

grim *adj. (GB)* en mauvais état°, mal barré, mal parti, mal fichu ; **things are looking pretty grim**, ça ne se présente pas trop bien, cette affaire ; **I'm feeling pretty grim today**, je ne me sens pas trop dans mon assiette aujourd'hui.

grin on the other side of one's face (to) *loc.* arrêter de rire°, ne plus rigoler, rire jaune ; **when I'm finished with you, you'll be grinning on the other side of your face**, quand j'en aurai terminé avec toi, tu feras moins le malin.

grind *n.* 1. tâche difficile° *f*, boulot coton, corvée *f* ; **the daily grind**, le train-train quotidien, la routine. 2.• coït°, baise *f*, tringlette *f* ; **to have a grind**, tirer son coup. 3. *(US)* gros travailleur°, bûcheur, bosseur.

grind *v.i., v.t.* 1. travailler dur°, bûcher, boulonner. 2.• forniquer°, baiser, tringler, bourrer.

gringo *n. (US)* Anglo-Saxon° *(pour un Sud-Américain)*, gringo.

gripe *n.* protestation° *f*, rouspétance *f*, jérémiade *f* ; **what's your gripe ?** qu'est-ce que t'as à râler ?

gripe *v.i.* se plaindre°, rouspéter, râler, chialer ; **he's always griping about his work**, il est toujours à grognasser après son boulot.

griper *n.* individu qui se plaint souvent°, rouspéteur, chialeur, râleur.

groove *n.* 1. **it's a groove**, c'est sensass, c'est le pied, c'est la joie. 2. **it's in the groove**, ça marche, ça roule, ça baigne. 3. **to get into a groove**, se scléroser°, s'encroûter.

groovy *adj.* excellent°, super, formid, épatant.

grope *n.* caresses amoureuses° *f*, pelotage, tripotage ; **to have a grope with s.o.**, faire une partie de bricole avec qqun ; **group grope**, séance de pelotage en groupe *f*.

grope *v.t.* caresser intimement°, peloter, palucher, bricoler.

groper *n.* caresseur°, peloteur, bricoleur.

gross *adj. (US)* dégoûtant°, dégueulasse, dégueu, débectant ; **this guy was disgusting, I mean, gross**, ah ! là ! là ! ce mec, quel porc, putain mais quel cochon !

gross out *v.t. (US)* dégoûter°, défriser, déblairer ; **gross me out !** beurk !

grot *n.* saleté° *f*, cochonnerie *f*, saloperie *f*.

grotty *adj. (GB)* 1. laid°, tocard, moche, craignos. 2. sale°, dégueulasse, dégueu, crados. 3. malade°, maladou, patraque ; **I'm feeling grotty today**, aujourd'hui je me sens un peu dans le potage.

grouch *n.* 1. individu qui se plaint souvent°, râleur, grognon, chialeur. 2. plainte° *f*, râlerie *f*, rouspétance *f*, grognasserie *f*.

grouch *v.i.* se plaindre°, râler, grogner, rouspéter, chnuler.

ground (to get off the) *loc.* débuter°, démarrer, décoller.

grounded *adj.* interdit de sortie°, collé.

groupie *n.* jeune qui suit un groupe musical°, groupie, fan.

grouse *n.* 1. individu qui se plaint souvent°, rouspétard, râleur, ronchon. 2. plainte° *f*, grognasserie *f*, rouspétance *f*, ronchonnerie *f*.

grouse *v.i.* se plaindre°, grogner, râler, rouspéter.

grouser *n.* individu qui se plaint souvent°, grognon, râleur, rouspéteur.

grub *n.* nourriture° *f*, bouffe *f*, bectance *f*, boustifaille *f* ; **grub's up !** à table !°, à la graille ! ; **pub grub**, nourriture° / bouffe de bar *f*.

grumble and grunt• *(RS = cunt) n. (GB)* sexe féminin°, abricot, chatte *f*, fente *f*.

grunge *n.* 1. saleté° *f*, saloperie *f*, cochonnerie *f*. 2. la mode négligée° / grunge, le grunge.

grungy *adj. (US)* 1. sale°, dégueu, moche, crade. 2. médiocre°, minable, nul, tocard. 3. qui a le look négligé°, grungy.

gubbins *n. (GB)* objet indéfini°, bidule, machin, truc.

guff *n.* renseignements°, infos *f*, tuyaux, rencards.

guider *n. (GB)* chariot° *(enfants)*, charrette *f*.

gumption *n.* force de caractère° *f*, caractère, nerf, jus.

gum up *v.t.* abîmer°, bousiller, saloper ; **to gum up the works**, saboter l'engrenage.

gun *n.* 1. individu armé°, flingueur, artilleur. 2. a) **great guns !** extraordinaire !°, supergénial !, sensass ! ; b) **to go**

great guns, fonctionner° / marcher à merveille, boumer, gazer.

gun *v.i.* pourchasser (qqun) en vue d'une vengeance°, chercher sa vendetta, être sur la piste (de qqun) ; **he's gunning for his brother's killer**, il est après le meurtrier de son frère.

gung-ho *adj.* extrêmement enthousiaste°, déchaîné, fou (de qqch.) ; **he was very gung-ho about the whole project**, il était totalement emballé par le projet.

gunge *n. (GB)* saleté° *f*, saloperie *f*, bouillie infâme *f*, gnaque *f*.

gunk *n.* saleté endurcie°, saloperie encroûtée.

gut-rot *n.* alcool de mauvaise qualité°, gnôle *f*, tord-boyaux.

gutless *adj.* lâche°, dégonflé, qui n'a rien dans le ventre / pas de couilles, qui a les foies.

guts *n.pl.* 1. courage°, culot ; **to have guts**, avoir du cran° / des tripes *f* / des couilles (au cul) *f* ; **he's got no guts**, il a rien dans le ventre. 2. **to hate s.o.'s guts**, détester violemment qqun°, haïr qqun à mort, ne pas pouvoir sentir qqun. 3. **to drop one's guts**, avoir des gaz°,

péter, lâcher une louise / une caisse. 4. **to puke / spew one's guts up**, vomir°, dégueuler, gerber, faire une gerbe. 5. **gut reaction**, réaction instinctive° / des tripes.

gutsy *adj.* 1. courageux°, qui a du cran / des couilles *f*. 2. dynamique°, qui a la pêche / la frite ; **a gutsy performance**, une prestation qui déménage.

gutted *adj. (GB)* bouleversé°, chaviré, sens dessus dessous ; **when my father died I was totally gutted**, quand mon père est mort, ça m'a foutu par terre.

guv'nor, guv = gov.

guy *n.* 1. homme°, gars, mec, type ; **nice guy**, brave type ; **wise guy**, a) initié, affranchi ; b) roublard, (rusé comme un) renard, (petit) malin. 2. *pl.* **guys**, gens° *(hommes et femmes)* ; **hey you guys !** salut la compagnie !, salut les potes !

gyp *n. (US)* escroquerie° *f*, carottage, arnaque *f*, pigeonnage.

gyp *v.t. (US)* escroquer°, arnaquer, rouler, pigeonner ; **to get gypped**, se faire entuber.

gyppy tummy *n.* diarrhée° *f*, foirade *f*, courante *f*, chiasse *f*.

H

H *n.* héroïne° *f*, héro *f*, poudre *f*.

habit *n.* usage des drogues° ; **to have a habit**, être drogué° / accro / guédro ; **to kick the habit**, se désaccoutumer°, décrocher.

hack *n.* 1. journaliste°, journaleux, plumitif. 2. taxi°, tax, bahut, sapin.

hack into *v.t.* pirater° *(ordinateur)*, hacker.

hack it (to) *loc.* 1. être compétent° / à la hauteur, maîtriser, assurer ; **he's so old he can't hack it anymore**, il est tellement vieux qu'il en peut plus une rame. 2. **I can't hack it,** je (ne) peux pas supporter° / sentir / blairer / saquer ça.

hacked off *adj.* qui en a assez° / marre / classe ; **I'm hacked off with this,** j'en ai plein le dos.

hacker *n.* 1. défenseur brutal° *(football)*, sauvage, grosse brute. 2. a) pirateur *(informatique)*, pirate ; b) fanatique° / mordu / fana / accro d'informatique.

hair *n.* 1. **to get in s.o.'s hair**, importuner qqun°, casser les pieds à qqun, les brouter à qqun, gonfler qqun. 2. **to let one's hair down**, se laisser aller°, se décoincer, se défouler. 3. **to make s.o.'s hair curl**, faire peur à qqun°, filer les jetons / les boules *f* à qqun. 4. **to have a hair of the dog (that bit you)**, reprendre un verre d'alcool pour faire passer la gueule de bois°, tuer le ver. 5. **to lose one's hair**, perdre son calme°, se mettre / foutre en pétard, piquer sa crise ; **keep your hair on !** du calme !°, t'affole pas !, cool Raoul ! 6. **that'll put (some) hair(s) on your chest !** voilà qui va te remonter le moral !, bois un peu de ça, tu m'en diras des nouvelles !

hairburger = hair pie.

hair-do *n.* coiffure° *f*, coupe *f* ; **to go and have a hair-do**, aller chez le coiffe-tif.

hair pie, hairburger• *n.* 1. sexe féminin°, chatte *f*, barbu. 2. cunnilingus°, broutage de cresson, descente au barbu / à la cave *f*.

hair-raiser *n.* chose effrayante° / à vous faire dresser les cheveux sur la tête *f*.

hairy *adj.* 1. difficile°, duraille, coton. 2. épouvantable°, à vous faire dresser les cheveux sur la tête ; **for French people, driving on the left is a hairy experience**, les Français, la conduite à gauche, ça leur file des sueurs froides.

half *adv.* 1. *(GB)* **not half !** tu parles !, et pas qu'un peu ! ; **he's not half rich !** il est plein aux as, il nage dans le fric ; **this steak isn't half bad !** ce steak est super-bon ; **she isn't half good-looking**, elle est drôlement mignonne ; **she didn't half bawl**, qu'est-ce qu'elle a pu gueuler ! 2. **to go half and**

half, partager les frais°, couper la poire en deux, faire fifti-fifti. 3. **to be only half there,** être un peu dérangé / fêlé, marcher à côté de ses pompes.

half *n.* 1. **the half of it,** ce qu'il y a de mieux° ; **I haven't told you the half of it yet,** c'est pas tout, attends que je te raconte le meilleur. 2. **my better half,** mon époux° / épouse°, ma (douce) moitié. 3. **that was a laugh and a half,** c'était sacrément rigolo, qu'est-ce qu'on a pu se bidonner !

half-arsed(*GB*), **half-assed** (*US*) *adj.* mal fait°, fait à la va-comme-je-te-pousse, ni fait ni à faire.

half-canned, half-cut, half-jarred, half-pissed *adj.* (*GB*) complètement saoul°, totalement fait, bien bourré / rétamé / beurré.

halfers (to go) *loc.* (*GB*) partager les frais°, faire fifti-ifti, faire afanaf.

half-inch (*RS = to pinch*) *v.t.* (*GB*) voler°, piquer, barboter, embarquer.

half-jarred = half-canned.

half-pint *n.* personne de petite taille° *f*, demi-portion *f*, rase-bitume, minus.

half-pissed = half-canned.

ham *n.* 1. mauvais acteur°, cabotin. 2. radio amateur°.

ham, ham it up *v.i.* mal jouer° *(théâtre),* jouer comme un pied, cabotiner.

ham-fisted, ham-handed *adj.* gauche°, empoté, emmanché, malagauche.

hammer *n.* 1.• (*US*) pénis°, engin, bite *f*, pine *f*. 2. **to run like the hammers (of hell),** courir très vite°, filer vite fait / à toute berzingue / à toute biture.

hammer *v.t.* 1. **to hammer s.o. (into the ground),** a) rosser° qqun, foutre une raclée / une trempe / une dégelée à qqun ; b) battre qqun à plates coutures°, flanquer une déculottée / une branlée à qqun. 2. critiquer sévèrement°, éreinter, allumer ; **the critics hammered the film,** les critiques ont démoli le film.

hammered *adj.* saoul°, plein, fait, chargé.

hammering *n.* 1. volée de coups° *f*, raclée *f*, trempe, *f* bastonnade *f*. 2. défaite sévère° *f*, branlée *f*, culotte *f*, piquette *f*.

hand *n.* 1. **hands off !** bas les pattes !, pas touche ! 2. **old hand,** vieil habitué°, vieux routier, vieux singe. 3. **a big hand,** une salve d'applaudissements°, une ovation monstre ; **they gave him a big hand,** il a fait un malheur.

hand *v.t.* rendre justice (à qqun)° ; **you've got to hand it to her,** il faut être beau joueur, elle touche sa bille.

handful (to be a) *loc.* être difficile°, être une corvée, ne pas être un cadeau ; **the kids are a real handful,** les enfants, faut se les faire !

hand-job• *n.* masturbation° *f*, branlette *f*, travail à la manivelle ; **to give s.o. a hand-job**, tailler une branlette à qqun.

handle *n.* 1. a) nom°, blaze, centre ; b) sobriquet°, petit nom, pseudo. c) indicatif° *(GB)*. d) titre°, attributs. 2. **to fly off the handle**, perdre son sang-froid°, sortir de ses gonds, se foutre en rogne *f* / en pétard.

handle *v.t.* 1. supporter°, tenir le coup ; **this guy just can't handle his drink**, ce gars ne tient pas l'alcool. 2. savoir s'y prendre / se débrouiller / savoir y faire (avec qqch. / qqun).

handlebar moustache *n.* moustaches° / bacchantes en guidon *f*.

hand-me-downs *n.pl.* vêtements hérités de membres de la famille°, vieilles nippes du frangin / de la frangine.

handwriting *n.* caractéristique typique° *f*, marque de fabrique *f*, signature *f* ; **that goal had the captain's handwriting all over it**, c'est un but bien du capitaine.

hang *v.t.* 1. ne pas s'inquiéter° / se biler pour ; **hang the cost !** on va pas bricoler ! ; **hang it !** zut !, punaise !, purée ! 2.*(US)* **to hang a left / a Louie**, tourner° / prendre à gauche ; **to hang a right / a Ralph / a Roger**, tourner° / prendre à droite ; **to hang a yooie**, faire demi-tour°.

hang about / around *v.i.* 1. passer du temps°, traîner, zoner ; **to hang about / around with s.o.**, fréquenter qqun°, être copain(s)

avec qqun. 2. **hang about !** attends !, une seconde !

hang in *v.i.* faire des efforts pour résister°, s'accrocher, tenir le coup ; **hang in there !** tiens bon !

hang loose *v.i.* se la couler douce°, être relax / à l'aise dans ses baskets.

hang on 1.*v.i.* a) attendre°, poireauter, mariner ; **hang on !** (i) pas si vite !, une seconde ! ; (ii) (ne) quitte pas ! *(téléphone)*. b) **to hang on by the eyelashes / eyebrows / skin of one's teeth**, résister tant bien que mal°, tenir de justesse, ne tenir que par un cheveu. 2. *v.t.* a) *(GB)* **to hang one on s.o.**, donner un coup à qqun°, filer un marron / une beigne à qqun ; b) *(US)* **to hang one on**, se saouler°, prendre une cuite / une biture.

hang out *v.i.* 1. passer du temps°, traîner, zoner ; **to hang out with s.o.**, fréquenter qqun°, être copain(s) avec qqun. 2. **to hang out of•**, posséder sexuellement° (une femme), baiser, se farcir, se mettre (une femme) sur le bout. 3. **to let it all hang out**, faire ce que l'on veut°, vivre sa vie, jouir sans entraves.

hang-out *n.* lieu de réunion°, quartier général, QG, antre.

hangover *n.* malaise après un excès d'alcool°, gueule de bois *f*, GDB *f*, mal aux cheveux.

hang-up *n.* 1. trouble psychique°, complexe, blocage. 2. ennui°, pépin, emmerde *f*, os.

hang up *v.t.* **to hang up one's hat,** se retirer des affaires°, *sp.* partir à la retraite°, se ranger des voitures, décrocher ; **to hang up one's boots,** raccrocher *(footballeur).*

hanky-panky *n.* 1. manœuvre suspecte°, combine (louche) *f,* magouille *f,* entourloupe *f.* 2. batifolage°, grimpette *f,* bagatelle *f,* zigoulette *f,* galipettes *f* ; **there was a bit of hanky-panky at the party last night,** ça s'envoyait en l'air à la fête hier soir.

happen *v.i.* 1. devenir célèbre°, percer, émerger *(groupe musical, acteur, etc.)* ; **with the release of their first record, the group finally happened,** la sortie de leur premier album a été le vrai déclic pour le groupe. 2. **this is the place where it's happening,** c'est ici que ça se passe, ici c'est vraiment branché. 3. **it's all happening,** tout marche à merveille°, ça roule, tout baigne. 3. **to happen for s.o.,** réussir° / marcher / coller / baigner pour qqun ; **I hope it'll happen for you with your new job,** j'espère que ça va gazer dans ton nouveau boulot ; **it happened for me with her,** avec elle, ça a fait tilt.

happening *adj.* à la mode°, in, branché ; **it's the happening thing to do,** c'est ce qu'il y a de plus chébran à faire.

happening *n.* spectacle impromptu°, happening.

happy *adj.* 1. éméché°, paf, pompette, gris. 2. **happy as Larry,** très heureux°, heureux comme un roi / comme tout / comme un poisson dans l'eau.

happy hour *n.* heure de consommation à tarif réduit° *f,* happy hour *f.*

hard *adj.* 1. **to play hard to get,** se rendre difficile à séduire°, faire le / la difficile, jouer la princesse. 2. **hard case, hard man,** individu rude°, dur à cuire, dur. 3. **hard stuff,** a) alcool fort°, gnôle *f,* tord-boyaux. b) drogues dures° *f.* 4. *(GB)* **hard lines !, hard cheese !** pas de chance !°, manque de bol !, manque de pot ! 5. **to be hard at it,** être en pleine activité° / en plein turbin / en plein boum. 6. **to put the hard word on s.o.,** chercher à convaincre qqun° *(pour obtenir un prêt, une faveur sexuelle, etc.),* travailler qqun au corps.

hard-arsed• *(GB),* **hard-assed•** *(US) adj.* sévère°, dur, vache, peau de vache.

hard-liner *n.* extrémiste politique°, pur et dur, dur de dur.

hard-nosed *adj.* 1. intransigeant°, têtu comme une mule, buté. 2. sévère°, dur, vache.

hard-on *n.* érection° *f,* matraque *f,* gourdin ; **to have a hard-on,** avoir la trique, bander, marquer midi.

hard up *adj.* démuni°, fauché, sans un, à sec ; **to be hard up,** être dans la mouise / dans la dèche.

harp *n.* harmonica° ; **he plays**

harp in the band, il fait l'harmonica dans le groupe.

harp on *v.i.* ressasser° ; **to harp on about s.t.**, rabâcher qqch., chanter toujours la même scie ; **stop harping on about that !** change de disque !, lâche-nous avec cette histoire !

harpic *adj. (GB)* fou°, siphonné, ravagé, allumé.

hash *n.* 1. haschich°, hasch, merde *f*, shit. 2. désordre°, foutoir, merdier ; **he made a hash of it**, il a tout saboté / bousillé. 3. **to settle s.o.'s hash**, régler son compte à qqun°, faire son affaire à qqun. 4. argument rebattu°, vieille rengaine, du réchauffé ; **don't give me that old hash !** change de disque !, tu rabâches !

hash up *v.t.* ruiner°, saloper, bousiller, foutre en l'air.

hassle *n.* 1. bataille° *f*, bagarre *f*, baston *f*, castagne *f*. 2. affaire compliquée°, toute une histoire, cirque, embrouille *f* ; **what a hassle I had getting here !** qu'est-ce que je m'en suis vu pour arriver ! ; **what a hassle !** quelle barbe !, quel emmerdement !, quelle galère !

hassle *v.t.* importuner°, enquiquiner, emmerder ; **stop hassling me !** arrête de me chercher des crosses !

hat *n.* 1. **old hat**, désuet°, vieux jeu, plus dans le coup ; **that's old hat**, c'est du réchauffé. 2. **to talk through one's hat**, parler de façon insensée°, débloquer, délirer, travailler du

chapeau. 3. **to take one's hat off to s.o.**, féliciter° qqun, tirer sa révérence / son chapeau à qqun. 4. **to keep it under one's hat**, garder un secret°, la fermer, ne pas moufter ; **keep it under your hat !** motus et bouche cousue !

hatchet *n.* 1. **to bury the hatchet**, se réconcilier°, enterrer la hache de guerre, se raccommoder, faire la paix. 2. **hatchet job**, critique sévère° *f*, éreintage, démolissage ; **to do a hatchet job on s.o.**, éreinter° / démolir / allumer / massacrer qqun. 3. **hatchet man**, homme de main°, tueur à gages, gâchette *f*.

hate oneself (to) *loc.* être imbu de soi-même°, ne pas se prendre pour de la crotte / de la merde ; **Hollywood stars in general really hate themselves**, en général, les stars d'Hollywood ne se mouchent pas du pied.

hate s.o.'s guts (to) *loc.* détester qqun°, ne pas pouvoir sentir / saquer / piffer qqun.

haul arse• *(GB)*, haul ass• *(US)* *v.i.* partir°, se bouger le cul, se tailler, mettre les bouts.

have *v.t.* 1. **to have it away / off with s.o.**, faire l'amour avec qqun°, s'envoyer en l'air avec qqun, faire une partie de jambes en l'air avec qqun ; **to have it away together**, aller au radada. 2. a) **to have it away (on one's toes)**, s'échapper°, faire le mur, se faire la belle, jouer des flûtes *f.* b) **to have it away with s.t.**, voler° / piquer / barboter / faucher qqch. 3. **to have had it**, a) mourir°, clamecer, claquer, crever ; b) être épuisé° / vanné / crevé ; **I've had it**, je suis pompé ; c) être hors service° / foutu / pété / naze ; d) **to have had it up to here**, en avoir assez° / marre / jusque-là / par-dessus la tête ; **I've had it up to here**, j'en ai gros sur la patate. 4. **to have it out with s.o.**, a) dire ce qu'on a sur le cœur à qqun°, vider son sac, dire ses quatre vérités à qqun, tout déballer ; b) se disputer° / s'engueuler / s'expliquer avec qqun. 5. **to have it in for s.o.**, en vouloir à qqun°, avoir une dent contre qqun, l'avoir mauvaise contre qqun. 6. **to have it made**, avoir réussi°, y être arrivé ; **we've got it made**, c'est dans la poche.

have on *v.t.* 1. se moquer de°, faire marcher, monter un bateau à, faire grimper à l'arbre. 2. escroquer°, rouler, pigeonner, avoir.

hawk one's bod (to) *loc.* se prostituer°, faire le tapin / le trottoir / le truc.

hawkish *adj.* belliciste°, pousse-à-la-guerre, du côté des faucons.

hay *n.* 1. **to hit the hay**, aller au lit° / au plumard, se pieuter, se bâcher. 2. **to have a roll in the hay**, faire l'amour°, faire une partie de jambes en l'air, tirer sa crampette, voir les feuilles à l'envers.

haymaker *n.* coup de poing violent°, bon bourre-pif, beigne d'enfer *f.*

haywire *adj.* 1. détraqué°, pété, flingué, bousillé ; **the computer's gone haywire**, l'ordinateur est naze. 2. fou°, allumé, cinglé, givré ; **to go haywire**, perdre la boule, disjoncter.

head *n.* 1. homme°, type, mec, keum. 2. **a real head**, un fou°, un taré intégral, un (vrai) cas. 3. drogué°, guédro, toxico. 4. a) **to talk one's head off**, parler sans cesse°, blablater à perte de vue, bavasser, jacter tout ce qu'on sait ; b) **to talk s.o.'s head off**, importuner qqun à force de parler°, casser les oreilles à qqun, rendre qqun chèvre. 5. **to go off one's head**, perdre son sang-froid, disjoncter, perdre la boule, péter les plombs. 6. **to be a little soft in the head**, a) être un peu bête° / lent / lourd / débile / ramollo ; b) être un peu dérangé° / secoué / spécial / louf. 7. **head (job)•**, fellation° *f*, pipe *f*, sucette *f*, fantaisie *f* ; **to give s.o. head**, sucer qqun, tailler une pipe / un pompier à qqun. 8. **to beat / bang / bash / knock one's head against a (brick) wall**, faire des efforts en vain°, pisser dans un violon, se cogner la tête contre les murs.

head *v.i.* 1. **to head / to be headed somewhere**, aller quelque part°, être sur la route 2. partir°, décarrer, mettre les bouts ; **let's**

head, on se casse, on y go, on est partis.

head off, head out *v.i.* partir°, se tailler, décoller, mettre les bouts.

head-shrink(er) *n.* psychanalyste°, psy.

headache *n.* 1. ennui°, cirque, histoire *f*, emmmmerdement ; **getting all the paperwork done was a real headache,** pour faire toute la paperasserie on s'est vraiment bien emmerdés. 2. personne importune°, casse-pieds, mal de tête ; **he's a real headache,** il est vraiment casse-bonbon.

headbanger *n.* 1. amateur de rock puissant° / de heavy metal, hardeux. 2. fou furieux°, enragé, dingue.

headcase *n.* fou°, cinglé, taré, dingo.

headlights *n.pl.* seins°, roberts, pare-chocs, amortisseurs.

heap *n.* 1. vieille voiture°, tacot, guimbarde *f.* 2. *pl.* **heaps of,** beaucoup de°, des tonnes *f* de, une montagne de ; **he's got heaps of money,** il est assis sur un tas de fric.

hear oneself think (to) *loc.* there's so much noise I can't hear myself think, il y a un tel boucan que je m'entends plus penser.

heart-throb *n.* idole° *f*, coqueluche *f*, bourreau des cœurs.

heart-to-heart *n.* conversation franche°, déballage ; **to have a heart-to-heart with s.o.,** parler à cœur ouvert avec qqun°, tout

déballer avec qqun, tout mettre sur la table avec qqun.

heat *n.* 1. **to put the heat on s.o.,** menacer qqun°, mettre la pression sur qqun. 2. **the heat is on,** il va y avoir des ennuis° / du grabuge, ça va chauffer / barder / chagner. 3. **the heat,** la police, les flics, la flicaille, la rousse.

heave *v.i.* vomir°, dégueuler, dégobiller, gerber.

heavy *adj.* 1. pénible°, chargé, lourd ; **a really heavy scene,** une ambiance super-tendue ; **this AIDS business is really heavy,** ces histoires de SIDA c'est vraiment super-flippant ; **heavy shit,** super-merde. 2. violent°, dur, sauvage ; **when the cops showed up things got really heavy,** quand les flics se sont amenés, ça a commencé à chier des bulles. 3. **heavy petting,** caresses appuyées°, pelotage en règle.

heavy *n.* homme musclé°, gros bras, gorille, baraque *f* ; **to come the heavy,** jouer les durs.

heavy *v.t.* menacer°, mettre la pression sur ; **to heavy s.o. into doing s.t.,** forcer la main à qqun.

heavy-duty *adj.* intense°, pur et dur, intégral.

heavy metal *n.* rock dur°, hard rock, heavy metal.

hebe•, heeb• *n.* juif°, youpin, youtre.

hectic *adj.* 1. trépidant°, frénétique ; **this week's really hectic for me,** cette semaine je suis vraiment débordé. 2. excellent°, génial, géant ; **the party was really hectic**, la fête était vraiment méga.

heb• = hebe•

heebie-jeebies *n.pl.* 1. tremblement° ; **to have the heebie-jeebies**, avoir la tremblote. 2. peur° *f*, frousse *f*, chocottes *f*, jetons ; **it gives me the heebie-jeebies**, ça me fout la trouille.

heel *n.* individu méprisable°, ordure *f*, fumier, raclure *f*.

heist *n.* attaque à main armée° *f*, hold-up, casse, braquage.

hell *n.* 1. a) **hell !** enfer (et damnation) ! ; **bloody / fucking hell !•** putain !, bordel de merde ! ; b) **go to hell !** va te faire foutre ! ; **to hell with it !** aux chiottes ! 2. a) **get the hell outta here !** fous-moi le camp ! ; **what the hell is he doing ?** qu'est-ce qu'il peut bien foutre ? ; **who the hell do you think you are ?** non mais tu te prends pour qui ? ; **what in hell / the hell is that ?** qu'est-ce que c'est que ce putain de truc ? ; b) **what the hell !** tant pis !°, et merde ! 3. **one hell of a guy**, un sacré mec ; **to have a hell of a nerve**, avoir un sacré culot. 4. **to give s.o. hell**, réprimander sévèrement° / engueuler / enguirlander qqun ; **to get hell**, se faire engueuler, en prendre plein la gueule ; **to raise (all) hell**, gueuler, faire un bordel de tous les diables. 5. **to knock (the) hell out of s.o.**, frapper qqun violemment°,

démolir la gueule à qqun. 6. **like all hell let / broke loose**, infernal°, d'enfer, de tous les diables. 7. **like hell !** tu parles !, et ta sœur ! ; « **will he go for it ? - like hell (he will) !** », « il va marcher ? - tu peux toujours courir ! »

hellova, helluva (*abr.* = **hell of a**) *n.* fichu, foutu, putain de ; **he's a hellova guy**, c'est un sacré mec.

Henry *n.* héroïne° *f*, poudre *f*, dropou *f*.

hep = hip.

hetero (*abr.* = **heterosexual**) *adj.* hétérosexuel°, hétéro.

hetero (*abr.* = **heterosexual**) *n.* hétérosexuel°, hétéro.

hiccup *n.* ennui°, os, pépin, couille *f*.

hick *adj.* campagnard°, cambroussard, plouc, bouseux.

hick *n.* rustaud°, plouc, péquenot, bouseux.

high *adj.* 1. drogué°, planant, raide, défoncé ; **high as a kite**, raide def, complètement stone. 2. **to be (in) for the high jump**, être destiné à rencontrer des ennuis°, être dans de beaux draps, être dans la panade.

high *n.* état d'excitation produit par la drogue°, trip, défonce *f*, planage ; **to be on a high**, planer, tripper.

highbrow *adj.* intellectuel°, calé, intello, fortiche.

highbrow *n.* intellectuel°, intello, tête *f*, tête d'oeuf *f*.

highspots (to hit the) *loc.* bien s'amuser°, s'en payer une tranche, faire la foire / la bringue / la nouba.

high-tail it (to) *loc.* partir vite°, filer vite fait, tracer, se déguiser en courant d'air.

hill (over the) *loc.* vieux°, plus très frais, sur le retour, qui commence à sucrer les fraises.

hip, hep *adj.* à la mode°, dans le vent, in, branché.

hip-cat, hep-cat *n.* personne à la mode° / dans le vent *f*, branché.

hippie, hippy *adj.* hippy, baba (cool).

hippie *n.* hippy, baba cool.

hit *n.* 1. chanson à succès° *f*, tube, hit. 2. gros succès°, tabac, malheur ; **he was a big hit with the girls**, les filles ont flashé sur lui. 3. a) injection de drogue° *f*, piquouse *f*, fix, shoot ; b) sensation procurée par une injection de drogue° *f*, flash. 4. meurtre sur commande°, contrat.

hit *v.t.* 1. **to hit s.o. for s.t.**, emprunter° / taper / taxer / torpiller qqch à qqun. 2. assassiner°, liquider, buter, descendre. 3. **to hit s.o. for six,** a) abasourdir° / scier qqun, en boucher un coin / une surface à qqun ; b) frapper violemment° / démolir / ratatiner qqun. 4. **to hit it on the head**, mettre un terme à qqch.°, en finir avec qqch., arrêter les frais. 5. **to hit the hay / sack,** aller au lit° / au pieu, se pieuter, se bâcher. 6. **to hit the road**, se mettre en route°, mettre les bouts, décoller.

hit-man *n.* tueur à gages°, tueur,

gâchette *f*.

hit it off (to) *loc.* **to hit it off with s.o.,** bien s'entendre avec qqun°, accrocher avec qqun ; **we really hit it off together**, entre nous ça baigne.

hit up = hit *v.t.* 1.

hitch, hitch-hike *v.i.* faire de l'auto-stop° / du stop.

hitched *adj.* marié°, marida, maqué, casé.

hitcher, hitch-hiker *n.* auto-stoppeur°, stoppeur, routard.

Hitler (little) *loc.* individu autoritaire°, tyranneau, petit chef.

hobo *n. (US)* vagabond°, margeo, clodo.

hock (in) *loc.* 1. en gage°, au clou, au mont-de-piété. 2. endetté°, dans le rouge, encroumé.

hog *n.* 1. gros mangeur°, goinfre, porc, morfale. 2. *(US)* motocyclette de grosse cylindrée° *f*, gros cube, gros cul.

hog *v.t.* **to hog oneself**, manger abondamment°, s'en mettre / s'en foutre plein la lampe, se goinfrer, bâfrer.

hokum *n.* mensonges°, bobards, foutaises *f*, salades *f*, conneries *f*.

hold 1. *v.i.* **to hold tight**, se préparer à entendre des révélations surprenantes°, s'accrocher à la rambarde / au bastingage / aux balustrades. 2. *v.t.* a) **hold your horses !** du calme !°, vas-y mollo !, cool Raoul ! ; b) **hold it !** minute papillon !, stop !, une seconde !

hold out on *v.i.* faire des cachot-

teries (à qqun)°, avoir des secrets (pour qqun) ; **you're
holding out on me,** tu me dis
pas tout.

hold-up *n.* attaque à main
armée° *f,* hold-up, casse, braquage.

hole *n.* 1.• anus°, trou du cul,
trou de balle, troufignon.
2. bouche° *f,* bec, boutique *f,*
dégueuloir ; **shut your hole !**
ferme ta gueule ! 3. bar louche°,
bouge, boui-boui. 4. endroit
désagréable°, taudis, cabane *f.*
5. localité déplaisante°, zone *f,*
bled. 6. **I need it like a hole in
the head,** c'est tout à fait ce
qu'il me faut *(iron.)*, il me
manque plus que ça, c'est vraiment le pompon.

hole in one *loc.* immédiate-
ment°, aussi sec, directos, fissa.

hole up *v.i.* se cacher°, se planquer, se planquouser.

hols *(abr.* = holidays) *n.pl.* va-
cances° *f,* vacs *f.*

holy *adj.* 1. **holy cow !, holy
mackerel !, holy Moses !, holy
smoke(s) !** nom de Dieu !,
vingt dieux ! ; **holy fuck /
shit !•,** (putain de) bordel de
merde ! 2. **holy Joe,** personne
très religieuse°, bigot, grenouille de bénitier *f.*

**home about (it's nothing to
write)** *loc.* ce n'est pas très
excitant°, c'est pas terrible, y a
pas de quoi s'exciter / se taper
le cul par terre, ça casse pas des
briques.

home-bird *n.* qqun qui reste à la
maison°, casanier, pantouflard.

homework (to do one's) *loc.*
s'informer à l'avance°, se
tuyauter, se rencarder.

homo *(abr.* = homosexual) *adj.*
homosexuel°, homo, gay.

homo *(abr.* = homosexual) *n.*
homosexuel°, homo, gay.

honest to God ! *loc.* sincère-
ment !°, vrai de vrai !, je te (le)
jure !, promis juré !

honestly ! *excl.* franchement !,
ça alors !, je vous demande un
peu !

honey *n.* 1. mon ange / amour /
trésor, chéri ; **you're a real
honey (pie),** tu es un vrai chou.
2. personne séduisante° *f* ;
a) beau gosse / garçon / mec ;
b) jolie fille, belle nana / meuf.

honeyfuck• *n.* coït en douceur°,
petite baise à la coule, crampette *f.*

honeypot• *n. (US)* vagin°, chatte
f, barbu, turlu.

honk *n.* vomissement°, dégueu-
lée *f,* dégobillade, gerbe *f.*

honk *v.t.* vomir°, gerber, dégobiller ; **to honk one's ring up,**
dégueuler de partout, cracher
ses intestins.

honked *adj.* saoul°, bourré, chargé, beurré.

honkers *adj.* saoul°, bourré,
plein, rétamé.

honkey•, honky• *n.* personne de
race blanche° *f,* sale Blanc.

honkey-tonk *adj.* mal famé°,
craignos, qui craint, tocard.

honkey-tonk *n.* 1. bistrot mal fa-
mé°, bouge, boui-boui. 2. maison de passe° *f,* bordel, boxon,
boxif.

honours *n.pl.* 1. **honours even**, match nul, pas de perdant. 2. **to do the honours**, servir à boire°, faire les honneurs, remplir les verres.

hooch, hootch *n.* alcool fort°, tord-boyaux, gnôle *f.*

hood, hoodlum *n.* voyou°, loubard, loub, rocky.

hooey *n.* bêtises° *f*, salades *f*, foutaises *f*, conneries *f.*

hoof *n.* pied°, panard, ripaton, escalope *f.*

hoof it (to) *loc.* y aller à pied° / sur pieds / à pinces / pedibus.

hoo flung dung• (= " who flung dung ? ") *loc.* Asiatique°, chinetoque, bridé.

hook (to get off the) *loc.* sortir des ennuis° / du pétrin, se tirer d'affaire, se démerder.

hook *v.t.* 1. frapper°, filer une beigne / une avoine / un chtar (à qqun). 2. arrêter°, agrafer, épingler, niquer ; **to get hooked**, se faire pincer. 3. attraper°, accrocher, prendre ; **to be hooked**, être accro *(drogue, etc.)* ; **to be hooked on s.o.**, en pincer pour qqun°, être toqué / dingue de qqun.

hooked *adj.* marié°, marida, casé, maqué.

hooker *n.* *(US)* prostituée° *f*, frangine *f*, pute *f*, gagneuse *f.*

hook, line and sinker *loc.* totalement°, sur toute la ligne ; **to swallow s.t. hook, line and sinker**, croire naïvement à qqch.°, gober toute l'histoire, tout avaler.

hooks *n.pl.* mains° *f*, pattes *f*, pinces *f*, paluches *f.*

hooley *n.* *(GB)* fête° *f*, noce *f*, boum *f*, bringue *f.*

hooligan *n.* voyou°, loubard, loub, hooligan.

hoor• *n.* *(GB)* 1. prostituée° *f*, putain *f*, pute *f*, morue *f.* 2. femme facile°, salope *f*, coucheuse *f*, roulure *f.*

Hooray Henry *n.* *(GB)* jeune aristocrate noceur°.

hoot *n.* 1. partie de rire° *f*, rigolade *f*, tranche *f*, marrade *f* ; **he's a real hoot**, c'est un sacré rigolo. 2. **not to give / care a hoot**, n'en avoir rien à faire° / à cirer / à cogner.

hootch = **hooch**.

hop *n.* fête dansante°, guinche *f*, boum *f.*

hop *v.t.* 1.• posséder sexuellement°, baiser, sauter, se faire. 2. **hop it !** barre-toi !, dégage !, casse-toi ! 3. **to hop a lorry** *(GB)* se faire transporter° / voiturer par un camion.

hopped up *adj.* drogué°, camé, raide, défoncé.

horlicks *n.* *(GB)* désordre°, foutoir, merdier, bordel ; **to make a horlicks of s.t.**, saloper / bousiller / massacrer qqch.

horn• *n.* 1. sexe°, cul, fesse *f*, baise *f.* 2. **to have the horn**, avoir une érection° / la trique / le bambou, bander.

horn pills *n.pl.* aphrodisiaques°, pilules d'amour *f.*

horney, horny *adj.* 1. excité sexuellement°, chaud ; **to be horny**, être en chaleur, avoir le feu aux fesses. 2. excitant°, bandant, godant, sexy.

horrors *n.pl.* 1. **to have the horrors,** a) avoir ses règles° *f* / ses argagnasses *f* / ses histoires *f* / ses époques *f* ; b) souffrir du manque°, avoir la guenon / la guêpe. 2. **little horrors,** enfants mal élevés°, petits diables, affreux jojos, petites terreurs.

horse *n.* 1. **straight from the horse's mouth,** directement à la source, tout droit de la source. 2. **to flog a dead horse,** a) rabâcher°, jouer toujours la même chanson, ne jamais changer de disque ; b) faire des efforts vains°, pisser dans un violon, jouer du cornet à piston.

horseshit• *n.* bêtises° *f*, foutaises *f*, conneries *f*, salades *f*.

horse around *v.i.* faire l'imbécile° / le guignol / le mariole, jouer au con.

hot *adj.* 1. sexuellement excité°, chaud de la cuisse ; **to have hot pants,** avoir le feu aux fesses ; **hot piece, hot stuff,** *(US)* **hot to trot,** chaud lapin / chaude lapine. 2. extraordinaire°, sensass, de première ; **hot tip,** tuyau increvable ; **hot stuff, hot shit,** qqch. ou qqun d'extra / de super / qui déménage ; **he really thinks he's hot shit,** il se prend vraiment pas pour de la merde ; **that's not so hot,** c'est pas terrible. 3. volé°, qui vient de la fauche ; **hot goods,** marchandise volée°, came *f*, camelote *f*. 4. **hot air,** paroles en l'air° *f*, du vent, du cinéma. 5. **hot line,** ligne téléphonique

présidentielle°, téléphone rouge. 6. **hot potato,** problème difficile°, casse-tête, casse-burnes. 7. **hot rod,** voiture trafiquée°, bagnole gonflée. 8. **hot seat,** a) chaise électrique° *f*, chaise *f* ; b) position délicate° ; **to be in the hot seat,** être très exposé° / en première ligne. 9. **hot spot,** a) lieu à la mode° / branché / qui bouge ; b) lieu dangereux° / chaud. 10. **to be hot under the collar,** être en colère° *f* / en rogne *f* / en renaud / en pétard. 11. **to be hot for s.o.,** être attiré par qqun°, avoir qqun dans la peau. 12. **to be / to get into hot water,** avoir des ennuis° / des emmerdes *f*, être dans le pétrin / la galère. 13. **you're getting hot,** tu brûles *(cache-cache, etc.).*

hot-foot it (to) *loc.* 1. aller très vite°, y aller plein pot / rapidos, dépoter, tracer. 2. partir vite°, filer, se faire la malle, se casser vite fait.

hots *n.pl.* désir sexuel°, feu aux fesses ; **he has the hots for her,** il bande pour elle ; **and she has the hots for him,** et elle mouille pour lui.

houdini (to do a) *loc.* se sortir des ennuis° / d'un guêpier, se tirer d'affaire en beauté, faire un rétablissement spectaculaire.

hound *n.* individu méprisable°, vaurien, canaille *f*, crapule *f*.

how *adv.* 1. **how come ?** comment ça se fait ?, comment se fait-ce ?, comment ça ? 2. **how !** ça va ?, comment que ça va ?

howdy ! *adv. (US)* salut !, salutas !

howl *n.* chose hilarante°, franche rigolade ; **it was a real howl**, c'était à se rouler par terre / à se tordre / à se les mordre.

how's your father *n.* le sexe°, la chose ; **a bit of old how's your father**, une partie de jambes en l'air, une petite crampette.

hubbie, hubby *n.* mari°, patron, homme.

hug the limelight (to) *loc.* monopoliser l'attention° *f* / les feux de la rampe, faire la vedette, chercher les projecteurs.

humdinger *n.* qqun / qqch. d'extraordinaire° / de super / de sensass ; **it's a humdinger !** c'est le super-pied.

hump *n.* 1. *(GB)* humeur maussade° / noire ; **it gives me the hump**, ça me file le cafard / les boules *f* ; **to take the hump**, faire la gueule / la tronche. 2.• a) coït°, baise *f*, coup, tringlette *f* ; **a quick hump**, une petite bourre ; b) femme° *(vue comme objet sexuel)*, monture *f*, coup ; **she's a good hump**, au pieu, c'est une affaire.

hump *v.t.* 1. porter avec difficulté°, se coltiner, se traîner, se trimballer. 2.• posséder sexuellement° (une femme), sauter, bourrer, baiser, tringler.

hump off ! *loc.* va-t'en !°, casse-toi !, dégage !, fous le camp !

Hun *adj.* allemand°, boche, chleuh, fritz.

Hun *n.* Allemand°, boche, chleuh, fridolin.

hunch *n.* intuition° *f*, impression *f*, petite idée ; **I've got a hunch that he's fooling me**, j'ai comme qui dirait l'idée qu'il est en train de me rouler.

hung *(abr. = well-hung) adj.* aux organes sexuels développés°, bien outillé / équipé / monté ; **hung like a bull**, monté comme un taureau.

hung on *adj.* **to be hung on s.o. / s.t.**, être entiché° / toqué / mordu de qqun / de qqch.

hung up *adj.* 1. complexé°, coincé, refoulé, pas cool ; **she's really hung up about it**, elle est super-stressée sur ce truc. 2. = **hung on**.

hunk *n.* bel homme°, beau gosse / garçon / mec, beau morceau.

hunky-dory *adj.* impeccable°, impec, chouette, au poil ; **everything's hunky-dory**, tout baigne.

husband *n.* partenaire actif dans un couple homosexuel°.

hush ! *excl.* silence !°, chut !, motus !

hush *n.* silence° ; **let's have a bit of hush**, on se tait, s'il vous plaît.

hush-hush *adj.* ultra-secret°, top secret, confidentiel défense.

hush money *n.* argent donné pour faire taire qqun°, prix du silence ; **to give s.o. hush money**, acheter le silence de qqun.

hustle *n.* escroquerie° *f*, arnaque *f*, entubage, coup fourré.

hustler *n.* 1. traficoteur°, magouilleur, tripoteur, roi de la combine. 2. souteneur°, maquereau, proxo. 3. *(US)* prostituée° *f* / gagneuse *f*, autobus, frangine *f*.

hymie• *n.* juif°, youpin, youtre.

hype *n.* 1. battage publicitaire°, matraquage, promo *f* ; **don't believe the hype**, ne gobe pas ce que raconte la pub. 2. seringue° *f*, shooteuse *f*, pompe à merde *f*.

hype, hype up *v.t.* faire la promotion de qqch. / qqun°, faire

du ramdam autour de qqch. / qqun, faire monter la mayonnaise, monter en neige.

hyped up *adj.* très nerveux°, speed(é), stressé, à cran.

hyper *adj.* *(US)* nerveux°, stressé, speed, à cran ; **don't get hyper**, t'affole pas.

hypo *n.* 1. (*abr.* = **hypodermic**) injection de drogue° *f*, piquouse *f*, shoot, teushou. 2. (*abr.* = **hypochondriac**) hypocondriaque°, malade imaginaire, malade dans la

ice *n.* 1. a) diamants°, diams, cailloux ; b) bijoux°, verroterie *f*, camelote *f*. 2. **to put on ice**, mettre en attente°, mettre au frais / au frigo.

ice (out) *v.t.* tuer°, refroidir, dessouder, liquider.

icky (poo) *adj.* 1. excessivement sentimental°, guimauve, mélo ; **the movie was a bit too icky poo for me**, dans ce film ça dégouline un peu trop à mon goût. 2. *(US)* a) déplaisant°, craignos, qui craint ; b) dégoûtant°, dégueu, vomitif, gerbax.

idiot-box *n.* télévision° *f*, télé *f*, déconnomètre.

iffy *adj.* 1. incertain°, tangent, pas joué (d'avance) ; **the whole situation is a bit iffy right now**, en ce moment on est en plein dans le brouillard. 2. louche°, pas net, limite, glauque ; **this deal sounds a bit iffy to me**, ce plan m'a l'air pas réglo.

in *adj.* 1. à la mode°, dans le vent, chic, in ; **the in thing**, le truc branché ; **the in place**, le lieu cablé. 2. **in joke**, blague pour initiés° / à usage interne *f*.

in *adv.* 1. **to be in**, être à la mode° / dans le vent / in / branché. 2. **to be (well) in with s.o.**, être bien vu de qqun°, avoir la cote avec qqun, être dans les petits papiers de qqun. 3. **to be in on s.t.**, a) être dans une affaire° / dans le coup, être du coup, en être ; b) être au courant° / au parfum / au parf, être rencardé.

4. **to be in for it**, être destiné à se faire réprimander°, être bon pour une engueulade, être mûr pour un savon ; **if I don't get this report in for Friday I'll be in for it**, si je ne remets pas ce rapport d'ici vendredi, je vais en prendre plein la gueule. 5. **to have it in for s.o.**, en vouloir à qqun°, avoir une dent / la haine contre qqun, l'avoir mauvaise contre qqun ; **if the team lose on Saturday the fans will have it in for the manager**, si l'équipe perd samedi, les supporters vont vouloir la tête de l'entraîneur. 6. **to be all in**, être épuisé° / lessivé / crevé / pompé. 7. **to be in like Flynn** *(GB)*, avoir beaucoup de succès°, l'avoir belle, l'avoir en l'or.

incy(-wincy) *adj.* minuscule°, microscopique, archipetit ; **give me an incy-wincy little bit**, donne-m'en juste un chouïa.

indie *adj.* indépendant°, alternatif ; **an indie label**, un label indépendant.

indie *n.* enregistrement fait sous un label indépendant°.

indulge *v.i.* avoir une faiblesse° / un penchant / un faible / un truc pour qqch. *(tabac, alcool, etc.)* ; **he tends to indulge**, il est porté sur la bouteille.

info *(abr. =* **information***) n.* information° *f*, info *f*, tuyau, rencard.

in-out• *n.* coït°, tringlette *f*,

baise *f*, bourre *f* ; **to have a bit of the old in-out**, aller au radada, faire zig-zig.

inside *adj.* 1. **inside info**, information provenant de la source° *f*, tuyau sûr. 2. **inside job**, coup monté de l'intérieur°. 3. **the inside story**, la face cachée de l'histoire, les dessous de l'affaire.

inside *adv.* en prison°, à l'ombre, au trou ; **to be inside**, être en taule / au placard / au ballon.

into *prep.* fortement intéressé par°, branché (sur), mordu de ; **he's into S&M**, il donne dans le sado-maso ; **I'm not into that sort of thing**, ce genre de truc, ça me botte pas trop.

IOU (*abr.* = I owe you) *n.* reconnaissance de dette° *f*, ardoise *f*.

Irish confetti *n.pl.* *(GB)* pierres *ou* gravats lancés par des émeutiers°, douche irlandaise.

iron out *v.t.* aplanir° *(difficultés, problèmes, etc.)*, arrondir les angles, passer le rouleau (sur qqch.).

is it fuck !• *loc* certainement !°, putain tu parles !, rien qu'un peu !

it *pron.* 1. l'acte sexuel°, la chose, ça ; **to do it, to be at it, to have it, to make it (with s.o.)**, faire l'amour / être occupé / tirer un coup (avec qqun). 2. **she's got it**, elle a du charme° / du chien, elle en jette, elle dégage (un max). 3. **to have**

had it, a) être épuisé° / crevé / pompé, ne plus en pouvoir ; b) être fini° / cuit / naze / fichu / foutu ; **this time the car's really had it**, ce coup-ci la bagnole est bonne pour la casse. 4. **to give it to s.o.** a)• faire l'amour à qqun°, baiser / se taper / se faire / sauter qqun ; b) battre° / tabasser / friter / bastonner qqun ; c) réprimander° / engueuler / enguirlander / laver la tête à qqun. 5. **to think one is it**, avoir une haute opinion de soi-même°, ne pas se prendre pour de la crotte, se prendre pour le nombril du monde ; **the captain thinks he's really it**, le capitaine, il s'y croit

itchy *adj.* 1. **to have itchy feet**, avoir le désir de voyager°, avoir envie de prendre le large, avoir la bougeotte. 2. **to have itchy fingers**, être voleur°, avoir de la colle après les doigts.

item *n.* couple°, collage ; **to be an item**, se fréquenter°, être ensemble ; **the word is Lucy and Peter are an item**, il paraîtrait que Lucy et Peter sont maqués.

itsy-bitsy *adj.* minuscule°, tout petit (bout de), rikiki.

Ivan *n.* Russe°, russkof(f), popof, popovitch.

ivories *n.pl.* dents° *f*, crocs, chailles *f*, dominos ; **nice set of ivories !** joli piano !

J

J = jay.

jab *n.* piqûre° *f*, piquouse *f*.

jab *v.t.* faire une piqûre° (à qqun), piquer.

jack *n.* 1. *(US)* argent°, fric, blé, oseille *f*. 2. = **jack shit**. 3. *(GB)* a) policier°, flic, poulet, archer. b) indicateur°, indic, casserole *f*, balance *f*. 4. *(GB)* a) *(abr.* = **Jack and Jill**, *RS* = **pill**) dose de drogue (*sp.* héroïne)° *f*, cachet. b) injection de drogue° *f*, piquouse *f*, shoot, teushou, fix. 5. **on one's jack** (*abr.* = **Jack Jones**, *RS* = **alone**) *(GB)* tout seul°, seulet, seulâbre.

Jack *n.* 1. **I'm all right Jack**, moi ça va, merci (et toi tu peux crever). 2. *(GB)* **to be on one's Jack Jones** (*RS* = **alone**), être seul° / seulâbre, se la jouer solitaire. 3. **before you could say Jack Robinson**, vite fait (bien fait), en deux temps trois mouvements, en deux coups de cuiller à pot. 4. *(GB)* **Jack and Jill** (*RS* = **pill**), dose de drogue (*sp.* héroïne)° *f*, cachet.

jackanory ! (*RS* = **story**) *excl.* *(GB)* je n'y crois pas !°, baratin !, mon œil !

jack around 1. *v.i.* ne rien faire°, glander, glandouiller, buller. 2. *v.t.* **to jack s.o. around**, a) taquiner° / charrier qqun, faire tourner qqun en bourrique ; b) importuner° / courir / cavaler / pomper (l'air à) qqun ; **stop jacking me around !**

lâche-moi (la grappe) !

jacked-off, jacked-out *adj.* irrité°, en boule *f* / pétard / rogne *f*.

jacked-up *adj.* 1. stimulé (par la drogue)°, dopé, speedé. 2. énervé°, stressé, speedé, à cran.

jack in *v.t.* abandonner°, plaquer, laisser tomber, envoyer balader ; **there are times when I feel like jacking it all in**, y a des moments où j'ai envie de tout lâcher.

jack off• *v.i.* se masturber°, se branler, s'astiquer (le manche), se toucher.

jackpot *n.* **to crack / hit / strike the jackpot**, avoir beaucoup de chance°, décrocher le gros lot / le cocotier, toucher le jackpot.

jack shit• *n.* rien°, que dalle, balpeau, peau de zob.

jacksie, jacksy *n.* derrière°, derche, popotin, train.

Jack-the-lad *n.* *(GB)* individu prétentieux°, m'as-tu-vu, frimeur.

jack up 1. *v.i., v.t.* **to jack up, to jack oneself up**, s'injecter de la drogue°, se piquer, se shooter, se fixer. 2. *v.t.* a) **to jack up the prices**, augmenter° / gonfler les prix. b) préparer°, arranger, bricoler.

jag *n.* 1. a) injection de drogue° *f*, piquouse *f*, shoot, teushou ; b) inhalation° (*de colle, etc.*) *f*, sniffe *f*, sniffette *f*. 2. excès° ; a) beuverie° *f*, soûlographie *f*, pitanche *f* ; b) fête° *f*, bombe *f*, orgie *f* ; c) consommation excessive de drogue° *f*, défonce *f* ; **to go on a jag**, se faire un plan défonce. 3) (*abr.* = **Jaguar**), automobile Jaguar° *f*, Jag *f*.

jagged *adj.* *(US)* saoul°, rond, bourré, beurré.

jail-bait, gaol-bait *n.* partenaire sexuel(le) mineur(e)°.

jaloppy, jalopy *n.* vieille voiture° *f* / bagnole *f*, tacot, tromblon.

jam *n.* 1. ennuis°, galère *f* ; **to be in a jam**, être dans la mélasse / le pétrin. 2. **do you want jam on it ?** et puis quoi encore ?, et il faut te l'empaqueter en plus ? 3. **jam (session)**, séance de musique improvisée° *f*, bœuf, jam-session *f*.

jam *v.i.* faire une séance de musique improvisée°, faire un bœuf.

jammies *n.pl.* pyjama°, pyj, pijmouassa.

jammy *adj.* chanceux°, veinard, qui a du bol / du cul ; **you're such a jammy bastard / bugger / dodger / sod**, t'as vraiment un cul d'acier / le cul bordé de nouilles ; **that was a jammy shot**, c'était un coup de cul.

jam-packed *adj.* archi comble°, plein comme un œuf, bourré à craquer.

jam rag• *n.* serviette hygiénique° *f*, fifine *f*, balançoire à Mickey / à minouche *f*.

Jap *adj.* japonais°, nippon.

Jap *n.* Japonais°, Jap.

JAP (*abr.* = **Jewish American Princess**) *(US)* *n.* jeune fille issue de la grande bourgeoisie juive américaine°.

jar *n.* *(GB)* boisson° (*sp.* bière) *f*, coup à boire, godet, pot ; **do you fancy a quick jar ?** ça te dirait de boire un coup ?

java *n.* café°, caoua, jus.

jay, J *n.* cigarette de marijuana° *f*, joint, pétard, tronc.

jazz *n.* 1. *(US)* mensonges°, salades *f*, bobards, baratin. 2. taquinerie° *f*, enquiquinade *f*, charriage. 3. **and all that jazz**, et tout le reste°, et tout le tremblement, et tout le toutim.

jazz *v.t.* 1. raconter des mensonges° / des salades *f* / des bobards, baratiner. 2. provoquer°, chercher des crosses, crosser.

jazzed up *adj.* 1. endimanché°, lingé, sapé (chicos). 2. décoré°, (bien) arrangé. 3. animé°, électrisé, qui bouge.

jazz up *v.t.* 1. décorer (*sp.* avec des couleurs vives)°, égayer°, arranger. 2. animer°, faire bouger ; **jazz yourself up !** remue-toi !

jazzy *adj.* 1. élégant°, chic, chicos, classe. 2. criard°, tape-à-l'œil, gueulard.

jeepers creepers ! *excl.* *(US)* sapristi !, flûte !, mince !

jeez(e) ! (*abr.* =**Jesus**) *excl.* nom d'un chien !, de Dieu !, bon sang !

jelly *n.* (*abr.* = **gelignite**) *(GB)* explosif°.

jerk *n.* individu méprisable°, connard, enfoiré, salaud.

jerk around 1. *v.i.* feignasser°, glander, glandouiller, branler. 2. *v.t.* importuner°, gonfler, (les) brouter (à qqun) ; **stop jerking me around**, arrête de m'emmerder.

jerk off• *v.i.* se masturber°, se branler, se taper une branlette, s'astiquer le manche.

jerk-off• *n.* individu méprisable°, salaud, salopard, enculé.

jerry, Jerry *adj.* allemand°, boche, fritz.

jerry, Jerry *n.* Allemand°, boche, fritz, fridolin.

jes (*abr.* = **Jesuit**) *n.* jésuite°.

Jesus (Christ) !• *excl.* nom de Dieu !, bon Dieu de bordel (de merde) !

Jesus wept !• *excl.* nom de Dieu !, bon Dieu !, bon sang !

jet set *n.* monde des vedettes internationales°, jet-set.

Jew• *n.* avare°, juif, grippe-sou, rat ; **don't be a Jew !** sois pas radin !

Jewboy• *n.* Juif°, youpin, youtre.

Jewish• *adj.* avare°, juif, radin, rat.

jiff, jiffy *n.* instant°, seconde *f* ; **in a jiffy**, en cinq secs, en moins de deux ; **see you in a jiffy**, à tout de suite°, à toute.

jigger *n.* objet indéfini°, bidule, machin, truc.

jiggered *adj.* 1. épuisé°, mort, pompé, naze. 2. **well I'll be jiggered !** je n'en crois pas mes oreilles !°, alors là, tu m'en bouches un coin !, (alors) là, je rêve !

Jiminy (crickets) ! *excl.* flûte !,

mince !, miel !

Jimmy *n.* (*GB*) 1. (*apostrophe*) mec, chef, patron ; **listen Jimmy !** écoute, Alfred ! 2. **Jimmy Riddle** (*RS* = **piddle**) pipi, pissou, pissette *f* ; **to have a Jimmy Riddle**, faire pipi, pisser. 3. **Jimmy Rollocks•** (*RS* = **bollocks**) (*GB*) testicules°, valseuses *f*, joyeuses *f*, roupettes *f*.

jingle *n.* 1. (*GB*) a) argent°, fric, pèze, flouze ; b) petite monnaie°, ferraille *f*, mitraille *f*. 2. (*US*) coup de téléphone°, coup de fil / de biniou / de bigophone.

jinx *n.* 1. malchance° *f*, poisse *f*, manque de pot / bol, mouscaille *f*. 2. qqch. ou qqun qui porte malheur°, porte-poisse.

jinx *v.t.* porter malchance° / la guigne / la poisse (à qqun) ; **to be jinxed**, être maudit.

jism, jissom, jissum, jizz, jizzum• *n.* sperme°, foutre, sauce *f*, jute.

jitters *n.pl.* peur° *f*, trouille *f* ; **to have the jitters**, avoir la frousse / les chocottes *f* / les miches *f* / les boules *f*.

jittery *adj.* nerveux°, à cran, stressé, speed ; **to feel jittery**, avoir les boules.

jive *n.* mensonges°, baratin, conneries *f*, salades *f*, bobards ; **no jive !**, sans dec !

jive 1. *v.i.* raconter des mensonges° / salades *f* / bobards, baratiner ; **stop jiving !** arrête ton char ! 2. *v.t.* **to jive s.o.**, a) se moquer de qqun°, vanner qqun, charrier qqun ; **don't jive me, man !** arrête de te foutre de ma gueule ! ; b) tromper°, pigeonner, couillonner.

jizz, jizzum = jism.

joanna *n.* (*RS* = **piano**) (*GB*) piano°, bastringue.

job *n.* 1. vol°, coup, fric-frac, mise en l'air *f* ; **to pull / to do a job,** monter un coup. 2. **to do a job on s.o.,** a) frapper° / tabasser qqun, faire son affaire à qqun ; b) escroquer° / arnaquer / rouler / pigeonner qqun ; c) posséder qqun sexuellement°, faire son affaire à qqun, se taper / se faire qqun. 3. **to be on the job,** faire l'amour°, être occupé, être au pieu. 4. **just the job !** parfait !°, au poil !, perfetto ! 5. besoins naturels° ; **small jobs,** petite commission ; **big jobs,** grosse commission. 6. a) personne° *f,* numéro, client ; **she's a tough little job,** c'est une sacrée gonzesse ; b) appareil°, bidule, affaire *f* ; **a thousand c.c. job,** un gros cube. 7. opération de chirurgie esthétique° *f* ; **face job,** lifting ; **to have a face job,** se faire ravaler la façade.

jobbie *n.* (*GB*) excrément°, étron, colombin ; **to do a jobbie,** couler / mouler un bronze.

jobsworth *n.* (*GB*) employé tatillon°, enquiquineur.

jock *n.* 1. (*GB*) a) Ecossais° ; b) individu°, Alfred, Machin, duschmoll. 2. (*US*) sportif°, sporteux.

joe, Joe *n.* 1. individu ordinaire°, Alfred, gus. 2. (*GB*) **Joe Bloggs,** (*GB*) **Joe Soap,** (*US*) **Joe Blow,** (*US*) **Joe Six-pack,** Monsieur Tout-le-Monde, Marcel Dupont. 3. (*US*) **Joe Schmo,** duschmol, ducon.

john *n.* 1. (*US*) toilettes° *f,* chiottes *f,* gogues, goguenots ; **to go to the john,** aller aux chiottes. 2. (*US*) **John Doe, John Q. Citizen,** l'Américain moyen°, Monsieur Tout-le-Monde. 3. (*GB*) **John Thomas,** pénis°, quéquette *f,* Popaul, zézette *f.* 4. **long johns,** collants°, calecif.

johnnie, Johnnie, johnny, Johnny *n.* 1. individu°, mec, gus, Alfred. 2. **(rubber) johnnie,** préservatif°, capote (anglaise) *f,* latex, marguerite *f.*

Johnny-come-lately *n.* 1. nouveau venu°, bleu, pied-tendre, bleubite. 2. parvenu°, péteux.

joint *n.* 1. domicile°, turne *f,* appart, piaule *f* ; **wanna come around to my joint ?** et si on allait à la baraque ? 2. établissement° ; a) café°, bistrot, rade, troquet ; b) restaurant°, resto, restif ; c) casino°, tripot. 3. cigarette de marijuana° *f,* joint, pétard, oinje. 4.• (*US*) pénis°, bite *f,* queue *f,* zob. 5. (*US*) **the joint,** la prison°, la cabane, la taule ; **to be in the joint,** être à l'ombre / au trou.

jollies (to get one's) *loc.* prendre du plaisir°, s'éclater, prendre son pied.

jolt *n.* 1. injection de drogue° *f,*

piquouze *f*, shoot, teushou, fix. 2. effet initial d'une injection de drogue°, flash. 3. verre d'alcool°, canon, godet.

Joneses (to keep up with the) *loc.* imiter les voisins pour ne pas perdre la face°, essayer de faire mieux que le voisin.

joy *n.* *(GB)* chance° *f*, bol, veine *f* ; **any joy ?** alors ?, ça a marché ? ; **no joy !** pas de bol !, que dalle !

joy-ride *n.* virée dans une voiture volée° *f*, rodéo.

joy-ride *v.i.* faire une virée dans une voiture volée°, faire un rodéo.

joystick• *n.* pénis°, bite *f*, instrument, engin, manche.

jug *n.* 1. **the jug**, prison° *f*, taule *f*, cabane *f*, ballon ; **to end up in the jug**, finir au gnouf. 2. *pl.* **jugs•**, seins°, nichons, roberts, boîtes à lait *f*.

juice *n.* 1. courant électrique°, jus. 2. carburant°, benzine *f*, coco *f* ; **to step on the juice**, appuyer sur le champignon. 3.• sperme°, jute, foutre, sauce *f*. 4. alcool°, gnôle *f*, carburant.

juiced (up) *adj.* saoul°, fait, pété, chargé.

juicy *adj.* 1. sensationnel°, sexy ; **a juicy piece of news**, une nouvelle juteuse. 2. sexuellement attirant°, sexy, bandant, godant.

jujubes *n.pl.* *(GB)* seins°, roploplots, œufs sur le plat.

jumbo (size) *adj.* de grande taille°, géant, maousse.

jump *n.* 1.• rapport sexuel°, baise *f*, coup, crampette *f* ; **to**

have a jump, baiser, tirer un coup. 2. **go and take a running jump !** va te faire cuire un œuf !, va te faire voir !

jump 1. *v.i.* a) **go jump in the lake !** va te faire voir !, va mourir ! ; b) **to jump on s.o.**, réprimander qqun°, passer un savon / laver la tête / sonner les cloches à qqun. 2. *v.t.* a)• posséder sexuellement°, baiser, sauter, calcer ; b) agresser°, sauter sur le râble (à qqun), tomber sur le paletot (à qqun), rentrer dedans (à qqun) ; c) **to jump bail / ship**, déserter le navire°, prendre la poudre d'escampette, ficher le camp ; d) **to jump the gun**, (i) voler le départ° ; (ii) agir prématurément°, aller plus vite que la musique ; e) *(GB)* **to jump the lights**, passer au feu rouge°, brûler le feu (rouge) ; f) *(GB)* **to jump the queue**, resquiller°, couper la queue.

jumped up *adj.* prétentieux°, péteux, qui pète plus haut que son cul.

jumping *adj.* bouillant d'activité°, qui chauffe, en plein boum ; **the joint was jumping**, y avait une ambiance d'enfer.

jumpy *adj.* nerveux°, à cran, speed, stressé.

jungle bunny• *n.* Noir°, bamboula, boubou, bougnoule.

jungle juice *n.* alcool de mauvaise qualité°, gnôle *f*, tordboyaux.

jungle telegraph *n.* rumeur° *f*, tam-tam, téléphone arabe.

junk *n.* 1. pacotille° *f*, camelote *f* ; **junk food**, aliments médiocres°, cochonneries *f*, saloperies *f* ; **junk mail**, courrier publicitaire°, pub *f*. 2. affaires° *f*, bazar, bataclan ; **move your junk out of my room !** vire ton bordel de ma chambre ! 3. drogue° *f*, came *f*, meca *f*, merde *f* ; **to be on junk, to do junk**, se camer, se méca, se shooter. 4. bêtises° *f*, foutaises *f*, salades *f*, bobards ; **that's a load of junk,** c'est de la connerie.

junket *n.* voyage gratuit pour représentants°, voyage aux frais de la princesse.

junkie *n.* 1. toxicomane°, toxico, junk(ie), tox. 2. fanatique°, accro, mordu ; **a television junkie**, un drogué de la télé ; **a fast-food junkie**, un dingo du macdo.

just *adv.* 1. *(GB)* **won't I just !** c'est sûr et certain !°, et comment !, je vais me gêner ! 2. **(that's) just what the doctor ordered !, just the job !** c'est exactement ce qu'il me fallait°, ça vient à point, ça fait l'affaire au poil.

kaput *adj.* hors service°, kaput, flingué, naze.

kazi, khazi *n. (GB)* toilettes° *f,* chiottes *f,* gogues, goguenots.

kecks *n.pl. (GB)* pantalon°, fute, futal, falzar.

keef = kief.

keep on trucking *loc. (US)* 1. « les routiers sont sympa. » 2. tiens bon !°, accroche-toi (Jeannot) !

keep it out ! *loc.* mêle-toi de tes oignons !, t'occupe !, et ta sœur ?

keeps / keepsie (for) *loc.* pour toujours°, pour de bon ; **can I really have it for keeps ?** tu me le donnes pour de vrai ?

keister, keester, kiester *n. (US)* derrière°, derche, train, dargeot.

kerb-crawling *n.* racolage en voiture°, drague motorisée.

kerfuffle *n. (GB)* agitation° *f,* histoire *f,* affaire *f,* embrouille *f ;* **what a kerfuffle !** quel cirque !

khazi = kazi.

khyber• *(abr. = Khyber Pass RS = arse) (GB)* anus°, cul, fion, entrée des artistes *f.*

kick *n.* 1. plaisir°, pied, panard ; **to get a kick out of s.t.,** s'éclater avec qqch. ; **to do s.t. for kicks,** faire qqch. pour le plaisir° / pour se marrer ; **high kick,** flash *(drogue).* 2. manie° *f,* période *f ;* **to be on a health kick,** être dans un trip santé. 3. **a kick in the pants / in the ass,** a) un coup de pied au derrière° / au cul ; **what the team really needs is a kick in the ass,** l'équipe a besoin qu'on lui botte les fesses ; b) une déconvenue°, une gifle, une douche froide. 4. force° *f,* punch, frite *f ;* **this cocktail really has a kick,** ce cocktail, ça réveille ; **there's no kick left in him,** il a plus de jus.

kick *v.t.* 1. **to kick the habit, to kick it,** se désintoxiquer° *(drogue, alcool, tabac),* décrocher. 2. **to kick the arse out of it•,** exagérer°, charrier (dans les bégonias), pousser (grand-mère dans les orties). 3. **to kick with the left foot,** être catholique° / catho. 4. *(US)* **to kick ass•,** a) punir sévèrement°, remonter les bretelles / secouer les puces (à qqun) ; b) manifester son pouvoir°, montrer ses couilles ; c) avoir de la puissance°, déménager, décoiffer ; **after all these years the band still kicks ass•,** après toutes ces années, le groupe a encore une sacrée pêche.

kickback *n.* dessous-de-table°, pot-de-vin, bakchich, graissage de patte.

kick in 1.*v.i. (US)* payer sa part°, cracher, casquer, banquer. 2. *v.t.* **to kick s.o.'s teeth / head in,** frapper qqun violemment, tabasser qqun, casser la gueule / faire une tête au carré à qqun.

kick it (to) *loc. (GB)* mourir°, casser sa pipe, claquer, clamecer.

kick off 1.*v.i.* *(US)* a) = **kick it** ; b) partir°, mettre les bouts / les voiles *f*, se barrer. 2. *v.t.* démarrer°, donner le coup d'envoi ; **to kick off the debate**, lancer le débat.

kick up *v.t.* 1. **to kick up (a) stink / a fuss**, protester°, faire toute une histoire / tout un cinéma. 2. **to kick up a row / a racket**, faire du bruit° / du ramdam / du raffut / du barouf. 3. **to kick s.o. up the backside**, donner à qqun un coup de pied dans le derrière°, botter le cul à qqun.

kid *n.* 1. enfant°, gosse, môme, gamin ; **our kid**, mon frangin, ma frangine. 2. **kid stuff, kids' stuff**, a) question *f ou* problème très simple°, jeu d'enfant ; b) activité(s) puérile(s)° *f*, mômerie(s) *f* ; **drop that kid stuff and move on to the real thing**, arrête de jouer aux billes et passe aux choses sérieuses ; c) pornographie impliquant des enfants° *f*. 3. cadet° ; **kid brother**, frère cadet°, petit frangin. 4. **to handle with kid gloves**, traiter avec délicatesse°, prendre des gants, manipuler avec des pincettes *f*.

kid 1. *v.i.* raconter des histoires° *f* / des blagues *f* / des craques *f* / des vannes *f*, déconner ; **no kidding ?** sans blague ?, sérieux ? ; **no kidding !** sans blague !, sans déconner !, sans dec ! ; **stop kidding !** arrête ton char ! 2. *v.t.* raconter des mensonges (à qqun)°, faire marcher, mettre en boîte, charrier ; **are you kidding me ?** tu te fous de ma gueule ? ; **who do you think you're kidding ?** t'as pas bientôt fini de te foutre de la gueule du monde ?

kiddo *n.* *(apostrophe)* petit, fiston, mecton.

kiddology *n.* *(GB)* esbroufe° *f*, bluff, cinéma.

kiddywink *n.* *(GB)* petit enfant°, mouflet, gniard, chiard.

kief, kif, keef *n.* marijuana° *f*, herbe *f*, douce *f*, kif.

kike• *n.* juif°, youpin, youtre.

kill *v.t.* 1. consommer°, avaler, se taper ; **to kill a beer**, descendre une bière. 2. éteindre°, stopper ; **kill the motor !** coupe le moteur ! 3. éliminer°, dégommer, foutre en l'air ; **kill that last paragraph**, vire-moi le dernier paragraphe. 4. a) **to kill oneself laughing**, rire à gorge déployée°, crever de rire, se gondoler, être plié ; b) faire rire à gorge déployée°, faire tordre de rire, faire crever de rire ; **this one will kill you**, tu vas mourir de rire ; **he really killed the audience**, avec lui la salle était pliée en deux.

killer *n.* 1. chose *ou* phrase hilarante° ; **that joke he told was a real killer,** la vanne qu'il a sortie était à crever de rire. 2. personne *ou* chose remarquable° / balèze / géante ; **their last single is a real killer**, leur dernier single décoiffe un max.

kinda (*abr.* = **kind of**) *adv.*

plutôt°, un peu°, sur les bords ; **he's really kinda nice**, il est genre plutôt sympa ; **I kinda sorta like that kinda stuff**, c'est le genre de truc qui me branche pas mal, quoi.

kinell !• (*abr.* = **fuckin' hell**) *excl.* bordel de merde !, putain de bon dieu !

King Lear *n.* *(GB)* 1. (*RS* = **queer**) homosexuel°, pédé, pédale *f*, daleppe *f*. 2. *pl.* **King Lears** (*RS* = **ears**) oreilles° *f*, portugaises *f*, étagères à mégots *f*.

kingdom-come *n.* (*RS* = **bum**) *(GB)* derrière°, cul, derche, dargif.

kink *n.* 1. pervers (sexuel)°, tordu, spécial. 2. pratique sexuelle déviante°, manie *f*, truc spécial.

kinky *adj.* 1. bizarre°, tordu, louf, louftingue. 2. qui a des goûts sexuels inhabituels°, spécial, salé ; **he's really into leather and kinky paraphernalia**, c'est le genre cuir et équipements spéciaux.

kip *n.* *(GB)* 1. lit°, pieu, plumard, pucier. 2. sommeil°, dorme *f*, ronflette *f* ; **to get some kip**, piquer un roupillon. 3. désordre°, foutoir, boxon, bordel.

kip *v.i.* *(GB)* 1. se coucher°, se pieuter, se bâcher. 2. dormir°, pioncer, roupiller.

kip down *v.i.* *(GB)* se coucher°, se bâcher, aller au pieu.

kiss *v.t.* 1. **to kiss s.t. goodbye**, faire son deuil de qqch.°, faire une croix sur qqch., pouvoir oublier qqch ; **if you leave your car radio inside, you can kiss it goodbye**, si tu laisses ton autoradio à l'intérieur tu peux lui dire adieu. 2. **to kiss s.o.'s ass•**, flatter qqun°, lécher le cul à qqun, faire de la lèche à qqun ; **to kiss ass•**, faire de la lèche, être (un) lèche-cul. 3. **kiss my ass !•**, va te faire enculer !, fume, c'est du belge ! 4. **to kiss and make up**, se réconcilier°, se raccommoder, se rabibocher.

kiss-ass• *n.* *(US)* flatteur°, lèche-bottes, lèche-cul, cire-pompes.

kisser *n.* *(GB)* 1. bouche° *f*, museau, gueule *f*, bec. 2. visage°, fraise *f*, gueule *f*, poire *f* ; **he gave me a smack right in the kisser**, il m'a filé un pain en pleine tronche.

kit *n.* vêtements°, fringues *f*, sapes *f*, nippes *f*.

kitchen-sink (everything but the) *loc.* tout ce qu'on veut°, tout et n'importe quoi.

kite *n.* 1. chèque sans provision° / en bois. 2. **high as a kite**, a) complètement saoul°, beurré à mort, rond comme une barrique ; b) abruti par la drogue°, raide, raide def, complètement stone.

kite *v.t.* **to kite a cheque**, faire un chèque sans provision° / en bois ; **to kite a cheque on s.o.**, (re)filer un chèque en bois à qqun.

kittens (to have) *loc.* avoir une crise *(de frayeur, de surprise, de colère, etc.)*, piquer une /

faire sa crise, criser ; **I nearly had kittens when he told me the news**, j'ai failli tomber quand il m'a dit la nouvelle.

klutz *n. (US)* individu maladroit°, manche, empoté, gland.

knacker *v.t. (GB)* 1. épuiser°, crever, pomper, tuer. 2. abîmer°, massacrer, bousiller, foutre en l'air.

knackered *adj. (GB)* 1. épuisé°, crevé, vanné, mort ; **I was completely knackered after the match**, après le match, j'étais complètement pompé. 2. cassé°, bousillé, foutu, naze.

knackers• *n.pl.* 1. testicules°, couilles *f*, roupettes *f*, joyeuses *f*. 2. **knackers to that !** mon cul !

kneecap *v.t.* estropier par mutilation des rotules°, bousiller les guiboles (à qqun).

knees-up *n. (GB)* réjouissance° *f*, pince-fesses, bringue *f*, fiesta *f*.

knickers *n. (GB)* 1. **knickers !** merde ! ; **knickers to you !** va te faire voir ! 2. **to get one's knickers in a twist**, perdre son calme°, se mettre dans tous ses états ; **calm down, don't get your knickers in a twist !** du calme, t'affole pas !

knob• *n.* 1. a) extrémité du pénis° *f*, gland, nœud ; b) pénis°, pine *f*, bite *f*, zob, bout ; **knob job**, fellation° *f*, sucette *f*, pipe *f*, fantaisie *f*. 2. **and the same with knobs on**, la même chose°, idem au cresson ; **the same to you with knobs on !**

toi-même !, et ta sœur !

knob• *v.t.* posséder sexuellement°, baiser, sauter, bourrer, (faire) passer à la casserole.

knob-end• *n.* individu méprisable°, connard, glandu, tête de nœud *f*.

knock *n.* critique° *f*, éreintage, démolition *f* ; **that was a hard knock for him to take**, dans cette critique il en a pris pour son grade.

knock *v.t.* 1. critiquer sévèrement, éreinter, démolir, flinguer ; **he's knocked the last five movies he's reviewed**, il a allumé les cinq derniers films dont il a fait la critique. 2. **to knock s.t. on the head**, arrêter qqch.°, couper court à qqch., enterrer qqch. ; **knock it on the head !** ça suffit !, basta ! 3. **to knock s.o. for six, to knock s.o. sideways / cold**, *(US)* **to knock s.o. for a loop / a row**, a) abasourdir° / scier / époustoufler qqun, laisser qqun baba / sur le cul ; b) infliger une défaite sévère à qqun°, étendre / démolir / ratatiner qqun ; c) impressionner qqun°, épater qqun, en mettre plein la vue à qqun ; **knock'em cold !** montre-leur ce que tu as dans le ventre ! 4. *(GB)* **to knock the hell out of s.o.**, battre qqun violemment°, tabasser qqun, casser la gueule à qqun. 5.• posséder sexuellement°, baiser, tringler, bourrer.

knock about, knock around *v.i.* 1. voyager beaucoup°, bourlinguer, vadrouiller, rouler sa bosse. 2. ne rien faire°, branler, glander, glandouiller. 3. **to knock around with s.o.**, fréquenter qqun°, être copain(s) avec qqun.

knock back *v.t.* 1. boire°, avaler, s'enfiler, écluser. 2. *(GB)* coûter° ; **my new gear knocked me back a pretty penny**, mes nouvelles fringues m'ont valu la peau des fesses.

knocked out *adj.* 1. épuisé°, crevé, pompé, vanné. 2. abasourdi°, scié, baba, sur le cul. 3. *(US)* saoul°, rond, pété, bourré.

knocked up *adj.* enceinte°, en cloque, qui a le ballon.

knockers *n pl. (GB)* seins°, nichons, roberts, amortisseurs.

knocking-joint, knocking-shop *n. (GB)* maison close°, bordel, boxon.

knock off 1. *v.i.* arrêter de travailler°, quitter (le boulot) ; **at what time do you knock off ?** à quelle heure tu sors ? 2. *v.t.* a)• posséder sexuellement°, baiser, se faire, sauter, tringler ; **the dirty old doctor's been knocking off that young nurse for months now**, ça fait des mois que ce vieux cochon de toubib se tape la petite infirmière ; b) **knock it off !** (i) silence !°, ta / vos gueule(s) ! ; (ii) stop !, arrêtez ce bordel ! ; c) produire rapidement°, expédier, pondre, pisser ; **he knocks off portraits by the dozen**, c'est une véritable usine à por-

traits ; d) tuer°, liquider, refroidir, buter ; e) voler° ; (i) dévaliser°, braquer, faire un casse contre ; **the lads knocked off a bank**, les gars ont fait une banque ; (ii) faucher, étouffer, piquer ; **where did you get your jacket ? knock it off, did you ?** où c'est que t'as trouvé ton blouson ? à la fauche ? ; f) **to knock s.o.'s block off**, frapper qqun à la tête°, casser la gueule à qqun, faire une tête au carré à qqun.

knock out *v.t.* 1. **to knock oneself out**, s'éreinter° / se tuer / se crever au boulot ; **this new job is really knocking me out**, mon nouveau boulot est vraiment pompant 2. abasourdir°, époustoufler, en boucher un coin (à qqun) ; **when he left his wife it really knocked me out**, quand il a quitté sa femme j'en étais scié.

knockout *n.* chose *ou* personne remarquable° *f*, phénomène, qqch. / qqun qui en jette ; **she's a real knockout**, elle est vraiment phénoménale.

knock up *v.t.* 1. *(US)* engrosser°, mettre / foutre en cloque, coller le ballon (à qqun). 2. *(GB)* réveiller (en frappant à la porte)°, sonner. 3. préparer°, arranger, bricoler.

knotted ! (get) *loc. (GB)* va te faire voir (ailleurs / chez les Grecs) !

know (in the) *loc.* au courant°, au parfum, au parf ; **to put s.o. in the know**, rencarder qqun,

know *v.t.* 1. **(well,) what do you know !**, a) incroyable !°, je n'en reviens pas !, qui l'eût cru ? ; b) devine quoi !, je te le donne en mille ! *(iron.)* ; **I left my car on a pedestrian crossing and what do you know, they towed it,** j'avais laissé ma voiture sur un passage piétons et, ça n'a pas raté, ils l'ont embarquée. 2. **don't I know it !** à qui le dis-tu !, ah bon ? *(iron.)* ; « **the boss is angry - don't I know it !** », « le chef est en colère - sans blague ? » 3. **you know what you can do with that, you know where you can put / shove / stick / stuff that,** tu peux te le mettre / foutre / coller où je pense. 4. a) **to know a thing or two / one's onions / one's stuff,** être à la hauteur°, être balèze, s'y connaître, assurer ; b) **to know what's what / the score / where it's at,** être informé°, être dans le coup / au parf / branché. 5. **not to know s.o. from Adam,** ne pas connaître qqun du tout°, ne connaître qqun ni d'Eve ni d'Adam / ni des lèvres ni des dents.

know-all, know-it-all *n.* personne qui prétend tout savoir° *f*, je-sais-tout ; **Mr. Know-it-all,** Monsieur Je-sais-tout.

knuckle down *v.i.* commencer à travailler°, se mettre au boulot, retrousser ses manches, attaquer.

knucklehead *n.* crétin°, nouille *f*, andouille *f*, cloche *f*.

knuckle sandwich *n.* coup de poing°, bourre-pif, pain, marron, beigne *f*.

kook *n.* *(US)* individu excentrique°, dingo, braque, branquignol.

kooky *adj.* *(US)* excentrique°, zinzin, louf, barjo.

kosher *adj.* 1. acceptable°, qui se fait, orthodoxe ; **don't worry, the guy is kosher,** t'inquiète, il est okay ; **since she got pregnant smoking at her house is no longer kosher,** depuis qu'elle est enceinte, y a proscription sur la fumée chez elle. 2. honnête°, réglo, régulier ; **pulling out of that deal after having given your word really isn't very kosher,** retirer tes billes après avoir donné ta parole, c'est vraiment pas très catholique.

kraut• *adj.* allemand°, boche, chleuh, fritz.

Kraut• *n.* Allemand°, boche, chleuh, fridolin.

kvetch *n.* personne qui se plaint° *f*, geignard, râleur, rouspétard.

kvetch *v.i.* *(US)* protester°, râler, geindre, chnuler.

L

lace into *v.t.* 1. frapper violemment°, tabasser, flanquer une dérouillée (à qqun). 2. critiquer sévèrement, éreinter, démolir, allumer.

lad *n.* 1. **a bit of a lad**, un séducteur°, un tombeur, un homme à femmes, un chaud lapin. 2. **the lads**, les amis°, la bande, les potes, les copains.

la-de-da, la-di-da, lah-de-dah, lardy-dah *adj.* 1. huppé°, (très) chic, classos ; **the garden-party was an extremely lah-de-dah occasion**, la garden-party était ultra-chicos ; **the la-de-da crowd was there**, tout le gratin était là. 2. prétentieux°, seizième (arrondissement) ; **his mannerisms are so la-de-da**, ses manières font tellement chochotte.

la-de-da !, la-di-da !, lah-de-dah !, lardy-dah ! *excl.* c'est la belle vie !, tu t'embêtes pas !

la-de-da, la-di-da, lah-de-dah, lardy-dah *n.* dandy efféminé°, mademoiselle *f*, chochotte *f*.

Lady Godiva *n.* (*RS = fiver*) (*GB*) somme de 5 livres sterling° *f*.

lady-killer *n.* séducteur°, tombeur, play-boy, homme à femmes.

Lady Muck *n.* (*GB*) femme prétentieuse°, Madame de Grand-air ; **who does she think she is, Lady Muck ?** non mais pour qui elle se prend ? la reine d'Angleterre ?

lady penguin *n.* religieuse° *f*, bonne sœur, nonne *f*, frangine *f*.

lag (old) *n.* criminel récidiviste°, cheval de retour.

lager lout *n.* (*GB*) jeune voyou porté sur l'alcool°, loubard, loub.

lah-de-dah = la-de-da.

laid-back *adj.* décontracté°, rilax, décontracte, cool, coolos.

lam (on the) *loc.* (*US*) en fuite°, en cavale.

lam 1. *v.i.* (*US*) a) s'échapper°, faire le mur, se faire la belle ; b) s'enfuir°, se casser vite fait, filer, se faire la malle / la valise. 2. *v.t.* (*abr. = lambaste*) battre°, tabasser, rosser, friter.

lambast(e) *v.t.* 1. battre°, tabasser, friter (la gueule), coller une raclée (à qqun). 2. critiquer sévèrement°, éreinter, démolir, descendre en flammes, allumer.

lambasting *n.* 1. correction° *f*, raclée *f*, dégelée *f*, trempe *f*. 2. critique sévère° *f*, éreintage, démolition *f*.

lamebrain *n.* crétin°, cornichon, andouille *f*, neuneu.

lame-brained *adj.* stupide°, con, nouille, tarte.

land *v.t.* 1. **to land oneself s.t.**, obtenir° / se dégotter / récolter qqch. ; **he landed himself an Oscar**, il a décroché un Oscar. 2. **to be / get landed with s.t.**, recevoir qqch. (de désagréable)°, récolter qqch., se retrouver avec qqch. sur les bras, se coltiner / se farcir qqch. ; **I always get landed with the dirty work**, c'est toujours moi qui me paie le sale boulot. 3. **to land s.o. in s.t.**, mener qqun quelque part°, valoir qqch. à qqun ; **drug dealing will land you in jail**, vendre de la drogue vous conduira en prison.

land up *v.i.* aboutir°, échouer, finir ; **after the pub-crawl we landed up at my place**, après la tournée des bars on a atterri chez moi.

lap up *v.t.* 1. croire°, gober, avaler ; **he'll lap up any old story you tell him**, il encaissera n'importe quel baratin. 2. apprécier°, déguster, se délecter ; **we took him to the circus and he lapped it up**, on l'a emmené au cirque et il a pris son pied. 3. **to lap it up**, apprécier des compliments°, boire du petit-lait ; **he was lapping up all the adulation**, devant l'admiration du public, il était aux anges.

lardy-dah = la-de-da.

lark *n.* *(GB)* chose amusante°, marrade *f*, rigolade *f*, tranche *f* ; **what a lark it was !** qu'est-ce qu'on s'est marrés ! ; **to do s.t. for a lark,** faire qqch. histoire de s'amuser° / de rigoler.

lark about, lark around *v.i.* *(GB)* faire l'imbécile° / le pitre / le clown / le guignol.

lashings *n.pl.* *(GB)* quantité importante°, tas, flopée *f*, tapée *f* ; **with lashings of gravy,** avec un wagon de sauce.

lash out *v.i.* 1. **to lash out on s.t.,** se payer qqch.°, claquer / fusiller son fric sur qqch. ; **he really lashed out on the wedding-ring,** il a croqué un pacson pour l'alliance. 2. **to lash out at s.o.,** injurier qqun°, en balancer / en envoyer plein la gueule à qqun.

latch on (to) *v.t.* comprendre°, piger, entraver.

later *(abr. = see you later)* *adv.* *(US)* à plus tard°, à plusse, à toute.

laugh *v.i.* 1. *(GB)* **to be laughing**, être tranquille° / tranquillos / peinard ; **once we get over this hill we'll be laughing**, une fois qu'on sera arrivés en haut on sera à l'aise. 2. **to be laughing all the way to the bank**, gagner beaucoup d'argent°, palper (un maximum), ramasser un paquet de fric.

laughing boy *n.* *(GB)* individu excessivement sérieux°, sacré rigolo *(iron.)*, croque-mort.

laughs (for) *loc.* pour rire°, histoire de rigoler, pour du beurre.

launder *v.t.* blanchir° *(argent ou marchandise volée)*, lessiver, recycler.

lav *(abr. = lavatory)* *n.* *(GB)* WC°, vécés, ouatères.

law, Law *n.* **the law**, la police°, la rousse, les flics, la maison Poulaga.

lay• *n.* 1. rapport sexuel°, baise *f*, coup, tringlette *f* ; **a quick lay**, une petite crampette. 2. partenaire sexuel°, baiseur /

baiseuse ; **a good lay**, un sacré baiseur ; **she's a great lay**, au pieu elle est sensass ; **she's an easy lay**, c'est une coucheuse / une salope.

lay *v.t.* 1. **to lay s.o.**°, posséder sexuellement° / baiser / sauter / se taper qqun ; **to get laid**, s'envoyer en l'air. 2. **to lay one on s.o.**, donner un coup à qqun°, filer un pain / un marron / une avoine à qqun. 3. **to lay an egg**, échouer°, faire un four / un bide / un flop. 4. **to lay it on the line**, exprimer clairement°, mettre les points sur les i ; **let me lay things on the line**, que les choses soient bien claires entre nous.

lay-about *n.* paresseux°, glandeur, glandu, branleur.

lay down 1. *v.i.* **to lay down on the job**, être paresseux°, tirer au flanc, feignasser, glandouiller. 2. *v.t.* **to lay down tracks**, enregistrer (des morceaux de musique)°, se mettre en studio.

lay into *v.t.* 1. a) attaquer°, tomber sur, rentrer dedans (à qqun) ; b) frapper°, casser / péter la gueule (à qqun), abîmer le portrait (à qqun). 2. a) critiquer sévèrement°, cartonner, allumer, éreinter, démolir ; b) réprimander sévèrement°, engueuler, passer un savon / filer une engueulade (maison) (à qqun).

lay off *v.t.* 1. laisser tranquille°, foutre la paix (à qqun) ; **lay off !** lâche-moi (la grappe) ! 2. se tenir à l'écart de°, lâcher ;

lay off my kid sister, pas touche à ma petite sœur.

lay on *v.t.* 1. **to lay it on (thick / with a shovel)**, a) flatter°, passer de la pommade / faire de la lèche (à qqun) ; b) exagérer°, en rajouter, charrier, pousser. 2. annoncer°, sortir ; **the doctor had to lay the bad news on her**, le docteur a été obligé de déballer la mauvaise nouvelle ; **lay it on me, man !** accouche, mec !

lazybones *n.* paresseux°, feignant, cossard, rossard.

lead *n.* 1. **to fill / pump s.o. full of lead**, tuer qqun avec une arme à feu°, flinguer qqun, transformer qqun en écumoire, remplir qqun de plomb. 2. **to have lead in one's pencil**, a) être en érection°, avoir le bambou, avoir la trique ; b) être en pleine forme°, avoir la frite, péter le feu. 3. **to have lead in one's pants / ass**, être lourdaud°, être lent à la détente, être incapable de se bouger le cul. 4. **to go down / over like a lead balloon**, échouer lamentablement°, foirer, faire un flop retentissant, tomber comme une couille.

lead up the garden path (to) *loc.* faire marcher°, mener en bateau, mettre en boîte, faire grimper à l'arbre.

leak *n.* **to go for / take a leak**, uriner°, pisser un coup, (se) vidanger.

lean on *v.t.* 1. menacer°, mettre la pression sur, faire chauffer.

2. interroger longuement°, cuisiner, travailler ; **the cops leaned on him and he sang like a canary**, les flics l'ont si bien manœuvré qu'il a craché le morceau.

lean over backwards (to) *loc.* **to lean over backwards to help s.o.**, faire tout son possible pour aider qqun°, faire des pieds et des mains pour qqun, se décarcasser pour qqun.

learn *v.t.* **to learn s.o.**, donner° / apprendre une leçon à qqun ; **that'll learn you !** ça t'apprendra !

leather *adj.* de style homosexuel macho°, cuir ; **leather boy**, cuir ; **a leather bar**, un bar cuir.

leather *n.* 1. portefeuille°, larfeuille, larve, morlingue. 2. **to give s.o. a taste of the leather**, donner un coup de pied à qqun°, botter / latter qqun.

leather-jacket *n.* motocycliste°, motard, blouson de cuir.

leave for dead (to) *loc.* surpasser de loin°, larguer, lâcher, planter.

leave it out (to) *loc.* arrêter d'exagérer°, en finir avec le cinéma, mettre un bouchon ; **leave it out !** ferme-la !, ta gueule !, écrase !

lech, letch *n.* 1. désir sexuel°, envie (de qqun) *f.* 2. débauché°, coureur / coureuse, OS ; **John is such a lech he stands outside the school just to look at the girls' legs**, John est tellement obsédé qu'il reste devant l'école rien que pour regarder les jambes des filles.

lech, letch *v.i.* **to lech for / after / over s.o.**, être sexuellement attiré par qqun°, avoir très envie de qqun, baver sur qqun, mouiller *(femme)* / bander *(homme)* pour qqun.

left-footer *n.* catholique°, papiste, catho.

left, right and centre *loc.* de toutes parts°, de tous les côtés, dans tous les coins ; **I get invites left, right and center**, je croule sous les invites.

leftie, lefty *adj.* gauchiste°, gaucho.

leftie, lefty *n.* 1. gauchiste°, gaucho. 2. gaucher°.

leg *n.* 1. **to pull s.o.'s leg**, raconter des mensonges à qqun°, faire marcher qqun, mener qqun en bateau, monter un char à qqun. 2. **to shake a leg**, a) danser°, guincher, agiter les gambilles *f* ; b) se dépêcher°, se grouiller, se magner, s'agiter, s'affoler. 3. **to get one's leg over•**, posséder (une femme) sexuellement°, tirer un coup, tremper son biscuit, la mettre au chaud. 4. **to be on one's last legs**, être à bout de forces° / au bout du rouleau ; **my computer's on its last legs**, mon ordinateur est subclaquant. 5. **third leg•, middle leg•**, pénis°, queue *f*, tige *f*, jambe du milieu *f*.

leg it (to) *loc.* 1. marcher°, y aller à pinces / à pattes / sur pieds. 2. partir°, se cavaler, se barrer, mettre les bouts, agiter les compas.

legal eagle *n.* avocat°, babillard, bavard.

legit (*abr.* = legitimate) *adj.* honnête°, régulier, réglo.

legless *adj.* ivre mort°, complètement fait, rond comme une barrique, dans le sirop.

leg-opener *n.* boisson forte°, gnôle *f*, tord-boyaux.

legover• *n.* acte sexuel°, partie de jambes en l'air *f*, tringlette *f*, baise *f*.

leg-pull *n.* blague° *f*, canular, bateau, mise en boîte *f*.

lemon *n.* 1. *(US)* a) chose de peu d'intérêt° / à la flan *f*, crotte *f* ; **that movie's a lemon**, ce film est un navet. b) voiture invendable° *f*, ruine *f*. 2. *(US)* **to feel a lemon**, se sentir ridicule° / tout con. 3. *pl.* **lemons**, seins°, oranges *f*, doudounes *f*, rotoplots.

length• *n.* *(GB)* pénis°, tige *f*, bout, dard ; **to slip s.o. a length**, posséder qqun sexuellement°, se mettre qqun sur le bout, s'enfiler / se farcir qqun.

les, lez, lezzie, lizzie, lesbo, lezbo *n.* lesbienne° *f*, gouine *f*, gousse *f*.

let off *v.t.* avoir des gaz°, péter, lâcher ; **to let one off**, lâcher une louise / une caisse / Médor.

letch = **lech**.

let on *v.i.* **to let on about s.t.**, parler inconsidérément°, bavarder, moufter ; **whatever you do, don't let on about it**, surtout ne l'ouvre pas.

lettuce *n.* argent°, oseille *f*, fric, blé, artiche.

level (**on the**) *loc.* honnête°, régulier, réglo.

level *v.i.* agir *ou* parler franchement°, jouer franc jeu, y aller franlo ; **come on, level with me !** allez, tourne pas autour du pot !.

lez, lezbo, lezzie = **les**.

lib (*abr.* = liberation) *n.* **women's lib**, mouvement de libération des femmes°, MLF ; **gay lib**, cause homosexuelle°.

libber *n.* féministe°.

lick *n.* 1. flagorneur°, fayot, lèche-bottes. 2. **at full lick**, à toute vitesse°, à toute biture, à fond la caisse, plein pot. 3. solo de guitare électrique° ; **he's got some great licks**, à la guitare solo, il touche.

lick *v.t.* 1. battre à plate couture°, écraser, filer une branlée (à qqun), démolir. 2. surmonter° / liquider (une difficulté) ; **I've got it licked**, c'est dans la poche ; **it's got me licked**, là je l'ai dans l'os. 3. **to lick one's chops**, se réjouir à l'avance de ce qu'on va manger°, se pourlécher les babines. 4. **to lick s.o.'s boots / arse**, flatter qqun, cirer les pompes à qqun, lécher les bottes *f* / le cul à qqun.

licker = **lick** *n.* 1.

lid *n.* 1. couvre-chef° ; a) casque° ; b) *(US)* chapeau°, galurin, bitos. 2. **to put the lid on s.t.**, étouffer qqch.°, mettre l'éteignoir sur qqch. 3. **to blow the lid off s.t.**, faire éclater (un scandale)°, mettre le feu aux poudres, allumer une bombe. 4. **to blow / flip one's lid,** se mettre en colère°, se foutre en pétard, piquer une crise, péter les plombs. 5. petite quantité de marijuana° *f.*

lie like a bastard / like a pig (to) *loc.* mentir constamment°, mentir comme un arracheur de dents.

lie down on the job (to) *loc.* être paresseux°, tirer au flanc / au cul, glander.

lie-in *n.* séjour prolongé au lit° ; **to take a lie-in,** faire la grasse matinée.

life *n.* 1. **for the life of me,** absolument pas°, pas moyen ; **I couldn't for the life of me understand what the hell was going on,** j'avais beau me creuser la tête, je pigeais pas une rame à ce qui se passait. 2. **not on your life !** absolument impossible !°, jamais de la vie !, tu peux toujours courir ! 3. **how's life ?** ça va ?°, ça gaze ?, ça biche ? 4. **to get life,** être condamné à perpétuité°, prendre perpète, en prendre à vie.

lifer *n.* condamné à perpétuité°, incurable.

lift *v.t.* 1. arrêter°, agrafer, piquer, embarquer ; **the soldiers lifted the rioters,** la troupe a emballé les émeutiers. 2. voler°, piquer, embarquer, barboter, étouffer.

Liffey water *n. (GB)* bière brune irlandaise°, stout.

lig *n. (GB)* occasion de res-quiller°, plan gratos.

lig *v.i. (GB)* s'introduire sans payer dans une réception ou un concert°, entrer à l'œil, taper l'incruste.

ligger *n. (GB)* resquilleur°, parasite, incrusteur.

light *adj.* limité°, tangent, limite ; **to be light (of) s.t.,** manquer de qqch.°, être juste rapport à qqch. ; **I'm light about ten bucks,** il me manque à peu près dix dollars.

light (like a) *loc.* 1. **to be out like a light,** être assommé°, être dans les vapes / dans le cirage / ensuqué. 2. **to go out like a light,** a) s'évanouir°, tourner de l'œil, tomber dans les pommes, aller à dame ; b) s'endormir d'un seul coup°, s'écrouler, tomber.

lighten up *v.i.* 1. se dérider°, se mettre un sourire sur la tronche ; **lighten up, will you !** arrête de faire cette gueule d'enterrement ! 2. se détendre°, se déstresser, se relaxer ; **come on, lighten up !** relax Max !

light-fingered *adj.* habile pour voler°, champion de la fauche, qui a de la colle aux doigts.

light into *v.t.* attaquer°, tomber sur le paletot / le râble / le coin de la pomme (à qqun).

lightning (like [greased]) *loc.* 1. à toute vitesse°, à fond la caisse / les manettes *f.* 2. très rapidement°, en deux temps trois mouvements, en moins de deux.

light out *v.i. (US)* partir rapidement°, se tailler, se cavaler, filer.

lightweight *n.* individu de peu d'importance°, poids plume, minus ; **he's a literary lightweight**, c'est un écrivain de seconde zone.

like *adv.* 1. *(GB)* tu vois (ce que je veux dire), quoi, là, tu sais ; **I was walking down the road, like, and I bumped into my mate, like**, je me baladais dans le coin, tu vois, et je tombe sur mon pote, là ; **he's a bit dopey, like**, il est un peu con, quoi ; **you know what I mean, like**, tu vois ce que je veux dire, quoi. 2. *(US)* un peu, genre, si tu veux, je veux dire, quelque part ; **this guy is like crazy**, ce type est genre un peu louf ; **I kinda like feel a bit hungry, like I wanna grab a sandwich, like** ; j'ai un peu genre la dalle, genre je me ferais bien un casse-croûte, tu vois.

likely *adj.* 1. **a likely story**, vachement vraisemblable ! *(iron.)*, mon œil !, tu parles ! 2. **not (fucking / bloody) likely** ! jamais de la vie !°, pas de danger !, tu peux toujours t'accrocher !

likewise *adv.* (moi) de même°, idem ; « **I better be going - likewise** », « va falloir que j'y aille - moi itou. ».

lily *n.* homme efféminé°, gâcheuse *f*, lopette *f*, mademoiselle *f*.

limb (out on a) *loc.* dans une situation délicate°, sur la corde raide, sur le fil du rasoir.

limey *adj.* anglais°, angliche, rosbif.

limey *n.* Anglais°, angliche, rosbif.

limit (to go the) *loc.* 1. faire le maximum°, mettre le paquet, y aller franco, ne pas faire de détail. 2. se laisser posséder sexuellement°, se laisser faire, coucher ; **try it on her, they say she goes the limit**, tente le coup avec elle, il paraît qu'elle est pas contre.

limo *(abr. = limousine)* *n.* limousine° *f*.

limp-wrist *n.* homme efféminé°, tapette *f*, lopette *f*, mademoiselle *f*.

line *n.* 1. renseignement°, info *f*, tuyau, rencard ; **the cops have got a line on the murderer**, les flics sont rencardés sur l'assassin. 2. **to toe the line**, obéir°, marcher au pas / à la baguette. 3. ligne *f*, rail *(cocaïne)* ; **to do a line**, se faire une ligne. 4. **to give / shoot s.o. a line**, raconter un mensonge à qqun°, sortir un baratin à qqun, baratiner qqun. 5. **to lay / put one's ass on the line**, risquer sa personne° / sa peau. 6. **to be (way) out of line**, aller contre les règles° *f*, ne pas jouer le jeu. 7. **to do a line with s.o.**, fréquenter qqun°, sortir avec qqun.

line (up) *v.i.* inhaler° / sniffer *(cocaïne)*, se faire une ligne / un rail.

line up *v.t.* fournir°, dégotter, ramener ; **you look after the**

booze, I'll line up the girls, tu t'occupes de la gnôle, j'apporterai les gonzesses.

lingo *n.* langage inintelligible°, baragouin, jargon ; **sorry, I don't speak the native lingo**, désolé mais je ne cause pas le dialecte du coin ; **he's always rabbiting on in his computer lingo**, il arrête pas de nous bonnir son charabia d'informaticien.

lip *n.* 1. **to button / zip one's lip, to keep one's lip buttoned / zipped**, se taire°, la fermer, fermer sa gueule, ne pas l'ouvrir, mettre un bouchon. 2. insolence° *f*, toupet, culot ; **none of your lip, son !** ferme ça, malappris !

lippy *adj.* insolent°, culotté, gonflé.

liquid lunch *n.* déjeuner se résumant à un apéritif prolongé°, beuverie de midi *f*.

liquored (up) *adj. (US)* saoul°, bourré, schlasse, rond.

lit (up) *adj.* saoul°, bituré, beurré, allumé.

little boy's / girl's room *loc.* toilettes° *f*, petit coin, pipi-room.

live it up (to) *loc.* 1. mener grand train°, mener la grande vie, avoir la belle vie. 2. faire la fête° / la bringue / les quatre cents coups.

livid *adj.* furieux°, vert / blême (de rage), furibard, furax.

lizzie *n.* 1. vieille voiture°, tacot, guimbarde *f*, tromblon. 2. = **les**.

load *n.* 1. *(GB)* **get a load of this !** écoute un peu !, attends

que je te raconte ! ; **get a load of that !** vise / mate un peu ça ! 2. *(GB)* **a load of baloney / (old) balls• / bollocks• / (old) cobblers / crap / codswallop / guff / (old) wank•**, de la foutaise, un tas de conneries *f*, rien que de la connerie ; **that film was a load of old bollocks**, ce film était (nul) à chier. 3. **to drop one's load•**, déféquer°, chier, déposer un kilo, couler / mouler un bronze. 4. **to shoot one's load•**, éjaculer°, envoyer la sauce / la purée / la semoule, cracher / lâcher son venin. 5. *pl.* **loads of**, des tas / masses *f* / tonnes *f* de ; **I've got loads of old LPs at home**, chez moi j'ai une tapée de vieux 33 tours.

loaded *adj.* 1. très riche°, plein aux as, plein / bourré de fric. 2. a) ivre°, chargé, plein, bourré ; b) drogué°, raide, défoncé, stone.

loadsamoney *n. (GB)* individu très riche°, richard, tas de fric ambulant ; **here comes Mr. Loadsamoney**, et voici Monsieur Plein-aux-as.

loaf (*abr.* = **loaf of bread**, *RS* = **head**) *n. (GB)* tête° *f*, bille *f*, boule *f*, cafetière *f* ; **come on, use the old loaf !** allez, remue-toi la cervelle !

lob *v.t. (GB)* se débarrasser de°, balancer, bazarder, virer.

local *n.* café qu'on fréquente régulièrement°, annexe *f* ; **to go down the local**, aller au troquet du coin.

loco *adj.* fou°, givré, cinglé, dingo.

loco *n.* fou°, dingue, cinglé, dingo.

loco weed *n.* marijuana° *f*, herbe *f*, beu *f*, douce *f*.

lofty *n.* individu de haute taille°, grand dadais, asperge *f*.

lolly *n. (GB)* argent°, blé, fraîche *f*, flouze ; **lots of lovely lolly**, un gentil petit matelas d'oseille *f*.

lollypop man / lady *n. (GB)* contractuel(le) qui surveille les passages piétons à la sortie des écoles°.

lonesome (all on one's) *loc.* seul°, seulâbre, seul avec soi, tout seul dans son coin.

long time no see *loc.* ça fait longtemps° / une paye / un bail / des siècles (qu'on s'est pas vus).

loo *n.* WC°, vécés, ouatères ; **loo paper**, papier-toilette.

looker *n.* personne physiquement séduisante°, beau / belle gosse.

look-in (not to get a) *loc.* ne pas avoir une seule chance de succès°, ne rien voir passer, être complètement à côté de la plaque ; **the competition was so tough we didn't even get a look-in**, nos adversaires étaient si forts qu'on n'a jamais été dans le coup.

look-see *n.* coup d'œil°, œil, coup de sabord / de périscope ; **give us a look-see**, fais voir.

look up *v.i.* s'améliorer°, aller mieux, reprendre ; **things are looking up**, les choses s'arrangent.

loon, loony *adj.* fou°, cinglé, taré, barjo.

loon, loony *n.* fou°, cinglé, taré, dingue.

loony-bin *n.* hôpital psychiatrique°, asile, cabanon, Charenton, Sainte-Anne.

loony-tune(s) = loon *n.*

loop, looper *n. (GB)* fou°, branque, barjo, dingo.

looped *adj. (US)* ivre°, chargé, fait, bourré, schlasse.

loopy *adj.* fou°, timbré, dingo, siphonné.

loose *adj.* 1. décontracté°, relax, cool, à l'aise ; **hang loose !** rilax !, calmos !, cool Raoul ! 2. **to have a screw loose**, être un peu dérangé°, avoir une fissure / un (petit) grain / un petit vélo / une case en moins.

loose *n.* **to be (out) on the loose**, être en fuite° *f* / en cavale *f*, être lâché dans la nature.

loot *n.* 1. butin°, gâteau. 2. argent°, pèze, grisbi, pognon.

Lord love a duck ! *excl. (GB)* jarnibleu !, sacrebleu !, vingt dieux !

Lord Muck *n. (GB)* homme prétentieux°, Monsieur de Hautecrotte ; **who does he take himself for, Lord Muck ?** non mais il se prend pour qui ? le roi d'Espagne ?

lorry (off the back of a) *loc. (GB)* volé°, fauché, piqué, fabriqué ; **where did you get that, fall off the back of a lorry ?** où est-ce que t'as dégotté ça, à l'amiable ?

loser *n.* individu sans qualités°, minable, raté, nul, loser ; **he's a born loser**, il est né avec la poisse.

lost ! (get) *loc.* va-t-en !°, dégage !, casse-toi (tu pues) !, barre-toi (de mon herbe) !, tu pollues mon air !

loudmouth *n.* 1. individu qui parle fort°, grande gueule, braillard, gueulard. 2. individu qui parle à tort et à travers°, bavard, bavasseur, jaspineur.

loudmouthed *adj.* 1. qui parle fort°, braillard, gueulard, qui a une grande gueule. 2. qui parle à tort et à travers°, bavard, bavasseur, jaspineur, babillard.

lounge-lizard *n.* homme mondain qui cherche la compagnie des femmes°, don juan de salon.

louse *n.* individu méprisable°, salaud, fumier, ordure *f.*

louse-bag = louse.

louse up *v.t.* abîmer°, saloper, bousiller, foutre en l'air.

lousy *adj.* 1. de mauvaise qualité°, pourri, merdique, nul, craignos ; **lousy weather**, temps pourri ; **a lousy show**, un spectacle minable ; **lousy car**, bagnole de merde *f.* 2. **to feel lousy**, se sentir malade°, être mal fichu / mal foutu. 3. **to be lousy at s.t.**, être mauvais en qqch.°, être nul en qqch., craindre en qqch. 4. **to be lousy with s.t.**, être rempli° / bourré / pourri de qqch. ; **the place is lousy with cockroaches**, la baraque grouille de cafards.

love *n.* *(GB) (apostrophe)* Monsieur° / Madame°, jeune homme / jeune fille, mon grand / ma grande ; **what you want, love ?** qu'est-ce qu'on te sert, mon petit ?

love-handles *n.pl.* parties du torse au-dessus de la taille° *f,* poignées d'amour *f,* pneus.

love-in *n.* festival hippie°, love-in.

love-juice• *n.* sperme°, foutre, jute, sirop de paf.

lover-boy *n.* séducteur°, coureur, don juan, Casanova.

loverly, luvly *adj.* *(GB)* joli°, biau, agréable, gentil tout plein ; **wouldn't it be loverly ?** ça s'rait ben biau.

love-weed *n.* marijuana° *f,* herbe *f,* beu *f,* douce *f.*

lovey-dovey *adj.* sentimental°, mélo, guimauve ; **don't you hate it when those two get all lovey-dovey ?** tu trouves pas que ça craint un max quand ils se mettent à jouer les tourtereaux roucoulants ?

low (to be on a) *loc.* 1. être déprimé° / dans le trente-sixième dessous / flippé. 2. avoir une mauvaise réaction à la drogue°, flipper, piquer du nez.

low-down *adj.* méchant°, sale, moche, dégueu ; **a dirty low-down trick**, un sacré coup de vache.

low-down *n.* informations° *f,* rencards, tuyaux, infos *f* ; **to get the low-down on s.o. / s.t.**, se tuyauter / rencarder sur qqun / qqch., étudier le dossier de qqun / qqch.

lubricated *adj.* ivre°, bu, beurré, rétamé.

lubrication *n.* *(GB)* alcool°, anti-gel, carburant.

luck *n.* **any luck ?** alors ?, qu'est-ce que ça donne ? / ça dit ? ; **no luck !** niet !, nada ! ; **no such luck !** faut pas rêver !, penses-tu !, tu parles ! ; **the best of British luck !** *(GB)*, bien du plaisir !, bon courage !

luck out *v.i.* *(US)* 1. avoir de la chance°, avoir tiré le bon nu-méro, avoir un coup de pot / de bol / de cul. 2. ne pas avoir de chance°, avoir la poisse / la guigne / la mouscaille.

lug, lughole *n.* oreille° *f*, esgourde *f*, portugaise *f*, écoutille *f* ; **I'll give you a clip round the lughole**, je vais t'astiquer les oreilles.

lulu *n.* 1. jolie fille° / nana / loute, chouette minette *f*. 2. *(US)* **it's a lulu !** c'est merveilleux° / sensass / formide / épatant !

lumber *v.t.* *(GB)* **to lumber s.o.**

with s.t., imposer° / coller / flanquer qqch. à qqun ; **to get lumbered with s.t.,** se coltiner / s'appuyer / se farcir qqch.

lump *n.* imbécile°, cornichon, gourde *f*, cloche *f* ; **you great big lump !** espèce de bougre d'emplâtre !

lump *v.t.* **to lump it,** se contenter de ce qu'on a°, faire avec, passer par-dessus (qqch.) ; **like it or lump it,** que ça te plaise ou non.

lungs *n.pl.* seins°, doudounes *f*, amortisseurs, roberts.

lush *adj.* 1. sexuellement atti-rant°, bandant, godant, flashant, sexy. 2. luxueux°, (grand) luxe, classos.

lush *n.* alcoolique°, alcoolo, soif-fard, poivrot, éponge *f*.

lush *v.i.* boire de l'alcool°, bibe-ronner, picoler, avoir la dalle en pente.

lushed *adj.* ivre°, bourré, fait, plein, chargé.

luvly = loverly.

M

M (*abr.* = morphine) *n.* morphine° *f.*

ma *n.* 1. maman° *f*, m'man *f* ; **me ma**, m'man, la vieille. 2. mère *f*, mémère *f* ; **old ma Baker**, la mère Baker.

ma'am *n.* (*US*) (*apostrophe*) madame°, m'dame.

mac *n.* 1. (*apostrophe*) mon gars, mec, chef ; **hurry up, mac !** magne-toi, mon pote ! 2. imperméable°, imper ; **a man in a dirty mac**, un exhibitionniste°, un exhib.

macaroni *n.* Italien°, macaroni, rital.

machine gun *n.* seringue° *f*, shooteuse *f*, pompe à merde *f*, poussette *f*.

mad (like) *loc.* extrêmement°, comme un dingue / un cinglé ; **to run like mad**, courir comme un dératé.

madam(e) *n.* patronne de maison close° *f*, taulière *f*, maquerelle *f*.

maggot *n.* individu sans valeur°, moins-que-rien, minable, trouduc.

maggoty *adj.* (*GB*) ivre°, bourré, beurré, chargé ; **we got maggoty drunk**, on s'est bourré la gueule (à mort).

magic *adj.* exceptionnel°, super, génial, géant ; **there's only one word for that, magic darts !** y'a pas à dire, c'est un lancer de rêve !

magic mushrooms *n.pl.* champignons hallucinogènes°, champignons.

main drag *n.* artère principale d'une ville° *f*, grand boulevard.

main line *n.* veine *f* pour injection de drogue° / pour piquouse.

mainline *v.i.* s'injecter de la drogue°, se piquer, se shooter, se teushou.

mainliner *n.* drogué par injection°, piquouseur, shooté.

main man *n.* 1. mari° *ou* copain, mec, homme. 2. patron°, boss, chef. 3. meilleur ami° / copain, grand pote.

make *n.* 1. **on the make** a) âpre au gain°, qui cherche à faire du fric ; **he's always on the make**, il est toujours après une affaire, il a toujours une combine / un plan en train. b) qui cherche des aventures amoureuses°, dragueur, coureur ; **he's always on the make**, il est toujours à emballer les nanas. 2. partenaire sexuel°, coup ; **easy make**, coup facile, affaire *f*. 3. (*US*) identification° *f*, tapissage ; **to get a make on s.o. / s.t.**, se tuyauter / rencarder sur qqun / qqch. ; **to run a make on s.o. / s.t.**, vérifier l'identité° de qqun / qqch., tapisser qqun / qqch.

make *v.t.* 1. **to make it**, a) réussir°, (y) arriver ; **to make it big (time)**, parvenir au sommet° / au top, avoir le gros succès, toucher le jackpot ; **to have it made**, avoir l'affaire *ou* l'avenir en main ; **he's got it made**, il a qu'à se baisser (pour ramasser) ; b) parvenir° (quelque part / à qqch.) ; **I was so sick I barely made it to the bathroom**, j'étais tellement mal que j'ai failli jamais arriver aux toilettes ; c) surmonter une difficulté°, se tirer d'affaire, s'en sortir ; **he was so badly wounded I knew he wouldn't make it**, il était tellement amoché que j'étais sûr qu'il s'en sortirait pas ; d) faire l'amour°, coucher, s'envoyer en l'air ; **to make it with s.o.**, aller au pieu avec qqun. 2. **to make (sense) (out) of**, comprendre°, piger, saisir ; **what do you make of it ?** qu'est-ce que t'en tires ? ; **I can't make head nor tail of it**, j'y entrave que dalle / que couic. 3. arriver à temps pour° *(train, avion)*, attraper ; **I barely made the plane**, j'ai eu mon avion de justesse. 4. **to make a production / something / a big deal out of s.t.**, faire toute une histoire / tout un cirque / tout un plat de qqch. ; **do you really want to make something out of this ?** tu veux vraiment que ça devienne une affaire d'Etat ? 5. **to be / to get made**, devenir membre de la Cosa Nostra°, devenir un affranchi.

make for *v.i.* avoir pour conséquence°, valoir ; **inviting those two together will make for a really bad party**, inviter ces deux-là ensemble, c'est une soirée insupportable à tous les coups.

make like *v.i.* faire semblant° (de faire qqch.), faire comme si ; **come on, smile, make like it's Christmas !** allez, souris, dis-toi que c'est Noël !

make out *v.i. (US)* 1. se caresser°, se peloter, se bricoler, se tripoter ; **they went to the movies and spent the evening making out**, ils sont allés au cinéma et ils ont passé la soirée à se palucher. 2. faire l'amour° (avec qqun), se faire, s'envoyer ; **I finally succeeded in making out with him**, j'ai enfin réussi à me le taper.

make up *v.i.* **to make up to s.o.**, 1. flatter° qqun, baratiner qqun, passer de la pommade à qqun. 2. flirter° avec qqun, draguer / baratiner / emballer qqun.

make with *v.t. (US)* fournir°, sortir, abouler ; **hurry up, make with the bread !** dépêche-toi, crache le fric !

malarkey *n.* mensonges°, salades *f*, baratin, bobards ; **that's a load of old malarkey**, c'est la foutaise.

man *n.* 1. a) *(apostrophe)* mon gars, mec, chef ; **hey man, wanna make yourself twenty bucks ?** hé mec, tu veux te faire dix sacs ? ; b) *(excl.) (US)* **man !** putain ! ; **ma-a-an, that joint sucks !** la vache, qu'est-ce que ça craint là-dedans ! 2. **my man**, a) mon homme, mon mec ; b) mon ami°, mon copain, mon pote (à moi). 3. *(US)* **the man / Man**, a) la police°, les flics, la rousse ;

b) les Blancs°, l'Homme blanc ;
c) le patron°, le boss, le chef ;
d) un revendeur de drogue°, un
dealer / dileur. 4. l'homme de la
situation° ; **I'm your man,** je
suis ton homme ; **he's your
man,** c'est lui qu'il te faut.

-man *suff. (suffixe argotique
indiquant un goût ou une spé-
cialisation, par ex.* **cocksman,
lollypop man, triggerman**).

mandy *(abr. =* **Mandrax**) *n.
(GB)* tranquillisant°, valium.

mangle one's meat (to)• *loc.*
se masturber°, se branler,
s'astiquer la colonne, s'allonger le macaroni.

mankie, manky *adj. (GB)*
sale°, crado, cradingue,
dégueu, dégueulasse.

man-mad *adj.* nymphomane°,
nympho, chaude de la cuisse.

map of England / Ireland *n.*
tache de sperme sur les draps° *f,*
carte de France *f.*

marbles *n.pl.* 1. **go and play
marbles !** va jouer aux billes !,
va te faire cuire un œuf ! 2. **to
lose one's marbles,** perdre la
raison° / la boule / les pédales ;
**to (still) have all one's
marbles,** avoir encore toute sa
raison° / tête.

mare *n. (GB)* femme désa-
gréable° *f,* dragon, chameau.

mate *n. (GB)* 1. ami°, copain,
pote, aminche, poteau ; **I'm
going out with the mates
tonight,** ce soir je sors avec la
bande. 2. *(apostrophe)* mon
vieux, mon gars, mon mec ;
excuse me mate, got a light ?

excuse, chef, t'as du feu ?

matey *adj. (GB)* ami-ami,
copain-copain ; **to be matey
with s.o.,** être copain(s) avec
qqun.

mauler *n. (GB)* main° *f,* pogne *f,*
cuiller *f,* pince *f,* paluche *f* ;
keeps your maulers off ! bas
les pattes !

maybe *adv.* **maybe I will !**
jamais de la vie !°, pas question ! ; **maybe I won't !** certai-
nement°, sûr !, garanti sur facture !, tu peux y compter !

McCoy (the real) *loc.* de l'au-
thentique°, de l'appellation
contrôlée, du vrai de vrai.

MCP *(abr. =* **male chauvinist
pig**) *n.* phallocrate°, phallo,
dupont-la-joie(-la-bite-en-
fleur).

meal out of s.t. (to make a)
loc. donner à qqch. des pro-
portions exagérées°, faire tout
un plat / tout un cirque / toute
une histoire de qqch.

meal-ticket *n.* personne qui
assure la subsistance de
qqun°*(sp.* prostituée *f,* gagne-
pain, bifteck).

mean *adj.* 1. méchant°, vicieux,
vachard, dégueulasse ; **a mean
bastard / fucker•,** un vrai
salaud, un putain de fumier ;
that was a mean trick, c'était
un coup de vache. 2. excellent°,
extra, géant ; **he certainly has a
mean service,** il a un service
d'enfer / du tonnerre de Dieu.

meanie *n.* individu méchant°,
rat, chameau, sale type.

meat• *n.* 1. **to beat / flog /**

mangle / pound one's meat, se masturber°, s'astiquer la colonne, s'allonger le macaroni. 2. personne considérée du point de vue sexuel° *f*, cul, fesse *f* ; **let's go get us some meat**, allez, on va se chercher de la viande.

meat and two veg• *n.* *(GB)* organes sexuels masculins°, service trois-pièces, bijoux de famille, bazar.

meat-head *n.* crétin°, andouille *f*, emplâtre, cornichon.

meat-injection (to give s.o. a)• *loc.* posséder sexuellement°, baiser, enfiler, donner un coup de saucisse (à qqun).

meat market *n.* lieu de rencontres amoureuses°, draguodrome.

meat shop = meat market.

meat wagon *n.* 1. camionnette de police° *f*, panier à salade. 2. corbillard°. 3. ambulance° *f*.

mega *adj.* énorme°, fabuleux, géant ; **this group is going to be really mega**, ce groupe va devenir immense.

mega *adv.* beaucoup°, un max de ; **the French teacher gave us mega homework**, le prof de français nous a donné une tonne de boulot ; **when we win the lottery we're gonna be mega-rich**, si on gagne à la loterie on sera hyper-riches.

mega-bucks *n.* très grosse somme d'argent°, millions, paquet de fric ; **he's making mega-bucks on Wall Street**, il se fait des tonnes de fric à la Bourse.

mellow *adj.* *(US)* 1. décontracté°, décontracte, relaxe, cool. 2. légèrement ivre°, parti, paf, pompette.

mellow out *v.i.* *(US)* 1. se détendre°, se mettre peinard, se mettre à la coule. 2. se débarrasser de ses complexes°, se décoincer.

mental *adj.* *(GB)* fou°, louftingue, chabraque, zinzin ; **the guy is completely mental**, ce type est complètement ravagé.

-merchant *suff.* *(suffixe argotique indiquant une habitude ou une spécialité, par ex.* **speed-merchant**, **turd-merchant***).*

mercy buckets (= merci beaucoup) *loc.* merci beaucoup°, merci tout plein, Saint-Cloud-Paris-Match.

merry *adj.* légèrement ivre°, gris, paf, pompette.

mesc *(abr. = mescaline)* *n.* mescaline° *f.*

mess *n.* **to make a mess of s.o.**, blesser° / amocher qqun, salement arranger qqun, abîmer le portrait à qqun.

mess *v.i.* 1. **to mess with s.t.**, altérer° / bricoler / tripoter / trafiquer qqch. 2. **to mess with s.o.**, agir de façon déloyale avec qqun°, truander qqun, jouer au plus fin avec qqun ; **don't mess with me**, n'essaie pas de me la faire.

mess about, mess around 1. *v.i.* a) ne rien faire°, glander, glandouiller, branler ; b) faire l'imbécile°, faire le con, déconner, foutre sa merde ; **stop messing about !** arrête tes conneries ! ; c) **to mess about with s.o.,** (i) s'associer à qqun de peu fréquentable°, trafiquer / fricoter avec qqun ; (ii) avoir des rapports avec qqun en marge d'une relation officielle°, fréquenter qqun ; **he's been messing around with another woman for the last two years,** ça fait deux ans qu'il s'envoie une autre bonne femme. 2. *v.t.* **to mess s.o. about / around,** importuner° / enquiquiner / emmerder qqun ; **stop messing me around !** arrête de me chercher des crosses !

mess-up *n.* 1. désordre°, pagaille *f,* foutoir, boxon. 2. malentendu°, cafouillage, embrouille *f.*

mess up *v.t.* 1. abîmer°, bousiller, saloper, ficher en l'air ; **he messed the whole bloody thing up,** il a tout saboté. 2. blesser gravement°, amocher, buter, arranger.

meths *(abr. = methylated spirits) (GB)* alcool à brûler° ; **a meths drinker,** un clodo qui se shoote à l'alcool à brûler.

Michael = Mickey.

mick, Mick *n.* Irlandais°.

Mickey, Michael, Mike *n.* **to take / to extract the Mickey / Michael / Mike** *(abr. = to take the Mike Bliss, RS = to take the piss) (GB)* se moquer de°, charrier, se foutre de la gueule (de qqun) ; **would you ever quit taking the Mickey ?** jamais t'arrêtes de te foutre de la gueule du monde ?

mickey• *n.* pénis°, bite *f,* Popaul, queue *f.*

Mickey Mouse *adj.* 1. de qualité inférieure°, bidon, à la noix, à la flan, à la manque, à la mords-moi-le-nœud ; **what they're running is a real Mickey Mouse operation,** leur boîte, c'est un truc de charlots ; **Mickey Mouse money,** argent de Monopoly. 2. facile°, tranquille, pas dur ; **at college he took all the Mickey Mouse courses,** à la fac il a choisi que les cours fastoches.

middle leg•, middle stump• *n.* pénis°, arbalète *f,* jambe du milieu *f,* engin.

middle name *n.* caractère° ; **his middle name is Lady Luck,** il pourrait aussi bien s'appeler Monsieur Cul-bordé-de-nouilles ; **jealousy is her middle name,** c'est la jalousie personnifiée.

middle of nowhere (in the) *loc.* au diable vauvert°, à perpète (-les-bains), en pleine cambrousse.

middle stump• = middle leg•.

middling *adj.* moyen°, couci-couça ; **« how're you doing ? - fair to middling »,** « ça va ? - bof, on fait aller ».

miff (to be in a) *loc.* être de mauvaise humeur° / en rogne *f* / en boule *f,* avoir la haine.

miff *v.t.* 1. vexer° ; **his behaviour really miffed me,** je l'ai trouvé carrément vexant.

2. embêter°, enquiquiner, courir, gonfler.

miffed *adj.* 1. vexé°, qui prend la mouche, colère. 2. irrité°, en rogne *f*, en boule *f*, qui a la haine.

mighty *adv.* sacrément, diablement, bougrement ; **that was a mighty fine shot**, ça c'était un sacré tir.

Mike = Mickey.

mike *n.* microphone°, micro.

mile *n.* 1. **to be a mile away / out, to be miles away / out**, se tromper lourdement°, se planter complètement, être totalement à côté, se fourrer le doigt dans l'œil (jusqu'à l'omoplate). 2. **to be miles better**, être largement supérieur (à qqun)°, larguer ; **Peter is miles better than me at geog**, Peter me laisse à des kilomètres en géo.

mileage *n.* **to get a lot of mileage out of s.t.**, faire le plus grand usage possible de qqch.°, tirer le maximum de qqch., user qqch. jusqu'à la corde ; **he got a lot of mileage out of it**, il a pressé le citron au maximum.

mill around *v.i.* se masser°, être en foule *f* ; **people were milling around the main square before the demonstration began**, y avait un peuple monstrueux sur la place avant le début de la manifestation.

mincemeat *n.* **to make mincemeat of s.o.**, battre qqun violemment°, réduire qqun en bouillie *f*, faire de la chair à pâté de qqun.

mind-bender *n.* 1. problème difficile° / coton, casse-tête. 2. drogue hallucinogène° *f*.

mind-blower *n.* 1. chose *ou* expérience ahurissante°, choc ; **the concert was a real mind-blower**, le concert m'a laissé sur le cul. 2. drogue hallucinogène° *f*.

mind-blowing *adj.* ahurissant°, invraisemblable, hallucinant.

mind boggles ! (the) *loc.* incroyable !°, on croit rêver !, (non mais) je rêve !

mind-boggling *(GB)* **= mind-blowing.**

minder *n.* *(GB)* garde du corps°, gorille, gros bras.

mind-fuck *v.t.* endoctriner°, laver le cerveau (à qqun), niquer la tête (à qqun).

mine's *loc.* *(GB)* pour moi, ce sera ; **« what's yours ? - mine's a small whiskey »**, « qu'est-ce que tu prends ? - je veux bien un whisky simple ».

ming *v.i.* sentir mauvais°, puer, schlinguer, cogner, fouetter.

minge• *n.* *(GB)* sexe de la femme°, chatte *f*, motte *f*, mistigri.

mingy *adj.* 1. avare°, près de ses sous, radin, rat. 2. insignifiant°, misérable, rikiki.

mint *n.* grosse somme d'argent°, fortune *f* ; **to make a mint**, se faire un paquet de blé ; **worth a mint**, qui vaut les yeux de la tête.

mischief (to do oneself a) *loc.* se blesser°, s'arranger, s'amocher.

misery-guts *n.* rabat-joie°, bêcheur, croque-mort.

mish-mash *n.* mélange°, fatras, bouillie *f* ; **the latest expo at the Modern Art Museum is a real mish-mash**, la dernière expo du Musée d'art moderne est un vrai méli-mélo.

miss *v.t.* 1. **not to miss a trick**, ne laisser passer aucune occasion°, ne pas en rater une ; **he doesn't miss a trick**, il les pense toutes. 2. **to miss the boat / the bus**, échouer°, rater le coche, tomber à côté / à plat.

missis = missus.

Miss Right *n.* la femme idéale° / rêvée ; **I haven't found Miss Right yet**, je n'ai pas encore trouvé la demoiselle de mes rêves.

missus, missis (the) *n.* l'épouse°, la patronne, la bonne femme, bobonne *f.*

Mister muggins = muggins 2.

mitt *n.* main° *f*, pince *f*, paluche *f*, pogne *f* ; **take your mitts off !** bas les pattes !

mix it with s.o. (to) *loc.* se battre avec qqun°, avoir une explication avec qqun, se friter, se bastonner.

mixer *n.* **a (good) mixer**, une personne sociable° / à l'aise en société.

mo (*abr.* = **moment**) *n.* (GB) instant° ; **hang on a mo**, attends une seconde ; **back in a mo**, je reviens dans deux minutes.

moan *v.i.* se plaindre°, grogner, râler, geindre.

moaner *n.* individu qui se plaint°, râleur, geignard, rouspéteur.

mob *n.* 1. groupe de jeune voyous°, bande (de loubards) *f*, gang. 2. **the mob**, la pègre, le milieu.

mobster *n.* malfaiteur°, gangster, truand.

mod (*abr.* = **modernist**) *n.* adepte du style mod°, mod.

mog, moggie *n.* (GB) chat°, matou, minet.

mole *n.* agent infiltré dans un service secret°, taupe *f.*

money *n.* 1. **to be rolling in money / in the (big) money, to have pots / loads of money**, être très riche°, rouler sur l'or, nager dans le fric, être plein aux as. 2. **not to be made of money**, ne pas avoir des ressources financières inépuisables°, ne pas être une usine de fric ; **do you think I'm made of money ?** l'argent, tu crois que je le fabrique ? 3. **to burn money**, dépenser sans compter°, flamber, croquer. 4. **to have money to burn**, avoir de l'argent à ne pas savoir qu'en faire° / à en jeter par les fenêtres.

moneybags *n.* personne très riche° *f*, richard, tas de fric (ambulant).

mong (*abr.* = **mongoloïd**) *n.* crétin°, débile, taré, mongol, gol.

mongy, mongie *adj.* stupide°, débile, taré, mongol.

moni(c)ker *n.* nom (de code)°, blaze, centre.

monkey *n.* 1. **not to give a mon-**

key's about s.t., n'avoir rien à faire° / à cirer / à secouer / à cogner de qqch. 2. **monkey business**, a) affaire louche° *f*, combine *f*, magouille *f* ; **no monkey business !** pas d'entourloupe ! ; b) mauvaise conduite°, bêtises *f*, conneries *f* ; **let's not have any monkey business while I am away**, pas de blagues pendant que je suis là. 3. **monkey suit**, a) uniforme°, tenue *f* ; b) smoking°, frac, smok. 4. **to make a monkey (out) of s.o.**, se moquer de qqun°, se ficher de la tête / gueule de qqun, se payer la tê-te / la tronche de qqun.

monthlies *n.pl.* règles° *f*, affaires *f*, histoires *f*, époques *f*.

moo *n.* *(GB)* femme méprisable° *f*, vache *f*, bique *f* ; **silly old moo**, nunuche *f*, cloche *f*.

mooch (around / about) *v.i.* agir paresseusement°, flemmarder, feignasser, traînasser.

moocher *n.* paresseux°, flemmard, feignant, traînard.

moody *adj.* *(GB)* suspect°, louche, pas net, glauque ; **to sell moody gear**, vendre de la marchandise douteuse° / bidon.

moola(h) *n.* argent°, fric, pèze, pognon.

moon *v.i.* exposer son postérieur°, montrer son cul, mettre un cul à l'air.

moon about, moon around = **mooch**.

mooner *n.* excentrique°, fada, fondu, zarbi.

moonlight *v.i.* travailler au noir en sus d'un emploi déclaré°.

moonlighter *n.* individu qui travaille au noir en sus de son emploi°.

moonlighting *n.* travail au noir en sus d'un emploi déclaré°.

moonshine *n.* alcool (*sp.* whisky) de contrebande°, gnôle maison *f*.

mop up the floor with s.o. (to) *loc.* 1. battre qqun violemment°, flanquer / filer / foutre une déculottée / dégelée / dérouillée à qqun, faire de la chair à pâté de qqun. 2. infliger une défaite sévère à qqun°, filer une branlée / une piquette / une culotte à qqun.

morph, morf *(abr. =* **morphine**) *n.* morphine° *f*.

moron *n.* crétin°, débile, emplâtre, andouille *f*.

mosey along *v.i.* 1. flâner°, se baguenauder, traîner, traînasser. 2. partir°, y aller, se mettre en route ; **I suppose I should be moseying along**, je crois qu'il va falloir que je me sauve.

most (the) *loc.* ce qu'il y a de mieux°, la crème, le top ; **this guy really is the most**, ce type est vraiment le champion.

mostest (the hostess with the) *loc.* la reine des réceptions.

M.O.T. *(abr. =* **Ministry of Transport**) *v.t.* *(GB)* faire passer le contrôle technique (à un véhicule)° ; **my car's been M.O.T.'d**, ma voiture est passée au contrôle technique.

mothball *v.t.* remettre à plus tard° *(projet, etc.)*, mettre au frigo / au placard.

mother *n.* 1. = **motherfucker**. 2. énorme°, monstrueux, géant ; **a mother of a battle**, une méga-bataille.

motherfucker• *n.* 1. individu très méprisable°, enfant de salope, enculé (de sa mère) ; **okay, motherfucker, just sit down and shut up**, bon allez, connard, tu vas t'asseoir et la boucler. 2. a) objet énorme° *ou* admirable°, monstre, phénomène ; **let's get this motherfucker into the oven**, il faut qu'on foute ce putain de bestiau au four. b) individu exceptionnel°, monstre, dieu ; **he's one motherfucker of a player**, c'te enculé, qu'est-ce qu'il joue bien.

motherfucking• *adj.* sacré°, enculé de, putain de, bordel de ; **get your motherfucking car out of my fucking driveway !** vire ta putain de bagnole de devant chez moi, bordel ! ; **I'll have your ass, you motherfucking son-of-a-bitch**, putain d'enculé de ta mère, un jour je vais te niquer la tête.

motor *n.* *(GB)* voiture° *f*, tire *f*, bagnole *f*, caisse *f*.

motor *v.i.* *(GB)* bien fonctionner°, gazer, boumer, rouler ; **now we're motoring**, et maintenant ça roule.

mount• *v.t.* *(GB)* posséder sexuellement°, baiser, sauter, caramboler, monter, grimper.

mount• *n.* *(GB)* personne envisagée du point de vue sexuel° *f*, monture *f*, coup.

mouth *n.* *(GB)* 1. **to be all mouth (and no action)**, se payer de mots°, se gargariser ; **he's all mouth and no action**, ça cause, ça cause, c'est tout ce que ça sait faire. 2. **to have a mouth like the inside of a Turkish wrestler's jockstrap**, avoir un mauvais goût dans la bouche° (*sp.* après une cuite), avoir un goût de chiottes dans la gueule.

mouthful *n.* 1. qqch. de difficile à prononcer° ; **her name is a real mouthful**, elle a un nom à coucher dehors. 2. **to give s.o. a mouthful**, a) insulter qqun°, traiter qqun de tous les noms, envoyer des fleurs à qqun, en dire de toutes les couleurs à qqun ; b) crier° / gueuler sur qqun, engueuler qqun. 3. **to say a mouthful**, dire qqch. de remarquable°, en sortir une belle.

mouth music• *n.* cunnilingus°, descente à la cave / au barbu *f*, broutage de cresson.

mouth (off) *v.i.* parler à tort et à travers°, bavasser, parloter, jaspiner.

mouthpiece *n.* 1. avocat°, babillard, bavard. 2. porte-parole°, organe.

mouthy *adj.* bavard°, bavasseur, jaspineur, qui a une grande gueule.

Mr. Big *n.* le patron *sp.* d'une organisation criminelle°, le Boss, le Gros, le Vieux.

Mr. Clean *n.* 1. personne extrêmement soignée°, qqun de clean / propre-sur-soi. 2. politicien *ou* entrepreneur vierge de tout scandale°, Monsieur Propre.

Mr. Nice Guy *n.* bon Samaritain°, petit saint, boy-scout ; **no more Mr. Nice Guy stuff, let's get down to business,** assez joué les enfants de chœur, passons aux choses sérieuses.

Mr. Right *n.* l'homme idéal° / rêvé ; **she's still looking for Mr. Right,** elle cherche encore l'homme de ses rêves.

Mrs. Mop(p) *n. (GB)* la femme de ménage°, Madame Serpillière.

much *adv.* 1. **that's a bit much,** c'est un peu fort (de café) / un peu beaucoup / un peu trop, faut / faudrait pas pousser ! 2. **not much of a...,** pas un grand / gros... ; **I'm not much of a gambler,** je ne suis pas très joueur ; **he's really not much of a player,** comme joueur il est pas doué. 3. **much of a muchness,** la même chose°, kif-kif (bourricot), du pareil au même.

muck *n.* **to make a muck of s.t.,** abîmer° / massacrer / bousiller qqch., ficher / foutre qqch. en l'air.

muck about, muck around = **mess about, mess around.**

muck in *v.i. (GB)* 1. participer au travail°, mettre la main à la pâte. 2. partager° *(repas, domicile, etc.),* faire ensemble ; **we**

muck in together on most work-days, au boulot on becte ensemble presque tous les jours ; **soldiers, like it or not, have to muck in together,** que ça leur plaise ou non, les soldats sont obligés de crécher ensemble.

mucker *n. (GB)* ami°, pote, poteau, aminche.

muckraker *n.* journal° *ou* journaliste° à scandale, fouille-merde.

muck up *v.t.* 1. salir°, saloper, cochonner, dégueulasser. 2. abîmer°, massacrer, bousiller, foutre en l'air.

mudslinger *n.* politicien° *ou* journaliste° qui traîne ses adversaires dans la boue, chien.

muff *(GB) v.i., v.t.* faire une erreur°, rater / louper son coup ; **to muff it,** foirer, se louper, se planter, merder.

muff• *n.* vagin°, chatte *f,* barbu, chicorée *f.*

muff-diver• *n.* individu qui pratique le cunnilingus°, brouteur de cresson.

muff-diving• *n.* cunnilingus°, broutage de cresson, descente au barbu / à la cave *f.*

mug *n.* 1. visage°, fraise *f,* tronche *f,* bouille *f* ; **ugly mug,** sale gueule *f.* 2. victime° *f,* jobard, poire *f,* pigeon ; **to be a mug,** être un couillon ; **do you take me for a mug ?** tu me prends pour un cave ? ; **mug's game,** trompe-couillon, piéja-con.

mug *v.t.* agresser°, braquer ; **I**

was **mugged in the underground**, je me suis fait serrer dans le métro.

mug-shot *n.* photo d'identité judiciaire° *f.*

mugger *n.* agresseur°, braqueur, dépouilleur.

mugging *n.* vol avec agression°, serrage, dépouille *f.*

muggins *n.* *(GB)* 1. crétin°, cloche *f*, andouille *f*, nouille *f.* 2. moi-même°, mézigue, ma pomme, ma fraise ; **and guess who was left holding the baby ? who else but muggins !** devine qui c'est qui s'est tapé la corvée ? évidemment, bibi !

multi-coloured yawn *n.* 1. vomissement°, renard, gerbe *f*, dégobillade *f.* 2. vomi°, gerbe *f*, refile, dégueulis.

mum (to keep) *loc.* se taire°, s'écraser, rester motus et bouche cousue, ne pas l'ouvrir.

mummy *n.* maman° *f*, m'man *f* ; **mummy's boy**, le petit garçon à sa maman.

munchies (to have the) *loc.* avoir faim° *sp.* après avoir pris de la drogue, avoir la dalle / les crocs / les crochets.

murder *n.* entreprise difficile° *f*, épreuve *f*, enfer, toute une histoire ; **crossing town on New Year's Eve is absolute murder**, pour traverser la ville pendant le réveillon, c'est une vraie corrida.

murder *v.t.* 1. frapper violemment°, tabasser, buter, péter la gueule (à qqun) ; **if my neigh-**

bour doesn't give over I'll **murder him**, si le voisin ne la boucle pas je vais en faire de la chair à pâté. 2. exécuter lamentablement° *(chanson, pièce)*, massacrer ; **the group really murdered that oldie**, le groupe a vraiment détruit ce vieux tube. 3. consommer°, se faire, se taper, s'avaler, descendre ; **I could murder a pizza**, je me ferais bien une pizza.

Murphy's law *n.* loi selon laquelle on est sûr d'avoir des ennuis° *f*, loi selon laquelle le pire est toujours certain *f*, loi de l'emmerdement maximum *f.*

muscle in on *v.i.* 1. s'introduire°, ramener sa fraise, se ramener. 2. traiter avec sévérité°, mettre la pression (sur qqun), serrer la vis (à qqun) ; **the big-time gangsters decided to muscle in on the small operators**, les gros durs ont décidé de faire le ménage dans le menu fretin.

mush *n.* 1. *(GB)* a) bouche° *f*, gueule *f*, margoulette *f*, clapet, bec ; b) visage°, frime *f*, gueule *f*, fraise *f*, tronche *f.* 2. *(GB)* *(apostrophe)* gus !, coco !, chef ! 3. sentimentalité° *f*, guimauve *f*, mélo, sucrerie *f.*

mushy *adj.* sentimental°, guimauve, dégoulinant, mélo.

mutt *n.* 1. chien°, cabot, clebs, clébard. 2. crétin°, pignouf, corniaud, pauv'con.

Mutt and Jeff (*RS* = **deaf**) *adj.* *(GB)* sourd°, sourdingue, dur de la feuille.

mutton dagger• *n.* pénis°,

bistouquette *f*, sabre, arbalète *f*.
muttonhead *n.* crétin°, corniaud, tête de veau *f*, pignouf.
muzak *n.* musique de fond° *f*, musique de supermarché *f*.

myob (*abr. =* **mind your own business !**) (*GB*) occupe-toi de tes affaires !°, mêle-toi de tes oignons !, je t'ai pas demandé l'heure qu'il était !, t'occupe !

N

nab *v.t.* arrêter°, pincer, alpaguer, emballer ; **to get nabbed**, se faire gauler.

naff, gnaff *adj. (GB)* sans intérêt°, nul, zéro, tocard, ringard.

naffing (*euph.* = **fucking**) *adj., (GB)* fichu, maudit, sacré, satané ; **where's my naffin' car ?** où est cette fichue bagnole ?

naffing (*euph.* = **fucking**) *adv. (GB)* fichument, foutument, sacrément ; **it was naffing great**, c'était complètement génial.

naff off (*euph.* = **fuck off**) *v.i. (GB)* partir°, décamper, calter, ficher / foutre le camp ; **naff off !** barre-toi !, dégage !

nag *n.* vieux cheval°, canasson.

nail *n.* seringue° *f*, shooteuse *f*, pompe à merde *f*, poussette *f*.

nail *v.t.* 1. a) attraper (qqun) sur le fait° / la main dans le sac, prendre en flag ; b) arrêter°, gauler, choper, piquer ; c) punir°, niquer ; **he was nailed for five years**, il a pris cinq ans. 2.• posséder sexuellement°, baiser, sauter, niquer.

'Nam *n. (US)* Vietnam° (*en tant que lieu de la guerre du même nom*) ; **we were in 'Nam together back in '66**, on a fait le Vietnam ensemble en 66.

namby *n. (GB)* poltron°, lavette *f*, lavedu, chiffe / couille molle.

namby-pamby *adj. (GB)* niais°, gnangnan, cucu (-la-praline).

name *n.* 1. **to get a (bad) name for oneself**, acquérir une mauvaise réputation°, se faire un nom ; **if she keeps sleeping around she'll get a name for herself**, si elle continue à coucher à droite et à gauche elle va finir Pouffiasse Publique Numéro Un. 2. **the name of the game**, la règle°, la loi (du genre) ; **corruption and lies, that's the name of the game in politics**, en politique, corruption et mensonges sont monnaie courante. 3. personnalité° *f*, grand nom, star *f*, vedette *f* ; **he's a name in the art world**, c'est quelqu'un dans le monde de l'art.

name *v.t.* **you name it**, n'importe quoi°, tout ce que tu veux / voudras ; **bikes, strollers, you name it, he buys it**, vélos, poussettes, bidules en tout genre, il est preneur.

name-drop *v.i.* remplir son discours de noms de personnes célèbres° ; **he's always name-dropping**, il arrive toujours à caser des noms connus.

name-dropper *n.* personne qui remplit son discours de noms de personnes célèbres° *f*, encyclopédie mondaine.

nana (*abr.* = **banana**) *n. (GB)* crétin°, andouille *f*, nouille *f*, banane *f*.

nance, nancy (boy) *n.* 1. homosexuel°, (grande) folle *f*, tapette *f*, tante *f*. 2. homme efféminé°, lopette *f*, chochotte *f*, mademoiselle *f.*

napper *n.* tête° *f*, cigare, cafetière *f*, melon.

narc(o) *n. (US)* agent de la brigade des stupéfiants° / des Stups.

nark *n.* 1. indicateur°, indic, balance *f*, donneur, doulos ; **he's a copper's nark**, il pointe chez Poulaga. 2. importun°, enquiquineur, emmerdeur, casse-pieds.

nark 1. *v.i.* **to nark on s.o.**, dénoncer° / balancer / balanstiquer / donner qqun. 2. *v.t. (GB)* a) importuner°, enquiquiner, brouter, gonfler ; b) **to get narked**, se mettre en colère° *f*, se ficher en pétard / en rogne *f* / en boule *f* ; c) **nark it !** silence !°, écrase !, ta gueule !

narked *adj. (GB)* 1. de mauvaise humeur°, de mauvais poil, mal luné. 2. en colère° *f*, en pétard, en rogne *f*, en boule *f*, colère.

narky *adj. (GB)* 1. = **narked**. 2. de mauvais caractère°, mal embouché, enquiquineur ; **he's a narky bastard**, c'est un chieur de première.

nasty *n.* 1. méchanceté° *f*, rosserie *f*, sale coup, vacherie *f*. 2. problème épineux°, os, sac de nœuds. 3. **video nasty**, vidéo d'horreur° *ou* de violence° *f*.

nasty piece of work *n.* individu à éviter°, danger public, type qui craint.

natch ! *(abr. = naturally) excl.* naturellement !°, naturlich !, offcourse !

natter *n. (GB)* conversation° *f*, parlotte *f*, causette *f*, bavette *f* ;

to have a natter, discuter le bout de gras.

natter *v.i. (GB)* parler°, jaspiner, causer, parlotter, jacasser.

Nature *n.* **Nature's call**, besoin d'aller aux toilettes°, (petit) besoin naturel ; **Nature calls**, faut que j'aille au petit coin.

near as dammit / be dammned (as) *loc.* presque la même chose, quasi, tout comme ; **if it's not exactly that it's as near as dammit**, c'est du pareil au même.

neat *adj.* excellent°, épatant, sensass, génial, chouette ; **neat !** super ! ; **he's a neat guy**, c'est un chouette type.

neck *n.* 1. **to be up to one's neck in s.t.**, a) être complètement pris dans qqch.°, être jusqu'au cou dans qqch., avoir de qqch. jusque par-dessus la tête ; b) être impliqué° / mouillé dans qqch. 2. **to get / to catch it in the neck**, être victime°, dérouiller, écoper, déguster, trinquer. 3. **to stick one's neck out**, prendre des risques°, se mouiller, se mettre en avant. 4. a) **to breathe down / to be on s.o.'s neck**, être à la poursuite° / sur le dos / aux trousses / sur la piste de qqun ; b) **get off my neck !** laisse-moi tranquille !°, fous-moi la paix !, lâche-moi (la grappe) ! 5. **to be dead from the neck up**, être complètement stupide° / tarte / neuneu / gland. 6. **to have a (brass) neck**, avoir de l'audace° / du toupet / du culot, être culotté / gonflé. **7 to break s.o.'s neck**, frapper qqun violemment°, casser la gueule / la tête à qqun. **8. to break one's neck doing s.t.**, se hâter° de faire qqch., se grouiller / se magner (le cul) pour faire qqch. **9.** *(GB)* **the neck of the woods**, l'endroit°, le coin, le secteur ; **he's not from this neck of the woods,** il est pas d'ici.

neck *v.i.* 1. s'embrasser°, se bécoter, se rouler des pelles *f* / des patins. 2. se caresser°, se toucher, se peloter, se bricoler ; **they were necking in the back of the car,** ils se tripotaient à l'arrière (de la bagnole).

necking *n.* caresses amoureuses°, mamours, pelotage, tripotage.

needle *n.* 1. **to give s.o. the needle**, importuner° / enquiquiner qqun, taper sur le système à qqun ; **he's been giving me the needle for the past half an hour,** ça fait une demi-heure qu'il est là à me les briser / à me courir / à me gonfler ; **to get / to take the needle,** se mettre à bouder°, faire la gueule ; **he's taken the needle since he lost,** il fait la tronche depuis qu'il a perdu. 2. **to be on the needle,** se droguer par piqûres°, se piquer, se shooter.

needle match *n.* rencontre sportive très importante°, match au sommet.

needle *v.t.* 1. agacer°, courir, pomper, gonfler ; **this guy really needles me,** qu'est-ce qu'il

me gonfle, ce mec ! ; **to be needled**, en avoir ras la patate ; **what's needling you ?** qu'est-ce qui te turlupine ? 2. **to needle s.o. into doing s.t.**, persuader qqun de faire qqch. à force de jérémiades°, bassiner qqun jusqu'à ce qu'il fasse qqch. ; **he needled me into acting in the play,** il m'a cassé les pieds jusqu'à ce que je joue dans la pièce.

nellie ! (not on your) *loc.* *(GB)* jamais de la vie !°, pas question !, tu peux toujours courir !

nerd, nurd *n.* *(US)* 1. intellectuel° *ou* spécialiste borné°, intello, polar, neuneu ; **computer-nerd**, informaticien débile ; **the nerds are taking over the world,** tous ces experts à la mords-moi-le-nœud sont en train de prendre le pouvoir partout. 2. individu peu attirant° *ou* incapable de relations mondaines°, beauf, blaireau, mickey. 3. crétin°, andouille *f*, neuneu, banane *f*.

nerdy *adj.* 1. obsédé par ses études°, borné, polar. 2. idiot°, crétinesque, neuneu, nunuchon.

nerk *n.* *(GB)* crétin°, tête de veau *f*, andouille *f*, neuneu.

nerve *n.* 1. audace° *f*, estomac, toupet, culot ; **to have (some) nerve,** avoir un sacré culot, être gonflé ; **you've got some nerve !**, tu manques pas d'air ! ; **to have the nerve to do s.t.,** avoir le cran de faire qqch. ; **to lose one's nerve,** se dégonfler. 2. *pl.* **nerves**, nerfs° ; **to get on**

s.o.'s nerves, taper sur les nerfs / le système à qqun.

never-never (on the) *loc. (GB)* à crédit° ; **to buy on the never-never,** acheter à tempérament° / à croume.

new *adj.* **what's new ?** quoi de neuf ? ; **so what else is new ?** ah ! bon ? (*iron.*), quel scoop ! (*iron.*).

new boy *n.* nouveau venu°, pied-tendre, bleu, bleubite.

Newfie (*abr. = Newfoundlander*) *adj.* Terre-Neuvien° ; **did you hear about the Newfie fish ? it drowned itself !** tu connais celle du poisson de Terre-Neuve ? il s'est noyé !

Newfie (*abr. = Newfoundlander*) *n.* Terre-Neuvien°.

newt (pissed as a) *loc. (GB)* complètement saoul°, bourré comme un coing, rond comme une barrique, plein comme un œuf.

nibs (his) *n.* lui°, le sieur, cézigue, sa majesté (*iron.*).

nice *adj.* 1. **nice going !** bien vu !, bravo ! ; **nice one (Cyril) !** ça c'est envoyé ! 2. **nice as pie,** très poli°, gentil tout plein, gentil comme tout.

nicely *adj. (GB)* éméché°, parti, paf, pompette.

nick *n. (GB)* 1. prison° *f*, taule *f*, cabane *f*, trou ; **to be in the nick,** être à l'ombre. 2. **in good nick,** en bon état°, impec ; **in perfect nick,** nickel ; **my granddad is still in good nick,** mon papi est encore vigousse.

nick *v.t.* 1. voler°, piquer, faucher, barboter ; **he nicked a few CDs from the record shop,** il a chauffé des lasers au disquaire. 2. arrêter°, pincer, choper, pécho ; **you're nicked, my lad !** tu es fait, mon gars ! ; **to get nicked,** se faire choper / pécho / gauler. 3. escroquer°, arnaquer, couillonner, niquer ; **to get nicked,** se faire pigeonner.

nicker *n. (GB)* livre sterling° *f* ; **that'll cost you twenty nicker, mate !** ça fera vingt livres, mon gars !

niff *n. (GB)* mauvaise odeur°, puanteur *f*, chlingue *f* ; **there's an awful niff in here,** ça schlingue / dégage / cogne un max dans le coin.

niff *v.i. (GB)* sentir mauvais°, puer, chlinguer, cogner.

nifty *adj.* bon°, chouette, choucard, sympa ; **a nifty idea,** une idée extra ; **I got myself a nifty little lap-top,** je me suis payé un chouette petit portable.

Nigerian lager *n. (GB)* bière brune°, stout.

nigger• *n.* 1. nègre° / négresse°, négro, bamboula, boubou ; **to work like a nigger,** travailler comme un nègre / bœuf. 2. **a nigger in the woodpile** (*GB*), un problème technique°, un os, un pépin, une couille dans le potage ; **he's the nigger in the woodpile,** c'est lui qui fout la merde.

niggling *adj. (GB)* irritant°, enquiquinant, emmouscaillant ;

niggling little problems, embêtements°, (petites) merdes.

niggly *adj.* qui proteste pour des bagatelles°, chipoteur, qui cherche la petite bête, enquiquinant.

night hawk / owl *n.* personne qui vit la nuit° *f*, couche-tard, fêtard, oiseau de nuit.

nig-nog• *n.* *(GB)* nègre° / négresse°, négro, boubou, bamboula, bougnoule.

nimby (*abr. = not in my back yard*) *n.* opposant local aux grands projets d'infrastructures°, type « pas de ça chez moi ».

nine-bob note (as bent as a) *loc.* *(GB)* 1. homosexuel°, pédé comme un phoque, tapette complète. 2. malhonnête°, vicieux, tordu, ripou ; **he's as bent as a nine-bob note,** c'est le dernier des escrocs° / filous / arnaqueurs. 3. faux°, bidon, tocard ; **that stuff he's selling is as bent as a nine-bob note,** sa camelote, c'est tout du toc.

nineteenth hole *n.* 1. beuverie suivant une partie de golf° *f*, troisième mi-temps *f*. 2. le bar du golf°.

nine-to-fiver *n.* employé de bureau°, col-blanc, gratte-papier.

Nip• *adj.* japonais°, nippon, jap.

Nip• *n.* Japonais°, Nippon, Jap.

nip *v.i.* *(GB)* 1. **nip round / along / over (to) somewhere,** faire un passage° / un saut quelque part, passer quelque part ; **to nip over to Paris for the weekend,** faire une virée à Paris pour le week-end. 2. **to nip in,** pénétrer brièvement°, entrer une seconde ; **he nipped into a bar for a quick drink,** il est rentré dans un bar pour s'en jeter un.

nip off *v.i.* *(GB)* partir°, se sauver, décamper, se tirer ; **I must be nipping off,** faut que je me sauve.

nipper *n.* enfant°, gosse, môme, mioche.

nippy *adj.* *(GB)* 1. frais°, frisquet, fresco ; **it's nippy today, isn't it ?** il fait une bonne fraîche aujourd'hui. 2. rapide°, vite, qui trace ; **make it nippy !** grouille(-toi) !, magne(-toi) !

nit *n.* *(GB)* crétin°, andouille *f*, nouille *f*, empoté ; **silly nit !** bougre d'emplâtre !

nit-pick *v.i.* discuter sur des détails°, couper les cheveux en quatre, ergoter, chercher la petite bête, enculer les mouches.

nit-picking *n.* chipotage°, discutaillerie *f*, ergotage, enculage de mouches.

nitty-gritty (the) *n.* l'essentiel°, le fond du problème ; **let's get down to the nitty-gritty,** venons-en au fait.

nit-wit = **nit.**

nix *n.* rien°, que dalle, des clous, balpeau.

nix *v.t.* opposer son veto° (à qqch.), dire niet (à qqch.).

nob *n.* membre de la haute société°, aristo ; **he's a real nob,** il est de la haute ; **the nobs**, le gratin.

nob• *v.t. (GB)* posséder sexuellement°, baiser, se taper, se farcir, se faire, se mettre (qqun) sur le bout.

nobble *v.t. (GB)* 1. mettre hors d'état de nuire°, neutraliser, mettre hors combat. 2. droguer° (un cheval), doper. 3. corrompre° *(jury, etc.)*, acheter. 4. arrêter°, gauler, choper, coffrer, pincer.

nobody home (there's) *loc.* il n'a pas toute sa tête°, il lui manque une case, il est cinglé / allllumé / ouf.

no can do ! *loc.* je ne peux pas°, moi (y en a) pas pouvoir, non possumus !

nod (the) *n.* l'autorisation° *f*, le feu vert.

noddy *n. (GB)* policier ordinaire°, flic de base, poulet lambda.

no dice *loc.* impossible°, pas question, niet, zob ; **when we asked for a discount it was no dice**, on a demandé un rabais mais tintin.

nod off *v.i.* s'endormir°, piquer du nez, tomber, s'écrouler.

noggin *n.* tête° *f*, cigare, cafetière *f*, melon.

no-good *adj.* incompétent°, incapable, nul, bon à rien.

no-gooder *n.* individu incompétent°, vaurien, bon à rien, nullité, tache.

no great shakes *loc.* pas extraordinaire°, pas terrible, qui casse pas des briques ; **when it comes to dancing he's no great shakes**, sur une piste de danse il est pas des plus doués.

noises *n.pl.* 1. **to make noises about s.t.**, commencer à parler ouvertement de qqch.°, lancer une piste, mettre qqch. dans l'air ; **the government is making noises about privatizing the railroads**, le gouvernement fait comprendre qu'il a un plan de privatisation des chemins de fer. 2. **to make the right noises**, dire ce que les gens veulent entendre°, aller dans le sens du poil.

no-no *n.* qqch. d'interdit° / qui ne se fait pas ; **smoking is an absolute no-no around her house**, la fumée est totalement tabou chez elle.

nooky, nookie *n.* rapports sexuels°, partie de jambes en l'air *f*, radada ; **he likes his nooky**, il aime bien la crampette.

nooner *n.* rapports sexuels à l'heure du déjeuner°, pause crampette *f*.

nope *adv. (US)* non°, eh non, niet.

no picnic *loc.* qqch. de difficile°, pas une mince affaire, pas une partie de plaisir ; **the flight back was no picnic**, le vol pour rentrer, fallait se le cogner.

nose *n.* 1. **to pay through the nose for s.t.**, payer qqch. très cher° / les yeux de la tête / la peau des fesses. 2. **by a nose**, de peu°, d'un rien, d'un cheveu. 3. **to get up s.o.'s nose**, irriter° / courir / gonfler qqun, taper sur le système / casser la tête à qqun. 4. **to keep one's nose clean**, se conduire correctement°, se tenir à carreau, marcher droit. 5. **on the nose**, exactement°, pile, pile-poil ; a) **he arrived at six on the nose**, il est arrivé à six heures précises° / tapantes / pétantes ; b) **his guess was right on the nose**, il est tombé pile dessus. 6. **to have a nose for s.t.**, être connaisseur de qqch.°, avoir du flair / du nez pour qqch. ; **she certainly has a nose for bargains**, elle renifle les bons coups à trois kilomètres.

nose about, nose around *v.i.* fureter°, fouiner, fourrer son nez partout.

nose-candy *n.* cocaïne° *f*, coke *f*, reniflette *f*, poudrette *f*.

nose-rag, nose-wipe *n.* mouchoir°, tire-jus.

nosey, nosy *adj.* curieux°, fouinard, fouineur ; **don't be so nosey !** t'occupe !

nosh *n.* 1. nourriture° *f*, bouffe *f*, mangeaille *f*, bectance *f*. 2. *(US)* casse-croûte°, casse-dalle, en-cas.

nosh *v.i.* 1. *(GB)* manger°, bouffer, boulotter, becter, grailler. 2. *(US)* manger un petit peu°, grignoter, casser une petite graine.

nosherie *n.* *(GB)* restaurant°, resto, restif, mangeoire *f*.

nosh-up *n.* *(GB)* festin°, gueuleton, bonne / grande bouffe ; **we had ourselves a bit of a nosh-**

up, on s'est tapé une bonne petite bouffe.

nosy = **nosey**.

not all there *loc.* fou°, marteau, à la masse, à côté de la plaque.

not fucking likely !• *loc.* pas question !°, tu peux toujours courir !, je t'en foutrai !

'nother (a whole) *loc.* *(US)* **a whole 'nother story / ball game / kettle of fish**, tout à fait autre chose°, un tout autre problème, une autre histoire.

nothing *n.* 1. **nothing doing !** rien à faire !°, tintin !, peau de zob ! 2. **nothing to it !** facile !°, c'est du gâteau ! / du cousu main !, c'est galette !

notice (not to take a blind bit of) *loc.* ne pas accorder la moindre attention°, ne pas gaffer ; **when I told him to get out he didn't take a blind bit of notice**, je lui ai dit de se casser mais c'est comme si j'avais joué du trombone à piston.

not much to go on *loc.* pas beaucoup d'informations° ; **you're not giving much to go on**, tu me laisses dans le brouillard ; **it's not much to go on**, c'est maigre comme indice.

not to have the foggiest *loc.* être complètement ignorant°, ne pas avoir la moindre idée, être totalement à côté de la plaque ; **I don't have the foggiest (idea) about mathematics**, en maths, je suis complètement largué.

not tonight, Josephine ! *loc.* pas ce soir, mon amour !

no way, Jose ! *loc.* jamais de la vie !°, (absolument) pas question !, tu peux toujours courir / te brosser !

nowt *n.* *(GB)* rien°, que dalle, balpeau, peau de zob.

nudie *adj.* pornographique°, déshabillé, de fesse, de cul.

'nuff (*abr.* = enough) *adv.* assez°, basta, ça suffit ; **nuff said**, assez causé, point à la ligne.

nuke *n.* arme *ou* centrale nucléaire° *f* ; **no nukes !** non au nucléaire !

nuke *v.t.* 1. détruire avec des armes nucléaires°, niquer à la bombe atomique. 2. *(US)* détruire°, démolir, défoncer. 3. *(US)* cuire au (four à) micro-ondes°, micro-onder.

number *n.* 1. **a hot (little) number**, a) une femme facile°, une coucheuse, une chaude lapine ; b) une femme excitante°, une nana bandante / godante, un beau petit morceau. 2. **a nice little number**, quelque chose de bien° *(vin, voiture, film, etc.)*, un chouette truc, une affaire. 3. **number one**, a) miction° *(enfants) f*, petite commission, pipi ; b) soi-même°, sa pomme, sa poire ; **to look after number one**, ne penser qu'à soi°, se la jouer égoïste la jouer perso ; **this guy only looks after number one**, ce type s'occupe que de lui-même et les autres peuvent crever. 4. **number two**, défécation *(enfants) f*, grosse commission,

caca. 5. **to do a number on s.o.**, jouer un tour à qqun°, rouler qqun (dans la farine), faire un mauvais coup à qqun.

nurd = **nerd**.

nut *n.* 1. tête° *f*, boule *f*, cafetière *f*, melon ; **use your nut !** remue-toi le ciboulot ! ; **to be off one's nut**, avoir perdu la tête° / la boule, être secoué / givré / dingo ; **to do one's nut**, piquer une crise / un fard, criser. 2. fou°, branque, fondu, **this guy's a real nut**, ce type est un authentique cinglé. 3. fana, mordu, accro ; **eco-nut**, écolo. 4. *pl.* **nuts**, a)• testicules°, couilles *f*, burnes *f*, noisettes *f*, roustons ; **to get one's nuts off**, éjaculer°, se vider les burnes, balancer la purée ; **nuts to you !** va te faire voir / aimer ! ; b) **not to be able to do s.t. for nuts**, être incapable° / infichu / infoutu de faire qqch.

nut *v.t.* *(GB)* donner un coup de tête° *f* / boule *f* / bille *f* (à qqun).

nut-case *n.* fou°, cinglé, taré, allumé.

nut-house *n.* hôpital psychiatrique, asile, cabanon, Charenton, Sainte-Anne.

nuts *adj.* 1. fou°, secoué, allumé, frappé, cinglé, jeté, ravagé ; **to drive s.o. nuts**, taper sur le système à qqun, rendre qqun furax / dingo / chèvre. 2. **to be nuts about s.o. / s.t.**, être passionné° / fana / fou / dingue de qqun / qqch. ; **I'm just nuts**

about her, je l'ai dans la peau.

nutter = nut-case.

nutty *adj.* **nutty (as a fruit-cake),** complètement fou° / cinglé / givré / ravagé.

nymph, nympho (*abr.* = **nym-phomaniac**) *n.* nymphomane° *f*, nympho *f*, saute-au-paf *f*.

O

oats *n.pl. (GB)* 1. **to feel one's oats**, être en pleine forme°, avoir la pêche, péter la forme. 2. **to get one's oats**, prendre du plaisir sexuel°, prendre son pied / fade / panard. 3. **to sow one's wild oats**, mener une vie dissolue°, faire les quatre cents coups.

OD *(abr. = overdose)* *n.* surdose° *f*, overdose *f*.

OD *v.i.* 1. prendre / faire une overdose *(drogue)*. 2. **to OD on s.t.**, consommer qqch. en dose excessive°, prendre trop de qqch. ; **I always overdose on chocolates at Christmas**, je me fais toujours une indigestion de chocolats à Noël ; **Billy OD'd on sport during the last Olympics**, pendant les J.O., Billy a pris une overdose de sport.

oddball *adj.* excentrique°, loufoque, louftingue, louf ; **he's full of oddball ideas**, ses idées sont toujours un peu spéciales.

oddball *n.* excentrique°, drôle de zèbre, phénomène, sacré numéro.

odds *n.pl.* 1. *(GB)* **odds and sods**, pièces et morceaux°, de bric et de broc ; **this season's programme is full of odds and sods**, dans le programme de la saison il y a à boire et à manger. 2. **what odds does it make ?, it makes no odds**, ça m'est égal, et après ?, et alors ?, qu'est-ce que ça peut faire ?

odds it (to) *loc. (GB)* prendre des risques°, tenter le coup, risquer sa chance ; **don't you think that's oddsing it a bit ?** tu crois pas que tu vas un peu fort ?

off *adj.* 1. mauvais°, pourri, naze *(nourriture)* ; **that meat smells awful, it must be off**, cette viande schlingue un max, elle doit être pourrite. 2. **to have an off day**, être dans un mauvais jour° / dans un jour sans, ne pas être dans son jour.

off (the) *n.* départ°, coup d'envoi ; **from the off**, d'entrée (de jeu).

off *prep.* 1. **to go off s.t.**, se désintoxiquer° *(drogue, alcool, etc.)*, décrocher ; **I've been off fags for three months**, ça fait trois mois que j'ai arrêté de cloper. 2. **to go off s.o.**, se détacher de qqun°, perdre ses sentiments pour qqun, revenir de qqun.

off *v.t. (US)* tuer°, liquider, effacer, buter.

off-beat, offbeat *adj.* original°, spécial, zarbi.

off one's block / chump / crust / head / noodle / nut / onion / rocker *loc.* fou°, taré, azimuté, à la masse, à côté de ses pompes.

off-the-wall *adj.* bizarre°, loufoque, louftingue, louf, zarbi.

offie *(abr. = off-licence)* *n. (GB)* magasin d'alcool°, cave *f*.

oik *n. (GB)* individu peu instruit°, rustaud, plouc, péquenot.

oiled *adj.* ivre°, beurré, bourré, chargé.

oil-painting (to be no) *loc.* ne pas être très beau°, ne pas être jojo / aidé / gâté.

OK, okay *adj.* 1. *(choses)* a) bien°, au poil, aux petits oignons ; **things are OK**, ça va°, ça baigne ; **everything's gonna be OK**, ça va s'arranger ; b) moyen°, quelconque, sans plus ; **the food was just OK**, la bouffe était pas géniale ; c) acceptable°, okay ; **(it's) OK by / with me**, (i) ça me va (bien)°, ça marche ; (ii) ça me dérange pas. 2. *(personnes)* a) en bonne santé°, en forme ; **I'm OK**, ça va ; **she's OK now**, ça va mieux ; b) (i) satisfait° ; **no thanks, I'm OK**, non merci, ça va ; (ii) content° ; **I'm OK either way**, ça m'est égal ; c) moyen°, bof, okay ; **the guy she married is a bit of a nerd but I suppose he's OK**, le type qu'elle a épousé est un peu neuneu sur les bords mais enfin, bon, ça va ; d) bien°, okay, réglo ; **he's an okay guy**, c'est un bon mec.

OK, okay, *adv.* d'accord°, OK. 1. **OK !** ça marche !, ça roule ! 2. bon !, allez ! ; **OK ! let's get down to business**, bon, on s'y met. 3. **OK ! OK !** a) ça y est, j'ai compris !, pas la peine de hurler ! ; b) du calme !°, calmos !, relax ! 4. **OK ?** a) d'accord ? ; **I'm leaving now, OK ?** bon je m'en vais, okay ? ; b) compris ? ; **come on now, shut up, OK ?** bon maintenant on se tait, entendu ?

OK *n.* autorisation° *f*, feu vert, okay ; **to give s.o. the OK**, donner le feu vert à qqun ; **to give the OK to s.t.**, donner son aval° à qqch.

OK, okay *v.t.* approuver° ; **the Board OK'd the appointment**, le Conseil a entériné cette nomination°.

okey-doke, okey-dokey *adv.* d'accord !°, dac !, dacodac !

old *adj.* 1. a) **the old man**, (i) le père°, le vieux, le paternel ; **my old man**, mon vieux ; (ii) le mari°, le patron ; b) **the old lady**, (i) la mère°, la vieille ; **my old lady**, ma vieille ; (ii) la femme°, la patronne, bobonne *f* ; **my old lady**, ma bourgeoise. 2. *(GB)* **a bit of the old...**, un petit / une petite partie de.... ; **how about a bit of the old elbow-bending ?** qu'est-ce que tu dirais qu'on aille s'en jeter un ? 3. **any old how**, n'importe comment ; **any old thing**, n'importe quoi ; **any old where**, n'importe où. 4. **to have a grand / great old time**, bien s'amuser°, s'en payer une tranche, se poirer, se marrer (comme des fous).

old Bill (the) *n. (GB)* la police britannique°, Scotland Yard.

old-boy network *n.* réseau (d'entraide) des anciens élèves° ; **he got where he is through the old-boy network**, il est arrivé grâce aux petits copains.

oldie *n.* vieille chanson à succès°, vieux tube ; **golden oldie**, grand classique.

old-timer *n.* 1. individu qui a passé beaucoup de temps dans un métier°, vieux routier ; **he's a real old-timer**, ça fait un bail qu'il est là. 2. vieillard°, vieux de la vieille, ancêtre ; **this place is full of old-timers**, ici, c'est plein de vieux.

on *adv.* **to be on**, 1. être prévu° ; **are we still on for tomorrow ?** ça tient toujours pour demain ? 2. être accepté comme partenaire° *(pari, etc.)* ; **« I bet you fifty francs ! - OK, you're on ! »**, « je te parie cinquante francs ! - d'accord, pari tenu ! » ; **I'm on (for it) !**, j'en suis !, je suis partant ! 3. **not to be on**, ne pas être bien°, ne pas être ce dont on a besoin ; **this guy is not on**, ce type est pas réglo / net ; **this bloody rain is just not on**, on avait vraiment pas besoin de cette fichue pluie. 4. **to be on about s.t.**, parler° de qqch., jacter / bonnir / dégoiser sur qqch. ; **what the hell is he on about ?** mais qu'est-ce qu'il raconte, purée ? ; **he's always on about that bike of his**, il est toujours à la ramener avec sa meule. 5. **to be (always) on at s.o.**, importuner qqun°, être sur le dos de qqun / après qqun (en permanence) ; **my ma's always on at me about the clothes I wear**, ma vieille arrête pas de me prendre la tête avec mes fringues. 6. **to be on to s.t. / s.o.**, être sur la piste de qqch. / qqun, être sur qqch. / qqun ; **the cops are on to him**, les flics sont après lui ; **I'm on to something good**, je suis sur un super-truc.

on *prep.* 1. **on the house**, aux frais de la maison° ; **champagne is on the house**, pour le champagne, c'est la maison qui offre. 2. **to be on it**, y être *(jeux d'enfants)* ; **you're on it !** tu es chat ! / tu y es ! / c'est toi qui (t'y) colles !

once-over *n.* **to give s.t. / s.o. the once-over**, regarder qqch. / qqun°, jeter un coup d'œil à qqch. / qqun, donner un coup de sabord à qqch. / qqun ; **I brought my new girlfriend round so my mother could give her the once-over**, j'ai amené ma nouvelle copine à la maison pour que ma mère puisse la mater un bon coup.

one *pron.* 1. un coup°, un pain, un gnon, un chtar ; **to hang / land one on s.o.**, ficher / foutre / coller / flanquer une gifle / une prune / une tarte à qqun. 2. une blague, une vanne, une craque ; **let me tell you a good one**, j'en ai une bien bonne (à te raconter). 3. un coup (à boire), un pot, un verre, un godet ; **one for the road**, un petit pour la route ; **to have had one too many / one over the eight**, en avoir un dans le nez. 4. **to pull a fast one on s.o.**, escroquer° / pigeonner /

arnaquer / rouler qqun. 5. **to be one of those / them**, être homosexuel°, en être. 6. **to get one up on s.o.**, l'emporter sur qqun°, avoir le dessus sur qqun, marquer un point contre qqun. 7. **to be a one for s.t.**, être passionné° / fana / toqué de qqch. ; **I'm not a great one for the horses**, je ne suis pas un mordu du turf. 8. **there's one born every minute**, il y a toujours des gens pour se faire attraper°, le monde est plein de pigeons.

one brick shy of a load (to be) *loc. (GB)* ne pas être très vif°, être un peu lent à la comprenette / ramolli du melon.

one card shy of a deck (to be) *loc. (GB)* = **one brick shy of a load.**

one-horse-town *n.* petite bourgade de province°, trou, bled paumé.

one-night-stand *n.* rendez-vous galant sans lendemain°, histoire d'une nuit *f.*

one-off *(GB) adj.* exceptionnel°, unique en son genre, sans pareil.

one-off *(GB) n.* événement *ou* chose unique° ; **that show was a one-off**, l'expo était absolument unique en son genre.

one-up *v.t.* l'emporter° sur, avoir le dessus sur, marquer un point contre ; **he one-upped me**, il m'a refait.

one-upmanship *n.* art de se mettre en valeur°.

oodles *n.pl. (GB)* grande quanti-té°, tapée *f*, flopée *f* ; **apple-tart with oodles of fresh cream**, de la tarte aux pommes avec des camions de crème fraîche.

oojie, oojiematoojie *n. (GB)* objet indéfini°, bidule, truc (muche), machin(chouette).

oo-la-la ! *excl.* oh ! là ! là ! *(sp. pour souligner un événement ou un trait réputé typiquement français).*

oo-la-la (a bit of the old) *loc. (GB)* qqch. de coquin° / de salace, gauloiserie *f*, grivoiserie *f.*

oomph *n.* 1. pouvoir de séduction sexuelle°, sex-appeal ; **to have oomph**, avoir du chien, en jeter, jeter du jus. 2. dynamisme°, punch, frite *f*, pêche *f* ; **to have plenty of oomph**, avoir la patate.

oops !, oops-a-daisy ! *excl.* zut !, flûte !, mince !

op *(abr. = **operation**)* opération° *f* ; **ops**, opérations militaires° *f.*

operator, smooth operator *n.* 1. escroc°, filou, faisandier, repasseman. 2. individu qui se livre à des opérations suspectes°, traficoteur, combinard, magouilleur. 3. séducteur°, tombeur, don juan, Casanova.

O.P.s *(abr. = **other people's**)* les cigarettes des autres° *f*, les cigarettes Auvoisin *f* ; **he smokes O.P.s**, il tape toujours des clopes (à tout le monde).

orbit (to go into) *loc.* se mettre en colère° / en pétard / en rogne *f*, criser.

orchestra stalls• *(RS = **balls**)* *(GB) n.pl.* testicules°, couilles *f*, joyeuses *f*, valseuses *f*.

or three *loc.* ou plusieurs°, ou même davantage ; **I'd fancy another beer or three**, je serais pas contre une autre bière, ou même plusieurs !

other (the) *n. (GB)* le sexe°, la bagatelle, la galipette ; **to have a bit of the other**, faire une partie de jambes en l'air.

OTT (*abr. = over the top*) *loc. (GB)* exagéré°, poussé, un peu fort (de café) ; **I'm afraid that's just OTT**, là tu pousses un peu quand même.

out *adj.* 1. **out (of the closet)**, déclaré° *(homosexuel)*, out ; **John's been out since last Christmas**, ça fait depuis Noël que John est sorti du placard. 2. **far out, way out**, exceptionnel°, du tonnerre, terrible, super-bath. 3. démodé°, ringard, out ; **that kind of gear is really out this year**, ce genre de fringues craint vraiment cette année.

out *adv.* 1. **out of it**, a) épuisé°, crevé, pompé, vidé, vanné ; b) abruti°, ensuqué, dans le cirage, dans le brouillard, la tête dans le cul ; c) drogué°, défoncé, pété. 2. **out of one's head / box / skull / tree**, a) complètement fou° / secoué / givré / allumé ; b) très drogué°, totalement défoncé, raide def. 3. **out**

to lunch, fou°, dérangé, maboul, cinglé. 4. **out of this world**, sensationnel°, super, génial, fantastique. 5. **out on one's own**, exceptionnel°, unique en son genre ; **in his field, he's out on his own**, dans son domaine, y a que lui. 6. **out of whack**, cassé°, HS, pété, naze.

out *v.t.* révéler l'homosexualité (de qqun°).

outfit *n.* société° *f*, boîte *f*, maison *f* ; **he works for a shady outfit**, il bosse dans une baraque un peu glauque.

outta (*abr. = out of*) *prep.* 1. **I'm outta here**, je m'en vais°, j'me tire, j'me casse ; **get outta here !** a) dégage !, casse-toi !, fous le camp ! ; b) arrête tes conneries !, déconne pas ! 2. **outta sight**, sensationnel, hyper-génial, super, géant.

over my dead body ! *excl.* pas question !, il ferait beau voir !, il faudra me passer sur le corps !

own-goal *n. (GB)* opération tournant au détriment de son instigateur°, but contre son camp.

ownsome (on one's) *loc.* seul°, seulâbre, tout seulet, seul avec soi.

oy ! *excl. (GB)* hé !, eh !, ho !

Oz *n.* Australie° *f*.

ozzy *n.* Australien(ne)°, kangourou.

P

Pa *n.* Papa, P'pa.

pack *v.t.* 1. **to pack a punch**, avoir beaucoup de puissance°, avoir du punch / la pêche, déménager ; **God, this cocktail certainly packs a punch !** bondieu de bondieu ! cet apéro, ça arrache ! 2. **to pack a pistol**, porter un revolver (sur soi)°, être équipé pour la guerre, avoir un calibre. 3. **to send s.o. packing**, envoyer qqun promener° / paître / aux fraises *f* / au bain.

packet *n.* 1. grosse somme d'argent°, paquet (de fric) ; **to cost a packet**, coûter une fortune ; **to make a packet**, se faire un tas de fric. 2. *(GB)* **to cop a packet**, a) être atteint d'une maladie vénérienne°, attraper la chtouille ; b) être victime°, écoper, déguster, dérouiller. 3. **packet of three**, boîte de préservatifs° *f* ; **did you bring your packet of three for the weekend ?** t'as toutes tes capotes en ordre pour le weekend ?

pack in *v.t.* 1. **to pack s.t. in**, cesser une activité°, plaquer / larguer qqch. ; **I'm gonna pack this bloody job in !** je vais lâcher ce putain de boulot ! 2. **to pack it in**, a) arrêter de faire l'imbécile° / le clown / le guignol ; **pack it in !**, arrête ton char ! ; b) tomber en panne°, lâcher ; **the television's packed it in good and proper this time**, alors cette fois-ci le poste de télé est complètement HS. 3. **to pack s.o. in**, abandonner° / larguer / plaquer qqun ; **he packed his girlfriend in last week**, il a laissé tomber sa copine la semaine dernière. 4. **to pack them in**, faire salle comble°, faire un malheur ; **their new show certainly packed them in,** leur nouveau spectacle a fait un tabac.

pack up *v.i.* 1. partir°, prendre ses cliques et ses claques, se faire la valise ; **after the argument he just packed up**, après la discussion, il s'est fait la malle. 2. arrêter le travail°, finir le boulot, boucler la journée ; **come on, guys, let's pack up !** allez les gars, on en reste là ! 3. tomber en panne°, lâcher ; **my coffee-maker has packed up once again**, ma cafetière déconne encore un coup.

pad *n.* 1. divan°, écrouloir. 2. lit°, pieu, plumard, pucier ; **to hit the pad**, se coucher°, se pieuter, se bâcher. 3. a) chambre° *f*, piaule *f*, thurne *f* ; b) domicile°, appart, baraque *f* ; **wanna come up to my pad ?** tu veux monter chez moi ? 4. *(GB)* **fanny pad•**, serviette hygiénique° *f*, balançoire à Mickey *f*, fifine *f*. 5. *(US)* **to be on the pad**, toucher des dessous-de-table°, palper, tâter de la tune.

paddy *n.* 1. colère° *f*, rogne *f*, pétard ; **to be in a paddy**, être en boule *f.* 2.• Irlandais° ; **the place was full of drunken paddies**, la taule était bourrée d'Irlandais pleins comme des tonneaux.

paddy-wagon *n. (US)* camionnette de police° *f*, panier à salade.

page-three-girl *n. (GB)* jeune femme qui pose nue pour les journaux à sensation°, pin-up *f*.

pain *n.* **a pain in the arse•** / **back** / **balls•** / **neck**, chose *ou* personne importune°, cassebonbon, casse-couilles ; **to give s.o. a pain in the neck**, taper sur le système à qqun ; **it's a real pain**, c'est vraiment chiant.

painters in (to have the) *loc.* avoir ses règles° *f* / ses histoires *f* / ses affaires *f* / ses époques *f* ; **she's just having the painters in**, les Anglais viennent de débarquer.

Paki• *adj. (GB)* pakistanais°.

Paki• *n. (GB)* Pakistanais°.

paki-bashing *n. (GB)* chasse aux Pakistanais° *f*, ratonnade *f* ; **to go paki-bashing**, aller casser du Pakistanais.

pal *n.* ami°, copain, camarade, pote.

palatic *adj. (GB)* saoul°, rond, plein, fait.

palaver *n. (GB)* 1. palabres°, parlottes *f*, bavasseries *f*. 2. manières° *f*, histoires *f*, chichis ; **what a palaver !** quel cinéma !

pally *adj. (GB)* ami°, ami-ami, copain-copain ; **to be pally with s.o.**, être copain(s) comme cul et chemise avec qqun ; **they are very pally**, ils sont copains comme cochons.

palm off *v.i.* se débarrasser de° ; **to palm s.t. off onto s.o.**, fourguer / refiler / coller qqch. à qqun.

palooka *n. (US)* homme gros et stupide°, grosse andouille, gros taré ; **check out the big palooka !** vise un peu ce gros con de mes deux !

palsy-walsy *adj.* ami°, ami-ami, copain-copain ; **to be palsy-walsy with s.o.**, être comme cul et chemise avec qqun.

pan *n. (GB)* visage°, frimousse *f*, fraise *f*, tronche *f* ; **shut up or I'll knock your pan in !** t'vas voir ta gueule si tu continues à l'ouvrir !

pan *v.t.* critiquer°, éreinter, démolir, allumer ; **the movie was universally panned**, le film s'est fait cartonner par toute la critique.

panhandle *v.i. (US)* mendier°, pilonner ; **look at those lazy bums panhandling all day long !** regarde-moi tous ces fainéants qui passent leurs journées à faire la manche.

panhandler *n. (US)* mendiant°, clochard, clodo.

panic *n.* 1. **to hit the panic button**, paniquer°, faire sa crise, criser. 2. **panic stations**, le chaos°, la crise ; **when the bomb went off it was general panic stations**, quand la bombe a explosé ça a été une panique de tous les diables.

pansy *adj.* homosexuel°, pédale *f*, pédé ; **he's very pansy**, il fait très tapette.

pansy *n.* homosexuel°, tapette *f*, lopette *f*, tantouze *f*.

pants *n.pl.* 1. **to bore the pants off s.o.**, ennuyer° / pomper / bassiner / emmerder qqun. 2. **to scare the pants off s.o.**, faire très peur° / filer une trouille bleue / foutre les jetons à qqun. 3. **to beat the pants off s.o.**, infliger une défaite sévère à qqun°, battre qqun à plates coutures, écraser qqun, foutre une branlée à qqun. 4. **to be caught with one's pants down**, être pris par surprise°, être pris de court ; **when the teacher turned up suddenly he caught the class with their pants down**, quand le prof s'est ramené par surprise, il a pris la classe en flagrant délit de déconnade. 5. **to get into s.o.'s pants•**, posséder qqun sexuellement°, se faire / se farcir / se taper qqun.

pantsman *n.* séducteur°, casanova, tombeur, coureur de jupons.

paras (*abr.* = **Parachute Regiment**) *n.pl.* (GB) parachutistes°, paras.

paralytic *adj.* (GB) complètement saoul°, beurré à mort, fait comme un rat, bourré comme un coing.

paraphernalia *n.pl.* attirail de drogué°, matos, artillerie *f*.

park *v.t.* 1. **to park oneself (down) somewhere**, s'asseoir° / se poser / se garer quelque part ; **park your arse• / carcass**, pose ton cul. 2. **to park a custard**, vomir°, dégueuler, gerber, décorer le carrelage de toutes les couleurs.

parkee *n.* (GB) gardien d'un jardin public°.

parkey *adj.* (GB) frais°, frisquet, fresco ; **it's a shade parkey today**, c'est pas la grosse chaleur aujourd'hui.

parrot *n.* (GB) 1. **pissed as a parrot**, complètement saoul°, bourré comme un coing, plein comme une outre, rond comme une barrique. 2. **sick as a parrot**, très malade°, malade comme un chien.

party-pooper *n.* 1. invité qui quitte la fête avant la fin°, lâcheur. 2. individu peu joyeux°, rabat-joie, bêcheur.

pas devant l'enfant *loc.* (GB) not in front of ze children !

pass (to make a) *loc.* **to make a pass at s.o.**, essayer d'embrasser qqun°, tenter de rouler des patins / des pelles *f* à qqun ; **he's made several passes at me**, il a essayé de me bécoter à plusieurs reprises.

pass *v.t.* **to pass the buck / can (onto s.o.)**, faire porter la responsabilité° / le chapeau (à qqun), se défausser (sur qqun), refiler le bébé (à qqun).

pass out *v.i.* s'évanouir°, tomber dans les pommes *f*, partir dans les vapes *f*.

passion pit *n.* cinéma de plein

air°, drive-in.

passion wagon *n.* voiture utilisée pour séduire°, bagnole de drague *f*, chariot de la passion.

past it *loc.* vieux°, sur le retour, plus de première fraîcheur, plus dans le coup, fichu ; **he's past it**, il sucre les fraises.

pat (to have got it all off) *loc.* connaître à fond° / sur le bout du doigt.

patch *n.* 1. **not to be a patch on s.o.**, être très inférieur à qqun°, ne pas arriver à la cheville de qqun. 2. période° *f*, moment ; **bad patch**, mauvaise période ; **to go through a bad patch**, traverser une mauvaise passe. 3. territoire d'une bande°, quartier ; **get off our patch !** barre-toi de notre herbe !

patch up *v.t.* réparer°, recoller ; **to patch things up**, se réconcilier après une dispute°, faire la paix, se raccommoder.

patsy *n.* proie facile° *f*, cave, pigeon, gogo.

paw *n.* main° *f*, pogne *f*, pince *f*, paluche *f* ; **paws off !** bas les pattes !

paw *v.t.* caresser°, peloter, bricoler, tripoter.

pay off *v.i.* rapporter du succès°, payer ; **that risk we took certainly paid off**, le risque que nous avons pris a rapporté gros.

pay the earth (to) *loc.* payer très cher° / une fortune / les yeux de la tête / la peau des fesses.

pea-brain *n.* imbécile°, petite tête, cervelle d'emplumé *f*, crâne de piaf.

pea-brained *adj.* imbécile°, nunuchon, cruche, concon.

peach *n.* qqch. / qqun de remarquable° / de super / d'extra, le pied ; **your new car is a real peach**, ta nouvelle bagnole, c'est vraiment le super-pied ; **she's a real peach**, c'est une nana canon.

peachy *adj.* remarquable°, super, génial, canon, sensass.

peanuts *n.pl.* presque rien°, des clous, des clopinettes *f* ; **I earn peanuts**, je gagne des cacahouètes.

pearlies *n.pl. (GB)* dents°, dominos, crocs, touches de piano *f*.

pebble on the beach (not to be the only) *loc.* ne pas être irremplaçable° / unique au monde / la seule étoile au ciel ; **don't worry, she's not the only pebble on the beach !** une de perdue, dix de retrouvées !

pecker *n.* 1.• pénis°, engin, bite *f*, zob. 2. **to keep one's pecker up**, garder son courage°, tenir bon, avoir le moral.

peckish *adj. (GB)* qui a faim° / la dalle / les crocs ; **to feel a bit peckish**, avoir un petit creux.

peddler *n.* commerçant°, marchand ; **drug peddler**, revendeur de drogue°, dealer, dileur.

pee *n.* urine° *f*, pipi ; **to take / have / go for a pee**, faire un petit pipi / pissou.

pee *v.i.* uriner°, faire pipi, faire un pissou ; **to pee like a rabbit**, pisser à tous les vents ; **to pee oneself laughing**, pisser de rire.

peeler *n. (GB)* policier°, flic,

poulet, poulaga.

peel off *v.i., v.t.* se déshabiller°, se désaper, se défrusquer, se dénipper.

peep *n.* son° ; **shut up and not another peep out of you !** tais-toi, et que je ne t'entende plus piper !

peeper *n.* *(US)* détective privé°, privé.

peeping Tom *n.* voyeur°, mateur.

peeve *n.* ennui°, embêtement, emmerdement ; **pet peeve**, bête noire.

peeve *v.t.* irriter°, empoisonner, gonfler, pomper ; **what really peeves me about him is his attitude**, ce qui me broute chez lui, c'est surtout son attitude.

peeved *adj.* en colère°, en rogne *f*, en pétard, en boule *f* ; **I was really peeved by his handling of the situation**, sa manière de réaliser l'opération m'a carrément foutu les boules.

peg *n.* jambe° *f*, guibolle *f*, crayon, pinceau ; **he wasn't too steady on the old pegs**, il était pas trop bien assuré sur ses vieilles baguettes.

peg it (to) *loc.* mourir°, casser sa pipe, passer l'arme à gauche, remercier son boulanger.

peg-leg *n.* 1. jambe de prothèse° *f*, jambe de bois *f*. 2. unijambiste°, homme à manivelle de buis, jambe de bois *f*.

pen and ink (*RS* = **stink**) *n.* *(GB)* mauvaise odeur°, puanteur *f*, schlinguerie *f* ; **what a terrible pen and ink in here !**

qu'est-ce que ça cogne ici !

pen and ink (*RS* = **stink**) *v.i.* *(GB)* sentir mauvais°, puer, schlinguer, dégager, cocotter.

penguin suit *n.* queue-de-pie° *f*, smoking, smok.

penny *n.* 1. **to spend a penny**, aller aux toilettes° *f* / au petit coin / aux ouatères / aux vécés. 2. **to cost a pretty penny**, coûter très cher° / une fortune / les yeux de la tête / la peau des fesses. 3. **then the penny dropped**, et alors c'est devenu clair° / ça a fait tilt. 4. **pennies from heaven**, argent facilement gagné°, argent facile, blé qui tombe du ciel.

penny-pinch *v.i.* être avare° / près de ses sous, regarder à la dépense.

penny-pincher *n.* avare°, harpagon, rat, radin.

penny-pinching *n.* avarice° *f*, radinerie *f*, pingrerie *f*.

pen-pusher *n.* 1. journaliste°, gratte-papier, journaleux. 2. employé de bureau°, gratte-papier, col-blanc.

pep *n.* énergie° *f*, forme *f*, frite *f* ; 1. **to be full of pep**, avoir du peps / la santé / la pêche. 2. **pep pill**, remontant. 3. **pep talk**, petit discours / laïus d'encouragement°, mise en condition *f*.

pep up 1. *v.i.* retrouver de l'énergie°, reprendre du poil de la bête, se reprendre. 2. *v.t.* ragaillardir°, remonter, filer un coup de jus / donner la frite (à qqun)

percentage *n.* *(GB)* bénéfice supplémentaire°, bénef, extra ;

is there any percentage in it ? est-ce qu'il y a un petit plus prévu dans cette affaire ?

Percy *n.* *(GB)* pénis°, Popaul, Jean-nu-tête ; **to point Percy at the porcelain,** uriner°, pisser un boc, pisser entre parenthèses, changer son poisson d'eau.

perfect *adj.* parfait°, achevé, absolu, total ; **she's a perfect doll,** cette poupée est impeccable ; **he's a perfect dope,** c'est un taré intégral.

perform *v.i.* coïter°, faire l'amour, s'envoyer en l'air ; **he wasn't exactly an intellectual but he could certainly perform,** c'était p'têt' pas un intello mais au lit il savait s'y prendre.

period ! *excl.* point final !, point à la ligne ! ; **I told you to shut up, period !** je t'ai dit de la fermer, un point c'est tout.

perished (to be) *loc.* *(GB)* avoir très froid°, claquer de froid, glaglater, se les geler.

perisher *n.* *(GB)* enfant mal élevé°, garnement, petit diable, affreux jojo.

perishing *adj.* *(GB)* 1. **it's perishing,** il fait très froid°, ça caille, ça gèle. 2. sacré°, fichu, foutu, satané ; **damn that perishing car !** maudite bagnole de merde !

perk *n.* *(GB)* petit bénéfice supplémentaire°, gratte *f*, extra, plus ; **it's all part of the perks of the trade,** tout ça fait partie des à-côtés du business.

perm *n.* *(GB)* 1. *(abr. =* **permanent)** permanente° *f*. 2. *(abr. =* **permutation)** permutation° *f*.

pernickety *adj.* *(GB)* pointilleux°, tatillon, chichiteux, enculeur de mouches ; **he's very pernickety about his car,** il est complètement obsédé par l'état de sa bagnole.

perv *(abr. =* **perverted)** *adj.* pervers°, spécial ; **perv show,** sex-show.

perv(e) *n.* pervers°, spécial ; **the guy is a real perv,** ce type est un vrai OS.

perve *v.i.* 1. avoir un comportement pervers° / spécial. 2. **to perve on s.o.,** regarder qqun avec cupidité°, mater qqun, se rincer l'œil (sur qqun), voyeuriser qqun.

pervy *adj.* *(GB)* pervers°, spécial ; **this is a really pervy joint,** cette boîte est franchement gluante.

pesky *adj.* *(US)* embêtant°, emmeillant, enquiquinant, casse-bonbon.

pet *v.i.* caresser, bricoler, tripoter, peloter ; **no petting allowed !** pas de tripotage à bord !

petal• *n.* *(GB)* homosexuel°, tapette *f*, pédale *f*, tante *f*.

Pete's sake (for) *loc.* *(GB)* pour l'amour de Dieu°, pour l'amour du Ciel.

Peter *n.* pénis°, Popaul, Charles le Chauve.

peterman *n.* casseur de coffres-forts°, perce-murailles.

petting *n.* caresses° *f*, bricole *f*, tripotage ; **petting party,** partie de pelotage *f* ; **heavy petting**, pelotage sérieux.

phoney *adj.* faux°, contrefait ; **phoney money**, fausse monnaie°, monnaie de singe *f*.

phoney *n.* imposteur°, charlatan, guignol ; **that doctor's a phoney**, c'est un toubib de mes deux.

pickle *n.* ennuis°, mistoufle *f*, galère *f* ; **to be in a pickle**, être dans la mouise ; **to get oneself into a pickle**, se ficher dans le pétrin.

pickled *adj.* saoul°, poivré, bourré, bituré.

pick-me-up *n.* remontant°, recharge-accus.

pick on *v.t.* harceler°, être sur le dos (de qqun), être toujours après (qqun) ; **stop picking on me !** lâche-moi la grappe.

pick-up *n.* 1. recherche de partenaires amoureux° *f*, drague *f* ; **the pick-up scene was downtown**, le boulevard de la drague était au centre-ville. 2. partenaire°, personne qu'on drague *f* ; **who is your new pick-up ?** qu'est-ce que tu nous as encore pêché là ? 3. **the pick-up**, la levée°, la prise ; **he made the cocaine pick-up at eight o'clock**, il a pris la livraison de coke à huit heures.

pick up 1. *v.i.* **to pick up on s.t.**, saisir l'indice°, piger le truc ; **he picked up on my southern accent and started kidding me**, il a tout de suite chopé mon accent sudiste et il a commencé à se ficher de ma gueule.

2. *v.t.* a) racoler°, draguer, emballer ; **he picks up a different woman every night**, il lève une nouvelle nana tous les soirs ; b) arrêter°, piquer, agrafer, niquer ; **the cops picked him up at his pad**, les flics l'ont épinglé chez lui ; c) attraper°, choper, ramasser ; **to pick up a dose**, attraper la chtouille ; d) **to pick up the tab**, (i) régler l'addition° *f* / la douloureuse ; (ii) payer les pots cassés°, payer, écoper.

picky *adj.* pointilleux°, tatillon, enculeur de mouches ; **he's very picky about his food**, il est très chichiteux question nourriture.

picture *n.* 1. **to get the picture**, comprendre°, piger, voir le topo ; **do you get the picture ?** tu suis le film ? 2. **to put s.o. in the picture**, informer qqun°, mettre qqun au parfum / au parf. 3. **to be in the picture**, être au courant° / dans le coup / au parf. 4. **to paint a picture for s.o.**, donner des explications détaillées à qqun°, faire un dessin à qqun ; **do you want me to paint you a picture ?** tu veux pas que je te fasse un dessin en plus ? 5. **to look a picture**, avoir belle allure°, avoir bonne mine ; **didn't they look a picture on their wedding-day ?** qu'est-ce qu'ils étaient jolis, le jour de leur mariage ! 6. *pl. (GB)* **the pictures**, le cinéma°, le cinoche, le ciné ; **do you fancy going to the**

pictures tonight ? ça te dirait de se faire un plan cinoche ce soir ?

piddle *n.* urine° *f*, pipi, pissou, pissette *f*.

piddle *v.i.* uriner°, faire pipi / pissou.

piddle about, piddle around *v.i.* ne rien faire°, glander, glandouiller, zoner.

piddling *adj.* insignifiant°, minable, misérable.

pie (to have a finger in every) *loc. (GB)* cumuler plusieurs activités°, jouer sur tous les tableaux, manger à tous les râteliers.

piece *n.* 1. pistolet°, flingue, calibre, brelica. 2. dessin mural°, graffiti, tag ; **you need a good spray-can to do a piece,** il te faut une bonne bombe de peinture pour faire ton tag. 3. jolie femme°, beau brin de fille, beau morceau ; **well, she's a nice piece !** ah ! ça, c'est une sacrée nana !

pie-eyed *adj.* saoul°, beurré, chargé, bourré.

piffle *n.(GB)* bêtises° *f*, foutaises *f*, salades *f* ; **that's a load of piffle,** tout ça, c'est de la bouillie pour les chats.

piffling *adj.* insignifiant°, minable, misérable.

pig *n.* 1. individu malpropre°, cochon, saligaud ; **when it comes to eating this guy is a real pig,** quand il s'agit de bouffer ce mec est un vrai porc. 2. individu méprisable°, connard, enfoiré, salopard ; **you**

pig (dog) ! espèce d'enculé de ma chienne ! 3. **(male chauvinist) pig,** phallocrate°, phallo, dupont-la-joie (la-bite-en-fleur). 4. policier°, flic, poulet, drauper ; **the pigs busted the joint,** les keufs ont fait une descente dans la boîte. 5. *(US)* fille laide°, mocheté *f*, cageot, boudin. 6. *(GB)* **pig's breakfast / arse,** désordre°, foutoir, bordel, boxon ; **your room is a real pig's breakfast,** ta chambre est une vraie porcherie. 7. **pig's ear,** a) *(RS = beer) (GB)* bière° *f*, mousse *f* ; **I fancy a pint of pig's,** je me taperais bien un petit galopin ; b) gâchis°, bousillage, massacre ; **you certainly made a real pig's ear of that,** t'as vraiment salopé cette affaire. 8. **when pigs fly,** jamais°, à la Saint-Glinglin, quand les poules auront des dents.

pig *v.t. (GB)* 1. **to pig it,** vivre salement°, vivre comme un porc / comme un cochon. 2. **to pig oneself,** manger abondamment°, se goinfrer, bâfrer, morfaler.

pigfucker• *n.* individu méprisable°, enculé, enfoiré, enfant de salope.

piggy-bank *n.* tirelire° *f*, caisse *f*, banque *f*.

piggy in the middle *n.* victime° *f*, celui qui reste coincé au milieu, dindon de la farce.

pig-ignorant *adj. (GB)* extrêmement mal élevé°, sauvage, cochon.

pig out *v.i.* manger abondamment°, se goinfrer, (se) bâfrer, morfaler ; **we pigged out on tex-mex last night,** hier soir on s'est empiffrés au tex-mex.

pigs in shit (as comfortable / happy as) *loc. (GB)* très à l'aise°, heureux comme un poisson dans l'eau / comme un nabab / comme un roi.

pilchard *n.* imbécile°, andouille *f*, tête de nœud *f*, thon.

pile *n.* grosse somme d'argent°, fortune *f*, paquet de fric ; **he made a pile in the rag trade,** il s'est fait un tas de fric dans la fripe.

pile into *v.t.* 1. attaquer°, tomber sur le paletot (à qqun), rentrer dans le mou / le lard (à qqun). 2. s'entasser°, s'accumonceler ; **as soon as the doors opened the whole crowd piled into the theatre,** dès que les portes se sont ouvertes la foule s'est jetée dans le théâtre.

pile on *v.t.* 1. exagérer°, en rajouter, pousser mémé dans les bégonias ; **he certainly likes to pile it on,** il aime bien charrier. 2. rejoindre le combat°, rentrer dans le tas ; **when they saw their leader was being beaten, all the gang's heavies piled on,** quand ils ont vu que leur chef était en train de se faire battre, tous les poids lourds de la bande se sont jetés dans la mêlée.

pile-up *n.* accident impliquant plusieurs véhicules°, carambolage.

pillhead *n.* = **pill-popper.**

pill-popper *n.* drogué aux amphétamines°, accro au speed.

pillock *n. (GB)* imbécile°, taré, (tête *f* de) nœud, andouille *f*.

pillow-biter *n.* partenaire passif dans une relation homosexuelle°, caroline *f*.

pimp *n.* souteneur°, maquereau, mac, poisson.

pimp *v.i.* faire du proxénétisme°, faire le mac / le marlou / le maquereau.

pin *n.* jambe° *f*, guibolle *f*, pinceau, compas ; **he's a bit shaky on his pins,** il est un peu flageolant.

pinch *n. (GB)* misère° *f*, mouise *f*, galère *f*, mouscaille *f* ; **to feel the pinch,** avoir du mal à joindre les deux bouts.

pinch *v.t.* 1. arrêter°, épingler, agrafer, choper ; **to get pinched,** se faire niquer par les flics. 2. voler°, piquer, chourer, chouraver ; **who's pinched my strawberry icecream ?** qui c'est qui m'a chauffé ma glace à la fraise ?

pinhead *n.* imbécile°, tête de veau *f*, crâne de piaf, tête de nœud *f*.

pink (to be in the) *loc.* être très heureux°, être aux anges / au ciel, nager dans le bonheur.

pinkie *n.* auriculaire°, petit rikiki.

pinko *adj.* d'opinion politique de gauche modérée°, gauchisant, rose.

pinko *n.* personne aux tendances politiques de gauche° *f*, socialo.

pin on *v.t.* imputer°, mettre / coller qqch. sur le dos de qqun ; **the cops pinned the murder rap on him,** les flics lui ont fait porter le chapeau pour le meurtre.

pint-size *n. (GB)* individu de petite taille°, demi-portion *f,* rase-bitume, gringalet.

pint-sized *adj. (GB)* de petite taille°, rikiki ; **a pint-sized guy,** une demi-portion, un gringalet.

pin-up *n.* femme très attirante°, pin-up *f,* nana canon *f,* bombe *f.*

pipe down *v.i. (GB)* faire moins de bruit°, diminuer le volume, mettre une sourdine, la boucler un peu ; **OK everybody, pipe down !** bon alors là on se calme !

pipeline (in the) *loc.* en cours° (de réalisation), en chantier.

pipe up *v.i.* parler à haute voix°, ouvrir sa gueule, l'ouvrir.

pipped at the post (to be) *loc.* se faire battre in extremis°, se faire coiffer au poteau.

pip-squeak *n.* individu de petite taille°, demi-portion *f,* gringalet, minus.

pish *n. (GB)* 1. whisky°, gnôle *f.* 2. = **piss** *n.* 1.

piss• *n.* 1. urine° *f,* pisse *f* ; **to go for a piss, to go and take a piss,** aller pisser, aller vidanger. 2. **(cat's) piss,** boisson médiocre° *f,* pipi de chat, bibine *f.* 3. *(GB)* **to go on the piss,** faire la fête° / la bringue / la bamboula / la noce. 4. **to beat the piss out of s.o.,** frapper violemment° / tabasser / étriller qqun.

5. **to take the piss out of s.o.,** se moquer de° / faire marcher / charrier qqun, se foutre de la gueule de qqun ; **to take the piss,** raconter des conneries, charrier, déconner. 6. **a piece of piss,** qqch. de très facile°, du gâteau, du nougat. 7. **to be full of piss and wind, to be all piss and wind,** parler pour ne rien dire°, raconter des salades *f,* déconner à pleins tubes ; **most politicians are full of piss and wind,** la plupart des politiciens ne racontent que des conneries.

piss• *v.t.* 1. uriner°, pisser, vidanger. 2. **to piss broken glass,** avoir une blennoragie° / la chaude-pisse, pisser des lames de rasoir. 3. **to piss oneself laughing,** rire à gorge déployée°, mourir / pisser de rire. 4. **to piss in the wind,** n'aboutir à rien°, pisser dans un violon, jouer du cornet à piston. 5. *(GB)* pleuvoir°, flotter ; **it isn't waiting to piss,** il pleut comme vache qui pisse.

piss about•, piss around•, piss-arse about•, piss-arse around• 1. *v.i. (GB)* a) ne rien faire°, zoner, traîner, glander, glandouiller ; b) faire l'imbécile°, faire la foire, déconner, foutre le bordel ; **enough of this pissing about !** assez de ce cirque ! 2. *v.t.* **to piss s.o. about,** se moquer de qqun°, se ficher / se foutre de la gueule de qqun ; **are you pissing me about ?** tu te fous de moi ?

piss-all• *n. (GB)* rien°, que

dalle, peau de zob, peau de zébi.

piss-arse about•, piss-arse around• = piss about•.

piss-artist• *n.* 1. alcoolique°, soûlographe, poivrot, pochard. 2. individu peu sérieux°, clown, guignol, frimeur. 3. individu méchant°, connard, salopard, enculé.

piss down• = piss• *v.t.* 5.

pissed• *adj.* 1.*(GB)* saoul°, rond, bourré, plein, pété ; **to get totally / absolutely / completely pissed**, se bourrer / se beurrer / se noircir la gueule, prendre une cuite ; **pissed as a fart / a newt**, plein comme un œuf, bourré comme un coing. 2. *(US)* en colère° *f*, en pétard, furax ; **every once in a while I get pissed at my wife**, il m'arrive de me foutre en boule contre ma femme.

pissed off• *adj.* 1. en colère° *f*, en pétard, en boule *f*, furax. 2. qui en a assez° / ras le bol / la casquette / la patate ; **I've been waiting for him for two hours and I'm really pissed off**, ça fait deux plombes que je l'attends et j'en ai plein le cul.

pisser• *n.* 1. tâche difficile° *f*, boulot duraille / chiant ; **working with this guy is a real pisser**, bosser avec ce type, c'est vraiment la chiotte. 2. pénis°, bite *f*, arbalète *f*, dard. 3. temps pluvieux°, temps de canard ; **it's sunny today but tomorrow is going to be a pisser**, aujourd'hui il fait soleil mais demain il va tomber des cordes.

piss-head• *n.* 1. alcoolique°, pochard, soûlographe, poivrot. 2. individu méprisable°, connard, salaud, salopard ; **my workmate is a real piss-head**, mon collègue de boulot est un vrai chieur.

piss it (to)• *loc.* *(GB)* réussir facilement°, y arriver les doigts dans le nez / dans un fauteuil ; **they said the driving test would be tough but he pissed it**, ils avaient dit que l'examen de conduite serait dur mais il a assuré sans problème.

piss off• 1. *v.i.* partir°, décamper, s'arracher, gicler ; **well, it's about time we pissed off**, bon, ben, il va falloir qu'on se casse ! ; **why don't you just piss off !** bon allez, fous-moi le camp vite fait ! 2. *v.t.* **to piss s.o. off**, irriter° / emmerder / gonfler / pomper qqun ; **his attitude to work really pisses me off**, son attitude au boulot me fait vraiment chier.

piss on• *v.t.* *(GB)* 1. infliger une défaite sévère (à qqun)°, filer une branlée / une déculottée (à qqun) ; **we really pissed on them last night**, on leur a foutu la piquette hier soir. 2. traiter avec mépris°, pisser (sur qqun) ; **the manager had the habit of pissing on all his staff**, le directeur avait l'habitude de traiter le personnel comme de la merde.

piss-take• *n.* *(GB)* 1. satire° *f*,

guignolade *f*, guignolerie *f*.
2. plaisanterie° *f*, franche /
grosse rigolade, couillonnade *f* ;
**the whole thing was a com-
plete piss-take**, dans cette
affaire, ils se sont vraiment foutus de la gueule du monde.

piss-taker• *n. (GB)* plaisantin°,
guignol, guignolo, clown.

piss-taking• *n. (GB)* moque-
rie° *f*, charriage, mise en boîte *f* ; **piss-taking is his favorite
pastime**, son passe-temps préféré, c'est de se foutre de la
gueule des gens.

piss through• *v.t. (GB)* réussir
facilement°, y arriver les doigts
dans le nez / dans un fauteuil ;
**they pissed their way through
the competition to the final**,
dans cette compétition, ils se
sont baladés jusqu'en finale.

piss-up• *n.* beuverie° *f*, soûlerie *f*, soûlographie *f* ; **he
couldn't organise a piss-up in
a brewery**, il est infoutu d'or-
ganiser quoi que ce soit.

pit *n.* 1. endroit désordonné°,
foutoir, bazar ; **the guy's place
is a real pit**, la baraque de ce
type est un vrai merdier. 2. *pl.*
the pits, qqch. de très déplai-
sant°, la chiotte ; **it's the pits !**
c'est la merde ! ; **this referee is
the pits !** cet arbitre est un vrai
couillon !

pitch *n.* 1. territoire d'une bande
organisée°, quartier ; **this is my
pitch so get off !**, barre-toi de
mon herbe ! 2. discours de
séduction°, baratin, boniment ;
sales pitch, speech de vente ; **to**

make a pitch for s.o., baratiner
/ emballer / draguer qqun.

plank, planky *n. (GB)* imbéci-
le°, andouille *f*, tare *f*, tête de
nœud *f*.

plant *n.* 1. espion dormant°,
taupe *f*. 2. piège°, coup
monté ; **it was a plant**, le
coup était monté de toutes
pièces. 3. cache° *f*, planque *f*,
planquouze *f*.

plant *v.t.* 1. cacher°, planquer ;
to plant evidence on s.o.,
cacher des pièces à conviction
chez qqun. 2. **to plant one on
s.o.**, donner un coup à qqun°,
filer un pain / une avoine / une
beigne à qqun. 3. **to plant oneself down**, s'installer°, se
poser, se garer ; **plant yourself
down in front of the TV !** va
donc t'écrouler devant la télé !

plastered *adj. (GB)* ivre mort°,
saoul comme une barrique,
chargé à fond, complètement
pété.

plastic (money) *n.* carte de cré-
dit° *f* ; **do you take plastic ?**
vous prenez les cartes de crédit ?

plate *n.* 1. **to have too much on
one's plate**, être débordé°, en
avoir jusqu'au cou ; **to take too
much on one's plate**, trop
charger la barque, avoir les
yeux plus grands que le ventre.
2. **to hand s.o. s.t. on a plate**,
rendre la tâche facile à qqun°,
servir qqch. à qqun sur un
plateau ; **the defender handed
the attacker the goal on a
plate**, le défenseur a fait

cadeau du but à l'attaquant.
3. *pl.* **plates (of meat)** (*RS =
feet*) *(GB)* pieds°, panards,
petons, escalopes *f* ; **sit down
and take the weight off your
plates,** assois-toi donc et repose
un peu tes ripatons.

platter *n.* disque (33 tours)°,
vinyle.

play *v.t.* 1. **to play ball (with
s.o.),** coopérer (avec qqun)°,
entrer dans le jeu (de qqun),
marcher (avec qqun). 2. **to play
chicken,** jouer au plus auda-
cieux°, jouer à chiche-kebab ;
**he loved driving on the
wrong side of the road and
playing chicken with the
oncoming cars,** il adorait
conduire du mauvais côté de
la route pour jouer à quitte ou
double avec les voitures d'en
face. 3. **to play cross-swords,**
uriner côte-à-côte°, faire un
concours de pisse. 4. **to play
footsie,** faire des appels du
pied°, faire du pied. 5. **to play
for time,** a) perdre volontairement du temps°, jouer la
montre ; b) chercher à gagner
du temps°, jouer les prolonga-
tions. 6. **to play hard to get,**
se rendre difficile à séduire°,
faire le / la difficile ; **he'd been
chasing her for six months
and she kept on playing hard
to get,** ça faisait six mois qu'il
la poursuivait et elle continuait
à faire la princesse. 7. **to play it
by ear,** improviser°, y aller au
feeling / au pif, faire comme ça
vient. 8. **to play it close to**

one's chest, ne pas dévoiler
ses atouts°, cacher son jeu. 9. **to
play it cool,** agir avec
calme°, y aller tranquille /
coolos, se la jouer tranquille.
10. **to play with oneself•,** se
masturber°, se toucher, se
griffer, se caresser.

play about / around *v.i.* avoir
des aventures galantes°, batifo-
ler, s'amuser à droite et à
gauche ; **he's been married
several times but he still likes
to play around,** il a été marié à
plusieurs reprises mais il aime
encore bien courir le jupon.

play out *v.t.* *(GB)* user à force de
jouer°, user jusqu'à la corde ;
they played that song out, ils
ont épuisé cette chanson.

play up *v.i.* créer des ennuis°,
faire des siennes ; **my old war
wound is playing up again,**
ma vieille blessure de guerre
m'enquiquine encore un coup ;
the kids are playing up, les
gosses font les marioles.

play-actor *n.* individu qui
cherche à attirer l'attention°,
comédien, cabot, cabotin.

playboy *n.* 1. séducteur°, don
juan, coureur, tombeur. 2. bon
vivant°, viveur, noceur, jouis-
seur.

played out *adj.* rebattu°, usé,
fatigué ; **a played out song,**
une rengaine, une scie ; **a
played out catchphrase,** un
cliché.

player *n.* femme à tendance
nymphomaniaque° *f*, chaude
de la cuisse *f*, coucheuse *f* ;

apparently she's a bit of a player, il semblerait qu'elle soit plutôt portée sur la chose.

pleb, plebs *n.* *(GB)* prolétaire°, prolo ; **he really is such a pleb**, c'est vraiment le genre populo.

plebby *adj.* *(GB)* plébéien°, populo ; **that's a really plebby car you've got**, elle fait vachement peuple, ta bagnole !

plonk *n.* vin de table°, pinard, gros rouge qui tache, picrate.

plonk *v.t.* *(GB)* poser°, coller, flanquer ; **plonk your stuff over in the corner**, parque-moi voir tes affaires dans le coin ! ; **plonk yourself down on the sofa !** va poser ton cul sur le canapé !

plonker• *n.* *(GB)* 1. pénis°, bite *f*, zob, queue *f* ; **to pull one's plonker,** se masturber°, se taper la colonne, se tirer sur l'élastique. 2. imbécile°, tête de nœud *f*, gland, glandu, ducon. 3. baiser d'amoureux°, patin, pelle *f*, pallot.

plough into *v.t.* heurter violemment°, rentrer dans (qqch.), faire un carton dans (qqch.) ; **his car ploughed into a tree**, sa voiture s'est plantée dans un arbre.

plug *n.* 1. publicité gratuite°, promo *f*, pub *f* ; **he gave his show a plug on the radio last night**, il a fait de la retape pour son show hier soir à la radio. 2. **to pull the plug on s.t.**, retirer son assistance à qqch.°, couper les vivres à qqch., passer qqch. à la trappe ; **the manager pulled the plug on their project,** le directeur a court-circuité leur projet.

plug *v.t.* 1. promouvoir° *(chanson, etc.)*, faire de la pub (pour qqch.) ; **they've been plugging his new book on the radio all week**, ça fait une semaine qu'ils font du battage pour son nouveau bouquin. 2. *(GB)* tuer par balles°, flinguer, dessouder, brûler ; **the cops bust in and plugged the two kidnappers**, les flics ont foncé dans le tas et ont descendu les deux kidnappeurs.

plug away *v.i.* travailler d'arrache-pied°, bosser dur, boulonner, trimer.

plunge (to take the) *loc.* 1. prendre une décision importante°, faire le grand plongeon, se jeter à l'eau. 2. se marier°, se marida, se passer la corde au cou, se maquer.

P.O.• *(abr. = piss off !)* *loc.* *(GB)* va-t-en !, dégage !, fous le camp !, va pisser ! ; **just P.O. !** va te faire voir chez les Grecs !

pocket (to live in s.o.'s) *loc.* *(GB)* vivre côte-à-côte avec qqun°, partager le territoire de qqun, vivre l'un sur l'autre avec qqun.

pocket-billiards (to play)• *loc.* *(GB)* se gratter les testicules° / les couilles *f*, faire joujou avec ses poches.

podgy *adj.* *(GB)* gras°, rondelet, grassouillet, enveloppé.

po-faced *adj.* *(GB)* sans expression°, qui a un regard de poisson ; **this guy is po-faced**, ce type a une tête de vache.

poison (name your) *loc. (GB)* qu'est-ce que tu veux boire ?°, qu'est-ce qu'on te sert ?, et pour toi, ce sera ?

poke• *n.* 1. coït°, baise *f*, bourre *f* ; **to have a quick poke**, se faire une petite tringlette. 2. **to take a poke at s.o.**, a) filer un coup de poing° / une beigne / une avoine à qqun ; b) attaquer°, lancer des fleurs *f* (à qqun) ; **the cinema critic took a poke at the film**, le critique a lancé une pointe contre le film. 3. portefeuille°, larfeuille, larve, millefeuille. 4. *(US)* **(cow) poke**, cowboy°.

poke *v.t.* 1.• posséder sexuellement°, baiser, tringler, trombonner. 2. **to poke fun at s.o.**, taquiner° / asticoter / charrier qqun. 3. **to poke one's nose into s.t.**, se mêler de qqch.°, mettre son nez dans qqch. ; **stop poking your nose into my business !** arrête de fourrer ton nez dans mes affaires !

poker face *n.* 1. visage sans expression° / de marbre / de poisson. 2. individu au visage sans expression°, tête de vache *f*.

pokey *n. (US)* prison° *f*, taule *f*, cabane *f*, trou, ballon.

Polak•, pollack• *adj.* polonais°, polak.

Polak•, pollack• *n.* Polonais°, polak.

pole (up the) *loc. (GB)* enceinte°, en cloque, qui a le ballon ;

I hear your wife is up the pole again, il paraît que ta femme s'est encore fait planter un môme.

policeman's helmet• *n. (GB)* extrémité du pénis° *f*, gland, bout du zob.

polisher *n.* flagorneur°, fayot, lèche-bottes, cire-pompes.

polish off *v.t.* 1. a) achever° *(affaire)*, liquider ; **she polished off the week's work in two days**, elle a terminé le boulot de la semaine en deux jours ; b) achever° *(repas, boisson)*, avaler, se taper ; **he polished off his first pint in no time**, il a descendu sa première bière en moins de deux. 2. tuer°, liquider, refroidir, effacer.

politico *n.* politicien°, politicard.

polluted *adj.* saoul°, chargé, fait, plein.

pom = **Pommie**.

Pommie, pom *adj. (GB)* anglais°, angliche, rosbif.

Pommie, pom *n. (GB)* Anglais°, angliche, rosbif.

ponce *n. (GB)* 1. proxénète°, souteneur, maquereau, marlou, mac. 2. pédéraste°, pédé, tapette *f*, tantouze *f*.

ponce *v.t.* 1. **to ponce (off)**, mendier°, taper, taxer ; **can I ponce a fag off you ?** je peux te piquer une clope ? 2. faire du proxénétisme°, soutenir (la gerce), faire le mac / le marlou.

ponce about *v.i. (GB)* ne rien faire°, zoner, buller, glander, glandouiller.

ponce up *v.t. (GB)* **to get ponced**

up, to ponce oneself up, se mettre sur son trente-et-un°, se saper classe, se linger.

poncey adj. (GB) efféminé°, qui fait femmelette ; **I like my cousin but he is a bit poncey,** j'aime bien mon cousin encore qu'il fasse un peu tapette sur les bords.

pong n. (GB) puanteur° f, schlinguerie f, odeur de chiottes f ; **God, there's a terrible pong in here !** putain de Dieu, qu'est-ce que ça dégage ici !

pong v.i. (GB) puer°, schlinguer, dégager, cogner, dauber.

poo n. excrément° (enfants), caca.

pooch n. chien°, clébard, clebs, cabot.

pooch-flop n. (GB) crotte de chien° f.

poof, poofter n. (GB) 1. homosexuel°, tante f, tantouse f, tapette f. 2. homme d'allure efféminée°, mademoiselle f, lopette f, fleur f ; **you look like a right poofter in that pink jacket,** t'as l'air d'une vraie tapette avec cette veste rose sur le dos.

poofie, poofy adj. (GB) 1. d'allure homosexuelle°, genre tapette / pédé. 2. efféminé°, lopette ; **what a poofy tie !** quelle cravate de tapette !

pooh n. qqch. qui sent mauvais° / qui pue / qui schlingue ; **pooh !** beurk ! ; **in the pooh,** dans le caca.

pooh v.i. déféquer° (enfants), faire caca.

pooh-pooh = poo.

pool-shark n. champion de billard°, as du billard.

poop n. excrément° (enfants), crotte f, caca.

poop v.i. déféquer° (enfants), faire caca, faire une petite crotte.

pooped adj. (GB) épuisé°, crevé, lessivé, vanné.

poorly adv. tant bien que mal°, moyennement, couci-couça ; **« how's it going ? - poorly ! »,** « alors ça va ? - tout doucement ! »

poor man's loc. (GB) de qualité inférieure°, pour les pauvres ; **sparkling wine is the poor man's champagne,** le mousseux, c'est le champagne du pauvre.

pop n. 1. a) père°, papa ; b) vieux°, pépé, papi, croulant. 2. (GB) boisson gazeuse°, soda ; **Dad, can I have a bottle of pop ?** dis, papa, tu me paies une canette de qui-pique ?

pop v.t. 1. mettre en gage° / au clou / au mont-de-piété. 2. a) **to pop pills,** prendre de la drogue sous forme de pilules°, prendre des pilules f ; b) **to pop oneself,** s'injecter de la drogue°, se shooter, se piquer. 3. frapper°, cogner, bastonner, castagner. 4.• a) faire l'amour (avec qqun)°, baiser, tringler, bourrer ; b) atteindre l'orgasme°, jouir, (i) éjaculer°, décharger, balancer la purée ; **to pop one's rocks,** se vider les burnes ; (ii) **to pop one's cookies,** jouir *(femme)*, mouiller, juter. 5. mourir°, casser sa pipe, rendre ses clés ; **to pop one's clogs,** passer l'arme à gauche. 6. enfanter°, pondre, cracher le marmot ; **when is she due to pop ?,** quand est-ce qu'elle va pisser sa côtelette ? 7. *(US)* **to pop a vein / one's cork,** se mettre en colère°, se foutre en pétard / rogne / boule. 8. **to pop the cherry•,** dépuceler (une femme)°, entamer le capital (de qqun) ; **how old were you when you got your cherry popped ?** t'avais quel âge quand t'as viré ta cuti ?

poppers *n.pl.* ampoules de nitrate d'amyle° *f*, poppers.

poppycock *n. (GB)* bêtises° *f*, fariboles *f*, salades *f* ; **what a load of poppycock !** tout ça, c'est de la foutaise !

pops *n.* père°, paternel, vieux.

popshop *n. (GB)* boutique de prêteur sur gages° *f*, mont-de-piété, clou.

porcelain *n. (US)* toilettes° *f*, siège d'aisance, trône ; **to ride the porcelain bus, to pray to the porcelain goddess,** vomir°, dégueuler, déverser un arc-en-ciel.

pork• *v.t. (US)* posséder sexuellement (une femme)°, baiser, tringler, fourrer ; **he says he porked her brains out last night,** il dit qu'il lui a carambolé la cervelle hier soir.

porker *n.* policier°, poulet, flic, keuf.

pork pie *(RS = lie) n. (GB)* men-

songe°, salade *f*, bobard, craque *f*.

pork sword• *n.* pénis°, trique *f*, andouille *f* / anguille *f* de calcif.

porn *n.* pornographie° *f*, porno, cul ; **porn flicks,** films porno, films de cul.

pornbroker *n. (GB)* propriétaire d'un sex-shop°.

pornshop *n.* sex-shop, supermarché de poupées gonflables.

porridge *n. (GB)* peine de prison° *f*, taule *f*, ballon ; **to do porridge,** passer du temps à l'ombre.

pose *v.i. (GB)* prendre l'allure *f* (de qqch.)°, se donner un air / look de qqch. ; **the guy is a fake, all he does is pose,** ce type est un guignol, tout ce qu'il fait, c'est de la frime !

poser *n. (GB)* individu qui prend des airs°, frimeur, guignol, clown, arthur.

posey *adj. (GB)* qui prend des airs°, qui frime, frimeur.

posh *adj.* huppé°, rupin, chicos.

posh *adv.* de manière huppée°, chicos, façon seizième (arrondissement) ; **to act posh,** faire l'aristo.

posse *n.* bande de jeunes° *f*, gang, posse.

pot *n.* marijuana° *f*, herbe *f*, douce *f*, beu *f* ; **to smoke pot,** fumer de l'herbe.

potato *n.* 1. **small potatoes,** chose de peu de valeur° *f*, petite bière, gnognotte *f* ; **robbing grocery stores is just small potatoes,** braquer des épiceries, c'est du petit boulot. 2. **hot**

potato, enjeu difficile° *ou* brûlant°, casse-tête ; **the nuclear issue was the first hot potato the new president had to deal with,** la question nucléaire a été le premier cactus dans le portefeuille du nouveau président ; **to drop s.o. like a hot potato,** laisser tomber qqun vite fait.

pot-head *n.* usager de marijuana°, drogué à l'herbe.

pot the white (to)• *loc.* posséder sexuellement (une femme)°, baiser, tringler, bourrer.

potty *adj.* fou°, cinglé, givré, ouf ; **to be potty about s.o.,** être toqué de qqun.

potty *n.* pot de chambre° *(enfants),* pot.

pour 1. *v.i.* **to pour (down),** pleuvoir à verse / des trombes *f* ; **it has been pouring down for weeks,** ça fait des semaines qu'il pleut comme vache qui pisse. **2.** *v.t.* a) **to pour it on,** user de tout son charme°, baratiner, faire son numéro ; b) enfiler° ; (i) **to pour s.o. into a cab,** mettre qqun qui est saoul dans un taxi ; (ii) **to pour oneself into one's jeans,** s'engoncer dans un jean serré°, se mouler dans son jean ; c) **to pour on more coals,** accélérer°, mettre les gaz, appuyer sur le champignon.

poured into *adj.* serré dans un vêtement°, moulé, saucissonné.

powder *n.* héroïne° *f,* poudre *f,* blanche *f,* héro *f.*

powder one's nose (to) *loc.* aller aux toilettes° *(femme),* aller se refaire une beauté.

powder-room *n.* toilettes des dames° *f,* salon de remaquillage.

pow-wow *n.* 1. concile de paix°, pow-wow. 2. discussion° *f,* colloque ; **in order to discuss their plans for the summer they sat down and had a pow-wow,** pour discuter de leurs projets pour l'été, ils se sont assis pour une conférence au sommet.

pox (the) *n.* syphilis° *f,* vérole ; **to catch a dose of the pox,** choper la vérole.

poxed *adj.* syphilitique°, vérolé.

poxy *adj. (GB)* mauvais°, nullard, ringard, craignos ; **that was a really poxy film we saw last night,** qu'est-ce que c'était nul, ce film qu'on a vu hier soir ! ; **God ! what a poxy pair of trousers !** putain ! qu'est-ce que c'est que ce futal de merde !

prance about, prance around *v.i. (GB)* faire l'intéressant°, faire le beau, faire le coq ; **he's always prancing around in his pink cap,** il est toujours là à frimer avec sa casquette rose.

prang *n. (GB)* accident de voiture°, accrochage, carton.

prang *v.t. (GB)* abîmer°, bousiller, foutre en l'air, massacrer ; **he pranged his new car last week,** il a démoli sa caisse toute neuve la semaine dernière.

prat *n. (GB)* 1.• sexe féminin°,

chatte *f*, con, fente *f*. 2. imbécile°, con, couillon ; **what a prat !** quel enfoiré !

prat about, prat around *v.i.* *(GB)* faire l'imbécile° / le con / le couillon, battre l'air ; **stop pratting about and get down to work !** arrête de déconner et fous-toi au boulot !

prayers (to know / to say more than one's) *loc.* ne pas être aussi innocent qu'on en a l'air°, ne pas être un enfant de chœur ; **she may look like a school-girl but I reckon she says more than her prayers,** elle a peut-être l'air d'une écolière mais à mon avis elle sait deux ou trois choses sur la vie.

precautions (to take) *loc.* se protéger lors des rapports sexuels°, prendre ses précautions.

pre-fab (*abr.* = prefabricated) *n.* (bâtiment) préfabriqué°.

preggers *adj.* enceinte°, en cloque ; **to be preggers,** avoir le ballon, en avoir plein sa jupe.

premie *n.* éjaculation précoce° *f*, décharge prématurée.

preppy, preppie *adj.* *(US)* bon chic bon genre°, BCBG, bèce-bège, propre-sur-soi.

preppy, preppie *n.* *(US)* personne de style bon chic bon genre° *f*, BCBG, bècebège.

press on regardless (to) *loc.* *(GB)* continuer quoi qu'il arrive°, foncer ; **things were looking bad but they pressed on regardless,** l'affaire se présentait plutôt mal mais ils ne se

pas laissé abattre.

press the button (to) *loc.* avoir le pouvoir de décision°, avoir la main sur le bouton ; **he's the guy who presses the buttons,** c'est lui qui est aux commandes.

pressie (*abr.* = present) *n.* *(GB)* cadeau°, petit quelque chose.

pretty-boy *n.* *(GB)* jeune homme efféminé°, mignon, minet.

pretty please ! *loc.* *(GB)* fais-moi ce petit plaisir ! ; **please do it, go on, pretty please !** vas-y, s'te plaît, pour l'amour du Ciel !

previous *adj.* *(GB)* présomptueux°, gonflé, gonflaga ; **that's a bit previous, isn't it ?** c'est un peu osé, non ?

previous *n.* *(GB)* casier judiciaire°, passé ; **has he got any previous ?** il a un casier ?

price of a pint *n.* somme équivalant au prix d'une pinte de bière° *f*, quelques sous ; **it's not worth the price of a pint,** ça vaut pas tripette.

priceless *adj.* très amusant°, hilarant, impayable, crevant ; **you should have seen it when he walked straight into the lamppost, it was priceless !** t'aurais dû voir ça quand il s'est payé le lampadaire, c'était à se rouler par terre !

pricey *adj.* cher°, chérot, pas donné.

prick• *n.* 1. pénis°, bite *f*, pine *f*, queue *f*. 2. imbécile°, con, connard ; **you prick !** espèce

d'enculé ! ; **what a prick !** il
est con à bouffer de la bite ! ; **to
feel like a spare prick**, se sentir ridicule° / tout con.

prick-tease• v.t. exciter sexuel-
lement°, allumer, faire bander.

prick-tease(r)• n. femme
sexuellement excitante°, aguicheuse f, allumeuse f.

prissy adj. 1. efféminé(e)°, chochotte. 2. puritain°, collet
monté ; **when it comes to ero-
tic literature, she's very prissy**, question littérature érotique,
elle est très chochotte. 3. poin-
tilleux°, tatillon, chichiteux.

private dick, private eye n.
détective°, privé.

privates n.pl. organes sexuels
masculins°, parties f, entre-
jambes f.

prize adj. (GB) de premier
ordre°, de première (bourre) ;
what a prize twit ! quel glandu surchoix !

pro n. 1. (abr. = **professional**)
professionnel°, pro. 2. (abr. =
prostitute) prostituée° f, professionnelle f, putain f,
gagneuse f, frangine f.

prob (abr. = **problem**) n. pro-
blème°, problo, probloque ;
I'll do that and no probs, je
le ferai sans problème.

prod (abr. = **protestant**) n. pro-
testant°, huguenot, parpaillot.

prole n. prolétaire°, prolo.

promo (abr. = **promotional**) n.
film promotionnel°, (vidéo-)
clip.

prong• n. pénis°, bite f, queue
f, arbalète f.

prong• v.t. coïter°, baiser, tringler, défourailler.

pronto adv. vite°, vite fait, presto, rapidos.

proper adj. vrai°, absolu, complet, total ; **a proper bastard**,
un salopard intégral.

proposition v.t. faire des propo-
sitions indécentes (à qqun)°,
faire du gringue / du charre (à
qqun), draguer, brancher.

pseud (abr. = **pseudo-intellec-
tual**) n. pseudo-intellectuel°,
intello à la manque / à la noix /
à la flan.

pseudo = **pseudy**.

pseudy, pseudo (abr. = **pseu-
do-intellectual**) adj. pseudo-
intellectuel°, pseudo-intello ;
**these conferences are full of
pseuds giving pseudy papers
on pseudy subjects**, ces
congrès sont pleins de du-
schtroumpfs qui font des com-
munications à la neuneu sur
des sujets bidon.

psycho (abr. = **psychopathic**)
adj. fou°, dérangé, cinglé,
givré, gelé.

psycho (abr. = **psychopath**) n.
psychopathe°, cinglé, toqué,
allumé de la tête.

psych (out) v.t. 1. déconcerter°,
casser la baraque (à qqun) ; **he
tried to psych me out during
the game,** il a essayé de me
déstabiliser pendant la partie.
2. comprendre intuitivement°,
saisir, piger (le truc), sentir (le
coup) ; **this band has the
knack of psyching their
audiences out in advance**, ce

groupe a le don de sentir les publics à l'avance.

psych up *v.t.* 1. préparer mentalement en vue de qqch.°, mettre en condition, chauffer ; **the manager psyched the team up at half-time,** l'entraîneur a secoué son équipe à la mi-temps. 2. énerver°, stresser, speeder ; **to be psyched up,** être nerveux° / à cran / stressé ; **I was really psyched up before the exam,** avant l'exam j'avais les boules, je te dis pas.

pub-crawl *n.* tournée des bars *f* ; **to go on a pub-crawl,** dérouler les rades, se faire une trace.

pub-crawl *v.i.* aller de bar en bar°, faire la tournée des bistrots, dérouler les troquets, se faire une trace.

pubes *n.pl.* poils pubiens°, barbu, cresson, touffe *f*.

pudding club *n.* ensemble des femmes enceintes°, le club du ballon ; **to join the pudding club,** devenir enceinte°, tomber en cloque, se faire planter un môme.

puff *n.* 1. = **poof.** 2. bouffée° *f*, taffe *f*.

puff *v.i.* fumer°, cloper, bombarder, en griller une.

puke *n.* vomissure° *f*, vomi, dégueulis, gerbe *f*.

puke (up) *v.i., v.t.* vomir°, rendre, dégueuler, gerber ; **it's enough to make you want to puke,** y a de quoi te donner envie de gerber ; **he puked up his dinner,** il a rendu son dîner.

pull *n.* 1. **the pull,** la recherche de partenaires amoureux°, la drague, la chasse ; **to be on the pull,** chercher l'aventure ; a) chercher de la meuf *(hommes)*, b) chasser le mec *(femmes)*. 2. relations° *f*, piston ; **he got the job through pull,** il a eu le boulot par pistonnage.

pull *v.t.* 1. séduire°, draguer, emballer ; **to pull a bird / a chick,** lever une poulette. 2. arrêter°, gauler, épingler, piquer ; **he got pulled by the cops,** il s'est fait niquer par les flics. 3. **to pull a job,** réaliser une opération criminelle°, faire un casse, faire un coup. 4. **to pull a fast one / a stroke on s.o.,** escroquer° / pigeonner / entourlouper / arnaquer qqun. 5. **to pull s.o.'s leg,** se moquer de qqun°, faire marcher qqun, mener qqun en bateau, charrier qqun. 6. **to pull one out of the bag,** puiser dans ses ressources secrètes°, sortir un truc de son chapeau ; **we were in the lead and then suddenly they just pulled one out of the bag,** on menait et toc, ils nous en ont sorti un de derrière les fagots. 7. **to pull punches,** agir avec modération°, prendre des gants ; **in his opening speech the new president certainly didn't pull any punches,** dans son discours d'ouverture le nouveau président n'a pas fait de détail. 8. **to pull rank,** rappeler à l'ordre°, frapper du poing sur la table ; **the manager said he didn't like pulling**

rank, but in this case it was **necessary**, le directeur a dit qu'il n'aimait pas jouer du bâton, mais dans ce cas-là c'était nécessaire. 9. **to pull one's socks up**, faire mieux°, s'y mettre ; **you'd better pull your socks up or you'll be out !** t'as intérêt à te remuer ou ce sera la porte ! 10. **to pull strings**, jouer de ses relations° f, se faire pistonner, faire jouer le piston. 11. **to pull the plug**, retirer son assistance° f, couper les vivres ; **the government has pulled the plug on its welfare policy**, le gouvernement a passé à la trappe sa politique sociale. 12. **to pull out all the stops**, faire tout ce qu'on peut°, donner tout ce qu'on a, mettre le paquet. 13. **to pull one's wire / one's pudding**•, se masturber°, se branler (le manche), astiquer Popaul, s'allonger le macaroni.

pull in = pull v.t. 2.

pull off v.t. 1. **to pull oneself off**•, se masturber°, se branler, s'astiquer la colonne. 2. **to pull s.t. off**, réaliser qqch.°, réussir (un coup) ; **after years of trying he finally pulled it off**, après des années d'efforts, il a fini par y arriver.

pulp n. littérature à sensation° f, roman de gare.

pump 1. v.i. (GB) avoir des gaz°, péter, prouter, lâcher (une louise), larguer. 2.• v.t. a) (US) posséder sexuellement°, baiser, fourrer, tringler ; **you gotta pump' em an' dump' em !** faut se les foutre dessus et puis les foutre dehors ! ; b) **to pump s.o. for information**, soutirer des informations° / pomper des tuyaux à qqun.

pump one's pickle (to)• loc. se masturber°, se taper sur la colonne, s'astiquer le manche, agacer le sous-préfet.

punch-drunk adj. assommé°, groggy, dans le coltar, dans le cirage, sonné.

punch-up n. rixe° f, bagarre f, baston f, castagne f.

punk adj. punk.

punk n. 1. (US) individu méprisable°, trouduc, crapule f ; **some punk stole my car**, un petit con m'a volé ma voiture. 2. adepte de la mode punk°, punk ; **he was a punk in the late seventies**, il était déjà punk à la fin des années soixante-dix.

punkette n. jeune femme adepte de la mode punk° f, punkette f, punkesse f.

punter n. (GB) 1. client°, clille, pékin. 2. parieur°, turfiste. 3. pl. **the punters**, le public°, les gens dans la rue, les gusses moyens.

pup n. jeune°, morveux, jeunot.

purple hearts n.pl. 1. barbituriques°. 2. amphétamines° f, amphets f, amphés f, speed.

push v.t. vendre° (drogues), dealer, fourguer ; **to push powder**, dealer de la poudre.

push around v.t. imposer sa volonté (à qqun)°, mener à la baguette, mener par le bout du nez.

push off *v.i.* partir°, décamper, ficher le camp, se casser ; **push off** ! dégage !

push one's luck (to) *loc.* dépasser les bornes°, pousser, tirer sur la ficelle ; **don't push your luck** ! faut pas charrier !

pushed *adj.* limité°, à court de, (un peu) juste ; **I can't see you now, I'm pushed for time**, je peux pas te voir maintenant, je suis à la bourre.

pusher *n.* revendeur de drogue°, dealer, dileur.

pushover *n.* 1. qqch. de facile°, du gâteau, de la tarte, du billard. 2. femme facile° *f*, coucheuse *f*, marie-couche-toi-là *f*.

pushy *adj.* 1. arrogant°, arriviste, puant ; **most politicians tend to be pushy**, la plupart des politiciens en veulent un peu trop. 2. agressif°, qui va fort / trop loin ; **the new salesman is a bit pushy**, le nouveau vendeur en rajoute un peu.

puss *n.* 1. bouche° *f*, gueule *f*, bec, clapet ; **shut your puss** ! ferme-la ! 2. chat°, minou, minet, matou.

pussy• *n.* 1. sexe féminin°, chatte *f*, minette *f*, motte *f*. 2. femme° *(en tant qu'objet sexuel)* *f*, fesse *f*, cuisse *f*, cul ; **to chase pussy**, chercher de la meuf.

pussyfoot *v.i.* hésiter°, ne pas se lancer, rester le cul entre deux chaises ; **stop pussyfooting and take a decision** ! arrête de tourner en rond et prends une décision !

pussy pad• *n.* siège arrière d'une moto°.

pussy-struck• *adj.* sexuellement attiré par une femme°, qui bande / gode (pour qqun) ; **he's totally pussy-struck by the new boss**, la nouvelle dirlotte, elle l'a allumé à fond.

pussy-whipped• *adj.* dominé par sa femme°, tenu en laisse, tenu par la peau des couilles ; **he is pussy-whipped by his wife**, c'est sa femme qui porte la culotte.

put *v.t.* 1. **to put the boot in**, a) donner des coups de pied° / de latte, botter le cul (à qqun), latter ; b) aggraver une douleur°, retourner le couteau dans la plaie, insister lourdement. 2. **to put one's hands up**, a) se rendre°, s'aplatir ; b) avouer°, tout déballer, cracher / lâcher le morceau. 3. **to put one's skates on**, se dépêcher°, se magner, se grouiller, mettre le turbo.

put about *v.t.* **to put oneself / it about**, avoir beaucoup de partenaires sexuels°, coucher à droite et à gauche, coucher avec toute la ville.

put away *v.t.* 1. consommer°, avaler, descendre, se taper ; **he certainly knows how to put the beer away**, pour la bière, on peut dire qu'il a une sacrée descente. 2. tuer°, liquider, effacer, buter. 3. mettre en prison°, coffrer, mettre au frais, mettre à l'ombre ; **they put him away for ten years**, ils l'ont bouclé pour dix ans.

put-down *n.* 1. critique sévère° *f*, éreintage, démolition *f*, descente en flammes *f*. 2. affront verbal°, gifle *f*, remise en place *f*.

put down *v.t.* 1. critiquer sévèrement°, éreinter, démolir, flinguer, allumer. 2. humilier verbalement°, gifler, remettre (qqun) à sa place ; **the head put him down in front of the whole school**, le directeur lui a mis le nez dans le caca devant toute l'école.

put-on *n.* comédie° *f*, cinéma, frime *f*, show.

put on *v.t.* 1. **to put it on**, faire semblant°, se donner des airs, en installer. 2. **to put s.o. on**, tromper qqun°, mener qqun en bateau, monter un bateau à qqun ; **are you putting me on ?** tu te fiches de ma gueule ? 3. **to put one on s.o.**, donner un coup à qqun°, flanquer une beigne / une avoine / une châtaigne à qqun.

put-up job *n.* escroquerie° *f*, pigeonnage, coup monté, arnaque *f*.

pythonesque *adj.* excentrique°, guignolesque, clownesque, bizarroïde.

QT (on the) *(abr. = on the quiet)* *loc.* silencieusement°, en douce, en loucedé ; **she left on the QT**, elle est partie sans faire de bruit ; **keep that on the QT**, garde ça pour toi.

quack, quack doctor *n.* médecin°, toubib.

quack-quack *n. (GB)* canard°, coin-coin.

qualify for the pension (to) *loc.* vieillir°, prendre du flacon, commencer à sucrer les fraises, sentir la fin de saison.

qualities (the) *n.pl. (GB)* la presse sérieuse°, les canards respectables.

queen, quean *n.* homosexuel efféminé°, (grande) folle, tapette *f*, caroline *f*.

queen up, quean up *v.i.* s'habiller°, se saper, se loquer, se fringuer.

queer *adj.* 1. homosexuel°, pédé, pédale *f* ; **queer as a nine-bob note**, pédé comme un phoque. 2. faux° *(argent)*, contrefait. 3. bizarre°, loufoque, louf, louftingue ; **he's a bit queer in the head**, il est un peu spécial. 4. malade°, patraque, mal fichu, mal foutu ; **I'm feeling a bit queer today**, aujourd'hui je suis un peu mal. 5. **to be in queer street**, être dans la misère° / la mouise / le pétrin.

queer *n.* homosexuel°, pédale *f*, pédé.

queer-basher *n.* 1. individu qui chasse les homosexuels° ; **the local hooligans were a bunch of queer-bashers**, les voyous du coin étaient tous des casseurs de pédés. 2. personne hostile aux homosexuels° *f* ; **he's been a queer-basher all his life,** toute sa vie il a bouffé du pédé.

queer-bashing *n.* 1. agression contre des homosexuels° *f*, descente anti-pédés *f.* 2. chasse aux homosexuels° / aux pédés *f* ; **the local pastime was queer-bashing**, la distraction favorite dans le coin, c'était de casser du pédé. 3. critique anti-homosexuels / anti-pédés / homo-phobe *f*.

queer-rolling *n.* agression contre des homosexuels° *f*, braquage de pédés.

queer-up *n.* fête homosexuelle°, orgie pédé *f*.

queue-barge, queue-jump *v.i. (GB)* resquiller°, couper la queue.

quick fix *n.* solution à court terme° *f*, bricolage ; **military service is nothing but a quick fix for unemployment**, le service militaire est un cache-sexe pour le chômage.

quickie *n.* chose faite rapidement° / en vitesse, *sp.* 1. verre°, gorgeon, petit coup vite fait ; **do you fancy a quickie ?** si on allait se prendre un godet ? 2. rapport sexuel°, petit coup, tringlette *f* ; **they book a hotel**

room every lunchtime for a **quickie**, ils vont à l'hôtel tous les midis pour tirer un coup.

quick one = quickie.

quid *n.* *(GB)* livre sterling° *f* ; **that coffee pot cost me ten quid**, cette cafetière m'a coûté dix sacs.

quit *v.t.* abandonner°, lâcher, larguer, laisser tomber.

quite *adv.* tout à fait°, absolument, complètement ; **it was quite something**, c'était vraiment quelque chose ; **the party was quite an event**, cette fête a été un véritable succès.

quitter *n.* poltron°, dégonflé, dégonflard, lavette *f* ; **I wouldn't go into business with him, he strikes me as a bit of a quitter**, je ne m'associerais pas avec lui, car à mon avis il est un peu chiffe molle.

R

rabbit (and pork) *n.* (*RS* = **talk**) (*GB*) bavardage°, parlotte *f*, bavette *f*.

rabbit (and pork) *v.i.* (*RS* = **talk**) (*GB*) bavarder°, bavasser, causer ; **he can't half rabbit**, quand il est lancé, y a pas moyen de l'arrêter.

rabbit food *n.* légumes°, *sp.* salade verte°, verdure *f*.

rabbit on *v.i.* (*GB*) parler sans cesse°, causer à perte de vue, parlotter, blablater.

racket *n.* 1. entreprise illicite° *f* ; a) opération suspecte°, combine *f*, magouille *f*, arnaque *f* ; **protection racket**, racket ; b) réseau criminel organisé°, milieu, pègre *f* ; **narcotics racket**, mafia de la drogue. 2. tapage°, barouf, raffut, chambard ; **to make / to kick up a racket**, faire un sacré bazar.

rad(ical) *adj.* formidable°, géant, colossal.

rag *n.* 1. vêtement°, loque *f*, sape *f*, fringue *f* ; **rag trade**, la confection°, la fripe ; **glad rags**, habits du dimanche, nippes de fête *f*. 2. serviette hygiénique° *f*, fifine *f*, balançoire à Mickey *f* ; **to be on the rag**, avoir ses règles° *f* / ses affaires *f* / ses argagnasses *f*. 3. journal médiocre°, feuille de chou *f*, torchon. 4. (*GB*) farce d'étudiants° *f*, canular, monôme ; **Rag Week**, semaine du monôme ; **the Rag Ball**, le bal de l'Ecole. 5. **oily rag** (*RS* = **fag**) (*GB*) cigarette° *f*, clope *f*, sèche *f*, peuclo *f*. 6. **to lose one's rag**, perdre son calme°, se foutre en boule *f*, disjoncter. 7. **to feel like a wet rag**, se sentir privé d'énergie° / tout mou / ramollo / mollasson.

rag *v.t.* se moquer° (de qqun), charrier, faire grimper (qqun) à l'arbre.

raging *adj.* complet°, total, intégral ; **to be a raging faggot / queer** être pédé comme un phoque.

railroad *v.t.* 1. faire pression° (sur qqun), forcer la main (à qqun) ; **I was railroaded into attending this conference**, on m'a forcé à assister à ce congrès. 2. faire voter de façon expéditive° (*projet de loi, etc.*), faire passer en force.

raincheck *n.* seconde occasion°, partie remise ; **to take a raincheck on s.t.**, remettre qqch. à une autre fois.

rake in *v.t.* gagner beaucoup° (*argent*), ramasser à la pelle, palper ; **to rake it in**, se faire un paquet.

ralph *v.i., v.t.* vomir°, dégueuler, gerber.

ram• *v.t.* posséder sexuellement°, baiser, fourrer, tringler, foutre un coup de saucisse (à qqun).

randy *adj.* sexuellement excité°, chaud, qui a le feu aux fesses ; **to be / to feel randy**, bander *(homme)*, mouiller *(femme)*.

rap *n.* 1. accusation° *f* ; a) inculpation° *f* ; **he was done on a murder rap**, il a gerbé / plongé pour meurtre ; **to beat the rap**, être acquitté°, être blanchi ; **bum rap**, fausse accusation° ; b) incrimination° *f* ; **to take the rap for s.t.**, recevoir la responsabilité de qqch.°, porter le chapeau / le galure pour qqch., faire les frais de qqch. ; **to take the rap for s.o.**, être puni à la place de qqun d'autre°, prendre / payer / écoper / trinquer à la place de qqun. 2. a) musique rap° *f*, rap ; b) morceau de rap.

rap *v.i.* 1. converser°, tailler une bavette, colloquer, faire un brin de causette. 2. chanter de la musique rap°, rapper.

rapper *n.* amateur de musique rap°, rappeur.

raring *adj.* impatient°, qui ne demande qu'à (faire qqch.) ; **to be rarin' to go**, piaffer°, avoir des fourmis dans les jambes, avoir la bougeotte ; **to be rarin' to start**, brûler de commencer.

raspberry *(abr. = raspberry tart, RS = fart) n. (GB) (bruit fait avec les lèvres, imitant un pet et indiquant la dérision ou la désapprobation)*, rebuffade° *f*, bras d'honneur oral ; **to give / to blow s.o. a raspberry**, signaler son mépris à qqun°, dire merde à qqun, envoyer chier qqun.

rasper *n.* pet°, loufe *f*, louise *f*, caisse *f*.

rasta *(abr. = rastafarian) adj.*

rastafari°, rasta.

rasta (man) *(abr. = rastafarian) n.* rastafari°, rasta.

rat *n.* 1. individu méchant°, ordure *f*, vache *f*, enfoiré ; **you dirty rat !** sale fumier ! 2. indicateur°, indic, mouchard, balance *f*. 3. **to smell a rat**, pressentir des ennuis°, ne pas sentir le coup ; **I could smell a rat**, y avait anguille sous roche, ça sentait l'arnaque à vingt mètres. 4. **to look like a drowned rat**, être très mouillé°, être trempé jusqu'aux os. 5. **the rat race**, la compétition pour gagner sa vie°, la jungle ; **it's a real rat race out there**, la vie en société, c'est à qui liquidera le voisin le premier. 6. **rats !** mince !, zut !, enfer et damnation !

rat *v.i.* révéler des informations compromettantes°, parler, ne pas fermer sa gueule, lâcher le morceau ; **to rat on s.o.** trahir° / balancer / donner qqun.

rat-arsed• *adj. (GB)* complètement saoul°, beurré à mort, totalement bourré ; **he was rat-arsed last night**, hier soir il roulait sous la table.

ratbag *n.* = **rat** 1.

rate 1. *v.i.* être à la hauteur°, assurer, maîtriser ; **their new drummer rates**, leur nouveau batteur, il déménage ; **as a lover he doesn't rate**, au pieu, c'est pas une affaire. 2. *v.t.* apprécier°, bien sentir ; **I really rate his new movie**, son nouveau film me branche bien.

rat-faced adj. (GB) complètement saoul°, bourré comme un coing, rond comme une barrique.

rat-fink = rat 2.

ration of passion n. (GB) partie de plaisir sexuel° f, partie de jambes en l'air f, radada ; **I badly need my ration of passion tonight**, ce soir il me faut vraiment ma dose.

rat out v.i. 1. abandonner par manque de courage°, se dégonfler, se déballonner. 2. **to rat out on s.o.**, abandonner° / lâcher / larguer / plaquer / planter qqun.

ratted adj. ivre°, pété, bourré, rond.

rattle v.t. 1. déconcerter°, démonter, tournebouler ; **his friend's death really rattled him**, la mort de son ami l'a vraiment fichu par terre. 2. **to rattle s.o.'s cage**, mettre qqun en colère°, faire voir rouge à qqun, ficher qqun en rogne ; **who rattled your cage ?** quelle mouche t'a piqué ?

rattle on = rabbit on.

rat-trap n. situation sans issue° f, impasse f, piège.

ratty adj. 1. qui proteste°, grognon, geignard, râleur. 2. (US) minable°, craignos, nul, ringard.

raunchy adj. 1. grivois°, cochon, sexy ; **this production gets pretty raunchy at times**, il y a des moments relativement salés dans cette mise en scène. 2. (US) indisposé°, pas dans

son assiette, patraque, mal.

rave n. 1. = **rave-up**. 2. éloge très appuyé°, délire ; **rave review / notice**, critique dithyrambique° / délirante ; **the press gave us a real rave**, on a fait un tabac dans la presse.

rave v.i. s'extasier°, sauter au plafond, délirer (sur qqch. / qqun) ; **so this is the guy you're always raving about ?** alors c'est ça, le type qui te met en transes ?

rave-up n. fête° f, boum f, surboum f, rave f.

raver n. (GB) 1. amateur de fêtes°, fêtard, noceur. 2. jeune fille attirée par le sexe°, minette en chaleur f ; **she's a real little raver**, c'est une sacrée petite coureuse.

raw adj. 1. sévère°, dur ; **raw deal**, mauvais traitement°, saloperie f, coup dur ; **life's given him a real raw deal**, celui-là, on peut dire qu'il est servi ; **the critics gave him a raw deal**, les critiques ne l'ont pas gâté ; **a raw reception**, un accueil sibérien. 2. inexpérimenté°, bleu, jeunot ; **a raw recruit**, un bleubite.

raw (in the) loc. nu°, dans son plus simple appareil, à poil, à loilpé.

razz v.t. (US) se moquer° (de qqun), mettre en boîte, charrier.

razzle (to go on the) loc. (GB) faire la fête / la bombe / la noce / la bringue / la nouba / la java.

razzle-dazzle n. pompe° f,

cinéma, bastringue, tralala.

razz-ma-tazz, razz(a)matazz *n.* pompe° *f*, tralala, bastringue, guignolade *f* ; **I'm just fuck-ing sick of all this razz-ma-tazz**, putain, ils commencent à me prendre la tête avec leur cirque.

read *v.t.* comprendre°, saisir, piger ; **okay, man, I read you**, OK, mec, je vois le tableau ; **to read s.o. loud and clear**, recevoir qqun cinq sur cinq.

readies *n.pl.* argent liquide°, ronds, cash, thune(s) *f*.

ream•, rim• *v.t.* 1. a) lécher l'anus° (de qqun) ; b) sodomiser°, enculer, enviander, empaffer, péter la rondelle (à qqun). 2. tromper°, couillonner, baiser, enculer ; **be careful, he'll ream you as quick as look at you**, fais gaffe, ou il va t'entuber à la première occase. 3. **to ream s.o. (out)**, réprimander qqun sévèrement°, engueuler / enguirlander / tuer qqun, bouffer le cul à qqun.

ream• *n.* coït anal°, enculage, entubage, enviandage.

recce (*abr.* = **reconnaissance**) *n.* *(GB)* 1. reconnaissance militaire° *f*. 2. investigation préliminaire° *f*, coup d'œil ; **to go on a recce**, tâter le terrain.

reckon *v.t.* 1. *(US)* penser°, croire° ; **I reckon this should do it**, à mon avis ça devrait faire l'affaire. 2. *(GB)* estimer°, apprécier°, voir d'un bon œil ; **I don't reckon this guy**, ce type, je le sens pas.

red *adj.* 1. communiste°, coco, rouge. 2. **to paint the town red**, faire la fête° / la nouba / la bringue / les quatre cents coups. 3. **red leb**, haschich libanais°, liban. 4. **red tape**, a) documents administratifs°, paperasse *f*, paperasserie *f* ; b) administration° *f*, bureaucratie *f*. 5. *(GB)* **red cap**, agent de la police militaire°, béret rouge. 6. **a red face**, un visage rouge de honte° *ou* de timidité°, une tête rouge comme une pivoine / une écrevisse / une citrouille ; **that was a stupid thing to do, take a red face !** quelle bêtise, tu devrais avoir honte ! 7. **red biddy**, vin rouge de mauvaise qualité°, gros rouge qui tache, picrate, jinjin. 8. *(US)* **not a red cent**, pas un sou (vaillant) ; **I haven't got a red cent**, j'ai pas un rond / pas une thune. 9. **to be red sails in the sunset**, avoir ses règles° *f* / ses histoires *f* / ses argagnasses *f*.

red *n.* 1. communiste°, coco, rouge, bolcho ; **to see reds under the beds**, voir des rouges partout. 2. **in the red**, endetté°, encroumé, dans le rouge.

reddner *n.* *(GB)* visage rouge d'émotion°, tête comme un coquelicot *f*, tête de pivoine *f* ; **take a reddner !** va te cacher !

red-eye *n.* 1. whisky médiocre°, gnôle *f*. 2. *(US)* **the red-eye special**, le vol de nuit° *sp.* de la côte ouest à la côte est des E.-U.

red-hot *adj.* 1. extraordinaire°,

fabuleux, sensass, extra ; **their new half-back is really red-hot,** leur nouveau demi, il pète le feu ; **I've got a red-hot tip for the third race,** j'ai un tuyau d'enfer pour la troisième. 2. **red-hot news,** a) information toute récente°, du tout chaud ; b) information explosive°, bombe *f.* 3. a) sexuellement attirant°, sexy, bandant, mettable ; b) sexuellement excité°, chaud, qui a le feu aux fesses / au cul ; **she's a real red-hot mamma,** elle démarre au quart de tour ; **when you give him a few drinks he's red-hot,** après un verre ou deux, il est mûr pour le pieu.

red-hot *n. (US)* hot-dog.

red-letter day *n.* jour mémorable°, jour à marquer d'une pierre blanche.

red-light district *n.* quartier de la prostitution°, quartier chaud.

redneck *n. (US)* 1. paysan°, péquenot, bouseux, pécore. 2. individu qui manque de manières°, beauf, dupont-la-joie, plouc.

reefer *n.* cigarette de marijuana° *f,* stick, keusti.

ref (*abr.* = **referee**) *n.* arbitre° ; **hey ref, you need glasses !** eh ! l'arbitre, t'as oublié tes lunettes !

reg (*abr.* = **registration**) *n.* numéro d'immatriculation°, plaque *f.*

rehab (*abr.* = **rehabilitation**) *n.* désintoxication° *f,* désintox *f.*

Reilly = Riley.

rent-a- *pref.* crypto-, pseudo- ; **the demo was a real rent-a-mob job,** cette manif, c'était une opération bidon d'agitateurs ; **he turned up at the party with rent-a-crowd,** il s'est ramené à la fête avec une bande d'OVNI ; **this guy has a bunch of rent-a-cops for personal protection,** ce type se fait protéger par une bande de flics privés.

rent boy *n.* jeune prostitué homosexuel°.

rep *n.* 1. (*abr.* = **representative**) représentant°, délégué° ; **the student rep,** le délégué des étudiants° ; **sales rep,** commercial°, VRP. 2. (*abr.* = **reputation**) réputation° *f,* cote *f* ; **to have a bad rep,** avoir un sale nom.

repeat *v.i.* être indigeste°*(aliments),* avoir du mal à passer, remonter ; **I don't like garlic because it repeats on me,** je n'aime pas l'ail parce que ça me donne des renvois.

repo man (*abr.* = **repossession man**) *n. (US)* huissier chargé de saisir des biens°, récupérateur.

reptile *n.* individu méprisable°, vermisseau, trouduc, pauvre type.

result *n.* bon résultat° *(sports),* perf *f* ; **to get a result,** faire un résultat.

retard *n.* crétin°, débile, arriéré (mental).

revamp *v.t.* 1. rajeunir°, retaper, donner un coup de neuf (à qqch.). 2. exhumer°*(spectacle,* *chanson, etc.*), ressusciter ; **all the band does is revamp old numbers**, ce groupe ne fait que ressortir des vieux tubes.

rev up *v.t.* animer°, ranimer, réchauffer ; **this audience is dead, let's rev' em up with a dirty sketch**, ces veaux, il faut un numéro cochon pour les réveiller.

rhino (*abr.* = **rhinoceros**) *n.* *(GB)* argent°, blé, oseille *f*, galette *f*.

rhubarb *n.* *(GB)* 1. bruit de fond° *(théâtre)*, brouhaha. 2. boniment°, baratin, cinéma ; **you're talking a load of old rhubarb**, tu racontes que des salades.

rib *v.t.* taquiner°, charrier, mettre en boîte.

rich *adj.* exagéré°, trop, un peu beaucoup ; **that's a bit rich !** ça c'est un peu fort !, ils poussent un peu !

rich bitch• *n.* femme riche° *f*, salope en vison *f*.

ride• *n.* 1. a) rapport sexuel°, baise *f*, coup, tringlette *f* ; b) femme sexuellement désirable° *f*, meuf baisable / mettable ; **she's a (good) ride**, cette nana, c'est un bon coup. 2. **to take for a ride,** faire marcher°, mener en bateau, monter un bateau (à qqun), bidonner.

ride 1. *v.i.* **to let it ride**, ne pas se soucier de qqch.°, laisser courir, laisser pisser. 2. *v.t.* a)• posséder sexuellement°, baiser, tringler, grimper ; **he'd ride anything in a skirt**, il saute-

rait tout ce qui porte jupon. b) = **rib.** c) *(US)* **to ride s.o.'s ass•**, importuner° / gonfler / brouter qqun, casser le cul à qqun.

riff *n.* phrase musicale° (*guitare électrique*), riff.

rig• *n.* 1. organes sexuels masculins°, service trois-pièces, marchandise *f*, parties *f*. 2. poids lourd°, gros-cul. 3. **rig (-out)**, tenue° *f*, fringues *f*, sapes *f*, nippes *f* ; **nice rig you've got on**, t'es super-fringué aujourd'hui. 4. attirail°, *sp.* matériel de musique°, matos, bastringue.

rig *v.t.* truquer°, trafiquer ; **the race was obviously rigged**, la course a visiblement été arrangée.

right *adj.* 1. complet°, total, intégral, absolu ; **this guy is a right dickhead**, ce type est un nœud absolu ; **a right bastard**, un vrai salaud, une pure ordure ; **to feel like a right Charlie**, se sentir con comme Léon ; **a right royal mess**, le merdier du siècle. 2. **the right stuff**, le courage nécessaire°, ce qu'il faut, les couilles requises. 3. **as right as rain**, en bonne santé°, en pleine forme, comme un charme. 4. **not to be right in the head**, être un peu fou°, ne pas aller bien dans sa tête, être légèrement dérangé / fêlé. 5. **to get on the right side of s.o.**, s'insinuer dans les bonnes grâces de qqun°, se faire bien voir de qqun, se mettre dans les petits papiers de qqun. 6. **to see s.o. right**, veiller au bien de qqun°, s'occuper de qqun ; **don't worry, my boy, I'll see you right**, t'inquiète pas, fiston, tu seras pas oublié.

right *adv.* 1. d'accord, okay, c'est bon ; **go straight on past the post office, right, and then turn left**, continuez tout droit et passez devant la poste, d'accord ? et après tournez à gauche ; **Mom, I can take the elevator, right ?** Maman, je peux prendre l'ascenseur, hein ? 2. **right enough !** tout à fait !°, effectivement !, absolument ! 3. *(GB)* **right you are !** entendu !°, affirmatif !, cinq sur cinq ! 4. **to get s.o. / s.t. right**, comprendre qqun / qqch.°, saisir / piger (le topo) ; **if I get you right we're in for trouble tomorrow**, si je te reçois clairement, demain on va dérouiller. 5. *(US)* **right off (the bat)**, immédiatement°, aussi sec, d'entrée. 6. *(US)* **right on !** bravo !°, ouais !, super !, impeccable ! 7. **right up there**, au sommet°, tout en haut, au top ; **she's right up there with the greats**, elle joue dans la cour des grands.

right-ho !, rightio !, righty-o ! *excl.* d'accord !°, dac !, OK !, ça roule !

rig-out = rig *n.* 3.

rig out *v.t.* habiller°, fringuer, saper, nipper.

rig up *v.t.* fabriquer avec les

moyens du bord°, bricoler, bidouiller.

Riley, Reilly (to live / to have the life of) *loc.* avoir une vie facile°, avoir la belle vie, se la couler douce, être à la coule.

rim = ream.

ring• *n.* 1. anus°, anneau, rond, troufignard. 2. **to run rings round s.o.**, battre qqun à plates coutures°, se balader devant qqun, foutre une branlée / une piquette à qqun.

ring *v.t.* 1. **to ring a bell**, rappeler qqch.°, dire qqch. (à qqun) ; **his face rings a bell**, j'ai déjà vu ce type quelque part. 2. **to ring s.o.'s bell**, a) attirer qqun sexuellement°, faire flasher qqun, brancher qqun ; b)• amener son partenaire à l'orgasme°, faire reluire / faire briller qqun.

ring-burn, ring-burner *n.* curry très épicé° / qui arrache la gueule.

ringer *n.* 1. **(dead) ringer**, sosie°, portrait tout craché (de qqun), copie conforme *f.* 2. participant non autorisé à une compétition sportive°, intrus.

rinky-dink *adj.* *(US)* de qualité inférieure°, à la manque, à la flan, à la noix.

riot *n.* qqch. *ou* qqun d'hilarant° / qui est à mourir de rire ; **bring your brother over, he's such a riot,** amène ton frangin, il est tellement fendant ; **his new show is a real riot,** son nouveau spectacle est à se tenir les côtes / à se plier en deux / à se rouler par terre.

riot act (to read the) *loc.* crier de colère°, pousser une gueulante, gueuler (tout ce qu'on sait) ; **the boss came in and read us the riot act**, le patron s'est radiné et il nous a bien remonté les bretelles.

rip *n.* tentative° *f*, coup d'essai ; **to have a rip (at s.t.)**, faire un essai°, tenter le coup.

rip *v.i.* *(GB)* 1. **to let rip**, avoir des gaz°, péter, lâcher (une louise / une caisse). 2. **to let it rip**, a) accélérer à fond°, mettre la gomme, appuyer sur le champignon ; b) faire le maximum°, y aller à fond, se défoncer, donner tout ce qu'on a ; **the band started off really downbeat, then after three numbers they just let it rip**, le groupe a commencé par jouer assez mollo, et après trois morceaux ils ont balancé la purée. 3. **to let rip at s.o.** = **rip into.**

rip into *v.t.* 1. attaquer°, rentrer dans le chou / le lard (à qqun), rentrer dedans (à qqun). 2. réprimander sévèrement°, sonner les cloches *f* / passer un savon / remonter les bretelles *f* (à qqun).

rip-off *n.* 1. escroquerie° *f*, arnaque *f*, carottage ; **this restaurant is a real rip-off**, ce resto, c'est des voleurs. 2. plagiat°, pompage ; **their new hit is a rip-off of our best song**, leur nouveau tube est pompé sur notre meilleur morceau.

rip off *v.t.* 1. escroquer°, repasser, arnaquer, pigeonner ; **the** street sellers really rip the tourists off, les touristes se font baiser à tous les coups par les vendeurs de rue. 2. plagier°, copier, pomper (sur qqch.).

rip-off artist *n.* escroc°, arnaqueur, repasseman.

ripped *adj.* 1. ivre°, beurré, bourré, chargé. 2. drogué°, pété, défoncé, raide.

rip the piss out of (to)• *loc.* se moquer de°, charrier, se foutre de la gueule de, mettre en boîte.

rise• *n.* 1. érection° *f*, trique *f*, bandaison *f*, gourdin ; **to get a rise**, bander, l'avoir en l'air. 2. **to take a rise out of s.o.**, se moquer de qqun°, charrier qqun, mettre qqun en boîte, faire grimper qqun aux rideaux.

rise to the occasion (to)• *loc.* avoir une érection au moment opportun°, bander à point nommé.

ritzy *adj.* élégant°, chic, chicos, classe.

roach *n.* filtre de cigarette de marijuana°, bout de joint.

road *n.* 1. **to hit the road**, partir°, mettre les bouts, se casser, filer. 2. **to be on the road**, a) être en tournée°, être sur la route ; b) voyager°, bourlinguer, rouler sa bosse, faire la route. 3. **to get the show on the road**, commencer°, démarrer, attaquer ; **OK, let's get this show on the road**, bon, alors, on y go ou quoi ?

roadie *n.* accompagnateur de groupes musicaux en tournée°, roadie.

roast *v.t.* critiquer sévèrement°, démolir, éreinter, allumer, flinguer.

rock *n.* 1. diamant°, diam, caillou. 2.• testicule°, burne *f*, noix *f*, couille *f* ; **to get one's rocks off**, a) atteindre l'orgasme°, prendre son pied, s'envoyer en l'air, venir ; b) s'amuser°, prendre son pied, s'en payer une tranche, s'éclater. 3. **on the rocks**, irrécupérable°, en faillite, à l'eau ; **their marriage is on the rocks**, leur mariage est foutu. 4. **to have rocks in one's head**, être fou° / siphonné / cinglé / allumé, avoir un petit vélo.

rock 1. *v.i.* ondoyer au son du rock'n'roll°, rocker ; **are we gonna rock tonite ?** alors ça va bouger ce soir ? ; **the whole place was rocking**, toute la baraque swinguait. 2. *v.t.* **to rock the boat**, déranger l'équilibre établi°, faire des vagues *f*, ficher le bazar ; **take it easy, stop rocking the fucking boat !** du calme, arrête de foutre ta merde !

rocker *n.* 1. voyou°, blouson noir, loubard, loub, rocker, rocky. 2. **to be off one's rocker**, être fou° / givré / sonné / louf / allumé.

rocky *adj.* instable°, flageolant, flageolo ; **their relationship is pretty rocky at the moment**, là maintenant y a de l'eau dans le gaz chez eux.

rod *n.* 1.• pénis°, manche, outil,

engin. 2. arme à feu° *f*, feu, flingue, calibre, brelica.

roger• *v.t. (GB)* posséder (une femme) sexuellement°, caramboler, calecer.

roger ! *excl.* entendu !°, OK !, dac !, affirmatif !

roll *n.* 1. **to have a roll (in the hay)**, copuler°, s'envoyer en l'air, faire une partie de jambes en l'air, voir les feuilles à l'envers. 2. **to be on a roll**, jouir d'une période de succès°, être dans une bonne phase, avoir le vent en poupe.

roll 1. *v.i.* a) **to be rolling in it**, être très riche°, être plein aux as, nager dans le fric ; b) **to have them rolling in the aisles**, amuser le public°, faire rouler par terre de rire / mourir de rire l'assistance ; c) **to get rolling**, se dépêcher°, se remuer, se bouger, se mouver. 2. *v.t.* a) escroquer°, arnaquer, rouler, entuber ; b) **roll 'em !** moteur ! (*cinéma*).

rollick *v.t. (GB)* réprimander sévèrement°, engueuler, enguirlander, remonter les bretelles *f* (à qqun).

rollicking *n. (GB)* réprimande° *f*, engueulade *f*, savon ; **to give s.o. a (right) rollicking**, secouer les puces à qqun.

rollocks !, rollicks ! *excl. (GB)* balivernes !°, baratin !, du vent !, que des conneries !

roll-up *n.* cigarette roulée à la main°, roulée *f*, pétard.

roll up *v.i., v.t.* rouler une cigarette° (*tabac, marijuana*), en rouler une.

roly-poly *adj.* *(GB)* grassouillet°, enveloppé, légèrement rembourré.

romp• *n.* acte sexuel°, partie de jambes en l'air *f*, culbute *f*.

romp home (to) *loc.* gagner facilement°, se balader, arriver dans un fauteuil.

roof (to hit / to go through the) *loc.* se mettre en colère° *f* / en pétard / en renaud, piquer une crise, péter les plombs.

rooky, rookie *adj.* nouvellement recruté°, de la veille, nouveau ; **a rooky cop**, un flic jeunot.

rooky, rookie *n.* nouveau venu°, nouveau, bleu, bleubite, pied-tendre.

root• *n.* 1. pénis°, bite *f*, bout, tige *f*. 2. érection° *f*, bandaison *f*, trique *f* ; **to get the root**, bander, l'avoir en l'air.

root• *v.t.* posséder sexuelle-ment°, baiser, bourrer, tringler ; **get rooted !** va te faire foutre !

root about, root around *v.t.* fouiller°, farfouiller, tripa-touiller.

root for *v.t.* soutenir° *(une équipe, etc.)*, supporter.

rope in *v.t.* enrôler de force°, embrigader, embringuer.

ropey *adj.* *(GB)* de qualité inférieure°, minable, à la noix, à la flan.

Rory (O'Moore) *n.* *(GB)* 1. *(RS = door)* porte° *f*, lourde *f*. 2. *(RS = floor)* sol°, plancher.

Rosie (Lee / Lea) *(RS = tea)* *n.* *(GB)* thé° ; **it's not my cuppa Rosie**, c'est pas ma tasse de thé.

rot *n.* bêtises° *f*, salades *f*, bobards, conneries *f* ; **what a load of old rot !** tout ça, c'est de la connerie.

rot-gut *n.* alcool de mauvaise qualité°, tord-boyaux, gnôle *f*.

rotten *adj.* saoul°, noir, plein, rétamé.

rough *adj.* 1. **to feel rough**, ne pas se sentir bien°, ne pas être dans son assiette, *sp.* avoir la gueule de bois / mal aux che-veux. 2. **a rough customer**, un individu rude°, un dur, un sacré client. 3. **rough stuff**, bagarre° *f*, baston *f*, cogne *f*, castagne *f*. 4. **to sleep rough**, dormir à l'extérieur°, dormir à la dure.

rough-house *n.* bagarre° *f*, bas-ton *f*, castagne *f*, cogne *f* ; **you want some rough-house ?** tu cherches les crosses ?

rough it (to) *loc.* vivre dans des conditions difficiles°, vivre à la dure.

roughneck *n.* voyou°, loubard, barlou, loub.

rough up *v.t.* battre°, cogner, bastonner, tabasser.

round-the-bend / -the-twist *loc.* fou°, siphonné, taré, allumé.

round up *v.t.* arrêter° *(groupe)*, rafler, ramasser.

rozzer *n.* *(GB)* policier°, flic, roussin, archer.

rub-a-dub *(RS = pub)* *n.* *(GB)* bar°, troquet, rade.

rubber *n.* 1. pneu°, boudin ; **to burn rubber**, mettre la gomme. 2. **rubber (Johnnie)**, préservatif°, capote *f*, latex, marguerite *f.*

rubber cheque *n.* chèque sans provision°, chèque en bois.

rubbish *v.t. (GB)* détruire°, démolir, casser ; **to rubbish a plan**, tuer un projet.

rub it in (to) *loc.* aggraver la douleur°, remuer le couteau (dans la plaie), insister lourdement ; **don't rub it in !** arrête de chier dans la colle !

rub out *v.t.* tuer°, liquider, effacer, buter.

rub (up) the wrong way (to) *loc.* irriter°, donner / filer des boutons (à qqun), les briser (à qqun).

ruckus *n.* bruit°, corrida *f,* barouf, bordel, cirque.

ructions *n.pl.* bagarre° *f,* baston *f,* castagne *f,* cogne *f* ; **if you do that again there'll be ructions**, y a des claques qui se perdent.

ruddy *adj. (euph. = bloody) (GB)* sacré, fichu, satané ; **he's a ruddy idiot**, quel bougre de crétin !

rugger *n. (GB)* rugby°, ballon ovale ; **rugger bugger**, fana du rugby.

ruined *adj.* saoul°, bourré, pété, beurré.

rumble *n.* querelle° *f* / bagarre entre bandes *f,* embrouille *f.*

rumble 1. *v.i.* se battre°, se bastonner, s'embrouiller, se castagner. 2. *v.t.* percer à jour°, découvrir, calculer.

rumpo *n. (GB)* sexe°, bagatelle *f,* la chose, batifole *f.*

rumpus *n.* bruit°, barouf, bastringue, corrida *f* ; **to kick up a rumpus**, faire un cirque de tous les diables.

run-around (to give s.o. the) *loc.* agacer qqun à force de tromperie°, faire tourner qqun en bourrique, faire grimper qqun aux rideaux.

run down *v.t.* critiquer°, démolir, casser du sucre (sur le dos de qqun).

run-in *n.* querelle° *f,* embrouille *f,* rébecca, crosses *f.*

run in *v.t.* arrêter°, agrafer, pincer, niquer, gauler.

runner (to do a) *loc.* 1. partir sans payer la note°, faire baskets. 2. s'enfuir°, filer, se faire la malle, se tirer des flûtes, trisser.

run out *v.i.* **to run out on s.o.** abandonner° / lâcher / plaquer / larguer qqun.

run the show (to) *loc.* être le responsable°, être aux commandes, tirer les ficelles.

runs (the) *n.pl.* la diarrhée°, la chiasse, la courante, la foirade.

runt *n.* petit individu désagréable°, avorton, nabot, demi-portion *f.*

rush *n.* 1. sensation d'excitation due à la drogue° *f,* flash, trip. 2. plaisir°, pied, éclat ; **to feel a rush**, prendre son pied.

Russki *n.* Russe°, popof, russkof.

rustle up *v.t.* dénicher°, dégauchir, dégoter.

rusty *adj.* roux°, rouquin.

rusty *n.* roux°, rouquin, poil-de-carotte.

sack *n.* 1. lit°, pieu, plumard, pageot ; **to hit the sack**, se coucher°, se bâcher, se pieuter ; **to be good in the sack**, assurer au pieu. 2. congé°, la porte ; **to get the sack**, se faire virer / saquer / lourder ; **to give s.o. the sack**, foutre qqun à la porte.

sack *v.t.* 1. licencier°, virer, lourder ; **he was sacked after only two weeks in his new job**, il s'est fait jeter de son nouveau boulot au bout de deux semaines seulement. 2. *(US)* plaquer° *(sports)*.

saddle (in the) *loc.* en position de responsabilité°, aux commandes ; **to be in the saddle**, tenir les rênes.

saddle *v.t.* **to saddle s.o. with s.t.**, imposer qqch. à qqun°, coller qqch. sur le dos de qqun ; **to get saddled with s.t.**, se retrouver de corvée de qqch., se coltiner qqch. ; **poor Johnnie got saddled with looking after Granny for the summer**, le pauvre Johnnie a dû se farcir la garde de mémé pendant tout l'été.

Sadie and Maisie *n.* sado-masochisme°, S&M, cuir.

safe *adj.* *(GB)* bien°, chouette, extra, super.

safe *adv.* 1. **to play it safe**, ne pas prendre de risques°, la jouer tranquille ; **two goals up and ten minutes to go, they played it safe**, avec deux buts d'avance et dix minutes de jeu, ils ont assuré. 2. **safe home !** bon retour !, rentre bien !

safety *n.* préservatif°, capote (anglaise) *f*, marguerite *f*, latex.

sail into *v.t.* 1. frapper°, tabasser, rentrer dans le chou / le lard (à qqun). 2. critiquer sévèrement°, éreinter, démolir, allumer. 3. réprimander sévèrement°, sonner les cloches *f* / secouer les puces *f* / passer un savon (à qqun). 4. **to sail into a place**, entrer quelque part avec majesté° / en grande pompe, faire une entrée de sénateur.

sail through *v.t.* réussir facilement°, faire (qqch.) les doigts dans le nez, se balader ; **he sail-ed through his finals**, il a réussi ses examens haut la main.

salami• *n.* pénis°, andouille de calcif *f*, saucisse *f*, chipolata *f*.

Sally, Sally Ann, Sally Army *n.* l'Armée du Salut° *f*.

salmon and trout (*RS = snout*) *n.* *(GB)* nez°, naze, pif, tarin.

salt (to be worth one's) *loc.* valoir beaucoup°, être valable ; **their new goalkeeper is not worth his salt**, leur nouveau gardien vaut des clous.

sambo• *n.* *(GB)* nègre°, moricaud, bougnoule, bamboula.

same difference (it's the) *loc.* c'est la même chose°, c'est du pareil au même ; **whatever we do, it's the same difference**, quoi qu'on fasse, c'est toujours la même choucroute.

samey *adj.* *(GB)* monotone°, terne, grisâtre ; **every day is so samey**, les jours se suivent et se ressemblent.

sarky *adj.* sarcastique°, vicelard, pas tendre.

sarnie *n.* *(GB)* sandwich°, casse-croûte, casse-dalle.

saturated *adj.* *(GB)* ivre°, bourré, rétamé, chargé.

sauce (the) *n.* alcool°, boisson *f*, carburant ; **to hit / to be on the sauce**, boire beaucoup°, picoler dur, biberonner.

saucey *adj.* *(GB)* grivois°, salé, gaulois, salace ; **his speciality was saucey postcards from the seaside**, sa spécialité était les cartes postales façon gaudriole du bord de mer.

sausage• *n.* *(GB)* 1. pénis°, saucisse *f*, andouille de calcif *f*, chipolata *f*. 2. **not a sausage !** rien !°, que dalle !, des clous !

save *v.t.* 1. **to save one's bacon / skin / hide**, se sortir d'une situation dangereuse°, sauver sa peau. 2. **save it !** tais-toi !°, écrase !, la ferme !

savvy *adj.* doué de bon sens°, pas idiot, pas con.

savvy *n.* bon sens°, jugeote ; **he's got plenty of savvy**, il sait bien se débrouiller.

savvy *v.i.* comprendre°, piger, saisir ; **savvy ?** tu vois le topo ?

saw off a piece (to)• *loc.* posséder (une femme) sexuellement°, tirer sa crampe / son coup, la mettre au chaud.

sax, saxa (*abr.* = **saxophone**) *n.* saxophone°, saxo, sax.

say *v.t.* 1. **say " cheese " !** souriez, le petit oiseau va sortir ! 2. **to say one's piece**, dire ce qu'on pense°, dire ce qu'on a sur le cœur, vider son sac. 3. **says who ?** ah oui ?, ah bon ? 4. **you don't say !** sans blague ?, pas possible ! 5. **I'll say !** et comment !, je te le fais pas dire ! 6. **you can say that again !** à qui le dis-tu !, tu l'as dit bouffi. 7. **enough / 'nuff said !** ça suffit, j'ai pigé !

scab *n.* briseur de grève°, jaune.

scabby *adj.* *(GB)* minable°, nul, craignos ; **that was a scabby thing to do**, ce qu'il a fait là, c'était une vraie crasse.

scag *n.* héroïne° *f*, héro *f*, poudre *f*, blanche *f*.

scalp(er) *n.* revendeur de billets à la sauvette°, revendeur au marché noir.

scalp *v.t.* vendre des billets à la sauvette°, fourguer des tickets au marché noir.

scaly *adj.* difficile°, dur, duraille, coton.

scallywag *n.* *(GB)* garçon des rues°, voyou, gavroche ; **a young scallywag**, un garnement.

scam *n.* opération à la limite de l'honnêteté° *f*, combine *f*, plan ; **every week he's got a new scam for making money**, chaque semaine il dégotte un nouveau truc pour se faire du fric ; **he's got a great scam going on the stock market**, il a une magouille géniale à la Bourse.

scam *v.t.* escroquer°, arnaquer, carotter ; **tourists are so easy to scam,** les touristes, c'est tellement facile de les rouler.

scanties *n.pl.* slip° *(femme)*, petite culotte, cache-frifri.

scarce *adj.* 1. **to make oneself scarce,** partir°, s'éclipser, vider les lieux ; **I'd better make myself scarce quick,** faut que je me sauve ! 2. **to be scarce on the ground,** ne pas être abondant°, être plutôt rare ; **good guys like him are a bit scarce on the ground,** des types bien comme lui, y en a pas des masses.

scare *v.t.* **to scare the living daylights / the shit• out of s.o.,** effrayer qqun°, flanquer une trouille bleue à qqun ; **to be scared shitless•,** avoir très peur°, avoir le trouillomètre à zéro, les avoir à zéro, faire dans son froc.

scaredy cat *n.* poltron°, poule mouillée, dégonflé, dégonflard.

scarper *v.i.* partir°, filer, se tirer des pattes, calter ; **let's scarper !** on se casse !

scatterbrain *n.* écervelé°, hurluberlu, tête-en-l'air.

scatterbrained *adj.* écervelé°, tête-en-l'air, foufou.

scatters (the) *n.pl. (GB)* diarrhée° *f*, chiasse *f*, courante *f*, foirade *f*.

scatty *adj. (GB)* fou°, secoué, givré, brindezingue.

scavenge *v.t. (GB)* emprunter°,

taper, taxer, torpiller.

scene *n.* 1. milieu°, monde ; **the rock scene,** le milieu rocker. 2. situation° *f ou* ambiance° *f*, coup ; **it was a real scene,** je te raconte pas le tableau ; **bad scene !** mauvais plan ! ; **heavy scene, man !** quelle galère ! 3. goût°, genre ; **building model airplanes is really not my scene,** faire des maquettes d'avions, c'est pas vraiment mon truc ; **this place is just not my scene,** ici c'est pas vraiment mon genre. 4. **to have a scene with s.o.,** avoir une liaison° / une aventure avec qqun.

scheisspot• *n.* individu méprisable°, sous-merde *f*, merdeux, bâton merdeux.

schizo *(abr. = **schizophrenic**) adj.* schizophrène°, schizo.

schizo *(abr. = **schizophrenic**) n.* schizophrène°, schizo.

schlong• *n. (US)* pénis°, bite *f*, zigouigoui, zob.

schmaltz *n. (US)* sentimentalité° *f*, eau de rose *f*, mélo, guimauve *f*.

schmaltzy *adj. (US)* sentimental°, mélo, guimauve, dégoulinant.

schmeck *n. (US)* 1. héroïne° *f*, blanche *f*, poudre *f*, dragon. 2. part° *f*, bout, morcif, taf.

schmock, schmuck *n. (US)* crétin°, andouille *f*, lavedu, duschmoll.

schmoe *n. (US)* crétin°, andouille *f*, gland, duschmoll ; **the guy is a real schmoe !** ce type, c'est vraiment ducon !

schmuck = schmock.

schnozzle *n.* nez°, pif, blair, naseaux.

scoff *n.* *(GB)* nourriture° *f*, mangeaille *f*, bouffe *f*, boustifaille *f*.

scoff *v.t.* *(GB)* manger°, bouffer, casser la dalle, grailler ; **there was loads to eat and we scoffed a lot**, il y avait des tonnes à bouffer et on s'est empiffrés.

scoot *v.i.* partir°, décamper, décaniller ; **I think it's time we scooted**, je crois qu'il faudrait qu'on se tire.

scorch (along) *v.i.* aller très vite°, foncer, bomber, tracer.

scorcher *n.* journée torride° *f*, canicule *f* ; **God, today is a real scorcher !** purée, qu'est-ce que ça tape aujourd'hui !

score *n.* 1. achat de drogue°, plan, P ; **we made a score**, on s'est fournis. 2. butin°, gâteau, affure. 3. **to know the score**, a) être bien informé° / au courant / au parfum / au parf ; b) être très expérimenté°, en savoir un bout, en connaître un rayon, connaître les ficelles. 4. a) partenaire sexuel°, coup ; **he came home with a different score every night**, il ramenait une nouvelle conquête à la maison chaque soir ; b) client d'une prostituée°, micheton. 5. succès°, joli coup, tabac ; **the show was a score with the critics**, le spectacle a fait un malheur parmi les critiques.

score *v.i.* 1. acheter de la dro-

gue°, faire un plan. 2. réussir°, faire un tabac, cartonner ; **he certainly scored with his new album**, il a vraiment fait un malheur avec son dernier disque. 3. a) faire un client *(prostitution)* ; b) faire une conquête amoureuse°, lever (qqun) ; **do you think I have any chance of scoring with her ?** tu crois que j'ai une chance de me la faire ?

scour *n.* *(GB)* nettoyage°, décrassage ; **this place needs a good scour**, ici, ça a besoin d'un bon raclage.

scram *v.i.* partir°, se tirer, ficher le camp, vider le plancher ; **scram !** ouste !, dégage !, fous-moi le camp !

scrap *n.* *(GB)* bataille° *f*, bagarre *f*, baston *f*, castagne *f*.

scrap *v.i.* *(GB)* se battre°, se bagarrer, se bastonner, se castagner ; **he just loves scrapping**, il adore la baston.

scrape *n.* situation difficile° *f*, pétrin ; **I'm always getting into scrapes**, je me retrouve toujours dans des plans galères.

scrape *v.t.* **to scrape the bottom / the barrel / the bottom of the barrel**, recourir aux dernières ressources°, racler les fonds de tiroir, en être réduit aux raclures ; **telling that joke was really scraping the bottom of the barrel**, avec cette blague il a vraiment touché le fond.

scrappo *n.* *(GB)* bataille° *f*,

bagarre *f*, baston *f*, castagne *f*.

scratch *n.* 1. argent°, pèze, flouze, oseille *f.* 2. **to be up to scratch**, être au niveau requis° / à la hauteur ; **this work is not up to scratch**, ce boulot, c'est tout simplement pas ça. 3. **to start from scratch**, partir du début° / de zéro ; **they had to start from scratch all over again**, ils ont dû recommencer de la case départ.

scream *n.* qqch. *ou* qqun de très drôle° / de rigolo ; **it's a scream**, c'est bidonnant / tordant / crevant, c'est à hurler de rire.

screamer *n.* homosexuel qui s'affiche°, affiche *f.*

screw *n.* 1. • acte sexuel°, baise *f*, coup ; **what would you say to a little screw ?** qu'est-ce que tu dirais d'un petit tour au lit ? 2.• personne sexuellement attirante° / sexy / mettable ; **he's a bit of a screw**, il est plutôt baisable. 3.• partenaire sexuel°, coup ; **she's a good screw**, elle baise bien. 4. *(GB)* gardien de prison°, maton, gaffe, matuche. 5. *(GB)* salaire°, paye *f* ; **to be on a good screw**, être bien payé°, toucher un joli petit paquet. 6. **to have a screw / a few screws loose**, être un peu fou°, avoir une araignée au plafond / une sauterelle dans la vitrine / un petit vélo ; **he's got a few screws loose**, il lui manque une case. 7. **to put the screw(s) on s.o.**, intimider° qqun, faire le dur avec qqun.

screw 1.• *v.i.* faire l'amour°, baiser, tirer, tringler ; **they were screwing all night long**, ils ont passé la nuit à s'envoyer en l'air. 2. *v.t.* a)• posséder sexuellement°, tringler, baiser, s'envoyer, se farcir ; **he'd screw anything in a skirt**, il est du genre à se taper tout ce qui porte jupon ; **these guys do nothing but screw each other**, ces mecs passent leur temps à se niquer ; **she screws a different guy every night**, elle s'enfile un nouveau mec chaque soir ; b)• escroquer°, niquer, arnaquer, couillonner ; **we got screwed in that deal**, on s'est fait baiser dans cette affaire ; c) *(GB)* cambrioler°, braquer, vendanger ; **to screw a house**, faire une maison ; d)• **screw this !** putain de merde ! ; **screw you !** je t'encule ! ; **screw the neighbours !** les voisins, qu'ils aillent se faire foutre ! ; e) **to have one's head screwed on**, avoir beaucoup de bon sens° / toute sa tête à soi, avoir la tête bien vissée sur les épaules.

screw around 1. *v.i.* a) ne rien faire°, glander, zoner, branler les mouches ; b) faire des bêtises° *f* / des conneries *f* ; **stop screwing around !** arrête de déconner ! ; c)• avoir beaucoup de partenaires sexuels°, coucher à droite et à gauche ; **he doesn't half screw around**, pour ce qui est de baiser, il se gêne pas. 2. *v.t.* a) **to screw s.o.**

around, (i) importuner° / emmerder / faire chier qqun ; (ii) se moquer de qqun°, charrier qqun, mettre qqun en boîte ; **don't screw me around !** arrête de te foutre de moi ! ; b) **to screw around with s.t.**, faire l'idiot° / faire le con / déconner avec qqch. ; **he's always screwing around with electricity**, il est toujours là à branler avec l'électricité.

screwball *n.* personne excentrique° *f*, phénomène, drôle de / sacré numéro, guignol, tordu.

screw-driver *n.* vodka-orange° *f*.

screwed *adj.* ivre°, pété, bourré, plein.

screwed-up *adj.* 1. abîmé°, pété, bousillé, naze ; **the TV is completely screwed-up**, la télé est complètement foutue. 2. mentalement perturbé°, dérangé, paumé ; **her childhood left her totally screwed-up**, vu son enfance, c'est pas étonnant qu'elle soit complètement niquée de la tête.

screw the arse off (to)• *loc.* posséder (une femme) sexuellement°, fourrer, bourrer la chatte / baiser le cul à qqun ; **God, I'd certainly screw the arse off that one !** putain, celle-là, je me la mettrais bien sur le bout !

screw-up *n.* échec°, plantage, foirade *f* ; **the whole project was one big screw-up,** cette affaire n'a été qu'une longue série de coups foireux.

screw up 1. *v.i.* échouer°, se planter, foirer, merder ; **the electrician screwed up again**, l'électricien a encore fait des conneries ; **that's the third time I've taken the driving test and I screwed up again**, c'est la troisième fois que je passe le permis et je me suis encore planté. 2. *v.t.* a) abîmer°, bousiller, foutre en l'air ; **he screwed up the company's computer system**, il a foutu la merde dans le système informatique de la boîte ; b) traumatiser°, ficher / foutre par terre ; **his father's death really screwed him up,** la mort de son père l'a complètement foutu en l'air.

screwy *adj.* fou°, ravagé, givré, secoué ; **the teacher is a bit screwy**, le prof est un peu zinzin.

scrotty *adj. (GB)* sale°, dégueu, craspec, cradingue.

scrounge (to be on the) *loc.* vivre aux dépens d'autrui°, taper / taxer / torpiller les gens.

scrounge *v.t.* s'approprier°, piquer, taper, torpiller ; **he gets by on scrounging**, il se débrouille en taxant à droite et à gauche.

scrounger *n.* personne qui vit aux dépens d'autrui° *f*, parasite, tapeur, torpilleur.

scrub it (to), scrub round it (to) *loc. (GB)* arrêter°, laisser tomber, arrêter les frais ; **scrub it !** laisse béton !

scrubber, scrub *n. (GB)* 1. femme de mœurs légères° *f*, coucheuse *f*, marie-couche-toi-là *f*, marie-salope *f*. 2. femme vulgaire° *f*, pétasse *f*, pouffiasse *f*, grognasse *f*.

scruff *n.* *(GB)* individu d'apparence négligée°, débraillé ; **he was a bit of a scruff in the way he dressed**, il faisait un peu clodo dans sa façon de s'habiller.

scrummy *adj.* succulent°, fameux, delicious, caviar.

scrumptious = **scrummy**.

scrumpy *n.* *(GB)* cidre fermier°.

scrumpy rat *n.* *(GB)* alcoolique°, poivrot, alcoolo, bibard, éponge *f*.

scumbag *n.* individu méprisable°, enfoiré, fumier, sac à merde.

scummy *adj.* *(GB)* méprisable°, salaud, merdique, de merde ; **that was a scummy thing to do**, c'était une vraie saloperie.

scupper *v.t.* *(GB)* saboter° *(projet, entreprise, etc.)*, ficher / foutre en l'air, casser la baraque ; **he scuppered the whole deal**, il a bousillé toute l'affaire.

scuzz *n.* saleté° *f*, crasse *f*, saloperie *f*, dégueulasserie *f*.

scuzzbag *n.* individu méprisable°, enfoiré, ordure *f*, fumier.

scuzzy *adj.* sale°, crado, cradingue, crade.

search me ! *loc.* *(GB)* j'en sais rien !, alors là je sèche !, ça, c'est une vraie colle !

searcher *n.* question difficile° *f*, colle *f*.

second-hand dartboard• *n.* *(GB)* femme facile° *f*, coucheu-se *f*, saute-au-paf *f*, salope *f* ; **she's had more pricks in her than a second-hand dartboard**, elle s'est enfilé plus de queues qu'un cinéma parisien.

seconds *n.pl.* 1. portion supplémentaire° *f*, rab, rabiot. 2. *(GB)* articles défectueux°, fins de séries *f*.

second-story man *n.* cambrioleur°, monte-en-l'air, braqueur.

see *v.t.* 1. **to see s.o.**, fréquenter qqun°, sortir avec qqun ; **are you still seeing that blonde girl ?** est-ce que tu vois encore la blonde ? 2. **to see it coming (a mile off)**, pressentir qqch.°, voir venir le coup, le voir gros comme une maison. 3. **to see red**, se mettre en colère°, voir rouge, se mettre en pétard. 4. **(I'll) be seeing you !** au revoir !°, à la prochaine !, à la revoyure ! 5. **I must be seeing things**, je n'en crois pas mes yeux°, alors là j'hallucine !

seedy *adj.* peu recommandable°, louche, glauque ; **it was a seedy joint**, c'était un rade pas vraiment net.

see off *v.t.* battre° *(compétition)*, liquider, expédier ; **he saw the champion off easily in the first round**, il a filé une raclée au champion dans la première manche.

sell down the river (to) *loc.* trahir°, vendre la peau ; **we've been sold down the river by the President**, on s'est fait rouler sur toute la ligne par le Président.

sell-out *n.* trahison° *f,* doublage ; **the peace agreement was seen as a sell-out by the rebels**, l'accord de paix a été reçu comme une gifle par les rebelles.

sell out *v.i.* trahir son camp°, vendre son âme ; **the rebels felt that their leaders had sold out**, les rebelles ont considéré que leurs chefs les avaient doublés.

semi (*abr. = semi-detached house*) *n. (GB)* pavillon mitoyen° / jumelé°.

send *v.t.* enthousiasmer°, emballer, brancher ; **her music really sends me**, sa musique me botte un max.

send down *v.t.* emprisonner°, mettre au trou / à l'ombre / en cabane ; **he was sent down for ten**, il a plongé pour dix ans.

send-up *n.* satire° *f,* charriage, mise en boîte *f.*

send up *v.t.* moquer°, charrier, mettre en boîte ; **the comedy show sends the whole government up**, l'émission comique se fout de la gueule du gouvernement tout entier.

serious *adj. (GB)* 1. fou°, sérieusement atteint, secoué, cinglé ; **this guy is a serious case**, ce mec est vraiment grave. 2. intense°, sérieux, méchant ; **let's do some serious drinking**, allez, on va picoler un bon coup ; **that party last night was serious fun**, cette fête hier soir, c'était vraiment le pied.

seriously *adv.* extrêmement°, sacrément, super, foutument ; **this guy is seriously rich**, ce mec est méchamment friqué.

servants' entrance (the)• *n.* l'anus°, le trou du cul, l'anneau ; **to send it in by the servants' entrance**, sodomiser°, baiser à la riche, passer par l'entrée de service / des artistes *f.*

session, sesh (*abr. = session*) *n. (GB)* séance° *f,* partie *f* ; 1. a) séance de musique° *f,* bœuf, jam-session *f* ; b) séan-ce d'enregistrement° *f,* session *f.* 2. partie de boisson° *f,* beuverie *f,* soûlerie *f,* soûlographie *f* ; **we're heading out for a session tonight**, on est partis pour un plan picole ce soir.

set (to be all) *loc.* 1. être tout à fait préparé°, être fin prêt ; **I'm all set and ready to roll**, je suis prêt à décoller. 2. *(US)* avoir ce qu'on veut° *(bars, restaurants)*, être servi ; **are you guys all set ?** vous avez tout ce qu'il vous faut ?

set *n.* 1. accident de voiture°, crash ; **the car was in a set**, la voiture était crashée. 2. liste des morceaux joués à un concert° *f,* set. 3. *(GB)* **(full) set**, la barbe et les moustaches°, la barbouse et les baccantes.

set about *v.t.* attaquer physiquement°, rentrer dans le mou (à qqun) ; **to set about s.o.,** tomber sur le râble / le dos / le paletot à qqun ; **they set about him with a knife**, ils lui ont rentré dans le lard avec un couteau.

set back *v.t.* coûter (à qqun)°, revenir ; **how much did that set you back ?** t'en as été de combien ?

set-to *n.* 1. combat°, bagarre *f*, baston *f*, castagne *f*. 2. dispute° *f*, prise de bec *f*, engueulade *f*, rébecca.

set-up *n.* 1. organisation° *f (institutions, sociétés)* ; **what's the set-up in your office ?** comment vous vous organisez au bureau ? ; **the whole company is a strange set-up**, c'est une boîte un peu louche. 2. piège°, entourloupe *f* ; **the whole deal was a set-up**, toute cette affaire n'était qu'un coup monté.

set up *v.t.* 1. **to set s.o. up**, piéger qqun°, monter un coup contre qqun ; **I was set up**, je me suis fait refaire. 2. **to set up shop**, s'établir°, entrer dans ses meubles ; **he set up shop in his new office**, il s'est installé dans son nouveau bureau. 3. servir à boire°, remplir les verres ; **OK, barman, set 'em up again !** allez !, tavernier, remettez ça !

severe *adj.* excellent°, super, géant, canon ; **severe shirt, man !** chouette, la chemise, mec !

sew up *v.t.* 1. régner sans concurrence° (sur qqch.), verrouiller ; **they have the whole market sewn up**, ils ont tout le marché dans la poche. 2. terminer°, boucler, avoir dans la poche ; **the game was sewn up after the first half**, le match était joué après la première mi-temps.

sex-bomb *n.* femme très attirante°, prix de Diane, nana canon *f* ; **she's a real sex-bomb**, c'est une vraie bombe sexuelle.

sex-bunny = **sex-kitten**.

sex-crazy, sex-mad *adj.* porté sur le sexe°, obsédé sexuel, OS ; **he's sex-crazy**, il ne pense qu'à ça.

sexiness *n.* intérêt°, feu, chaleur *f* ; **the sexiness of the stock exchange really appeals to him**, l'ambiance brûlante de la Bourse l'attire vraiment.

sex-kitten, sex-bunny *n.* femme très attirante°, pin-up *f*, bombe sexuelle.

sex-mad = **sex-crazy**.

sexpert *n.* sexologue°, expert ès sexe.

sex-pot *n.* 1. personne attirante°, homme / femme mettable, bombe sexuelle. 2. personne portée sur le sexe°, chaud lapin / chaude lapine, coucheur / coucheuse.

sex-starved *adj.* sexuellement frustré°, mal baisé, en manque d'affection.

sex up *v.t.* rendre plus grivois° *(roman, etc.)*, épicer, mettre de la fesse (dans qqch.) ; **the publisher felt the book needed a little sexed up**, l'éditeur a trouvé que le livre avait besoin d'un peu plus de sel.

sexy *adj.* intéressant°, bandant ; **that's a really sexy deal you got on your car**, t'as fait une affaire vraiment juteuse avec ta voiture.

S.F.A. (*abr.* = **sweet Fanny Adams / fuck all**) *n.* rien°, que dalle, balpeau ; **summer is on the way and for two wonderful months we've got S.F.A. on the agenda**, l'été arrive et pendant deux mois on va avoir strictement rien à branler ; **my students did S.F.A. this year**, mes étudiants n'ont absolument rien foutu cette année.

shack *n.* maison° *f*, baraque *f*, cabane *f* ; **come on over to my shack**, viens donc à la baraque.

shack up *v.i.* **to shack up with s.o.** 1. vivre avec qqun°, concubiner, vivre à la colle ; **he's shacking up with his new girlfriend**, il vit avec sa nouvelle copine. 2. se marier°, se maquer, se marida.

shade *n.* 1. **a shade**, un petit peu°, un brin, un chouïa ; **give me a shade more**, donne-m'en encore une lichette. 2. *pl.* **shades** lunettes de soleil° *f*, pare-soleil.

shady *adj.* suspect°, louche, glauque, pas net ; **it's a shady business**, c'est un bizness un peu sombre.

shaft *n.* 1. • rapport sexuel°, coup, baise *f*, tringlette *f* ; **fancy a quick shaft ?** ça te dirait, une petite crampette ? 2.• partenaire sexuel°, coup ; **she's a good shaft**, elle baise bien. 3. **to get the shaft**, se faire réprimander° / engueuler, en prendre plein la gueule ; **I got the shaft for coming home late last night**, hier soir je suis rentré tard et je me suis fait sonner les cloches.

shaft• *v.t.* 1. posséder sexuellement°, baiser, bourrer, sauter, tringler. 2. escroquer°, baiser, couillonner, arnaquer ; **we were shafted in that deal**, on s'est fait entuber dans cette affaire.

shaftable• *adj.* sexuellement désirable°, baisable, mettable.

shag *n.* 1. *(GB)* qqch. *ou* qqun d'ennuyeux°, barbe *f*, cassepieds ; **it's a bit of a shag**, c'est un peu rasoir. 2.• rapport sexuel°, coup, baise *f*, tringlette *f*. 3.• partenaire sexuel°, coup ; **she's a good shag**, elle baise bien.

shag• *(GB)* 1. *v.i.* forniquer°, baiser, fourrer, tringler ; **to shag like a rattlesnake**, baiser comme un sonneur ; **does she shag ?** est-ce qu'elle va au pieu ? 2. *v.t.* a) posséder sexuellement°, baiser, bourrer, fourrer ; **he shagged her silly**, il l'a carambolée jusqu'à plus soif ; b) **shag it !** bordel de merde ! ; **shag the neighbours !** les voisins, qu'ils aillent se faire foutre !

shag-bag• *n. (GB)* prostituée° *f*, putain *f*, sac à foutre.

shagged (out) *adj. (GB)* éreinté°, crevé, vanné ; **I'm totally shagged**, je suis totalement pompé.

shaggin' wagon *n. (GB)* voiture utilisée pour des rapports sexuels° *f*, bagnole de baise *f*.

shagging *adj.* *(GB)* sacré, satané, foutu ; **this shagging job is killing me**, ce bordel de boulot me tue.

shagging *adv.* *(GB)* fichument, sacrément, foutument ; **it's shagging cold today !** il fait foutrement froid aujourd'hui !

shake *n.* 1. instant°, seconde *f* ; **in two shakes (of a lamb's tail)**, en moins de deux, en cinq secs, en deux coups de cuiller à pot. 2. **to have the shakes**, a) avoir peur° / la frousse / la trouille / la pétoche ; b) trembler°, avoir la tremblote. 3. *(US)* investigation poussée°, fouille *f* ; **the cops gave the place a shake**, les flics ont retourné la baraque de fond en comble. 4. **no great shakes !** pas très bien !°, pas génial !, pas terrible ! ; **the movie was no great shakes**, ce film, ça cassait pas des briques.

shake *v.t.* 1. **to shake a leg**, se dépêcher°, se magner, se remuer, se bouger ; **come on, shake a leg !** allez, bouge un peu ta viande ! 2. étonner°, époustoufler, scier, en boucher un coin (à qqun) ; **this is gonna shake you**, là, tu vas en rester sur le cul ; **that shook him**, il en est resté baba. 3. *(US)* faire une recherche approfondie° (dans qqch.), fouiller ; **they shook his whole apartment**, ils ont foutu sens dessus dessous tout son appart.

shake down = **shake** *v.t.* 3.

shake-up *n.* restructuration° *f*, ménage de printemps ; **there**

was a total shake-up in the department, il y a eu un sacré coup de balai dans le service.

shambles *n.* désordre°, foutoir, bazar ; **this place is a total shambles**, ici, c'est le bordel total ; **this piece of work is a real shambles**, ce devoir est vraiment mal foutu.

shambolic *adj.* désordonné°, bordélique, boxonesque.

shanghai *v.t.* **to shanghai s.o. into doing s.t.**, forcer qqun à faire qqch.°, faire avancer qqun à coups de massue.

shark *n.* 1. escroc°, arnaqueur, aigrefin, requin. 2. champion°, as, maître ; **he was a real pool shark**, c'était un vrai dieu au billard.

sharp *adj.* 1. élégant°, chicos, lingé ; **he's a sharp dresser,** il sait se saper. 2. vif°, rapide ; **look sharp !** et que ça saute !

sharp *n.* escroc°, arnaqueur, faisandier ; **he's a bit of a sharp**, il est un peu repasseman sur les bords ; **card sharp**, tricheur°, maquilleur de cartes.

sharpish *adv.* *(GB)* rapidement°, vite fait bien fait, fissa, rapidos ; **get in here sharpish !** ramène-toi presto !

shat• *(prétérit irrégulier de* **to shit**) *v.i.* **he nearly shat himself**, il a failli faire dans son froc.

shattered *adj.* *(GB)* épuisé°, crevé, pompé, en mille morceaux.

shebang (the whole) *n.* l'ensemble°, tout le bataclan / le tralala / le saint-frusquin ; **he arrived with a suitcase and the whole shebang**, il est arrivé avec une valise et tout le tremblement.

sheets to the wind (to be four) *loc. (GB)* être ivre°, être fin saoul, avoir du vent dans les voiles.

Sheila *n. (GB)* femme° *f,* nana *f,* meuf *f,* zessegon *f.*

shekels *n.pl.* argent°, flouze, artiche, ronds.

shell out *v.i.* payer°, casquer, raquer ; **who's shelling out ?** qui c'est qui banque ?

shenanigans *n.pl.* manœuvres suspectes°, manigances *f,* micmac ; **are you up to your shenanigans again ?** qu'est-ce que tu nous mijotes encore là ?

sherbet *n. (abr. = **sherbet dab**, RS = **cab**) (GB)* taxi°, tax, bahut, sapin.

shicer *n. (GB)* individu méprisable°, ordure *f,* enfoiré, demi-merde *f.*

shift 1. *v.i.* aller vite°, tracer, dépoter ; **shift !** fonce !. 2. *v.t.* a) **to shift ass**, se dépêcher°, se bouger le cul ; **shift your ass !** magne-toi le cul ! ; b) *(GB)* manger *ou* boire énormément°, descendre, avaler ; **he can certainly shift pints**, question bière, il a une sacrée descente.

shillings in the pound (eighteen / twelve and six) *loc.* **he's only eighteen shillings in the pound**, il est un peu fou° / dérangé / toqué / brindezingue,

ça tourne pas rond chez lui.

shindig *n. (GB)* fête° *f,* boum *f,* fiesta *f,* bombe *f.*

shine *n. (GB)* penchant°, faible ; **to take a shine to s.o.**, s'enticher° / se toquer de qqun ; **he's taken a shine to you**, tu as la cote avec lui.

shiner *n.* œil au beurre noir, coquard.

shit• *adj.* exécrable°, merdique, de mes deux ; **they're a real shit team**, c'est vraiment une équipe de merde.

shit• *adv.* sacrément, foutument, foutrement ; **this band is shit hot**, ce groupe déménage un max.

shit• *n.* 1. excrément°, merde *f,* mouscaille *f* ; **to take a shit**, mouler un cake, couler un bronze, poser un kilo ; **to step in shit**, marcher dans de la mer-de / une merde. 2. **shit !** merde ! ; **holy shit !** vingt dieux de merde ! 3. **in the shit**, dans une situation difficile°, dans la merde ; a) **to be in the shit, to be up shit creek**, être dans la merde (jusqu'au cou), avoir de grosses emmerdes ; b) **to drop / to land s.o. in the shit**, foutre qqun dans la merde. 4. **to beat / to knock / to kick the shit out of s.o.**, frapper violemment qqun°, casser / péter / défoncer la gueule à qqun. 5. **to scare the shit out of s.o.**, effrayer qqun°, foutre les boules à qqun. 6. **to be full of shit**, dire des âneries° *f,* débloquer, déconner, dire des conneries *f* ; **you're so full of shit !** tu racontes que des conneries ! 7. **to take shit,** souffrir°, en prendre plein la gueule ; **I've taken a lot of shit in my life,** j'en ai vu des vertes et des pas mûres. 8. **to eat shit,** ravaler sa fierté°, rentrer son venin ; **eat shit and die !** va chier ! 9. **not to give a shit about s.t.,** n'avoir rien à faire° / branler / cirer / foutre de qqch. ; **he doesn't give a shit,** il s'en cogne ; **I don't give a shit,** je m'en bats les couilles. 10. **no shit,** sérieusement°, sans déconner, sans dec. 11. **don't give me that shit !, don't talk shit !** arrête ton char !, arrête tes conneries ! ; **what a load of shit !** c'est rien que des conneries ! 12. **a shit,** un individu méprisable°, un connard, un pauv'con ; **this guy is a real shit,** ce mec est une sous-merde ; **you little shit !** espèce de petit merdeux ! 13. marchandise de mauvaise qualité° *f*, camelote *f*, merde *f* ; **this stuff is shit,** ce truc, c'est de la merde. 14. drogue° *f*, came *f*, merde *f*, *sp.* haschisch°, shit. 15. **the shit hits the fan, the shit flies,** c'est la galère totale ; **when the shit hits the fan, we're in trouble,** quand la merde atteint le plafond, on est marron ; **then the shit hit the fan,** et alors ça s'est mis à chier dans la colle. 16. **to have shit for brains,** être complètement stupide°, être con comme un balai / comme la lune / à bouffer de la bite. 17. **to shovel shit,** dire *ou* faire des âneries° *f* / des conneries *f*, déconner à pleins tubes. 18. **a piece of shit,** un individu méprisable°, un connard, un enfoiré ; **this guy is a real piece of shit,** ce mec est un vrai enculé. 19. **tough shit,** a) **tough shit !** tant pis pour toi !°, t'as qu'à te démerder ! ; b) malchance° *f*, manque de bol ; **tough shit !** manque de cul ! 20. **holy shit !** purée de merde !, bon dieu de merde ! 21. **one's shit,** ses propres affaires° *f*, son bordel à soi ; **to have one's shit together,** bien se démerder dans la vie ; **she's certainly got her shit together,** elle sait se démerder, c'est très clair. 22. **the shits,** a) la diarrhée°, la chiasse, la foirade ; **to have the shits,** avoir la courante ; b) la peur°, la trouille, la frousse, les foies ; **this place gives me the shits,** ici ça me fout les jetons ; c) irritation° *f*, les boules *f* ; **her boyfriend gives me the shits,** son copain me file les glandes.

shit• *v.i., v.t.* 1. déféquer°, chier, mouler un cake, poser un kilo ; **your fucking dog shat all over my carpet !** ton salopard de chien a chié partout sur ma moquette ! 2. **to shit s.o.,** mentir à qqun°, bourrer le mou à qqun ; **are you shitting me ?** tu te fous de ma gueule ? 3. **to shit them, to shit oneself, to shit bricks, to shit in one's pants,**

to shit blue lights, avoir très peur°, faire dans son froc (de trouille) ; **when the cops turned up I was shitting bricks**, quand les flics se sont ramenés, j'en chiais dans mon froc.

shit-ass• *n.* *(US)* individu méprisable°, connard, trouduc, chieur.

shitbag• *n.* individu méprisable°, salopard, bâton merdeux.

shite *(variante phonétique de shit) (GB)* = **shit**.

shit-face• *n.* individu méprisable°, couillon, connard, enfoiré.

shit-faced• *adj.* ivre°, bourré, beurré à mort, dans le sirop / le cirage.

shit-for-brains• *n.* crétin, tête de nœud *f*, con, connard ; **this guy is a real shit-for-brains**, ce mec est complètement déconnant.

shit-head• *n.* individu méprisable°, couillon, merdeux, enfoiré ; **what's shit-head over there up to ?** qu'est-ce qu'il fabrique là, le pauvre connard ?

shit-hole• *n.* 1. anus°, trou du cul, oignon, turbine à chocolat *f*. 2. endroit peu recommandable°, trou de merde, endroit pourri ; **I've never been to a worse shit-hole**, c'est l'endroit le plus merdique où j'aie jamais mis les pieds.

shit-hot• *adj.* excellent°, supercanon, qui déménage ; **he's a shit-hot guitarist**, c'est un guitariste d'enfer.

shit-house• *n.* 1. toilettes° *f,* chiottes *f*, gogues. 2. lieu sale°, bordel, boxon ; **your apartment is a real shit-house**, ton appartement est un vrai merdier. 3. individu méprisable°, enfoiré, merdeux, trouduc.

shitless• *adj.* extrêmement°, un max, à mort ; **to be bored shitless**, s'emmerder à mourir ; **to be scared shitless**, mourir de trouille.

shit-list• *n.* liste d'indésirables° *f*, liste noire *f* ; **my wife's lover is at the top of my shit-list**, l'amant de ma femme est mon ennemi public numéro un.

shit on• *v.i.* **to shit on s.o.**, créer des ennuis à qqun°, emmerder qqun ; **the sergeant shat on the whole platoon**, le sergent a fait chier ses soldats ; **to be shat on from a great height**, en prendre plein la gueule.

shit-scared• *adj.* effrayé°, mort de trouille, qui a le trouillomètre à zéro ; **to be shit-scared**, faire / chier dans son froc (de trouille), avoir les boules ; **when he pulled the gun on me I was shit-scared**, quand il a pointé son flingue sur moi, j'en avais la chiasse.

shit street (to be in)• *loc.* être dans la misère° / la mouise / une merde noire.

shitty• *adj.* 1. mauvais°, merdique, zonard, nul, narzo ; **what a shitty day !** quelle journée de merde ! ; **what shitty weather !**, quel temps de merde ! 2. méchant°, dégueulasse, vache, salaud ; **what a**

shitty thing to do ! quelle saloperie ! 3. mal à l'aise°, vraiment pas bien, mal foutu ; **I feel really shitty** ! putain, ça va vraiment pas ! ; **after her car accident she felt really shitty**, après son accident de voiture, elle était carrément mal.

shiv *n.* couteau°, surin, lame *f.*

shiv *v.t.* poignarder°, suriner, taillader, balafrer.

shock-absorbers *n.pl.* seins°, pare-chocs, amortisseurs, rotoplots.

shoestring (to live on a) *loc.* être dans une situation financière difficile°, être sur la corde raide, avoir du mal à joindre les deux bouts.

shoo-in *n.* *(US)* compétiteur ayant de grandes chances de gagner°, gagnant à tous les coups ; **number three is a shoo-in for the first race**, le numéro trois va gagner la première course dans un fauteuil.

shook (up) *adj.* bouleversé°, remué, tourneboulé ; **he was all shook up about it**, il en était tout émotionné.

shoosh *(GB)* *n.* silence° ; **a bit of shoosh, please** ! un peu de silence s'il vous plaît ; **shoosh now** ! chut !

shoot ! *excl.* *(euph. = shit !)* *(US)* zut !, mince !, miel !

shoot *v.t.* 1. injecter° *(drogues)*, piquer, shooter ; **to shoot heroin**, se piquer à l'héroïne. 2.• éjaculer°, décharger, juter ; **to shoot one's load / one's wad / one's bolt**, envoyer la purée / la sauce, en foutre une pétée. 3. partir°, se casser, faire cassos ; **we'd better shoot**, faut qu'on se barre. 4. jeter°, balancer, envoyer ; **shoot that box over here**, balance voir cette boîte par ici. 5. **shoot** ! vas-y !°, fonce ! 6. **to shoot a line**, se vanter°, faire de l'esbroufe, ramener sa fraise ; **to shoot s.o. a line**, baratiner qqun ; **the car salesman shot us a line**, le vendeur de voitures nous a sorti un de ces baratins ; *(US)* **to shoot the bull / the breeze / the crap**, raconter des conneries *f* / des bobards. 7. *(GB)* **to shoot the lights** passer au feu rouge°, griller / brûler le feu rouge. 8. *(GB)* **to shoot oneself in the foot**, porter tort à ses propres intérêts°, marquer contre son (propre) camp ; **by increasing taxation the government effectively shot itself in the foot,** en augmentant les impôts, le gouvernement a creusé sa propre tombe. 9. *(US)* **to shoot the works**, faire le maximum°, se donner à fond, donner tout ce qu'on a ; **he shoots the works in whatever he does**, dans tout ce qu'il fait il met le paquet. 10. **to shoot one's bolt**, jouer sa dernière chance° / carte, brûler ses dernières cartouches. 11. *(US)* **to shoot one's cookies**, vomir°, dégueuler, gerber.

shoot down *v.t.* **to shoot s.o. down (in flames) (from a great height)** 1. remettre qqun à sa place°, rabattre le caquet à qqun, moucher qqun. 2. vaincre qqun dans une discussion°, descendre qqun en flammes, démolir qqun. 3. faire échouer qqun à un examen°, coller / planter / étendre qqun.

shooter *n.* revolver°, flingue, calibre, feu.

shooting gallery *n.* lieu de rencontre et de pratique des drogués°, shootodrome.

shooting match (and the whole) *loc.* et tout le reste° / le bataclan / le tralala / le bordel.

shoot off 1. *v.i.* a) partir en hâte°, décamper, ficher / foutre le camp vite fait, mettre les bouts ; b)• éjaculer°, décharger, juter, balancer la sauce / la purée. 2. *v.t.* **to shoot off one's mouth / to shoot one's mouth off,** a) révéler un secret°, vendre la mèche, l'ouvrir ; **the accomplice shot off his mouth,** le complice a craché le morceau ; b) parler vaniteusement°, ramener sa fraise ; **he's always shooting off his big mouth,** il est toujours là à ouvrir sa grande gueule.

shoot-out *n.* bataille avec armes à feu° *f,* fusillade *f.*

shoot up 1. *v.i.* **to shoot (oneself) up,** s'injecter de la drogue°, se piquer, se shooter ; **he sat down and started shooting up,** il s'est assis et il a commencé à se piquouzer. 2. *v.t.* mitrailler°, flinguer, cartonner ; **the cops came in and shot the place up,** les flics sont

entrés et ont canardé tous azimuts.

shop *n.* 1. **to shut up shop,** s'arrêter°, stopper là, boucler ; **let's shut up shop for the day,** et si on s'en tenait là ? 2. **to talk shop,** parler de ses affaires°, parler boutique. 3. **all over the shop** *(GB),* a) partout°, dans tous les sens, de tous les côtés ; **your friend was all over the shop last night,** hier soir ton ami était dans tous ses états ; b) désordonné°, pagailleux, bordélique ; **this homework is all over the shop,** ce devoir est totalement merdoyant.

shop *v.t. (GB)* dénoncer°, donner, cafter (sur qqun) ; **he shopped us,** il nous a balancés.

shop around *v.i.* essayer plusieurs partenaires avant de se marier°, faire son choix, faire son marché.

short *adj.* 1. bête°, bêta, nunuche ; **he's a bit short,** c'est pas une lumière. 2. à court d'argent°, juste, limite ; **I can't go to the cinema tonight because I'm a bit short,** je peux pas aller au ciné ce soir parce que je suis un peu "just". 3. **to be caught short,** avoir besoin d'uriner°, être pris de pipi, avoir envie de pisser.

short *n.* 1. *(GB)* petit verre d'alcool°, goutte *f,* petit coup, tasse *f.* 2. court métrage°, court. 3. **to have s.o. by the short and curlies,** avoir qqun à sa merci / à sa pogne, tenir qqun par la peau des couilles.

short-arse• *n.* *(GB)* personne de petite taille°, rase-bitume, demi-portion *f*, bas-duc.

short-change *v.t.* escroquer°, arnaquer, pigeonner, rouler.

shorty *n.* individu de petite taille°, rase-bitume, demi-portion *f*, nabot.

shot *adj.* 1. éreinté°, crevé, vanné, pompé. 2. ivre°, rond, bourré, beurré. 3. hors service°, HS, naze, bousillé ; **my reputation is shot**, ma réputation est foutue. 4. *(GB)* **to get shot of s.t. / s.o.**, se débarrasser° de qqch. / qqun, voir la fin de qqch. / qqun, en finir avec qqch. / qqun ; **he stayed with us for two weeks but we finally got shot of him**, il est resté chez nous quinze jours mais on a fini par s'en dépêtrer. 5. **to get shot for s.t.**, se faire réprimander très sévèrement° / prendre un savon de Marseille / se faire laver la tête à cause de qqch. ; **I'll get shot for coming home late**, je vais me faire tuer parce que je serai rentré en retard.

shot *n.* 1. verre d'alcool°, coup à boire, goutte *f* ; **do you fancy a quick shot ?** ça te dirait, un petit coup de gnôle ? 2. injection de drogue° *f*, piquouze *f*, shoot, teushou. 3. essai°, coup ; **to have a shot at s.t.**, tenter le coup ; **to give it one's best shot**, faire de son mieux en vue de qqch.°, donner tout ce qu'on a ; **a shot in the dark**, un coup pour voir ; **I don't know what the result will be but I'll give it a shot in the dark,** je ne sais pas ce que ça va donner mais je vais tenter le coup à tout hasard ; **a long shot**, une tentative hasardeuse°, un coup pour dire ; **it's a long shot but we're gonna give it a try**, ça mènera sans doute nulle part mais on va essayer. 4. **like a shot**, a) à toute vitesse°, à toute biture, à toute blinde ; b) **like a shot !** volontiers° !, sûr !, un peu !, et comment ! ; **« will you go ? – like a shot ! »** « tu y vas ? – je veux ! » 5.• éjaculation° *f*, pétée *f* ; **gimme your best shot**, crache-moi ton venin. 6. **a big shot**, un personnage important°, une huile, une grosse légume. 7. **a shot in the arm**, qqch. de stimulant°, un coup de fouet ; **seeing him again was a real shot in the arm**, le voir, ça m'a vraiment remonté.

shot away *adj.* *(GB)* saoul°, bourré, rond, pété.

shotgun wedding *n.* mariage forcé (par une grossesse préconjugale)°, mariage la corde au cou.

shot up *adj.* *(GB)* complètement saoul° / beurré, rond comme une barrique, plein comme un tonneau.

shout *n.* 1. *(GB)* ensemble de consommations°, tournée *f* ; **whose shout is it ?** c'est à qui le tour ? 2. coup de téléphone° / de fil / de turlu / de bigophone ; **I'll give you a shout before I**

leave, je te passe un coup de biniou avant de partir.

shout *v.i.* **it's nothing to shout about,** 1. ce n'est pas merveilleux°, c'est pas terrible, y a pas de quoi se taper le cul par terre. 2. il n'y a pas de quoi se vanter° / se faire mousser / en faire tout un plat.

shove *v.t.* 1. mettre°, coller, ficher, flanquer ; **you know where you can shove it !**• tu peux te le foutre où je pense ; **you can shove it up your arse !**• tu peux te le foutre au cul. 2. **to shove one's nose in,** se mêler de°, fourrer son nez dans ; **he's always shoving his nose in my business,** il est toujours en train de se mêler de mes oignons.

shove off *v.i.* partir°, décaniller, larguer les amarres *f*, mettre les voiles *f*.

shove on *v.t. (GB)* enfiler°, se mettre sur le dos ; **to shove on one's jacket,** mettre sa veste vite fait.

shovel down *v.t.* manger rapidement°, avaler, bouffer au lance-pierres ; **he shoveled his dinner down,** il a bouffé son dîner à la pelle.

show *n.* 1. prestation° *f*, numéro ; **good show !** bravo !°, bien vu !, au poil ! ; **to put up a good show,** bien se défendre ; **poor show,** performance minable° *f*, four ; **that was a poor show,** c'était lamentable. 2. **the show,** l'affaire *f*, le bizness ; **to run the show,** être le responsable°,

tirer les ficelles *f* ; **this is my show !** c'est moi qui commande ici ! 3. **to steal the show,** captiver son public°, être la vedette ; **at the Christmas party my two-year-old daughter stole the show,** à la fête de Noël ma gamine de deux ans était la reine. 4. **to give the show away,** révéler le secret°, vendre la mèche, dévoiler le pot-aux-roses.

show 1. *v.i.* arriver°, se ramener, se pointer ; **Peter just didn't show,** figure-toi que Peter nous a posé un lapin. 2. *v.t.* **to show a leg,** a) *(GB)* se lever°, se dépieuter, se débâcher ; b) *(US)* se hâter°, se magner, se bouger.

showbiz (*abr.* = **show business**) *n.* industrie du spectacle° *f*, showbiz.

showboat *v.i. (US)* faire de l'épate°, frimer, faire son cinéma.

shower *n.* 1. *(US)* fête où l'on offre des cadeaux° *(en l'honneur d'une fiancée, d'un nouveau-né, etc.)*. 2. **shower (of bastards),** tas de crétins°, bande d'andouilles *f*, tas de lavedus ; **those guys you hang around with are just a shower,** ces mecs que tu fréquentes sont tous des cons.

show-off *n.* individu vaniteux°, m'as-tu-vu, frimeur, mariole.

show off *v.i.* faire de l'épate° *f*, faire de l'esbroufe *f*, frimer, faire le mariole ; **I told my son to stop showing off,** j'ai dit à mon fils d'arrêter de faire l'intéressant.

show up 1. *v.i.* arriver°, s'amener, se pointer ; **what time do you want me to show up ?** à quelle heure tu veux que je me ramène ? 2. *v.t.* **to show s.o. up**, a) exposer les lacunes de qqun°, montrer les trous de qqun ; **the other team really showed us up**, en face des autres on avait l'air nul ; b) embarrasser qqun°, faire honte à qqun ; **the kids really showed us up at the party**, à la fête les enfants nous ont couverts de ridicule.

shrink *n.* psychanalyste°, psy.

shucks ! *excl. (US)* zut !, mince !, crotte !

shufti *n. (GB)* regard°, coup d'œil, coup de sabord, œil ; **give us a quick shufti**, fais voir un peu.

shut *v.t.* **to shut it**, se taire°, la fermer ; **to shut one's face / trap / cakehole / gob**, fermer sa gueule / son clapet ; **keep your trap shut !** motus !

shut-eye *n.* sommeil°, dorme *f* ; **to get a bit of shut-eye**, faire un somme°, piquer un roupillon, se taper une ronflette.

shut up 1. *v.i.* se taire°, la fermer, ne pas moufter, écraser. 2. *v.t.* **to shut s.o. up**, faire taire° qqun, clouer le bec à qqun ; **pack up or shut up !** boucle ta valise ou boucle-la !

shyster *n.* individu méprisable°, duconneau, trouduc, déchet de l'univers ; **my lawyer is a real shyster**, mon avocat est un vrai glandu.

sick *adj.* 1. dégoûtant°, dégueulasse, dégueu ; **he's got a sick sense of humour**, il a un sens de l'humour carrément morbide ; **this guy is just sick, man !** ce mec est complètement malade ! ; **a sick joke**, a) une plaisanterie morbide°, une vanne qui craint ; b) une plaisanterie stupide°, une vanne nulle ; **my uncle is the master of the sick joke**, mon oncle est le maître de l'histoire débile. 2. **to be sick (and tired) / sick to death / sick up to here / sick to the back teeth of s.t.**, en avoir marre° / plein le dos / ras le bol / ras la patate de qqch. 3. **sick as a cat / as a parrot**, extrêmement déçu°, dégoûté, débecté, malade. 4. **sick as a dog**, très malade°, malade comme un chien.

sickener *n. (GB)* individu déplaisant°, chieur, emmerdeur.

sickening *adj.* irritant°, casse-bonbon, enquiquinant, gonflant.

sick-making *adj. (GB)* dégoûtant°, dégueulasse, dégueu, gerbax.

side *n.* 1. **to have a bit on the side**, avoir des aventures extra-conjugales°, donner un coup de canif dans le contrat. 2. **to make a bit on the side**, gagner de l'argent en sus d'un revenu régulier°, se faire des petits extras, faire un petit plus.

side-kick *n.* 1. ami°, copain, pote. 2. associé°, bras droit, acolyte.

side-splitting *adj.* extrêmement drôle°, à se rouler par terre, à hurler de rire ; **that was a side-splitting joke,** c'était une histoire à s'écrouler de rire.

sign off *v.i. (GB)* finir°, boucler, stopper ; **I think we'll sign off here,** je pense qu'on va en rester là.

silly Billy *n. (GB)* crétin°, andouille *f,* ducon, duschtroumpf.

simmer down *v.i.* s'apaiser°, mettre un bémol, baisser la pression ; **OK guys, simmer down !** bon, les mecs, on se calme !

simp (*abr.* = **simpleton**) *n.* imbécile°, nouille *f,* cruche *f,* cloche *f.*

simply *adv.* vraiment°, absolument, totalement, tout simplement ; **simply marvellous !** simplement merveilleux !

sing *v.i.* avouer°, se mettre à table, lâcher le morceau, se déboutonner ; **to sing like a canary,** vendre la mèche.

sink *v.t.* 1. boire°, écluser, siffler ; **to sink a few pints,** descendre quelques bières. 2. **to sink the boot in,** donner des coups de pied°, latter ; **to sink the boot into s.o.'s backside,** botter le cul à qqun.

sin-tax *n. (US)* taxe sur le tabac et l'alcool°.

sis (*abr.* = **sister**) *n.* sœur° *f,* sœurette *f,* frangine *f.*

sissified = **sissy** *adj.*

sissy *adj.* 1. efféminé°, chochotte ; **the lead actor is very sissy,** l'acteur principal fait

vachement tapette. 2. couard°, dégonflé, dégonflard ; **when it comes to masculine games he's very sissy,** question jeux de mecs, il a rien dans le froc.

sissy *n.* 1. homme *ou* garçon efféminé°, chochotte *f,* lopette *f.,* fleur *f.* 2. couard°, dégonflé, dégonfleur, couille molle.

sister ! *excl.* ma grande !, ma vieille ! ; **hey sister !** salut frangine !

sit-com (*abr.* = **situation comedy**) *n.* comédie de mœurs° *f (télévision),* sit-com.

sit pretty (to) *loc.* avoir une vie facile°, avoir la belle vie, se la couler douce, être à la coule.

sixty-nine• *v.i.* avoir un rapport sexuel oral réciproque°, faire un soixante-neuf.

sixty-niner• *n.* rapport sexuel oral réciproque°, soixante-neuf.

skates on (to put / to get one's) *loc.* se dépêcher°, se magner, se remuer, mettre le turbo.

skedaddle *v.i.* partir en hâte°, se casser / se tailler vite fait, mettre les bouts.

skid *v.i. (GB)* 1. partir°, décamper, se barrer, se casser. 2. vivre aux moindres frais°, bouffer de la vache enragée, se démerder avec le minimum.

skid marks *n.pl. (GB)* taches d'excrément sur le caleçon° *f.*

Skid Row *n.* quartier fréquenté par des clochards°, la Zone ; **to be on Skid Row,** être dans la dèche.

skin *n.* 1. *(GB)* individu°, type ; **she's a decent skin,** c'est une nana sympa. 2. *(GB)* jeune homme au crâne rasé° *m*, skinhead, skin ; **a red skin**, un skin gaucho. 3. papier à rouler les cigarettes°, feuilles *f.* 4. *(US)* préservatif°, capote *f*, marguerite *f*, latex. 5. *(US)* billet d'un dollar°, billet vert. 6. **it's no skin off my nose**, ça m'est égal°, ça me fait ni chaud ni froid, je m'en fous. 7. **to get under s.o.'s skin**, irriter qqun°, taper sur les nerfs / le système à qqun ; **God, that guy really gets under my skin !** putain, qu'est-ce qu'il me les broute, ce mec ! 8. **to have s.o. under one's skin**, être très amoureux de qqun°, être toqué de qqun, avoir qqun dans la peau ; **I've got you under my skin**, je t'ai dans la peau. 9. *(US)* **to give s.o. skin**, serrer la main à qqun°, en serrer cinq à qqun ; **gimme some skin, man !** serre-moi la pince, mec ! 10. *pl.* **skins**, a) la batterie° *(instrument)* ; **who's on skins ?** qui est à la batterie ? ; b) les pneus°, les boudins, les gommes *f*.

skin *v.t.* 1. escroquer°, estamper, arnaquer ; **we got skinned in that shop**, on s'est fait écorcher dans ce magasin. 2. réprimander sévèrement°, engueuler, passer un savon ; **I'll skin him alive**, je vais lui faire la peau.

skin and blister *n.* *(RS = sister)* *(GB)* sœur° *f*, frangine *f*, sœurette *f*.

skin-flick *n.* film déshabillé°,

film de fesse, porno.

skinful *n.* **to have (had) a skinful**, 1. être ivre°, avoir pris une bonne cuite ; **I had a right skinful last night**, hier soir j'ai pris une sacrée biture. 2. en avoir marre° / ras le bol / ras le bonbon / ras le cul ; **I've just about had a skinful of my cousins**, mes cousins, j'en ai jusque-là.

skinhead *n.* jeune homme au crâne rasé°, skinhead, skin.

skin-mag *n.* magazine pornographique° / porno / de cul / de fesse.

skinned (to keep one's eyes) *loc.* être sur le qui-vive°, ouvrir l'œil et le bon ; **keep your eyes skinned !** aie l'œil !

skinny dip *n.* baignade sans maillot° / à poil / à loilpé *f*.

skinny-dip *v.i.* se baigner tout nu° / à poil / à loilpé / dans le plus simple appareil.

skin-pop *v.i.* s'injecter de la drogue°, se piquer, se shooter.

skint *adj.* *(GB)* financièrement démuni°, fauché, faucheman, sans un ; **I'm totally skint**, j'ai pas un rond.

skip *n.* 1. *(abr. = skipper)* capitaine° *(d'une équipe)*, chef, patron. 2. *(GB)* vieille voiture°, tacot, tromblon, guimbarde *f*.

skip *v.t.* 1. **to skip bail**, disparaître (après une libération sous caution)°, jouer la fille de l'air, s'évanouir dans la nature ; **to skip the country**, passer à l'étranger. 2. **to skip school**, ne pas assister aux cours°, sécher.

3. arrêter°, laisser tomber ; **skip it !** laisse béton !

skip off *v.i.* *(GB)* partir en hâte°, se casser, mettre les voiles.

skip out *v.i.* *(US)* = skip off.

skipper *n.* *(GB)* 1. = skip 1. 2. patron°, chef, boss. 3. lieu de séjour d'un clochard°, crèche *f*, squat ; **where's your skipper ?** où est-ce que tu crèches ?

skipper *v.i.* *(GB)* coucher dehors°, dormir à la dure, coucher sous les ponts.

skirt *n.* femme° *f*, nana *f*, pépée *f*, poupée *f* ; **a nice bit of skirt**, une jolie nénette.

skirt-chaser, skirt-hunter *n.* séducteur°, coureur (de jupons), homme à femmes.

skirt-chasing, skirt-hunting *n.* recherche de partenaires féminines° *f*, chasse au jupon *f*, drague *f* ; **he's a great one for the skirt-chasing**, pour draguer les minettes, il s'y connaît.

skive *n.* *(GB)* 1. opération° *f*, combine *f*, magouille *f* ; **I've got a good skive for making some money**, j'ai un bon plan pour me faire un peu d'argent. 2. paresse° *f*, tirage au flanc ; **to be on the skive**, tirer au cul.

skive (off) *v.i.* *(GB)* se dérober à la tâche°, tirer au flanc / au cul ; **to skive off from school**, sécher l'école ; **he spends his whole day at work skiving**, au boulot il passe ses journées à glander.

skiver *n.* travailleur paresseux°,

tire-au-flanc, tire-au-cul, flemmard, branleur.

skivvy *n.* 1. *(GB)* domestique°, bonne à tout faire *f*, bonniche *f* ; **I'm not your skivvy**, je ne suis pas ton esclave. 2. *(US)* maillot de corps°, marcel.

skivvy *v.i.* être chargé des travaux domestiques°, être la bonne à tout faire, esclaver ; **if you think I'm going to skivvy for you, you've got another thing coming**, si tu crois que je vais te servir de valet de pied, tu peux toujours courir.

skull (out of one's) *loc.* complètement ivre°, pété, rond comme une barrique, plein comme un œuf.

skullduggery *n.* opérations suspectes° *f*, magouille(s) *f*, magouillage, trafic, micmac.

sky *v.t.* lancer (un ballon) en l'air° ; **he skyed the ball into the crowd**, il a dégagé dans les tribunes.

skyjack *v.t.* détourner un avion°, faire un piratage aérien.

sky's the limit (the) *loc.* il n'y a pas de limites°, quand les bornes sont franchies, y a plus de limites.

slab *n.* *(GB)* table d'opération° *f*, billard ; **I was on the slab yesterday**, hier, je suis passé sur le billard.

slag *n.* *(GB)* 1. femme de mœurs faciles° *f*, marie-couche-toi-là *f*, marie-salope *f*, coucheuse *f*. 2. prostituée° *f*, gagneuse *f*, tapineuse *f* ; **old slag !** vieille pute ! 3. personne méprisable° *f*, salaud, salope *f*, connard, connasse *f*. 4. critique° *f*, démolition *f*, flingage ; **his conversation was full of lies and slags**, son discours était truffé de mensonges et de débinage.

slag *(GB) v.t.* 1. moquer°, mettre en boîte, faire grimper à l'arbre, charrier ; **come on, I was only slagging**, allez, je me foutais un peu de toi. 2. insulter°, traiter de tous les noms ; **he's always slagging his sister**, il est toujours en train de traiter sa sœur. 3. critiquer°, baver sur, allumer ; **the fans slagged the group**, les fans ont débiné le groupe.

slagging *n. (GB)* 1. moquerie° *f*, mise en boîte *f*, charriage ; **he got an awful slagging for his new haircut**, il s'est fait allumer un max à cause de sa nouvelle coupe. 2. critique sévère° *f*, éreintage, démolition *f* ; **their concert got a bad slagging in the press**, leur concert s'est fait flinguer par la critique.

slag off = slag *v.t.* 2, 3.

slam *v.t.* 1. battre violemment°, bastonner, péter la gueule (à qqun) ; **he slammed him one**, il lui a mis sur la gueule. 2. critiquer sévèrement°, démolir, éreinter ; **don't slam the show before seeing it !** ne pisse pas sur le spectacle avant de l'avoir vu !

slammer *n.* prison° *f*, taule *f*, cabane *f*, trou.

slanging match *n. (GB)* discussion mouvementée°, prise de bec *f*, engueulade *f*.

slant-eyed• *adj. (GB)* aux yeux bridés°, chinetoque, bridé.

slap and tickle *n. (GB)* **to have a bit of slap and tickle**, 1. se caresser° *(à deux)*, se peloter, se bricoler, se faire des mamours. 2. faire l'amour°, faire une partie de jambes en l'air, s'envoyer en l'air.

slap-happy *adj.* très heureux°, heureux comme un roi, à l'aise Blaise, aux anges.

slap-up *adj. (GB)* copieux° ; **a slap-up dinner**, un gueuleton, un festin, une grande bouffe.

slap-up *n. (GB)* gros repas°, festin, gueuleton, grande bouffe.

slash *n.* miction° *f*, pissette *f* ; **to have / take a slash**, pisser (un boc), lisbroquer, vidanger ; **to go for a slash**, aller pisser un coup.

slash *v.t.* 1. taillader°, suriner, balafrer. 2. uriner°, pisser, lisbroquer. 3. diminuer sensiblement° *(prix)*, casser, sacrifier ; **prices are slashed all this week at the supermarket**, les prix sont écrasés au supermarché pendant toute la semaine.

slate *n.* 1. dette dans un café° *f*, ardoise *f* ; **put it on my slate**, mets-le sur ma note. 2. **to have a slate loose**, être un peu fou° / dérangé / zinzin, avoir une case en moins.

slate *v.t. (GB)* critiquer°, éreinter, débiner ; **the film was universally slated**, la critique a été unanime pour démolir le film.

slated *adj.* *(GB)* ivre°, rond, pété, beurré.

slating *n.* *(GB)* critique sévère° *f*, démolition *f*, éreintage.

slave (away) *v.i.* travailler très dur°, esclaver, se tuer au boulot ; **the guy spends his days and nights slaving away**, ce mec passe ses jours et ses nuits à boulonner.

slay *v.t.* *(US)* bouleverser°, époustoufler, scier ; **this one's gonna slay you**, celle-là, tu vas en crever de rire ; **this guy really slays me**, ce mec, il me tue.

sleaze *n.* 1. saleté° *f*, dégueulasserie *f*, saloperie *f*, craignosserie *f*. 2. corruption° *f*, tripotage, traficotage ; **there is too much sleaze in politics**, il y a trop de magouilles dans le monde politique. 3. dépravation° *f*, saloperie *f* ; **tabloïd newspapers thrive on sleaze**, la presse à sensation se nourrit de débauche. 4. **a sleaze**, un individu déplaisant°, un fumier, une ordure.

sleaze-bag, sleaze-ball, sleaze-bucket *n.* *(US)* individu extrêmement déplaisant°, fumier, ordure *f*, raclure de bidet *f*.

sleaziness *n.* = sleaze 1, 2, 3.

sleazo, sleazoïd *n.* = sleaze 4.

sleazy, sleazo, sleazoïd *adj.* sordide°, débectant, craignos, dégueu.

sleep around *v.i.* avoir beaucoup de partenaires sexuels°, coucher à droite et à gauche, coucher avec toute la ville ; **he's got a reputation for sleeping around**, il a la réputation d'être un coucheur.

sleep one's way up (to) *loc.* réussir en dispensant des faveurs sexuelles°, grimper / arriver grâce à son cul.

sleeper *n.* agent secret inactif°, dormant.

sleeping policeman *n.* *(GB)* ralentisseur°, dos d'âne.

sleep off *v.t.* **to sleep off a hangover, to sleep it off**, faire passer une cuite en dormant°, cuver son vin.

slewed *adj.* saoul°, rétamé, beurré, chargé.

slice of knuckle pie *n.* coup de poing dans la figure°, marron, bourre-pif ; **shut up or you'll get a slice of knuckle pie**, la ferme ou tu vas prendre une tarte maison.

slick *adj.* rusé°, malin, fin ; **a slick customer**, un sacré finaud ; **a slick talker**, un baratineur.

slicked back, slicked down *adj.* calamistré°, gominé, pommadé.

slicker (city) *n.* citadin°, rat des villes.

slide off *v.i.* partir discrètement°, décamper, filer, s'éclipser.

slider *n.* *(GB)* gaufre fourrée à la crème glacée°.

slime, slime-bag, slime-ball, slime-bucket *n.* individu très déplaisant°, ordure *f*, déchet de l'univers, raclure de bidet *f*.

slimy *adj.* 1. traître°, faux-cul, faux-derche ; **I wouldn't trust**

him, he's a slimy customer, je lui ferais pas confiance, c'est un client plutôt glissant. 2. obséquieux°, rampant, lèche-bottes, lèche-cul.

sling v.t. 1. *(GB)* jeter°, balancer, virer ; **sling me the salt !** envoie le sel par ici ! 2. *(GB)* **to sling one's hook**, partir°, décamper, mettre les voiles f / les bouts. 3. *(US)* **to sling the bull / it**, exagérer°, charrier, déconner, chier dans la colle. 4. **to sling mud (at s.o.)**, calomnier° (qqun), traîner (qqun) dans la boue ; **the popular press is always slinging mud**, la presse à sensation fouille toujours dans la boue.

slinky adj. 1. aux courbes généreuses° *(femme)*, sexy, bien roulée, bien carrossée. 2. serré° *(vêtements)*, moulant, près du corps.

slip 1. v.i. baisser de niveau°, se laisser aller, filer du mauvais coton ; **only five pages today, we must be slipping**, que cinq pages aujourd'hui, on est sur la mauvaise pente. 2. v.t. a) donner°, filer, passer ; **he slipped me a brown envelope**, il m'a glissé une enveloppe marron ; b) **to slip a length / it to s.o.•**, posséder sexuellement qqun°, tirer son coup, tremper son biscuit ; c) **to slip the hand**, caresser°, peloter, bricoler ; **did you slip the hand ?** t'as mis une main au panier ? ; d) *(US)* **slip me five !** serre-m'en cinq !

slip (to give s.o. the) loc. *(GB)*

perdre qqun° *(filature)*, semer qqun, donner le change à qqun.

slippery adj. rusé°, futé, ficelle, malin.

slip-up n. erreur° f, gaffe f, gourance f, plantage.

slip up v.i. faire une erreur°, se gourer, se planter, gaffer.

slit• n. 1. vagin°, chatte f, fente f, fissure f. 2. *(GB)* femme° f, loute f, salope f, pétasse f.

Sloane adj. *(GB)* huppé°, bécébégé, bècebège ; **she's very Sloane**, elle est très seizième.

Sloane (Ranger) n. *(GB)* jeune femme huppée°, une BCBG, Nappette f.

slob n. 1. individu corpulent°, gros lard, gros plein de soupe, gros tas. 2. paresseux°, branleur, traîne-savates ; **my brother-in-law is one slob**, mon beauf est un de ces veaux !

slobber n. *(GB)* braillard°, gueulard, beuglard, grande gueule.

slobber v.i. *(GB)* crier des âneries° f, brailler comme un sauvage, beugler comme un sourd ; **stop slobbering !** arrête de gueuler tes conneries !

slog n. *(GB)* travail pénible°, boulot duraille, trime f ; **finishing the book was a hard slog**, pour finir le bouquin, qu'est-ce qu'on a sué !

slog *(GB)* 1. v.i. travailler° / bosser dur, boulonner à mort, trimer. 2. v.t. frapper°, bastonner, filer une mandale (à qqun) ; **he slogged him one**, il lui a envoyé une bonne pâtée.

slope• n. *(US)* Asiatique°, chinetoque, bridé.

slope off *v.i.* partir discrète-ment°, décamper, filer, se sau-ver.

sloppy *adj.* peu soigné°, bâclé, saboté ; **what a sloppy piece of work** ! ce travail n'est ni fait ni à faire.

sloshed *adj.* ivre°, beurré, bour-ré, rétamé ; **I was totally slosh-ed last night**, hier soir j'étais complètement parti.

slot in *v.t.* marquer un but° *(foot-ball)* ; **to slot one in**, en rentrer un.

slouch *n.* individu lent°, empoté, veau, traînard ; **he's no slouch**, il est loin d'être nul.

slowcoach *n.* individu lent°, veau, empoté ; **hurry up, slow-coaches** ! allez ! du nerf, les traînards !

slug *n.* 1. balle de revolver° *f*, prune *f*, pruneau, valda *f*. 2. gor-gée° *f (alcool)*, goutte *f*, gor-geon ; **give me a slug of moon-shine**, file-moi un coup de gnôle !

slug *v.t.* 1. frapper°, cogner, filer un gnon (à qqun) ; **he slugged me in the face**, il m'a foutu un chtar en pleine poire. 2. tirer° (sur qqun), cartonner, flinguer, canarder.

slugger *n.* boxeur qui frappe dur°, cogneur.

slug it out (to) *loc.* se battre°, se bastonner, se cogner, se foutre sur la gueule ; **the two hood-lums slugged it out on the sidewalk**, les deux voyous se sont expliqués sur le trottoir.

slum it (to) *loc.* vivre à peu de frais°, bouffer de la vache enra-gée, se démerder avec le mini-mum.

slurp *v.i.* boire *ou* manger de façon bruyante°, bouffer comme un porc ; **don't slurp your food like that** ! tu pour-rais faire moins de bruit en mangeant ?

slush *n.* sentimentalité° *f*, gui-mauve *f*, eau de rose *f* ; **the book was full of slush**, ce bou-quin dégoulinait à chaque page.

slush fund *n.* fonds secrets°, caisse noire.

slushy *adj.* sentimental°, à l'eau de rose, guimauve.

slut *n.* femme facile° *f*, salope *f*, marie-salope *f*, roulure *f*.

sluttish, slutty *adj.* 1. de mœurs légères° (femme) faci-le, coucheuse. 2. d'apparence vulgaire° (femme), à l'air de pute, genre pouffiasse.

sly (on the) *loc.* secrètement°, en douce, en loucedé ; **he used to eat his sweeties on the sly**, il mangeait toujours des bonbons en Suisse.

smack *adv.* exactement°, pile, pilepoil ; **smack in the mid-dle** !, et pan ! en plein milieu !

smack *n.* 1. héroïne° *f*, poudre *f*, dropou *f*, smack. 2. coup°, beigne *f*, marron ; **a smack in the face**, un pain dans la gueu-le. 3. baiser°, bise *f*, bécot, patin.

smack *v.t.* 1. embrasser°, biser, bécoter. 2. frapper°, flanquer un chtar / un marron / un pain (à qqun).

smacked out *adj.* drogué à l'héroïne°, smacké, shooté.

smacker *n.* 1. gros baiser° / bisou, grosse bise, smack. 2. *pl.* **smackers,** billets de banque°, biftons, talbins ; **my new suit set me back a hundred smackers,** mon nouveau costume m'a coûté dix sacs.

smack-head *n.* héroïnomane°, camé à l'héro.

smack in the eye / the face *n.* 1. camouflet°, gifle *f* ; **the yes vote was a real smack in the eye for the opponents,** avec la victoire du oui, les adversaires ont pris un sacré coup. 2. grosse déception°, douche *f* ; **her engagement was a real smack in the eye for me,** quand elle s'est fiancée, j'en étais vert.

smackeroo, smackeroonie = **smacker.**

small *adj.* 1. **a small fortune,** une grosse somme°, une coquette somme, une petite fortune ; **my divorce cost me a small fortune,** mon divorce m'a coûté les yeux de la tête. 2. *(US)* **small potatoes,** *(GB)* **small beer,** qqch. d'insignifiant°, de la petite bière ; **getting the book finished was no small potatoes,** pour finir ce bouquin, ça a pas été de la tarte.

smalls *n.pl.* *(GB)* sous-vêtements°, dessous ; **I need to go home and wash my smalls,** faut que je rentre laver mes culottes.

small-time *adj.* de second ordre°, de seconde zone, à la noix ; **a small-time gangster,** un gangster à la manque.

smarm *n.* obséquiosité° *f*, onctuosité *f*, pommade *f* ; **he was full of smarm,** il était tout miel.

smarm around, smarm over, smarm up to *v.t.* flatter°, passer de la pommade (à qqun), cirer les pompes (à qqun).

smarminess = **smarm.**

smarmy *adj.* obséquieux°, lèche-bottes, lécheur ; **he's a smarmy bastard,** c'est un lèche-cul de première.

smart *adj.* 1. rusé°, futé, malin, fute ; **a smart guy,** un petit malin ; **don't come the smart guy with me !** ne la ramène pas avec moi ! 2. rapide°, vif, vite ; **look smart !** magne-toi !.

smart Alec *n.* pédant°, je-sais-tout, péteux.

smart-arse• *(GB),* **smart-ass** *(US) n.* pédant°, je-sais-tout, péteux ; **he's such a smart-arse he tells the boss what to do,** il pète tellement plus haut que son cul qu'il donne des ordres au patron.

smart-arse(d)• *(GB)* **smart-ass(ed)•** *(US) adj.* pédant°, pédantesque, péteux ; **enough of your smart-arse answers !,** y en a marre de tes réponses finaudes !

smarty-pants *n.* je-sais-tout ; **I don't know the answer but let me ask smarty-pants over here,** je ne connais pas la réponse mais je vais demander à Monsieur Je-sais-tout.

smash *n.* gros succès°, malheur, carton, raz-de-marée ; **his latest movie was a real smash**, son dernier film a fait un tabac.

smashed *adj.* saoul°, bituré, bourré, chargé ; **she was totally smashed last night**, hier soir elle était complètement cassée.

smasher *n.* 1. qqch. ou qqun d'extraordinaire° / d'épatant / du tonnerre ; **his new car is a real smasher**, sa nouvelle voiture est vraiment sensationnelle. 2. personne sexuellement attirante°, bombe sexuelle ; **she's a real smasher**, elle est vraiment canon.

smash-hit *n.* 1. succès° *(film, chanson, etc.)*, carton ; **his new movie was the smash-hit of the festival**, son nouveau film a été le clou du festival ; **it's the smash-hit of the summer**, c'est le tube de l'été. 2. personne qui a du succès° *f*, vedette *f* ; **how come you're such a smash-hit with the girls ?** comment ça se fait que t'as une telle cote avec les nénettes ?

smash in *v.t.* battre violemment°, péter ; **to smash s.o.'s face in**, friter / défoncer la gueule à qqun.

smashing *adj. (GB)* remarquable°, formid, épatant, sensass ; **what a smashing party !** quelle fête du tonnerre !

smash up *v.t.* 1. ruiner°, défoncer, bousiller, foutre en l'air ; **I smashed my car up**, j'ai démoli ma caisse. 2. **to get**

smashed up, se faire blesser° / arranger / amocher ; **he was badly smashed up in the accident**, il a été salement abîmé dans l'accident.

smell 1. *v.i.* sembler louche°, sentir mauvais, puer ; **the whole deal smells**, cette affaire, ça craint. 2. **to smell a rat**, pressentir des ennuis°, se douter qu'il y a anguille sous roche, mal sentir un coup ; **I smell a rat**, je sens l'arnaque.

smell like a whore's handbag (to) *loc. (GB)* dégager un parfum fort°, cocotter, cognotter ; **what have you got on, you smell like a whore's handbag !** qu'est-ce que t'as mis comme après-rasage, tu sens la rose !

smelly *adj.* 1. louche°, glauque, pas net ; **it's a smelly business**, c'est une affaire qui pue. 2. déplaisant°, craignos, puant ; **that's a smelly idea !** ça c'est une idée qui craint.

smidgeon, smidgen, smidgin *n. (GB)* petit peu°, chouïa, lichette *f* ; **I'll just have a smidgeon**, j'en veux bien une miette.

smoke *n.* 1. a) cigarette° *f*, cibiche *f*, clope *f*, sèche *f* ; b) cigarette de marijuana° *f*, stick, keusti. 2. *(GB)* **the (Big) Smoke**, a) Londres°, la capitale ; **I'm moving to the Smoke**, je m'installe à Londres ; b) la grande ville°, la ville. 3. **to go up in smoke**, échouer°, s'envoler en fumée *f*, tourner en eau de boudin *f* ; **the whole deal went up in smoke,** l'affaire est tombée dans le lac.

smoke like a chimney (to) *loc.* fumer beaucoup°, fumer comme un pompier / un sapeur.

smoke up a storm (to) *loc. (US)* fumer beaucoup°, enfumer l'atmosphère *f* ; **that's enough, you're smoking up a storm in here** ! assez fumé, vous nous empoisonnez l'air !

smoking gun *n.* preuve accablante° ; **the prosecution finally came up with the smoking gun,** l'accusation a enfin trouvé la pièce qui devait emporter le morceau.

smooch *v.t.* caresser°, peloter, bricoler, tripoter ; **they were smooching in the back seat,** ils se faisaient des mamours sur le siège arrière.

smooch *n.* 1. baiser°, bise *f*, bisou ; **smooches** ! bisous ! 2. **to have a smooch,** a) se faire des bisous, se bécoter, se rouler des pelles *f* / des patins ; b) se livrer à des caresses amoureuses°, se peloter, se bricoler ; **they were having a smooch in the middle of the dance floor,** ils se la jouaient langoureuse sur la piste de danse.

smoochy *adj.* langoureux°, mamoureux ; **the group finished up with a smoochy number,** le groupe a terminé par un slow dégoulinant.

smooth *adj.* 1. **smooth move,** opération bien exécutée°, joli coup, affaire rondement menée.

2. **smooth operator,** a) séducteur°, homme à femmes, opérateur de charme ; b) beau parleur°, hâbleur, baratineur ; **he's such a smooth operator,** qu'il sait s'y prendre, c'est peu dire ; c) individu rusé°, débrouillard, démerdard.

smoothie *n.* 1. beau parleur°, hâbleur, baratineur. 2. séducteur°, charmeur, homme à femmes ; **my brother is a real smoothie,** mon frère est plutôt du genre tombeur.

snack attack *n.* faim soudaine°, fringale *f*.

snafu (*abr.* = **situation normal all fucked up**) *adj.* désordonné°, pagailleux, bordélique.

snafu (*abr.* = **situation normal all fucked up**) *n.* 1. situation confuse°, merdier, foutoir ; **what a snafu** ! quel bordel ! 2. erreur° *f*, gourance *f*, plantage, foirade *f*.

snafu (*abr.* = *adj.* / *n.*) *v.i.* semer la confusion° / foutre le bordel / foutre la merde (dans qqch.) ; **he did his best but snafued,** il a fait de son mieux mais il a merdé.

snake bite *n. (GB)* mélange de bière blonde et de cidre°.

snap ! *excl. (GB)* 1. bataille ! (*jeu de cartes*). 2. tiens !, comme c'est curieux !, ah ça ! quelle coïncidence !

snap *v.i.* perdre la raison°, craquer, péter les plombs ; **in Vietnam a lot of GIs just snapped,** au Vietnam, pas mal de soldats américains ont tout simplement disjoncté.

snap out of it ! *excl.* réveille-toi !°, secoue-toi !, du nerf !, bouge-toi !

snapper *n.* *(GB)* enfant°, môme, gosse, chiard.

snappy *adj.* rapide° ; **look snappy !, make it snappy !** grouille-toi !, et que ça saute !, magne !

snatch• *n.* 1. sexe féminin°, chatte *f*, minou, abricot. 2.• femme° *f (considérée comme objet sexuel)*, cuisse *f*, cul ; **he went looking for some snatch**, il est parti chercher de la fesse. 3. enlèvement°, kidnapping. 4. vol à la tire, serrage.

snatch *v.t.* 1. enlever°, kidnapper. 2. voler°, piquer, étouffer, serrer.

snatch-box• *n.* sexe féminin°, chatte *f*, boîte à ouvrage *f*, boutique *f*.

snazzy *adj.* élégant°, chic, chicos, mode ; **snazzy outfit you got on tonight !** t'es sapé ultra-chic ce soir !

sneak *n.* 1. dénonciateur°, rapporteur, rapporte-paquet, cafeteur ; **at school he was known as a sneak**, à l'école c'était la cafetière numéro un. 2. faux jeton°, faux cul, faux derche.

sneak *v.i.* *(GB)* 1. **to sneak on s.o.**, dénoncer qqun°, rapporter sur le compte de qqun, cafeter qqun. 2. voler°, faucher, chouraver ; **he's always sneaking sandwiches at the local cafe**, il est toujours à piquer des sandwichs au bar du coin.

sneak in 1. *v.i.* entrer furtivement° / en catimini / en douce, se faufiler dans (qqch.) ; **he sneaked into the girls' dorm**, il s'est introduit dans le dortoir des filles. 2. *v.t.* **to sneak s.t. in**, introduire qqch. en cachette° / en douce / en loucedé ; **he sneaked a knife into the gig**, il est entré au concert avec un couteau caché.

sneak off *v.i.* partir furtivement°, s'éclipser, filer à l'anglaise, prendre la poudre d'escampette ; **stay here and don't be sneaking off as usual !** reste là et ne disparais pas comme d'habitude !

sneak out 1. *v.i.* sortir furtivement° / en douce, jouer des flûtes *f* ; **he sneaked out without his mother seeing him**, il s'est éclipsé sans que sa mère le voie. 2. *v.t.* **to sneak s.t. out**, sortir qqch. en cachette° / en douce / en loucedé ; **he sneaked the Chinese vase out of the country**, il a quitté le pays avec un vase chinois caché dans sa valise.

sneaky *adj.* sournois°, faux-derche, faux-cul ; **he's always up to sneaky tricks**, il est toujours à monter des coups tordus.

sneezed at (not to be) *loc.* pas à dédaigner°, qui ne se refuse pas ; **a company car is not to be sneezed at**, une voiture de fonction, il faut pas cracher dessus.

sniff *v.t.* inhaler° *(drogues)*, sniffer ; **to sniff glue**, sniffer de la colle.

snip *n.* *(GB)* 1. occasion° *f*, (bonne) affaire, occase (en or) *f* ; **it's a real snip,** c'est l'occase du siècle. 2. individu de petite taille°, demi-portion *f*, rase-bitume.

snitch *n.* 1. *(GB)* nez°, pif, tarin, tarbouif ; **keep your snitch out of this !** mêle-toi de tes oignons ! 2. a) délateur°, mouchard, balance *f*, donneur ; b) dénonciateur°, rapporteur, rapporte-paquet, cafetière *f*.

snitch *v.t.* 1. dénoncer°, moucharder, balancer ; **he snitched on his brother,** il a donné son frère. 2. voler°, piquer, chiper ; **he snitched my pen again,** il a encore barboté mon stylo.

snog *n.* *(GB)* baiser°, patin, bécot ; **to have a quick snog,** se rouler des pelles *f*.

snog *v.i.* *(GB)* s'embrasser°, se bécoter, se rouler des pelles *f* / patins ; **they were snogging at the back of the cinema,** ils se faisaient des mamours au fond du cinéma.

snogging *n.* *(GB)* embrassade° *f*, bécotage, roulage de pelles ; **a snogging session,** une partie de patins.

snooker *v.t.* *(GB)* mettre (qqun) dans une situation difficile°, coincer, coller ; **you've rightly snookered me there,** alors là, tu me poses une colle ; **to be snookered,** être dans le pétrin ; **I was totally snookered,** j'étais

complètement paumé.

snoop *n.* 1. personne excessivement curieuse°, fouine *f*, fouinard. 2. inspecteur de police°, fileur, sondeur. 3. détective privé°, privé.

snoop (around) *v.i.* fureter°, fourrer son nez partout ; **the cops were always snooping around our house,** les flics étaient toujours à fouiner dans notre maison.

snoot *n.* 1. nez°, pif, tarin, tarbouif. 2. personne hautaine°, snob, bêcheur ; **she's a real snoot,** c'est Madame de Grandair en personne.

snooty *adj.* hautain°, snob, bêcheur ; **most of their friends are very snooty,** la plupart de leurs amis se donnent des airs.

snooze *n.* somme°, roupillon, ronflette *f*.

snooze *v.i.* sommeiller°, roupiller, pioncer.

snort *n.* 1. petit verre d'alcool°, coup à boire, goutte *f*. 2. inhalation *f* *(drogues)*, snifette *f*, reniflette *f*.

snort *v.t.* inhaler° *(drogue)*, sniffer, renifler.

snot *n.* 1. a) mucosité nasale°, morve *f* ; b) déjections nasales°, crottes de nez *f* ; **stop sticking your snot under the bed !** arrête de coller tes crottes de nez sous le lit ! 2. **a snot,** a) un jeune individu arrogant°, un morveux, un petit merdeux ; b) un individu hautain°, un snob, un bêcheur.

snotcake *n.* *(US)* jeune individu

arrogant°, morveux, merdeux ;
shut up, you snotcake !
ferme-la, espèce de petit merdeux !

snot-nosed, snotty-nosed *adj.*
1. jeune et arrogant°, morveux,
merdeux. 2. hautain°, snob,
bêcheur ; **he's from a snotty-
nosed background**, il vient
d'un milieu snobinard.

snot-rag *n. (GB)* mouchoir°,
tire-jus, tire-moelle.

snotty *adj.* 1. arrogant°, morveux, merdeux ; **he's got three
snotty little monsters**, il a trois
affreux jojos. 2. hautain°, snob,
bêcheur ; **she's a snotty old
cow**, c'est une vieille bique
qui se donne des airs.

snout *n. (GB)* 1. nez°, pif, truffe *f*, tarin. 2. indicateur°, indic,
mouchard, balance *f*, doulos.
3. a) tabac°, foin, perlot ; **got
any snout ?** t'as du perle ? ;
b) cigarette° *f*, cibiche *f*, clope *f*,
sèche *f* ; **chuck us a snout !**
passe voir une tige !

snout *v.i. (GB)* dénoncer°,
moucharder, faire l'indic ; **to
snout on s.o.**, balancer qqun.

snow *n.* cocaïne° *f*, coke *f*,
neige *f*, sucre.

snowball's (not a) *loc.* aucune
chance°, pas l'ombre d'une
chance ; **we haven't got a
snowball's chance in hell**, on
a pas une chance sur un million.

snowed under *adj.* débordé°,
submergé ; **I'm snowed
under with work,** je croule
sous le boulot.

snuck *(prétérit incorrect de* to
sneak*) v.i. (US)* **he snuck into
the girls' dorm**, il s'est glissé
dans le dortoir des filles.

snuff *v.t.* 1. tuer°, buter, assaisonner ; **his own gang snuffed
him**, il s'est fait liquider par sa
propre bande. 2. inhaler°
(drogues), sniffer, renifler.

snuff film / movie *n.* film dans
lequel un acteur est réellement
assassiné°.

snuff it (to) *loc. (GB)* mourir°,
clamser, claquer, casser sa
pipe ; **he finally snuffed it at
the ripe old age of ninety-
four**, il a fini par passer l'arme
à gauche à l'âge vénérable de
quatre-vingt-quatorze ans.

snuff out 1. *v.i.* mourir°, claquer, casser sa pipe, calan-
cher. 2 *v.t.* tuer°, liquider,
buter ; **the gangsters snuffed
their boss out**, les bandits ont
refroidi leur chef.

soak *n.* ivrogne°, poivrot, pochard, soiffard, éponge *f*.

soak *v.t.* boire beaucoup d'al-
cool°, boire comme une éponge, picoler dur ; **he certainly
likes to soak**, ça, on peut dire
qu'il aime bien biberonner.

so-and-so *n.* 1. **Mr. So-and-
so**, M. Untel ; **Mrs. So-and-
so**, Madame Unetelle. 2. **a so-
and-so** *(terme de mépris
euphémique)* ; **he called me
a so-and-so**, il m'a traité
de tous les noms ; **I can't
stand that old so-and-so**,
ah ! ce duschtroumpf, je peux
pas le blairer ! ; **he's a right**

so-and-so, c'est un vrai... j'te dis pas.

soap = soap opera.

soap opera *n.* feuilleton télévisé sentimental°, mélo, soap-opera.

soapy bubble(s) *n.* (*RS* = **trouble(s)**) *(GB)* ennuis°, emmerdes *f*, pétrin, chiendent ; **to be in soapy bubble**, 1. être dans la galère / dans la mouscaille. 2. être enceinte°, être en cloque, avoir le ballon.

S.O.B.• (*abr.* = son-of-a-bitch) *n.* individu méprisable°, fils de pute, enfant de salope.

sob story *n.* histoire pathétique° / à faire chialer ; **the student gave the teacher another one of his sob stories**, l'élève a encore raconté au prof une de ses histoires à faire pleurer les familles.

sob stuff *n.* sensiblerie° *f*, mélo, guimauve *f*.

social secretary *n. (GB)* époux / épouse (que l'on consulte lors d'une invitation)° ; **I'll have to consult my social secretary**, il va falloir que je consulte ma moitié.

sock *n.* 1. coup°, beigne *f*, marron, mandale *f*. 2. **to pull one's socks up**, faire un effort pour mieux faire°, se remuer, se reprendre ; **you'll have to pull your socks up, my boy !** il va falloir vous secouer un peu, mon garçon ! 3. **put a sock in it !** tais-toi !°, ta gueule !, écrase !

sock *v.t.* 1. frapper°, avoiner, filer un pain / un gnon / une mandale (à qqun) ; **go on, sock him one !** allez, vas-y, fous-lui une bonne beigne ! 2. **to sock it to s.o.**, a) lancer°, balancer, passer ; **come on, sock it to me !** allez, envoie ! ; b) montrer ce dont on est capable° ; **go on guys, sock it to them !** allez les mecs, montrez-leur ce que vous avez dans les tripes !

sod• *n. (GB)* 1. individu méprisable°, salaud, salopard ; **he's a real fucking sod**, quel foutu connard ! ; **dirty sod !** quel fumier ! 2. individu pitoyable°, pauv type, loquedu ; **poor (little) sod**, pauvre (petit) con. 3. **not to give a sod (about s.t.)**, ne rien avoir à faire° / à branler / à cogner / à cirer de qqch. ; **I don't give a sod**, je m'en contrefous. 4. qqch. de difficile°, une épreuve, une galère ; **this table was a real sod to put together**, qu'est-ce qu'on en a chié pour construire cette table !

sod• *v.t. (GB)* **sod it !** putain de merde ! ; **sod you !** je t'emmerde !, va chier !

sod about, sod around• *v.i. (GB)* 1. ne rien faire°, ne rien foutre, glander, branler les mouches. 2. faire l'imbécile° / le con / le mariole / le guignol ; **quit sodding around and get down to business !** arrête de déconner et mets-toi au boulot !

sod-all• *n. (GB)* rien°, que dalle, peau de zob ; **he does sod-all all day long**, il fout pas une rame de la journée.

sodding• *adj.* *(GB)* sacré, foutu, bordel de ; **get your sodding car out of my sodding way !** allez, bordel, vire-moi ta bagnole de merde ! ; **it's sodding ridiculous !** putain, c'est complètement ridicule !

sodding• *adv.* *(GB)* sacrément, foutument, foutrement ; **this guy is sodding bonkers !** putain, ce mec est totalement cinglé ! ; **not sodding likely !** putain, tu parles !

sod off *v.i.* partir°, décamper, foutre le camp ; **it's time for us to sod off,** il serait temps qu'on dégage ; **sod off !•,** va te faire foutre / voir (chez les Grecs) !

Sod's Law *n.* *(GB)* loi selon laquelle on est sûr d'avoir des ennuis° *f,* loi selon laquelle le pire est toujours certain *f,* loi de l'emmerdement maximum *f.*

soft *adj.* 1. stupide°, bêtasson, neuneu ; **soft in the head,** débile. 2. **a soft number,** a) qqch. de facile°, du gâteau, du tout cuit, du cousu main ; b) un métier facile°, une planque, un bon fromage. 3. **the soft option,** la solution de facilité°, la solution peinarde. 4. **a soft touch,** qqun qui se laisse facilement tromper°, une bonne poire, un cave, un jobard. 5. **soft drugs,** drogues douces°. 6. **soft porn,** porno soft. 7. **to be soft on s.o.,** être amoureux° / toqué de qqun, avoir un faible pour qqun. 8. **to go soft,** perdre son courage°, se dégonfler, se déballonner.

soft-pedal *v.i., v.t.* y aller doucement°, mettre la pédale douce, la jouer coolos ; **everybody advised me to soft-pedal,** tout le monde m'a conseillé de mettre un bémol ; **to soft-pedal it,** y aller mollo.

softie, softy *n.* 1. personne très sensible° *f,* cœur d'or ; **he may be a heavyweight champion but he's a real softie at heart,** il a beau être champion poids lourds, au fond c'est quand même un tendre. 2. lâche°, poltron, dégonflé, couille molle ; **come on, you big softie, jump !** allez, mon gros minet, saute !

soixante-neuf• *n.* rapport sexuel oral réciproque°, soixante-neuf.

soldier on *v.i.* *(GB)* persévérer en dépit de l'adversité°, tenir le coup, s'accrocher ; **despite the bad weather they soldiered on,** malgré le mauvais temps, ils ont tenu bon.

soldiers *n.pl.* *(GB)* morceaux de pain trempés dans un œuf°, mouillettes *f.*

sold on *adj.* **to be sold on s.t. / s.o.,** être ravi° / emballé par qqch. / qqun ; **I'm not exactly sold on the idea,** cette idée ne me botte que moyennement.

sold out *adj.* *(GB)* épuisé°, crevé, vanné, mort.

solid *adj.* *(US)* impressionnant°, sensass, épatant ; **that's solid jazz,** c'est du jazz qui déménage.

solid *n.* *(GB)* haschich°, hasch, shit, merde *f.*

solitary (*abr.* = **solitary confinement**) *n.* cachot°, mitard ; **he spent three weeks in solitary,** il a passé trois semaines au QHS.

some *adj.* 1. de grande envergure°, pas nul, pas qu'un peu ; **that'll take some doing,** pour ça il va falloir se remuer un max ; **getting here in two hours, that was some going,** arriver ici en deux heures, faut le faire. 2. *(iron.)* aucun°, nul, zéro ; **you're some help !** ah ! t'es vachement utile, toi ! ; **some hope !, some chance !** pas question !, tu parles ! 3. bon°, extra, fantastique ; **she's some player !** c'est une joueuse du tonnerre ! ; **that's some cat you've got,** eh ben, ça c'est du chat que t'as là !

some *adv.* beaucoup°, pas mal, un max ; **you'll have to go some to catch up with them,** va falloir foncer si tu veux les rattraper.

something *adv.* énormément°, incroyablement, un max ; **it rained something shocking,** il a plu quelque chose de monstrueux ; **God, she sings something awful !** bondieu, j'te raconte pas comme elle chante !

something *pron.* **something (else),** quelque chose (d'extraordinaire)° ; **that new haircut really is something !** cette nouvelle coupe de cheveux, c'est vraiment quelque chose ! ; **that concert last night was really something !** ah ! le concert d'hier soir, je te dis pas ! ; **that shirt is something else,** alors cette chemise, elle me laisse sans voix.

something above / between the ears (to have) *loc.* être intelligent°, être calé, avoir de la cervelle.

song (on) *loc.* *(GB)* en forme°, qui a la pêche / la santé ; **the team were really on song today,** l'équipe avait la superfrite aujourd'hui.

song and dance *n.* **to make a song and dance of / over / about s.t.,** exagérer l'importance de qqch.°, faire tout un plat / toute une histoire / tout un fromage de qqch. ; **it was so easy but he made a real song and dance about it,** c'était super facile et pourtant il en a fait une affaire d'Etat.

sonny *n.* fils°, fiston, petit ; **listen to me, sonny !** écoute-moi, fils !

son-of-a-bitch•, sonofabitch•, sonovabitch• *n.* 1. individu méprisable°, fils de pute, enfant de salope ; **he's a stingy son-of-a-bitch,** c'est un putain de salaud de radin. 2. individu°, type ; **he's such a lucky sonofabitch,** quel foutu veinard de mes deux ! ; **she's an intelligent sonovabitch,** putain, cette pétasse, qu'est-ce qu'elle est calée ! 3. **sonofabitch !** putain de merde !, bondieu de bordel ! 4. **well, I'll be a son--**

-of-a-bitch ! ça alors, merde, j'en reviens pas !, putain, c'est totalement invraisemblable ! 5. qqch. de difficile°, épreuve *f*, chierie *f*, galère *f* ; **that window is a real sonofabitch to open**, cette fenêtre, pour l'ouvrir, c'est vraiment la merde.

soppy *adj.* sentimental°, fleur bleue, guimauve, gnangnan ; **what a soppy movie !** qu'est-ce que c'était cucu, ce film !

sore *adj. (US)* irrité°, en boule *f*, en rogne *f*, furax ; **to feel sore about s.t.**, être ulcéré par qqch. ; **I was really sore about what he did**, ce qu'il a fait m'est resté en travers de la gorge.

sore finger (dressed up / dolled up like a) *loc. (GB)* endimanché°, lingé comme un polichinelle ; **to be dressed up like a sore finger**, être foutu comme une jambe dans le plâtre.

sore thumb (to stick out like a) *loc.* être extrêmement voyant°, se voir comme un éléphant ; **with his blonde hair and blue eyes he stuck out like a sore thumb**, avec ses cheveux blonds et ses yeux bleus, il faisait un peu tache.

sort *n.* 1. *(GB)* individu°, type, typesse *f* ; **he's a decent sort**, c'est un brave gars. 2. **to be out of sorts**, ne pas se sentir bien°, ne pas être dans son assiette, être patraque.

sorta (*abr. = sort of*) *adv.* genre, sur les bords ; **he's sorta what you'd call a nice guy**, il est plutôt genre mec sympa ; **I'm sorta sick of this whole undertaking**, je commence à en avoir un peu ma claque de toute cette entreprise.

sort out *v.t. (GB)* battre°, tabasser, bastonner ; **we'd better send someone round to sort him out**, on ferait mieux d'envoyer quelqu'un pour qu'il s'occupe de lui.

sorts (of) *loc.* d'un certain genre°, si on veut ; **he's a musician of sorts**, il est un peu musicien sur les bords ; **I've got a new job of sorts**, j'ai un nouveau boulot, si on peut dire.

so-so *adv.* moyennement°, couci-couça ; **I'm only feeling so-so this morning**, ce matin je me sens bof.

sound *adj.* remarquable°, génial, géant, canon.

sound as a pound (that's) *loc. (GB)* c'est parfait° / impec / farpait.

sound off *v.i.* protester°, rouspéter, râler, grogner ; **he kept sounding off at the lodgers about the state of the apartment**, il n'arrêtait pas de gueuler sur les locataires à propos de l'état de l'appartement.

sounds *n.pl.* musique° *f*, zicmu *f* ; **bought any new sounds recently ?** tu t'es acheté de la zic récemment ?

soup up *v.t.* rendre plus puissant° *(moteur)*, gonfler, bricoler.

souped-up *adj.* dont on a augmenté la puissance° *(moteur)*, gonflé, bricolé ; **he turned his**

station-wagon into a souped-up racer, il a bricolé son break pour en faire une voiture de course.

sourpuss *n.* individu morose°, pisse-froid, grincheux, rabat-joie ; **this guy is such a sourpuss I can't take it any more** , ce mec est un tel geignard que j'en peux plus.

soused *adj. (GB)* saoul°, plein, fait, chlasse.

sow's ear *n. (GB)* gâchis°, bousillage, massacre ; **to make a sow's ear of s.t.**, bousiller / saloper / foutre en l'air qqch.

sozzled *adj.* ivre°, chlasse, rétamé, chargé.

spa *(abr. = spastic) n. (GB)* idiot°, taré, andouille *f*, débile.

space (out) *v.i. (US)* 1. rêver°, rêvasser, avoir la tête ailleurs, planer ; **I was spacing out through the whole lecture**, pendant toute la conférence, j'étais dans la lune. 2. avoir un moment d'inattention°, partir pour la planète Mars ; **I am sorry, I completely spaced out !** désolé, ça m'était complètement sorti de la tête !

space cadet *n.* 1. excentrique°, drôle de zèbre, cas ; **my yoga class is full of space cadets**, dans mon cours de yoga y a que des phénomènes. 2. personne qui a la tête dans les nuages° / qui est sur sa planète *f* ; **cross the street properly and stop acting the space cadet**, descends de la lune et traverse la rue comme il faut.

spaced (out) *adj.* 1. drogué°, défoncé, stone, raide def ; **everybody was totally spaced out at the party last night**, à la fête hier soir, tout le monde planait. 2. excentrique°, zarbi, louf, louftingue ; **our biology teacher was a bit spaced out**, notre prof de biologie était un peu spécial.

spacey, spacy *adj.* 1. drogué°, défoncé, fait, stone, chargé. 2. peu attentif°, qui a la tête ailleurs, qui est dans les nuages ; **the flight attendant seems a bit spacey today**, le steward semble un peu dans la lune aujourd'hui.

spade *n.* 1. •nègre°, négro, bamboula, boubou. 2. **to call a spade a spade**, appeler les choses par leur nom°, appeler un chat un chat, dire ce qu'on a sur le cœur.

spaghetti western *n.* western spaghetti.

spanking *adv.* extrêmement°, totalement, complètement ; **spanking new**, flambant neuf ; **I've got a spanking new car**, j'ai une voiture neuve à t'en faire baver.

spare *adj.* **to go spare**, se mettre en colère° *f*, se ficher en boule *f* / en rogne *f* / en pétard ; **my mother will go spare when she finds this mess**, ma mère va disjoncter quand elle va voir ce foutoir ; **to drive s.o. spare**, rendre qqun furieux°, faire tourner qqun en bourrique, faire grimper qqun aux rideaux.

spare n. (GB) femme libre° f (considérée comme objet sexuel), cuisse f, fesse f ; **she's a nice bit of spare**, c'est un joli brin de nénette ; **to have a bit of spare**, s'envoyer une meuf.

spare prick• n. (GB) individu inutile°, gland, pauv' con ; **don't just stand there like a spare prick**, ne reste pas là comme un couillon.

spare tyre n. gros ventre°, brioche f, bidon ; **he's got a bit of a spare tyre**, il est un peu enveloppé sur les bords.

spark (bright) n. (GB) 1. personne intelligente°, cerveau, tête f ; **he was a real bright spark at school**, à l'école il faisait des étincelles. 2. (iron.) idiot°, crétin des Alpes, andouille de Vire f ; **who's the bright spark put the cat in the washing machine ?** quel est le triple concentré de crétin qui a foutu le chat dans la machine à laver ?

sparkler n. 1. diamant°, diam, caillou. 2. bijou°, pierre, verroterie f.

sparks n. électricien°, électrico.

sparring partner n. (GB) 1. compagnon°, compagne° f, copain, copine f. 2. époux°, épouse° f, moitié f ; **I'll have to ask my sparring partner**, il faudra que je voie ça avec l'état-major.

spastic adj. stupide°, débile, débilos, nul ; **that's a real spastic idea**, c'est une idée nulle à chier.

spastic n. crétin°, débile, branque, tête de nœud f ; **my brother-in-law is a real spastic**, mon beauf est un vrai con.

speak proper (to) loc. (GB) parler correctement (l'anglais)°, causer comme il faut ; **he's very la-di-da, you know, he speaks proper**, il est très comme il faut, tu vois, il sait causer.

speak the same language (to) loc. bien se comprendre°, être sur la même longueur d'onde ; **no need to go any further, I think we speak the same language**, tu peux t'arrêter là, je crois comprendre qu'on se comprend.

spear-carrier n. rôle de figuration°, utilité f, porte-hallebarde.

specky adj. (GB) qui porte des lunettes°, binoclard ; **specky four-eyes**, tête à hublots f.

specs n.pl. lunettes° f, carreaux, hublots f.

speed n. amphétamines° f, amphets f, speed ; **to do speed, to be on speed**, tripper aux amphets.

speedball n. mélange de drogues excitantes et calmantes°, speedball.

speed-cop n. policier chargé de contrôler la vitesse°, motard, aigle de la route.

speed-merchant n. 1. conducteur fou de la vitesse°, fou du volant, chauffard ; **I wouldn't get into a car with him, he's a real speed-merchant**, je ne monterais pas dans une voiture avec lui, c'est un vrai cinglé de la vitesse. 2. coureur très rapide°, flèche *f* ; **the winner of the two-hundred meters is a real speed-merchant**, le vainqueur du deux cents mètres est ultra-vite.

speedo (*abr.* = **speedometer**) *n.* (*GB*) compteur de vitesse° ; **he was doing over a hundred on the speedo**, il tapait plus de cent au compteur.

spend a penny (to) *loc.* aller aux toilettes° *f* / au petit coin, faire sa petite commission.

spew (up) 1. *v.i., v.t.* vomir°, dégueuler, dégobiller, gerber ; **to spew one's guts / one's ring up**, dégueuler tout son saoul, aller au renard. 2. *v.t.* **to spew one's guts up**, informer la police°, cracher le morceau, lâcher le paquet.

spic•, spick• *adj.* 1. (*GB*) méditerranénen° ; a) espagnol°, espingo, espingouin ; b) italien°, rital, macaroni. 2. (*US*) latino-américain°, latino.

spic•, spick• *n.* 1. (*GB*) méditerranéen° ; a) Espagnol°, espingo, espingouin ; b) Italien°, rital, macaroni. 2.• (*US*) Latino-Américain°, Latino.

spiel *n.* discours°, baratin, laïus ; **don't give me that spiel !** arrête ton boniment !

spiel *v.i.* parler pour convaincre°, baratiner, raconter des salades ; **the salesman started to spiel**, le vendeur a commencé à débiter son boniment.

spiel off *v.t.* réciter°, débiter, dérouler ; **the student came in and spielled off all the right answers**, l'étudiant est entré et a ressorti toutes les bonnes réponses.

spike *n.* seringue° *f*, shooteuse *f*, poussette *f*, pompe à merde *f.*

spike *v.t.* couper° / corser une boisson d'alcool *ou* de drogue ; **this drink is definitely spiked !** cette boisson, ça arrache !

spike up 1. *v.i.* s'injecter de la drogue°, se shooter, se piquer. 2. *v.t.* **to spike oneself up**, s'injecter de la drogue°, se shooter, se piquer.

spill *v.t.* révéler°, lâcher le morceau, vendre la mèche ; **to spill the beans / the works / one's guts**, 1. révéler un secret°, tout déballer, se déboutonner ; **the party was supposed to be a surprise, but his sister spilt the beans**, la fête devait être une surprise, mais sa sœur a vendu la mèche. 2. informer (la police)°, se mettre à table, cracher le morceau.

spin *n.* (*GB*) 1. promenade° *f* (*vélo, voiture, etc.*) ; **to go for a spin**, aller faire un tour° / une balade / une virée ; **give us a spin on your bike**, prête-moi ton vélo un coup. 2. **to give s.t. a spin**, faire un essai°, tenter le coup ; **I'll give it a spin**, je vais essayer un coup. 3. perquisition° *f*, fouille *f* ; **the cops gave my place a spin**, les flics ont fichu ma baraque sens dessus dessous.

spin *v.t. (GB)* perquisitionner°, fouiller ; **to spin s.o.'s drum**, retourner chaque coin de la baraque de qqun.

spin-doctor *n.* conseiller en communication°, expert en com.

spit, dead spit *n.* sosie°, portrait tout craché ; **she's the dead spit of her mother**, c'est sa mère tout crachée.

spit and a drag *(RS = fag) n. (GB)* cigarette° *f*, clope *f*, sèche *f*, peclo *f*.

spit-and-sawdust *adj. (GB)* sans prétention° *f (café, pub, bar)*, sans tralala ; **it was a genuine spit-and-sawdust bar**, c'était l'authentique rade de base.

spiv *n. (GB)* individu qui se livre à des opérations suspectes°, magouilleur, traficoteur, combinard.

splash (to make a) *loc.* faire sensation° *f*, faire un malheur / un carton ; **the film made a real splash**, le film a fait un vrai tabac.

splash (out) 1. *v.i.* dépenser sans compter°, faire des folies *f*, jeter l'argent par les fenêtres ; **last night we really splashed out**, hier soir on a vraiment claqué un max. 2. *v.t.* dépenser°, claquer, flamber, fusiller ; **I splashed out on a new computer**, j'ai flambé un max sur un nouvel ordinateur.

splat ! *onom.* flac !, floc !, splatch !

spliff *n.* cigarette de marijuana° *f*, joint, pétard, tronc ; **pass the spliff !** passe la tige !

split *v.i.* partir°, décamper, se barrer, se tailler ; **okay guys, let's split !** bon allez, les mecs, on se casse !

splurge *n. (GB)* 1. étalage°, esbroufe *f*, tralala ; **his parents love a big splurge**, ses parents adorent épater la galerie une fois de temps en temps. 2. dépense extravagante°, folie *f* ; **his twenty-first birthday party was one big splurge**, pour son vingt-et-unième anniversaire, ils ont cassé la baraque.

splurge (out) *v.i.* dépenser sans compter°, faire des folies *f*, jeter l'argent par les fenêtres.

spondulicks, sponds *n.pl.* argent°, oseille *f*, pognon, grisbi ; **he's certainly not short of the old spondulicks**, ce qui est sûr, c'est qu'il est pas à court de radis.

sponge *n.* parasite°, tapeur, taxeur, torpilleur.

sponge 1. *v.i.* vivre en parasite°, torpiller à droite et à gauche ; **to sponge on s.o.**, vivre aux crochets de qqun. 2. *v.t.* emprunter°, taper, taxer ; **to sponge cigarettes**, torpiller des clopes.

sponger = **sponge** *n.*

spoof *n.* 1. mensonge°, bobard, salade *f* ; **it was only a spoof**, c'était rien qu'une vanne. 2. parodie° *f*, mise en boîte *f* ; **the movie is a spoof on horror films**, le film joue avec le genre de l'horreur.

spoof 1. *v.i.* raconter des histoires° *f* / des bobards / des craques *f* ; **he was only spoofing,** c'était juste pour déconner. 2. *v.t.* faire marcher°, mettre en boîte, faire grimper à l'arbre, charrier ; **are you spoofing me ?** tu te fous de ma gueule ?

spook• *n.* *(US)* 1. Noir°, négro, bamboula, bougnoule. 2. agent secret°, barbouze.

spook *v.t.* effrayer°, flanquer la frousse / les miches *f* / les boules *f* (à qqun) ; **this house really spooks me,** franchement, cette maison me file les jetons.

spooky *adj.* effrayant°, qui fout les boules *f* / les glandes *f* / les jetons ; **this place is really spooky,** cet endroit me fout la frousse.

sport *n.* **good sport,** individu de bon caractère°, chic type / typesse *f*, mec / nana *f* sympa ; **be a sport !** sois sympa !, sois pas salaud !

spot *n.* 1. petite quantité°, chouïa, lichette *f* ; **a spot of brandy,** une goutte de cognac ; **do you fancy a spot of dinner ?** ça te dirait qu'on dîne ensemble ? ; **a spot of bother / of trouble,** des emmerdes ; **what's up, did you have a spot of bother last night ?** qu'est-ce qu'il y a, t'as eu une embrouille hier soir ? 2. **on the spot,** a) immédiatement°, illico, fissa ; **I want you over here on the spot,** je veux te voir ici de suite ; b) **to put s.o. on the spot,** mettre qqun en situation délicate° / au

pied du mur ; **with all the questions he asked he certainly put me on the spot,** avec toutes ses questions, il m'a vraiment mis le couteau sous la gorge. 3. **in a (tight) spot,** dans une situation difficile°, dans le pétrin, en pleine galère ; **this has certainly put us in a tight spot,** avec ça, on est vraiment en plein dedans. 4. **to have a soft spot for s.o. / s.t.,** avoir un penchant° / un faible pour qqun / qqch. 5. **to knock spots off s.o. / s.t.,** battre de loin qqun / qqch.°, dominer de la tête et des épaules ; **this champagne certainly knocks spots off the usual plonk,** ce champagne relègue le pinard habituel à des kilomètres. 6. a) message publicitaire°, spot ; b) prestation° *f* *(spectacle)*, numéro ; **he's got a solo spot on the variety show,** il fait une apparition en solo à l'émission de variétés. 7. **five / ten spot,** a) *(GB)* dose de drogue valant cinq / dix livres° *f* ; b) *(US)* billet de cinq / dix dollars°.

spot-on *loc.* *(GB)* 1. parfaitement°, en plein dans le mille, pile ; **her answer was spot-on,** elle a répondu au quart de poil. 2. exactement° *(heure)*, pile ; **she arrived spot on eight,** elle est arrivée à huit heures pétantes.

spout (up the) *loc.* 1. enceinte°, en cloque ; **I hear she's up the spout,** il paraît qu'elle a le ballon. 2. ruiné°, fichu, foutu, cuit ; **the whole project is up the spout**, tout le projet est à l'eau.

spout (on) *v.i. (GB)* parler pour ne rien dire°, bavasser, jacasser, jaspiner ; **what are you spouting on about ?** qu'est-ce que t'as à parler à perte de vue ?

spread *n.* repas copieux°, festin, gueuleton ; **they laid on a great spread for the wedding**, ils ont mis les petits plats dans les grands pour le mariage.

spread for• *v.i.* s'offrir° *(pour une relation sexuelle)*, se donner, s'abandonner ; **she'd spread for you as quick as look at you**, au premier regard, elle te sauterait dessus.

spring *v.t.* 1. **to spring s.t. (on s.o.)**, surprendre° / époustoufler qqun avec qqch. ; **he came home last weekend and just sprung his marriage on us**, il est rentré à la maison le weekend dernier et il nous a balancé à la figure la nouvelle de son mariage. 2. **to spring s.o.**, a) faire libérer qqun de prison°, faire sauter la peine ; **his lawyer managed to have him sprung**, son avocat a réussi à le faire sortir du trou ; b) faire évader qqun de prison°, donner de l'air à qqun ; **they sprang him using a helicopter**, ils l'ont arraché à la cabane en hélicoptère.

sprog *n. (GB)* 1. enfant°, mouflet, chiard, gniard ; **it's great to get out and leave the**

sprogs with the babysitter, ça fait du bien de sortir et de laisser les mioches avec la babysitter. 2. nouvelle recrue°, bleu, bleubite.

sprout wings (to) *loc.* devenir sage°, se faire tout doux, devenir gentil comme un agneau ; **since he got engaged he has sprouted wings**, depuis qu'il s'est fiancé, c'est devenu un ange.

spud *n.* pomme de terre° *f*, patate *f*.

spunk *n.* 1. courage°, cran, couilles *f*, tripes *f* ; **she's certainly got a lot of spunk**, on peut pas dire qu'elle ait rien dans le ventre. 2.• sperme°, foutre, jus de paf, jute.

spunky *adj.* courageux°, qui a du cran / des couilles *f* ; **he's a spunky little player**, c'est un joueur qui n'a pas froid aux yeux.

squaddie, squaddy *n. (GB)* simple soldat°, deuxième classe, troufion, bidasse.

squalid *adj. (GB)* sordide°, pouilleux, miteux ; **what a squalid chap !** quel individu répugnant !

square *adj.* 1. vieux jeu°, ringard, hors du coup ; **your dad is so square**, ton père retarde tellement. 2. **to get square with s.o.**, se venger de qqun°, avoir / rattraper qqun au tournant ; **don't worry, I'll get square with him**, t'inquiète pas, je lui revaudrai ça. 3. **to be all square**, a) ne pas avoir de dettes°, être quitte ; **so we're all square then ?** bon, alors tout est réglé ? ; b) être à égalité° *(sports)* ; **after the first half the match was all square**, à la fin de la première mi-temps le score était nul. 4. juste°, réglo, franco ; **a square deal**, une affaire régulière.

square *n.* 1. personne vieux jeu° *f*, mickey, blaireau ; **your friend is such a square**, ton ami est un tel ringard. 2. **back to square one**, retour au début°, retour à la case départ.

square *v.t.* 1. régler°, arranger, arrondir les angles ; **to square things**, arranger les choses au mieux. 2. **to square things with s.o.**, obtenir l'autorisation de qqun°, négocier le feu vert de qqun ; **I've squared things with the manager and it's OK**, je me suis arrangé avec le patron et c'est bon.

square peg in a round hole (to be a) *loc.* être inadapté°, être à côté de la plaque, être largué ; **in the army he was the proverbial square peg in a round hole**, à l'armée c'était l'inadapté par excellence.

square up = **square** *v.t.*

squareville, squaresville *n.* lieu conventionnel et sans intérêt°, Routine-city ; **after university work is just squaresville**, après la fac, le boulot, c'est métro-dodo.

squawk *n.* plainte° *f*, jérémiade *f*, grognonnerie *f* ; **so what's your squawk about the food ?** alors, elle vous plaît pas, la bouffe ?

squawk *v.i.* 1. se plaindre°, râler, grincher, chnuler ; **will you please give over squawking ?** est-ce que tu vas pas bientôt arrêter tes jérémiades ? 2. révéler un secret°, cracher / lâcher le morceau, se déboutonner ; **teacher's pet squawked on us again**, le chouchou nous a encore vendus au prof.

squeak *n.* son° ; **not another squeak out of you**, plus un murmure.

squeaky-clean *adj.* 1. parfaitement propre°, propre comme un sou neuf. 2. innocent°, blanc comme neige, vierge de tout soupçon.

squeal *v.i.* dénoncer°, cafter, moucharder ; **to squeal on s.o.**, balancer / donner qqun.

squealer *n.* 1. dénonciateur°, rapporteur, rapporte-paquet, cafetière *f*. 2. indicateur°, indic, mouchard, balance *f*.

squeeze *n.* **to put the squeeze (on s.o.)**, faire pression° (sur qqun), mettre la pression (sur qqun) ; **the cops are putting the squeeze on working girls**, les flics mènent la vie dure aux tapineuses.

squeeze *v.t.* 1. extorquer°, arracher, pressurer ; **he's so tight you couldn't squeeze a penny out of him**, il est tellement radin qu'il ne lâchera pas le moindre sou. 2. exploiter°, sucer jusqu'à l'os ; **to squeeze the taxpayer like a lemon**, presser le contribuable comme un citron.

squeeze-box *n.* accordéon°, piano à bretelles.

squillion *n.* *(GB)* nombre très élevé°, milliard, trente-six mille ; **when I grow up I want to make squillions**, quand je serai grand, je veux gagner des billions.

squint *n.* coup d'œil° / de châsse / de sabord, œil ; **go on, give us a squint !** allez, fais voir un peu ton truc !

squire *n.* *(GB)* m'sieu, sieur ; **shall I fill her up, squire ?** je vous fais le plein, chef ?

squirms (to give s.o. the) *loc.* *(GB)* rendre qqun mal à l'aise°, filer les boules *f* à qqun ; **when he does that it gives me the squirms**, quand il fait ça, ça me file des boutons.

squirt *n.* individu méprisable°, minable, morveux ; **he's such a little squirt**, c'est un vrai petit merdeux.

stab *n.* essai°, coup ; **to give s.t. a stab**, tenter le coup.

stack *n.* grosse quantité° *f*, tapée *f*, flopée *f* ; **a stack of s.t.**, un tas de qqch. ; **stacks of**, des tonnes *f* de ; **don't worry, we've got stacks of time**, t'inquiète, on a tout le temps et même plus.

stacked *adj.* qui a une grosse et belle poitrine° *(femme)*, qui a des avantages, qui a du monde au balcon ; **you can't deny that she's stacked**, on ne peut pas nier qu'elle soit bien pour-vue.

stag (to go) *loc.* aller quelque part sans compagne°, y aller en garçon, en célibataire ; **the boys went to the party stag**, les mecs sont allés à la fête sans montures.

stag *n.* homme sans partenaire°, cavalier seul.

stag-night, stag-party *n.* 1. soi-rée entre hommes° / mecs *f*. 2. fête entre hommes à la veille d'un mariage° *f* ; **when are you having your stag-party ?** quand est-ce que t'enterres ta vie de garçon ?

staggers *n.* 1. *(GB)* **to get the staggers**, ne pas être à son niveau habituel°, ne pas être à son affaire *f*, perdre son latin ; **I'm afraid our team had the staggers today**, je crois bien que notre équipe a perdu son jeu aujourd'hui. 2. *(GB)* **to get / to take the head staggers**, perdre la tête° / les pédales *f* / la boule. 3. **the staggers**, tituba-tion° *f (due à l'ivresse)* ; **to have the staggers**, faire des zigzags, avoir du vent dans les voiles.

stain *n.* *(GB)* individu en-nuyeux°, raseur, casse-bonbon ; **he's such a stain**, quelle tache, ce mec !

stake-out *n.* surveillance° *f (poli-ce)*, embuscade *f*, planque *f* ; **they arrested the gang after a long stake-out**, ils ont arrêté la bande après avoir planqué un max de temps.

stake out *v.t.* mettre sous surveillance°, fliquer, planquer ; **the cops staked the house out for a week**, les flics ont gardé la maison à l'œil pendant une semaine.

stamping ground, stomping ground *n.* périmètre que l'on fréquente habituellement°, territoire, quartier ; **do you want me to take you to my old stamping ground ?** tu veux que je t'emmène voir le lieu de mes exploits ?

stand *v.t.* offrir° *(consommations)*, inviter ; **to stand s.o. a drink**, payer un verre à qqun.

stand up *v.t.* faire attendre en vain°, poser un lapin (à qqun) ; **you're thirty minutes late, I thought you'd stood me up**, ça fait une demi-heure que je poirotte, je me demandais si tu venais ou pas.

stand-up (comedian) *n.* comique qui fait un numéro en solo°, comique.

star-dust *n.* cocaïne° *f*, coke *f*, blanche *f*, dreupou *f*.

star-fucker• *n.* admiratrice qui recherche les rapports sexuels avec les vedettes° *f*, baiseuse de stars *f*.

star turn *n. (GB)* 1. vedette° *f*, attraction numéro un *f* ; **who's the star turn tonight ?** c'est qui la tête d'affiche ce soir ? 2. personne admirable° *f*, génie, champion ; **when it comes to work he's a star turn**, question boulot, c'est un as.

stark *adv. (GB)* extrêmement°, totalement, complètement ;

stark bollock naked•, nu comme un ver, qui a les couilles à l'air ; **stark staring bonkers, stark raving mad**, complètement fou° / ravagé / siphonné / marteau.

starkers *adj.* nu°, à poil, à loilpé ; **he came out of the bathroom completely starkers**, il est sorti de la salle de bains dans le plus simple appareil.

starters (for) *loc.* pour commencer°, en hors-d'œuvre ; **let's take in a movie for starters and then eat**, on se fait un ciné en apéro et puis on ira bouffer.

stash *n.* 1. cachette° *f*, cache *f*, planque *f* ; **have you got a good stash for the stuff ?** t'as une planquouze sûre pour la came ? 2. provision° *f (mets, boissons ou substances rares, sp. drogues)*, cave *f* ; **have some of my private stash**, je vais te faire goûter ma réserve personnelle.

stash (away) *v.t.* cacher°, planquer, garer, carrer.

state (to look a) *loc. (GB)* présenter une apparence pitoyable°, avoir une sale tronche, craindre de la mine ; **what happened to you, you look a state**, qu'est-ce qui t'arrive, t'as l'air mal fichu.

steady (to go) *loc.* fréquenter (qqun) habituellement°, sortir (avec qqun) ; **we've been going steady for a year**, ça fait un an qu'on est ensemble.

steady *n.* compagnon° / com-

pagne° f, copain / copine f, petit
ami / petite amie ; **don't even
look at her, she's my steady**,
fais gaffe où tu regardes, c'est
ma seule et unique.

steal n. occasion° f, bonne affaire, occase en or f ; **this shirt is
a real steal at the price**, à ce
prix-là, cette chemise, c'est
donné.

steam n. 1. **under one's own
steam**, par ses propres
moyens° ; **I'll be going to the
party under my own steam**, je
me débrouillerai pour aller à la
fête tout seul. 2. **to let off
steam**, a) épancher sa bile°,
ouvrir la soupape de sûreté,
décompresser ; **after the accident I got out of the car to
let off some steam**, après
l'accident je suis sorti de la
voiture, histoire de respirer un
peu ; b) se distraire°, se défouler ; **come on, guys, we need to
let off some steam after all
that work**, allez les mecs, faut
qu'on s'aère un peu la tête
après tout ce boulot.

steam 1. v.i. a) se déplacer
d'un air décidé°, s'amener ; **I
steamed over to see what the
trouble was**, j'ai mis la
vapeur pour aller voir quel
était le problème ; b) *(US)*
être en colère° f / en pétard / en
rogne f ; **he shouted at me and
I steamed**, il m'a crié dessus et
j'ai piqué une crise. 2. v.t. *(US)*
mettre (qqun) en colère° f,
rendre (qqun) furax, faire criser
(qqun) ; **he really steamed me**

by turning up late, ça m'a
vraiment foutu les boules qu'il
se ramène en retard.

steamboats adj. *(GB)* saoul°,
pété, bourré, défoncé ; **God, I
was totally steamboats last
night !** purée, j'étais complètement schlasse hier soir !

steamed adj. *(US)* en colère° / en
pétard / en rogne f ; **I get so
steamed when my roommate
borrows my things**, ça me
rend malade de rage quand
mon cothurne m'emprunte mes
affaires.

steaming adj. *(GB)* saoul°, beurré, plein, noir.

steamy adj. érotique°, sexy,
bandant ; **it was an extremely
steamy Swedish movie**, c'était
un de ces films suédois particulièrement vaporeux.

steep adj. 1. cher°, chérot, pas
donné ; **I wouldn't shop there,
the prices are too steep**, je
ferais pas mes courses là-bas,
c'est un peu raide au point de
vue prix. 2. exagéré°, raide, (un
peu) fort de café, poussé.

steer n. information° f, info f,
tuyau ; **bum steer**, tuyau percé ; **he gave me a bum steer
on the fourth race**, il m'a filé
un tuyau crevé sur la quatrième
course.

**step on the gas (to), step on it
(to)** loc. 1. accélérer°, appuyer
sur le champignon, mettre la
sauce ; **taxi driver, I'm late,
can you step on it ?** chauffeur,
je suis en retard, vous pourriez
mettre la gomme ? 2. se hâter°,

se magner, se bouger ; **get all your things together and step on it !** allez ! ramasse tes affaires et grouille !

stew (to be in a) *loc.* avoir des ennuis°, être dans le pétrin / la galère ; **we're in a bit of a stew here**, on est un peu dans le potage, là.

stewed to the eyeballs / to the gills *loc.* complètement saoul°, plein comme un œuf, rond comme une barrique.

stewie (*abr.* = **stewardess**) *n.* hôtesse de l'air° *f.*

stew in one's own juice (to) *loc.* être en proie à de graves difficultés°, cuire dans son jus ; **it's his problem, let him stew in his own juice !** c'est son problème, y a qu'à le laisser mijoter dans son jus.

stick *n.* 1. cigarette de marijuana° *f*, stick, keusti. 2. individu sans intérêt°, duchnoque, pissefroid ; **a dry (old) stick**, un vieux croûton. 3. *(GB)* châtiment°, raclée *f* ; **to give s.o. stick**, a) battre° qqun, filer à qqun des coups de bâton ; b) crier° / gueuler sur qqun, tuer qqun ; **his missus gave him stick for turning up late**, sa bobonne l'a agoni quand il s'est ramené en retard ; c) critiquer (qqun) sévèrement° / éreinter / démolir ; **the critics gave her new movie a lot of stick**, les critiques ont carrément assassiné son nouveau film. 4. *pl.* a) **the sticks**, la campagne°, la cambrousse ; **he**

lives away out in the sticks, il vit dans un bled paumé à la campagne ; b) **sticks**, (i) jambes° *f*, guibolles *f*, cannes *f* ; **he's not too steady on his sticks**, il est pas trop assuré sur ses manivelles ; (ii) poteaux de but° *(sports)* ; **go on, send it between the sticks !** allez, envoie-moi-la entre les poteaux !

stick 1. *v.i.* a) rester° *(cartes)*, ne pas bouger ; **I'm sticking**, je reste ; b) **stick with it !** tiens bon !, accroche-toi (Jeannot) ! ; c) **to stick to s.t.**, rester fidèle à qqch.° ; **I'll stick to my own, if you don't mind**, je vais en rester aux miennes, si ça ne vous gêne pas ; **to stick with s.o.**, rester fidèle à qqun°, s'accrocher à qqun ; d) **to make s.t. stick**, s'assurer° de qqch., faire que ça colle ; **he's going down for ten and I'm going to make it stick**, il en prend pour dix ans et j'y veillerai personnellement ; e) durer°, rester dans l'air ; **throughout his presidency, there was nothing but scandal, but none of it would stick**, son mandat n'a été qu'une longue série de scandales, mais rien n'a réussi à le faire décoller de son siège. 2. *v.t.* a) supporter°, souffrir, encaisser ; **can you stick the heat ?** t'arrives à tenir, avec cette chaleur ? ; **I just can't stick that guy**, ce type, je peux pas le sentir ; b) mettre°, ficher, foutre ; **just stick your stuff**

over there, t'as qu'à coller ton barda par là-bas ; **I stuck an ad in the paper for my flat**, j'ai foutu une annonce dans le canard pour mon appart ; **you can stick it up your arse !•** / **ass !•**, tu peux te le foutre au cul ! ; **you know where you can stick it !•**, tu peux te le mettre où je pense ! ; **you can stick it where the sun doesn't shine !•**, tu peux te le coller du côté de la lune ! ; c) **to stick a tail on s.o.•**, posséder qqun sexuellement°, filer un coup de saucisse à qqun, se mettre qqun sur le bout ; d) **to be stuck on s.o.**, être profondément amoureux de qqun°, en tenir pour qqun, être toqué de qqun ; **he's really stuck on her**, il est foudingue d'elle ; e) **to be stuck**, être à court d'argent° / fauché / sans un / dans la mouise ; **I'm stuck for five pounds**, je suis court de cinq livres ; f) **to get stuck with s.t. / s.o.**, devoir supporter qqch. / qqun°, se retrouver coincé avec qqch. / qqun, se coltiner qqch. / qqun ; **to be stuck with s.o.**, avoir qqun sur le dos ; **I got stuck with the dishes again**, encore un coup je me suis vu de vaisselle ; **like it or lump it, we're stuck with it**, que ça te plaise ou non, on est collés dedans.

stick around *v.i.* 1. demeurer sur place°, rester dans le coin, ne pas décoller ; **if you stick around long enough, you'll find out the answer**, si tu restes assez longtemps dans les parages, tu découvriras la réponse. 2. attendre sans rien faire°, poireauter, regarder les mouches voler ; **I'm fed up sticking around**, j'en ai ras la patate de glander.

stick at *v.i.* persévérer dans (qqch.)°, s'accrocher ; **stick at it, you'll improve !** insiste un peu, tu feras des progrès !

stick down *v.t.* écrire rapidement°, noter en vitesse ; **I stuck down his address on the back of an envelope**, j'ai griffonné son adresse au dos d'une enveloppe.

sticker *n.* *(GB)* entêté°, jusqu'au-boutiste, pur et dur ; **you certainly couldn't say he's not a sticker**, on peut vraiment pas dire que ce soit un lâcheur.

stick in 1. *v.i.* **to stick in there**, persévérer°, s'accrocher, tenir bon ; **stick in there !** accroche-toi Jeannot ! 2. *v.t.* *(GB)* a) **to get stuck in**, (i) commencer à manger°, attaquer, mordre ; **let's get stuck in !** attaquons ! ; (ii) commencer à travailler°, s'y mettre ; **we'll get stuck in tomorrow morning at eight o'clock**, on va attaquer demain matin à huit heures ; b) **to stick it in•**, forniquer°, baiser, tringler, tremper le biscuit, la mettre au chaud.

stick-in-the-mud *n.* 1. individu conservateur°, (vieux) croûton, réac. 2. individu ennuyeux°, raseur, rabat-joie, pisse-froid.

stick on *v.t.* **to stick one on s.o.**,

donner un coup à qqun°, balancer un marron à qqun, foutre un pain à qqun, friter la gueule à qqun ; **he got out of his car and stuck one on the other driver**, il est sorti de sa voiture et il a flanqué une mandale à l'autre conducteur.

stick one's neck out (to) *loc.* prendre des risques°, se mouiller ; **that's sticking your neck out a bit, isn't it ?** tu crois pas que tu pousses le bouchon un peu loin ?

stick out 1. *v.i.* être évident°, sauter aux yeux, crever les yeux ; **to stick out a mile**, être gros comme une maison. 2. *v.t.* résister°, tenir bon ; **you'll just have to stick it out**, il va falloir que tu tiennes le coup, tout simplement.

stick-up *n.* vol *ou* attaque *f* à main armée°, braquage, hold-up ; **everybody down ! this is a stick-up !** tout le monde à terre ! c'est un hold-up !

stick up 1. *v.i.* **to stick up for s.o.**, prendre le parti de qqun°, se mouiller pour qqun ; **if you stick up for me I'll stick up for you**, si tu défends mon fromage, je défendrai le tien. 2. *v.t.* attaquer à main armée°, braquer ; **I'm finished sticking up gas stations**, faire les stations-service, pour moi, c'est du passé.

sticky *adj.* 1. peu commode°, dur en affaires, duraille ; **we've got a really sticky boss**, on a un patron carrément intraitable. 2. épineux°, duraille, coton ; **this is a really sticky problem**, voilà un problème passablement chiant. 3. **to have sticky fingers**, être voleur°, être porté sur la fauche, avoir les doigts aimantés. 4. **to come to a sticky end**, avoir une issue malheureuse°, mal finir ; **the famous gangster finally came to a sticky end**, le fameux gangster a fini par mal finir. 5. *(GB)* **to be on a sticky wicket**, être dans une situation délicate°, être dans le pétrin / dans la crotte.

sticky *n. (GB)* bande adhésive°, scotch.

sticky-fingered *adj.* qui vole facilement°, porté sur la fauche, qui a de la colle aux doigts ; **watch out for him, he's sticky-fingered**, fais gaffe à ce mec, il est du genre doigts aimantés.

stiff *adj.* 1. *(GB)* cher°, chérot, pas donné ; **those trousers were a bit stiff, weren't they ?** ce futal, c'était presque du vol, non ? 2. saoul°, rond, fait, raide ; **the author was a bit stiff when he appeared on TV**, l'auteur était légèrement parti quand il est passé à la télé. 3. **a stiff drink**, une boisson forte° / corsée ; **I could do with a stiff drink**, je me prendrais bien un petit remontant. 4. **to bore s.o. stiff**, ennuyer qqun à mort°, barber / bassiner qqun ; **the film bored me stiff**, le film m'a fait chier un max. 5. **to be scared stiff**, être glacé de peur°, avoir le trouillomètre à zéro, avoir les miches ; **when the dragon appeared I was scared stiff**, quand le dragon est apparu, ça m'a foutu les miches à zéro.

stiff *n.* 1. cadavre°, macchabée, macab ; **they pulled two stiffs out of the lake**, ils ont pêché deux refroidis dans le lac. 2. ivrogne°, soûlard, poivrot, pochard ; **the bar was full of stiffs**, le bar était plein de bibards. 3. lourdaud°, balourd, gros con ; **my brother-in-law is such a stiff**, mon beauf est un vrai gros duconneau. 4. *(US)* ouvrier°, manœuvre, trimardeur. 5. *(US)* clochard°, clodo, vagabond.

stiff *v.t.* 1. ignorer°, snober, bêcher ; **that's the second time today he's stiffed me**, c'est la deuxième fois aujourd'hui qu'il me fait la tronche. 2. tuer°, refroidir, effacer ; **he was the third member of the gang to get stiffed**, c'est le troisième membre du gang qui se fait descendre.

stiff-box *n. (GB)* rubrique nécrologique° *f*, colonne des allongés *f*.

stiffener *n. (GB)* boisson forte° / corsée, remontant ; **do you fancy a quick stiffener ?**, ça te dirait, un petit coup de raide ?

sting *n.* escroquerie° *f*, coup monté, arnaque *f* ; **they came up with the sting of the century**, ils ont monté l'entourloupe du siècle.

sting *v.t.* escroquer°, rouler, carotter ; **to sting s.o. for s.t.**, taxer qqch. à qqun ; **he stung me for twenty pounds**, il m'a torpillé vingt livres ; **to be / to get stung**, se faire arnaquer / flouer / estamper.

stink *n.* grabuge°, bordel, boxon ; **to kick up a stink**, faire un boucan de tous les diables ; **he certainly kicked up a stink about the noise last night**, il a fait un sacré scandale bicause le bruit d'hier soir.

stink *v.i.* 1. sentir mauvais°, puer, dégager, sentir le fromage ; **this place just stinks**, qu'est-ce que ça schlingue ici ! ; **to stink to high heaven**, puer la crotte. 2. être difficile à supporter°, craindre, puer ; **this town just stinks !** cette ville schlingue ! ; **this whole deal stinks**, toute cette affaire sent l'arnaque.

stinker *n.* 1. chose très difficile à faire° *f*, problème coton / duraille, casse-tête ; **our last exam was a real stinker**, le dernier exam était vraiment chié. 2. individu méprisable°, connard, demi-merde *f*, enflure *f*. 3. lettre de réprimande° / d'engueulade *f*, engueulage épistolaire ; **after I broke up with his sister, he wrote me a real stinker**, quand j'ai rompu avec sa sœur, il m'a envoyé une lettre pas piquée des hannetons.

stinking *adj.* 1. répugnant°, puant, dégueulasse, dégueulbif ; **what a stinking thing to do !** quel truc de vache il m'a fait là ! 2. **stinking (rich / with money)**, plein aux as, qui nage dans le fric / pue le fric ; **she married a guy who is just stinking**, elle a épousé un type qui pue l'oseille à trois kilomètres. 3. ivre°, rond, chargé ; **the whole crowd was stinking last night,** hier soir, toute la bande était bien bourrée. 4. **stinking weather**, temps pourri / dégueulasse. 5. **a stinking cold**, un rhume pas piqué des vers, une sacrée crève.

stir it up (to)•, stir the shit (to)• *loc.* semer le désordre°, mettre / foutre la merde ; **he's always been one to stir it up,** pour foutre le bordel, il a toujours été partant ; **as a journalist, all he wants to do is to stir the shit,** en tant que journaliste, tout ce qui l'intéresse, c'est de foutre sa merde.

stirrer *n.* *(GB)* fauteur de trouble°, fouteur de merde ; **he has a reputation as a stirrer,** il est connu comme fouteur de bordel.

stitch *n.* 1. *(US)* personne *ou* chose très drôle° / bidonnante / crevante ; **he's such a stitch he had us all howling,** il est tellement marrant qu'on était tous morts de rire. 2. **to be in stitches,** se tordre de rire°, être écroulé / plié en quatre ; **he had us all in stitches with his jokes,** ses vannes

nous faisaient pisser de rire.

stitch (up) *v.t.* terminer° *(travail),* boucler, en rester là ; **we'll soon have this whole thing stitched up,** on va bientôt avoir l'affaire dans le sac.

stocious, stoshious, stotious *adj.* *(GB)* saoul°, schlasse, fadé, blindé ; **everybody at the party was completely stocious,** à la fête, tout le monde était complètement beurré.

stoked *adj.* excité°, chauffé (à bloc) ; **the crowd was really stoked before the concert,** la foule était en complet délire avant le début du concert.

stomach *v.t.* supporter°, encaisser, digérer ; **I just can't stomach his sister !** sa sœur, je peux pas l'avaler !

stomp *v.t.* *(US)* attaquer°, rentrer dans le lard / défoncer la tête (à qqun) ; **the gang stomped all the rednecks down at the beach,** la bande a fait leur fête à tous les ploucs sur la plage.

stomping ground = stamping ground.

stone *adv.* extrêmement°, totalement, complètement ; **stone crazy,** complètement givré ; **stone(y) broke,** absolument fauché ; **stone cold sober,** à jeun ; **I was stone cold sober,** j'avais pas pris une goutte.

stone *n.* période d'extase suivant une prise de cannabis° *f,* défonce *f,* trip au shit ; **I got a great stone off your grass last night,** je me suis pris un pied d'acier avec ton herbe, hier soir.

Stone House (the) *n.* *(GB)* prison° *f*, taule *f*, cabane *f*, ballon.

stone me ! *excl.* je n'y crois pas !°, ça alors !, eh ben mon colon !

stoned *adj.* 1. saoul°, beurré, pété, chargé ; **on Friday nights he gets totally stoned**, tous les vendredis soir il se bourre la gueule. 2. drogué°, défoncé, raide, stone(d) ; **try some of this stuff if you want to get stoned**, essaie voir ce truc si tu veux te défoncer ; **to get stoned out of one's head / brain / mind**, se défoncer la tête.

stones *n.pl.* 1. diamants°, diams, cailloux. 2. bijoux°, cailloux, verroterie *f*.

stone's throw (at a) *loc.* tout près°, à deux pas, à côté.

stonewall *v.i.* faire obstacle° (à qqch.), bloquer le schmilblic, faire la politique de l'autruche ; **the politicians stonewalled on all the important questions**, les politiciens ont fait du surplace sur toutes les questions importantes.

stoney, stoney broke *adj.* sans argent°, complètement fauché, sans un, à sec ; **I'm stoney broke until the end of the month**, je suis totalement ratiboisé jusqu'à la fin du mois.

stoolie, stool-pigeon *n.* indicateur°, indic, mouchard, balance *f*.

stormer *n.* *(GB)* qqch. d'extraordinaire° / de génial / de géant ; **the striker played a stormer**, l'attaquant a joué comme une bête.

storming *adj.* extraordinaire°, décoiffant, géant, canon.

stoshious, stotious = stocious.

straight *adj.* 1. pur°, non coupé ; a) sans drogue° *(tabac)* ; **do you want a joint or a straight fag ?** tu veux un joint ou une clope ordinaire ? ; b) sans eau° *(alcool)*, sec ; **I'll have my whiskey straight**, je vais prendre mon whisky sans rien. 2. non criminel°, blanc comme neige ; **he has no record, he's completely straight**, il a pas de casier, c'est la Sainte Vierge en personne. 3. loyal°, régulier, réglo ; **don't worry, he's straight**, t'inquiète, il est franco sur toute la ligne. 4. non drogué°, clean ; **I've been straight for six months**, ça fait six mois que j'ai pas touché à la merde. 5. non homosexuel°, hétéro ; **he is the only straight member of the family**, c'est le seul non-pédé de sa famille. 6. *(GB)* **to be straight as a corkscrew**, être malhonnête° / blanc comme du gros rouge.

straight *adv.* 1. **to go straight**, a) s'arrêter de prendre des drogues°, décrocher, passer clean ; b) cesser ses activités criminelles°, se ranger (des voitures). 2. **straight down the line**, rien que la vérité°, tel que c'est, tel quel ; **I told them straight down the line how I felt**, je leur ai dit les choses telles qu'elles étaient. 3. *(GB)* **straight off the tur-**

nips•, paysan°, plouc, bouseux,
tout frais sorti de la campagne.
4. *(GB)* **straight out of the
trees•**, Africain°, bamboula,
bougnoule, tout juste sorti de la
jungle. 5. *(GB)* **straight out of
the bog•**, Irlandais°, tout juste
émoulu de la tourbière.

straight *n.* 1. individu ordinaire°,
type normal, dupont ; **the rest
of his family was one big
bunch of straights**, le reste de
sa famille était rien qu'un tas
de beaufs. 2. hétérosexuel°,
hétéro ; **I don't like that bar,
it's full of straights !** j'aime
pas ce bar, y a pas de pédés !
3. cigarette sans drogue° *f*,
cibiche ordinaire *f* ; **pass me a
straight and I'll fix you a little something**, passe-moi une
clope normale et je te prépare
un petit quelque chose. 4. **to go
on / to follow the straight and
narrow**, vivre honnêtement°,
suivre le droit chemin ; **since
his marriage, he's been on the
straight and narrow**, depuis
son mariage, il est revenu sur la
voie des justes. 5. **to act on the
straight**, se conduire loyale-
ment°, agir à la loyale ; **he's a
good guy, he always acts on
the straight**, c'est un brave
type, il agit toujours franco.

**straight-arrow, straight-shoot-
er** *n. (US)* personne honnête°
sp. en affaires *f*, type réglo /
carré.

straighten out 1. *v.i.* s'amélio-
rer°, s'arranger, aller mieux ; **it
looks like things are going to**

straighten out, on dirait que ça
va se débloquer. 2. *v.t.* a) **to
straighten s.o. out**, rectifier la
conduite de qqun°, expliquer
les règles du jeu à qqun,
remettre qqun sur le droit chemin ; **don't worry, boss, I'll
straighten him out**, vous
inquiétez pas, chef, je m'occupe de son cas ; b) **to straighten
things out**, mettre les choses en
ordre°, arranger les choses ; **my
job at the wedding is to
straighten things out**, mon
boulot au mariage, c'est de surveiller les détails.

straight up *adj.* honnête°, régulier, réglo ; **straight up !** vrai de
vrai !, je te jure !, parole ! ; **I'm
telling you the truth, straight
up !** j'te dis la vérité, sur la tête
de ma mère !

strangler *n. (GB)* cravate° *f*,
étrangleuse *f*.

strapped, strapped for cash
adj. sans argent°, sans le sou,
fauché, sans un radis ; **I can't
lend you anything, I'm a bit
strapped at the moment**, je ne
peux rien te prêter, je suis un
peu juste en ce moment.

straw (the last) *n.* le comble°, le
pompon ; **it's the last straw
(that broke the camel's back)**,
c'est la goutte qui fait déborder
le vase.

stray (piece of) *n. (GB)* femme
libre° *f*, nana *f*, meuf *f*, poule *f* ;
to have a piece of stray, se
faire / se farcir / se taper une
poulette.

streak *n.* promenade tout nu° / à

poil en public *f* ; **the match was interrupted by a streak**, le match a été interrompu par une manifestation de culs nus.

streak *v.i.* se promener nu° / à poil en public *(sp. en signe de protestation)* ; **his favourite pastime is to streak at midnight**, son passe-temps favori est de montrer sa lune à minuit.

streaker *n.* adepte de la promenade tout nu° / à poil en public, montre-lune.

street *n.* 1. **to be (right) up s.o.'s street**, être (tout à fait) la spécialité° / le rayon / dans les cordes de qqun ; **why don't you deal with this, it's right up your street**, tu devrais t'occuper de ça, c'est tout à fait ton genre de truc. 2. **to win by a street**, triompher facilement°, gagner dans un fauteuil ; **the favourite won by a street**, le favori a gagné les doigts dans le nez. 3. **to be streets ahead of s.o.**, l'emporter de loin sur qqun°, laisser qqun planté dans les pâquerettes ; **your son is streets ahead of everyone else in the class**, votre fils domine toute la classe de la tête et des épaules. 4. **not to be in the same street as s.o. / s.t.**, ne pas être du même niveau° / de la même classe / du même tonneau que qqun / qqch. ; **the two movies are not in the same street**, les deux films ne sont pas de la même catégorie.

street credibility, street cred *n.* capacité à communiquer avec les gens de la rue° *f*, image populaire *f* ; **to have street cred**, être accepté par la rue.

streetwise *adj.* au courant des usages de la vie en ville°, qui connaît les trucs de la rue, sage de la rue ; **the kids in my area are very streetwise**, les gosses de mon quartier sont des sacrés petits rusés.

stretch *n.* *(GB)* temps passé en prison° / à l'ombre *f* / au trou ; **to do a stretch**, faire de la taule.

stretch limo *n.* *(US)* limousine très longue°, caisse longue comme ça ; **check out the stretch limos in front of the night-club**, vise un peu les tires ultra-classe devant la boîte.

strewth ! *excl. (GB)* sacrebleu !, ventrebleu !, vertubleu !

strides *n.pl. (GB)* pantalon°, falzar, froc, futal, fute, grimpant.

string *n.* 1. **no strings (attached)**, sans condition° *f*, sans entourloupe cachée, sans arnaque *f* à la clé. 2. **to pull the strings**, être le responsable°, tirer les ficelles *f* ; **I'm the one who pulls the strings**, c'est moi qui commande.

string along 1. *v.i.* **to string along (with s.o.)**, accompagner (qqun)°, faire un bout de chemin (à qqun) ; **do you mind if I string along ?** est-ce que je peux me joindre ? 2. *v.t.* **to string s.o. along**, duper qqun°, faire marcher qqun, monter un bateau à qqun ; **I have a feeling the car salesman is just**

stringing me along, j'ai comme l'impression que le vendeur de voitures essaie de me rouler.

string out *v.t. (US)* intoxiquer°, péter, défoncer, charger.

string up *v.t.* 1. pendre°, pendouiller ; **they strung him up at dawn**, ils l'ont accroché à l'aube. 2. réprimander sévèrement°, remonter les bretelles *f* (à qqun), tuer (qqun) ; **when I get my hands on him, I'll string him up**, quand je vais le trouver, ça va être sa fête.

strip *n.* **to tear a strip off s.o., to tear s.o. off a strip**, réprimander sévèrement° qqun, passer un savon / tirer l'oreille *f* / sonner les cloches *f* à qqun.

stripper *n.* stripteaseuse° *f*, effeuilleuse *f* ; **male stripper**, stripteaseur°, effeuilleur.

strip-poker *n.* poker déshabillé°, strip-poker.

strip-show *n.* spectacle déshabillé°, strip-tease, nu intégral.

stroke *n. (GB)* coup déloyal°, sale coup, mauvais coup, coup de vache ; **to pull a stroke on s.o.**, faire un coup tordu à qqun ; **that was a horrible stroke he pulled on me**, quel coup de salaud il m'a fait là !

strong *adv.* exagérément°, fort ; **to go it (a bit) strong**, y aller un peu fort ; **it's going it a bit strong introducing your mistress to your wife**, présenter ta maîtresse à ta légitime, ah ça, tu n'y vas pas avec le dos de la cuiller ; **to come on strong**,

faire des avances poussées°, draguer, emballer ; **he's been coming on strong to me all night**, il essaie de m'allumer depuis le début de la soirée.

strong-arm *adj.* autoritaire°, dur, musclé ; **strong-arm man**, gros bras, dur ; **strong-arm tactics**, politique du bâton / de la matraque *f*.

strong-arm *v.t.* agir d'une manière autoritaire°, jouer les durs ; **to strong-arm s.o. into doing s.t.**, contraindre qqun à faire qqch.°, forcer la main à qqun ; **the government aren't going to strong-arm us into paying more taxes**, il n'est pas question que le gouvernement nous pressure encore plus.

stroppy *adj. (GB)* 1. qui se plaint°, râleur, rouspéteur, mal embouché, de mauvais poil ; **don't come the stroppy bugger with me !** viens pas faire le chieur ici ! ; **he's such a stroppy fucker !** quel bondieu d'emmerdeur de mes deux ! 2. en colère° *f*, en pétard, furax ; **to get stroppy**, se foutre en renaud.

struggling ! *excl. (GB) (réponse à " how's things ? ")* tant bien que mal°, on fait aller !, comme ça peut.

strung out *adj.* 1. drogué°, camé, défoncé, raide ; **to be strung out on smack**, se méca à la fée blanche. 2. en manque° *(drogue)*, qui a la guenon / la guêpe ; **to be totally strung out**, être en manque grave.

3. extrêmement tendu°, hyper-stressé, speed ; **he was strung out before his exams**, il était à cran avant ses exams.

stuck-up *adj.* hautain°, snobinard, snob, bêcheur ; **she's so stuck-up she doesn't associate with our sort**, elle est tellement péteuse qu'elle ne fréquente pas notre cercle.

stud *n.* mâle°, mec, pointure *f* ; **I'd love to be one of those film star studs that get all the girls**, je rêve d'être un de ces étalons vedettes de cinéma qui se tapent toutes les nénettes.

stuff *n.* 1. marchandise° *f* ; a) camelote *f*, came *f* ; b) drogue° *f*, came *f*, défonce *f* ; **got the stuff ?** t'as la merde ? 2. butin°, dépouille *f*, prise *f* ; **the thieves got away with a lot of stuff**, les voleurs se sont tirés avec un max de camelote. 3. *(GB)* **a (nice) bit of stuff**, a) une personne attirante°, un beau morceau, un beau gosse / une jolie poulette ; **he's what I call a nice bit of stuff**, c'est ce que j'appelle une belle prise ; b) compagnon° / compagne° *f*, petit ami / petite amie ; **he's got a new bit of stuff**, il a une nouvelle pépée. 4. **to know one's stuff**, être compétent°, s'y connaître, connaître la musique ; **the professor certainly knew his stuff**, le professeur, on peut dire qu'il savait s'y prendre. 5. **to do one's stuff**, faire ce qu'on est censé faire°, faire ce qu'il faut / le

nécessaire ; **he just went ahead and did his stuff**, il a tout simplement fait ce qu'il devait faire. 6. **the hard stuff**, alcool fort°, gnôle *f*, tord-boyaux ; **he's fond of the hard stuff**, il est plutôt porté sur l'antigel. 7. **rough stuff**, violence° *f*, bagarre *f*, baston *f*, castagne *f* ; **there was a bit of rough stuff over at the disco last night**, y a eu un peu de bousculade à la discothèque hier soir. 8. **hot stuff**, personne sexuellement attirante°, morceau de choix ; **his new girlfriend is hot stuff**, sa nouvelle copine, elle est vachement bien foutue. 9. **the right stuff**, le courage nécessaire°, ce qu'il faut, les couilles requises ; **these firemen have certainly got the right stuff**, les pompiers, on peut dire qu'ils ont des tripes.

stuff• *v.t.* 1. *(GB)* posséder sexuellement°, baiser, bourrer, fourrer ; **go and get stuffed !** va te faire foutre ! 2. *(GB)* **stuff you and your whole family !** je t'emmerde et toute ta famille avec ! ; **stuff this (for a game of darts) !** quelle chierie, ce truc ! ; **stuff it !** rien à fiche !, bon à balancer ! 3. *(GB)* infliger une lourde défaite°, foutre une branlée / une culotte / une dégelée ; **we stuffed the favourites in the first round**, on a largué l'équipe favorite au premier tour. 4. **to stuff oneself**, manger abondamment°, se remplir la panse, s'empiffrer, se bourrer ; **stop stuffing yourself !** arrête de bâfrer !

stuffed shirt *n.* individu hautain°, bêcheur, mariole ; **my cousin is such a stuffed shirt !** mon cousin, c'est rien qu'une andouille prétentieuse.

stuff up *v.t. (GB)* mettre°, coller, flanquer ; **stuff it up your arse !** tu peux te le foutre au cul !

stuffy *adj.* hautain°, bêcheur, snob ; **I don't like these committee meetings, the atmosphere is so stuffy,** je n'aime pas ces réunions de comité, l'ambiance est trop prétentieuse.

stumblebum *n. (US)* clochard alcoolique°, clodo alcoolo, titubard.

stump *n.* jambe° *f*, guibolle *f*, gambille *f*.

stump *v.t. (GB)* poser une question difficile° / une colle (à qqun), coincer ; **his query really stumped me,** sa requête m'a vraiment arrêté ; **I'm stumped,** je sèche.

stunner *n.* merveille° *f* ; a) personne merveilleuse°, mec / nana canon *f* ; b) chose merveilleuse° / sensationnelle / géniale / extra ; **her new car is one hell of a stunner,** sa nouvelle voiture déménage l'enfer.

stymie *v.t.* empêcher°, faire obstacle (à qqch.), bloquer ; **he did his best to stymie the inquiry,** il a fait tout ce qu'il a pu pour paralyser l'enquête.

sub *n.* 1. *(GB)* prêt°, dépannage ; **I gave him a ten-pound sub for the weekend,** je lui ai filé dix livres pour le dépanner pour le week-end. 2. *(abr. = substitute)* substitut°, tenant-lieu, remplaçant ; **he came on as a sub in the last minutes,** il est entré en jeu comme remplaçant dans les dernières minutes. 3. *(abr. = sub-editor)* rédacteur adjoint°. 4. *(abr. = submarine)* sous-marin° ; a) bathyscaphe° ; b) *(US)* gros sandwich allongé° ; **I'm just gonna go get me some sub, man !** je vais me taper un de ces casse-dalle, je te dis pas !

sub *v.t.* 1. *(GB)* prêter de l'argent°, dépanner ; **he's always asking me to sub him,** il me demande toujours de lui passer du fric. 2. *(abr. = to substitute)* **to sub for s.o.,** remplacer° qqun, faire l'intérim pour qqun ; **I've been subbing for the German teacher for two months,** ça fait deux mois que je fais office de prof d'allemand.

subbie *(abr. = subcontractor) n. (GB)* sous-traitant°, sous-entrepreneur.

suck 1. *v.i. (US)* faire une impression déplorable°, craindre, puer ; **this place just sucks, man !** putain, qu'est-ce que ça craint ici ! ; **their new album sucks,** leur nouveau disque est à chier. 2.• *v.t.* faire une fellation (à qqun)°, sucer, tailler une pipe / un pompier (à qqun) ; **she sucked him good and proper**, elle l'a sucé à la régulière ; **suck my cock !** va te faire enculer !

sucker *n.* 1. personne qui donne de l'argent facilement° *f*, bonne poire, vache à lait *f* ; **all the local beggars called him the sucker**, tous les mendiants du coin l'appelaient Gogo. 2. personne facilement trompée°, pigeon, dindon, poire *f* ; **the doors opened and the suckers rushed into the shop**, les portes s'ouvrirent et les caves se ruèrent dans la boutique. 3. amateur (de qqch.)°, fana, mordu ; **I am a real sucker for pinball**, je suis un flippeur fou. 4. *(US)* objet énorme *ou* admirable°, monstre, phénomène ; **OK, let's lift this sucker up**, bon, allons-y, on lève ce bondieu de merdier. 5.• individu irritant°, chieur, emmerdeur ; **listen, sucker, get lost !** écoute, ducon, va te faire voir ailleurs !

sucker *v.t. (US)* duper°, arnaquer, rouler (qqun) dans la farine ; **they suckered us into buying a more expensive model**, on s'est fait avoir, on a pris le modèle au-dessus ; **to be / to get suckered**, se faire avoir° / pigeonner / rouler / refaire.

suck in *v.t.* escroquer°, arnaquer, carotter ; **they sucked him in on the business deal**, ils l'ont bien roulé dans cette affaire.

suck off• *v.t.* faire une fellation°, sucer, tailler une pipe / un pompier ; **she sucked him off in the backseat of the cinema**, elle lui a sucé son jus à l'arrière du cinéma.

suck up *v.i.* **to suck up to s.o.**, flatter° qqun, faire de la lèche à qqun, cirer les bottes *f* à qqun ; **he's always sucking up to the teachers**, il est toujours en train de fayotter.

sudden death *n.* mort subite *f* *(tirs au but au football, etc.)* ; **the game went to sudden death**, le match s'est terminé aux penalties.

sugar *n.* 1. *(apostrophe)* chéri / chérie *f* ; **hey sugar !** alors mon lapin ? / ma poulette ? 2. LSD°, acide. 3. **sugar !** *(GB) (euph. = shit !)*, flûte !, mince !, purée !

sugar daddy *n.* vieil homme prodigue à l'égard de sa jeune maîtresse°, papa gâteau ; **she's got herself a new sugar daddy**, elle s'est trouvé un nouveau vieux lapin en sucre.

suit *n.* 1. bureaucrate°, col-blanc ; **things were going fine until the suits came in**, tout allait très bien jusqu'au moment où les technocrates sont intervenus. 2. homme / femme d'affaires° *f*, businessman / businesswoman *f* ; **a whole plane-load of suits arrived at the airport**, tout un avion de costards-cravates est arrivé à l'aéroport.

suitcase (to live out of one's) *loc.* aller d'hôtel en hôtel°, vivre dans sa valise.

sunny side up *loc.* sur le plat° (*œuf*) ; **how do you want your eggs, sunny side up ?** tu les veux comment, tes œufs, le jaune en l'air ?

sunshine *n.* *(GB)* *(apostrophe)* 1. mon chéri / ma chérie, mon chat, mon chou, ma puce, mon rayon de soleil ; **how's it going, sunshine ?** la vie est belle, ma puce ? 2. *(iron.)* mon coco / ma cocotte ; **what do you think you're doing, sunshine ?** tu te crois où, duschtroumpf ?

super *adj.* excellent°, super, génial, terrible ; **what a super evening !** quelle soirée, je te dis pas !

super-duper *adj.* extraordinaire°, extra-sensass, super-chouette ; **we got this super-duper offer at the supermarket,** on a eu une occasion en or au supermarché.

super-grass *n.* informateur important°, gros indic ; **ten members of the gang went down on the super-grass's information,** dix membres de la bande ont plongé sur un tuyau donné par la grosse balance.

super-sub (*abr.* = **super-substitute**) *n.* *(GB)* remplaçant brillant° *(sports)*, remplaçant en or ; **he's what they call a super-sub,** c'est ce qu'on appelle un remplaçant du tonnerre.

sure *adj.* assuré°, sûr et certain, garanti sur facture ; **a sure thing,** une affaire qui marche ;

it's a sure thing, c'est couru d'avance ; **sure thing !** tout à fait !, sans problème !, absolument !

sure *adv.* *(US)* 1. *(réponse à " thank you "),* je t'en prie°, sans problème. 2. d'accord°, d'accord d'accord, sans problème, absolument.

sure-fire *adj.* assuré°, sûr et certain, cent pour cent sûr, garanti sur facture ; **the show is a sure-fire hit,** le spectacle va faire un tabac d'enfer, c'est du tout cuit.

suss (*abr.* = **suspicious**) *adj.* *(GB)* suspect°, louche, glauque, pas net ; **the whole deal looks a bit suss to me,** toute cette affaire me paraît un peu verdâtre.

suss *n.* *(GB)* 1. astuce° *f,* débrouillardise *f,* démerde *f ;* **he's got a lot of suss,** il sait se démerder. 2. (*abr.* = **suspicion**) soupçon° ; **he was picked up on suss,** il s'est fait piquer sur un simple renseignement.

suss (out) *v.t.* *(GB)* comprendre°, piger (le truc / le topo) ; **to suss s.o. (out),** calculer qqun ; **don't worry, I've got him sussed,** t'inquiète pas, je l'ai déchiffré ; **to suss s.t. out,** saisir qqch. d'instinct°, maîtriser qqch. ; **I sussed out my new computer in an hour,** j'ai pigé mon nouvel ordinateur en une heure de temps.

sussed (out) *adj.* *(GB)* 1. au courant des usages de la rue°, affranchi ; **he's a good guy to**

have around, he's well sussed, c'est un bon gars à avoir avec soi, il sait se démerder. 2. **to have s.t. sussed (out)**, avoir compris qqch.°, avoir pigé le topo, avoir saisi le truc ; **he's got it all sussed out**, il a tout compris. 3. **to be / to get sussed**, être démasqué° / découvert ; **right, mate, you're sussed !** allez, arrête, je vois clair dans ton jeu !

S.W.A.L.K. (*abr.* = **sealed with a loving kiss**) *loc.* fermé par mille baisers (*au dos d'une lettre*).

swallow *n.* (*GB*) boisson° *f*, coup, pot, godet ; **do you fancy a quick swallow ?** ça te dirait, un petit canon vite fait ?

swan *v.i.* (*GB*) parader°, faire de l'épate *f*, frimer ; **the socialites were swanning around all over the place**, les mondains faisaient les beaux un peu partout.

Swanee (up the / down the) *loc.* (*GB*) 1. en panne° *f*, pété, bousillé ; **our car's up the Swanee again !** ah ! ça y est, la bagnole est encore bonne pour le garage. 2. en faillite° *f*, ruiné ; **to go down the Swanee**, faire faillite°, déposer le bilan ; **all the factories around here have gone down the Swanee**, toutes les usines du coin ont fermé boutique.

swank, swankey, swanky *adj.* 1. prétentieux°, de frime ; **the place was full of very swankey ladies**, c'était plein de

dames qui se pavanaient. 2. de première classe°, chic, chicos ; **the reception was very swanky,** c'était une réception de première.

swank *n.* 1. a) prétention° *f*, esbroufe *f*, épate *f* ; **the wedding was the ultimate in swank**, le mariage était un sommet dans la frime ; b) prétentieux°, crâneur, frimeur ; **when he dresses like that he looks such a swank**, quand il s'habille comme ça il a tellement l'air frimeur. 2. a) élégance° *f*, classe *f*, chic, style ; **his family lives in real swank**, sa famille vit dans une ambiance ultra-luxe ; b) personne élégante°, personne qui a de la classe / du style / du chic *f* ; **she loves to surround herself with real swanks**, elle adore s'entourer de gens ultra-chic.

swank (around) *v.i.* parader°, faire de l'esbroufe, crâner, frimer ; **he loves nothing more than swanking around**, y a rien qu'il aime autant que de balader sa fraise.

swankiness *n.* épate° *f*, esbroufe *f*, frime *f*, cinéma.

swap, swop *n.* 1. échange°, troc ; **let's do a swap**, on fait un troc ? 2. marchandise échangée°, camelote qui passe de main en main *f* ; **have you got a swap for this postcard ?** qu'est-ce que tu me troques contre cette carte postale ? 3. deuxième exemplaire°, double ; **I've got loads of swaps**, j'ai des tonnes de trucs en double.

swap, swop *v.t.* échanger°, troquer ; **if you can't see the screen, we'll swap places**, si tu ne vois pas l'écran, on changera de place ; **I'll swap you the red one for the green one**, tu me donnes le vert, et je te file le rouge ; **to swap notes**, s'échanger des tuyaux ; **the two girls swapped notes on the members of the football team**, les deux filles se sont refilé des infos sur les membres de l'équipe de football ; *(US)* **to swap spits**, s'embrasser profondément°, se faire des langues fourrées, se rouler des patins bien baveux.

sweat *n.* 1. problème°, ennui, souci ; **no sweat !** pas de problème !, c'est du billard !, sans souci ! ; **a job like that won't cause me any sweat**, un boulot de ce genre, ça me posera aucun problème. 2. *(GB)* **an old sweat**, un vieux routier, un vieux de la vieille.

sweat 1. *v.i.* se faire du souci° / du mauvais sang ; **it'll be alright, don't sweat !** ça va aller, t'inquiète ! ; **don't tell him yet, let him sweat for a while !** ne lui dis pas tout de suite, laisse-le mariner un peu. 2. *v.t.* a) **to sweat it**, se donner du mal°, se casser ; **don't sweat it !** relax ! ; b) **to sweat blood over s.t.**, suer sang et eau° / se casser le cul sur qqch. ; **to sweat one's guts out**, se crever (au boulot) ; c) *(US)* **to sweat**

s.o., pousser qqun à agir par la menace°, mettre la pression sur qqun ; **no one's gonna sweat me into joining the army**, à l'armée, ils peuvent toujours courir, ils ne m'auront jamais.

sweat it out (to) *loc.* s'angoisser à force d'attendre°, se ronger les sangs d'impatience° ; **you'll just have to sweat it out like everybody else**, il va falloir que tu passes par ta petite crise de stress comme tout le monde.

Sweeney Todd (the) *(RS = Flying Squad)* *n.* *(GB)* la police judiciaire°, la PJ, le Quai des Orfèvres.

sweep *n.* 1. **to make a clean sweep**, faire de grands changements°, faire un nettoyage de printemps ; **the Prime Minister made a clean sweep in his government**, le Premier ministre a fait un sérieux ménage dans son gouvernement. 2. **a clean sweep**, une victoire sans appel° / écrasante ; **he made a clean sweep**, il a tout raflé.

sweep *v.t.* 1. *(US)* gagner sans perdre un seul match° *(sports)*, gagner les doigts dans le nez ; **he swept the competition**, il s'est baladé dans la compétition. 2. **to sweep the board**, gagner haut la main°, nettoyer le tapis ; **at the awards ceremony, his movie swept the board**, à la cérémonie de remise des prix, son film a tout raflé. 3. **to sweep s.t. under the carpet**, cacher qqch. *(projet, erreur, etc.)* dans l'espoir que ce sera oublié ou négligé°, mettre un voile sur qqch. ; **the best policy is to sweep the whole thing under the carpet,** la meilleure politique, c'est de consigner toute l'affaire aux oubliettes.

sweet *adj.* 1. **to be sweet on s.o.,** être entiché de qqun°, avoir un petit béguin pour qqun ; **I hear your sister's sweet on the new neighbour,** il paraît que ta sœur a un petit faible pour le nouveau voisin. 2. **sweet nothings,** des mots doux°, des petits riens, des mots d'amour ; **to whisper sweet nothings in s.o.'s ear,** murmurer des mots tendres à l'oreille de qqun. 3. *(GB)* **sweet B.A.** (*abr.* = sweet bugger all)•, rien°, que dalle, des prunes *f* ; **sweet damn all,** rien°, des clopinettes *f*, des clous ; **sweet Fanny Adams, sweet F.A.**• (*abr.* = sweet fuck all), rien°, que dalle, balpeau, peau de zob ; **we've been working for six hours and got sweet F.A. to show for it,** ça fait six heures qu'on bosse et, putain de merde, on a rien de rien à montrer comme résultat ; **to do sweet F.A.,** ne rien foutre du tout, se branler les couilles.

sweeten *v.t.* soudoyer°, graisser la patte / filer un dessous-de-table (à qqun), arroser ; **he sweetened the cops to avoid paying the fine,** il a acheté les flics pour éviter de payer l'amende.

sweetener *n.* dessous-de-table°,

pot-de-vin, bakchich.

sweetie *n.* 1. *(apostrophe)* chéri / chérie *f*, (mon) amour, (mon) chou ; **come on, sweetie, put away your toys !** allez, mon cœur, range tes jouets ! 2. **a real sweetie,** un amour, un ange, un (vrai) chou. 3. *(GB)* sucrerie° *f*, bonbon ; **daddy always brings us sweeties home,** papa nous rapporte toujours des bonbons.

sweetie-pie *n.* *(apostrophe)* (mon) chou, (mon) chat, chaton, (ma) puce ; **he's a real sweetie-pie,** c'est un vrai trésor.

sweet-talk *v.t.* amadouer par la parole°, cajoler, baratiner ; **he tried to sweet-talk his way into the reception,** il a essayé de s'introduire dans la réception par la tchatche ; **to sweet-talk s.o. into doing s.t.,** faire faire qqch. à qqun à force de mots doux ; **she sweet-talked the butcher into giving her a free steak,** elle s'est gagné son bifteck en faisant du charme au boucher.

sweet-talker *n.* personne au verbe doux° *f*, cajoleur, baratineur ; **he's such a sweet-talker,** c'est un vrai charmeur.

swell *adj.* *(US)* remarquable°, épatant, formidable, sensass ; **that's just swell,** ça c'est sympathique.

swiftie *n.* *(GB)* petit verre rapide°, petit coup, godet, glasse.

swift one *n.* *(GB)* petit verre rapide°, petit coup, godet, canon ; **do you fancy a swift one ?** et si on allait s'en jeter un ?

swig *n.* grosse gorgée°, lampée *f*, bon coup ; **a swig of that stuff and I was ready for anything**, un gorgeon de ce truc-là, et moi j'étais prêt pour n'importe quoi.

swig *v.t.* avaler°, descendre, écluser ; **he swigged the bottle in one go**, il a sifflé la bouteille d'un seul trait.

swimmingly *adv.* merveilleusement°, à merveille, sans aucun problème ; **the whole thing went swimmingly**, tout a marché comme sur des roulettes.

swine *n.* individu méprisable°, salaud, connard, saligaud ; **a dirty swine**, un pauv' fumier de cochon.

swing *n.* 1. **to take a swing at s.o.,** a) donner un coup à qqun°, balancer un pain / un gnon / une mandale à qqun ; b) critiquer sévèrement°, satiriser, allumer ; **the paper took a swing at the government**, le journal a tiré sur le gouvernement. 2. **to be in full swing**, être à son apogée°, battre son plein ; **the election campaign was in full swing**, la campagne électorale était à son zénith. 3. **to go with a swing**, aller très bien° / à merveille / comme une lettre à la poste ; **our holidays went with a swing,** nos vacances se sont passées ultra-bien. 4. **to get into the swing of things**, s'habituer à la situation°, se mettre dans le bain, commencer à comprendre le fonctionnement du schmil-

blic ; **it'll be fine once I get into the swing of things**, ça ira très bien dès que j'aurai pigé le truc.

swing 1. *v.i.* a) être pendu°, pendre au bout d'une corde, pendouiller ; **he'll swing for what he's done**, avec ce qu'il a fait il est bon pour se balancer au bout d'une corde ; b) être à la mode° / dans le vent / dans le coup ; **everybody was swinging in London in the sixties**, à Londres, dans les années soixante, ça balançait terrible ; c) déborder d'énergie *f ou* d'enthousiasme°, balancer, bouger ; **by midnight the party was really swinging**, sur le coup de minuit la fête était vraiment bien partie ; d) *(US)* **to swing both ways•**, être bisexuel° / bi / jazz-tango, marcher à voile et à vapeur. 2. *v.t.* a) **to swing a deal / it**, réussir à emporter l'affaire°, avoir l'affaire à l'arraché ; **after months of negotiation, he managed to swing the deal**, après des mois de négociation, il a réussi à arracher l'affaire ; b) *(GB)* **to swing the lead**, renâcler au travail°, tirer au flanc / au cul ; **in the hot weather the guys tended to swing the lead**, par temps chaud, les mecs avaient tendance à mettre la pédale douce.

swipe *n.* 1. coup° ; **to take a swipe at s.o.**, flanquer un pain / un gnon / un chtar à qqun. 2. critique° *f*, éreintage ; **to take a swipe at s.o. / s.t.,**

attaquer qqun / qqch.°, lancer des flèches / des pointes à qqun / qqch. ; **the critics took a swipe at his new novel**, les critiques ont allumé son nouveau roman.

swipe *v.t.* voler°, piquer, faucher, chauffer ; **who's swiped my fags ?** qui c'est qui m'a chouravé mes clopes ?

swish *adj.* 1. élégant°, chic, chicos ; **the decor was very swish**, la décoration intérieure était super-classe. 2. *(US)* efféminé°, tapette, tantouze ; **your friend is very swish**, ton ami fait vraiment grande folle.

swish *n.* *(US)* homosexuel°, pédé, tapette *f.*

swish *v.i.* *(US)* avoir une allure homosexuelle°, avoir le genre tapette, faire grande folle.

switch off ! *excl.* tais-toi !°, la ferme !, boucle-la !, écrase ! ; **switch off, will you ?**, coupe le son, tu veux ?

switch on *v.t.* exciter°, émoustiller, allumer ; **he wasn't switched on by any of the girls at the party**, aucune des filles à la fête ne l'a branché.

switched on *adj.* 1. à la mode°, dans le vent, à la page, dans le coup. 2. excité°, allumé, chauffé ; **after meeting her he was really switched on**, après l'avoir rencontrée il était en feu.

swop = swap.

swot *n.* *(GB)* élève studieux°, bûcheur, bachoteur.

swot *v.i.* *(GB)* étudier avec ardeur°, bûcher, bachoter.

sync (*abr.* = **synchronisation**) *n.* synchronisation° *f* ; **in sync**, synchro ; **out of sync**, pas synchro ; **to be in sync with s.o.**, être en harmonie° avec qqun, être parfaitement en phase avec qqun.

T

tab *n.* 1. (*abr.* = **tablet**) **acid tab**, cachet de LSD°, dose d'acide *f.* 2. **to keep tabs on s.o.**, surveiller qqun°, avoir qqun à l'œil, avoir qqun dans le collimateur. 3. *(US)* addition° *(restaurant) f*, douloureuse *f* ; **to pick up the tab**, régler la note.

table (under the) *loc.* 1. non déclaré° *(argent)*, sous la table ; **a little something under the table**, un petit dessous-de-table, un bakchich. 2. **to be under the table**, être ivre mort°, être complètement noir, rouler sous la table ; **to drink s.o. under the table**, supporter l'alcool mieux que qqun°, avoir une meilleure descente que qqun ; **he drank them all under the table**, ils roulaient tous sous la table mais lui il tenait bon.

tache, tash (*abr.* = **moustache**) *n. (GB)* moustache° *f*, moustagache *f*, bacchantes *f*.

tack = **tackiness**.

tackiness, tack *n.* apparence minable° *f*, mocheté *f*, ringardise *f*, craignosserie *f*.

tacky *adj.* minable°, nul, ringard, craignos.

taco (bender)• *n. (US)* Latino-Américain°, latino, basané.

tad *n.* petit peu°, chouïa, minimum ; **just a tad, please !** juste une goutte !

Taff(y) *n.* Gallois°.

tag *v.i, v.t.* 1. suivre à la trace°, filer (le train), filocher. 2. faire des graffiti°, graffiter, bomber, taguer.

tag *n.* 1. surnom°, nom de guerre, petit nom ; **what's your tag ?** c'est quoi, ton pseudo ? 2. signature de graffiteur° *f*, tag.

tag along *v.i.* emboîter le pas°, suivre le mouvement, monter dans le même wagon.

tagger *n.* artiste mural°, graffiteur, tagueur.

Taig *n. (GB)* catholique°, catho, papiste.

tail• *n.* 1. pénis°, queue *f*, dard, engin. 2. a) postérieur°, popotin, derche ; **move your tail !** bouge ton cul ! ; b)• femme° *(considérée comme objet sexuel) f*, fesse *f*, cuisse *f*, cul ; **a nice piece of tail**, une nana bandante. 3. filature° *f*, filoche *f* ; **to put a tail on s.o.**, faire filocher qqun.

tail *v.t.* filer°, filocher, prendre / coller au train.

tailgate *v.i., v.t.* suivre de près° *(véhicule)*, serrer de près, coller au cul (de qqun).

take (the) *n.* 1. la recette°, la caisse, la banque. 2. **to be on the take**, recevoir des pots-de-vin°, toucher un pourcentage, palper.

take a hike ! *excl.* décampe !°, fiche le camp !, casse-toi !

take apart *v.t.* 1. infliger une lourde défaite au combat°, mettre / tailler en pièces, démolir, foutre une branlée (à qqun). 2. réprimander sévèrement, engueuler, filer une engueulade / un savon (à qqun), secouer les puces (à qqun).

take a piece out of (to) *loc.* réprimander sévèrement°, engueuler, passer un savon (à qqun), remonter les bretelles (à qqun).

take care of *v.t.* éliminer°, liquider, descendre, s'occuper de (qqun).

take in *v.t.* tromper°, rouler, arnaquer ; **I got taken in**, je me suis fait avoir.

take it (to) *loc.* endurer°, encaisser, se faire, se farcir ; **I can't take it any more**, j'en peux plus.

take it lying down (to) *loc.* se laisser faire sans résister°, se coucher, s'aplatir.

take it on the chin (to) *loc.* supporter un revers sans se plaindre°, encaisser sans broncher, rester de marbre.

take off *v.i.* partir°, se casser, mettre les voiles / les bouts, décoller.

take on = **take in.**

take-on *n.* escroquerie° *f*, arnaque *f*, entourloupe *f*, pigeonnage.

take on board (to) *loc.* comprendre°, saisir (le fil), piger (le topo).

take one (to) *loc.* recevoir des dessous-de-table°, toucher (des pots-de-vin), palper.

take oneself in hand (to)• *loc.* se masturber° *(homme)*, se toucher, étrangler Popaul, se palucher.

take out *v.t.* éliminer°, descendre, liquider, bousiller.

talent *n.* partenaire(s) désirable(s)°, de quoi s'amuser ; **there's not much talent here tonight**, il n'y a pas grand-chose à se mettre sous la dent ici ce soir ; **the local talent**, ce qu'il y a de mettable dans le coin.

talk *v.t.* 1. parler°, vouloir dire ; **this guy spends big money on his car, I'm talking big**, ce mec met un fric dans sa bagnole, j'te raconte pas. 2. **to talk bullshit / crap / nonsense / rubbish / shit / tripe,** raconter des bêtises° *f* / bobards / salades, dire que des conneries *f*. 3. **talk about... !** quel... !, tu parles d'un... ! ; **talk about cheek !** faut être gonflé ! 4. **now you're talking !** enfin tu es raisonnable !°, voilà qui est parler !

talking-to *n.* réprimande° *f*, engueulade *f*, savon, remontage de bretelles.

talk of the devil ! *loc.* quand on parle du loup !

talk off the top of one's head (to) *loc.* improviser°, dire les choses comme elles viennent, sortir ce qui passe par la tête.

talk proper (to) *loc.* parler correctement°, causer comme y faut.

tall *adj.* **a tall story / tale**, une histoire à dormir debout°, une craque, un baratin ; **he's a great one for the tall tales**, pour raconter des bobards, il est vraiment champion.

tan *v.t.* **to tan s.o.'s hide**, battre° / rosser qqun, chatouiller / tricoter les côtes à qqun, astiquer qqun.

tangle *n.* ennui°, histoire *f*, embrouille *f*, emmerde *f*.

tangle with *v.i.* avoir un contact houleux avec°, se colleter avec, se frotter à, s'embrouiller avec ; **to get tangled with s.o.**, avoir maille à partir° / avoir des histoires *f* / avoir une embrouille avec qqun.

tank (up) *v.i.* boire beaucoup°, picoler, biberonner, téter.

tanked up *adj.* ivre°, bourré, plein, chargé.

tap (on the) *loc.* qui mendie°, qui fait la manche ; **he's always on the tap**, il est toujours à taper (les autres).

tap (to be on) *loc.* être toujours prêt°, être toujours là, être à disposition.

tap *v.t.* emprunter°, taper, torpiller ; **he's always tapping fags**, il est toujours à taxer des clopes.

tapper *n.* emprunteur°, tapeur, taxeur, torpilleur.

tart *n.* 1. a) prostituée° *f*, putain *f*, tapin, pute *f* ; b) femme de mœurs légères° *f*, coucheuse *f*, pouffiasse *f*. 2. femme° *f*, gonzesse *f*, pétasse *f*, grognasse *f*.

tart up *v.t.* 1. rajeunir°, rafraîchir, retaper, donner un coup de neuf (à qqch.). 2. **to tart oneself up**, s'attifer°, se linger, se saper, se fringuer chic.

tarted up *adj.* 1. a) refait à neuf°, retapé, rafraîchi ; b) élégant°, chic, chicos, classe ; c) voyant°, criard, tape-à-l'œil, frime. 2. bien habillé°, lingé, (super-) sapé, fringué chic.

tarty *adj.* vulgaire° *(femme)*, qui a l'air d'une pute, classe pouffiasse.

tash = **tache**.

tatty *adj.* *(GB)* minable°, moche, ringard, craignos ; **she has this tatty dress she puts on for special occasions**, elle a une robe vraiment dégueu qu'elle garde pour les grandes occasions.

t.b., TB *(abr. = **tuberculosis**) n.* tuberculose° *f*, tube.

teach *(abr. = **teacher**) n.* professeur°, prof.

tea-leaf *(RS = **thief**) n. (GB)* voleur°, monte-en-l'air, braqueur, ravageur.

tea-leaf *v.i. (GB)* voler°, braquer, serrer, lévo.

tear along *v.i.* aller à la vitesse maximum°, aller à fond la caisse / à fond les manettes, tracer.

tear apart *v.t.* battre violemment°, mettre / tailler en pièces, réduire en purée, faire de la chair à pâté (de qqun).

tearaway *n.* voyou°, frappe *f*, terreur *f*.

tear off *v.t.* 1. **to tear a strip off s.o., to tear s.o. off a strip**, réprimander sévèrement qqun, engueuler qqun, passer un savon maison à qqun, secouer les puces à qqun. 2. **to tear off a piece (of ass)**•, coïter° *(homme)*, tringler, tirer un coup, égoïner. 3. **to tear one's arse off•**, travailler dur°, bosser comme un malade, se casser le cul.

tear into *v.t.* attaquer°, rentrer dedans / dans le mou / dans le lard (à qqun).

tear-jerker *n.* œuvre sentimentale° / à faire pleurer dans les chaumières, mélo.

tear the arse out of (to)• *loc.* exagérer°, ne pas y aller avec le dos de la cuiller, charrier, pousser grand-mère dans les bégonias.

tease, teaser *n.* séductrice° *f*, vamp *f*, aguicheuse *f*, allumeuse *f*.

technicolour spit / yawn *n.* vomi°, dégueulis, gerbe multicolore *f* ; **to have a technicolour yawn**, dégobiller, dégueuler, gerber.

teed off *adj.* agacé°, qui en a plein les bottes *f* / ras la patate *f*, qui a les boules *f*.

teed up (it's all) *loc.* tout est prêt°, c'est du tout cuit, l'affaire est faite, c'est dans la poche.

teeny, teeny-weeny *adj.* très petit°, tout petit, microscopique.

teeny bopper *n.* adolescent qui suit la mode°, minet / minette *f*, ado branché.

teeny-weeny = **teeny**.

teething troubles *n.pl.* problèmes° / pépins / os de rodage°.

tell *v.t.* **I'm telling you !** c'est moi qui te le dis !, je te le dis ! ; **don't tell me !** je n'y crois pas !°, à d'autres ! ; **you're telling me !** et comment !, un peu !

tell off *v.t.* réprimander°, engueuler, passer un savon (à qqun), enguirlander.

tell s.o. where to get off (to) *loc.* éconduire qqun°, envoyer balader / péter / chier (qqun).

telling-off *n.* réprimande° *f*, engueulade *f*, savon ; **he gave me a right telling-off**, il m'a sérieusement sonné les cloches.

telly *n.* *(GB)* télévision° *f*, télé *f*, téloche *f* ; **I saw it on (the) telly**, je l'ai vu au poste.

temp *(abr. = **temporary**)* *n.* employé temporaire°, intérimaire.

ten-four *n.* entendu°, reçu cinq sur cinq, affirmatif.

tenner *n.* billet de dix livres° *ou* de dix dollars°.

terrific *adj.* remarquable°, terrible, génial, super.

terror (little) *n.* garnement°, affreux jojo, monstre.

testiculating• *adj.* qui fait l'imbécile° / le couillon / l'andouille *f*, déconnant.

T.G.I.F. *(abr. = **thank God it's Friday**)* *loc.* *(US)* vive le vendredi !, vivement le week-end !

thanks a bunch ! *excl.* *(iron.)* ça c'est sympa !, merci du cadeau !, ah ben merci bien !

that *pron.* 1. **that does it !** c'est le bouquet !°, c'est le comble !, c'est le pompon ! 2. **and that's that**, et c'est tout°, point final, point à la ligne. 3. *(GB)* **a bit of that (there)**, un acte sexuel°, une partie de jambes en l'air, une petite crampette.

thataway *adv.* dans cette direction-là°, par là-bas.

thatch *n.* cheveux°, tifs, cresson, crinière *f* ; **to be losing one's thatch**, se déplumer des hauts plateaux.

that way, that way inclined *adj.* homosexuel°, inverti, de la jaquette ; **she didn't know about him being that way**, elle ne savait pas qu'il en était.

there *adv.* 1. **there you are / you go**, ainsi va la vie°, c'est comme ça, ben voilà. 2. **not to be all there**, être un peu fou° / louf / allumé / siphonné. 3. **so there !** na !, et vlan (dans les dents) !, et toc !

thick 1. *adj.* bête°, bouché, lourd, lent à la comprenette ; **to be thick as two short planks**, être con comme un balai / la lune / ses pieds. 2. **that's a bit thick**, c'est un peu exagéré° / fort. 3. **to lay it on thick**, a) exagérer°, attiger, charrier, pousser ; b) flatter°, passer de la pommade / faire de la lèche (à qqun). 4. **to be thick with s.o.**, être ami° / copain avec qqun, être à tu et à toi avec qqun, être comme cul et chemise avec qqun. 5. **thick on the ground**, abondant°, qui ne manque pas ; **the cops are pretty thick on the ground in this area**, ça grouille de flics dans ce coin.

thickhead *n.* crétin°, tête de lard *f*, andouille *f*, duconneau.

thickie, thicko *n.* imbécile°, lourdaud, andouille *f*, ballot.

thin *adj.* 1. **to be going a bit thin on top**, perdre ses cheveux°, se déplumer (du caillou), avoir le gazon mité. 2. **thin on the ground**, peu abondant°, un peu jeune, un peu léger ; **the genuine article is a bit thin on the ground**, de l'authentique, y en a pas des masses.

thing *n.* 1. **to have a thing about s.t. / s.o.**, a) être excité° / branché par qqch. / qqun ; **he's got a thing about jazz**, il est fana de jazz ; **he's got a thing about her**, il est toqué d'elle ; b) ne pas pouvoir supporter° / saquer / sentir / avaler ; **I've got a thing about dragons**, les dragons, ça me fout les boules. 2. **the thing is**, ce qu'il y a, ce que je veux dire ; **I like going to cocktail parties, but the thing is, I don't have a girlfriend**, j'aime bien les cocktails, mais tu vois, j'ai pas de copine. 3. **to do one's own thing**, suivre son chemin°, faire son truc, vivre sa vie. 4. **to know a thing or two**, être expérimenté°, en savoir un bout, en connaître un rayon. 5. **how's things ?** alors ça va ?° / ça boume ? / ça gaze ? / ça baigne ? 6. **to be on to a good thing**, avoir trouvé une affaire prometteuse°, être sur un filon / un bon coup, avoir un bon plan. 7. **to have another thing coming**, se tromper°, se faire des illusions ; **if you think I'm gonna do that, you've got**

another thing coming, si tu te figures que je vais faire ça, tu te fous le doigt dans l'œil.

thingie, thingy, thingamajig, thingamabob *n.* objet indéfini°, machin, truc, bidule, machinchouette, chosebiduletruc ; **pass me the thingamajig**, tu peux me passer ce trucbidule ? ; **Mr. Thingy**, Monsieur Trucmuche.

thinking cap (to put on one's) *loc.* faire un effort pour réfléchir°, se creuser la cervelle, se casser la tête, se remuer les méninges.

third leg• *n.* pénis°, jambe du milieu *f*, zizi, quéquette *f*.

thrash *n.* *(GB)* fête° *f*, boum *f*, nouba *f*, bringue *f*.

threads *n.pl.* vêtements°, fringues *f*, frusques *f*, nippes *f* ; **nice threads, brother !** super sapes, mec !

three-piece suite• *n.* organes sexuels masculins°, service trois-pièces, bijoux de famille, marchandise *f*.

three sheets to the wind *loc.* saoul°, rétamé, beurré, bituré.

throb *n.* personne très attirante°, beau morceau, beau gosse / belle nana.

throne *n.* siège de toilettes°, siège de chiottes ; **to be on the throne**, être sur le trône.

through *adv.* 1. **to be through**, avoir fini°, être au bout (de qqch.), avoir fait le tour (de qqch.). 2. **to be through with s.o.**, être au bout d'une relation avec qqun°, en avoir fini avec

qqun ; **we're through**, c'est fini entre nous. 3. **to get through to s.o.**, se faire entendre de qqun°, faire passer le message à qqun, faire piger qqun.

through a lot (to have been) *loc.* avoir beaucoup souffert°, en avoir vu de toutes les couleurs / des vertes et des pas mûres.

throw 1. *v.i.* vomir°, gerber, dégueuler, dégobiller. 2. *v.t.* a) **to throw s.o.**, perturber qqun°, faire dérailler qqun, faire perdre le fil à qqun ; b) **to throw a fit / a wobbler**, se mettre en colère°, piquer un fard, piquer / faire sa crise ; c) **to throw a party**, donner une réception°, faire une fête / une boum / une fiesta ; d) perdre exprès° ; **to throw a match**, laisser filer un match ; e) **to throw it in, to throw in the towel**, abandonner°, laisser tom-ber, jeter l'éponge ; f) **to throw the book at s.o.**, (i) infliger la peine maximale à qqun°, donner / filer / coller le maximum à qqun ; (ii) réprimander sévèrement° / engueuler qqun. / passer un savon à qqun.

throw-away line *n.* remarque spirituelle° *f*, bon mot.

throw on *v.t.* 1. **to throw on one's clothes**, s'habiller rapidement°, enfiler ses vêtements, se mettre quelque chose sur le dos vite fait. 2. **to throw on some make-up**, se maquiller rapidement°, se refaire la façade vite fait, se mettre un peu de poudre.

throw one's weight about (to) *loc.* montrer son autorité°, faire le costaud, rouler des mécaniques, faire les gros bras.

throw over *v.t.* abandonner°, laisser tomber, plaquer, laisser béton.

throw the baby out with the bath-water (to) *loc.* se débarrasser de l'ensemble sans séparer le bon du mauvais°, jeter le bébé avec l'eau du bain.

throw together *v.t.* préparer rapidement°, arranger, bricoler ; **to throw together some dinner**, dégotter un petit quelque chose pour dîner ; **to throw together a few things before leaving**, rassembler son barda avant d'y aller.

throw up *v.t.* 1. vomir°, dégueuler, dégobiller, gerber. 2. abandonner la partie°, laisser tomber, lâcher ; **to throw up the head**, rendre les armes *f.*

thumb *n.* 1. **to stick out like a sore thumb**, être évident°, crever les yeux, être gros comme une maison. 2. **to twiddle one's thumbs**, ne rien faire°, se tourner les pouces, buller, zoner. 3. **to be all (fingers and) thumbs**, être maladroit°, être empoté / malagauche, être (adroit comme) un manche.

thumbs down *loc.* refus°, réponse négative *f*, passage à la trappe ; **he gave my promotion the thumbs down**, il m'a bloqué ma promotion.

thumb *v.i.*, *v.t.* faire de l'auto-stop°, faire du stop, se faire voiturer ; **to thumb it**, y aller en stop.

thumbs up *loc.* 1. **thumbs up !** ça marche !°, ça baigne !, c'est bon !, c'est okay ! 2. acceptation° *f*, réponse positive *f*, okay ; **to give the thumbs up**, a) faire le geste des deux pouces levés°, faire signe que tout est okay ; b) donner l'autorisation° *f*, donner le feu vert, donner le okay.

thump *v.t.* frapper°, rosser, foutre une claque / une trempe / un pain (à qqun).

thumping *adj.* énorme°, maousse, éléphantesque ; **they rolled up in a thumping great car**, ils se sont ramenés avec une caisse longue comme ça.

thumping *n.* 1. passage à tabac°, rossée *f*, dégelée *f*, dérouillée *f*. 2. défaite sévère° *f*, piquette *f*, culotte *f*, branlée *f*.

thump seven shades of shit out of (to)• *loc.* battre violemment°, rentrer dans le lard (à qqun), faire voir trente-six chandelles (à qqun), foutre une dérouillée maison (à qqun).

Tich, Titch *n.* (*surnom donné à une personne de petite taille*), Mini, rase-bitume, microbe, bout de chou.

tichy, titchy *adj.* minuscule°, microscopique, invisible à l'œil nu.

tick *n.* 1. instant°, moment ; **hang on a tick**, attends une seconde. 2. **on tick**, à crédit°, à croume.

tick off *v.t.* réprimander°, enguirlander, attraper.

tick over *v.i.* fonctionner°, tourner rond ; **to be ticking over (nicely)**, gazer, bicher, baigner.

ticker *n.* cœur°, battant, palpitant, trembleur.

ticket (that's just the) *loc.* c'est exactement ce qu'il fallait°, c'est du sur mesure, c'est au poil.

ticking-off *n.* réprimande° *f*, correction *f*, savon.

tickled *adj.* content°, jouasse, en joie *f* ; **tickled pink, tickled to death**, heureux comme un roi / comme un poisson dans l'eau, aux anges.

tickler *n.* préservatif fantaisie°, capote à clous *f*.

tiddle *v.i.* uriner° *(enfant)*, faire (un petit) pipi / pissou.

tiddled *adj.* éméché°, gris, paf, pompette.

tiddler *n.* petit°, chtiot, chiard, gniard.

tiddly *adj.* 1. très petit°, microscopique, minus. 2. éméché°, paf, gris, pompette.

tight *adj.* 1. ivre°, bourré, rétamé ; **tight as a drum**, saoul / rond comme une barrique ; **tight as a fart**, complètement paf / parti / beurré. 2. avare°, près de ses sous, rat ; **tight as a fish's arsehole•**, radin comme Harpagon. 3. financièrement limité°, limite, juste (au point de vue fric) ; **things are a bit tight**, j'ai pas bézef de ronds. 4. **tighter than a witch's**

cunt•, serré à fond° *(couvercle, boulon, etc.)*, serré à mort, serré à péter.

tight-arsed• *(GB)*, **tight-assed•** *(US) adj.* avare°, près de ses sous, radin, rat.

time *n.* 1. temps d'emprisonnement°, de la taule, de la cabane ; **to do time**, être à l'ombre. 2. **to have oneself a time (of it)**, s'amuser°, se marrer, s'en payer une tranche. 3. **not to give s.o. the time of day**, n'avoir rien à faire° / à cirer / à secouer / à foutre de qqun.

time out *n.* pause° *f*, break, pause café *f*.

tinker *n.* 1. garnement°, sale môme, affreux jojo, monstre. 2. **not to care / to give a tinker's / a tinker's cuss**, n'en avoir rien à faire° / à cirer, s'en balancer, s'en foutre.

tinkle *n.* coup de téléphone° / de fil / de bigophone / de biniou.

tiny (to be out of one's) *loc.* être complètement fou° / zinzin / givré / louf.

tip *n.* 1. lieu sale et désordonné°, foutoir, bordel, boxon. 2. renseignement°, info *f*, tuyau, rencard.

tip-off *n.* renseignement°, tuyau, info *f*, rencard.

tip off *v.t.* donner une information°, affranchir, mettre au parf ; **the police were tipped off about the robbery**, les poulets ont été rencardés sur le hold-up.

tipple *n.* boisson alcoolisée°, verre, godet, coup ; **what's**

your tipple ? qu'est-ce que tu bois ?

tipple *v.i.* boire°, picoler, biberonner, pitancher.

tippler *n.* buveur°, picoleur, biberonneur, bibard.

tired and emotional *adj.* ivre°, qui a un coup dans le nez / dans l'aile.

tit• *n.* 1. a) sein°, nichon, doudoune *f*, lolo ; **she's got great tits**, elle a une belle paire de roberts ; b) femme° *(considérée comme objet sexuel)* *f*, fesse *f*, cuisse *f*, cul ; **to be looking for some tit,** chercher de la fesse. 2. imbécile°, taré, con ; **to look like a right tit**, avoir l'air d'un nœud. 3. **to get on s.o.'s tits**, importuner qqun°, casser les couilles *f* à qqun, les briser / les brouter à qqun.

tit about, tit around *v.i.* ne rien faire°, glander, glandouiller, traînasser.

Titch = Tich

titfer *(abr. = tit-for-tat, RS = hat)* *n. (GB)* chapeau°, galurin, galure, bitos.

tit-hammock• *n.* soutien-gorge°, soutif.

tit-holder = tit-hammock.

tit-man, tits-man *n.* homme amateur de poitrines°, téteur.

titless wonder *n.* femme à la poitrine plate° *f*, femme plate *f*, merveille de platitude *f*.

tits !• *excl.* merde !, purée !, putain !

titty *n.* 1. = **tit**. 2. **hard / tough titty !** pas de chance !° / bol / pot !, manque de bol !

tizzy *n.* moment d'inquiétude extrême°, panique *f*, crise *f* ; **to get into a tizzy**, paniquer, piquer / faire sa crise.

T.L.C. *(abr. = **tender loving care**)* *n.* affection° *f*, dorloterie *f*, cajolerie *f* ; **all he needs is a bit of T.L.C. !** il a besoin qu'on le chouchoute un peu.

to-and-fro'ing, to'ing-and-fro'ing *n.* mouvement°, remueménage, va-et-vient.

toby *n.* (petit) enfant°, gosse, môme, gamin.

tod *(abr. = **Tod Sloan**, RS = **alone**)* *n. (GB)* **to be on one's tod**, être seul° / seulâbre / seulet.

toddle *n.* promenade° *f*, petit tour, balade *f*, virée *f*.

toddle along / off *v.i.* partir°, décamper, mettre les voiles ; **I'll just toddle along now**, bon ben je vais me sauver.

to-do *n. (GB)* bruit°, chproum, raffut, ramdam.

toff *n. (GB)* aristocrate°, aristo, individu qui est de la haute.

toffee-nosed *adj. (GB)* condescendant°, snob, bêcheur.

together *adv.* 1. **to be together**, être parfaitement équilibré°, être bien dans sa peau / dans ses baskets ; **this guy is together**, il assure, ce type. 2. **to get one's act together**, se reprendre°, se secouer, se remuer ; **to have one's act together**, être bien dans sa peau. 3. **to make it together**, faire l'amour°, s'envoyer en l'air, coucher ensemble.

tog out *v.t.* **to tog oneself out**, se mettre sur son trente-et-un°, se saper (classe), se linger.

toke *n.* bouffée° *(d'une cigarette de marijuana)* *f*, taffe *f*.

Tom, Dick, or Harry (any) *loc.* n'importe qui°, Pierre, Paul ou Jacques.

tommy *n.* soldat britannique°, tommie.

tommyrot *n.* bêtise° *f*, connerie *f*, foutaise *f*, baratin ; **it's all tommyrot !** c'est que des salades !

tomorrow (as if there was no) *loc.* extrêmement°, sacrément, fichument ; **he spends money as if there was no tomorrow**, on dirait que l'argent lui brûle les doigts.

ton *n.* 1. centaine° *f* ; a) cent livres sterling° ; b) **to do a ton**, aller très vite°, filer, tracer. 2. a) poids très lourd°, tonne *f* ; **this piano weighs a ton**, ce piano pèse trois tonnes ; b) **tons of**, une grande quantité de° *f*, des tas de, des tonnes de *f* ; **I don't have tons of time**, j'ai pas des années à te consacrer.

ton of bricks (to be / come down on s.o. like a), réprimander sévèrement qqun°, tomber sur le paletot à qqun, engueuler qqun comme du poisson pourri.

tongue job• *n.* cunnilingus°, descente au barbu / à la cave *f*, langue fourrée.

tongue wrestling / sandwich *n.* série de baisers° *f*, bécotage, pellée *f*.

too funny for words *loc.* hila-

rant°, bidonnant, à (en) crever de rire, écroulant.

too much *adv.* excessif°, trop ; **this place is really too much**, ici, c'est vraiment "too much".

tool *n.* 1.• pénis°, outil, engin, dard. 2. idiot°, gland, glandu, andouille *f*. 3. revolver°, flingue, engin, calibre. 4. *pl.* **tools**, attirail de drogué°, matos, artillerie *f*.

tool about, tool around *v.i.* ne rien faire°, zoner, glander, branler.

toon (*abr.* = **cartoon**) 1. dessin animé°, cartoon. 2. personnage de dessin animé°, toon.

toot *n.* inhalation° *(drogue)* *f*, sniff, reniflette *f*.

toot *v.i., v.t.* inhaler° *(drogue)*, sniffer ; **do you want to toot a line ?** tu veux faire une ligne ?

tooth (long in the) *adj.* âgé°, qui a de la bouteille, sur le retour, qui commence à sentir la fin de saison.

tootle (off) *v.i.* partir°, décaniller, se sauver, larguer les amarres *f*.

toots, tootsie, tootsy, tootsie-wootsie *n.* 1. femme° *f*, poulette *f*, cocotte *f*, pépée *f*. 2. pied°, panard, arpion, ripaton.

top *v.t.* 1. a) exécuter°, raccourcir ; b) tuer°, buter, liquider, effacer. 2. **to top oneself**, se suicider°, se flinguer, se foutre en l'air.

top *n.* 1. **to go over the top**, exagérer°, charrier, pousser le bouchon un peu loin, y aller un peu fort. 2. **to blow one's top**, perdre son calme°, disjoncter, péter les plombs, faire sa crise. **3. from the top**, depuis le début°, à zéro, depuis la case départ.

top banana *n.* personnage important°, nabab, gros bonnet, huile *f.*

top-brass (the) *n.* les supérieurs°, les gros bonnets, les huiles *f*, les VIP.

top-hole *adj.* remarquable°, extra, sensass, épatant.

topnotch *adj.* remarquable°, de première, de première bourre, classe.

top of the bill *n.* ce qu'il y a de mieux°, surchoix, de première bourre, le fin du fin, la crème.

top of the world (to be on / to sit on) *loc.* être extrêmement heureux°, être aux anges, être au septième ciel, planer.

tops (the) *n.pl.* ce qu'il y a de mieux°, la crème, le gratin ; **when it comes to cooking he's the tops**, question cuisine c'est un chef.

top set *n.* poitrine° *f*, avant-scène *f*, balcon.

top up *v.t.* remplir de nouveau°*(verre, réservoir, etc)*, en remettre, faire le plein.

torch *v.t.* incendier°, mettre / foutre le feu (à qqch.).

toss (not to give a) *loc.* n'avoir rien à faire (de qqch.)°, s'en foutre ; **I don't give a toss**, j'en ai rien à cirer / branler / cogner.

toss *v.t.* 1. jeter à la poubelle° *f*, bazarder, balancer. 2. perdre volontairement°, laisser filer ;

he tossed the match for a thousand pounds, il a palpé mille livres pour paumer le match.

toss in the towel (to) *loc.* abandonner°, jeter l'éponge *f*, laisser tomber.

toss off 1. • *v.i.* se masturber°, se branler, s'astiquer, se toucher. 2. *v.t.* boire° (un verre), avaler, descendre, écluser ; **to toss one off**, s'en jeter un.

tosser *n.* individu sans valeur°, vaurien, branleur, zonard.

total *v.t. (US)* démolir° *(voiture, etc.)*, bousiller, foutre en l'air.

total loss *n.* minable°, nullité *f*, nœud, gland.

tote *n. (abr.* = **totalizer)** pari mutuel°, PMU.

touch *n.* 1. **an easy touch**, une victime facile°, un pigeon, un cave. 2. **to have a touch of**, avoir une ressemblance avec°, faire penser à, avoir un genre, avoir un petit air de ; **he's got a touch of the professional**, il a quelque chose du professionnel.

touch *v.t.* emprunter°, taper, torpiller ; **to touch s.o. for money**, taxer du fric à qqun.

touch and go *adv.* incertain°, limite, tangent ; **the result was touch and go until the final whistle**, le match aurait pu basculer d'un côté ou de l'autre jusqu'au coup de sifflet final.

touched *adj.* fou°, cinglé, toqué, ouf.

touch up *v.t.* caresser°, peloter, bricoler, balader la main.

tough luck !, tough beans !, tough shit ! *loc.* pas de chance !°, manque de bol !, manque de pot !, mauvais temps !

toughie *n.* 1. individu rude°, dur (à cuire), gros bras. 2. qqch. de difficile à faire°, épreuve *f*, casse-tête ; **the question was a toughie**, cette question, c'était une colle.

tout *n. (GB)* 1. indicateur°, indic, mouchard, balance *f*, donneur. 2. revendeur à la sauvette° *(billets)*, revendeur.

town *n.* 1. **to go to town on s.t.**, faire le maximum pour qqch.°, y aller à fond / mettre le paquet sur qqch. ; **the party really went to town on the election campaign**, le parti a vraiment fait fort pour la campagne électorale. 2. **to go (out) on the town**, faire la fête° / les quatre cents coups / la java / la bamboula.

town bike• *n.* femme facile° *f*, traînée *f*, roulure *f*, salope *f*.

toy-boy *n.* jeune amant d'une femme plus âgée que lui°, gigolo.

track *n.* 1. **to hit the track, to make tracks**, partir°, mettre les bouts / les voiles *f*, se sauver. 2. *pl.* **tracks**, marques de piqûres°, chtars.

track record *n.* expérience° *f*, passé, histoire *f* ; **he got the job because he had a good track record**, il a décroché ce boulot grâce à son CV.

trad *(abr. = traditional) adj.* traditionnel° *(musique)*, folk,

folkeux.

tragic *adj.* mauvais°, nul, craignos, tocard ; **this year United are magic but City are tragic**, cette année l'équipe du United déménage alors que celle du City craint.

train (to go like a) *loc.* aller très vite°, aller à fond la caisse, dépoter, filer, tracer.

traipse around, traipse about *v.i.* aller de-ci, de-là°, traîner ses savates, traînasser ; **we traipsed around all day looking for dad's birthday present**, on s'est traînés toute la journée à chercher un cadeau pour l'anniversaire de papa.

tramp *n.* femme facile° *f*, coucheuse *f*, coureuse *f*, marie-salope *f*.

trannie, tranny *n.* 1. radio°, transistor, poste. 2. travesti mâle°, travelo, trav.

trap *n.* bouche° *f*, gueule *f*, bec, clapet ; **shut your trap !** ferme-la !

trash *n. (US)* 1. individu méprisable°, ordure *f*, raclure *f*, excrément de l'univers. 2. marchandise de mauvaise qualité° *f*, saloperie *f*, camelote *f*, merde *f* ; **this stuff is real trash**, ça c'est de la merde garantie. 3. **white trash•**, personne de race blanche° *f*, saloperie de Blanc *f*.

trash *v.t. (US)* 1. a) démolir°, bousiller, foutre en l'air ; **they trashed the bar after having been thrown out**, ils ont cassé le bar après s'être fait éjecter ; b) critiquer sévèrement°, flinguer, démolir, allumer. 2. battre°, bastonner, bourrer le pif (à qqun), péter la gueule (à qqun).

trashed *adj. (US)* saoul°, pété, bourré, beurré.

trashed out *adj. (US)* épuisé°, naze, crevé, pompé.

treat like filth / dirt / shit (to) *loc.* traiter (qqun) sans égards° / comme de la merde / comme une sous-merde.

tree (out of one's) *loc.* 1. fou°, dérangé, cinglé, givré. 2. ivre°, schlasse, rond, rétamé. 3. drogué°, raide, défoncé, pété.

trendiness *n.* fait d'être à la mode°, branchitude *f.*

trendy *adj.* à la mode°, in, branché, chébran ; **neo-romanticism is really trendy these days**, le néo-romantisme est très porté ces temps-ci.

trendy *n.* qqun qui est à la mode° / à la page / dans le vent, branché, câblé.

trick *n.* 1. client d'une prostituée°, micheton. 2. séance avec une prostituée° *f*, passe *f*, coup ; **to turn a trick**, faire un client ; **to turn tricks**, faire le trottoir. 3. **how's tricks ?** alors, ça va ? / ça boume ? / ça gaze ? 4. **to do the trick**, remplir les besoins°, faire l'affaire ; **that should do the trick,** ça devrait marcher. 5. **not to miss a trick**, ne rien laisser passer°, ne pas en rater une, toutes les penser. 6. **to get the trick of s.t.**, s'habituer à qqch.°, piger le truc, se faire la main avec

qqch. ; **driving is difficult but you'll soon get the trick of it**, conduire, c'est difficile mais tu vas pas tarder à maîtriser. 7. **trick or treat !** farce ou bonbon ! *(à la Toussaint dans les pays anglophones)*, la bourse ou la vie !

trigger-happy *adj.* qui tire facilement°, nerveux de la gâchette.

trigger-man *n.* tueur°, flingueur, gâchette *f.*

trip *n.* 1. expérience psychédélique° *f*, planage, trip ; **to go on a trip**, tripper ; **bad trip**, mauvais trip. 2. expérience° *f*, plan ; **heavy trip, man !** quelle galère ! 3. état d'âme°, film ; **to be on a guilt trip**, culpabiliser à mort.

trip *v.i.* subir une expérience psychédélique°, partir, planer, tripper.

tripe *n.* bêtise° *f*, débilité *f*, connerie *f*, foutaise *f* ; **that's a load of old tripe**, c'est rien que des salades.

triplets (to have) *loc.* subir une émotion violente°, faire / piquer sa crise, criser ; **I nearly had triplets**, j'ai failli tomber.

trot *n.* 1. **on the trot**, de suite°, d'affilée, coup sur coup. 2. *(abr. = Trotskyite)* trotskyste°, trotskard, bolcho. 3. **the trots**, la diarrhée°, la chiasse, la foirade.

trouble *n.* 1. *(GB)* **trouble ('n strife)** *(RS = wife)* épouse° *f*, moitié *f*, légitime *f*, bourgeoise *f.* 2. **to ask for trouble**, chercher les ennuis° / des crosses *f* / la bagarre / l'embrouille *f* / les emmerdes. 3. **to get a girl into trouble**, mettre une fille enceinte° / en cloque, coller le ballon à une fille.

trouser-snake• *n.* pénis°, andouille de calcif *f*, anguille de caleçon *f*.

trumps (to turn up) *loc. (GB)* réussir de façon exceptionnelle°, sortir le grand jeu, faire des miracles.

trust you ! *excl. (iron.)* c'est bien ce que j'attendais de toi !°, c'est tout toi !, je savais que je pouvais compter sur toi !

try on *v.t.* 1. essayer de tromper° / faire marcher (qqun), essayer de faire le coup (à qqun) ; **students keep trying it on with their teachers**, les élèves essaient toujours de rouler leurs profs. 2. draguer°, tenter sa chance, tenter le coup ; **he tries it on with every woman he meets**, chaque fois qu'il rencontre une meuf, il lui fait du gringue.

try-on *n.* 1. mensonges°, bobards, bluff, cinéma ; **everything the salesman said was just a try-on**, tout ce que le vendeur nous a raconté, c'était du baratin. 2. tentative de séduction° *f*, drague *f*, gringue, emballage

T.T.F.N. *(abr. = ta-ta-for-now) loc.* à tout à l'heure°, à toute allure, à plusse.

tub *n.* 1. bateau°, rafiot, barlu. 2. personne grosse°, gros

lard ; **tub of guts**, gros plein de soupe.

tube *n.* 1. *(GB)* **the Tube**, le métro° (Londres), le tube, le tromé. 2. **the tube**, la télévision°, la télé, la téloche. 3. vague creuse en forme de rouleau° *(surf) f*, tube. 4. crétin°, andouille *f*, tête de veau *f*, emplâtre. 5. **down the tubes**, à la poubelle°, à la corbeille, aux chiottes *f* ; **the whole project went down the tubes**, le projet tout entier est tombé dans le lac.

tuck *n.* nourriture° *f*, boustifaille *f*, bouffe *f*, graille *f*.

tuck away *v.t.* consommer°, descendre, avaler, se taper ; **he certainly knows how to tuck it away**, il a une sacrée capacité.

tuck in *v.i.* 1. s'abriter derrière le premier du peloton° *(cyclisme)*, se blottir. 2. commencer à manger°, attaquer, donner un coup de fourchette.

tuck-in *n.* gros repas°, festin, gueuleton, grande bouffe.

tuck into *v.t.* commencer à manger°, attaquer, mordre ; **I'm starving, let's tuck into this chicken straight away**, je crève la dalle, on va se bouffer ce poulet illico !

tuft• *n.* poils pubiens de la femme°, barbu, touffe *f*, cresson.

tug (to have a)• *loc.* se masturber°, s'astiquer le manche, se taper une pogne.

tumble in the hay *n.* rapports

sexuels°, partie de jambes en l'air *f*, culbute *f*, batifolage ; **to have a tumble in the hay,** voir les feuilles par en-dessous.

tuppence *n.* très petite somme d'argent°, deux sous, des clopinettes *f* ; **I don't care tuppence,** je m'en fous.

turd• *n.* 1. excrément°, merde, étron, bronze, kilo. 2. individu méprisable°, fumier, salaud, enfoiré ; **you turd !** espèce de salopard !

turd-burglar•, turd-merchant• *n.* homosexuel°, enfoiré, empaffé, enculé.

turf *n.* domaine°, territoire, quartier ; **stay off my turf !** barre-toi de mon herbe !

turf out *v.t.* 1. chasser°, virer, lourder, jeter. 2. jeter° (aux ordures), balancer, bazarder, ficher en l'air.

turkey *n.* 1. imbécile°, andouille *f*, banane *f*, nouille *f* ; **you turkey !** espèce de cornichon ! 2. échec°, bide, four, flop. 3. **cold turkey,** état de manque°, guenon *f*, guêpe *f*.

turn *n.* *(GB)* 1.• rapport sexuel°, baise *f*, tringlette *f* ; **to do a turn,** tirer un coup. 2. tour° *(spectacle)*, numéro ; **there are three turns on tonight's bill,** ce soir, il y a trois artistes à l'affiche. 3. accès°, crise *f*, attaque *f* ; **he had one of his dizzy turns last night,** il nous a fait un de ses vertiges hier soir.

turned off *adj.* dégoûté°, débecté, défrisé.

turned on *adj.* 1. excité sexuelle-

ment°, allumé ; **she gets turned on by men in uniform,** les hommes en uniforme la font mouiller. 2. drogué°, camé, défoncé, raide.

turn in *v.t.* 1. livrer à la police°, donner, balancer, vendre. 2. aller au lit°, se pieuter, se bâcher.

turn it on (to) *loc.* montrer ce qu'on a de meilleur°, sortir le grand jeu, faire des étincelles *f* ; **after half an hour of the game he started to turn it on,** après une demi-heure de jeu, il a commencé à donner.

turn-off *n.* 1. chose désagréable° *f*, nullité *f*, craignos-serie *f* ; **green beer is a real turn-off,** la bière verte, c'est carrément gerbax. 2. ce qui tue le désir°, douche (froide) *f* ; **it was a real turn-off,** ça m'a coupé mes effets.

turn off *v.t.* 1. dégoûter°, débecter, défriser. 2. tuer le désir°, couper l'envie *f*, briser l'élan.

turn-on *n.* chose excitante° / bandante, pied, panard, ce qui branche, kif ; **I find bald men a real turn-on,** les mecs chauves ça me botte ; **tobacco smoke is not my turn-on,** la fumée de tabac, c'est pas vraiment mon truc.

turn on *v.t.* exciter°, botter, brancher ; **hot days really turn me on,** les grosses chaleurs, moi, c'est tout à fait mon truc.

turnout *n.* tenue° *f*, fringues *f*, sapes *f* ; **smart turn-out,** tenue de gala *f*.

turn over *v.t.* 1. escroquer°,

arnaquer, rouler, pigeonner ; **the crook turned me over**, le filou m'a truandé. 2. **to turn a place over**, cambrioler une maison°, faire / braquer une baraque. 3. fouiller°, mettre sens dessus dessous ; **the cops turned over the apartment looking for drugs**, les flics ont retourné chaque centimètre de l'appartement à la recherche de drogue.

turn-up *n.* événement inattendu°, truc incroyable ; **that's a turn-up for the book**, en voilà une bonne surprise !

tux (*abr.* = **tuxedo**) *n.* smoking°, smok.

TV (*abr.* = **transvestite**) *n.* travesti°, travelo, trav.

twat *n.* (GB) crétin°, con, andouille *f*, tête de noeud *f* ; **what a twat !** quel gland !

twee *adj.* (GB) niais°, cucu la praline, débile.

twenty-spot(ter) *n.* billet de vingt livres sterling°.

twerp *n.* crétin°, branque, ballot, corniaud.

twig *v.i., v.t.* (GB) comprendre°, piger, entraver ; **he only needed to say it once and I twigged**, il a pas eu besoin de me le dire deux fois, j'ai saisi du premier coup.

twink, twinkie, twinky *n.* (US) 1. jeune homme mignon°, minet, choupinet. 2. jeune homosexuel°, jeune homo, giton.

twist *n.* 1. **to drive s.o. around the twist**, irriter qqun°, taper

sur le système à qqun, courir sur le haricot à qqun, bassiner qqun. 2. **to go around the twist**, devenir fou° / zinzin / ouf / guedin. 3. (US) (*abr.* = **twist 'n twirl**, *RS* = **girl**) fille° *f*, nénette *f*, poulette *f*, nana *f*, pépée *f*.

twist *v.t.* 1. escroquer°, arnaquer, entuber, truander. 2. **to twist s.o.'s arm**, persuader qqun (par la force)°, forcer la main à qqun, pressurer qqun.

twisted *adj.* 1. saoul°, rond, pété, plein. 2. drogué°, défoncé, raide.

twister *n.* 1. escroc°, truand, arnaqueur. 2. tourbillon°, tornade° *f*.

twit *n.* idiot°, ballot, andouille *f*, pauvre type, pauvre con.

two-bit *adj.* minable°, à la noix, à la con, à la mords-moi-le-nœud.

two cents (to put in one's) *loc.* intervenir dans une conversation°, mettre son grain de sel, ramener sa fraise.

two half-pennies to rub together (not to have) *loc.* (GB) ne pas avoir un sou vaillant° / un fifrelin / un kopeck / une flèche, être sec / sans un / fauché.

two shakes of a lamb's tail (in) *loc.* très vite°, en moins de deux, vite fait bien fait, en cinq secs.

twot = **twat**.

two ticks (in) *loc.* très vite°, en moins de deux, en cinq secs, aussi sec.

two-time *v.t.* tromper°, cocufier,

doubler ; **he's been two-timing her for years**, ça fait des années qu'il couche avec une autre derrière son dos.

two-timer *n.* époux *ou* épouse infidèle°, tricheur.

two-timing *adj.* infidèle°, truan-deur ; **you two-timing son-of-a-bitch !** espèce de putain de truand de ta mère !

typo (*abr.* = **typographical error**) *n.* erreur de typographie° *f*, coquille *f*.

U (*abr.* = **upper-class**) *adj. (GB)* huppé°, de la haute ; **non-U**, populo ; **his style is not very U**, il fait un peu peuple.

ugly *adj.* laid°, moche, craignos ; **things were getting ugly down at the cop-shop**, au poste ça commençait à tourner vilain ; **ugly mug**, sale gueule *f* ; **ugly customer**, sale type ; **to have taken ugly pills**, s'être levé du pied gauche ; **what's wrong with you, been at the ugly pills again ?** qu'est-ce qui t'a piqué ?

u-ie *n.* demi-tour° *(véhicule)* ; **to hang a u-ie**, faire demi-tour°.

umbrella treatment *n.* traitement légendaire des maladies vénériennes° ; **why were you in the hospital, getting some umbrella treatment, eh ?** pourquoi t'as été à l'hosto, te faire ramoner la bite ?

umpteen, umteen (dozen) *n.* nombre élevé et indéterminé°, douze, trente-six, trente-six mille, x ; **there are umpteen dozen ways of doing it**, il y a quatorze mille façons de le faire.

umpteenth, umteenth *adj.* centième, douze millième, énième, ixième ; **that's the umpteenth time I've told you**, ça fait trente-six fois que je te le dis.

uncle *n.* 1. prêteur sur gages°, ma tante ; **at my uncle's**, au clou. 2. receleur°, fourgue, fourgat. 3. *(US)* **to say uncle**, s'avouer vaincu°, crier grâce, jeter l'éponge.

Uncle Bill *n. (GB)* la police°, les flics, la maison Poulaga.

Uncle Dick *adj.* (*RS* = **sick**) *(GB)* malade°, patraque, mal, raide ; **what's wrong, are you feeling a bit uncle (Dick) ?** qu'est-ce qu'y a, ça va pas ?

Uncle Dick• *n. (RS* = **prick**) *(GB)* pénis°, jacquot, Popaul, jean-nu-tête.

Uncle Sam *n.* les Etats-Unis° *(en tant que puissance)*, les US, l'oncle Sam ; **when Uncle Sam sneezes, the world gets a cold**, quand l'oncle Sam éternue, le monde s'enrhume.

Uncle Tom *n.* Noir imitant le comportement des Blancs°, bon petit nègre.

uncool *adj.* conformiste°, pas branché, ringard, pas cool ; **listening to folk music was once considered uncool**, il fut un temps où si tu écoutais du folk, tu te faisais jeter.

underground *adj.* anticonformiste°, underground, alternatif.

underground *n.* mouvement anticonformiste°, milieu alternatif, mouvance underground *f.*

under starter's orders (to be) *loc.* être prêt à partir°, être sur le départ, attendre le gong.

under the influence *loc.* pris de boisson°, éméché, pompette, gris ; **last night I was a bit under the influence**, hier soir j'avais un coup dans l'aile.

underwhelm *v.t.* faire peu d'effet° (sur qqun), laisser froid, laisser de marbre ; **his show totally underwhelmed me**, son spectacle m'a totalement brouté.

underwhelmed *adj.* peu impressionné°, froid, pas emballé ; **her ball-gown left me wholly underwhelmed**, à mon avis, sa robe de gala craignait un max.

undies *n.pl.* sous-vêtements°, dessous, slibar.

unearthly = **ungodly**.

unflappability *n.* impassibilité° *f*, calme olympien, flegme britannique.

unflappable *adj.* imperturbable°, qui ne s'affole pas, calme comme un pape.

ungodly *adj.* incroyable°, invraisemblable, hallucinant ; **he woke me at some ungodly hour**, il m'a réveillé à une heure pas possible.

unhip = **uncool**.

unhitched *adj.* séparé° *(d'un partenaire)*, démaqué ; **to get unhitched**, divorcer°, se démaquer, se démarier.

uni *(abr. =* **university***) n.* université° *f*, fac *f*.

unload *v.i.* 1. • déféquer°, chier, déflaquer, mouler un cake, poser un kilo. 2. avoir des gaz°, péter, lâcher, loufer.

unmentionables *n.pl.* 1. sous-vêtements°, dessous. 2. organes génitaux°, parties *f*, entrejambe.

unreal *adj.* 1. excellent°, génial, cosmique, géant. 2. incroya-

ble°, invraisemblable, hallucinant ; **this guy is unreal**, ce mec est pas possible.

unstuck (to come) *loc.* échouer°, s'écrouler, foirer, tourner en couille.

unwashed (the great) *loc.* les prolétaires°, les prolos, les lumpen.

up *adj.* 1. heureux°, jouasse, aux anges ; **I was feeling up until my old man showed up**, j'étais en joie avant que mon vieux se ramène. 2. drogué°, pété, défoncé, stone, raide. 3. en forme°, qui a la santé / la pêche / la frite ; **the President wanted to be up for the meeting**, le président voulait être au top pour la réunion. 4. **to be up**, a) être fini° / cuit / fichu ; **all right you guys, the game's up**, allez les mecs, vous êtes faits ; **it's all up with him**, il est foutu ; b) être le suivant° ; **you're up next**, à vous le tour.

up *adv.* 1. **what's up ?**, a) comment ça va ?°, quoi de neuf ?, alors ?, qu'est-ce que tu racontes ? ; b) quel est le problème ?°, qu'est-ce qu'il y a ? ; **there's something up with him**, y a quelque chose qui va pas chez lui. 2. **to have / to get it up•**, avoir une érection°, bander, l'avoir en l'air, marquer midi.

up *n.* 1. moment d'euphorie°, flash ; **winning the race gave me a huge up**, le fait de gagner la course m'a énormément dopé. 2. *pl.* **ups**, a) amphétamines° *f*, amphés *f*, amphets *f*, speed ; b) drogue stimulante *ou* euphorisante°, dopant, upper.

up 1. *v.i.* agir brusquement° ; **to up and leave**, décamper°, prendre ses cliques et ses claques, décarrer, mettre les bouts ; **I upped and clobbered him one**, j'y ai filé un pain recta. **2.** *v.t.* augmenter°, gonfler ; **to up the stakes**, faire monter les enjeux ; **the local supermarket has really upped its prices recently**, les prix au supermarché ont vachement monté ces derniers temps.

up against *prep.* **to be up against it / s.t.**, tomber sur un obstacle° / un os / une couille / un pépin ; **at 3-0 down, we're really up against it now**, à 3-0, on est vraiment dans la semoule.

up and up (to be on the) *loc.* **1.** *(GB)* faire des progrès°, aller de mieux en mieux, faire son trou ; **his career is certainly on the up and up**, pas de doute qu'il est en train de faire son petit bonhomme de chemin ; **since the operation he's been on the up and up**, depuis l'opération il ne fait que des progrès. **2.** *(US)* être honnête° / régulier / réglo / franco ; **don't worry, it's on the up and up**, t'inquiète, tout est clair.

upchuck *v.t.* vomir°, dégueuler, gerber.

up-front *adj.* honnête°, régulier, réglo, clair, carré.

uppers *n.pl.* **1.** amphétamines° *f*,

amphets *f*, speed. **2.** drogue stimulante°, dope, uppers.

uppity *adj.* hautain°, snob, bêcheur ; **to get uppity**, monter sur ses grands chevaux°, prendre des airs.

upstairs *adv.* **1.** dans la tête° / la caboche / le ciboulot ; **he's got plenty upstairs**, y en a là-dedans. **2.** dans la poitrine°, à l'avant-scène ; **she's got plenty upstairs**, y a du monde au balcon. **3.** au paradis°, au ciel, là-haut.

uptake (slow on the) *loc.* pas très vif°, lent à la comprenette, dur à la détente.

up the duff / pole / soap / spout / stick *loc.* enceinte°, en cloque (jusqu'aux yeux) ; **she's up the spout again**, elle a le ballon encore un coup ; **he got her up the soap**, il lui a planté un môme.

uptight *adj.* **1.** nerveux°, à cran, stressé, speed(é) ; **cool out, man, don't be so uptight !** relax Max, arrête de te prendre la tête ! **2.** complexé°, coincé, crispé.

up to *prep.* **1.** **to be up to s.t.**, préparer° / mijoter / fabriquer qqch. ; **what the hell do you think you're up to ?** qu'est-ce que vous bricolez là, bon Dieu ? ; **I can tell this kid is up to no good**, il est clair que ce gosse a un sale coup en tête. **2.** **to have had it up to here**, en avoir par-dessus la tête° / jusque-là / ras le bol / ras la casquette / plein le dos.

up your arse !• / ass !• / hole !•/ yours !• *excl.* 1. va te faire foutre ! / enculer !, je t'encule !, je t'emmerde ! 2. tu l'as dans le cul ! / dans l'os !

up your jumper ! / pipe ! *excl.* va te faire voir ! / faire cuire un œuf !

urban surfing *n. (GB)* fait de se déplacer accroché à l'extérieur d'un moyen de transport°.

use 1. *v.i.* se droguer°, se camer, se méca, se shooter ; **I haven't used in a year,** ça fait un an que j'y ai pas touché. 2. *v.t.* avoir besoin de°, ne pas dire non à ; **I could use a beer,** une bière, je ne dis pas.

use one's loaf (to) *loc. (GB)* réfléchir°, faire travailler ses méninges / le ciboulot, penser avec sa tête.

useful *adj.* habile°, capable, qui sait s'y prendre ; **he's useful on a football pitch,** sur un terrain de foot il assure.

user *n.* toxicomane°, drogué, toxico, guédro.

using *n.* usage des drogues°, drogue *f* ; **using is still a crime in most countries,** se camer est toujours illégal dans la plupart des pays.

usual (the) *n.* l'ordinaire°, le truc habituel ; **what are you having, the usual ?** qu'est-ce qu'on vous sert, comme d'habitude ?

u.v.s. *(abr. = ultra-violet [rays])* *n.pl. (US)* rayons de soleil°, soleil ; **to catch / to cop / to grab / to soak up some u.v.s,** se faire une bronzette, se dorer la pilule.

V

Val, valley girl n. (US) jeune Californienne de milieu aisé° f, minette BCBG f, minette bèce-bège f.

vamoose v.i. partir°, se tailler, décarrer, faire cassos ; **vamoose !** casse-toi !, barre-toi !

vamp n. séductrice° f, femme fatale, tombeuse f, vamp f.

vamp 1. v.i. se comporter en séductrice°, faire la femme fatale / la vamp. 2. v.t. a) improviser° (musique), faire un bœuf ; b) séduire° (les hommes), vamper, tomber ; c) **to vamp it**, se comporter en séductrice°, la jouer vamp.

Vatican roulette n. méthode de contraception basée sur l'observation du cycle menstruel° f, méthode des températures f.

vedge out = veg out.

veg, veggie, veggy (abr. = vegetable) n. 1. légume° ; **veggies**, de la verdure. 2. crétin°, cornichon, débile mental, légume. 3. végétarien°.

vegetable = veg 2.

veg (out), vedge (out) v.i. (US) ne rien faire°, glander, buller, zoner.

Vera Lynn (RS = gin) n. (GB) gin°.

vet n. 1. (abr. = **veterinary surgeon**) vétérinaire°, véto. 2. (abr. = **veteran**) (US) ancien combattant° ; **a Viet vet**, un ancien du Vietnam.

vet v.t. 1. interroger°, cuisiner. 2. sélectionner°, trier sur le volet.

vibe out v.t. intimider°, filer les jetons / les boules f / les glandes f (à qqun).

vibe (abr. = **vibration**) n. 1. a) sensation° f, feeling ; **this place gives me a good vibe**, cet endroit, je le sens bien ; b) pl. **vibes**, impression° f, ambiance f, atmosphère f ; **as soon as I met him he gave me good vibes**, dès que je l'ai rencontré, le courant est passé ; **I don't like it here, heavy vibes, man !** ici, ça me branche pas, tu vois, ça craint un max. 2. rumeur° f, bruit, info f ; **what's the vibe on his new girlfriend ?** alors c'est quoi, le scoop sur sa nouvelle copine ?

vibrations = vibe 1 b).

vicious adj. remarquable°, géant, d'enfer, canon.

villain n. malfaiteur°, malfrat, truand.

-ville, -sville suff. 1. (suffixe formant des noms désignant un endroit) - city ; **Nowhereville**, Nullepartcity ; **this place is really Pitsville**, ici, c'est vraiment Çacraintcity. 2. (suffixe formant des adjectifs désignant une personne), Monsieur... ; **this guy is real squaresville**, ce type est le vrai dugland.

vino n. 1. vin médiocre° sp. rouge°, jaja, picrate, gros-rouge-qui-tache. 2. vin°, pinard, casse-pattes.

vital statistics *n.pl.* mensurations (d'une femme)° *f* ; **she's got great vital statistics**, elle a un beau châssis.

vom (*abr.* = **vomit**) *n. (GB)* vomissure° *f*, vomi, dégueulis, gerbe *f*.

vom (*abr.* = **vomit**) *v.t. (GB)* vomir°, refiler, dégueuler, gerber.

W

wacky, whacky *adj.* loufoque°, louftingue, louf, zarbi.

wad *n.* liasse de billets° *f*, paquet de biftons, matelas.

waffle *n.* verbiage°, blabla, baratin.

waffle *v.i.* parler pour ne rien dire°, blablater, baratiner, jacter ; **he's always waffling on**, il est toujours à parlotter.

waffler *n.* individu qui parle pour ne rien dire°, baratineur, causeur, jaspineur.

wagon *n.* **to be on the wagon**, ne pas boire d'alcool°, être sec, être au régime sec ; **to go on the wagon**, arrêter de boire de l'alcool°, poser le verre.

wahwah *n.* (GB) accent condescendant° / snob / seizième.

wakey-wakey ! *loc.* réveille-toi !°, 1. allez debout !, le soleil est levé ! 2. du nerf !, secoue-toi !, et que ça saute !

walk (to take a) *loc.* partir°, ficher le camp, aller se faire voir ailleurs ; **go take a walk !** va te faire cuire un œuf !

walk 1. *v.i.* a) sortir de prison°, défourailler ; b) être libre de partir°, être lâché ; **they've paid the ransom, you can walk**, ils ont payé la rançon, partez, la voie est libre. 2. *v.t.* **to walk it**, gagner facilement° / les doigts dans le nez, arriver dans un fauteuil, se balader.

walkabout *n.* bain de foule° ; **to go walkabout**, prendre un bain de foule.

walk away *v.i.* **to walk away with it / with s.t.**, gagner facilement qqch.°, gagner qqch. les doigts dans le nez, se balader dans qqch.

walkies *n.pl.* (GB) promenade° *f* (enfants, animaux), balade *f*, petit tour.

walking *adj.* mobile°, monté sur pieds, ambulant ; **this guy is a walking encyclopaedia**, ce type, c'est une encyclopédie ambulante ; **walking disaster area**, désastre ambulant.

walk into *v.t.* tomber (dans un piège) la tête la première°, se planter en beauté ; **you certainly walked right into that one**, tu l'as pas volé !

walk off *v.i.* 1. = **walk away**. 2. **to walk off with s.t.**, voler° / barboter / serrer / étouffer qqch.

walk out on (to) *loc.* abandonner°, plaquer, lâcher, larguer.

walkover *n.* victoire facile° / dans un fauteuil *f*, promenade de santé *f* ; **the election was a walkover for our candidate**, notre candidat a gagné l'élection les doigts dans le nez.

walk over *v.t.* traiter de façon humiliante°, piétiner, traiter comme de la merde ; **if you let him he'll walk all over you**, si tu le laisses faire, il va t'écraser comme un moustique.

wall *n.* 1. **up against the wall**, en difficulté°, dans le pétrin / la merde / la panade. 2. **to drive /**

to send s.o. **up the wall**, rendre qqun fou° / dingo / chèvre, taper sur le système à qqun ; **to be up the wall,** être fou° / cinglé / givré / secoué. 3. **off the wall**, excentrique°, loufoque, louftingue, spécial, brindezingue. 4. **to go over the wall**, s'évader°, faire le mur, se faire la belle / la malle, jouer un air de flûte. 5. **to go to the wall**, faire faillite°, aller dans le mur.

wallop n. coup sévère°, beigne f, gnon, marron, avoine f.

wallop v.t. 1. frapper°, filer un pain / foutre une beigne / coller une avoine (à qqun). 2. infliger une défaite sévère (à qqun)°, écraser, ratatiner, foutre une branlée (à qqun).

walloping adj. satané, fichu, sacré ; **he's got this walloping great house in the country**, à la campagne, il a une baraque gigantesque, j'te dis pas.

walloping n. 1. volée de coups° f, rossée f, dégelée f, raclée f, purée f ; **to give s.o. a good walloping**, coller une bonne dérouillée à qqun. 2. défaite sévère° f, déculottée f, piquette f, culotte f.

wall-to-wall adj. abondant°, en pagaille, en paquets ; **careful, downtown there are wall-to-wall cops**, gaffe au centre-ville, ça grouille de flics.

wally n. (GB) imbécile°, andouille f, con, tête de nœud f.

wang• n. pénis°, bite f, pine f, queue f.

wangle n. opération suspecte°, magouille f, trafic ; **the whole thing is a bit of a wangle**, cette affaire sent la combine à cent mètres.

wangle v.t. 1. obtenir par astuce°, dégotter ; **can you wangle me a place on the guest list ?** est-ce que tu peux te débrouiller pour me faire inscrire sur la liste des invités ? ; **how did you wangle that freebie ticket ?** comment tu t'es démerdé pour avoir un ticket gratos ? 2. obtenir par malice°, avoir à l'arnaque ; **he wangled me out of my inheritance**, il m'a carotté mon héritage.

wangler n. 1. individu qui sait se débrouiller°, débrouillard, démerdard. 2. individu qui se livre à des activités suspectes°, magouilleur, combinard, trafiqueur.

wank• n. 1. masturbation° f, branlette f, pignole f ; **to have a quick wank**, se tailler une petite branlette. 2. bêtises° f, bobards, salades f, conneries f ; **that's a load of old wank**, tout ça, c'est de la connerie.

wank (off)• v.i. se masturber°, se branler, s'astiquer, se tripoter.

wanker• n. 1. masturbateur°, branleur. 2. individu méprisable°, enfoiré, enculé, connard ; **what a fucking wanker !** putain d'enculé de sa mère !

wank-stain• n. (GB) imbécile°, gland, tête de nœud f, tache f.

wannabee (abr. = want to be) n. personne qui aspire à devenir quelqu'un° f, jeune loup.

want *v.i.* 1. **wanna** (= want to) *(US)* devoir° ; **to get there on time you wanna leave early**, si tu veux arriver à l'heure, il va falloir que tu partes tôt ; **you wanna see his new girlfriend, she's a bombshell**, faut que tu voies sa nouvelle meuf, elle est vraiment canon ; **hey man, if you're goin' to Greenland, you might wanna take your snowboots**, eh mec, tu pars au Groenland, pense à emporter tes bottes de neige ! 2. *avec postpositions*: **to want down**, vouloir descendre° *(de vélo, etc.)* ; **Daddy, Daddy, I want down !** Papa, Papa, je veux descendre ! ; **to want in**, vouloir entrer° ; **to want off**, vouloir descendre° *(du métro, etc.)* ; **to want out**, vouloir sortir° ; **to want up**, vouloir monter°.

want in *v.i.* vouloir participer°, vouloir entrer dans le coup / la bande / la danse ; **if you want in, you'll have to take the oath**, si tu veux en être, il va falloir que tu prêtes serment.

wanting *adj.* *(GB)* simplet°, bêta, concon, nunuchon.

want out *v.i.* vouloir sortir°, ne plus vouloir être dans le coup, ne plus vouloir en être, vouloir retirer ses billes ; **he's afraid of the consequences and he wants out**, il a peur des conséquences, alors il veut se retirer du coup.

warm *adj.* **to get warm(er)**, se rapprocher du but° *(dans un jeu de devinettes)*, chauffer.

war-path (to be on the) *loc.* être en colère° / furax / en rogne / en pétard.

wars (to have been in the) *loc.* avoir souffert°, en avoir bavé, en avoir vu des vertes et des pas mûres.

warts and all *loc.* tout y compris les défauts°, le beau et le moins beau ; **the documentary showed the minister as he was, warts and all**, dans ce documentaire, on voyait le ministre tel quel, boutons de chaleur compris.

wash (not to) *loc.* ne pas convaincre°, ne pas passer (la rampe) ; **that excuse won't wash with me**, cette excuse ne marche pas avec moi.

wash (to come out in the) *loc.* finir par être dévoilé°, finir par éclater au grand jour ; **all those dirty tricks will come out in the wash some day**, toutes ces magouilles, ça va bien finir par se savoir un jour ou l'autre.

wash down *v.t.* accompagner (un repas) de boisson°, arroser / boire sur (son repas).

wash-out *n.* 1. échec°, bide, four ; **the concert was a real wash-out**, le concert a été un flop complet. 2. minable°, nul, raté, nullité *f*, zéro.

wash out *v.t.* faire échouer°, démolir, foutre en l'air ; **our summer plans were washed out by grandmother's death**, nos projets pour l'été ont été sabotés par la mort de grand-mère.

washed out *adj.* épuisé°, lessivé, pompé, crevé.

wash out one's mouth (to) *loc.* surveiller son langage°, faire gaffe à ce qu'on dit ; **he should wash out his mouth after having said that**, il aurait mieux fait de tourner sa langue sept fois dans sa bouche.

washed up *adj.* 1. épuisé°, crevé, vanné, lessivé. 2. ruiné°, fichu, foutu, bon pour la casse, bon à bazarder ; **I'm all washed up since she left me**, depuis qu'elle m'a quitté, je suis complètement naze.

WASP (*abr.* = **White Anglo-Saxon Protestant**) *adj.* caractéristique de la classe dominante des E.-U.°, wasp.

WASP (*abr.* = **White Anglo-Saxon Protestant**) *n.* membre de la classe dominante des E.-U.°, wasp.

waste *v.t.* tuer°, supprimer, dessouder, zigouiller ; **he pulled out his shooter and wasted the cop**, il a sorti son flingue et il a bousillé le flic.

wasted *adj.* 1. ivre°, pété, rétamé, noir. 2. drogué°, pété, défoncé, raide ; **let's get wasted**, on se fait une petite défonce ?

watch it ! *excl.* 1. attention !°, gare !, (fais) gaffe ! 2. gare à toi !°, fais gaffe à ta gueule !, t'as intérêt à faire gaffe !

watering-hole *n.* bar°, bistroquet, troquet, bougnat ; **my favourite watering-hole**, mon

rade préféré.

waterworks *n.* 1. **to have a problem with one's waterworks**, uriner continuellement°, pisser à longueur de journée, pisser à perte de vue. 2. **to turn on the waterworks**, se mettre à pleurer° / chialer, ouvrir les écluses.

wavelength (to be on the same) *loc.* se comprendre°, être sur la même longueur d'ondes, se recevoir cinq sur cinq.

waves (to make) *loc.* déranger l'ordre établi°, faire des vagues, faire du bruit.

way *n.* 1. **no way !** il n'en est pas question !°, va te faire voir ailleurs ! ; **no way, Jose !** pas question !°, plutôt crever ! ; **there's absolutely no way in the world I'm doing that**, y a pas à chier, je ferai jamais ça. 2. **way to go !** bravo !°, bien vu !, super !, joli ! 3. **way back when**, autrefois°, dans le bon vieux temps. 4. **to go the whole way**, aller jusqu'au bout°, *sp.* faire l'amour°, s'envoyer en l'air ; **she's the kind of girl let's you go the whole way**, c'est le genre de nana qui ne dit pas non.

way-out *adj.* très étonnant°, délirant, invraisemblable, hallucinant ; **this guy's really way-out**, ce mec est totalement fêlé.

wazzock *n.* (*GB*) imbécile°, taré, banane *f*, glandu.

wazzocked *adj.* (*GB*) ivre°, pété, bourré, rond.

weapon• *n.* pénis°, engin, sabre, arbalète *f*.

wear *v.t.* *(GB)* tolérer°, encaisser, gober ; **the old man'll never wear this one**, le vieux n'avalera jamais ça.

wear more than one hat (to) *loc.* avoir plusieurs fonctions° *f* / casquettes *f.*

weaving (to get) *loc.* se hâter°, se magner, se bouger, se remuer ; **let's get weaving**, bon allez, on s'agite !

wee, wee-wee *n.* miction° *f* *(enfants)*, pipi, pissou ; **to do a wee-wee**, faire un petit pipi.

wee small hours (the) *n.* l'aube° *f*, les petites heures ; **we got back in the wee small hours**, on est rentrés au petit matin.

weed *n.* 1. tabac°, foin, perlot. 2. marijuana° *f*, herbe *f*, beu *f*, douce *f* ; **got any weed ?** t'as de la beu ?

weenie, weeny *adj.* petit°, microscopique, chtiot.

weeny-bopper *n.* jeune fan d'un groupe pop°, mini-keum.

weepie *n.* œuvre sentimentale° / larmoyante / qui fait pleurer dans les chaumières, mélo.

wee-wee *v.i.* uriner° *(enfants)*, faire pipi / pissou.

weigh in *v.i.* 1. arriver°, débarquer, se pointer, se ramener ; **he weighed in at 6 o'clock**, il s'est amené à six heures. 2. **to weigh in with s.t.**, intervenir dans une conversation°, mettre son grain de sel, ramener sa fraise ; **this guy keeps weigh-ing in with these nasty comments**, ce mec n'arrête pas de la ramener avec ses commentaires méchants.

weird *adj.* bizarre°, zarbi, glauque, pas net.

weirdo *n.* personne bizarre *ou* excentrique° *f*, drôle de zèbre, type glauque, grave.

weirdy *n.* = **weirdo**.

well *adv.* très°, super-, hyper- ; **things are going well good**, ça baigne.

well away *adj.* ivre°, bien parti, bien fait.

well-bottled *adj.* complètement saoul°, cuit à mort, totalement schlasse, saoul comme une barrique.

well-endowed, well-equipped *adj.* 1. pourvu de gros organes sexuels° *(homme)*, bien équipé / monté / outillé, monté comme un cheval. 2. pourvue de seins développés°, qui a du monde au balcon, plantureuse, bien foutue.

well-furnished *adj.* pourvu de gros organes sexuels° *(homme)*, bien monté / outillé, monté comme un cheval.

well-gone *adj.* 1. très amoureux°, toqué, piégé, mordu. 2. ivre°, bien parti, noir, bien fait.

well-heeled *adj.* riche°, friqué, rupin, plein aux as.

well-hung = **well-endowed** 1.

well-jarred = **well-bottled**.

well-loaded *adj.* 1. pourvu de gros organes sexuels° *(homme)*, bien monté / outillé. 2. riche°, plein de fric, plein aux as.

wellie *(abr.* = **Wellington boot)** *n.* *(GB)* 1. botte en caoutchouc° *f*. 2. préservatif°, capote *f*, latex, caoutchouc.

welsh *v.i.* to welsh on s.o., faire faux bond à qqun°, lâcher qqun ; **to welsh on a deal**, manquer à ses obligations°, ne pas tenir sa parole.

welt *v.t.* battre°, bastonner, friter, tabasser.

wench *n.* *(GB)* femme° *f*, pétasse *f*, pouffiasse *f*, grognasse *f*.

wet *n.* 1. imbécile°, nouille *f*, cloche *f*, cruche *f*. 2. **to talk wet**, dire des bêtises°, débloquer, déconner.

wet *adj.* 1. bête°, nouille, nunuche, empoté. 2. modéré° *(politique)*, mou ; **all those right-wing wets make me sick**, tous ces mollassons de droite me font chier.

wet behind the ears *loc.* tout jeune°, frais éclos, jeunot, qui a encore du lait qui lui sort du nez.

wet blanket *n.* individu morne°, rabat-joie, triste sire.

wet dream *n.* pollution (nocturne)° *f*, rêve humide.

whack *n.* 1. coup°, beigne *f*, tarte *f*, gnon. 2. part° *f*, fade, taf ; **I want my full whack**, je veux toute ma part du gâteau. 3. **to give s.t. a whack**, faire un essai°, tenter le coup ; **go on, give it a whack !** allez, vas-y Jeannot, tente ! 4. *(US)* **out of whack**, abîmé°, pété, déglingué, naze.

whack *v.t.* 1. frapper°, talocher, foutre une beigne (à qqun). 2. infliger une défaite sévère° / filer une branlée (à qqun) ; **beat them ? we whacked them !**, si on les a battus ? on les a ratiboisés ! 3. couper°, tailler ; **to whack off a hunk of bread**, se tailler un bout de pain.

whacked *adj.* épuisé°, crevé, lessivé, pompé.

whack off• *v.i.* se masturber°, se branler, se tailler une branlette, s'astiquer le manche.

whacky = **wacky**.

whacky-baccy *n.* marijuana° *f*, herbe *f*, douce *f*, beu *f*.

whale into *v.t.* battre violemment°, massacrer, faire une tête au carré / filer une pâtée (à qqun).

whale of a *n.* un drôle de..., un sacré / super..., un putain de... ; **it was a whale of a party**, c'était une sacrée fête ; **we had a whale of a time,** quel pied on a pris !

what-do-you-call-it, whachamacallit *adj., adv., n.* machin, truc, machinchose, machinchouette, trucbidule, trucbidulemuche ; **he was very, whachamacallit, European**, il était vachement, tu vois ce que je veux dire, européen ; **I bought one of those, whachamacallit things, skateboards**, j'ai acheté un de ces bordels à roulettes, comment ça s'appelle, tu sais, un skate.

whatever *adv.* n'importe, bof ; **« what have we got for dinner ? – eggs, bread, cheese, whatever... »**, « qu'est-ce qu'on à bouffer ce soir ? – des œufs, du pain, du fromage, enfin tu vois... ».

what-for (to give) *loc.* réprimander sévèrement°, passer un savon (de Marseille) / secouer les puces (à qqun).

what it takes *loc.* courage°, culot, tripes *f* ; **to have got what it takes**, avoir du cran°, avoir l'étoffe des héros.

what the devil / the fuck• / the fucking hell• / the hell *loc. intensives pour* what ; **what the fuck is going on ?** qu'est-ce que c'est que ce putain de bordel ?

what the hell ! , what the fuck !• *loc.* tant pis (on verra bien), qu'est-ce que ça peut foutre ? ; **what the hell, let's do it anyway**, et pis merde, on s'en cogne, on y va.

whatnot *n.* objet indéfini°, machintruc, trucbidule, machinchouette.

what's-her / his-name *n.* personne dont on ne se rappelle pas le nom° *f*, Machin, Monsieur *ou* Madame Machin / Machinchose / Machinchouette / Trucmuche.

what's with *loc.* **what's with him ?** qu'est-ce qui lui prend ?, qu'est-ce qu'il a ? ; **what's with the sunglasses ?** qu'est-ce que tu fous avec ces lunettes de soleil sur la tronche ? ; **what's with the wheels ?** pourquoi tu t'es ramené en bagnole ?

whatsit = whatnot.

wheel and deal (to) *loc.* gagner sa vie par des moyens non spécifiés°, être dans le business, traficoter.

wheel-man *n.* 1. conducteur expérimenté°, as du volant, roi de la route. 2. conducteur d'une voiture de fuite°, fuyard, cavaleur.

wheeler-dealer *n.* affairiste°, combinard, traficoteur, magouilleur.

wheelie (to do a), rouler sur la roue arrière *(moto)*°, faire un wheeling.

wheels *n.pl.* voiture° *f*, bagnole *f*, caisse *f*, tire *f* ; **nice wheels, man !** sacrée charrette que t'as là !

whenever *adv.* n'importe quand°, quand on veut / on voudra, un de ces quatre.

whiff *v.i., v.t.* sentir mauvais°, sentir la crevette, puer, dégager, cogner.

whiff *n.* mauvaise odeur°, puanteur *f*, odeur de pieds *f*, schlinguerie *f* ; **what a whiff !** qu'est-ce que ça schlingue !

whiffy *adj.* qui sent mauvais° / pue / schlingue / cogne ; **this place is a bit whiffy**, ici ça sent la rose, hein ?

whiner *n.* geignard°, grincheux, grognon.

whinge, winge *n.* lamentation° *f*, jérémiade *f*, piaillerie *f*.

whinge, winge *v.i.* gémir°, râler, miauler, chnuler.

whingy, wingy *adj.* qui se plaint°, râleur, chnulard, grognon.

whiny *adj.* geignard°, pleurni-chard, grognon, râleur.

whip *v.t.* 1. voler°, faucher, piquer, étouffer ; **who's whip-ped my pencil ?** c'est qui qui m'a barboté mon crayon ? 2. vaincre°, foutre une raclée / une piquette / une branlée (à qqun) ; **we whipped 'em, didn't we ?** t'as vu comme on les a enfoncés ?

whipround *n.* quête° *f,* collec-te *f* ; **we had a whipround for his retirement,** pour son départ à la retraite, on a demandé à tout le monde de se cotiser.

whip up *v.t.* préparer°, bricoler, arranger ; **let me whip you something up for dinner,** laisse-moi te mitonner un petit quelque chose à dîner.

whirligig *n. (GB)* objet indéfini°, bidule, truc, bitos ; **let's have a go on your whirligig !** laisse-moi faire un tour avec ton machin.

whirlybird *n.* hélicoptère°, héli-co.

whisker *n.* 1. **by a whisker,** de peu°, d'un rien, d'un cheveu. 2. **to be within a whisker of doing s.t.,** être tout près de faire qqch.°, être au bord / à la limite de qqch.

whistle *n.* 1. **to wet one's whist-le,** boire un coup°, se rincer la dalle, écluser un godet. 2. **to blow the whistle on s.o. / s.t.,** révéler le secret°, vendre la mèche, donner (qqun / qqch.).

whistle for it (to) *loc.* n'avoir aucune chance° ; **you can whistle for it,** tu peux toujours courir / te brosser.

whistle (and flute) *n. (RS = suit) (GB)* costume°, costard.

whistle-stop tour *n.* tournée° *f (sp.* dans une campagne électo-rale).

whistle up *v.t.* dénicher°, se débrouiller pour trouver, dégot-ter, dégauchir.

white lady *n.* cocaïne° *f,* coke *f,* blanche *f,* poudrette *f.*

whitewash *v.t.* battre son adver-saire sans qu'il ait marqué un point°, écraser, foutre une fanny (à qqun).

whitey• *n.* personne de race blanche° *f,* sale Blanc.

whi(z)z *n.* personne énergique et ambitieuse°, battant, fonceur.

whizz-kid *n.* 1. jeune enfant pré-coce et brillant°, surdoué, petit génie. 2. jeune homme s'éle-vant rapidement dans la hiérar-chie°, jeune cadre dynamique, jeune loup (aux dents longues).

who-done-it, whodunit *n.* roman policier°, polar.

whole cabbose / enchilada / schmear / shebang (the) *n.* l'ensemble°, tout le bastringue / le bataclan / le bordel, la totale.

whole hog / way (to go the) *loc.* aller jusqu'au bout°, mettre le paquet, jouer son va-tout.

whole'nother *adj. (US)* tout autre° ; **it's a whole'nother kettle of fish,** c'est tout à fait aut' chose ; **a whole'nother ball-game,** une autre paire de manches.

whoop it up *loc.* faire la fête° / la

noce / la bringue / la nouba.

whoopee, whoopie *n.* partie de plaisir° *f*, marrade *f*, bonne tranche ; **to make whoopee,** 1. bien s'amuser° / se marrer, s'en payer une tranche. 2. faire l'amour°, aller au radada, faire une partie de jambes en l'air.

whoops, whoops-a-daisy ! *excl.* zut !, oups !, houp-là !

whoopsie *n.* 1. faux-pas°, bourde *f*, gourance *f*, boulette *f*. 2. excrément° *(enfants)*, caca, crotte *f*.

whoosh *v.i.* aller très vite°, foncer, filer, tracer.

whop *v.t.* 1. battre°, tabasser, avoiner. 2. vaincre°, filer une branlée / une pâtée / une piquette (à qqun).

whop it up• *loc.* posséder (une femme) sexuellement°, sauter, filer un coup de baguette / de saucisse à, se farcir ; **boy, I could whop it up her !** dis donc, je me la ferais bien !

whopper *n.* 1. chose énorme° *f*, gros morceau, belle pièce. 2. gros mensonge°, histoire à dormir debout *f*, méga-baratin.

whopping *adj.* énorme°, géant, monstrueux.

whore• *n.* 1. prostituée° *f*, putain *f*, pute *f*, frangine *f*. 2. femme facile° *f*, salope *f*, marie-salope *f*, coucheuse *f*.

why the devil ?• / the fuck ?• / the hell ? *loc.* pourquoi diable, bon dieu mais pourquoi ; **why the fuck did you borrow his car ?** putain, mais pourquoi t'es allé emprunter sa bagnole ?

wick *n.* 1. **to get on s.o.'s wick,** irriter° / bassiner / gonfler qqun, taper sur le système à qqun. 2. **to dip one's wick•,** posséder (une femme) sexuellement°, baiser, tremper le biscuit, la mettre au chaud.

wicked *adj.* 1. maudit, affreux, satané ; **God, this is wicked weather !** merde, quel foutu temps ! 2. excellent°, terrible, génial, dément.

widdle *v.i.* uriner° *(enfants)*, faire (un petit) pipi, faire un pissou.

wide boy *n.* *(GB)* individu rusé°, petit malin, petit futé, démerdard.

widget *n.* appareil indéfini°, bidule, bitos.

wife *n.* compagne° *f*, femme *f*, meuf *f*, nana *f* ; **are you bringin' the wife tonight ?** t'amènes ta copine ce soir ?

wig *v.t.* écouter de manière indiscrète°, écouter aux portes, esgourder.

wild *adj.* 1. sauvage°, barbare ; **there are all these wild kids hanging around the streets at night,** y a tous ces allumés de la tête qui se traînent dans les rues la nuit. 2. ahurissant°, délirant, hallucinant, invraisemblable.

wild-cat *(abr. = wild-cat strike)* *n.* grève sans préavis° *f*, grève sauvage *f*.

will do ! *excl.* entendu°, reçu cinq sur cinq !, OK boss / chef !

will I hell ! / will I fuck !• *excl.* 1. bien entendu !°, tu peux y compter !, promis juré !

2. *(iron.)* tu peux toujours courir !, tu peux compter dessus !, je t'en foutrai !

willie, willy *n.* pénis° *(enfants)*, zizi, zézette *f*, quéquette *f*.

willie wellie *n.* préservatif°, capote (anglaise) *f*, caoutchouc, latex.

willies (the) *n.pl.* la peur°, la frousse ; **to give s.o. the willies**, ficher / filer / foutre les jetons / les chocottes *f* / les boules *f* à qqun ; **to have the willies**, avoir la trouille / les chocottes *f* / les jetons / les boules *f*, les avoir à zéro.

wimp *n.* individu sans caractère°, lavette *f*, mauviette *f*, descente de lit *f*.

wimpish, wimpy, wimpo *adj.* mou°, mollasson, lavette.

wimp out *v.i.* manquer de courage°, se comporter comme une lavette, se dégonfler.

wincey *adj.* très petit°, microscopique, invisible à l'œil nu.

wind up *n.* **to get the wind up**, prendre peur°, s'affoler, mouiller, attraper la frousse ; **to put the wind up s.o.** flanquer la frousse / la trouille / les jetons à qqun.

wind up 1. *v.i.* échouer°, finir ; **to wind up on skid row**, se retrouver à la rue ; **he wound up in a concrete overcoat**, il a fini par se faire tailler un costume en bois. 2. *v.t.* faire marcher°, baratiner, charrier.

windbag *n.* bavard°, bavasseur, moulin à paroles.

wing-ding *n.* fête° *f*, boum *f*, fies-ta *f*, bamboula *f*.

winge = whinge.

wingy = whingy.

winkle *n.* pénis° *(enfants)*, zézette *f*, zizi, quéquette *f*.

winkle-pickers *n.pl.* *(GB)* chaussures *f* ou bottes *f* à bout pointu°.

winner *n.* 1. coup gagnant° *(sports)*, coup décisif. 2. succès assuré°, triomphe garanti ; **this book is a winner**, ce bouquin va faire un malheur / un tabac.

wino *n.* alcoolique°, poivrot, pochard, sac à vin.

wipe *n.* mouchoir°, tire-jus, tire-morve.

wipe *v.t.* 1. tuer°, buter, effacer, liquider. 2. **to wipe the floor / the deck with s.o.**, battre qqun à plates coutures°, flanquer une branlée / une déculottée / la pâtée à qqun.

wipe-out *n.* chute° *f (surf, ski)*, gadin, pelle *f*.

wipe out 1. *v.i.* tomber° *(surf)*, prendre une vague en pleine gueule / fraise. 2. *v.t.* a) tuer°, buter, effacer, liquider ; b) battre à plate(s) couture(s)°, écraser, flanquer / ficher une déculottée / une culotte.

wiped out *adj.* 1. épuisé°, crevé, vanné, pompé. 2. drogué°, pété, défoncé, raide déf.

wire (to pull one's)• *loc.* se masturber°, se branler, s'astiquer la colonne, s'allonger le macaroni.

wire-puller• *n.* masturbateur°, branleur.

wire, live wire *n.* individu très

énergique°, boule de feu *f* ; **she's a real live wire**, elle pète le feu.

wired *adj.* 1. nerveux°, speedé, stressé ; **man, you are really wired**, hé mec, t'es vraiment à cran ! 2. connecté° *(à un réseau)*, branché. 3. drogué°, pété, défoncé, raide.

wires crossed (to get / to have one's) *loc.* se tromper°, se gourer, se planter ; **I think you're getting your wires crossed**, excuse-moi, je crois qu'il y a maldonne.

wise *adj.* 1. a) **to be / to get wise to s.o.**, ne pas se laisser tromper par qqun°, voir clair dans le jeu de qqun, calculer qqun ; b) **to be / to get wise to s.t.**, être au courant° / au parfum de qqch. ; **don't worry, I'm wise to his tricks**, t'inquiète, je le connais comme si je l'avais fait. 2. **to put s.o. wise**, informer qqun°, mettre qqun dans le coup, mettre qqun au parfum / parf, affranchir qqun.

wise-crack *n.* boutade° *f*, vanne *f*, une bien bonne.

wise-cracker *n.* plaisantin°, blagueur, vanneur, sacré rigolo.

wise up 1. *v.i.* s'assagir°, se calmer, se ranger ; **wise up !** arrête tes conneries ! 2. *v.t.* a) informer°, affranchir, mettre au parf ; b) **to wise s.o. up**, ramener qqun à la réalité°, faire revenir qqun sur terre ; **that motorbike accident really wised him up**, l'accident qu'il a eu avec sa meule lui a remis

les yeux en face des trous.

wish on *v.t.* souhaiter du mal°, jeter un sort, jeter le mauvais œil ; **I wouldn't wish it on my worst enemy !** je ne le souhaiterais pas à mon pire ennemi.

wishy-washy *adj.* mou°, mollasson, entre deux.

witch-piss, witch's piss *n.* boisson médiocre° *f*, jus de chaussette, bibine *f*.

with *adv.* **to be with s.o.**, bien comprendre qqun°, recevoir qqun cinq sur cinq ; **I'm sorry, I'm not with you**, désolé, là je te suis pas.

with it *adj.* 1. à la mode°, dans le vent, in ; **flared trousers were with it in the seventies**, les pantalons à pattes d'eph étaient super-mode dans les années soixante-dix ; **to be with it**, être dans le vent / à la page. 2. **to get with it**, se réveiller°, se bouger, se remuer ; **come on, get with it !** bon, allez, bouge-toi !

wizard *adj.* excellent°, formid, sensass, épatant ; **wizard !** super ! au poil !

wobbler, wobbly *n.* crise de nerfs° *f*, panique *f*, pétage de plombs, crise *f* ; **to throw a wobbler**, piquer une crise / sa crise, péter les plombs, disjoncter.

wobbly *adj.* risqué°, glissant, limite ; **that's a really wobbly idea !** ce plan me paraît un peu tangent.

wog• *n.* 1. Noir°, bougnoule, bamboula, boubou. 2. étranger°, basané, bronzé ; **there's**

too many wogs in our area, y a trop de crouilles dans le quartier.

wolf *n.* homme à femmes°, dragueur, coureur, tombeur, loup.

wolf-whistle *n.* sifflement d'admiration à l'adresse d'une femme°.

woman *n.* **to make an honest woman of s.o.**, épouser (une femme)°, se maquer / se marida avec quelqu'une.

women's lib *n.* Mouvement de libération des femmes, MLF.

women's libber *n.* militante féministe° *f*, nana MLF *f*, MLFesse *f*.

wonder *n.* 1. merveille° *f*, monstre de, modèle de ; **chinless wonder**, jeune péteux ; **ninety days' wonder**, bleu ; **titless wonder**, femme plate ; **wingless wonder**, officier d'aviation au sol°. 2. **no wonder !** pas étonnant ! ; **small wonder !** surprise !

wonk *n.* *(US)* étudiant très sérieux°, bosseur, bûcheur ; **policy wonk**, expert à la mords-moi-le-nœud.

wonky *adj.* 1. déréglé°, détraqué, déconnant. 2. **to feel wonky**, se sentir mal / un peu patraque / pas dans son assiette. 3. *(US)* travailleur°, bosseur, bûcheur.

woodwork (to come out of the) *loc.* arriver sans prévenir°, sortir / venir d'on ne sait où, arriver comme par miracle.

woof *v.i.* manger rapidement°, bouffer avec un lance-pierres /

à la bombe.

woofter• *n.* homosexuel °, pédé, pédale *f*, tante *f*.

woolies *n.pl.* sous-vêtements en laine°, damarts.

woopsie, woopsy *n.* *(GB)* excrément° *(enfants)*, caca ; **to do a woopsie**, faire un petit caca.

woosey, woozy *adj.* abruti°, dans le cirage, dans le coltar ; **I feel woosey**, j'ai mal aux cheveux.

woozled *adj.* *(GB)* éméché°, parti, paf, pompette, gris.

woozy *adj.* = **woosey**.

wop• *n.* Italien°, macaroni, rital.

words (to have) *loc.* se quereller°, avoir des mots, se crêper / bouffer le chignon.

work a swindle / a fiddle (to) *loc.* préparer une opération malhonnête°, monter un coup / une arnaque.

work over *v.t.* battre°, tabasser, bastonner, filer une dégelée (à qqun).

workaholic *n.* bourreau de travail°, malade du boulot, bosseur fou.

work (piece of) *n.* personne° *f*, phénomène, numéro ; **he's a nasty piece of work**, c'est une vraie ordure, ce mec.

works (the) *n.pl.* 1. attirail° de drogué, bastringue, kit, artillerie *f*. 2. **the whole works**, l'ensemble°, tout le bazar / le bataclan / le fourbi / le bastringue. 3. **to give s.o. the (whole) works**, donner à qqun le traitement complet°, s'occuper de qqun, a) tuer°, descendre, liquider, refroidir, dessouder ;

b) bien traiter°, soigner ; **they gave us champagne, caviar, the whole works,** ils nous ont soignés, champagne, caviar, la totale, quoi ! 4. **in the works,** en préparation°, au four, en chantier.

world (on top of the) *loc.* en plein bonheur°, aux anges, au septième ciel, en plein nirvana.

worm *n.* minable°, nullité *f*, moins-que-rien, trouduc.

worryguts *n.* individu nerveux°, angoissé, paquet de nerfs.

worse for wear (the) *adj.* éméché°, gris, parti, paf, pompette.

worst (the) *n.* 1. ce qu'il y a de pire°, nullité *f*, merde absolue *f*. 2. ce qu'il y a de mieux° (*iron.*), le top, la crème *f*.

worth a bob or two *adj.* aisé°, friqué, plein aux as.

wow ! *excl.* super !, génial !, purée !

wow *n.* succès°, tabac, malheur.

wow *v.t.* stupéfier°, abasourdir, scier, en mettre plein la vue (à qqun).

wrap up 1. *v.i.* se taire°, la fermer, la boucler, écraser, y mettre un bouchon ; **wrap up !** ta gueule ! 2. *v.t.* terminer°, boucler, en finir avec ; **that just about wraps it up !** eh ben voilà, l'affaire est faite !

wrapped up *adj.* 1. soigneusement préparé°, impeccable, aux petits oignons. 2. achevé°, bouclé, dans la poche.

wrecked *adj.* 1. épuisé°, crevé, pompé, lessivé. 2. ivre°, rond, pété, fait.

write home about (nothing to) *loc.* pas merveilleux°, pas terrible, qui ne casse pas des briques.

write-off *n.* appareil *ou* véhicule complètement hors d'usage° / bon à bazarder / bon à foutre en l'air / bon pour la casse, épave *f*, ruine *f*.

write off *v.t.* abîmer°, bousiller, foutre en l'air.

written all over *adj.* signé ; **the goal had Bobby Best written all over it,** ce but, c'était du cent pour cent Bobby Best.

written off *adj.* hors service°, foutu, bousillé, bon pour la casse / la ferraille.

wrong *adj.* 1. **wrong in the head,** fou°, fêlé, zinzin / dingue dans la tête. 2. **to get s.o. wrong,** se méprendre sur les intentions / les paroles de qqun°, mal piger qqun ; **don't get me wrong,** suis-moi bien.

X

X *(abr. =* **ecstasy***) n.* drogue extasy° *f.*

x *(signe graphique)* baiser°, bise *f*, bisou; **xoxoxo**, bisous-câlins, grosses bises.

x out *v.t.* 1. biffer°, rayer; **to x out a paragraph**, sabrer un paragraphe. 2. tuer°, effacer, liquider, buter ; **they xed him out**, ils l'ont éliminé.

x-rated *adj.* osé°, gaulois, salé ; **we had an x-rated evening**, on a passé une soirée galante.

xtc *n.* drogue extasy° *f.*

Y

Y (*abr.* = YMCA / YWCA) *n.* 1. hôtel pour jeunes° . 2. **to eat / to dine at the Y•**, pratiquer le cunnilingus° , brouter le cresson, descendre à la cave / au barbu.

yack, yak *v.i.* bavarder° , papoter, bavasser, jacter ; **she's always yacking**, elle passe son temps à parlotter.

yackers *n.pl.* (*GB*) argent° , blé, fric, sous, ronds.

yackety-yack = yakitty-yak.

yak = yack.

yakitty-yak, yackety-yak *n.* bavardage° , papotage, parlotte *f*, jactance *f* ; **give over with the yakitty-yak and get down to business**, assez parlotté, au boulot.

yakitty-yak *v.i.* = **yack.**

Yank, yank, yankee *adj.* américain° , ricain, yankee, amerlo.

Yank, yank, yankee *n.* Américain° , amerloque, ricain, yankee ; **the Yanks and the Nips have taken over**, les ricains et les japs contrôlent tout.

yank *v.t.* (*US*) **to yank s.o.'s chains**, 1. harceler° , emmerder, casser les couilles *f* (à qqun). 2. tromper° , entuber, rouler dans la farine, couillonner.

yankee = Yank.

yap *n.* 1. bavardage° , parlotte *f*, bavette *f*. 2. bouche° *f*, bec, gueule *f*, clapet ; **shut your yap !** la ferme ! 3. individu grognon° , gueulard, râleur, rouspéteur.

yap *v.i.* bavarder de manière importune° , causer à perte de vue, bavasser, jacasser.

yarn *n.* 1. histoire° *f* ; a) longue histoire° , roman, conte ; **he's got some amazing yarns about his time in the jungle**, il peut tenir des heures avec ses histoires de jungle ; b) mensonge° , salade *f*, bobard, baratin ; **to spin a yarn**, monter un bateau, dérouler un boniment. 2. conversation° *f*, bavette *f*, causette *f* ; **to have a bit of a yarn with s.o.**, tailler le bout de gras avec qqun.

yarn *v.i.* raconter° / débiter / dégoiser des histoires *f*.

yawn *n.* 1. qqch. *ou* qqun d'ennuyeux° / de rasoir, barbe *f* ; **this guy is a real yawn**, ce type est vraiment barbant. 2. vomissure° *f*, dégobillade *f*, dégueulis, gerbe *f* ; **a technicolor yawn**, une gerbe multicolore.

yawn *v.i.* vomir° , dégueuler, gerber, dégobiller.

yeah, yea *adv.* oui° , ouais ; **yeah, we made it !** ouais, on y est ! ; **yeah, alright !** ouais, super ! ; **oh yeah ?** ah bon ? ; « **shut up or I'll smash your face in ! – oh yeah ?** », « écrase ou je te défonce la tête ! – ah ouais ? ».

year dot (the) *loc.* le début des temps° , l'an quarante ; **since the year dot**, depuis toujours° , depuis Mathusalem ; **in the year dot**, il y a longtemps° / des siècles ; **it goes back to the year dot,** ça remonte au déluge / à l'Antiquité *f* / à la nuit des temps.

yellow *adj.* poltron°, froussard, trouillard, dégonflé, flubard ; **to have a yellow streak,** ne rien avoir dans le ventre, avoir les miches à zéro ; **a yellow belly,** un dégonflé, une chiffe / une couille molle, une descente de lit.

yellow-bellied = yellow.

yen *n.* désir vif°, grosse envie *f* ; **he got a yen for some real home-cooking and went down south,** il s'est senti en manque de la bonne vieille cuisine des familles et il est parti dans le Sud.

yep ! = yup !

yer actual *loc.* en personne°, rien de moins que... ; **when I went to Rome I shook hands with yer actual Pope,** quand j'ai été à Rome, j'ai serré la pince au Pape soi-même.

yes-man *n.* individu prêt à tout accepter°, béni-oui-oui ; **the Prime Minister was surrounded by a bunch of yes-men,** le Premier ministre était entouré d'une tripotée de godillots.

Yid•, yid• *n.* juif°, youpin, youtre.

yikes ! *excl.* la vache !, purée !, putain !

yin(g)-yang• *n.* *(US)* 1. anus°, anneau, bocal, fion. 2.• pénis°, queue *f*, sabre, dard. 3. crétin°, andouille *f*, pauvre con, tête de nœud *f*.

yippee !, yippie ! *excl.* hourra !, youpi !

yob(bo) *n.* *(GB)* voyou°, loubard, loub, barlou.

yoke *n.* appareil°, bastringue, bidule.

yonks *n.pl.* *(GB)* longue période° *f*, des siècles, une paye *f*, un bail ; **I haven't seen him in yonks,** ça fait une éternité que je l'ai pas vu.

you-and-me *n.* *(RS = tea) (GB)* dîner°, dînette *f*.

you-know-what *n.* 1. toilettes° *f*, petit coin, là où tu ne peux pas me remplacer. 2. sexe°, la chose, la bagatelle ; **a bit of you-know-what,** une partie de ce que je pense. 3. organes sexuels°, parties *f*, choses *f*.

yours *pron.* 1. **yours truly,** moi-même°, votre serviteur, mézigue, ma pomme. 2. **up yours !•,** a) je t'emmerde !, je t'encule !, va te faire foutre ! ; b) (tu l'as) dans le cul !, tu l'as dans l'os ! 3. **what's yours ?** qu'est-ce que tu prends ?°, et pour toi, ça sera ?, qu'est-ce qu'on te sert ?

yoyo *n.* 1. personne qui change constamment d'opinion° *f*, girouette *f*. 2. crétin°, andouille *f*, glandu, ducon.

yuck !, yuk ! *excl.* c'est dégoûtant !°, pouah !, beurk !, beuark !

yucky, yuckie *adj.* dégoûtant°, pas ragoûtant, dégueu, dégueulasse, gerbax.

yum-yum ! *excl.* ça a l'air bon !°, miam-miam !

yummy *adj.* 1. a) délicieux°, qui

fait du bien par où ça passe,
super-bon ; b) appétissant°, qui
met l'eau à la bouche, qui fait
baver. 2. sexuellement atti-
rant°, à croquer, appétissant ;
he looks real yummy, on en
mangerait.

yup !, yep ! *excl. (US)* oui°,
ouais, ouaip !

yuppie, yuppy (*abr.* = **young
upwardly mobile / young
urban professional**) *adj.* jeune, prospère et ambitieux°,
yuppie.

yuppie, yuppy (*abr.* = **young
upwardly mobile / young
urban professional**) *n.* jeune
cadre dynamique°, jeune loup,
yuppie.

yuppify *v.t.* rénover en rehaus-
sant le niveau social° (*quartier*), yuppifier.

Z

Z, zee *n.* *(US)* petit somme°, roupillon, dorme *f* ; **to cop / to grab some Zs**, piquer une ronflette.

zap 1. *v.i.* a) changer rapidement de chaîne de télévision°, zapper ; b) **to zap (along / by / past)**, aller vite°*(véhicule)*, foncer, dépoter, tracer. 2. *v.t.* a) éliminer° ; (i) infliger une défaite sévère (à qqun)°, enfoncer, écraser, foutre une branlée / culotte / pâtée (à qqun) ; (ii) battre°, bastonner, tabasser, démolir (la gueule à qqun) ; (iii) tuer°, supprimer, descendre, niquer ; (iv) démolir°, déglinguer, foutre en l'air ; (v) faire échouer° *(examen)*, coller, étendre, planter ; (vi) supprimer° *(informatique)*, effacer, niquer ; b) traiter au moyen de techniques modernes°, *sp.* envoyer° ; **as soon as I finish this report I'll zap it over to you**, dès que j'ai fini ce rapport je te le faxe ; **this chicken needs zapping in the microwave**, il va falloir micro-onder ce poulet.

zapper *n.* 1. télécommande de télévision° *f*, zappette *f*. 2. téléspectateur qui change souvent de chaîne°, zappeur.

zappy *adj.* 1. énergique°, qui a la pêche / la frite, qui pète la forme, qui déménage. 2. nerveux° *(véhicule)*, qui déménage / dépote.

zero in on *v.i.* concentrer° / cibler les efforts sur (qqch.), mettre le paquet sur (qqch.) ; **the government decided to zero in on the crime problem**, le gouvernement a décidé de faire le forcing sur la criminalité.

zilch *n.* 1. rien° ; a) que dalle, balpeau, des clous ; b) note de zéro° *f*, zéro, bulle *f* ; c) score de zéro°, fanny *f*, capot. 2. individu sans intérêt°, minable, moins que rien, zéro, nul ; **this guy is a real zilch**, ce type est un nullos absolu.

zillion *n.* nombre très élevé°, milliard, trente-six mille ; **before leaving on holidays we had a zillion things to do**, avant de partir en vacances, on a eu douze mille trucs à faire ; **there were zillions on the beach**, y avait un peuple monstrueux sur la plage.

zillionaire *n.* individu doté d'une immense fortune°, multimilliardaire, banque ambulante.

zing *n.* entrain°, frite *f*, pêche *f* ; **to have plenty of zing**, péter la santé, péter le feu.

zing 1. *v.i.* = **zap** 1.b) 2. *v.t.* *(US)* insulter°, envoyer des fleurs (à qqun), traiter.

zinger *n.* *(US)* 1. qqch. *ou* qqun d'exceptionnel° / qui décoiffe ; **their new show is a real zinger**, leur nouveau spectacle déménage un max. 2. repartie percutante°, formule-choc *f*, réponse qui tue *f*.

zingy *adj. (US)* = **zappy.**

zip 1. = **zing** *n.* 2. = **zilch** 1.

zip (along) = **zap** 1.b)

zip (up) *v.t.* **to zip (up) one's lip / mouth**, se taire°, la fermer, la boucler, fermer sa gueule ; **just zip it up !** mets-y un bouchon !

zippo = **zilch** 1.

zippy = **zappy.**

zit *n.* bouton d'acné°, bourgeon.

zizz *n.* somme°, roupillon, pioncette *f*, ronflette *f*.

zizz *v.i.* dormir°, roupiller, pioncer, coincer la bulle, en écraser.

zoftig *adj. (US)* sexy° (*femme*), bandante, bien roulée, bien carrossée.

zombie *n.* individu amorphe°, abruti, veau, zombie.

zonked (out), zonkers *adj.* 1. saoul°, bourré, chargé, rétamé, schlasse. 2. drogué°, pété, fait, défoncé, raide. 3. épuisé°, crevé, pompé, vanné. 4. endormi°, écroulé, ensuqué.

FRANÇAIS – ANGLAIS
FRENCH – ENGLISH

A

à *prep.* 1. belonging to°, of ; **les gosses au voisin**, the neighbour's kids. 2. *(movement)* to° ; **aller au dentiste**, to go to the dentist's.

abattage *n.m.* energy°, go, zing, juice ; **avoir de l'abattage**, to have plenty of get-up-and-go.

abattis *n.m. pl.* limbs°, flippers and pins ; **tu peux numéroter tes abattis**, I'm gonna break every bone in your body.

abattre (ne pas se laisser) *loc.* to eat one's fill°, to enjoy one's food, to eat like a horse ; **il se laisse pas abattre**, he certainly has no trouble putting it away.

abîmer *v.t.* 1. **abîmer qqun / qqch.**, to criticize s.o. / s.t.°, to cut s.o. / s.t. to shreds, to knock / to slag off s.o. / s.t. 2. **abîmer le portrait à qqun**, to hit s.o. in the face°, to knock s.o.'s block off, to break s.o.'s face ; **se faire abîmer le portrait**, to get one's face smashed in.

abouler *v.t.* to produce°, to get out, to show the colour, to flash ; **allez, aboule le fric !** come on, show me the readies ! ; **abouler la marchandise**, to roll out one's wares.

aboyeur *n.m. (music-hall, fairground, sex-shop, etc.)* solicitor°, barker, hustler, tout.

abricot• *n.m.* vagina°, pussy, snatch, *(GB)* fanny, *(US)* pussy.

abus (y a de l') *loc.* that's going too far°, that's OTT, that's a bit too much.

accorder ses violons *loc.* to come to an agreement°, to sort things out together, to get one's story straight with another person.

accoucher *v.i.* to end up telling°, to spit it out, to come out with it ; **alors, tu accouches ?** come on, let's hear it then !

accro, accroché, accrocheman (être) *loc.* 1. to have a passion for° / to be really into / to have a big thing about (s.o., s.t.) ; **il est complètement accro d'opéra**, he's a real opera fanatic. 2. to be addicted to° / hooked on / strung out on *(drugs)*.

accrocher 1. *v.i.* **accrocher à qqch.**, to become interested in s.t.°, to get into s.t., to get a thing about s.t. ; **l'informatique, j'accroche pas trop**, I just can't get the hang of this computer stuff. 2. *v.pr.* a) **s'accrocher**, to keep going°, to hang in there, to keep at it, to hack it ; **accroche-toi, Jeannot !** show them what you're made of ! ; **pour te garer dans ce quartier, tu peux toujours t'accrocher**, you've no chance of getting a parking spot in this area ; b) **s'accrocher à la rambarde / aux balustrades / au bastingage**, to prepare oneself for a shock°, to get ready for a good one ; **tu veux vraiment que je te dise ? alors là,**

accroche-toi à la rambarde, if you really want me to tell you then you'd better hold onto your hat ; c) **se l'accrocher**, not to obtain° / to have to do without / to have to say good-bye to s.t. ; **ton augmentation, tu peux te l'accrocher !** you can forget your pay rise !

accrochez les wagons ! *loc.* *(accompanying a sonorous belch)* b-b-b-urp !, pardon my French !

accus (recharger les) *loc.* 1. to refill a glass°, to fill / to set'em up again ; **patron, rechargez les accus !** same again please, landlord ! 2. to have a rest°, to recharge one's batteries, to take time out, to unwind.

acide *n.m.* LSD°, acid, candy, purple haze.

acier (d') *loc.* incredible°, amazing, wild, unreal ; **il a un cul d'acier !** what a lucky bastard !

acompte *n.m.* 1. foretaste°, nibble in advance, a bit to whet one's appetite ; **prenez déjà ça, ça vous fera un petit acompte**, we'll start you off with this just to get the taste buds going. 2. **prendre un acompte**, to have pre-marital sex°, to have a practice run, to have a preview of what's to come.

actions *n.f. pl.* popularity°, approval rating, ranking ; **ses actions sont en hausse / en baisse**, he's well up / well down in the popularity stakes.

activer *v.i.* to accelerate°, to speed up, to get moving, to shake it ; **active !** get your finger out ! ; **alors pépé, tu veux pas activer un peu ?** come on, grandad, get your skates on !

addict *n.m.* drug addict°, junkie, user, dope fiend.

adieu (pouvoir dire) *loc.* to be forced to abandon all hope°, to have to say farewell, to give up as a lost cause, to forget ; **si tu le laisses là, ton vélo, tu peux lui dire adieu**, if you leave your bike there, you can kiss it good bye.

adios ! *excl.* goodbye !°, cheerio !, see ya !, ciao !

adjas (mettre les) *loc.* to leave°, to clear off, to beat it, to split ; **v'là les flics, faut mettre les adjas !** here come the cops, we'd better make tracks !

adjudant *n.m.* authoritarian figure°, sergeant-major, taskmaster, foreman ; **sa copine, c'est un adjudant**, his girlfriend is a real bossy-boots.

adjupète *n.f.* sergeant-major°, sarge-maj.

ado *(abr. = adolescent)* *n.* adolescent°, teenager.

afanaf *loc.* half and half°, fifty-fifty, down the middle, even Steven ; **faire afanaf**, to go halfers, to go Dutch.

affaire *n.f.* 1. job°, scam, operation ; **je suis sur une affaire**, I'm onto a bit of business. 2. **faire son affaire à qqun**, a) to settle a score with s.o., to deal with s.o., to take care of s.o. ; b) to kill s.o., to do s.o. in, to knock s.o. off. 3. **avoir ses affaires**, to have one's period°, to have the curse, to be on the rag. 4. a) admirable person°, bargain, good deal ; **son copain, c'est pas une affaire**, her boyfriend isn't really up to much ; b) sexually active partner°, goer, bombshell ; **cette fille, c'est une affaire**, that girl's hot stuff.

affection (être en retard d') *loc.* to be sexually frustrated°, to be sex-starved, to be in need of a bit.

affiche *n.f.* ostentatious homosexual°, nancy-boy, raging queer, out-and-out poofter.

affiché (c'est) *loc.* it's certain°, it's a dead cert, it's for sure, no bones about it.

affirmatif ! *excl.* affirmative !, right on !, you bet !

affranchi *adj.* initiated°, in-the-know, wised-up, copped (on).

affranchi, -ie *n.* initiated criminal°, insider, one of the gang, wise guy.

affranchir *v.t.* 1. to inform°, to give the low-down on, to put in the picture ; **il a tout compris quand je l'ai affranchi**, he understood everything when I genned him up. 2. to initiate°, to let in on the act, to explain the tricks of the trade ; **il a pas attendu longtemps pour être affranchi**, it didn't take him long to learn the ropes.

affreux *n.m.* despicable person°, creep, douchebag, wally, dork.

affurer *v.i., v.t.* to earn a lot of money°, to make a packet / a mint ; **il affure dans la vente en gros**, he makes his bucks in the wholesale trade.

affûter *v.t.* to hone°, to finetune ; **affûter la forme**, to get into top shape.

à fond la caisse / les manettes *loc.* very quickly°, like a bomb / a rocket, all the way, at full throttle.

afro *adj.* African haircut°, afro.

-aga *suff. (slang suffix e.g. "* **gonflé** *" becomes "* **gonflaga** *", " pastis " becomes "* **pastaga** *" and " poulet " becomes "* **poulaga** *").*

agaçante *adj.f* . sexy°, raunchy, hot, prick-teasing.

agacer le sous-préfet• *loc.* to masturbate°, to wank, to consult Dr. Jerkoff, to beat the bishop.

agates *n.f. pl.* eyes°, headlights, peepers.

agiter 1. *v.t.* **les agiter**, to run away°, to do a bunk, to get the hell out, to split. 2. *v.pr.* **se l'agiter•**, to masturbate°, to wank, to play with oneself, to pull oneself off.

agrafer *v.t.* 1. to arrest°, to pull in, to nick, to snatch ; **se faire agrafer par les flics**, to get nabbed by the cops. 2. to steal°, to pinch, to swipe, to nick.

aidé (pas) *adj.* 1. unattractive°, short on looks, no great beauty ; **elle est pas aidée**, she's no oil painting. 2. stupid°, dumb, thick, dopey.

ail *n.m.* **aimer / bouffer de / sentir / taper l'ail**, to be a lesbian° / a lezzie / a dyke, to be from Lesbia.

aile *n.f.* 1. arm°, fin, flipper ; **rentre tes ailes !** get your elbows down ! 2. **battre de l'aile**, to be in bad shape / in a bad way. 3. **avoir un coup dans l'aile**, to be slightly drunk° / tiddly / merry / a little tipsy. 4. **rogner les ailes de qqun**, to clip s.o.'s wings°, to take s.o. down a peg.

aimer ! (va te faire) *loc.* • go to hell !, get stuffed ! / knotted !, piss off !

air *n.m.* 1. air° ; a) **de l'air !** go away !, vamoose !, get outta here ! ; b) **jouer la fille de l'air**, to escape°, to slip away, to make a quick exit ; c) **ne pas manquer d'air**, to be impertinent°, to have some nerve / some cheek / a brass neck ; d) **pomper l'air à qqun**, to annoy s.o.°, to get on s.o.'s nerves / wick / case ; e) **s'envoyer en l'air**, (i) to have sex°, to have it off, to get laid, to get one's end away ; (ii) to get high *(drugs)*, to get stoned / out of it ; (iii) to commit suicide°, to top oneself, to do oneself in ; f) **ficher / foutre en l'air**, (i) to wreck°, to mess / cock / balls up, to make a hems of ; (ii) to throw out°, to chuck away, to dump ; g) **se foutre en l'air**, to commit suicide°, to top oneself, to do oneself in ; h) **mettre en l'air**, (i) to ruin°, to make a dog's dinner of, to mess up ; (ii) to kill°, to knock off, to blow away ; i) **l'avoir en l'air•**, to have an erection° / a hard-on / a boner ; j) **déplacer de l'air**, to expend great energy in vain°, to run around like a blue-arsed fly to no avail. 2. appearance°, look ; a) **avoir l'air fin / con**, to look like a right idiot / a right Charlie / a prize dick ; b) **de quoi j'ai l'air ?** I look ridiculous° / like a proper Charlie / like a real dope ; c) **ça n'a l'air de rien, mais...**, it doesn't look like much, but... 3. tune° ; a) **jouer un air de flûte**, to leave°, to clear off, to beat it, to make oneself scarce ; b) **en avoir l'air et la chanson**, to be in reality what one appears°, not to just look it ; **le parfait crétin, il en a l'air et la chanson**, he's as big a moron as he looks.

alcoolo *n.m.* alcoholic°, alkie, dipso, lush.

alfa *n.m.* hair°, barnet, thatch ; **ne plus avoir d'alfa sur les hauts plateaux**, not to have a hair on one's head°, to be bald as a coot / as a billiard ball.

aligner 1. *v.t.* **les aligner**, to pay up°, to cough up, to fork out. 2. *v.pr.* **s'aligner avec qqun**, to challenge s.o. (to a fight)°, to take s.o. on, to get ready for s.o. ; **tu peux toujours t'aligner**, you haven't got a snowball's, you don't stand a chance.

aller *v.i.* 1. **aller avec qqun**, to

have sex with s.o.°, to have it off with / away with / to be at it with s.o. 2. a) **y aller (un peu) fort**, to exaggerate°, to go too far, to go over the top ; **tu y vas un peu fort**, that's going a bit OTT ; b) **y aller mollo**, to go easy / softly-softly, to calm / cool it (down). 3. **aller mal**, to be a bit mad° / touched / on the balmy side ; **ça va pas, la tête ?** you got to be bananas ! 4. **y aller de**, to contribute°, to chip in, to put in one's two cents worth ; **il y est allé de ses sous**, he put his own money into it. 5. **faire aller**, to be in average health°, to get by, to be fair to middling ; **« ça va ? - bof, on fait aller »**, « how's it going ? - so-so ». 6. **se laisser aller**, not to care about one's health *and / or* appearance°, to let oneself go to the dogs, to just let things go ; **te laisse pas aller, reprends-toi !**, keep your pecker up and don't give up the fight ! 7. **aller sur**, to approach° / to be hitting / touching (a certain age) ; **il va sur ses quarante ans**, he's pushing forty. 8. **aller au charbon / au chagrin**, to go to work°, to go to the saltmines, to go back to the grindstone. 9. **ne pas y aller par quatre chemins / avec le dos de la cuiller**, to go directly°, not to beat around the bush, to do something and no messing (around). 10. **aller se rhabiller**, to abandon°, to give up, to throw in the towel, to go for the early bath.

11. **s'en aller**, to be dying°, to be on the way out, to be on the last lap ; **il s'en va du cœur**, his heart is on its last legs. 12. **va donc !** go away !°, clear off !, on your bike !, get outta here !

allô ? *excl.* I beg your pardon !°, say again !, come again !, what's that !

alloc (*abr.* = allocation) *n.f.* (social security) allowance°, benefit.

allonger 1. *v.t.* a) **allonger qqun**, (i) to knock s.o. out°, to floor / to flatten s.o. ; (ii) to kill s.o.°, to knock s.o. off, to rub s.o. out ; b) **allonger une beigne / une claque / une tarte à qqun**, to hit s.o.°, to give s.o. a good smack / clout / wallop ; c) **les allonger**, to pay up°, to come up with the money, to fork out ; d) **allonger la sauce**, to lengthen°, to pad (out), to fill s.t. full of padding. 2. *v.pr.* a) **s'allonger**, to confess°, to spill the beans, to grass, to come clean ; b) **se l'allonger•**, to masturbate°, to wank, to jerk off, to beat one's meat.

allouf *n.f.* match°, striker, Lucifer.

allumage (avoir du retard à l') *loc.* to be dim-witted°, to be slow on the uptake / on the trigger, not to be too quick off the mark.

allumé *adj.* crazy°, bananas, nuts, bonkers ; **il est complètement allumé, ce type**, this guy's off his rocker.

allumer *v.t.* 1. to excite sexually°, to tease, to turn on, to get going ; **elle allume un max**, she's a real prick-teaser. 2. to be careful°, to keep an eye out / a decko ; **allume les flics !**, watch out for the cops ! 3. to shoot°, to blow away, to fill full of holes ; **se faire allumer**, to get a bellyful of lead. 4. to reprimand°, to tell off, to bawl out, to carpet ; **il s'est fait allumer par sa mère**, he got a real bollocking from his mother.

allumeuse *n.f.* seductive woman°, prick-teaser, vamp, man-eater.

allure (à toute) *loc.* see you soon°, ciao for now, hasta la pasta, Moscow.

alpaguer *v.t.* to arrest°, to nab, to lift, to pull in ; **se faire alpaguer**, to get nicked.

amarres (larguer les) *loc.* to leave°, to push along, to scoot off, to pull up anchor.

amazone *n.f.* prostitute working from a car°, cruiser.

ambiance ! *excl.* what a difficult situation !, heavy / bad scene !, tough stuff !

amener (s') *v.pr.* to come along°, to show / turn / roll up ; **alors, quand est-ce que tu t'amènes ?** so, when are you putting in an appearance ?

amerlo, amerloque *adj.* American°, Yankee, Americano.

amerlo, amerloque *n.* American°, Yank, Yankee.

aminche *n.m.* friend°, pal, mate, buddy.

amocher *v.t.* 1. to ruin°, to write off, to total, to smash to pieces. 2. to beat up°, to do over, to knock around, to give a going-over.

amorti *adj.* elderly°, past-it, over the hill, long in the tooth.

amortisseurs• *n.m.pl.* breasts°, tits, knockers, bumpers.

amours (à tes / vos) ! *loc.* 1. *(upon sneezing)* (God) bless you ! 2. *(toast)* cheers !, down the hatch !, bottoms up !

amphés, amphets *n.f.pl.* amphetamines°, speed, amps.

ananas *n.m.* 1. hand-grenade°, pineapple. 2. *pl.* **ananas**, breasts°, tits, coconuts, bouncers.

anar *(abr. = **anarchiste**)* *n.m.* anarchist°, anarko.

Anatole (ça colle) *loc.* how's it goin', ma-an ?, how's tricks ?, *(GB)* hello John (got a new motor ?).

ancêtre *n.m.* old person°, fossil, wrinklie ; **alors, l'ancêtre, tu te bouges ?** OK, grandad, let's get a move on !

and co. *loc.* and all the others°, et al, and the gang, and the whole bunch.

andouille *n.f.* 1. idiot°, wally, dork, jerk ; **arrête de faire l'andouille**, stop acting the dick ! 2. **andouille de calcif•**, penis°, cock, dick, prick.

anglais *n.m.pl.* **avoir ses anglais**, to have one's period° / the curse, to be on the rag ; **les Anglais ont débarqué**, I'm / she's having my / her monthlies, the decorators are in.

anglaiser• *v.t.* to sodomize°, to bugger, to bumfuck.

angliche *adj.* English°, sasanach, limey.

angliche *n.* English person°, sasanach, limey, tommy.

angoisse (c'est l') *loc.* it's awful°, it's bloody terrible, it's panic stations, what a hassle.

angoisser *v.i.* to be extremely worried°, to be really uptight, to sweat blood, to be up to high do.

anguille de caleçon• *n.f.* penis°, cock, dick, prick.

anneau• *n.m.* anus°, arse-hole, ring, Khyber (Pass).

annexe (l') *n.f.* one's regular bar°, the local, the usual watering-hole.

annoncer la couleur *loc.* to state one's intentions°, to lay one's cards on the table, to shoot straight from the hip.

antigel *n.m.* strong liquor°, hard stuff, hootch, poteen, rotgut.

antisèche *n.f.* illegal examination aid°, crib, cog-note.

apache *n.m.* gangster°, heavy, muscle, ape.

apéro (*abr.* = **apéritif**) *n.m.* aperitif°, cocktail, pre-prandial drink.

aplatir (s') *v.pr.* to humble oneself°, to grovel, to eat crow ; **en face du Président, le ministre a dû s'aplatir**, the minister had to eat dirt in front of the President.

apocalyptique *adj.* awful°, terrible, dreadful, pathetic ; **c'était quelque chose d'apocalyptique**, it really sucked.

appart (*abr.* = **appartement**) *n.m.* flat°, place, gaff, pad.

appuyer (s') *v.pr.* to stand s.o.°, to put up with / to take s.o. ; **ce mec, il faut se l'appuyer**, this guy is hard to stomach.

aprèm (*abr.* = **après-midi**) *n.m.* afternoon°, aft ; **c't'aprèm**, s' afternoon.

après ? (et) *loc.* and so ?, so what ?, so what's the big deal ?

aquarium *n. m.* glass office°, fish tank.

araignée *n.f.* **avoir une araignée dans le / au plafond**, to be slightly crazy°, to have bats in the belfry, to be on the nutty side, to be out to lunch.

arbi• *n.m.* Arab, wog, A-rab.

arbre (monter / grimper à l') *loc.* to become irate°, to fly off the handle, to hit the roof.

arcan *n.m.* vandal°, thug, hood, hoodlum.

arche• *n.m.* backside°, bum, arse, butt ; **tu me fends l'arche**, you give me a real pain in the arse.

archer *n.m.* policeman°, bobby, peeler.

archi- *pref.* really°, incredibly, amazingly, bloody ; **archicomble**, jampacked ; **archichiant•**, deadly fucking boring.

ardoise *n.f.* 1. credit° (in a bar, etc.), slate ; **liquider une ardoise**, to wipe the slate clean. 2. **prendre une ardoise à l'eau**, to urinate°, to take a piss, to have a Jimmy Riddle.

argagnasses *n.m.pl.* period°, curse, monthlies ; **rien à faire, j'ai mes argagnasses,** nothing doing, I've got the decorators in.

argomuche *n.m.* slang°, street-talk.

argousin *n.m.* policeman°, copper, bobby.

aristo *(abr. = aristocrate) n.* aristocrat°, toff, nob.

Arlette ! (tu pètes) *loc. (welcoming flatulation)* what a raspberry tart !, there she blows !

armoire à glace *n.f.* well-built man°, big beefy guy, hefty character ; **je préfère éviter ce type, c'est une armoire à glace,** better to avoid this guy, he's built like a brick shit-house.

arnaque *n.f.* swindle°, con job, scam ; **c'est de l'arnaque,** that's daylight robbery.

arnaquer *v.t.* 1. to swindle°, to con, to fiddle, to have on, to take in. 2. to arrest°, to nick, to pull in, to pick up ; **il s'est fait arnaquer par les flics,** he was lifted by the cops.

arnaqueur, -euse *n.* swindler°, con-man, con artist, hustler.

arpenteuse *n.f.* prostitute°, streetwalker, hooker.

arpète *n.f.* apprentice°, rookie, greenhorn.

arpions *n.m.pl.* feet°, hooves, plates of meat ; **arrête de m'écraser les arpions,** get off my bloody toes !

arquer *v.i.* to walk°, to hoof it ; **je peux plus arquer,** I can't take another step.

arracher 1. *v.i.* **ça arrache,** a) that's great°, that's really magic / awesome / rad ; b) *(strong drink)* that's powerful stuff, that certainly does your insides no good. 2. *v.t.* **arracher son copeau•,** to have an orgasm°, to come (off), to go over the mountain. 3. *v.pr.* **s'arracher** a) to escape°, to go over the wall, to do a runner ; c) to leave°, to clear off, to make oneself scarce, to make tracks.

arranger 1.*v.t.* **arranger qqun,** to beat s.o. up°, to give s.o. a good going over / a good hiding ; **les flics l'ont salement arrangé,** the cops beat the shit out of him. 2. *v.pr.* **s'arranger,** to work things out, to sort things out ; **on va bien finir par s'arranger,** we'll manage to come to some sort of an agreement.

arrimer (s') *v.pr.* to cohabit°, to live together, to shack up together.

arroser *v.t.* 1. to celebrate with a drink°, to drink to, to toast ; **ça s'arrose,** that's worth drinking to. 2. **arroser son repas d'un coup de rouge,** to wash one's meal down with a little plonk. 3. **arroser qqun,** to bribe°, to grease s.o.'s palm, to give s.o. a sweetener. 4. to fire a machine gun°, to pepper with automatic fire, to spray.

arsouille *n.m.* vandal°, hooligan, ruffian, hood (lum).

Arthur (se faire appeler) *loc.* to be reprimanded°, to get dressed down, to get read the riot act, to be given a right bollocking.

artiche *n.m.* 1. money°, dough, cabbage, spondulicks. 2. wallet°, poke, skin. 3.• rear end°, backside, bum, butt.

article (faire l') *loc.* to advertise one's goods°, to plug one's wares, to give the sales spiel.

artillerie *n.f.* 1. firearms°, hardware. 2. kit°, gear, stuff. 3. **sortir la grosse artillerie**, to bring out the big guns / the heavy stuff.

artiste *n.m.* unreliable worker°, clown, joker, messer.

as *n.m.* 1. expert°, crack, champ, tops ; **as du volant**, ace driver. 2. **être fagoté / foutu comme l'as de pique**, to be very badly dressed°, to look like s.t. the cat brought in, to be dressed up like a dog's dinner. 3. **passer à l'as**, to fall through°, to come to nothing, to go down the drain ; **avec tout ce qu'on a dépensé pour la bouffe, les cadeaux de Noël sont passés à l'as**, what with all we spent on food, we had to give the Christmas presents a miss. 4. **être plein aux as**, to be very rich° / loaded / rolling in it / stinking.

ascenseur (renvoyer l') *loc.* to return a favour°, to scratch s.o.'s back in return, to see s.o. right in return.

asperge *n.f.* 1. tall person°, beanpole, lofty. 2.• penis°, dick, prick, cock. 3. **aller aux asperges**, to prostitute oneself°, to walk the streets, to be a working girl, to be on the game.

aspirine (blanc / bronzé comme un cachet d') *loc.* extremely pale°, white as a ghost / as a sheet.

assaisonner *v.t.* 1. to beat up°, to do over, to knock about. 2. **se faire assaisonner**, to receive a stiff sentence°, to go down for a long stretch, to be put away for quite some time.

asseoir 1. *v.t.* to astonish°, to knock out, to flabbergast, to bowl over ; **j'en suis resté assis**, it knocked me for six. 2. *v.pr.* **s'asseoir sur qqch.**, not to care about° / give a damn about / give a monkey's about s.t. ; **tes idées, je m'assois dessus**, you know where you can put your ideas !

assiette au beurre *n.f.* easy job°, cushy number, soft touch ; **avoir l'assiette au beurre**, to ride the gravy train.

assommant *adj.* very boring°, deadly dull, killing, yawn-inducing.

assommer *v.t.* to bore completely° / stiff, to bore to tears / to death, to send to sleep.

assurer *v.i.* 1. to be extremely knowledgeable°, to know one's stuff / one's onions / what's what ; **en maths, il assure**, when it comes to maths, he's no dope. 2. to have a fashionable appearance°, to look cool / hip / classy ; **avec ses lunettes de**

soleil, elle assure un max, she looks really snazzy in her shades. 3. to do what is necessary°, to do the needful, to take care of the job, to be in control ; **t'inquiète pas, j'assure**, don't worry, I'm on top of things.

asticot *n.m.* 1. small person°, squirt, pint-size, runt. 2. **un drôle d'asticot**, a strange person°, a queer customer, an oddball.

asticoter *v.t.* to annoy°, to needle, to pester, to bug.

astiquer 1. *v.t.* **astiquer les gencives à qqun**, to hit s.o. in the face°, to rearrange s.o.'s face, to smash s.o.'s face in. 2. *v.pr.* **s'astiquer•**, to masturbate°, to play with oneself, to jerk oneself off, to beat one's meat.

atrocement *adv.* enormously°, heavily, incredibly, plenty ; **je me suis fait atrocement chier•**, I got my balls severely bored off.

attention les yeux ! *loc.* 1. prepare yourself°, get ready for this !, wait till you see this one ! ; **tu vas voir ma nouvelle bagnole, attention les yeux !** just wait till you see my new wheels ! 2. isn't this amazing ?, what a sight !

attifé *adj.* dressed°, kitted / fitted / decked out ; **t'as vu comment il est attifé, ce mec ?** catch this guy's gear !

attiger *v.t.* 1. to beat up°, to lay into, to do over, to work over. 2. to kill°, to rub out, to do in, to

bump off. 3. **attiger (la cabane)**, to exaggerate°, to lay it on thick, to go over the top.

attrape-couillon *n.m.* swindle°, con trick, scam, rip-off.

attributs• *n.m. pl.* testicles°, family jewels, equipment, family allowance.

auberge (on n'est pas sortis de l') *loc.* it's not all over yet°, we're not out of the woods yet, the war's not over yet.

aubergine *n.f.* 1. nose°, hooter, conk, schnozzle. 2. woman traffic warden°, meter-maid.

auge *n.f.* plate°, dish, manhole cover ; **ramène ton auge**, send your plate over.

Auguste ! (tout juste) *loc.* right on !, you better believe it !, you bet !, you can say that again !

aussi sec *adv.* rapidly°, in no time, quick as a flash, and Bob's your uncle.

autre *n.m.* 1. **comme dit l'autre**, as they say°, so to speak, as the saying goes. 2. **à d'autres !** I don't believe you !, my eye / foot !, pull the other one ! 3. **l'autre**, that person°, that one over there, your man / woman ; **t'as vu l'autre, pour qui il se prend ?** get this guy, who does he take himself for ?

avaler *v.t.* 1. to believe naïvely°, to swallow (hook, line and sinker), to fall for, to be taken in. 2. **avaler son acte de naissance**, to die°, to kick the bucket, to cash in one's chips. 3. **avoir avalé un parapluie**, to be stiff and illat-ease°, to be a stiff shirt, to be uptight.

avantages *n.m. pl.* breasts°, tits, boobs, knockers.

avant-scène *n.f.* bosom°, cleavage, chest ; **elle a une de ces avant-scènes,** she's certainly well-endowed in the upper regions.

avaro *n.m.* problem°, snag, hitch, glitch.

avec (faire) *loc.* to cope°, to make do, to get by ; **va falloir faire avec,** we're just going to have to lump it.

aviateur *n.m.* sado-masochistic homosexual°, S&M homo, leather queer.

avoine *n.f.* 1. blow°, smack, clout, bang. 2. beating°, hiding, thumping, lambasting.

avoiner *v.t.* to beat up°, to work over, to do in, to give a good hiding.

avoir *v.t.* 1. **avoir qqun,** to swindle° / con s.o., to take s.o. in, to have s.o. on ; **avoir qqun aux sentiments,** to take s.o. in with a sob story ; **se faire avoir,** to be swindled° / had. 2. **en avoir•,** to be courageous°, to have guts / balls. 3. **l'avoir mauvaise,** to feel bitter°, to have a bad taste in the mouth, to feel hard done by. 4. **en avoir jusque-là,** to be fed up, to be sick up to here, to be sick, sore and tired. 5. **j'ai !** *(sports)* (it's) mine !, leave it !

azimuts *n.m. pl.* **dans tous les azimuts,** everywhere°, all over the show / the shop / *(US)* the ballpark ; **tous azimuts,** on every front, every which way.

azimuté *adj.* crazy°, bonkers, nuts, cracked.

B

BA (*abr.* = bonne action) *n.f.* **faire sa BA**, to act in a Christian manner°, to do one's good deed (for the day), to act the good Samaritan.

baba *adj.* surprised°, astonished, bowled over, flabbergasted ; **en rester baba**, to be knocked for six.

baba• *n.m.* backside°, bum, arse ; **l'avoir dans le baba**, to get swindled°, to be had, to get screwed / shafted.

baba (cool) *adj.* hippie, peace and love ; **ma période baba**, my flower-power phase.

baba (cool), bab's *n.* hippie, flower child.

babasse *n.f.* pinball machine°, silver ball ; **secouer la babasse**, to play the silver ball.

babillard *n.m.* 1. newspaper°, rag, scandal sheet. 2. talkative person°, chatterbox, gasser, gasbag. 3. lawyer°, legal eagle.

babillarde *n.f.* letter°, epistle, line.

babines *n.f.pl.* lips°, chops, kisser ; **se pourlécher les babines**, to lick one's lips / chops.

bac, bachot *n.m.* baccalauréat°, *(GB)* A-level°, *(US)* high-school diploma°.

bacantes, bacchantes *n.f. pl.* moustache°, tash, whiskers.

baccara *n.m.* trouble°, fix, spot of bother, jam ; **être en plein baccara**, to have nothing going for one, to be in dire straits.

bâcher (se) *v.pr.* to go to sleep°, to crash out, to hit the hay / the sack.

bachot = bac.

bachotage *n.m.* intensive studying for examinations°, swotting, cramming.

bachoter *v.i.* to study hard°, to swot, to cram.

bada *n.m.* hat°, titfer, lid.

badigoinces *n.f. pl.* lips°, chops, kisser.

baffe *n.f.* slap°, clout, bang, smack ; **coller / flanquer / foutre / mettre une baffe à qqun**, to give s.o. a clip round the ear.

baffer *v.t.* to slap (in the face)°, to bang, to clip, to clout.

baffle *n.m.* loudspeaker°, speaker, woofer.

bafouille *n.f.* letter°, note, epistle ; **envoyer une bafouille à qqun**, to drop s.o. a line.

bâfrer, se bâfrer *v.i., v.pr.* to eat heartily°, to stuff one's face, to bolt down, to wolf down.

bagatelle *n.f.* sex°, the thing, the birds and the bees ; **être porté sur la bagatelle**, to be fond of it, to have a one-track mind.

bagne *n.m.* 1. workplace°, saltmines, grindstone. 2. **c'est le bagne**, it's tough work°, it's hard labour, it's a real grind.

bagnole *n.f.* car°, wheels, buggy, jalopy.

bagougnasses *n.f.pl.* lips°, chops, kisser.

bagouse *n.f.* 1. ring°, band, hoop. 2.• anus°, arse, bumhole, ring ;

être de la bagouse, to be homosexual°, 'to be one of them, to be a bit of a fairy.

bagou(t) (avoir du) *loc.* to be a good talker°, to have the Blarney, to have the gift of the gab.

baguettes *n.f. pl.* legs°, sticks, pins.

bahut *n.m.* 1. school°, jail, prison. 2. taxi°, cab. 3. truck°, cab.

baigner *v.i.* to go well°, to go swimmingly, to go like a bomb ; **ça baigne**, everything's great° / smashing / super / A-1.

baigneur• *n.m.* backside°, bum, arse, butt.

bail *n.m.* a long time°, yonks, ages ; **ça fait un bail**, long time no see.

baille (la) *n.f.* water°, the drink, the soup, the splash ; **à la baille !** into the drink !

bain (être dans le) *loc.* 1. to be well-informed°, to be in the know, to know the score, to know what's what. 2. to be involved°, to be in on the act, to be mixed up / knee-deep in.

baisable• *adj.* sexually desirable°, fuckable, rideable, bonkable.

baisage• *n.m.* sex°, fucking, screwing, bonking.

baise• *n.f.* 1. sex°, fucking, screwing ; **il ne pense qu'à la baise**, all he ever thinks about is bonking. 2. sexual intercourse°, fuck, ride, bonk ; **on s'est fait une petite baise**, we had a quick screw.

baise-en-ville *n.m.* overnight bag°.

baiser• *v.* 1. *v.i.* to copulate°, to fuck, to have it off, to be at it ; **elle baise bien**, she's a good lay ; **baiser à la papa**, to copulate calmly°, to have a slow screw. 2. *v.t.* a) to have sexual intercourse°, to fuck, to screw, to ride ; b) to swindle°, to con, to screw, to shaft ; **se faire baiser**, to get taken in, to get screwed, to get fucked over ; c) to steal°, to nick, to pinch, to swipe ; d) to understand°, to cop, to dig ; **ne rien y baiser**, not to have a clue.

baiseur, -euse• *n.* highly sexed person°, randy / horny bugger, goer ; **c'est un sacré baiseur**, he's a bloody good screw.

baisodrome• *n.m.* 1. brothel°, whorehouse, knocking-shop. 2. bedroom°, sexual battleground.

balader 1. *v.i.* **envoyer balader**, to dismiss°, to send packing, to chuck ; **j'ai envie de tout envoyer balader**, I feel like dumping everything. 2. *v.t.* a) to deceive°, to take in / for a ride, to have on ; b) to defeat easily°, to take apart, to run rings around ; **il a baladé le champion en finale**, he whopped the champion in the final. 3. *v.pr.* **se balader** a) to be loose°, to be all over the place / the shop ; **y a les patates qui se baladent dans le coffre**, the spuds are rolling around all over the boot ; b) to have an easy victo-

ry°, to walk it, to breeze in ;
**dans ce match, ils se sont
baladés**, the game was a walkover for them.

baladeuse (avoir la main) *loc.*
to have a tendency to caress°, to
slip the hand, to be a groper, to
have wandering / roving hands.

balai *n.m.* 1. year of age°, year
old ; **il a soixante balais**, he's
sixty°, he's hit the sixty mark.
2. **con comme un balai**, very
stupid°, as daft as a brush, as
thick as two short planks.

balaise, balèse *adj.* 1. strong°,
well-built, hefty, beefy. 2. diffi-
cult°, tough, wicked, sticky,
mean ; **on a eu droit à un problème de maths vachement
balaise**, we got a real stiff
maths problem. 3. intelligent°,
smart, brainy, bright ; **en informatique, il est balaise**, he's a
computer whiz kid. 4. **c'est
balaise !** super !, brilliant !, fantastic !, magic !

balaise, balèse *n.m.* strong man°,
beefy guy, hefty customer,
weightlifter.

balance *n.f.* informer°, grass,
nark, rat, snitch.

balancé (bien) *adj.* attractive°,
good-looking, stunning ; **il est
bien balancé**, he's a hunk ; **elle
est drôlement bien balancée**,
she's got it all in the right
places.

balancer 1. *v.i.* **ça balance**, it's
got rhythm° *(music)*, it moves,
it gets you going, it rocks. 2. *v.t.*
a) to throw°, to chuck, to toss,
to fire ; **balance la balle par
ici**, knock the ball over here ;
balancer la purée / la sauce,
(i) to fire a gun°, to open up ;
(ii) •to ejaculate°, to cream, to
shoot one's load ; b) to throw
out°, to get rid of, to chuck out,
to chuck away ; **j'ai plein de
vieux trucs à balancer**, I've
got a whole load of old stuff for
the bin ; c) to dismiss°, to fire,
to sack, to boot out ; d) to
denounce°, to blow the whistle
on, to grass / to snitch / to
squeal on ; e) **balancer une
beigne / un coup / une claque
à qqun**, to strike° / smack /
bang / wallop s.o. ; f) **balancer une vacherie / une saloperie à qqun**, to insult s.o.°,
to say something rotten / nasty
to s.o., to put s.o. down, to diss
s.o. 3. *v.pr.* **s'en balancer**, not
to care°, not to give a damn / a
cuss / a monkey's about s.t.

balançoire à Mickey• *n.f.* sanitary towel°, fanny pad, blood
rag.

balayette• *n.f.* penis°, dick,
cock, prick ; **dans le cul la
balayette !** it's all over !°, it's
curtains !, right up the arse !

balcon *n.m.* bosom°, chest, cleavage ; **y a du monde au balcon**, she's got big tits / great
frontal suspension.

**baleine (se marrer / rigoler
comme une)** *loc.* to laugh
uproariously°, to be in stitches,
to be doubled over, to crack up.

balèse = balaise.

baliser *v.i.* to be anxious°, to
have the jitters, to be in a lather,

to be up to high do.

balle *n.f.* franc°, penny, cent ; **t'as pas cent balles ?** can you spare a dime ?

ballet *n.m.* sexual orgy°, circle jerk, circus love, group grope ; **ballet rose**, orgy with underage girls° ; **ballet bleu**, orgy with underage boys.

ballochards• *n.m. pl.* breasts°, tits, knockers, titties.

balloches• *n.f.pl.* testicles°, goolies, balls, bollocks.

ballon *n.m.* 1. **avoir le ballon**, to be pregnant°, to be in the club, to have a bun in the oven ; **flanquer le ballon à qqun**, to get s.o. into trouble / up the spout. 2. prison°, clink, slammer, nick ; **j'ai pris deux ans de ballon**, I got two years inside.

ballot *n.m.* idiot°, wally, twit, jerk ; **quel ballot tu fais**, you're a bloody eejit.

balpeau ! (*verl.* = peau de balle) *excl.* nothing !°, nout !, sweet F.A. !, bugger all !

bambou *n.m.* 1. **avoir un coup de bambou**, a) to become crazy°, to go off one's rocker, to go round the bend, to take the head-staggers ; b) to become tired°, to feel bushed / knackered / whacked / all-in. 2.• penis°, dick, cock, prick ; **avoir le bambou**, to have an erection° / a hard-on.

bamboula 1. *n.f.* **faire la bamboula**, to party°, to live it up, to paint the town red. 2.• *n.m.* black person°, sambo, nignog, nigger.

banane *n.f.* 1. teddy-boy haircut, quiff. 2. **banane !** idiot !, moron !, jerk !, dick !

banco ! *excl.* OK !, right on !, you bet !, you better believe it !

bandaison• *n.f.* erection°, hard-on, boner.

bandant• *adj.* 1. sexually desirable°, screwable, fuckable ; **elle est super-bandante**, she's a real ride. 2. wonderful°, smashing, sexy ; **c'est pas vraiment bandant**, it's not really up to much.

bande *n.f.* gang, bunch, squad ; **vous êtes une sacrée bande de salopards•**, you're a fucking bunch of dickheads !

bander• *v.i.* 1. to have an erection° / a hard-on / a boner. 2. **bander pour qqun**, to be excited by° / turned on by s.o., to have a big thing for s.o. 3. **bander mou**, a) to be frightened°, to be scared shitless, to shit a brick ; b) to fail to have an erection°, to have the droop, not to be able to get it up.

bandeur, -euse• *n.* sex-mad person°, horny / randy bugger, goer.

banquer *v.i.* to pay up°, to fork out, to cough up.

baptiser *v.t.* to stain a new piece of clothing°, to give s.t. its maiden stain, to run s.t. in.

baquer (se) *v.pr.* to take a bath°, to have a soak, to have a swab down, to get into the tub.

baquet *n.m.* stomach°, belly, tummy, breadbasket.

baraka *n.f.* good luck°, jam, the

breaks ; **avoir la baraka**, to be lucky°, to be on a winner / on a roll, to luck out.

baraque *n.f.* 1. house°, place, pad, joint. 2. a) untidy house°, dump, kip ; b) badly organized company°, shambles of a business, cowboy outfit. 3. strong man, hefty guy, beefy bloke. 4. **casser la baraque**, to have a resounding success°, to bring the house down, to top the hit parade. 5. **casser la baraque à qqun**, to ruin s.o.'s plans°, to muck things up for s.o., to spoil the action for s.o. ; **c'était bien parti avec elle, jusqu'à ce qu'il vienne me casser la baraque**, I was well on my way with her, until he comes along and shoves his big nose in.

baraqué *adj.* well-built, hefty, beefy.

baratin *n.m.* chat°, patter, spiel ; **c'est du baratin**, it's all bull ; **arrête ton baratin**, cut the crap ; **faire du baratin à qqun**, to chat up s.o.

baratiner *v.t.* 1. to seduce verbally°, to sweet-talk, to chat up. 2. to attempt to persuade to buy°, to give the sales pitch, to give it the full spiel.

baratineur *n.m.* 1. verbal seducer°, smooth talker, sweet-talker. 2. liar°, spoofer, bullshitter.

barbant *adj.* extremely boring°, deadly, dull as ditchwater, as interesting as watching paint dry.

barbaque *n.f.* bad quality meat°, fat, shoe leather.

barbe *n.f.* 1. **quelle barbe !** what a bore !°, what a pain in the neck !, what a drag ! 2. **la barbe !** that'll do !°, easy on !, leave it out !, give it a rest !

barbeau *n.m.* procurer°, pimp, ponce.

barber 1. *v.t.* to bore completely° / stiff / to death. 2. *v.pr.* **se barber**, to be totally bored°, to be bored to tears / silly.

barboter *v.t.* to steal°, to nick, to pinch, to tealeaf.

barbouille *n.f.* painting°, a spot of painting ; **le dimanche, il fait de la barbouille**, he dabbles a bit in painting in his spare time.

barbouiller *v.t.* 1. to paint°, to give a lick of paint, to splash on a bit of paint. 2. to paint as a hobby°, to do a bit of painting, to dabble in painting. 3. to ruin°, to mess up, to cock up.

barbouilleur *n.m.* artist°, painter°, dauber, amateur Picasso.

barbouze, barbouse 1. *n.f.* beard°, fungus, brush, bush. 2. *n.m.* undercover agent°.

barbu• *n.m.* 1. pubic hair°, brush, squirrel, beaver ; **descente au barbu**, cunnilingus°, muff-diving, dining at the Y. 2. vagina°, fanny, pussy, snatch.

barda *n.m.* paraphernalia°, kit, junk, stuff ; **il est arrivé avec tout son barda**, he turned up with all his gear.

barder *v.i.* to go badly°, to boil

over, to erupt ; **ça va barder**, there's gonna be trouble ; **ça a dû barder pour lui**, looks like he had a hard time of it.

barge, barjo (*verl.* = **jobard**) *adj.* crazy°, nuts, bonkers, barmy.

barlou (*verl.* = **loubard**) *n.m.* hooligan°, thug, yobbo, hood(lum).

barlu *n.m.* collective rape°, gang-bang, gang-shag.

barouf *n.m.* uproar°, din, racket, rumpus ; **il a fait un barouf de tous les diables**, he kicked up a hell of a fuss.

barre *n.f.* 1. **avoir un coup de barre**, to be exhausted° / knackered / bushed / whacked. 2. **à toute barre**, at top speed°, all out, at full throttle.

barré *adj.* directed towards°, headed, -wards ; **bien barré**, looking good, on track ; **on est mal barrés**, we're in for trouble, things aren't looking the best.

barreau de chaise *n.m.* fat cigar°, Havana, seegar.

barrer (se) *v.pr.* to leave°, to clear off, to beat it, to skedaddle, to make tracks.

barreur *n.m.* doorman° (*night-club, concert, etc.*), bouncer, gorilla.

barrique (plein / rond comme une) *loc.* extremely drunk°, as drunk as a skunk, as full as a lord, as pissed as a newt.

basane (tailler une) *loc.* to give a rude gesture°, to give / flip the finger(s).

bas-duc, bas-du-cul *n.m.* small person°, shortie, short-arse.

baskets *n.m.pl.* 1. **être bien / à l'aise dans ses baskets**, to be content°, to be fat, dumb and happy, to have no complaints, to be on top of the world. 2. **lâche-moi les baskets !** leave me alone !°, easy on !, leave it out !, give me a break ! 4. **faire baskets**, to leave without paying°, to do a runner / a bunk.

bassiner *v.t.* to annoy°, to get on s.o.'s wick, to piss s.o. off ; **tu commences à me bassiner, avec tes salades**, your yarns are really beginning to give me a pain in the neck.

bassinet (cracher au) *loc.* to pay up°, to fork out, to cough up.

basta ! *excl.* enough !°, that'll do !, leave it out !, give it a break !

baston *n.m., n.f.* fight°, free-for-all, punch-up, scrap ; **y a de la baston dans l'air**, there's gonna be some aggro.

bastonner (se) *v.pr.* to fight°, to brawl, to scrap, to slug it out.

bastos *n.f.* bullet°, slug, piece of lead.

bastringue *n.m.* 1. dance°, do, shindig, hop. 2. musical group°, band, combo. 3. uproar°, rumpus, din, racket. 4. **et tout le bastringue**, and the lot°, and the whole works / shooting gallery / shebang.

bataclan (et tout le) *loc.* and the lot°, and the whole works / shooting gallery / shebang.

bataillon (inconnu au) *loc.* unknown°, never heard of him / it, what's that when it's / who's he when he's at home ?

bateau *adj.* clichéed°, worn-out, hackneyed ; **un sujet bateau**, the same old thing again, an old chestnut.

bateau *n.m.* **mener qqun en bateau,** to swindle s.o.°, to take s.o. in, to con s.o., to take s.o. for a ride ; **monter un bateau à qqun,** to play a trick on s.o.°, to have s.o. on, to pull s.o.'s leg, to take the piss out of s.o.

bath *adj.* 1. good-looking°, gorgeous, peachy, dreamy. 2. great°, neat, super-dooper, top-notch.

bâton *n.m.* 1. 10.000 francs°, ten grand. 2. **avoir le bâton•,** to have an erection° / a hard-on / a boner.

battage *n.m.* intensive advertising°, hype, hard sell ; **faire du battage autour d'un produit,** to push / hype / plug a product.

battant *n.m.* 1. heart°, ticker, pump. 2. dynamic and ambitious person°, go-getter, hotshot.

battre 1. *v.t.* **ne rien avoir à battre de qqch.,** not to care° / not to give a damn / not to give a cuss about s.t. ; **j'en ai rien à battre,** I don't give a monkey's. 2. *v.pr.* **s'en battre l'œil,** not to care° / not to give a damn / not to give a monkey's about s.t.

bavard *n.m.* 1.• backside°, bum, arse, butt. 2. lawyer°, legal

eagle.

bavarde *n.f.* 1. tongue°, clapper, stinger. 2. letter°, line, note.

bavasser *v.i.* to talk incessantly°, to tongue-wag, to rabbit on, to banter away.

baver *v.i.* 1. **en baver,** to endure difficulties°, to have a hard time of it, to go through a lot of crap ; **en faire baver à qqun,** to give s.o. a hard time, to make it tough for s.o. 2. **baver sur les rouleaux à qqun,** to annoy s.o.°, to get on s.o.'s wick / nerves / case, to cheese s.o. off. 3. **baver de qqch.,** to drool with s.t.°, to be brimming with s.t., to be dying of s.t. ; **faire baver qqun de jalousie,** to make s.o. green with envy.

bavette (tailler une) *loc.* to have a chat° / banter / chinwag, to shoot the breeze.

baveux *n.m.* 1. soap°. 2. newspaper°, rag, scandal sheet. 3. passionate kiss°, French kiss, mouth music.

bazar *n.m.* 1. confusion°, mishmash, shambles ; **cet appart, c'est le bazar !** this pad is an unholy mess ! 2. paraphernalia°, gear, stuff ; **et tout le bazar,** and the whole shebang / shooting gallery. 3. **de bazar,** inexpensive and bad quality°, cheapo, junky, trashy. 4.• sexual organs°, the gear, the goods, the equipment ; **déballer son bazar,** to show one's stuff.

bazarder *v.t.* 1. to sell off°, to flog, to get rid of, to unload. 2. to get rid of°, to dump, to ditch, to chuck ; **c'est bon à bazarder**, it's fit for the bin.

BCBG, bècebège (*abr.* = **bon chic bon genre**) *adj.* *(GB)* Hooray Henry *(man)*, Sloane Ranger *(woman)*, *(US)* preppy.

BCBG, bècebège (*abr.* = **bon chic bon genre**) *n.* *(GB)* Hooray Henry *(man)*, Sloane Ranger *(woman)*, *(US)* preppy / preppette.

BD, bédé (*abr.* = **bande dessinée**) *n.f.* cartoons°, comics, comix.

beau comme un camion (être) *loc.* 1. to be extremely unattractive° / as ugly as sin, to have a face like the back of a bus. 2. to be very attractive°, to look good / neat, to look like a million dollars.

beau-dab *n.m.* father-in-law°, the wife's old man.

beauf *adj.* reactionary°, rightwing, rightist, true blue ; **ce genre de discours, c'est vraiment beauf**, that's the sort of thing Ghengis Khan would have come out with.

beauf (*abr.* = **beau-frère**) *n.m.* 1. brother-in-law°, bro-in-law. 2. average reactionary Frenchman°, redneck, square.

beaujolpif, beaujolpince *n.m.* Beaujolais wine°.

bébé (refiler le) *loc.* to pass on the responsibility°, to pass the buck, to leave someone else holding the baby.

bébête *adj.* childish°, silly, dopey, goofy.

bec *n.m.* 1. mouth°, cakehole, kisser ; **avoir bon bec**, to speak well°, to have the Blarney ; **ferme ton bec !** shut your trap ! ; **clouer le bec à qqun**, to shut s.o. up ; **tenir son bec**, to keep one's gob shut ; **claquer du bec**, to be absolutely starving ; **se rincer le bec**, to wet one's whistle, to have a jar. 2. **laisser qqun le bec dans l'eau**, to abandon° / to ditch / to dump s.o., to leave s.o. in the lurch ; **rester le bec dans l'eau**, to be left high and dry. 3. **avoir une prise de bec avec qqun**, to argue with s.o.°, to have a barney / a set-to / a tiff / words with s.o. 4. **tomber sur un bec**, to come across a difficulty°, to come a cropper, to run into a snag.

bécane *n.f.* 1. a) bicycle°, pushbike, bike ; b) motorcycle°, motorbike. 2. any mechanical apparatus°, contraption, machine *sp.* computer°.

bècebège = **BCBG**.

bêcher *v.t.* to ignore°, to snub, to cold-shoulder, to blank ; **il m'a bêché toute la soirée**, he froze me out all evening.

bêcheur, -euse *n.* condescending person°, snob, toffee-nose.

bécot *n.m.* kiss°, peck, smack.

bécoter 1.*v.t.* to kiss°, to peck, to smack. 2. *v.pr.* **se bécoter**, to kiss amorously°, to smooch, *(GB)* to snog, *(US)* to neck.

bectance, becquetance *n.f.* food°, nosh, grub, eats.

becter, becqueter *v.t.* to eat°, to nosh, to chow down, to tuck in ; **qu'est-ce qu'y a à becter ce soir ?** what's for grubstakes tonight, then ?

bégonias (charrier dans les) *loc.* to go too far°, to go over the top, to go OTT, to overdo it.

beigne *n.f.* slap°, clout, whack, smack ; **prendre une beigne**, to get a good clip round the ear.

belette *n.f.* wife°, missis, wifey, old lady ; **ma belette**, my better half.

belge ! (tiens, fume ! c'est du)• *loc.* up yours !, fuck you !, sit on it (and rotate) !

belle *n.f.* 1. **se faire la belle**, to escape from prison°, to go over the wall, to do a bunk. 2. **l'avoir belle, se la faire belle**, to live an easy life°, to have a cushy time, to have it easy. 3. **coucher à la belle**, to sleep in the open air°, to sleep rough. 4. **en faire voir de belles à qqun**, to make things difficult for s.o.°, to make it rough for s.o., to give s.o. a hard time. 5. **en faire de belles**, to be involved in mischief°, to be up to funny business / monkey business / no good.

belle-doche *n.f.* mother-in-law°, scourge, battle-axe.

bénard *n.m.* trousers°, strides, bags, britches.

bénef (*abr.* = **bénéfice**) *n.m.* profit°, net, gravy ; **c'est tout bénef**, it's all money in the bank, you can't lose.

Ben Hur (arrête ton char,) *loc.* get out of it !, come off it !, you got to be joking !

béni-oui-oui *n.m.* sycophant°, yes-man, nod guy.

bénitier• *n.m.* vagina°, fanny, pussy, snatch, slit.

bénouze *n.m.* 1. trousers°, strides, bags. 2. underwear°, kecks, briefs.

berceau (les prendre au) *loc.* to have young sexual partners°, to babysnatch, to pick them before they're quite ripe.

Bérézina *n.f.* disaster°, Waterloo, catastrophe, major-league headache.

berge *n.f.* year° ; **il a pris dix berges de taule**, he was put away for ten.

bergère *n.f.* wife°, missis, wifey, old lady.

berlingot•, **berlingue**• *n.m.* 1. clitoris°, clit, boy in the boat. 2. virginity°, cherry, clean slate.

bernicles *n.f.pl.* glasses°, specs.

bernique ! *excl.* no way !, not a chance !, not for all the tea in China !

berzingue (à toute) *loc.* very quickly°, at top-speed, flat out, at full throttle.

besogner• *v.i.* to copulate with a woman°, to fuck, to bang, to shaft, to screw.

bestiau *n.m.* animal°, critter, beastie.

bête *n.f.* 1. **c'est une bête, c'est la bête**, he's wonderful, he's an ace, he's got what it takes. 2. **bête de scène**, great performer, person born for the stage. 3. **faire la bête à deux dos**•, to fornicate°, to make the beast with two backs, to shag, to get one's oats. 4. **bosser / travailler comme une bête**, to work hard°, to work like a dog, to slave away, to sweat blood. 5. **chercher la petite bête**, a) to look for trouble°, to be asking for it, to go out in search of it ; b) to be over-meticulous°, to nitpick, to split hairs.

béton *n.m.* 1. **en béton**, solid°, concrete, cast iron, solid as a rock ; **un dossier en béton**, a rock-solid job application. 2. **laisse béton !** (*verl.* = **laisse tomber**) come off it !, drop it !, let it ride !

bétonner 1.*v.i.* to pull everyone back (*football*), to pack the defence. 2. *v.t.* to render as strong as possible°, to shore up, to reinforce ; **t'as intérêt à bétonner ton argument**, you'd need to make your point foolproof.

beu (*verl.* = **herbe**) *n.f.* marijuana°, grass, blow, reefer, weed.

beuflant *adj.* wonderful°, super, fantastic, brill.

beuglante *n.f.* 1. scream°, holler, yell. 2. song°, tune, holler ; **pousser une beuglante**, to croon.

beugler *v.i.* 1. to scream°, to holler, to yell. 2. to sing badly°, to murder a song, to moan, to wail, to yodel.

beur, beurette (*verl.* = **arabe**), *n.* second-generation North African born in France°.

beurk ! *excl.* yuck !, yuckie !

beurre *n.m.* 1. **faire son beurre**, to make money°, to make loads of dough / a packet / megabucks. 2. **mettre du beurre dans les épinards**, to improve one's living standards°, to make things easier, to grease the wheels ; **il a pris un petit boulot en plus pour mettre du beurre dans les épinards**, he's taken on an extra odd job to put more bread on the table. 3. **compter pour du beurre**, to count for nothing°, to count for nout, not to be taken into account ; **ce coup-ci, ça compte pour du beurre**, this is just a trial run. 4. **pas plus de... que de beurre au cul•**, damn all / bugger-all / sweet F.A. in the way of... ; **il a pas plus de jugeote que de beurre au cul**, he's got as much brains as a cabbage.

beurré *adj.* drunk°, well-oiled, pissed, plastered.

beurrée, beurranche *n.f.* bout of drunkeness°, a real skinful ; **prendre une beurrée**, to get pissed as a newt, to get completely plastered.

bézef (y en a pas bézef) *loc.* there's not a lot°, you couldn't say there's loads of it, it's a bit scarce on the ground.

bi *adj.* bisexual°, bi, AC / DC.

biberonner *v.i.* to drink°, to booze, to gargle, to knock it back.

bibi *n.m.* me°, myself, yours truly ; **qui c'est qui trinque ? c'est bibi**, and who takes the shit ? yours truly.

bibine *n.f.* bad drink°, cat's piss, dishwater.

bic, bicot• *n.m.* Arab°, wog, A-rab.

bicause, bicoze *prep.* on account of°, cause, coz ; **je sors pas bicause la pluie**, I'm not going out coz it's raining.

bicher *v.i.* 1. **ça biche ?** how's it going ?, how's life ?, how's tricks ? ; **ça biche,** a) everything's great, A-OK, spot on ; b) it's a deal, done ! 2. **bicher comme un pou (dans la crème fraîche),** to be extatic°, to be over the moon, to be as happy as Larry.

biclou, bicloune *n.m.* bicycle°, bike.

bidasse *n.m.* private (soldier)°, *(GB)* squaddie, *(US)* GI.

bide *n.m.* 1. stomach°, belly, breadbasket ; **prendre du bide,** to get a beer-belly ; **il n'a rien dans le bide,** he hasn't got any guts / balls. 2. failure°, flop, disaster, wash-out ; **ce film a fait un bide,** that movie was a complete turkey.

bidet (eau de) *n.f.* thing without value°, crummy / tacky item ; **toutes ses idées, c'est de l'eau de bidet,** he's full of crappy ideas.

bidoche *n.f.* meat°, flesh.

bidon *adj.* counterfeit°, fake, sham, phony ; **une maladie bidon,** a put-on illness.

bidon *n.m.* 1. stomach°, belly, breadbasket. 2. rubbish°, junk, trash, crap ; **c'est du bidon,** that's a load of bull(shit).

bidonnant *adj.* hilarious°, side-splitting, priceless, gut-busting ; **c'est bidonnant,** it's a real laugh / scream.

bidonner 1. *v.t.* to swindle°, to con, to take in, to have on. 2. *v.pr.* **se bidonner,** to laugh uproariously°, to be in stiches, to be doubled up with laughter, to crack up.

bidonneur *n.m.* swindler°, con-man, crook.

bidouillage *n.m.* repairing°, fixing up, quick fix.

bidouiller *v.t.* to repair quickly°, to put together, to fix up ; **je vais te bidouiller ça,** I'll put that straight for you.

bidule *n.m.* 1. thing°, whacha-macallit, thingummijig, doo-dah. 2. truncheon°, cosh.

bière (c'est pas de la petite) *loc.* it's worth taking into account°, it's not to be sneezed at, it's no small potatoes.

biffeton = bifton.

bifteck *n.m.* 1. **gagner son bif-teck,** to make a living°, to earn one's bread, to bring home the bacon. 2. English person°, Brit, Sasanach, Limey.

bifton, biffeton *n.m.* 1. bank-note°, soft money, greenback. 2. ticket° *(cinema / rail-way, etc.),* stub, chit. 3. doctor's certificate° / line.

bigler *v.t.* to look at°, to have a butcher's / a dekko / a shufty at.

bigleux *adj.* myopic°, short-sighted, cock-eyed, blind ; **t'es complètement bigleux,** you need glasses.

bigleux *n.m.* myopic person°, squint-eyed person ; **c'est le bigleux total, ce mec**, this guy is as blind as a bat.

bigne *n.m.* prison°, joint, slammer, nick, can.

bigophone, bigorneau *n.m.* telephone°, phone, blower ; **je te passe un coup de bigophone**, I'll give you a shout / a buzz.

bijou• *n.m.* 1. bijou de famille, vagina°, pussy°, fanny, crack. 2. *pl.* **bijoux de famille**, male sexual organs°, balls, the family jewels, the box of tricks.

biler (se) *v.pr.* to worry°, to fret, to get into a lather, to be up to high do ; **te bile pas, c'est pas grave**, don't get worked up, it'll be alright.

billard *n.m.* 1. **c'est du billard**, it's very simple°, it's easy as pie, it's a piece of cake. 2. **passer sur le billard**, to get operated on°, to have one's insides looked at. 3. **dévisser son billard**, to die°, to kick the bucket, to snuff it.

bille *n.f.* 1. head°, loaf, nut, bonce. 2. **reprendre / retirer ses billes**, to pull out° *(of a business, deal, etc.)*, to jack in, to bow out, to back down. 3. **toucher sa bille**, to be an expert° / ace / champ / pro ; **au foot, il touche sa bille**, he's an A-1 footballer.

billet *n.m.* **je te fiche mon billet que...** you can be sure that...°, you can bet your bottom dollar that..., I'll bet you anything you like that...

binette *n.f.* face°, mug, dial, block.

biniou *n.m.* telephone°, phone, blower ; **je te passe un coup de biniou**, I'll give you a buzz / shout / tinkle.

binoclard *n.m.* person wearing glasses°, specky, four-eyes, specky-four-eyes.

bin's *n.m.* 1. difficult experience°, hard time, botheration, hassle ; **pour y arriver, ça a été tout un bin's**, we had a helluva time getting there. 2. thing°, thingammy, widget, whachamacallit ; **passe-moi le bin's, là**, chuck us the yolk over there, will you ?

bio *adj.* natural°, bio, organic ; **des produits bio**, green / eco-friendly products.

bique *n.f.* 1. female goat°, nanny-goat. 2. **crotte de bique**, rubbish°, trash, junk, tripe ; **crotte de bique !** Goddammit ! 3. **vieille bique**, old woman° / hag / witch / cow.

biroute• *n.f.* penis°, pecker, middle leg, banana.

biscottos *n.m.pl.* biceps°, muscle, beef ; **jouer des biscottos**, to act the tough guy.

biscuit *n.m.* 1. **les biscuits**, money°, dough, bread, readies. 2. **ne pas partir sans biscuits**, to prepare oneself in advance°, to do one's homework, to gen up. 3. **tremper son biscuit•**, to have sex with a woman°, to dip one's wick, to get one's end away. 4. **choper un biscuit**, to get a parking ticket°, to get booked.

biser *v.t.* to kiss° / to peck on the cheek.

bisness, bizeness *n.m.* 1. job°, work, line, business. 2. **un drôle de bisness**, a strange business°, a shady affair, a fishy operation. 3. **faire le bisness**, to prostitute oneself°, to streetwalk, to be on the game.

bistouille *n.f.* mixture of coffee and alcohol°.

bistro, bistrot, bistroquet *n.m.* drinking establishment°, watering-hole, *(GB)* pub, bar, café ; **le bistrot du coin**, the local.

bite• *n.f.* penis°, dick, cock, prick ; **rentrer la bite sous le bras**, to come back with nothing to show / with sweet F.A. ; **être con à bouffer de la bite**, to be absolutely fucking stupid, not to know one's ass from one's elbow.

biter• *v.t.* 1. to copulate with a woman°, to fuck, to screw, to spunk. 2. to swindle°, to con, to take in, to have on. 3. to understand°, to cop, to get it, to get the picture ; **j'y bite rien**, I haven't a fucking clue about it.

bitonio *n.m.* thing°, thingamajig, widget, whachamacallit, whatsit.

bitos *n.m.* hat°, titfer, lid.

bitume (faire le) *loc.* to prostitute oneself°, to streetwalk, to be on the game.

biture *n.f.* 1. **prendre une biture**, to get very drunk° / pissed / plastered / jarred / legless. 2. **à toute biture**, very quickly°, flat

out, at full throttle.

biturer (se) *v.pr.* to get very drunk° / tight / bombed / stewed, to get a skinful.

bizeness = bisness.

bizut, bizuth *n.m.* first-year student°, freshman, fresher.

bizutage *n.m.* freshman initiation°, *(GB)* ragging, *(US)* hazing.

bizuter *v.t.* to initiate a freshman°, *(GB)* to rag, *(US)* to haze.

blabla *n.m.* nonsense°, blah, claptrap, waffle, hot air.

blablater *v.i.* to talk incessantly°, to yak on, to gabble on, to rabbit on.

black *adj.* black° *(people)*.

black *n.* black person°.

blague *n.f.* joke°, funny, crack ; **sans blague ?** no joking !, no kidding ! ; **raconter des blagues**, to tell tall-tales ; **attention, pas de blagues**, careful, no messing about.

blaguer *v.i.* to joke, to kid, to mess around ; **il a dit ça pour blaguer**, he said it for a laugh / for a lark.

blair *n.m.* nose°, hooter, snout, snozzle.

blaireau *n.m.* 1. new recruit°, greenhorn, rookie. 2. idiot°, square, redneck.

blairer (ne pas pouvoir) *v.t.* not to be able to stand° / to stomach / to put up with ; **celui-là, je peux pas le blairer**, I just can't take that guy.

blanc *adj.* innocent°, guiltless, clean, white as snow ; **être**

blanc, to have a clean record.
blanc *n.m.* 1. **un petit blanc**, a glass of white wine° / of bianco. 2. **saigner qqun à blanc**, to ruin s.o. financially°, to clean s.o. out, to bleed s.o. white. 3. sperm°, spunk, cum.

blanche *n.f.* cocaine°, coke, nose candy.

blase, blaze *n.m.* 1. name°, monnicker, tag. 2. nose°, neb, hooter, snoozle.

blé *n.m.* 1. money°, dough, bread, spondoolicks. 2. **être fauché comme les blés**, to be penniless° / skint / broke, to be poor as a church mouse.

bled *n.m.* 1. remote place°, middle of nowhere, hole in the wall, *(US)* boonies ; **un bled perdu**, nowheresville ; **ici, c'est vraiment le bled**, this place is really the back of beyond. 2. birthplace°, hometown ; **mon bled, c'est Brest**, I hail from Brest.

bleu *n.m.* 1. new recruit°, rookie, greenhorn ; **tu me prends pour un bleu ?** I'm not as green as I'm cabbage-looking. 2. **les bleus**, riot police in uniform°, the riot squad. 3. **passer qqch. au bleu**, not to mention s.t.°, to keep s.t. quiet, to hush s.t. up, to keep mum about s.t.

bleubite *n.m.* new° / raw recruit, rookie, greenhorn.

bleusaille (la) *n.f.* the whole gang of young recruits, the bunch of greenhorns.

blinde 1. *n.m.* share°, whack, slice, cut of the loot. 2. *n.f.* **à**

toute blinde, very quickly°, flat out, at full throttle.

blindé *adj.* 1. immune°, hard-boiled, thick-skinned ; **tu peux y aller, je suis blindé**, you can shout as much as you want, it won't hurt me. 2. drunk°, pissed, jarred, plastered. 3. high (on drugs), stoned, out of it.

blinder 1. *v.i.* to go quickly°, to bomb, to get one's skates on ; **va falloir blinder**, we'll have to get a move on. 2.*v.t.* a) to get s.o. drunk° / pissed / stewed / jarred ; b) to give (s.o.) venereal disease°, to give (s.o.) a dose (of the clap). 3. *v.pr.* **se blinder** to get totally drunk° / completely pissed / absolutely stocious, to get a good skinful.

bloblote (avoir la) *loc.* 1. to be afraid°, to have the jitters / the creeps / goose bumps. 2. to tremble°, to have the shivers / the shakes.

bloc *n.m.* 1. cell°, nick, clink, tank. 2. **gonflé à bloc**, in great form°, full of beans, in tip-top shape.

bloquer *v.t.* to receive (a blow)°, to take, to cop, to stop ; **bloquer une pêche**, to get one in the gob.

blot *n.m.* 1. discount°, price, knock-down ; **fais-moi un blot**, can you give me something off ? 2. affairs°, business, worries ; **ce n'est pas ton blot**, mind your own business. 3. **ça fait mon blot**, that's perfect°, that'll do fine, that suits me down to the ground. 4. **en avoir**

son blot, to have had enough°, to have it up to here, to have one's fill. 5. **c'est le même blot**, it's the same difference, it's much of a muchness, it's as broad as it is long.

blouser *v.t.* to swindle°, to con, to take in, to have on ; **se faire blouser**, to get conned, to be taken for a ride.

blouson noir *n.m.* hooligan, yob, thug, hood(lum).

blues *n.m.* depression°, blues, downer ; **avoir le blues**, to be in a bad mood° / in rotten form, to be down in the dumps.

bobard *n.m.* 1. lie°, tall tale, yarn, shaggy dog story. 2. *pl.* **des bobards**, rubbish°, balderdash, tripe, codswallop ; **il raconte des bobards**, he's talking a lot of old bull.

bobèche *n.f.* face°, dial, mug, mush.

bobi, bobinard *n.m.* brothel°, whorehouse, knocking-shop.

bobine *n.f.* face°, dial, mug, puss ; **il a une bobine qui me revient pas, celui-là**, I don't like the look of that guy.

bobonne *n.f.* wife°, wifey, missis, my better half.

bobs *n.m.pl.* dice°, cubes, craps.

boc, bocard *n.m.* brothel°, whorehouse, knocking-shop.

bocal *n.m.* 1. head°, nut, loaf, bonce ; **agité du bocal**, crazy°, out of one's head, off one's rocker. 2. premises°, gaff, pad.

boche *n.m.* German°, Jerry, Kraut, Hun.

bœuf *n.m.* 1. **faire / gagner son**

bœuf, to make money°, to roll them in, to make mega-bucks. 2. **faire un effet bœuf**, to be very impressive°, to have a super-duper effect, to leave them breathless, to slay them. 3. **faire un bœuf**, to improvise° (*jazz*), to have a jam session. 4. **travailler comme un bœuf**, to work hard°, to work like a Trojan / like a dog, to sweat blood.

bof ! *excl.* so what ?, who cares ?, big deal !

bois *n.m.* 1. **gueule de bois**, hangover°, morning after feeling. 2. **chèque en bois**, bounced check. 3. **langue de bois**, politico-speak.

boîte *n.f.* 1. workplace°, business, firm. 2. nightclub°, disco, nitespot ; **sortir en boîte**, to go out nightclubbing. 3. mouth°, gob, kisser, trap ; **ferme ta boîte**, shut up your face. 4. **mettre qqun en boîte**, to make fun of s.o.°, to pull s.o.'s leg, to take the piss / the Mickey out of s.o. 5. **boîte à ouvrage•**, vagina°, box, slit, cunt.

bol *n.m.* 1. luck°, jam, the breaks ; **avoir un coup de bol**, to have a stroke of luck ; **manque de bol**, bad luck, hard luck, hard cheese. 2.• backside°, bum, arse, butt ; **en avoir ras le bol**, to have it up to here, to have one's fill. 3. **ne pas se casser le bol**, not to make much of an effort°, not to be too worried about s.t., not to bother one's arse.

bolcho *n.m.* communist°, commie, red, bolshie.

bombarder *v.t.* 1. to upgrade very quickly°, to kick upstairs, to up rapidly ; **il a été bombardé directeur,** he was thrown into the director's job. 2. to smoke heavily°, to chainsmoke ; **qu'est-ce qu'il bombarde !** he smokes like a train !

bombardier *n.m.* marijuana cigarette°, spliff, joint, reefer.

bomber *v.i.* to go fast°, to bomb along, to go like a bomb, to go like the clappers.

bon *adj.* 1. **être bon,** to be about to be arrested°, to be going to get nicked / lifted / pulled in. 2. **être bon pour qqch.,** to be due for s.t. (unpleasant)°, to be in for it ; **sans papiers, il est bon pour passer la nuit au poste,** without his ID papers, he's in for a night in the slammer.

bonbon 1. *n.m.* **en avoir ras le bonbon,** to have had enough°, to be fed up, to have it up to here. 2.• *n.m.pl.* testicles°, balls, goolies ; **casser les bonbons à qqun,** to bore the balls off s.o.

bondieu ! *excl.* oh my God !, good God !, holy God !

bonhomme *n.m.* 1. man°, fellow, chap, guy. 2. husband°, man, hubby. 3.• penis°, pecker, plonker, prick.

boni *n.m.* profit°, net, gravy ; **sur ça, j'ai pas de boni,** I'm not making a penny / a dime on this.

bonir *v.t.* 1. to pronounce° *(speech, etc.),* to spout, to sound off ; **il m'a boni une histoire à dormir debout,** he spun me a real yarn. 2. to talk smoothly°, to pitch a line, to spiel, to give it the patter ; **pour vendre sa marchandise, il vous bonit une de ces salades !** in order to sell his stuff he'll really lay it on with a shovel !

bonjour *excl.* **bonjour !** bad news !, tough shit !, heavy scene ! ; **pour rentrer chez soi les jours de grève, bonjour !** getting home on strike days, you can forget it ! ; **un verre, ça va, deux verres, bonjour les dégâts,** one glass is OK, but after that things start going down the hill ; **quel film merdique, bonjour la télé,** what a shitty movie, the TV's become really crap.

bonjour d'Alfred *n.* 1. tip°, little something, sweetener. 2. **t'as le bonjour d'Alfred,** you're in trouble°, you've had it, you're rightly buggered.

bonnard *adj.* 1. wonderful°, super, great, A-1. 2. gullible°, easily taken in / conned, green ; **il est bonnard,** he's a real sucker.

bonne (avoir qqun à la) *loc.* to have a liking for s.o.°, to have a soft spot for s.o., to take a shine to s.o.

bonnet (gros) *n.m.* important person°, VIP, bigwig, big noise, top brass.

bonniche *n.f.* maid°, skivvy,

slavey.

bordée *n.f.* drinking spree°, session, bender ; **tirer une bordée**, to go on a binge, to paint the town red.

bordel• *n.m.* 1. brothel°, whorehouse. 2. confusion°, mess, shambles ; **vous avez foutu un sacré bordel**, you really fucked the place up. 3. paraphernalia°, gear, stuff ; **il a ramené tout son bordel**, he brought the whole bloody lot. 4. **bordel !, bordel de merde !, putain de bordel de merde !**, shit !, fucking shit !, holy fucking shit !

bordélique• *adj.* in an untidy state°, messy, topsy-turvy, in a shambles, shambolic.

bords (sur les) *loc.* a little°, a bit, a wee bit, a shade ; **il est un peu cinglé sur les bords**, he's a bit on the crazy side, isn't he ?

borduré *adj.* excluded°, barred, banned, left out in the cold.

borne *n.f.* kilometre°.

boss *n.m.* director°, boss, guv, guv'nor.

bosse (rouler sa) *loc.* to travel extensively°, to see the world, to knock about from place to place ; **j'ai roulé ma bosse**, I've been about, I've seen a thing or two.

bosser *v.i.* to work°, to slog, to slave, to sweat ; **j'ai bossé comme un dingue**, I slogged my guts out, I worked my ass off.

bosseur, -euse *n.* hard worker°, slogger, grafter.

bottes *n.f.pl.* 1. **des bottes**, lots°, loads, stacks. 2. **en avoir plein les bottes**, to have had enough°, to be fed up with, to have it up to here. 3. **lécher / cirer les bottes à qqun**, to behave sycophantically to s.o.°, to lick s.o.'s boots, to suck up to s.o., to polish s.o.'s apple.

botter *v.t.* 1. to please°, to give a kick, to slay, to grab ; **ça me botte**, I'm really into that, I really get off on that. 2. **botter le cul à qqun**, to kick s.o.'s behind°, to give s.o. a good boot up the arse.

boucan *n.m.* uproar°, din, racket ; **faire un boucan de tous les diables**, to make a hell of a noise.

bouché *adj.* stupid°, dumb, dilly, dopey ; **être bouché à l'émeri**, to be thick as two short planks.

boucher *v.t.* **en boucher un coin / une surface à qqun**, to astonish s.o.°, to flabbergast s.o., to bowl s.o. over, to knock s.o. for six.

bouchon *n.m.* 1. **prendre du bouchon**, to grow old°, to be getting on in years, to be getting long in the tooth. 2. **pousser le bouchon un peu trop loin**, to exaggerate°, to go a little bit too far, to go over the top. 3. **mettre un bouchon**, to keep quiet°, to shut one's trap, to shut it, to put a sock in it.

boucler *v.t.* 1. to close°, to shut down, to shut up shop ; **il a bouclé plus tôt que d'habitude**, he pulled down the shutters earlier than usual. 2. **la boucler**, to keep quiet°, to shut up, to shut it, to keep it shut, to belt up ; **boucle-la**, shut yer gob. 3. to imprison°, to put away, to send down, to put behind bars.

boudin *n.m.* 1. *(car, etc.)* tyre°, shoe, skin. 2. ugly woman°, bag, dog, hog. 3. girlfriend°, the bird, the chick. 4. **finir / tourner en eau de boudin**, to fail°, to fall through, to come to nothing.

bouffarde *n.f.* pipe°, stove, hay burner.

bouffe *n.f.* 1. food°, eats, grub, nosh ; **à la bouffe !** grub's up !, come and get it ! 2. meal°, nosh-up, grubfest ; **se faire une bouffe**, to have a bite to eat together. 3. **faire la bouffe**, to do the cooking°, to knock something up, to look after the grub.

bouffer 1.*v.t.* a) to eat°, to nosh, to chow down, to scoff ; **on bouffe bien ici**, the grub's good here ; b) to consume°, to eat up°, to gobble up ; **bouffer de l'essence**, to drink petrol, *(US)* to guzzle gas ; c) **bouffer la chatte**•, to perform cunnilingus°, to muff dive, to dine at the Y ; d) **bouffer du...**, to be violently against...°, to be very anti-... ; **bouffer du curé**, to be vehemently anti-clerical°, to be a priest-hater. 2. *v.pr.* **se bouffer le nez**, to have an argument with each other°, to have a barney with each other, to have it

out with each other.

bouffi ! (tu l'as dit) *loc.* too right !, you can say that again !, you better believe it !

bouffon *n.m.* stupid individual°, clown, dope, nitwit.

bouge *n.m.* low-class drinking establishment°, dive, joint, speakeasy.

bouger (se) *v.pr.* to hurry°, to move it, to get a move on, to shake a leg ; **alors, tu te bouges ?** all right then, get your skates on !

bougie *n.f.* 1. head°, nut, bonce, loaf. 2. face°, kisser, mug, dial.

bougnat *n.m.* 1. native of Auvergne°. 2. bar°, watering-hole, gin-palace, speakeasy.

bougnoule• *n.m.* 1. dark-skinned foreigner°, wog. 2. black person°, nig-nog, nigger.

bougre *n.m.* 1. man°, fellah, chap, bloke ; **c'est un bon bougre**, he's a good guy ; **un sale bougre**, a right sod. 2. **bougre de temps !** terrible bloody weather ! **bougre d'idiot**, silly bloody eejit.

bougrement *adv.* extremely°, incredibly, bloody, damned ; **elle est bougrement belle**, she's bloody good-looking.

bougresse *n.f.* woman°, lass, chick, bird.

boui-boui, bouic *n.m.* 1. low-class drinking establishment°, cheap café, dive, joint. 2. brothel°, whorehouse, knocking-shop.

bouif *n.m.* shoe-maker°,

cobbler.

bouille *n.f.* face°, kisser, mug, dial ; **il a une bonne bouille,** he looks like a friendly guy.

bouillie pour les chats (de la) *n.f.* incomprehensible writing° *or* discourse°, a real dog's dinner, a real load of waffle / codswallop / tripe.

bouillon *n.m.* 1. water°, the drink, the soup ; **boire un bouillon,** a) to almost drown°, to get more than a mouthful, to almost visit Davy Jones's locker ; b) to fail°, to come a cropper, to miss the boat, to bite the dust ; **la boîte a bu un bouillon,** the business went under. 2. cheap restaurant°, greasy spoon, slop house, sloppy Joe.

bouillotte *n.f.* face°, kisser, mug, dial.

boulanger (remercier son) *loc.* to die°, to kick the bucket, to snuff it, to cash in one's chips.

boule *n.f.* 1. head°, nut, noggin, bonce ; **coup de boule,** head butt ; **boule de billard,** baldy, billiard ball head ; **perdre la boule,** to lose the nut. 2. **se mettre en boule,** to get angry°, to fly off the handle, to hit the roof. 3. a) **avoir les boules,** (i) to be very frightened°, to be shit scared, to shit a brick ; (ii) to be worried°, to be in a lather, to be nervy / uptight ; (iii) to be very annoyed°, to be at the end of one's tether, to be ready to blow up, to be very pissed off ; b) **foutre les boules à qqun,** (i) to

frighten s.o.°, to scare the hell / the shit out of s.o., to give s.o. the willies ; (ii) to worry s.o.°, to give s.o. a bad time, to throw s.o. into a tizzy, to get s.o. uptight ; (iii) to annoy s.o.°, to piss / cheese / brown s.o. off, to bug s.o.

bouler *v.t.* **envoyer bouler qqun,** to dismiss s.o.°, to tell s.o. where to go, to show s.o. the door.

boulevard des allongés (le) *n.m.* cemetery°, graveyard, boneyard, boot hill, headstone city.

boulonner *v.i.* to work hard°, to work like a Trojan, to slave away, to graft.

boulot *n.m.* job°, work°, grind, slog ; **quel est ton boulot ?** what's your line ?, what are you in ? ; **au boulot !** let's get to it !, let's get cracking ! ; **parler boulot,** to talk shop ; **être boulot-boulot,** to be a conscientious worker°, to be an eager beaver.

boulotter *v.t.* 1. to eat°, to nosh, to chow down, to munch. 2. to squander°, to blow, to go through (like nobody's business) ; **boulotter un héritage,** to run through one's inheritance.

boum 1. *n.f.* party°, rave, bash, shindig. 2. *n.m.* **être en plein boum,** to be going well°, to be in full flight / in full swing.

boumer *v.i.* **ça boume ?** how's tricks ?, how's things ?, how's it hanging ?

bouquet (c'est le) *loc.* that's the

limit°, that's the end, that's the last straw, that's torn it.

bouquin *n.m.* book°, Captain Cook.

bouquiner *v.i.* to read° ; **elle passe son temps à bouquiner**, she's an avid reader°, she's always got her nose in a book.

bourde *n.f.* mistake°, clanger, boob, boo-boo ; **faire une bourde**, to make a bloomer, to foul up.

bourdon (avoir le) *loc.* to feel depressed°, to be down in the dumps, to feel under the weather, to feel down.

bourge (*abr. = bourgeois*) *n.* middle-class person°, bourgeois.

bourgeoise *n.f.* wife°, wifey, missus ; **ma bourgeoise**, the missus, the old lady.

bourlingue *n.f.* wandering°, roving around ; **je préfère la bourlingue aux voyages organisés**, I prefer just wandering round to organized tours.

bourlinguer *v.i.* to travel extensively°, to see the world, to get about.

bourratif *adj.* heavy° *(food)*, filling, stodgy.

bourre 1. *n.f.* a) **être à la bourre**, to be in a hurry°, to be rushed, to be short for time ; b) **de première bourre**, wonderful°, top-class, super, smashing. 2. *n.m.* policeman°, cop, bear ; **vingt-deux, v'là les bourres !** quick, here comes the heat !

bourre-pif *n.m.* punch on the nose°, smack on the conk, dig on the neb.

bourré *adj.* 1. drunk°, full, smashed, plastered, jarred ; **il est bourré comme un coing**, he's as pissed as a fart, he's Brahms and Liszt. 2. high (on drugs), stoned, out of it. 3. **bourré de fric**, very wealthy°, stinking rich, loaded.

bourrer 1. *v.i.* to go fast°, to put the foot down, to go like a bomb ; **va falloir bourrer**, we'd better get a move on. 2. *v.t.* a)• to copulate with a woman°, to screw, to fuck, to bang ; b) **bourrer le mou à qqun.**, to fool s.o.°, to take s.o. on, to take s.o. for a ride, to spin a yarn to s.o. 3. *v.pr.* **se bourrer**, a) to eat greedily°, to stuff oneself, to fill one's face ; b) **se bourrer la gueule**, to get extremely drunk°, to get pissed out of one's mind, to get stewed to the gills, to get totally legless.

bourrin *n.m.* 1. horse°, nag. 2. promiscuous woman°, floosie, tart, easy lay. 3. motorcycle°, bike, cycle.

bourrique *n.f.* 1. informer°, grass, snitch, stoolie. 2. **têtu comme une bourrique**, as stubborn as an ass / a mule.

bouseux• *n.m.* country person°, peasant, hillbilly, yokel, hick.

bousillage *n.m.* ruining°, botching up, cocking up.

bousiller *v.t.* 1. to wreck° *(machine, vehicle, etc.)*, to smash up, to write off, to total ;

il m'a bousillé ma chaîne, he really fucked my hi-fi up. 2. to destroy°, to ruin, to mess up, to cock up ; **bousiller la carrière de qqun,** to fuck s.o.'s career up. 3. to kill°, to bump off, to rub out, to do away with.

boustiffe, boustifaille *n.f.* food°, grub, nosh, eats.

bout *n.m.* 1. **tenir le bon bout,** to be close to succeeding°, to see the light at the end of the tunnel, to be approaching the finishing line, to be on the last lap. 2. **en connaître un bout,** to be knowledgeable°, to know what's what / a thing or two / one's onions. 3. a) **tailler le bout de gras,** to chat°, to banter, to natter, to shoot the breeze ; b) **discuter le bout de gras,** to argue°, to argy-bargy, to fight out the piece, to lock horns. 4. **mettre les bouts,** to leave°, to split, to clear off, to scram, to make tracks. 5.• penis°, pecker, knob, prick ; **se mettre qqun sur le bout,** to have sex with s.o.°, to get one's end in / away with s.o.

boutanche *n.f.* bottle°, bot, soldier ; **apporte une autre boutanche,** bring us another one, will you ?

bouteille *n.f.* 1. **prendre de la bouteille,** to get old°, to be getting on in years, to be over the hill, to be past it. 2. **aimer la bouteille,** to be a drinker°, to be fond of the bottle / the stuff, to enjoy a drop.

boutique *n.f.* 1. place°, hole, dump, gaff ; **quelle sale boutique !** what a sleazy dive ! 2. **parler boutique,** to discuss work°, to talk shop. 3.• a) male sexual organs°, accoutrements, family jewels ; **montrer toute la boutique,** to expose oneself°, to flash ; b) female sexual organs°, crack, box, butcher's window.

bouton *n.m.* 1.• clitoris°, clit, button, boy in the boat ; **s'astiquer le bouton,** to masturbate *(female)*°, to hit the clit, to pet the poodle. 2. **donner / filer des boutons à qqun,** to irritate s.o.°, to rub s.o. up the wrong way, to piss / brown / cheese s.o. off.

boxon, boxif *n.m.* 1. brothel°, whorehouse, knocking-shop. 2. confusion°, shambles, mess, **quel boxon !** what a dog's dinner !

boyautant *adj.* uproariously funny°, screaming, side-splitting, hysterical, priceless ; **c'est boyautant,** that's a real howl.

bracelets *n.m. pl.* handcuffs°, bracelets, darbies.

braire *v.i.* 1. to cry°, to sob, to sniffle ; **ce gosse est toujours en train de braire,** this kid is always bawling. 2. to shout°, to yell, to holler. 3. to complain° / to moan / to kick up a fuss / to beef about s.t. 4. **faire braire qqun,** to annoy s.o.°, to cheese / brown s.o. off ; **tu me fais braire,** you really piss me off.

braise *n.f.* money°, readies, spondulicks, dough.

brancards *n.m.pl.* 1. legs°, pegs, pins. 2. **ruer dans les brancards**, a) to complain about s.t.°, to sound off over s.t., to kick up a fuss over s.t. ; b) to refuse to do s.t.°, to put up a fight against s.t., to kick out against s.t.

branche (vieille) *n.f.* old friend° / buddy / chum / bean ; **salut, vieille branche**, how's it going my old mate ?

branché *adj.* 1. fashionable°, up-to-date, hip, trendy, cool. 2. knowledgeable (in a specific area)°, genned up, in the know ; **il est très branché théâtre**, he's a real theatre buff.

brancher 1. *v.t.* a) **brancher qqun avec qqun**, to put s.o. in contact with s.o. else°, to put s.o. in touch with s.o. else, to put two people onto each other ; b) **brancher qqun sur qqch.**, to inform s.o. of s.t.°, to get s.o. into s.t., to bring s.o. up-to-date on s.t., to fill s.o. in on s.t. ; c) **brancher qqun**, (i) to converse with s.o.°, to chat to s.o., to give it to s.o. ; **il a commencé à me brancher musique**, he started giving me the music line ; (ii) to attempt to seduce° / to chat up / to try to pull s.o. ; d) to please°, to give a kick, to slay, to grab ; **ça me branche**, I'm really into that, I really get off on that. 2. *v.pr.* a) **se brancher sur qqun**, to get in contact° / in touch with s.o., to come together with s.o. ; b) **se brancher**

sur qqch., to become interested in s.t.°, to get into s.t., to take up s.t.

brandon• *n.m.* penis°, dick, cock, pecker.

branlage• *n.m.* masturbation°, jerking-off, wanking.

branlée *n.f.* 1. severe defeat°, licking, whitewashing, whopping. 2. severe (physical) beating°, hiding, bashing, thrashing.

branler• 1. *v.t.* a) to do°, to be up to, to be cooking ; **qu'est-ce que tu branles ?** what the hell are you at ? ; b) **n'en avoir rien à branler**, not to care°, not to give a damn / a shit / a fuck ; **j'en ai rien à branler**, I don't give a toss ; c) **branler qqun**, to masturbate s.o.°, to bring s.o. off, to play with s.o. 2. *v.pr.* a) **se branler**, to masturbate°, to wank, to play with oneself ; b) **s'en branler**, not to care°, not to give a damn / a shit / a tinker's cuss / a flying fuck ; c) **se branler les couilles**, to do nothing°, to do sweet F.A., to do bugger-all.

branlette• *n.f.* masturbation°, wanking, jerking-off ; **se tailler / se taper une branlette**, to have a quick wank / quick jerk-off.

branleur• *n.m.* lazy person°, good-for-nothing wanker, fucking lay-about ; **quel branleur, ce type !** this guy's a fucking bum !

branque *adj.* crazy°, round-the-bend, barmy, loony.

branque *n.m.* 1. prostitute's client°, trick, john. 2. crazy person°, birdbrain, dingbat, nutcase. 3. idiot°, numbskull, meathead, nitwit.

branquignol, -le *n.* crazy person°, nutcase, loonybin, fruitcake.

braquage *n.m.* robbery°, hold-up, heist, stick-up.

braque *adj.* crazy°, nuts, loony, mental.

braquemart• *n.m.* penis°, dick, sabre, dong.

braquer *v.t.* 1. to point a gun at°, to pull a gun on. 2. to rob (with a gun)°, to hold up, to stick up.

braqueur *n.m.* armed robber°, stick-up artist, hold-up man.

bras *n.m.* 1. **gros bras**, tough guy, strongman, heavy ; **les gros bras du syndicat ont contrôlé la manif**, the trade union musclemen were in charge of the demo. 2. **bras cassé**, pathetic person°, deadloss, wash-out.

brêle *n.f.* 1. motorcycle°, motorbike, machine. 2. idiot°, clot, moron, dope.

brème *n.f.* 1. playing card°, broad, flat ; **taper les brèmes**, to play cards°, to spread the broads. 2. any type of identity card°, ID ; **fille / femme en brème**, registered prostitute°.

brésilienne *n.f.* transsexual prostitute°, TS whore.

brevet colonial (faire passer le)• *loc.* to introduce s.o. to sodomy°, to make a bugger of s.o.

bréviaire *n.m.* book°, missal.

bric *n.m.* brothel°, whorehouse, knocking-shop.

bricolage *n.m.* 1. do-it-yourself°, odd jobs, DIY. 2. bad workmanship°, rush job, botched work ; **c'est du bricolage, ça**, that's just been thrown together.

bricole 1. *n.f.* a) easy job°, trifle, piece of cake, no big deal ; **c'est qu'une bricole**, that's easily dealt with ; b) small amount°, trifle, piffling sum, chickenfeed ; **qu'est-ce c'est que 100 francs, c'est une bricole !** what's a hundred francs, peanuts ! ; c) small present°, a little something, just a thought. 2. *n.f. pl.* a) this and that, the odd thing, bits and pieces ; **il reste que des bricoles**, there's only a few odds and ends left ; b) difficulties°, spot of bother, botheration ; **ce type-là, s'il arrête pas, il va lui arriver des bricoles**, if that guy doesn't give over, he's gonna be in for it.

bricoler 1. *v.i., v.t.* a) to fix up, to throw together, to knock up ; **lui, il serait capable de te bricoler ça**, he could certainly cook that up for you ; b) to do various jobs°, to dabble in a bit of everything, to be a jack of all trades ; c) to do odd jobs, to do DIY ; d) to avoid spending a lot of money°, to skimp, to cut corners ; **on va pas bricoler**, let's not penny-pinch ; e) to caress°, to feel up, to paw. 2. *v.pr.* **se**

bricoler, to masturbate°, to wank, to play with oneself.

bricoleur, -euse *n.* 1. handyman / handywoman, do-it-yourselfer. 2. unreliable worker°, Mickey Mouse operator, cowboy, amateur.

bricolo *n.m.* 1. handyman / handywoman, do-it-yourselfer. 2. unreliable worker°, Mickey Mouse operator, cowboy ; **c'est tous des bricolos**, those guys are a shower of amateurs.

bridé, -e• *n.* oriental person°, chink, slant, slant-eye.

briefer *v.t.* to brief°, to fill in, to bring up to date, to put in the picture.

briffe *n.f.* food°, grub, nosh, eats ; **aller à briffe**, to get a bite to eat.

briffer *v.t.* to eat°, to nosh, to tuck in, to munch.

briller• *v.i.* to experience orgasm°, to come, to pop one's cork ; **faire briller qqun**, to bring s.o. to orgasm°, to bring s.o. off / over the mountain, to ring s.o.'s bell.

brindezingue *adj.* 1. drunk°, blitzed, plastered, pickled. 2. crazy°, round-the-bend, barmy, bonkers.

bringue *n.f.* 1. **une grande bringue**, a tall woman°, a beanpole, a lofty girl. 2. **faire la bringue**, to celebrate°, to go on the town, to go on a binge, to paint the town red.

brioche *n.f.* stomach°, belly, paunch, corporation ; **prendre de la brioche**, to get a bit of a stomach.

brique *n.f.* 1. ten thousand francs°, ten grand. 2. **bouffer des briques**, to have nothing to eat°, to live on air, to have a bare larder. 3. **ça casse pas des briques**, it's not exactly wonderful°, it's not up to much, it's nothing to write home about, it's not much cop.

briser 1. *v.t.* **les briser (menu) à qqun**, to annoy s.o.°, to get on s.o.'s nerves, to bust s.o.'s ass, to break s.o.'s balls ; **tu me les brises**, you're really pissing me off. 2. *v.pr.* **se briser**, to leave°, to hit the road, to scram, to scarper, to beat it.

briseur de nougats *n.m.* journalist°, hack, stringer.

britiche *adj.* British°, Brit.

Britiche *n.* British person°, Brit, Britisher.

broc, broco (*abr.* = brocanteur) *n.m.* secondhand goods dealer°, junk dealer.

brocasse *n.f.* second-hand goods°, jumble, junk.

bronze• *n.m.* piece of excrement° / shit / crap, turd ; **mouler / couler un bronze**, to take a crap, to have a shit.

bronzé *adj.* **être bronzé comme un cachet d'aspirine / comme un petit suisse**, to be very pale°, to look like death warmed up, to be off-colour.

broque, broquille *n.f.* 1. minute° *(time)*. 2. small change°, brass, jangle ; **j'ai plus que cinq balles et des broques**, all I have left is five francs and jingle-jangle. 3. valueless material°, worthless gear, trash, junk, crap.

brosser• 1. *v.t.* a) to copulate°, to screw, to fuck, to bonk ; b) to bring to orgasm°, to bring off, to ring the bell, to bring over the mountain. 2. *v.pr.* **se brosser**, to be deprived°, to do / to go without ; **pour ton fric, tu peux toujours te brosser**, and as far as your dough is concerned, you can kiss it goodbye.

brouter• *v.t.* 1. to have oral sex°, to give head, to go down on ; a) **brouter le cresson**, to go muff-diving, to eat hair-pie ; b) **brouter la tige**, to suck off, to gobble. 2. **les brouter à qqun**, to annoy s.o.°, to bust s.o.'s ass, to piss s.o. off ; **tu me les broutes**, you bore the balls off me ; **arrête de me brouter**, stop busting my balls.

brouteuse *n.f.* lesbian°, lezzie, lesbo, dyke.

brown sugar *n.m.* heroin°, smack, brown sugar, horse.

brûlé *adj.* **être brûlé**, to be exposed°, to be spotted, to have one's cover blown.

brûle-parfum *n.m.* revolver°, shooter, piece.

brûler *v.t.* 1. **brûler un feu (rouge)**, to go through a red light°, to break / crash / run a light. 2. **brûler le dur**, to travel without a ticket on public transport°, to bunk.

brutal *n.m.* 1. underground°, subway, tube. 2. gun°, shooter, piece. 3. cheap red wine°, vino,

plonk.

brute *n.f.* the best°, the tops, the number one, the champ ; **c'est la brute en physique**, he's the brainbox in physics class.

bu *adj.* drunk°, oiled, pissed, full ; **il est bien bu**, he's well-jarred / well-plastered.

bûche *n.f.* fall°, nosedive, cropper ; **prendre / ramasser une bûche**, to fall°, to take a spill, to hit the deck.

bûcher *v.i., v.t.* to study hard°, to swot, to cram, to hit the books ; **bûcher un exam**, to swot up an exam.

buffet *n.m.* stomach°, belly, tummy, tum ; **ne rien avoir dans le buffet**, to have no guts / balls.

bulle *n.f.* 1. **coincer la bulle**, to sleep°, to take a nap, to cop some z's, to take forty winks. 2. **choper / prendre / se ramasser une bulle**, to get a zero grade°, to get a duck, to get a nought.

buller *v.i.* to do nothing°, to laze around, to mess around, to mooch about.

bulletin de naissance (avaler son) *loc.* to die°, to kick the bucket, to snuff it, to throw in one's cards.

burettes• *n.f.pl.* testicles°, balls, nuts, rocks.

burlingue *n.m.* 1. desk°, workstation. 2. office°, foundry. 3. stomach°, belly, breadbasket.

burnes *n.f.pl.* • testicles°, balls, bollocks, goolies ; **casser les**

burnes à qqun, to bust s.o.'s balls, to get on s.o.'s tits.

burnous (faire suer le) *loc.* to exploit (workers)°, to slave-drive, to sweat.

buter *v.t.* to kill°, to knock off, to bump off, to get rid of.

buvable *adj.* tolerable°, beara-ble ; **il est pas buvable, ce type**, I really can't stand / take / stomach this guy.

Byzance (c'est) *loc.* this is glo-rious°, this is paradise, this is where it's at, this is the be-all and end-all.

C

ça *pron.* 1. sex°, the thing, it ; **faire ça**, to have sex°, to do it ; **ils se gênent pas, ils font ça devant tout le monde,** they don't give a damn, they just have it away in front of everyone ; **ne penser qu'à ça,** to have a one-track mind. 2. **c'est pas tout ça,** I have to leave°, I've got to be on my way, must go. 3. they° ; **les enfants, faut que ça bouge,** children need to move around ; **les banquiers, ça ne pense qu'au fric,** all bankers think about is bread. 4. it° ; **ça a flotté tout le jour,** it bucketed all day long ; **ça a gelé cette nuit,** it froze last night. 5. **il y a de ça,** there's some truth in it, there's something in what you say. 6. **remettre ça,** to do / have the same again ; **patron, vous nous remettez ça ?** landlord, set 'em up again !

cabane *n.f.* 1. prison°, the clink, the slammer ; **mettre qqun en cabane,** to send s.o. to gaol°, to put s.o. away, to send s.o. down ; **il a passé six mois en cabane,** he spent six months inside. 2. **cabane à lapins,** badly constructed house°, shack, dump.

cabanon *n.m.* mental asylum°, madhouse, funny farm ; **il est bon pour le cabanon,** he should be certified, they should put him away (in the loony bin).

câblé *adj.* trendy, hip, with-it, cool.

caboche *n.f.* head°, block, noggin, loaf ; **il a une sacrée caboche,** he's as stubborn as a mule, he's really pig-headed ; **il en a dans la caboche,** he's a smart cookie.

cabot *n.m.* 1. dog°, mutt, hound, bow-wow. 2. *(military)* corporal°, corp. 3. foreman°, gaffer, straw boss. 4. = **cabotin.**

cabotin *adj.* ostentatious°, showy, show-offy.

cabotin, -ine *n.* 1. over-actor°, ham, ham-actor. 2. show-off, poser, swank ; **leur fils, c'est un vrai cabotin,** their son is a real actor.

cabotinage *n.m.* 1. over-acting°, hamming-it-up. 2. showing-off, posing, playing to the gallery.

cabotiner *v.i.* 1. to overact°, to ham it up, to play to the gallery. 2. to show off, to pose, to swank.

caca *adj.* dirty°, mucky, cruddy, grungy ; **touche pas, c'est caca !** leave it alone, it's dirty !

caca *n.m.* 1. faeces°, poo, poopoo, number two ; **tu veux faire caca ?** do you want to do a biggie ? 2. rubbish°, tripe, garbage ; **ton boulot, c'est du caca !** your work is absolute crap ! 3. **mettre à qqun le nez dans son caca,** to call s.o. to order, to call s.o. to task, to tell s.o. to get their shit together.

caca-boudin *loc.* pooh !, pooh-pooh !

cache-frifri *n.m.* G-string, bikini bottoms, skimpy panties.

cacique *n.m.* top candidate in a competitive exam°, the tops ; **il est sorti cacique,** he got first place.

cactus *n.m.* 1. problem°, hiccup, hitch, snag, spot of bother ; **il doit y avoir un cactus quelque part,** there must be a gremlin somewhere in the works. 2. **avoir un cactus dans le portefeuille,** to be miserly°, to be a scrooge, to be tight-fisted, to have sticky fingers.

cadavre *n.m.* empty bottle°, dead, dead soldier.

cadeau *n.m.* 1. **c'est pas un cadeau,** it's no gift, it's a pain in the neck, it's more trouble than it's worth ; **son mari, c'est pas un cadeau !** I wouldn't fancy having him as a husband ! 2. **ne pas faire de cadeau,** to give no quarter°, to give nothing away, to be a tough nut ; **le prof fait pas de cadeau,** the teacher lets you away with nothing.

cador *n.m.* 1. dog°, mutt, pooch. 2. gang leader°, boss, top dog.

cadran (faire le tour du) *loc.* to sleep twelve hours or more°, to go out for a twelve-hour stretch.

cafard *n.m.* 1. **avoir le cafard,** to be in bad form, to be down in the mouth, to have one's tail between one's legs. 2. informer°, tell-tale, squealer, stoolie.

cafardage *n.m.* tale-telling, squealing, snitching.

cafarder 1. *v.i.* a) to be depressed°, to be down in the dumps / in the mouth ; **quand je suis toute seule, je me mets à cafarder,** when I'm on my own, I start to feel a bit blue ; b) **cafarder (sur qqun),** to inform (on s.o.)°, to snitch (on s.o.), to stool (on s.o.) ; **qui c'est qui a cafardé ?** who squealed ? 2. *v.t.* **cafarder qqun.,** to inform on s.o.°, to tell tales on s.o., to blow the gaff on s.o., to sell s.o. down the river.

cafardeux *adj.* 1. depressed°, cheesed off, down in the dumps / the mouth. 2. prone to depression°, blue, mopey, droopy.

café *n.m.* 1. **c'est un peu fort de café,** it's a little exaggerated° / over the top, that's going a lit-tle too far. 2. **prendre le café du pauvre,** to have sex°, to have some after-dinner entertainment. 3. **café au lait,** mulatto°, half-caste, pinkie.

cafeter *v.t.* to inform°, to tell tales, to squeal, to snitch (on).

cafeteur *n.m.* tell-tale, squealer, snitch.

cafetière *n.f.* 1. head°, skull, noggin ; **un coup sur la cafetière,** a bash over the head. 2. tell-tale, squealer, stoolie ; **ton copain, c'est une vraie cafetière,** your mate is a real snitch.

cafeton *n.m.* coffee°, cup of java.

cafouillage *n.m.* 1. confusion°, mess, shambles, muddle, chassis ; **il y a eu un cafouilla-ge sur la route**, there was a real foul-up on the road. 2. *(machine)* misfunctioning°, cock-up, hitch ; **on a encore un cafouillage dans le moteur**, there's a gremlin in the engine again.

cafouiller *v.i.* 1. to mess things up, to get into a muddle (about s.t.) ; **sur cette affaire le gou-vernement a cafouillé**, the government really mucked this whole business up. 2. to fall apart, to go to pieces, to floun-der ; **vers la fin, l'équipe a cafouillé**, the team just came apart at the end ; **à l'exam d'histoire, j'ai cafouillé**, I messed up in the history exam. 3. *(machine)* to work off and on, to splutter, to work in fits and starts.

cafouillis *n.m.* confusion°, un-holy mess, shambles ; **regarde-moi ce cafouillis !** just look at this dog's dinner !

cage *n.f.* 1. prison°, nick, joint, slammer, pen ; **mettre qqun en cage**, to lock s.o. up, to put s.o. behind bars, to put s.o. away. 2. **la cage / les cages**, *(sports)* the goal°, the goals, between the posts. 3. **cage à lapins / poules**, unsightly dwel-ling°, dump, shack. 4. **cage à poules**, playground climbing frame°.

cageot *n.m.* ugly woman°, boot, (old) bag.

cagna *n.f.* home°, place, pad, gaff ; **si tu venais à ma cagna ?** do you want to come over to my joint ?

caïd *n.m.* 1. boss, top man, big gun ; **son copain est un caïd du ministère**, his pal is a top dog in the Ministry. 2. **comme un caïd**, like a hero, in great style. 3. champion°, expert, ace ; **ce mec, c'est un caïd**, this guy is really the tops.

caillante *n.f.* cold weather / day°, a freezer ; **il fait une de ces caillantes !** it's real brass monkey weather !

caillasse *n.f.* 1. loose stones°, gravel°, stoney ground. 2. stone°, rock ; **les manifes-tants ont balancé des cail-lasses sur les flics**, the demons-trators started chucking Irish confetti at the cops.

cailler 1. *v.i.* a) *(person)* to be cold°, to be freezing, to have goose bumps ; **on caille, mets le chauffage !** turn on the heat, we're perishing ! ; b) *(weather)* to be cold°, to be freezing, to be brass monkey weather ; **aujourd'hui, ça caille !** it's bloody freezing today ! 2. *v. pr.* a)• **se les cailler**, to be very cold°, to be bloody freezing, to have one's balls frozen off ; **magne-toi, je me les caille !** get a move on, this weather would freeze your ass off ! ; b) **se cailler le sang / le raisin**, to be worried°, to fret, to be worried sick, to work oneself into a lather.

caillou *n.m.* 1. head°, nut, nog-gin, bean ; **il a pas un poil sur**

le caillou, he hasn't a hair on his bonce. 2. a) diamond°, headlight, sparkler ; **passe-moi les cailloux**, chuck me the ice ; b) precious stone°, rock ; **elle a fourgué ses cailloux**, she flogged her hardware. 3. **casser des cailloux**, to serve a prison sentence°, to do time / porridge.

caisse *n.f.* 1. chest°, basement ; **en avoir dans la caisse**, to have a great voice, to have it come up from down here ; **s'en aller de la caisse**, to die from a lung disease°, to have one's bellows give in. 2. a) car°, wheels, jalopy ; **t'as vu un peu la caisse ?** check out the wheels ! ; b) **caisse à savon**, (old) means of transport°, old crate ; c) **aller à fond la caisse**, to go very quickly°, to go flat out / full speed / full throttle / like greased lightening. 3. head°, nut, noggin, bonce ; **se faire sauter la caisse**, to shoot oneself in the head°, to blow one's own brains out ; **bourrer la caisse à qqun**, to mislead s.o.°, to take s.o. for a ride, to lead s.o. up the garden path. 4. wind°, fart, beast ; **lâcher une caisse**, to break wind°, to fart, to let one fly, to drop one. 5. **prendre une caisse**, to get drunk° / jarred / pissed / blotto ; **tenir / avoir une caisse**, to be drunk° / poleaxed / stinking / pickled. 6. **passer à la caisse**, a) to pay up, to fork 'em out ; **si tu veux entrer, il faut passer à la caisse**, if you want to come in,

you've got to get the readies out ; b) to get paid°, to get one's dues.

caisson *n.m.* head°, nut, noggin ; **se faire sauter le caisson**, to shoot oneself in the head°, to blow one's own brains out.

cake (mouler un)• *loc.* to defecate°, to take a crap, to drop a turd, to take a dump.

cake (trop) *adj.* wonderful, great, cool, awsome ; **ce mec, il est trop cake**, this guy is really something.

calbar, calebar *n.m.* underpants°, briefs, jocks, kecks.

calbombe *n.f.* 1. electric light (bulb)°, edison. 2. **tenir la calbombe**, to be the third party with a couple°, to play gooseberry.

calcer• *v.t.* to have sex with°, to bang, to shag ; **il a calcé une nana hier soir**, he got his end away last night.

calcif *n.m.* underpants°, briefs, jocks, kecks ; **filer un coup dans le calcif•**, to fornicate°, to screw, to get one's end away.

calculé pour (c'est) *loc.* that's the idea, that's what it's supposed to do.

calculer *v.t.* **calculer qqun**, to judge s.o.°, to suss s.o. out, to figure s.o. out ; **lui, je l'ai calculé au premier coup d'œil**, I had him well sussed right from the start.

caldoche *adj.* New Caledonian of European origin°.

caldoche *n.* New Caledonian of European origin°.

cale *n.f.* 1. **mettre une fille en cale**, to get a girl pregnant°, to get a girl into trouble, to put a girl up the spout. 2. **être à fond de cale**, to be penniless°, to be broke / skint / flat bust / stony broke.

calé *adj.* 1. learned°, brainy, sharp ; **être calé en qqch.**, to know one's stuff in s.t., to be a bright spark in s.t. ; **il est très calé en géométrie**, he certainly knows his onions when it comes to geometry. 2. crafty°, clever, savvy ; **ça, c'est un coup vachement calé !** of all the bright things to do ! 3. difficult°, tough, mean, stiff ; **c'est plutôt calé comme problème**, it's a bit of a tough nut to crack.

calebar = calbar.

calecer = calcer.

calecif = calcif.

calendo, calendos *n.m.* camembert cheese°.

calfouette *n.m.* underpants°, jocks, kecks.

calibre *n.m.* firearm°, shooter, piece.

calmer (se) *v.pr.* to cool down, to take things easy ; **OK, on se calme !** 1. right now, let's cool things down a bit ! 2. a bit of silence, please !, pipe down !

calmos *adv.* quietly°, cool, easy ; **on y va calmos**, right, let's take it easy here.

calot *n.m.* 1. eye°, headlamp ; **rouler des calots**, to roll one's eyes (in astonishment). 2. large marble, clinker.

calotte (la) *n.f.* the clergy°,

priests ; **à bas la calotte !** down with the cloth !

calter *v.i.* to go away°, to clear off, to beat it, to make tracks ; **faut que je calte**, must be on my way.

cambriole *n.f.* burglary°, the art of burgling.

cambrousard, -arde, cambroussard, -arde *n.* country bumpkin, yokel, hick.

cambrousse *n.f.* country°, countryside°, up country ; **au fond je suis de la cambrousse**, I'm a country yokel at heart ; **il habite en pleine cambrousse**, he lives way out in the sticks.

cambuse *n.f.* untidy house° / room°, hovel, hole, shambles ; **chez lui c'est une vraie cambuse**, his joint is a real dive.

came *n.f.* 1. goods°, gear, merchandise ; **t'auras la came quand je verrai le pognon**, you'll get the stuff when I see the readies. 2. drugs°, dope, gear, stuff. 3. heroin°, horse, smack.

camé *adj.* under the influence of drugs°, high, stoned, out of it ; **être camé jusqu'aux yeux,** to be completely out of it, to have one's mind blown.

camé *n.* drug-addict°, junkie, head, AD.

camelote *n.f.* 1. worthless goods°, junk, trash, tripe ; **dans les supermarchés, y a que de la camelote**, supermarkets only carry crap. 2. goods°, gear, stuff ; **fais voir la camelote, qu'on jette un œil**, give us a looksee at the merchandise.

camembert ! *excl.* sugar !, fudge !, fooey !

camer (se) *v. pr.* to do drugs, to have a habit, to be on the stuff ; **il se came depuis dix ans,** he's been hooked for ten years.

camion *n.m.* ugly person°, no beauty, animal, person short on looks.

camp *n.m.* **ficher / fiche / foutre le camp,** to leave°, to split, to bugger off, to skedaddle, to scarper ; **fiche-moi le camp !** on yer bike !, push off !, get outta here ! ; **allez, fous-moi le camp !** go on, piss off !, go on, sod off !

campo, campos *n.m.* day off, break ; **avoir campo,** to have a day off, to be on hols ; **donner campo,** to give a break, to grant free time.

canard *n.m.* 1. newspaper°, rag, (scandal) sheet ; **je l'ai lu dans le canard,** I read it in the paper. 2. wrong note° *(music)* ; **faire un canard,** to hit a bum note. 3. sugarlump dipped in coffee°. 4. **être trempé comme un canard,** to be wet° / soaked to the skin, to look like a drowned rat. 5. **froid de canard,** extremely cold weather°, freezing cold, brass monkey weather. 6. **ça ne casse pas trois pattes à un canard,** it's not that brilliant, it's not up to much, it's no great shakes.

canarder 1. *v.i.* to shoot°, to let fly, to blast ; **ça canardait dans tous les coins,** there was fire-

works all over the joint. 2. *v.t.* to shoot°, to snipe at, to take a few cracks / pot shots at ; **il s'est fait canarder dans le dos,** he copped a slug in the back.

caner *v.i.* 1. to die°, to kick the bucket, to snuff it. 2. to be frightened°, to be freaked, to be spooked ; **le chien l'a fait vachement caner,** the dog scared the hell out of him. 3. a) to give up s.t., to pack s.t. in, to pull out of s.t. ; **j'étais tellement fatigué que j'ai cané,** I was so tired, I just threw in the towel ; b) to back out, to chicken out, to climb down ; **le lâche, il a cané devant le premier os,** the coward finked out at the first hurdle.

canon *adj.* fantastic, magic, super ; **c'est canon !,** awesome ! out of this world ! ; **une nana canon,** a beautiful girl°, a stunner, a bombshell.

canon *n.m.* 1. glass (of wine)° ; **on se boit un canon ?** do you fancy a jar ? 2.• **avoir une balle dans le canon,** to have an erection°, to have a hard-on, to have a boner, to have lead in one's pencil. 3. something wonderful°, a smasher, a beaut, a corker, a cracker ; **cette nana-là, c'est un canon,** that chick's really the goods.

cantoche *n.f.* canteen°, mess.

caoua *n.m.* coffee°, java ; **tu me fais un petit caoua, s'te plaît,** gimme a cuppa cawfee, please.

cap (*abr.* = **capable**) *adj.* **être cap,** to be up to it, to cut the mustard ; **t'es pas cap**, you haven't got what it takes ; **t'es pas cap de molarder de l'autre côté de la rue !** I bet you can't gob across the other side of the street.

capital *n.m.* virginity°, the cherry ; **entamer son capital**, to lose one's virginity°, to pop one's cherry ; **entamer le (petit) capital de qqun**, to deflower a virgin°, to cut s.o.'s cake.

capot (être) *loc.* to lose at cards°, to be trickless.

capote (anglaise) *n.f.* condom°, French letter, Frenchie, rubber.

carabiné *adj.* extremely strong°, incredible, massive, awesome ; **prendre une cuite carabinée**, to get as pissed as a newt ; **un rhume carabiné**, a stinking cold.

carafe *n.f.* 1. head°, nut, noggin, bonce. 2. **tomber en carafe**, to break down°, to conk out. 3. **rester en carafe**, to wait in vain°, to be left in the lurch ; **je suis resté en carafe pendant trois heures**, I was clicking my heels aimlessly for three hours ; **laisser qqun en carafe**, to let s.o. down°, to leave s.o. high and dry.

carafon *n.m.* head°, nut, noggin ; **il a pris un vieux coup sur le carafon**, he got a clout over the bonce.

carambolage *n.m.* large crash°, motorway pile-up.

caramboler *v.t.* 1. to crash into, to plough into, to smash into ;

une douzaine de bagnoles se sont carambolées sur l'autoroute, a dozen cars piled into each other on the motorway. 2.• to have sex with s.o., to bonk, to shag ; **il l'a carambolée sur le capot de la voiture**, he banged her on the bonnet of the car.

carapater (se) *v.pr.* to run away°, to clear off, to beat it.

carat *n.m.* 1. year of age° ; **un gamin de dix carats**, a ten-year-old kid. 2. **prendre du carat**, to grow old°, to be getting on in years, to be getting long in the tooth. 3. **jusqu'au dernier carat**, up to the last moment°, right up to the bell.

carburant, carbure *n.m.* 1. money°, bread, spondoolicks. 2. (alcoholic) drink, booze, juice, fuel.

carburer *v.i.* 1. to function°, to go, to be going ; **alors, ça carbure ?** how's things going ?, how's tricks ? 2. to work hard°, to be at it, to sweat ; **on a carburé sans arrêt pendant trois mois**, we slaved away for three whole months. 3. **carburer à qqch.**, to get by on s.t.°, to work / live on s.t. ; **il carbure au whisky**, he runs on whiskey. 4. to reflect°, to do heavy thinking, to use one's loaf ; **carbure un peu, tu trouveras !**, use your nut and you'll get the answer.

carne *n.f.* 1. old horse°, nag. 2. bad / tough meat°, shoe-leather ; **son steak, c'est de la carne**, his steak is like elephant hide.

caroline *n.f.* 1. passive homosexual°, bottom man. 2. transvestite°, TV, trannie. 3. cocaine°, coke, nose candy, (old) white lady.

carotte *n.f.* 1. swindle°, con, sting ; **tirer une carotte à qqun**, to con s.o., to take s.o. for a ride, to rip s.o. off. 2. **les carottes sont cuites**, it's all over°, it's curtains, it's the end of the line.

carotter *v.t.* to swindle°, to con, to sucker ; **je me suis fait carotter**, I was had, I was taken in ; **carotter qqun d'une somme d'argent**, to rip money off s.o.

carpe (faire la) *loc.* to be in ecstasy°, to be over the moon, to be in seventh heaven.

carpette *n.f.* weak, servile person°, wimp, doormat.

carré *n.m.* 1. **carré blanc**, symbol indicating X-rating *(television)* ; **avec une tronche comme ça, elle devrait mettre le carré blanc**, with a face like that she should put a paper bag over it. 2. **faire une tête au carré à qqun**, to beat s.o. up°, to smash s.o.'s face in, to do s.o. over.

carreaux *n.m. pl.* 1. eyes°, peepers, headlamps. 2. glasses°, specs, goggles. 3. **en avoir un coup dans les carreaux**, to be drunk°, to be three sheets to the wind, to have had one too many.

carrée *n.f.* bedroom°, pad, cave, den ; **viens jusqu'à ma carrée, je te montrerai mes estampes japonaises**, come up to my penthouse and I'll show you my etchings.

carrément *adv.* absolutely, totally, plenty,100% ; **il est carrément con, ton chien**, your dog is one hell of a dickhead ; **y aller carrément**, to go the whole way / the whole hog.

carrer 1. *v.t.* a) to hide°, to stash, to plant ; **vite, carre la came !** quick, dump the stuff ! ; b) to place°, to stick, to shove ; **tu peux te le carrer où je pense !** I'll tell you where you can stuff that !, you know where you can put it ! 2. *v.pr.* **se carrer**, to run away°, to clear off, to make tracks, to scarper ; **elle s'est carrée à l'étranger**, she jumped ship for foreign places.

carrossé (bien) *adj.* a) *(women)* shapely, well-built, well-stacked ; **elle est bien carrossée, la petite**, that chick's got it all in the right places ; b) *(men)* well-built, beefy.

carte *n.f.* 1. **être en carte**, a) to be a registered prostitute° ; b) to be on the files ; **ça fait trois ans que je suis en carte comme plombier**, I've been on the plumbers's union books for three years. 2. **carte de France**, semen° / spunk stain on sheets after a wet dream ; **tu m'as fait une jolie carte de France !** that was a nice work of art you left on the sheets !

carton *n.m.* 1. **taper le carton**, to play cards°, to shift the wedges. 2. **faire un carton**, a) (i) to shoot a gun°, to fire, to squeeze one off, to let fly ; (ii) to hit°, to belt, to bat ; **il a fait un carton sur la fenêtre du directeur**, he smashed the headmaster's window to smithereens ; b) to have a smashing success, to break the bank ; **en géo il a fait un carton**, he really struck gold in geog ; c)• to have sex with a woman°, to get one's leg over, to slip a length ; d) to have an accident°, to smash oneself up, to bend one's fender ; **il a fait un carton dans la vitrine de la boulangerie**, he piled straight into the bakery window. 3. **prendre un carton**, a) to get a bad mark°, to get a stinker of a grade ; **j'en ai marre de prendre des cartons en français**, I'm sick and tired of getting flunked in French ; b) to get beaten up°, to get done in, to get done over ; **le boxeur a pris un sacré carton**, the boxer got his hide tanned.

cartonner 1. *v.i.* a) to shoot a gun°, to squeeze one off, to let fly, to open up ; **ça cartonne sec ici**, sparks are flying here ; b) to score a resounding success°, to hit the jackpot, to strike gold, to hit the bullseye ; **il a cartonné sur toute la ligne**, he swept the board ; c) to work well°, to go like a bomb, to go great guns ; **dis donc, ta moto, elle cartonne un max !** hey, your bike really motors. 2. *v.t.* to criticize°, to knock, to take a swipe at, to slate ; **le film s'est fait cartonner à sa sortie**, the movie got trashed when it came out.

cas *n.m.* eccentric individual°, a character, phenomenon ; **ce mec, c'est vraiment un cas**, this guy is a real case.

casbah *n.f.* house°, pad, joint, gaf.

case *n.f.* 1. house°, pad, joint, place. 2. **il lui manque une case, il a une case en moins**, he's a bit crazy, he's got a screw loose, the elevator doesn't go all the way to the top (floor). 3. **revenir à la case départ**, to return to go°, to go back to the drawing board, to start all over again ; **retour à la case départ !** back to square one !

caser 1. *v.t.* **caser qqun**, to fix s.o. up ; **j'ai réussi à le caser dans la boîte de mon cousin**, I managed to get him a job in my cousin's firm ; **ils ont cinq filles à caser**, they've got five daughters to marry off ; **être casé**, a) to have a stable position°, to be fixed up, to be well set up ; b) to be settled down, to be taken. 2. *v.pr.* **se caser**, to get settled down, *sp.* to get married°, to get hitched ; **elle s'est casée avec un petit gars bien sympa**, she got hooked up with a really nice guy.

casier (*abr.* = **casier judiciaire**)

n.m. (criminal) record ; **avoir un casier chargé**, to have a record as long as your arm.

cash *n.m.* cash°, hard cash, green stuff ; **payer cash**, to pay in readies.

casquer *v.i.* to pay up°, to cough up ; **c'est toujours moi qui casque**, I'm the one who always has to fork out.

casquette *n.f.* 1. **en avoir ras la casquette**, to have had enough°, to have had it up to here, to be fed up to the back teeth. 2. **avoir une casquette en peau de fesse**, to be as bald as a coot. 3. **prendre une casquette**, to fail°, to get a drubbing, to come a cropper ; **j'en ai pris des casquettes dans ma vie, mais ce coup-ci, ça dépasse tout**, I've taken some punches in my life but this really beats the band. 4. **avoir une casquette en béton**, to have a hangover, to have that morning-after feeling.

casse 1. *n.m.* a) burglary°, break-in ; **faire un casse**, to break into a place, to do a job on a place ; b) robbery°, hold-up, heist. 2. *n.f.* a) breaking°, damage, breakage ; **la tempête a fait pas mal de casse**, the storm left quite a bit of wreckage in its wake ; **y a eu de la casse ?** anything busted ? ; b) violence°, aggro, rough stuff ; **il va y avoir de la casse**, there's gonna be a riot ! ; **aller à la manif pour la casse**, to go to the demo

for the scrap ; c) scrapyard° ; **une voiture bonne pour la casse**, a car fit for the scrapheap.

cassé *adj.* 1. drunk°, smashed, plastered, jarred. 2. exhausted°, knackered, out of it, bushed.

casse-bonbons *adj.* annoying°, ball-busting, bugging, pestiferous.

casse-bonbons *n.m.* annoying person°, pain in the neck, ballbuster.

casse-couilles• *adj.* irritating°, ball-breaking, ball-busting ; **qu'est-ce qu'il peut être casse-couilles avec ses histoires à la con !** he can be a real pain in the ass with his poxy bloody stories !

casse-couilles• *n.m.* irritating person°, dickhead, ball-breaker.

casse-cul = casse-couilles.

casse-dal(l)e *n.m.* snack°, bite, bite-to-eat, nibble.

casse-gueule *adj.* dangerous°, risky, hairy, dicey ; **ce genre d'argument est vachement casse-gueule**, that type of argumentation can be very slippery.

casse-gueule *n.m.* dangerous place *or* situation°, a hairy spot, slippery ground, dicey business ; **cette route est un vrai casse-gueule**, this road is a real accident black spot.

casse-noisettes (faire)• *loc.* to contract the muscles of the vagina during intercourse°, to squeeze one's partner's nuts.

casse-pattes *n.m.* strong (alco-

holic) drink°, the hard stuff, rot-
gut, paint-stripper.
casse-pieds = casse-bonbons.
casse-pipe *n.m.* 1. war°, the
war ; **il est parti au casse-pipe,**
he's gone off to the front line.
2. **aller au casse-pipe,** to risk
one's life°, to take chances, to
push things to the limit ; **rouler
pendant trois jours sans s'arrêter, c'est aller au casse-
pipe,** driving three days
without a break is really taking
your life in your hands.
casser 1. *v.i.* a) to riot°, to cause
a ruckus / rumpus, to cause
aggro ; **ces voyous sont dans la
rue pour casser,** these hooligans are only out for the free-
for-all ; b) **ça passe ou ça
casse,** it's make or break. 2. *v.t.*
a) to burglarize°, to break into,
to rip off ; **ils ont cassé l'appart d'à côté,** next door's flat
was broken into ; b) to take
apart° *(book, car, etc.)*, to break
up, to tear to pieces ; **ta bagnole n'est plus bonne qu'à casser,** your car is fit for the scrap-
yard ; c) to get change for°, to
break ; **je préfère ne pas casser mon billet,** I'd rather not
break a large note ; d) **casser
qqun,** to destroy s.o. *(discussion)*°, to cut s.o. (down), to tear
s.o. apart ; **alors là, il t'a bien
cassé,** he rightly cut you to bits
there ; e) to beat up, to bash, to
go bashing ; **casser du flic,** to
go cop-bashing ; **ces connards
s'amusent à casser du pédé,**
those bastards get off on

queer-bashing ; f) to demote°,
to bust, to break ; **l'officier
s'est fait casser pour indisci-
pline,** the officer got benched
on disciplinary charges ; g) **casser la tête / les pieds à qqun,** to
annoy s.o. severely°, to be a
pain in the neck ; **casser les
bonbons / les burnes / les
couilles / le cul à qqun, les casser à qqun•,** to break / bust
s.o.'s balls, to annoy the arse off
s.o. ; **tu commences à me les
casser !** you're really starting to
get on my tits ! ; h) **casser les
oreilles / la tête à qqun,** to irritate s.o. with excessive noise°,
to blast s.o.'s ears off, to annoy
s.o.'s head ; **la télé des voisins
me casse les oreilles,** the neighbours telly is giving me an
earache ; i) **casser la croûte / la
graine,** to eat°, to have a bite /
a snack, to nosh ; **casser un
morceau,** to have a bite to eat ;
j) **casser la gueule à qqun,** to
beat s.o. severely°, to break
s.o.'s face, to kick s.o.'s head
in, to beat the (living) daylights
out of s.o. ; **un mot de plus et
je te casse la gueule,** you open
your mouth again and I'll
knock your block off ; k) **casser
sa pipe,** to die°, to kick the
bucket, to snuff it, to check
out ; l) **casser la baraque** ; (i)
to score a great hit°, to bring the
house down ; (ii) **casser la
baraque à qqun,** to ruin s.o.'s
plans°, to foul up things for s.o.,
to tread on s.o.'s toes ; **laisse-
moi seul avec elle, tu me**

casses la baraque, leave me alone with her, you're ruining my chances ; m) **casser son œuf**, to have a miscarriage° ; n) **casser le moral à qqun**, to demoralize s.o.°, to take the wind out of s.o.'s sails, to put a dampener on things for s.o. ; o) **à tout casser**, at the very most°, at the outside ; **cette bagnole vaut cent sacs à tout casser**, that car is worth a grand and not a penny more ; p) **casser le bail**, to leave / divorce from one's spouse°, to run out on one's partner, to untie the knot ; q) **casser le pot / la rondelle•**, to have anal sex°, to bumfuck, to buttfuck, to brownhole ; r) **ne rien casser, ne pas casser des briques, ne pas casser trois pattes à un canard**, to be worthless°, not to be up to much, to be no great shakes, to be nothing to shout about ; **ce film, ça casse pas des briques**, the movie is really nothing to write home about. 3.*v.pr.* **se casser** a) to leave°, to split, to clear off, to hotfoot it ; **allez, on se casse**, OK, let's scram ; b) **se casser la figure / gueule** ; (i) to fall (down)°, to come a cropper, to take a nosedive ; **se casser la gueule en beauté**, to fall flat on one's face ; (ii) to go bankrupt°, to go bust, to go to pot, to go under ; **cette année nos actions se sont cassé la gueule**, this year our shares took a real nosedive ; (iii) to fail°, to come a cropper,

to bite the dust ; **le parti va se casser la gueule aux élections**, the party is in for a real thrashing at the elections ; c) **se casser la tête / le bonnet / la nénette**, to make a big effort°, to do one's darndest, to put everything into s.t. ; **cette année, pour Noël, je me suis pas cassé la tête**, this year I didn't go out of my way when buying my Christmas presents ; **se casser le cul• / les couilles•**, to do one's best° / one's damnedest, to bust one's ass ; **je me suis cassé le cul pour lui et voilà tout ce que j'ai gagné comme récompense**, I worked my arse off for him and look what I get in return ; **ne pas se casser (le cul• / les couilles•)**, to make no effort°, not to go out of one's way, not to bust one's ass ; **les patrons ne se cassent pas beaucoup pour recaser les employés qu'ils virent**, the bosses don't exactly bust a gut trying to find new jobs for the workers they chuck out ; d) **se casser (la tête)**, to worry°, to fret, to be up to high do, to work oneself into a lather ; **ne pas se casser**, not to worry°, to take it easy ; **te casse pas la tête, ça ira !** chill out, things will turn out fine.

casserole *n.f.* 1. police informer°, grass, snout, copper's nark. 2. old piano°, tinkle box. 3. **passer à la casserole**, a) to be in trouble°, to be in for it, to be done for ; **la prochaine fois,**

tu passes à la casserole !
do that again and you're a
goner ! ; b) to get murdered°, to
get done in, to get wiped out, to
get erased ; c)• to get raped°, to
get sexually manhandled, to get
screwed unwillingly ; **il a fini
par la faire passer à la casserole**, he ended up getting his
own way with her. 4. **avoir / se
traîner une casserole (au
derrière / au cul)**, to have a
bad reputation°, to carry a
weight around, to have a ball
and chain attached ; **depuis le
scandale, le ministre se traîne
une casserole au derrière**,
since the scandal broke, the
minister has had an albatross
around his neck ; **accrocher
une casserole au derrière / au
cul de qqun**, to ruin s.o.'s
reputation°, to attempt to sink
s.o., to try to bring s.o. down.
5. **chanter comme une casserole**, to sing badly°, to sing out
of tune, to sing like an old
crow.

casseur *n.m.* 1. burglar°, second-
storey man, housebreaker.
2. violent demonstrator°, rio-
ter ; **les casseurs seront les
payeurs**, rioters will have to
pay the penalty. 3. scrap deal-
er°, scrap merchant.

cassis *n.m.* 1. head°, noggin,
bonce ; **attention ou je te file
un coup sur le cassis**, be careful or I'll knock your block off.
2. **cassis de déménageur /
lutteur**, cheap red wine°,
plonk, vino.

cassos (faire) *loc.* to leave°, to
clear off, to beat it ; **allez, on
fait cassos**, let's get the hell
outta here.

castagne *n.f.* 1. fight°, brawl,
punch-up ; **aller à la castagne**,
to go out looking for trouble.
2. blow°, clout, belt ; **flanquer
une castagne à qqun**, to stick
one on s.o., to clock s.o.

castagner 1. *v.t.* to hit°, to crown,
to bash, to clobber. 2. **se castagner** *v.pr.* to fight°, to brawl, to
scrap ; **fallait voir les chats se
castagner**, you should have
seen those cats getting laid into
each other.

cata (*abr.* = catastrophe) *n.f.*
disaster°, bad news, very hot
water ; **ce mec, c'est la cata**,
this guy is a disaster area ; **à la
baraque, hier soir, c'était la
cata !** things were just catastro-
phic last night at home !

cataloguer *v.t.* to understand°,
to size up, to twig, to cop on
to ; **celle-là, je l'ai tout de suite
cataloguée**, I sussed her out
straight away, I got a line on her
immediately.

catastrophe (en) *loc.* immedia-
tely°, like lightning, quick as a
flash ; **le médecin est arrivé en
catastrophe**, the doctor got
over like a shot.

catastropher *v.t.* to shock°, to
knock out, to bowl over ; **cette
nouvelle m'a catastrophé**, the
news really knocked me for six.

catho (*abr.* = catholique) *adj.*
catholic°, Roman, papist, mick.

catho (*abr.* = catholique) *n.*

catholic°, Roman, pape, fish-eater.

catholique (pas) *adj.* dubious°, fishy, shady, not above board ; **c'est pas très catholique**, it's not very kosher.

catin *n.f.* prostitute°, pro, harlot.

causant *adj.* talkative°, gabby, jabbery ; **il est pas très causant**, he's not the most talkative, he's not exactly a great conversationalist.

causer 1.*v.i.* to talk°, to chat, to natter, to yak ; **ils étaient là à causer**, they were just rabbiting ; **cause toujours, tu m'intéresses**, say what you want, I'm just not listening ; **causer à qqun**, to gab with s.o. ; **hé ! toi, là, je te cause !** hey, you over there, I'm talkin' to you ! ; **causer de la pluie et du beau temps**, to have a chat, to shoot the breeze ; **ça cause dans le village**, tongues are wagging in the village ; **cause à mon cul, ma tête est malade !•** shut up !, shut the fuck up !, give my fucking head peace ! ; **tu causes, tu causes, c'est tout ce que tu sais faire**, you're so full of wind ; **j'ai juste dit ça pour causer**, I just said that for the sake of it. 2. *v.t.* to discuss°, to talk ; **causer boutique**, to talk shop ; **causer chiffons**, to engage in girls' talk ; **causer argot**, to speak slang ; **cause français, je comprends pas l'argot**, could you translate that into proper French please ?

causette *n.f.* a quick chat, chin-wag, confab ; **faire un brin de causette avec qqun**, to have a quick natter / banter with s.o.

cavale *n.f.* escape°, breakout, getaway ; **être en cavale**, to be on the run.

cavaler 1. *v.i.* a) to run°, to trot ; **à cause de la pluie on a dû cavaler**, we had to canter because of the rain ; b) to rush°, to shake a leg, to hotfoot it, to sprint ; **t'as intérêt à cavaler si tu veux avoir ton train**, you'd better get your skates on if you want to make your train ; c) to philander°, to chase skirt / trousers ; **elles passent leur temps à cavaler**, they spend their time cruising for guys. 2. *v.t.* **cavaler qqun**, to annoy s.o.°, to get on s.o.'s nerves / wick, to needle s.o. ; **tu commences à me cavaler sérieusement !** you're really beginning to cheese me off ! 3. *v.pr.* **se cavaler**, to run away°, to split, to make oneself scarce, to make tracks.

cavalerie (la grosse) *loc.* very ordinary things°, common or garden stuff, the usual, nothing special ; **dans la librairie il y avait que de la grosse cavalerie**, there was just the usual run-of-the-mill stuff in the bookshop.

cavaleur *n.m.* philanderer°, lady-killer, skirt-chaser, ladies' man.

cavaleuse *n.f.* nymphomaniac°, nympho, goer, trouser-chaser.

cave *adj.* gullible°, easy, wide-eyed ; **qu'est-ce qu'il est cave, mon cousin** ! my cousin is such a sucker !

cave *n.m* 1. *(underworld)* outsider°, intruder, straight. 2. dupe°, pushover, mug ; **c'est un vrai cave, il croit tout ce qu'on lui raconte**, he's such a sucker that he believes everything he's told.

cave (descente à la)• *loc.* cunnilingus°, muff-diving, dining at the Y, fur pie.

caviar (la gauche) *loc.* smoked salmon socialists, limousine liberals.

caviar *adj.* wonderful°, great, smashing, A-1.

caviarder *v.t.* to censor *(an article / book)*°, to blue-pencil.

ceinture *n.f.* 1. **se serrer la ceinture, se mettre la ceinture, faire ceinture,** to live on less than one is used to°, to go / do without, to tighten one's belt ; **être ceinture,** to be tight, to have the bare minimum ; **à midi, le frigo était vide, c'était ceinture,** at lunchtime there was nothing in the fridge and we just about made do ; **ceinture !** we'll have to make do without ! 2. **attachez vos ceintures !** watch out for this one !, fasten your safety belts !, get ready !

cendar *n.m.* ash-tray°, hash-tray.

centre *n.m.* 1. nickname, handle, monicker. 2. female genitals°, fanny, central cut, slit, box.

cent sept ans (attendre) *loc.* to wait for a long time°, to wait till hell freezes over, to wait for ever and a day ; **bon alors, t'accouche, je vais pas attendre cent sept ans,** come on, out with it, I'm not going to wait till the cows come home.

cerf *n.m.* 1. **se déguiser en cerf,** to leave quickly°, to clear off, to make tracks, to vamoose. 2. **bander comme un cerf,** to have a huge erection°, to have a massive hard-on, to be up a rock, to have the big stick.

cerise *n.f.* 1. bad luck°, tough luck, jinx ; **avoir la cerise,** to be jinxed. 2. virginity°, the cherry ; **t'as encore ta cerise ?** have you lost your cherry yet ? 3. **se refaire la cerise,** to recover°, to get back on one's feet, to get one's colour back.

certif *(abr. =* **certificat)** *n.m.* 1. certificate°, cert. 2. primary leaving certificate°.

ceusses *pron.* them, them ones, themens ; **y a les ceusses qu'en ont et les ceusses qu'en ont pas,** there's them that have and them that don't.

cézig, cézigue *pron.* himself, his nibs.

céziguette *pron.* herself, her nibs.

chabanais *n.m.* 1. brothel°, whorehouse, knocking-shop. 2. din, uproar, ruckus ; **quel chabanais !** what a racket !

chabraque *adj.* crazy°, nuts, loony, bats.

chagatte• *n.f.* vagina°, pussy, fanny, beaver.

chagner ! (ça va) *loc.* there's

going to be trouble !, there'll be hell !, there's going to be a riot !

chagrin (aller au) *loc.* 1. to put in a complaint°, to pitch a bitch, to cut a beef. 2. to go to work°, to punch the clock, to clock in, to go to the saltmines.

chaille *n.f.* tooth°, molar, toothy-peg ; **va falloir que je me fasse revoir les chailles**, I'm going to need to have my pearlies seen to.

chaise *n.f.* **avoir le cul entre deux chaises**, to be undecided°, to fall between two stools, to have one's ass on the fence.

chaleur *n.f.* 1. **être en chaleur**, *(women)* to be sexually aroused°, to be in heat, to have the hots. 2. **chaleur !** hot stuff !, heavy !

chambard *n.m.* uproar°, din, hullabaloo, ruckus ; **faire du chambard**, to kick up a row.

chambardement *n.m.* upheaval°, revolution, ruction ; **le grand chambardement**, The Revolution.

chambarder *v.t.* to upset°, to overturn, to mess up ; **ils ont tout chambardé dans la baraque**, they left the whole house topsy-turvy.

chambouler = **chambarder**.

chambrer *v.t.* to make fun of°, to take the mickey (out of), to take the piss (out of), to have on ; **chambrer qqun à froid**, to pull s.o.'s leg and keep a straight face.

chameau *n.m.* 1. unpleasant person°, bastard ; a) *(man)* beast, brute, pig ; b) *(woman)* cow, bitch, boot. 2. **petit chameau**, little brat, wee rascal.

champ', champe (*abr.* = champagne) *n.m.* champagne°, champers, bubbly.

champignon *n.m.* accelerator° *(in a car)*, pedal, hammer ; **appuyer sur le champignon**, to go faster°, to step on it, to put the foot down.

champion *adj.* fantastic°, super, brill ; **Paris, c'est champion**, Paris is really magic.

champion ! *excl.* all right !, right on ! ; **alors là, champion !** nice going !, way-to-go !

Champs (les) *n.m. pl.* the Champs-Elysées° *(in Paris)*.

chandelle *n.f.* 1. snot dripping from the nose, dew-drop. 2. **tenir la chandelle**, to be the third party with a couple°, to play gooseberry. 3. **en voir trente-six chandelles**, to have one's head spin, to see stars.

changer de disque *loc.* to be original°, to come off with something new ; **jamais tu changes de disque ?** come on, don't give me that old line again, the needle's stuck again.

chanvre *n.m.* hashish°, hash, dope.

chanvré *adj.* high, out of it, stoned *(on hashish)*.

chapeau ! *excl.* hats off !, good show !, congrats ! ; **Paris-Lyon en deux heures, alors là chapeau !** Paris-Lyon in two hours, well that deserves a biscuit !

chapeau *n.m.* 1. **porter le chapeau**, to be held responsible°, to take the rap, to carry the can ; **la police lui a fait porter le chapeau**, the police pinned the rap on him. 2. **travailler du chapeau**, to be crazy°, to leak in the think-tank, not to play with a full deck. 3. **en baver des ronds de chapeau** ; a) to be amazed°, to be flabbergasted, to be bowled over, to be floored ; b) to be under severe pressure°, to go through hell, to sweat blood.

chapeauter *v.i.* to be competent°, to know one's stuff / one's onions, to be on the ball ; **mon grand-père, à quatre-vingt-dix ans, il chapeaute !** my grandfather is no slouch for a ninety-year-old.

char, charre *n.m.* 1. exaggeration°, bluff, rubbish, bull ; **c'est pas du charre !** no jive !, straight up ! ; **arrête ton char !** come off it !, give me a break !, you gotta be joking ! ; **arrête ton char, Ben Hur, (tu perds tes roulettes) !** pull the other one, it's got bells on it ! 2. a) **faire du charre (à qqun)**, to flirt°, to chat up, to be on the pull ; **il m'a fait un tel charre que j'ai fini par céder**, he sweettalked me so much that I gave in, in the end ; b) **faire des charres (à qqun)**, to be unfaithful (to s.o.)°, to two-time (s.o.), to play around, to cheat (on s.o.).

charbon (aller au) *loc.* to go to work°, to clock in, to go to the salt mines.

charcutage *n.m.* 1. bungled surgery°, butchery. 2. **charcutage électoral**, electoral boundary-fixing, gerrymandering.

charcuter *v.t.* to operate badly *(on a patient)*°, to butcher, to cut up.

charcutier *n.m.* surgeon°, butcher, hacker.

Charenton *n.pr.* mental hospital°, funny farm, loony bin, nuthouse ; **être bon pour Charenton**, to be ready for the men in white coats ; **à ce train-là, tu seras bientôt à Charenton**, if you keep on at that rate, they're going to lock you up soon.

charge *n.f.* 1. drugs°, dope, gear, shit. 2. **prendre une charge**, to get drunk°, to get a skinful, to get plastered.

chargé *adj.* 1. drunk°, liquored, jarred, stewed. 2. high *(on drugs)*, bombed, stoned, tripping. 3. *(sports)* on stimulants°, on uppers, doped.

charger (se) *v.pr.* 1. to get drunk°, to get tanked up, to have oneself a skinful. 2. *(drugs)* to get high, to get stoned, to get out of one's tree.

chariboter *v.i.* to exaggerate°, to go over the top, to lay it on thick.

Charles ! (tu parles) *loc.* you must be joking !, you've got to be kidding !, no way, Jose !

charlot *n.m.* worthless or incompetent individual°, dope, clown, dildo ; **le gouvernement, c'est rien qu'une bande de charlots !** the government are nothing but a bunch of proper charlies !

Charlot *n.pr.* 1. **la bascule à Charlot,** the guillotine°, the blade. 2. **s'amuser comme Charlot, amuser Charlot•,** to masturbate°, to pull the pope, to consult Dr. Jerkoff.

Charlotte (tu rotes) *loc.* *(welcoming a sonorous belch)* ; nice one (Cyril) !, way to go, Joe !

charmeuses *n.f.pl.* moustache°, tache, tash.

charmouille *adj.* charming°, ducky, simply lovely.

charogne *n.f.* bastard, bugger, pig, prick ; **la directrice, quelle charogne !,** the headmistress is a real bitch !

charre = char.

charrette *n.f.* 1. car°, banger, jalopy ; **tu me prêtes ta charrette ?** can I steal your wheels ? 2. mass redundancy°, global golden handshake ; **je crois qu'on est bons pour la prochaine charrette,** I think we'll be in the next batch to get turfed out.

charriage *n.m.* 1. teasing°, leg-pulling, piss-taking, urine-extracting. 2. exaggeration°, bluff, bull.

charrier 1. *v.i.* a) to exaggerate°, to go too far, to go over the top ; **tu crois pas que tu charries ?** that's overdoing it a bit, isn't it ? ; **charrier dans les** bégonias, to lay it on with a trowel ; b) to joke°, to kid, to mess ; **arrête de charrier !** stop fooling around ! 2. *v.t.* **charrier qqun,** to make fun of s.o.°, to pull s.o.'s leg, to take the Mickey / the piss out of s.o. ; **ça fait trois heures qu'il me charrie,** he's been messing me around for three hours ; **se faire charrier,** to be taken for a ride.

chasse *n.f.* **être en chasse,** to be on the trail *(for a sexual partner)*°, to be on the prowl, to be on the pull.

châsse *n.m.* eye°, peeper, headlight ; **donne voir un coup de châsse,** go on, have a dekko ; **ouvrir les châsses,** to open one's eyeballs.

chasser *v.i.* to be in search of a sexual partner°, to be on the prowl, to be on the touch, to be cruising ; **il chasse dans les beaux quartiers,** he goes out talent-spotting in the smart neighbourhoods.

châssis *n.m.* *(woman's)* body°, figure, build, bod ; **c'est un beau châssis,** what a classy chassis ; **elle a un châssis du tonnerre de Dieu,** she's got it in all the right places.

châtaigne *n.f.* 1. blow°, biff, backhander, smack ; **recevoir / prendre une châtaigne,** to get a clout round the ear. 2. fight°, brawl, free-for-all ; **aller à la châtaigne,** to go out looking for trouble, to go out looking for a scrap.

Château (le) *n.m.* the Elysée°(*presidential palace*).

Château-Lapompe *n.m.* (drinking) water°, Adam's ale, fisherman's daughter.

chatouille *n.f.* tickle ; **faire des chatouilles à qqun**, to tickle s.o. ; **craindre les chatouilles**, to be ticklish, to have the tickles.

chatouiller 1. *v.i. (in a car)* to move forward in fits and starts, to make a jump start. 2. *v.t.* a) **chatouiller les oreilles à qqun**, to reprimand°, to give s.o. a talking-to, to tell s.o. off, to give s.o. a dressing-down ; b) **chatouiller les côtes à qqun**, to beat s.o.°, to give s.o. a thick ear, to give s.o. a good belting ; **il s'est fait chatouiller les côtes par une bande de voyous**, he was given a hiding by a gang of hooligans.

chaud *adj.* 1. socially troubled°, agitated, hot ; **chaud, chaud, chaud, le printemps sera chaud**, there's trouble brewing for the coming spring ; **une banlieue chaude**, a troubled area°, a hot-spot, an apache territory, a bandit country. 2. sexually active°, hot, horny ; **chaud lapin, chaud de la pointe / de la pince**, randy sod, horny bugger ; **chaude lapine**, goer, nympho ; **un quartier chaud**, a red-light district, a hot-spot. 3. **chaud !, chaud devant !** careful !°, watch out !, watch it !, mind your back ! 4. **avoir chaud aux fesses**, a) to run a great risk°, to have a close call / a close shave ; b) to have a bad fright°, to get one's wind up, to get a nasty scare ; **quand la maison d'en face s'est écroulée, on a eu chaud aux fesses**, when the house opposite collapsed we were scared shitless. 5. **ne pas être chaud pour qqch.**, not to be too keen on s.t.°, not to be sold on s.t., not to be too hot on s.t. ; **passer l'été à travailler, je ne suis pas très chaud**, the idea of spending the whole summer working doesn't exactly thrill me. 6. **ça me fait ni chaud ni froid**, I have no real opinion°, I couldn't care less, il's all the same to me, it's much of a muchness to me.

chaud *n.m.* 1. **crever de chaud**, to be extremely hot°, to drop from the heat, to be hot as hell. 2. **la mettre au chaud•**, to have sexual intercourse *(men)*°, to get one's end (away), to slip a length, to hide the salami.

chaud-chaud (pas) *adj.* not too keen°, not sold, not too hot ; **aller au cinéma ce soir, je suis pas chaud-chaud**, I'm not too crazy about going to the movies tonight.

chaude-lance, chaude-pince, chaude-pisse *n.f.* gonorrhoea°, the clap, the pox ; **il a attrapé la chaude-pisse**, he got himself a dose of the clap.

chauffard *n.m.* dangerous driver°, road-hog, cowboy ; **mon beauf conduit trop vite, c'est**

un vrai chauffard, my brother-in-law drives too fast, he's a real speed merchant.

chauffer 1. *v.i.* to get heated°, to hot up, a) **ça va chauffer !** there's trouble brewing, there's aggro in the air ; b) **ça chauffe**, there's a great atmosphere°, things are warming up / hotting up ; **la salle a chauffé un max**, things were really buzzing in the hall ; c) *(music)* to be powerful, to swing ; **le groupe chauffe ce soir**, the group is really hot tonight. 2. *v.t.* a) to steal°, to nick, to swipe ; **je me suis fait chauffer mes clopes**, I got my fags pinched ; b) to excite°, to warm up, to hot up ; **chauffer la salle**, to get the crowd going ; **chauffer une nana**, to get a girl aroused°, to get a chick going.

chaussette *n.f.* 1. *(car)* tyre°, sock, skin. 2. **jus de chaussette**, foul-tasting liquid°, dishwater, piss-water, gnat's piss. 3. **laisser tomber qqun comme une vieille chaussette**, to abandon s.o., to leave s.o. in the lurch, to drop s.o. like a hot potato, to wash one's hands of s.o. 4. **mettre les chaussettes à la fenêtre**, to fail to have an orgasm *(woman)*°, not to make it over the mountain, not to pop one's cookies.

chauve à col roulé• *n.m.* penis°, cock, Hampton Wick, Mr. Happy.

chbeb *n.m.* attractive young homosexual°, twinkie, show-stopper.

cheap *adj.* inexpensive°, cheapo, cheapie ; **une table sans nappe, ça fait un peu cheap**, a table without a tablecloth is a bit crummy.

chébran *(verl.* = **branché)** *adj.* fashionable°, up-to-date, hip, cool, with-it.

chef *n.m.* 1. *(term of address to a man)* chief, squire, man ; **d'accord, chef**, right boss. 2. **comme un chef**, like a champion / an ace ; **il s'est débrouillé comme un chef**, he did really bloody well.

cheminée *n.f.* glass of beer°, jar, pint.

chèque en bois *n.m.* dud cheque, cheque which bounces ; **à force de faire des chèques en bois, il va finir en prison**, if he keeps on bouncing cheques, he's going to end up in jail.

chèqueton *n.m. (bank)* cheque°.

chercher *v.t.* 1. to provoke°, to ask for trouble, to needle ; **tu me cherches ?** you're asking for it !, you're cruisin' for a bruisin' ; **si tu me cherches, tu vas me trouver**, go ahead make my day, if you're looking for trouble you've come to the right place ; **chercher des crosses**, to be looking for some rough-house. 2. **chercher la petite bête**, to split hairs, to nitpick. 4. **où est-ce qu'il va chercher tout ça ?** where's he get his bright ideas ?, how'd he ever come up with that ? **qu'est-ce que tu vas chercher**

là ? why make things easy when you can complicate them ? *(iron)*. 5. **chercher dans les ...**, to reach (a certain amount)°, to cost about, to be in the... ; **un blouson en cuir véritable, ça va chercher dans les trois mille balles,** for a genuine leather jacket, you can expect to pay in the three grand range.

chérot *adj.* rather expensive°, on the steep side, a bit dear, pricey ; **cent balles, c'est quand même un peu chérot,** at a hundred big ones, it's a bit stiff all the same.

chetron (*verl.* = **tronche**) *n.f.* face°, mug, dial, boat race.

cheval *n.m.* 1. heroïn°, horse, smack. 2. **cheval de retour,** re-offender°, old lag, old chiseler, repeater. 3. **grand cheval,** tall and masculine woman°, butch-looking woman, bull. 4. **ce n'est pas un mauvais cheval,** he's a good bloke, he's an alright type, he's an okay guy. 5. **j'en parlerai à mon cheval,** *(iron)* you bet !, sure thing !, you better believe it ! ; **cause toujours, j'en parlerai à mon cheval,** frankly, my dear, I don't give a damn.

cheveu *n.m.* 1. **avoir mal aux cheveux,** to have a hangover°, to have the big head, to be the worse for wear, to have that morning-after feeling. 2. **arriver / venir comme un cheveu sur la soupe,** to arrive at an inopportune moment°, to turn

up at an unwelcome time, to poke one's nose in at a bad time. 3. **il y a un cheveu,** there's a problem° / hitch / snag, something's up.

cheville *n.f.* 1. **être en cheville avec qqun,** to work in partnership with s.o.°, to be in cahoots with s.o., to be hooked up with s.o. 2. **avoir les chevilles gonflées,** to be arrogant°, to have a big head.

chèvre (devenir) *loc.* to go crazy°, to go gaga, to go bonkers, to go mad as a March hare ; **arrête de regarder la télé, tu vas devenir chèvre,** stop watching the telly or you'll go cuckoo.

chiadé *adj.* 1. carefully prepared°, well set up, in ship shape, first-rate ; **il nous avait préparé un topo vachement chiadé,** he gave us a really neat talk. 2. difficult°, tough, sticky, mean ; **le problème de maths était chiadé,** the maths problem was a real toughie.

chiader *v.t.* 1. to study hard°, to swot, to slog, to work one's butt off. 2. to do good work°, to do things properly, to make a good job of s.t., to do a first-rate job ; **le peintre a chiadé ma salle de bains,** the painter did an ace job on my bathroom.

chiadeur, -euse *n.* hard worker°, swot, slogger.

chialer *v.i.* 1. to cry°, to snivel, to bawl, to boo-hoo. 2. to complain°, to gripe, to moan, to beef ; **on va quand même**

pas chialer, we shouldn't whine about it.

chialeur, -euse *n.* 1. sniveller, cry-baby. 2. complainer°, moaner, griper.

chiant• *adj.* 1. excruciatingly boring°, deadly, bloody / damn drippy, drag-ass ; **chiant comme la pluie**, boring as hell, as interesting as watching paint dry ; **le film était tellement chiant que je suis sorti au bout d'une heure**, the movie was such a pain in the ass, that I left after an hour. 2. extremely annoying°, bloody painful, damn sickening ; **qu'est-ce qu'il est chiant, ce gars !** that guy is a real pain in the arse ; **ah ! c'est chiant, on a raté le dernier métro !** oh shit, we've missed the last tube ! 3. difficult°, damn tough, ass-busting, ball-breaking ; **les pots de confiture, ça peut être chiant à ouvrir**, jam jars can be a real bitch to open.

chiard *n.m.* child°, kid, brat, rascal.

chiasse• *n.f.* 1. diarrhoea°, the runs ; **avoir la chiasse**, a) to have the runs / the trots ; b) to be frightened°, to be spooked, to be shit-scared. 2. difficult situation°, shit creek, the shit ; **c'est la chiasse !** we're up to our necks in it !, this is shit street !

chiasser• *v.i.* to be frightened°, to be shit-scared, to shit a brick.

chiasseur, -euse• *n.* coward°, wimp-guts, chicken, chicken-shit.

chiasseux *adj.* cowardly°, wimpy, gutless, chickenshit.

chiatique• *adj.* 1. excruciatingly boring°, fucking deadly / drippy, boring as fuck. 2. extremely annoying°, fucking painful / sickening ; **le métro aux heures de pointe, c'est carrément chiatique**, taking the tube during the rush-hour is a real fucking bummer. 3. extremely difficult°, fucking tough, ass-busting, ballbreaking ; **le problème de physique était vraiment chiatique**, the physics problem was a real fucker to solve.

chibis (faire) *loc.* to run away°, to do a runner, to do a bunk, to go over the wall.

chibraque, chibre• *n.m.* penis°, cock, pike, battering ram.

chic *adj.* good°, neat, nifty, cool ; **un chic type**, a good guy, an alright bloke ; **c'est chic de sa part**, that's really neat of him.

chic (alors) ! *excl.* great !, cool !, neat !, nifty !

chicha, chichon (*verl* = **haschisch**) *n.m.* hashish°, dope, shit.

chiche *adj. (dare)* **t'es pas chiche de le faire**, you haven't got the bottle / the guts to do it.

chiche ! *excl.* I dare you !, go ahead and try it ! I bet you won't !

chichite *n.f.* imaginary illness°, sickitis ; **si il va pas au boulot, c'est pas qu'il est pas malade, c'est qu'il a la chichite**, if he didn't clock in today, it's not that he's sick, he's just got workitis.

chicorée, chicor *adj.* drunk°, jarred, plastered, blitzed.

chicorée *n.f.* 1. reprimand°, dressing-down, talking-to. 2. pubic hair°, pubes, beaver ; **défriser la chicorée•**, to perform cunnilingus°, to muff-dive, to dine at the Y.

chicos *adj.* super, smashing, awesome.

chicos ! *excl.* wonderful !°, awesome !, magic !

chié• *adj.* 1. fantastic°, shit-hot, fucking A ; **il est chié, ce type !** that guy is really fuckin' awesome ! 2. dreadful°, shitty, godawful ; **c'est vraiment chié, ce film**, this movie is fuckin' terrible. 3. shameless°, fucking cheeky ; **qu'est-ce qu'il est chié, ce mec !** this guy has some fucking nerve !

chié (de merde) !• *excl.* holy shit !, fucking hell !, holy fucking shit !

chiée• *n.f.* a large amount°, bloody tons of, shitloads of ; **j'en ai une chiée**, I've got fuckin' stacks of them ; **il a une chiée de gosses**, he's got a whole shithouse full of kids.

chien *n.m.* 1. **être chien avec qqun**, to be mean with s.o.°, to be nasty with s.o., to act the sod with s.o. ; **sois pas chien !** don't act the bugger ! 2. **avoir du chien**, to have charm°, to be dishy / dreamy, to be good enough to eat with a spoon ;

elle a du chien, she has a certain je-ne-sais-quoi. 3. **c'est pas fait pour les chiens**, it's there to be used, it's not sitting there for no reason. 4. **garder à qqun un chien de sa chienne**, to have s.t. against s.o., to bear a grudge against s.o., to have it in for s.o. ; **après le coup de vache qu'il m'a fait, je lui garde un chien de ma chienne**, since he played that dirty trick on me, I've been wanting to get even with him. 5. **de chien**, dreadful°, awful, shitty ; **un temps de chien**, stinking weather ; **une vie de chien**, a dog's life ; **un mal de chien**, an awful time. 6. a) **être malade comme un chien**, to be as sick as a dog ; b) **traiter qqun comme un chien**, to treat s.o. like a dog / like shit. 7. **(espèce de) chien !** you bastard ! ; **chienne de vie !** life's a bitch ! ; **quel chien de temps !** what bloody awful weather ! 8. *(in newspaper)* **les chiens écrasés**, the miscellaneous column, the circuit-court column.

chienchien à sa mémère *loc.* 1. old lady's little dog°, nice little doggie-woggie. 2. child who holds onto his / her mother's skirt-tails°, mummy's boy.

chiendent *n.m.* 1. difficulty°, spot of bother, bind, hassle. 2. **arracher le chiendent**, to be kept waiting°, to be stood up, to be kept hanging around.

3. marijuana°, ganga, weed ; **fumer le chiendent**, to smoke grass.

chier• 1. *v.i.* a) to defecate°, to shit, to crap, to drop a turd ; **son chien a chié partout dans la cuisine**, his dog shat all over the kitchen ; b) **à chier**, shitty, not worth shit ; **une tronche à chier (dessus)**, a very ugly face°, a face like the back of a fucking bus ; c) **faire chier (le monde)**, to annoy (everyone) severely° , to bust (everybody's) ass, to break (everybody's) balls ; **arrête de faire chier (le monde)**, stop pissing everybody off ; **ils font vraiment chier le monde avec leurs pubs à la con**, advertisers really bust everybody's balls with their dumb-ass commercials ; **fais pas chier !** stop fucking around ! ; d) **se faire chier**, (i) to be excruciatingly bored°, to be bored shitless ; **qu'est-ce qu'on s'est fait chier au musée !** the museum was as boring as fuck ! ; (ii) to take pains (to do s.t.)°, to bust one's ass doing s.t. ; **je me suis fait chier pendant cinq ans à construire cette maison**, I worked my ass off for five years building that house ; (iii) **ne pas se faire chier**, not to bother°, not to go out of one's way ; **il se fait pas chier, il se gare devant chez moi**, he doesn't give a shit, he just parks right in front of my house ; e) **envoyer chier (qqun)**, to tell (s.o.) where to get off, to send (s.o.) packing, to tell (s.o.) where to go ; **va chier !** go fuck yourself ! ; f) **chier dans la colle / dans le pot,** to go too far°, to go over the top, to push it (too far), to tear the arse out of it ; **tu vas me dire que je chie dans la colle, mais là, franchement, je suis pas d'accord**, you're going to say that I'm ripping the ass out of it, but I just can't go along with you on that one ; g) **chier dans les bottes de qqun**, to annoy s.o.°, to piss s.o. off, to break s.o.'s balls ; h) **ça va chier !** there's going be trouble° / hell, the shit's going to hit the fan ; **ça chie (un max)**, things are as bad as they can get°, things are fucking awful ; i) **y a pas à chier**, there's no point hesitating about it°, there's no two ways about it ; **y a pas à chier, il va falloir qu'on aille bosser**, we're just going to have to get down to work and that's fucking that ; j) **en chier**, to suffer°, to have a hell of a time of it, to bust one's ass (over s.t.) ; **pour arriver là où elle est, elle en a chié**, to get where she is now, she really had to go through a lot of shit ; k) **chier dans sa culotte / son froc**, to be extremely frightened°, to be shit-scared, to shit a brick ; **devant le chef, il chie dans son froc**, when he's in front of the boss, he just shits himself. 2. *v.t.* a) **ça va chier**

des bulles, there's going to be trouble°, the shit's going to hit the fan, all hell's going to break loose ; b) **on dirait qu'il a chié la colonne Vendôme**, he really thinks he's God's gift, he takes himself for the dog's bollocks ; c) **en chier une pendule**, to make a fuss about s.t., to make a fucking mountain out of a molehill ; **tu vas pas nous en chier une pendule ?** don't make a whole fucking Hollywood production of it !

chierie• *n.f.* nuisance°, drag, bitch ; **quelle chierie !** what a pain in the arse !

chieur, -euse• *n.* bastard°, piece of shit, shithead.

chifforton, chiftir(e) *n.m.* ragman, rag-and-bone man.

chignole *n.f.* 1. old car°, banger, bone-shaker, rust-bucket. 2. *(any type of)* machine°, contraption.

chinetoque• *adj.* Chinese°, chink, chinky.

chinetoque• *n.* Chinese person°, chink, chinky.

chinois *adj.* complicated°, mazy ; **pour aller là-bas, c'est plutôt chinois**, getting there is on the tough side.

chinois *n.m.* 1.• penis°, prick, (Irish) root ; **se polir le chinois**, to masturbate°, to jerk oneself off, to bang the bishop. 2. **du chinois**, unintelligible language°, double Dutch, gobbledy-gook, mumbo-jumbo ; **pour moi, l'anglais c'est du chinois**, English is all Greek to me.

chiotte• *n.f.* 1. a) (old) car°, banger, bone-shaker ; **j'ai perdu ma chiotte**, I can't find my heap ; b) difficult situation°, spot of bother, drag, the pits ; **quelle chiotte !, c'est la chiotte !** what a pain in the arse ! 2. *pl.* **les chiottes**, a) toilet°, shithouse, *(GB)* loo, bog(s), *(US)* john, can ; **aller aux chiottes**, to go to the crapper ; **être de (corvée de) chiottes**, to be on latrine fatigue ; b) **avoir un goût de chiottes**, (i) to taste bad°, to taste like shit ; **cette viande a un goût de chiottes**, this meat tastes like the inside of a Turkish wrestler's jock-strap ; (ii) to have bad taste°, to have one's sense of good taste up one's arsehole ; c) **aux chiottes !** get rid of it°, chuck it out !, dump it ! ; **aux chiottes l'arbitre !** that bloody ref should be shot !

chipé *adj.* in love with°, having a crush on ; **je suis chipé pour ma prof d'anglais**, I don't half fancy my English teacher.

chiper *v.t.* to steal°, to nick, to pinch ; **Madame, il m'a encore chipé mon stylo**, Miss, he swiped my pen again.

chipolata• *n.f.* penis°, cock, pork sword, salami, frankfurter.

chique *n.f.* 1. **poser / avaler sa chique**, to die°, to snuff it, to kick the bucket, to check out. 2. **couper la chique à qqun**, a) to cut s.o. short / off, to barge in on s.o. ; b) to amaze° / flabbergast s.o., to leave s.o.

speechless.

chiqué *n.m.* 1. **du chiqué**, faking°, sham, bluff ; **cette soi-disant blessure, c'était du chiqué**, that so-called injury was just a put-on. 2. **faire qqch. au chiqué**, to achieve s.t. through pretence°, to bluff one's way through / out of s.t. ; **comme j'avais pas mes papiers, j'ai fait ça au chiqué**, I didn't have my documents and so I just talked my way out of it.

chiure *n.f.* insect excrement° ; **chiures de mouches**, fly specks.

chizbroc *n.m.* fuss°, racket, rumpus, hullabaloo ; **quand elle a vu le cadavre, la voisine a fait un de ces chizbrocs**, when she saw the corpse the neighbour kicked up a hell of a stink.

chlaffe = schlaffe.

chlague = schlague.

chlasse = schlasse.

châsse = schlâsse.

chleu, chleuh = schleu.

chlingoter = schlinguer.

chlinguer = schlinguer.

chlipoter = schlipoter.

chloffe = schloffe.

chmoutz = schmoutz.

chnaps = schnaps.

chnique = schnick.

chniquer = schniquer.

chnoque = schnoque.

chnouffe = schnouffe.

chnouffé = schnouffé.

chnouffer = schnouffer.

chochotte *adj.* 1. mannered°, put-on, airish. 2. effeminate°,

camp, swish.

chochotte *n.f.* 1. mannered person°, la-de-da individual, stuffed-shirt. 2. effeminate man°, poof, pansy, sissy. 3. individual who suffers pain badly°, moaner, fuss-pot ; **arrête de faire ta chochotte**, stop acting the sissy.

chocolat *n.m.* 1. **être chocolat**, to be foiled°, to get done ; **dans cette affaire je suis chocolat**, there's no joy for me in the deal. 2. **c'est du chocolat**, it's easy°, it's a piece of cake, it's wee buns.

chocotter *v.i.* to be frightened°, to get one's wind up, to wear brown trousers.

chocottes *n.f.pl.* 1. teeth°, choppers, pearlies. 2. **avoir les chocottes**, to be frightened°, to have the willies, to have the creeps.

choir (laisser) *loc.* to let down, to drop, to dump s.o. ; **un beau jour il m'a laissé choir**, one day, out of the blue, he just ditched me.

chôme *n.f.* unemployment°, the dole ; **je suis à la chôme**, I'm on the dole.

chômedu *n.m.* 1. unemployed person°, giro technician ; **être / faire chômedu**, to be jobless°, to draw the dole. 2. unemployment°, the dole ; **être au chômedu**, to be out of work°, to be on the dole.

choper *v.t.* 1. to catch° / to cop / to get landed with (*a disease*) ; **choper la crève**, to catch one's end (of cold). 2. to steal°, to pinch, to swipe. 3. to arrest°, to nab, to lift ; **se faire choper,** to get nicked.

chopine *n.f.* small bottle *or* glass *(of wine)*°.

chopotte = **chopine.**

chose 1. *n.f.* a) **être porté sur la chose,** to be keen on sex°, to have a one-track mind, to be fond of that sort of thing, to like it ; b) *pl.* **les choses,** the sexual organs°, the privates, down-under. 2. *n.m.* a) penis°, thingy, thingamy ; b) backside°, behind, you-know-what ; c) contraption, widget, what's-it ; **tu veux me passer le chose, là ?** would you hand me that doodah over ? ; d) what's-his-name / what's-her-name, thingamy, whachamacallim / whachamacaller ; **t'as pas vu chose, par hasard ?** you haven't seen what's-his-face, have you ?

chou, -oute *adj.* kind°, nice, cute ; **ce que tu peux être chou,** you're a real angel, you're such a sweetie ; **sa jupe est vraiment choute,** her skirt is really darling.

chou *n.m.* 1. head°, loaf, bonce ; **en avoir dans le chou,** to be intelligent°, to have all one's marbles, to be nobody's fool ; **ne rien avoir dans le chou,** to be stupid°, to have nothing up top, to have nobody home, to be out to lunch ; **se creuser le chou,** to think hard°, to rack one's brains ; **avoir le chou farci,** to be worried°, to have worries, to have a headache, to carry a heavy load ; **se monter le chou,** to get excited°, to get into a lather, to get all worked-up. 2. **se farcir / se taper le chou,** to eat *and / or* drink well°, to have a bit of a blow-out, to have a good nosh-up. 3. **rentrer dans / sauter sur / tomber sur le chou à qqun,** to attack s.o.°, to beat s.o.'s melt in, to knock s.o.'s block off. 4. darling, pet, sweetie ; **mon (petit) chou,** my darling, my honey-pie, honey-bunch ; **c'est un vrai chou,** he / she's so cute. 5. **arriver / être / finir dans les choux,** to be amongst the last°, to finish up amongst the stragglers, to bring up the rear, to end up at the back of the bunch ; **pour le concours d'entrée, je suis dans les choux,** I didn't cut the mustard for the entrance exam. 6. **bête comme chou,** very simple°, as easy as pie ; **ce problème est bête comme chou,** this problem is a real cinch. 7. **faire chou blanc,** to be unsuccessful°, to come up with nothing, to draw a blank, to fail to break one's duck. 8. **faire ses choux gras (de qqch.),** to make a profit° / a packet (out of s.t.), to do well (out of s.t.). 9. **aller planter ses choux,** to leave the city for the countryside°, to go back to nature. 10. **manger les choux par les racines / les trognons,** to be dead°, to have kicked the bucket, to be pushing up daisies.

chouaga *adj.* brilliant, super, A-1, awesome.

choucard *adj.* pleasant°, ace, neat, divine.

chouchou, chouchoute *n.* favourite, pet, blue-eyed boy / girl ; **le chouchou du prof**, teacher's pet.

chouchouter *v.t.* to pamper°, to dote on, to coddle ; **si tu viens chez moi, tu verras, je te chouchouterai**, you'll see, if you come over to my place, I'll mollycoddle you.

choucroute *n.f.* 1. curly / bee-hive hair-do. 2. **pédaler dans la choucroute**, to make slow progress°, to make heavy going of s.t., to be getting nowhere fast ; **assez pédalé dans la choucroute, on avance !** enough of this messing around, let's get a move on ! 4. **rien à voir avec la choucroute**, nothing to do with it°, nothing to do with the price of rice in China ; **je ne vois pas le rapport avec la choucroute**, I can't see what you're getting at / driving at. 5. **avoir la choucroute un peu aigre**, to feel bad about s.t.°, to have a bad taste left in one's mouth about s.t., to have sour grapes about s.t.

chouette *adj.* 1. nice°, super, great, neat ; **c'est chouette**, it's neat ; **une maison super-chouette**, a super-dooper house ; **une chouette de nana**,

a peach of a girl. 2. kind°, straight, regular, alright ; **c'est un mec très chouette**, he's a really good bloke. 3. **être chouette**, to be had, to be taken in, to get rolled ; **ce coup-ci, je suis chouette**, I got really nicely done this time round.

chouette ! *excl.* super !, great !, brill ! ; **chouette alors !** well , that's really something !

chouette (avoir qqun à la) *loc.* to be fond of s.o.°, to take a liking to s.o., to have a soft spot for s.o.

chouette• *n.m.* anus°, bumhole, arsehole, moon ; **(re)filer / donner du chouette**, to be a passive homosexual° / bottom man / auntie ; **prendre du chouette**, to be an active homo-sexual° / turd-burglar / arse-bandit.

chouettement *adv.* wonderfully, nicely, splendidly.

chouettos *adj.* great, smashing, brilliant.

chou-fleur *n.m.* 1. **avoir les oreilles en chou-fleur**, to have big ears° / big flaps, to have cauliflower ears. 2. **avoir des choux-fleurs**, to have haemor-rhoids°, to have piles / hems.

chouïa *adv.* 1. **y en a pas chouïa**, there's not that much°, there's not tons, it's / they're pretty scarce on the ground. 2. **vas-y chouïa !** take it easy !, easy does it ! 3. **chouïa chouïa**, a) alright°, not so hot, so-so ; **il m'a dit qu'il allait chouïa chouïa**, he told me things weren't going the best ; b) carefully°, softly-softly ; **on a fait la route chouïa chouïa**, we really watched our step on the road.

chouïa, chouille *n.m.* a small amount°, wee bit, smidgeon, tad ; **donne-m'en juste un chouïa**, just give us a little drop.

choupinet *adj.* lovely°, sweet, cute, darling.

choupinet *n.m.* **mon choupinet**, my dear, my darling, my sweetie-pie.

chouquette *n.f.* 1. mannered person°, la-de-da individual, stuffed-shirt. 2. effeminate man°, poof, pansy, sissy.

chourave *n.f.* theft°, pinching, nicking.

chouraver, chourer *v.t.* to steal°, to nick, to swipe, to half-inch ; **les loubards du quartier passent leur temps à chouraver les autoradios**, the local hoods spend their time pinching car radios.

chouraveur *n.m.* thief°, tealeaf, lifter, lightfingers.

chouriner *v.t.* to stab s.o.°, to stick s.o., to cut s.o. up.

chourineur *n.m.* killer who uses a knife°, chive-man, knife merchant.

chpile = schpile.

chproum = schproum.

chrono *(abr. = chronomètre) n.m.* stop-watch ; **il fait du 200 chrono**, he's doing a double ton.

chroumer *v.t.* 1. to steal°, to pinch, to nick. 2. to rob° / nick from impounded cars.

chtar *n.m.* 1. punch°, clout, bang, belt ; **il a pris un chtar en pleine poire**, he got a good dig in the kisser. 2. a) shock-mark°, dent, bang ; **la table est pleine de chtars**, the table has seen the wars ; b) *(drugs)* needle hole°, syringe mark ; **ses bras sont couverts de chtars**, his arms have tracks all over them. 3. a) prison°, the joint, the clink ; b) solitary confinement°, the cooler, the block, Siberia.

chtarbé = schtarbé.

ch'ti, ch'timi *n.m.* native of northern France°, northerner.

chtouillard *n.m.* person with VD° / the clap, a person with a dose, pox-ridden individual.

chtouille *n.f.* VD°, the pox, the clap.

chtuc = schtuc.

cibiche *n.f.* cigarette°, fag, gasper, smoke.

ciboulot *n.m.* head°, loaf, brains ; **t'as quelque chose dans le ciboulot ?** have you got anything up top ?

cicatrice• *n.f.* vagina°, slit, crack, crevice.

ciflard = sauciflard.

cigare *n.m.* 1. head°, bonce, nut ; **travailler du cigare**, to be crazy° / off one's rocker ; **y aller du cigare**, to take risks°, to stick one's neck out. 2. **couper le cigare à qqun**, a) to interrupt s.o.°, to cut s.o. off, to butt in on s.o. ; b) to guillotine s.o.°, to lop s.o.'s head off.

3. **cigare à moustaches•**, penis°, peppermint stick, divining rod.

cigler, ciguer *v.t.* to pay°, to square up, to settle up ; **on consomme avant, on cigle après**, you have your drinks first and you cough up later.

cigue *n.m.* 1. twenty francs°. 2. twenty years of age° ; **avoir un cigue**, to be twenty, to have a score racked up.

ciguer = **cigler**.

cil (jeter un) *loc.* to eye (s.o.) up, to make eyes (at s.o.), to give (s.o.) the eye.

ciné (*abr.* = **cinéma**) *n.m.* 1. the cinema°, *(GB)* the flicks, the movies ; **et si on se faisait un ciné ce soir ?** how about catching a movie tonight ? 2. cinema°, movie-house.

cinéma *n.m.* 1. big act, show, put-on ; **c'est du cinéma**, it's all just an act ; **arrête ton cinéma !** cut out the play-acting ! ; **cinéma !** it's just a put-on !, bullshit ! ; **faire son cinéma**, to put on one's usual act / show. 2. scene°, fuss, to-do ; **faire tout un cinéma**, to make a song and dance about s.t. ; **il a fait tout un cinéma pour manger son dîner**, he made a real production out of eating his dinner. 3. complication°, rigmarole, palaver ; **au supermarché, c'était le cinéma habituel**, it was the same old story down at the supermarket. 4. **se faire du cinéma**, to entertain illusions°, to imagine

things, to be pie in the sky ; **pas la peine de te faire du cinéma, cette nana-là n'est pas pour toi**, there's no point in daydreaming, that chick is out of your reach.

cinglé *adj.* crazy, nuts, bananas, cracked.

cinglé *n.* crazy person°, nutter, loony ; **c'est une vraie cinglée**, she's really off her rocker / really round the bend.

cinoche *n.m.* 1. the cinema°, the movies, *(GB)* the flicks, *(GB)* the dolly mixtures. 2. cinema°, movie-house ; **un petit cinoche de quartier**, a little neighbourhood cinema-house.

cinochier *n.m.* cinema-freak, cinema-buff.

cinoque *adj.* mad°, loony, nuts, round-the-bend.

cinq *n.m.* 1. **en serrer cinq (à qqun)**, to shake hands° / mitts (with s.o.). 2. **recevoir (qqun) cinq sur cinq**, a) to hear (s.o.) perfectly°, to receive (s.o.) loud and clear ; b) to understand (s.o.)°, to get the picture, to cop on, to see where s.o. is coming from. 3. **un cinq-à-sept**, daytime sexual encounter°, a quick screw during the day.

cintré *adj.* crazy°, bats, loony ; **ce gars-là, il est totalement cintré**, that guy is clean round the bend.

cirage (être dans le) *loc.* 1. to be unconscious°, to be out for the count, to be out of it *(after fainting or being anesthesized)*. 2. to be half-asleep /

woozy / groggy ; **le matin, dans le métro, je suis encore dans le cirage**, in the mornings, on the underground, I'm still in a daze. 3. to be very drunk° / comatose / out of it ; **chaque fois que je bois, je suis dans le cirage**, every time I drink, I just get out of my head. 4. not to know what's happening°, not to be all there, to be out of touch ; **lui pose pas de questions ce soir, elle est dans le cirage**, don't bother asking her anything tonight, she's in another world. 5. to be in financial difficulties°, to be in a fix, to be in a tight spot ; **à la fin du mois, je me retrouve toujours dans le cirage**, at the end of each month, I'm always in it up to my neck.

circulez, y a rien à voir ! *loc.* mind your own business !, move on now !

cirer *v.t.* 1. **cirer les bottes / les pompes à qqun**, to overly flatter s.o.°, to suck up to s.o., to toady to s.o. 2. **n'avoir rien à cirer de qqch.**, not to care about s.t.°, not to give a damn about s.t., not to give a toss about s.t. ; **ce que t'en penses, j'en ai rien à cirer**, I don't give a flying fart what you think about it ; **rien à cirer !** who gives a monkey's !

cirque *n.m.* 1. great confusion°, chaos, mess ; **le Quartier latin le samedi soir, c'est un de ces cirques**, the Latin Quarter is one hell of a scene on Saturday

nights ; **qu'est-ce que c'est que ce cirque ?** what the hell is going on here ? 2. complication°, palaver, rigmarole ; **quel cirque ça a été pour arriver ici !** it was no cakewalk getting here ! 3. **faire tout un cirque**, to make a fuss / a scene. 4. show, put-on, big act ; **faire son cirque**, to put on one's usual act ; **arrête ton cirque !** stop acting up ! 5. **mener le petit au cirque•**, to have sex°, to exercise the ferret, to lay some pipe.

cisaillé *adj.* 1. without money°, clean broke, flat bust, skint. 2. astonished°, buggered, jiggered ; **la nouvelle l'a laissé cisaillé**, the news just bowled him over.

cisailler *v.t.* 1. to astound°, to knock for six, to bowl over ; **sa mort m'a cisaillé**, his death just blew me away. 2. to leave penniless *(at gambling)*°, to clean out, to take to the cleaners.

citron *n.m.* 1. head°, loaf, nut, brains ; **se creuser le citron**, to rack one's brains. 2. **presser le citron**, to try and get maximal profit from s.t.°, to squeeze (like a lemon), to bleed.

clair *adj.* 1. **être clair**, a) to be clear-headed°, not to be under the influence *(alcohol, drugs)* ; b) to have a clear conscience°, to be in control / in charge of things. 2. **clair comme le jour / comme de l'eau de roche / comme un pavé dans la gueu-**

le d'un flic, patently obvious°, crystal-clear, as plain as the nose on one's face ; **clair comme de l'eau de vaisselle**, as clear as mud ; **pas clair**, suspicious°, fishy, shady.

clamecer, clamser *v.i.* to die°, to snuff it, to give up the ghost.

clampin *n.m.* nondescript individual°, character, customer.

clamser = clamecer.

clandé (*abr.* = **clandestin**) *n.m.* 1. illegal brothel°, underground knocking-shop. 2. illegal gambling-house°, underground gambling joint.

claper *v.t.* to eat°, to nibble, to have a bite, to munch ; **ces mômes qui n'ont rien à claper, ça me fend le coeur**, seeing all these kids without a bite to eat just breaks my heart.

clapet *n.m.* mouth°, kisser, gob, trap ; **ferme ton clapet !** shut your face !

clapier *n.m.* overpopulated house°, hole, dump.

claque 1. *n.f.* a) **en avoir sa claque**, to have had enough of s.t.°, to be fed up (to the back teeth) with s.t., to have had it (up to here) with s.t. ; b) **prendre une claque**, (i) to be severely defeated°, to take a hiding, to get destroyed ; (ii) to be humiliated°, to get egg on one's face, to be made to eat humble pie. 2. *n.m.* brothel°, whorehouse, knocking-shop.

claqué *adj.* 1. exhausted°, done-out, bushed, knackered.

2. dead°, stiff, cold, kaput.

claque-merde• *n.m.* mouth°, gob, cakehole ; **ferme ton claque-merde !** shut your bleeding trap !

claquer 1. *v.i.* a) to die°, to snuff it, to cash in one's chips ; **le chat a claqué cette nuit**, the cat kicked the bucket last night ; b) to break down°, to conk out, to die a death ; **le moteur a claqué**, the engine packed it in ; c) to fail°, to go down the drain, to fall through ; **le projet m'a claqué dans les doigts**, the plan just came apart at the last moment ; d) **claquer du bec**, to be hungry° / starving / ravenous. 2. *v.t.* a) to spend thoughtlessly°, to throw money down the drain ; **claquer son salaire au café**, to blow one's salary at the bar ; b) to wear out°, to bush, to knacker ; **le voyage de retour nous a claqués**, the return journey just washed us out. 3. *v.pr.* **se claquer** a) to wear oneself out°, to kill oneself, to knacker oneself ; b) (*sports*) to pull a muscle°, to strain oneself.

classe *adj.* classy, chic, hip ; **c'est (super-) classe**, that's the chic thing to do ; **un nœud-pap sous un anorak, ça fait pas vraiment classe**, a dicky-bow underneath an anorak is not exactly the height of class.

classe *n.f.* 1. elegance°, style, class ; **avoir (de) la classe**, to have it ; **classe !** all right !, looking good ! 2. a) **en avoir**

classe, to have had enough of s.t.°, to have had it (up to here) with s.t., to be fed up (to the back teeth) with s.t. ; b) **c'est classe !**, that's enough !°, that'll do !, knock it off ! 3. **être de la classe**, (⌐ ⌐v) to be up for demob, to be on the way to Civvy Street.

classieux adj. elegant°, ritzy, snazzy.

classique (c'est le coup) loc. that's the golden oldie, that's classic, that's the usual one.

classiques (avoir ses) loc. to have one's period°, to have the curse, to have the painters in.

classos = classe adj.

clavier n.m. set of false teeth°, set of dentures.

clé (à la) loc. along with the rest°, on top of everything else, into the bargain ; **c'est un boulot en or avec une voiture à la clé**, it's a plumb job, with a car to boot.

clean adj. 1. decent°, straight, regular ; **il est super-clean**, he's a really straight-up guy. 2. abstemious from drugs°, clean, off the stuff. 3. clean°, squeaky-clean, neat as a pin ; **leur appart est vraiment clean**, their pad is in apple-pie order.

clébard, clebs n.m. dog°, mutt, pooch.

clefs (rendre ses) loc. to die°, to cash in one's chips, to kick the bucket, to meet one's maker.

Cléopâtre (faire) • loc. to fellate°, to suck off, to go down on, to give head.

cleupo, clepo n.f. cigarette°, smoke, *(GB)* fag.

clicli• n.m. clitoris°, clit, button, the boy in the boat.

client (ne pas être) loc. not to want to participate°, to prefer to be counted out, not to be a taker , **merci, je suis pas client**, thanks, but no thanks.

clille (*abr. = client*) n.m. customer°, walk-in, punter.

clip n.m. video, vidéo-clip.

clippeur n.m. vidéo-clip director°.

cliques et ses claques (prendre ses) loc. to leave with all one's belongings°, to pack up and go, to get one's stuff together and get out.

clito• (*abr. = clitoris*) n.m. clitoris°, clit, button.

cloche adj. 1. stupid°, dumb, dopey, good-for-nothing ; **qu'est-ce que tu peux être cloche !** you can be a real dumbo ! 2. ridiculous°, daft, dippy, screwy ; **avec ça, t'as pas l'air cloche**, with that stuff on you look downright idiotic.

cloche n.f. 1. a) vagrancy°, vag, the street ; **être de la cloche**, to be a tramp / a down-and-out ; **être / vivre à la cloche**, to be homeless° / down-and-out / on Skid Row ; b) the down-and-outs, street people. 2. beggar°, tramp, bum, down-and-out. 3. stupid person°, idiot, clot, nerd ; **quelle cloche !** what a dope ! 4. **se taper la cloche**, to eat to one's fill°, to dig in, to stuff one's face. 5. **déménager à la cloche de bois**, to leave without paying one's rent°, to slink off, to do a runner. 6. **sonner les cloches à qqun**, to reprimand s.o.°, to give s.o. a good telling-off, to read s.o. the Riot Act.

clodo *n.m.* beggar°, tramp, down-and-out, hobo.

clop(e) 1. *n.f.* cigarette°, cig, smoke, *(GB)* fag. 2. *n.m.* cigarette-butt, fag-end.

cloper *v.t.,v.i.* to smoke°, to puff, to blow, to toke ; **il clope deux paquets par jour**, he gets through two packets a day.

clopinettes (des) *n.f.pl.* next to nothing°, a pittance, chicken feed ; **mon boulot me rapporte des clopinettes**, my job pays peanuts.

cloporte *n.m.* concierge°, caretaker, doorkeeper.

cloque (en) *loc.* pregnant°, in the club, up the spout, having a bun in the oven ; **mettre / foutre une fille en cloque**, to get a girl pregnant°, to knock a girl up, to get a girl in the family way.

clou *n.m.* 1. pawnshop°, hockshop, three balls ; **mettre qqch. au clou**, to pawn / soak / hock s.t., to put s.t. in hock. 2. old and worn-out vehicle°, boneshaker, heap, wreck. 3. climax°, highlight ; **le clou de la soirée**, the high point of the evening. 4. trifling amount°, a pittance, buttons ; **ça ne vaut pas un clou**, it's worth damn-

all. 4. **des clous !** nothing doing !, no dice !, not bloody likely ! 5. **bouffer des clous**, to go hungry°, to go without, to be on a starvation diet.

coaltar = coltar.

cocard = coquard.

coccinelle *n.f.* VW Bug, Beetle.

cochon *adj.* 1. dirty°, filthy, cruddy, messy ; **c'est cochon, ton dessin**, your drawing is really grungy. 2. obscene°, dirty, raunchy, steamy ; **histoire cochonne**, smutty story ; **film cochon**, blue movie. 3. mean°, lowdown, nasty ; **ça c'est un coup cochon**, that's a dirty trick.

cochon *n.m.* 1. disgusting person° *or* animal°, dirty pig, filthy swine ; **mon cochon de mari m'a encore salopé la cuisine**, my animal of a husband has messed up the kitchen again. 2. bastard°, swine, pig, pig-dog ; **t'as vu ce cochon, il a doublé l'ambulance !** look at that bugger, he's just overtaken that ambulance ! ; **un tour de cochon**, a dirty / mean / lowdown trick. 3. **un temps de cochon**, foul weather ; **quel cochon de temps !** what a disgusting day !, what filthy weather ! 4. **travail de cochon**, messy work, sloppy job ; **c'est du travail de cochon**, this job is a real pig's ear. 5. **tête de cochon**, stubborn individual°, pighead, mulehead ; **quelle tête de cochon, pas moyen de lui faire changer d'avis**, there's no way to make him change his mind, he's as stubborn as a mule. 6. **être copains comme cochons**, to be great mates / buddies / pals / chums, to be as thick as thieves. 7. **cochon qui s'en dédit !** it's a deal !, done !, let's shake on it ! 8. **nous n'avons pas gardé les cochons ensemble !** we're not that intimate yet !

cochonceté *n.f.* 1. dirt°, filth, mess ; **tu vas me nettoyer cette cochonceté**, I want you to clean up that crud. 2. dirty joke, smutty story.

cochonnaille *n.f.* pork cold cuts°.

cochonner *v.t.* to make a mess of, to botch (up), to make a hems of ; **ne va pas cochonner ton beau cahier tout neuf !** don't go messing up your brand new notebook !

cochonnerie *n.f.* 1. dirtiness°, filth ; **faire des cochonneries**, to dirty°, to leave a mess, to muck up. 2. rubbish, trash, junk ; **ils ne vendent rien que de la cochonnerie**, they sell nothing but garbage. 3. bad *or* unhealthy food°, junk, rubbish ; **la viande surgelée, c'est de la cochonnerie**, frozen meat is such trash. 4. mean° / nasty / dirty trick ; **il m'a fait une cochonnerie que je suis pas près d'oublier**, he pulled a real fast one on me that I won't forget in a hurry. 5. *pl.* **cochonneries**, a) blue jokes, smutty talk ; **il a passé la soirée à raconter des cochonneries**, he rambled

on all evening with his dirty jokes ; b) salacious behaviour°, dirty deeds, a bit of the other ; **dans sa jeunesse, elle faisait des cochonneries avec son cousin**, in her youth she used to get up to some pretty strange things with her cousin.

coco 1. *n.m.* a) (i) **mon (petit) coco**, my dear, my pet, my darling ; (ii) *(address)* mate, man, chief, boss ; **alors, coco, tu te décides ?** well, my old mate, have you made up your mind ? ; **vas-y coco !** go for it matie ! ; b) man°, fellow, customer, bloke ; **c'est un drôle de coco**, he's an odd number ; **un sacré coco**, one hell of a guy ; c) communist°, commie, red ; d) petrol°, gas. 2. *n.f.* cocaine°, coke, candy.

cocoter = **cocotter**.

cocotier *n.m.* 1. **gagner / décrocher le cocotier**, to take first prize°, to hit the jackpot, to win the Sweepstake. 2. **grimper au cocotier**, to explode in anger°, to fly off the handle, to hit the roof.

cocotte *n.f.* 1. a) **ma (petite) cocotte**, my pet / darling, honeybun ; b) *(address)* madam°, lady, love, dearie ; **vas-y cocotte !** go for it, you girl you ! ; **t'agite pas cocotte, ça sert à rien**, there's no point in getting uppity, darling ; c) *(to a horse)* **hue, cocotte !** gee-up there, girl ! 2. a) mistress°, kept woman, shack job ; b) promiscuous woman°, tart, floosie, town bike.

cocotter, cocoter *v.i.* to smell°, to pong, to whiff ; **j'aime bien sa cuisine, mais alors, qu'est-ce que ça cocotte !** I just love her cooking, but God it stinks to high heaven !

cocu *adj.* cuckolded°, two-timed, cheated-upon.

cocu *n.* 1. cuckold°, two-timed spouse. 2. **avoir une veine de cocu,** to be a lucky bastard, to have the luck of the devil ; **quel cocu !** what a lucky devil ! 3. **espèce de cocu !•** you bastard !, you bugger !

cocuage *n.m.* cuckoldry°, two-timing.

cocufier *v.t.* to cuckold°, to two-time, to cheat on.

coffiot *n.m.* safe°, crib, box.

coffre *n.m.* lungs°, lungpower ; **avoir du coffre,** to have a powerful voice°, to have a fine set of lungs.

coffrer *v.t.* to jail°, to put (s.o.) inside, to put away.

cogiter *v.i.* to reflect°, to cogitate, to think hard *(iron.)* ; **quand t'auras fini de cogiter, tu me feras part du résultat,** once you get through meditating please impart your conclusions to me.

cogne *n.m.* policeman°, cop, pig, bear ; **gaffe aux cognes !** watch out for the filth !

cogner 1. *v.t.* to hit°, to beat up, to do in, to knock about ; **il s'est fait cogner par les flics,** he got a thumping by the cops ; **cogner (sur) qqun,** to beat up

on s.o. 2. *v.i.* a) to smell°, to stink, to pong ; b) **ça cogne,** it's really warm° / roasting / scorching, it's a real swelterer ; c) **ça va cogner,** there's going to be aggro. 3. *v.pr.* **se cogner,** a) to fight°, to brawl, to scrap ; **si ça continue comme ça, ils vont finir par se cogner (la gueule),** the way things are going, they are going to slug it out ; b) **se cogner une corvée,** to get landed / stuck with a chore ; **ces deux-là, il faut se les cogner,** dealing with those two is no easy task ; c) **s'en cogner,** not to give a damn about s.t., not to give a monkey's about s.t. ; **la Bourse, on s'en cogne !** we don't give a tinker's cuss about the stock market.

cognoter *v.i.* to smell°, to stink, to phew, to whiff.

coiffer 1. *v.t.* to arrest°, to nick, to pull in, to lift. 2. *v.pr.* **s'être coiffé avec un râteau / un pétard,** to have a terrible hair-do, to look like an explosion in a mattress factory.

coiffe-tifs = coupe-tifs.

coin *n.m.* 1. **dans le coin,** in these parts, in this neck of the woods ; **tes parents sont dans le coin ?** are your parents around ? 2. **sur le coin de la gueule / poire / pomme,** on the side of the face°, around the lug / gob / kisser. 3. **en boucher un coin à qqun,** to astonish° / flabbergast s.o., to knock s.o. for six ; **ça t'en bouche un**

coin, hein !, you weren't expecting that one, were you ? 4. **le petit coin**, the toilet°, *(GB)* the loo, *(US)* the bathroom.

coincé *adj.* unrelaxed°, stiff, uptight, constipated ; **ma sœur est du genre coincé, elle ne quittera jamais sa mère**, my sister is one of those hung-up types, she'll never leave her mother.

coincer 1. *v.i.* to smell°, to pong, to stink. 2. *v.t.* **coincer la bulle**, to sleep°, to take forty winks, to cop some z's.

coke *n.f.* cocaine°, coke, big C, (nose) candy.

colbac *n.m.* neck°, stretcher.

colère *adj.* **être colère**, to be angry°, to be pissed off, to be sore, to be peeved.

colis *n.m.* 1. attractive girl°, good-looking chick, nice bit of stuff. 2. wind°, fart, beast ; **lâcher un colis**, to fart, to drop one, to backfire.

collabo *n.m.* collaborator°, collabo.

collage *n.m.* cohabitation°, living together, living in sin.

collant *adj.* hard to get rid of°, clinging, tough to shake off ; **ce qu'il est collant, ce mec !** this guy is a real pest !

collapser *v.i.* to break down emotionally°, to come apart at the seams, to crack up ; **quand j'ai su la nouvelle, j'ai collapsé**, when I heard the news, I just keeled over.

colle *n.f.* 1. a) (after-school) detention° ; **prendre trois heures de colle**, to cop three hours in the sin-bin ; b) oral test°, viva ; c) hard question°, poser, toughie ; **alors là, tu me poses une colle**, you've really got me with that one. 2. cohabitation °, living together, living in sin ; **être / vivre à la colle**, to live together°, to be shacked up together, to live in sin. 3. **faites chauffer la colle !** *(on hearing the sound of breaking)* another piece of glassware bites the dust !, that's another one for the bin !, that's what I call smashing !

collector's *n.m.* collector's piece° / item°.

coller 1. *v.i.* a) to work (well)°, to go OK, to tick over nicely ; **huit heures ce soir, ça colle ?** does eight o'clock tonight suit you ? ; **ça colle**, it's a deal, done ; **y a quelque chose qui colle pas**, there's something up, something's not quite right ; **entre eux ça colle plus du tout**, they don't get on / get along any more ; b) **coller à / au train de / au cul de qqun**, (i) not to leave someone alone for a moment°, to stick to s.o.'s shirttails, to cling to s.o. ; (ii) to drive very closely behind s.o.°, to tailgate s.o., to be right up s.o.'s backside. 2. *v.t.* a) to give°, to chuck, to slap ; **coller une tarte / claque / beigne à qqun, coller son poing dans la figure à qqun**, to bash s.o.'s face in, to give s.o. a clip round the ear / a good smack ; **coller un PV / une prune (à qqun)**, to slap a (parking) ticket (on s.o.) ; b) to put°, to place°, to shove, to stick ; **colle-moi ça dans un placard et qu'on n'en parle plus**, stick that into a closet and let's hear no more about it ; c) to transmit°, to pass on (a disease) ; **il m'a collé la chtouille**, he gave me a dose ; d) **coller un gosse à une femme**, to get a woman pregnant°, to put a bun in a woman's oven, to get a woman up the spout ; e) (i) to fail°, to flunk *(a student)* ; **je me suis fait coller en histoire**, I got shot down in history ; (ii) to give detention to°, to put in the sin-bin *(student)* ; (iii) to pose a puzzler°, to stump, to snooker ; **question cinéma, je le colle à tous les coups**, when it comes to cinema, I always manage to get him ; e) (i) not to leave alone°, to stick to, to cling to ; **t'as fini de me coller ?** would you stop following me around ? ; (ii) to drive closely behind s.o.°, to tailgate s.o., to be right up s.o.'s backside. 3. *v.pr.* a) **se coller avec qqun**, to live with s.o.°, to move in with s.o., to shack up with s.o. ; b) **s'y coller**, (i) *(childrens' games)* to be on it ; to be it ; (ii) to take one's turn to do s.t., to do one's duty ; **qui c'est qui s'y colle, ce soir ?** who's on tonight ?

colletar = coltar.

collier *n.m.* 1. **donner un coup de collier**, to make an intense effort°, to put one's back into it, to get down to it. 2. **reprendre le collier**, to go back to work°, to get back to the grindstone / to the saltmines.

collimateur (avoir qqun dans le) *loc.* 1. to keep a close watch on s.o.°, to keep an eye on s.o., to keep close tabs on s.o. 2. to be ready to attack s.o.°, to have it in for s.o., to be ready and waiting for s.o. ; **depuis le coup qu'il m'a fait, je l'ai dans le collimateur**, since he played that nasty trick on me, I've had him in my sights.

collure *n.f.* transition between two ideas°, crossing-over point, splicing.

colo (*abr.* = **colonie de vacances**) summer camp°, camp ; **partir en colo**, to go to summer camp.

colombienne *n.f.* marijuana°, grass, weed.

colombin• *n.m.* 1. excrement°, crap, turd. 2. **avoir les colombins**, to be frightened° / shit-scared, to shit a brick.

colon ! (ben mon) *loc.* well I do declare !, well I'll be darned !, well shiver me timbers !

colonne *n.f.* **se taper / s'astiquer / se polir la colonne•**, to masturbate°, to jerk off, to beat one's meat, to crank one's shank.

coltar, coaltar, colletar *n.m.* 1. cheap red wine°, plonk, vino. 2. **être dans le coltar**, a) to be drunk° / jarred / plastered / blotto ; b) to be in a dazed state° / out of it / out for the count ; **après l'opération, je suis resté dans le coltar pendant deux jours,** after the operation, I was dead to the world for two days ; c) to be in trouble°, to be in a spot of bother, to be in a tight corner.

coltiner (se) *v.pr.* se **coltiner qqun / qqch.,** to have to put up with s.o. / s.t., to get lumbered / landed with s.o. / s.t. ; **c'est moi qui me suis coltiné la poubelle,** I got left to empty the bin.

comac, comaco, commako *adj.* huge°, ginormous, whopping.

combat (même) *loc.* 1. **ouvriers, étudiants, même combat !** workers and students unite ! 2. **flics, patrons, même combat !** cops or bosses, it's the same enemy !

combientième (le / la) *n.* unknown ordinal number°, the how-manieth ; **il est arrivé le combientième ?** he finished up in the what place ? ; **c'est la combientième fois que je te dis de te taire ?** that's the zillionth time I've told you to keep quiet.

combinard *adj.* crafty°, scheming, slick, fly.

combinard, -arde *n.* cunning individual°, fiddler, racketeer, fly man, operator.

combine *n.f.* 1. scheme°, caper, racket, operation, scam ; **il a trouvé une combine d'enfer pour faire sauter ses PV,** he's got a great wheeze for getting out of paying parking tickets ; **le roi de la combine,** the king of the fiddle ; **marcher dans la combine,** to be in on the scam. 2. way°, trick, knack ; **une fois que tu as compris la combine, c'est tout simple,** once you've got the hang of it, it's easy.

comédie *n.f.* 1. big act, show, put-on ; **quelle comédie !** what a production ! ; **arrête de jouer la comédie !** cut out the playacting ! 2. scene, fuss, to-do ; **faire toute une comédie,** to make a song and dance about s.t. 3. complication°, rigmarole, palaver ; **à la poste, c'est toujours la même comédie,** it's always the same old story at the post office.

comité d'accueil *n.m.* gang lying in wait°, welcoming / civic reception committee *(iron.).*

comme *adv., conj.* 1. **comme qui dirait,** as you might say, in a manner of speaking, so to speak ; **j'ai comme qui dirait sommeil,** I'm, as you might put it, kind of tired. 2. **avoir comme une idée / comme l'impression que,** to have a kind of a notion / half an idea that ; **j'ai comme l'impression que tu as faim,** something gives me the idea that you're hungry. 3. **comme quoi,** a) according to which°, saying ; **j'ai reçu une lettre comme quoi je dois tout payer avant la fin du mois,** I got a letter telling me to pay the lot before the end of the month ; b) well , there you go, well, life's like that, that's just the way things are ; **finalement j'ai eu mon train, comme quoi...**, so I got my train in the end, which just goes to show... 4. **comme dit l'autre**, as they say, as the saying goes ; **la maison est tombée, comme dit l'autre**, the house fell down, as you might say.

comment 1. *adv.* **et comment !** rather !, you bet !, not half !, you'd better believe it ! ; **ils se sont dépêchés, et comment !** they really got a move on, didn't they ? 2. *conj.* a) **comment que**, how, in what way ; **comment que ça va ?** how's things ? ; **mate un peu comment qu'il est sapé**, would you ever look at the way he's dressed ; **comment que t'as fait ton compte ?** how did you ever manage to come up with that result ? ; b) **et comment que...**, and you'd better believe it that..., and I can tell you that... ; **et comment que je vais lui apprendre à vivre**, and you can bet your life I'll teach him a thing or two.

commission *n.f.* **petite commission**, urination°, wee-wee, number one ; **grosse commission**, defecation°, pooh, pooh-pooh, number two.

communard *n.m.* drink made from red wine and blackcurrant liqueur°.

compagnie *n.f.* 1. **salut la com-** **pagnie !** hello everybody !°, hi (you) guys !, hi gang ! 2. **et compagnie**, and that sort, and ilk, and all the rest ; **ces gens-là, c'est frangin, cousin, copain et compagnie**, that bunch, you know, they're all mates, family and that sort of thing.

compas *n.m. pl.* legs°, pegs, pins ; **agiter les / jouer des compas**, to run off°, to beat it, to vamoose, to hotfoot it.

compète (*abr.* = **compétition**) *n.f.* (sports) competition°, competish.

complet ! (**c'est**) *loc.* that's the last thing I / we needed on top of everything else ! ; I needed that like a hole in the head ! ; **alors là, c'est complet !** that beats the band !, that takes the biscuit !

compo (*abr.* = **composition**) *n.f.* essay°, comp.

compote *n.f.* 1. **réduire qqun en compote**, to beat s.o. severely°, to beat s.o. to a pulp, to give s.o. a good going over ; **s'il continue à me gonfler, je vais en faire de la compote**, if he keeps on pissing me off, I'll beat the living daylights out of him. 2. **en compote**, like cotton wool, like jelly ; **après cinquante bornes à vélo, j'ai les cuisses en compote**, after fifty kilometres on my bike, my legs have turned to liquid.

comprendre *v.i.* **il comprend vite mais il faut lui expliquer longtemps**, he catches on quickly but you have to explain to him at length.

comprenette (lent à / dur de la) *loc.* not quick to understand°, a bit slow on the uptake / on the trigger ; **explique-lui calmement, il est un peu lent à la comprenette,** take your time when explaining to him, he's not exactly the brightest spark in the heavens.

con• *adj.* 1. silly°, bloody stupid, damned daft, dipshit ; a) *(people)* thick, boneheaded, dickbrained ; **complètement con,** totally bloody blubberheaded ; **être con comme ses pieds / un balai / un manche / un panier / la lune / une bite / une huître,** to be as thick as two short planks, to have shit for brains, to be dead between the ears ; **être con à bouffer de la bite,** to be fucking stupid, not to know one's ass from one's elbow ; **pas con, le mec !** he's no bloody dope ! ; **pas si con !** I'm not that bloody dumb ! ; b) *(thing)* nitwitted, dumbarse, asshole ; **une histoire complètement conne,** a real turkey of a joke ; **c'est la pub la plus conne du siècle,** it's the greatest piece of advertising crap this century ; **tu sais, un ordinateur, au fond c'est assez con,** you know, when you really think about it, the computer is a bloody dumb machine ; **ça, c'est pas con !** now, that's a bloody good idea ! 2. unfortunate°, dreadful, poxy, shitty ; **il m'est arrivé un truc super-con,** something really cruddy happened to me ; **c'est con comme la mort,** what a bugger ! / a bitch ! ; **c'est trop con,** it's too bloody stupid for words. 3. **avoir l'air con,** to look ridiculous° / like a proper Charlie / like a prize idiot ; **il a pas l'air con avec son pébroque à fleurs,** he looks like a right dickhead with his flowery brolly.

con• 1. *n.m.* vagina°, cunt, snatch, crack ; **chaude du con,** very randy / horny woman ; **c'est une chaude du con,** she's really hot in the ass. 2. **con, conne** *n.* a) idiot°, dickhead, stupid cunt, fuckwit ; **petit con,** silly bugger ; **pauvre con,** stupid fucker ; **gros con,** fucking asshole ; **sale con,** fucking cunt ; **espèce de con !** you dickhead ! ; **tête de con,** fuckface, cuntface ; **le roi des cons,** a prize cunt ; **bande de cons !** you're just a bunch of stupid fuckers ! ; **si les cons volaient, tu serais chef d'escadrille,** if assholes received awards, you'd get first prize ; b) **faire le con, jouer au con,** to fool around, to mess around, to act the fool / dickhead ; **joue au con, tu vas perdre,** don't piss around or you're in for it ; c) **piège à cons,** one big con, mug's game ; **élections, piège à cons !** elections are infections ! ; d) **à la con,** worthless°, trashy, rubbishy, crappy ; **ils t'envoient des cadeaux à la**

con pour te faire acheter leur camelote, they send you poxy gifts to get you to buy their stuff ; e) **se retrouver (tout seul) comme un con**, to be left all on one's own°, to be left twiddling one's thumbs ; **quand les filles sont parties, je me suis retrouvé comme un con à la maison**, when the girls took off, I was left at home like a spare prick ; f) **avoir l'air d'un con**, to look ridiculous° / like a right Charlie / like a proper idiot ; **avec ton nœud-pap t'as déjà pas l'air d'un con**, you look like a real prat with that dicky-bow ; g) *(address)* **(mon) con !** man !, boss !, chief !, guv'nor ! 3. *n.f.* **la con de toi !**, you fucking cunt !, you poxy bastard ! ; **la con de ta race !** fuck you and all like you !, fuck all you fuckers !

conard• = **connard•**.

conasse• = **connasse•**.

concentre *(abr.* = concentration) *n.f.* gathering of motorcyclists°, bikers' convention.

conceté *n.f.* stupidity°, dopeyness, numbskullery, pissartistry ; **ce type est d'une conceté phénoménale**, this guy is the zenith in nurdiness.

concierge *n.f.* talkative person°, chatterbox, gasbag, gossip.

concon *adj.* stupid°, idiotic, dopey, dumdum ; **conduire sans permis, c'est un peu concon**, driving without a licence is a bit on the daft side.

condé *n.m.* policeman°, bobby, cop.

confesse *(abr.* = confession) **aller à confesse**, to go to confession°, to go into the box, to go to the sin-bin.

confiote *n.f.* jam°, jelly.

confiture *n.f.* **c'est de la confiture pour les cochons**, it's a waste of good quality stuff°, it's casting pearls before swine.

confrérie (la) *n.f.* the club, the fraternity *(homosexuals, cuckolded husbands, etc.).*

connaître *v.t.* 1. **en connaître un bout / un rayon**, to know the score / what's what / one's onions in a particular field ; **la chimie, j'en connais un rayon**, I know a thing or two about chemistry. 2. **ça me connaît**, I'm well-versed in that, that's my line, that's right up my street ; **conduire à gauche, ça me connaît**, I know all about driving on the left.

connard•, conard• *adj.* extremely stupid°, fucking dumb, bloody thick.

connard•, -arde•, conard•, -arde• *n.* bastard°, wanker, cunt, motherfucker.

connasse• *n.f.* 1. contemptible woman°, bitch, fucking cow ; **et cette connasse m'a donné le mauvais numéro**, and the fucking bag gave me the wrong number. 2. woman°, tart, floosie, bitch ; **il est capable de sauter sur la première connasse qui passe**, he'll jump on anything in a skirt.

connement• *adv.* 1. stupidly°,

sillily, blockheadedly, clueless-ly ; **et connement j'ai dit oui**, and like the eejit that I am, I said yes. 2. simply°, without messing around, as simple as that ; **le mieux, ce serait tout connement de dire la vérité**, the best thing to do, is quite simply to tell the truth.

connerie *n.f.* 1. a) mistake°, blunder, clanger, cock-up ; **j'ai fait une connerie**, I made a real balls-up ; b) nonsense°, rubbish, crap, tripe ; **c'est de la connerie**, it's plain bull-shit ; c) stupidity°, imbecility, numbskullery, boneheaded-ness ; **la connerie de ce type est insondable**, the depths of this guy's idiocy are unfathom-able. 2. *pl.* **conneries**, non-sense°, crap, bullshit, balls ; **arrête tes conneries !** stop bullshitting !

connomètre (faire péter le) *loc.* to be excessively stupid°, to win the dickhead trophy, to take the biscuit for bone-headedness.

constipé *adj.* 1. miserly°, stingy, tight-fisted ; **être constipé du morlingue**, to have short arms and deep pockets. 2. unre-laxed°, stiff, constipated, hung-up ; **on va pas rigoler, le nou-veau directeur est du genre constipé**, we're not going to have much of a laugh with the new boss ; he's of the uptight variety.

contrat *n.m.* contract killing, contract.

contredanse *n.f.* parking fine°, ticket ; **ils m'ont collé une contredanse sans aucune rai-son**, they slapped a ticket on me for no reason.

contreficher (se) = contrefoutre (se).

contrefoutre (se) *v.pr.* not to care about°, not to give a mon-key's / a toss / a fuck about ; **les sports, je m'en fous et je m'en contrefous**, frankly my dear, I don't give a damn about sport.

cool *adj.* 1. relaxed°, easy, cool, laid-back ; **t'en fais pas pour ma poule, elle est cool**, don't mind the girlfriend, she's alright ; **pas cool**, hung-up, uptight. 2. nice°, neat, nifty ; **les Champs l'hiver avec les lam-pions, c'est cool**, the Champs-Elysées in winter when every-thing is lit up, look real cool.

cool *adv.* cool ! cool !, neat !, super ! **cool, Raoul !** relax !, take it easy, Stevie !, chill out !

coolos, coulos = cool.

copain, copine *adj.* friendly°, matey, chummy, palsy ; **elles sont très copines**, they're very thick.

copain, copine *n.* 1. friend°, mate, buddy, chum ; **c'est un copain d'école**, he's an old school pal ; **elle est sortie avec les copines**, she's gone out with her girlfriends. 2. a) **copain**, boyfriend, main man, beau ; **mon copain**, my guy ; b) **copi-ne**, girlfriend, baby, the wife ; **ma copine**, my girl. 3. **les**

petits copains, circle of old friends°, the old boy network ; **son boulot, il l'a eu par les petits copains**, he got his job thanks to his buddies.

copain-copain adj. very friendly°, buddy-buddy, palsy-walsy ; **ils sont très copain-copain**, they're thick as thieves ; **faire copain-copain**, to become friendly°, to get chummy / palsy / matey.

copeau (arracher le)• loc. to give s.o. an orgasm°, to bring s.o. off, to ring s.o.'s bell, to bring s.o. over the mountain.

copie n.f. **pisser de la copie**, to write copy to order°, to churn it out.

coquard, cocard n.m. black eye°, shiner, mouse.

coquette• n.f. penis°, cock, dick, dong, pecker.

coquillard (s'en tamponner le) loc. not to care about s.t.°, not to give a monkey's / a tinker's cuss / a fart about s.t.

coquin n.m. lover°, fancy man, daddy, back-door man.

corbeau n.m. 1. writer of anonymous poison-pen letters°, poison-pen writer. 2. priest°, dog-collar, black coat.

corde n.f. 1. **se mettre la corde au cou**, to get married°, to tie the knot, to get hitched, to put on the ball and chain. 2. **c'est dans mes cordes**, I have the necessary know-how°, I can handle that, that's my line, it's right up my street ; **c'est pas dans mes cordes**, it's not real-ly my line of business. 3. **sentir la corde**, to seem suspicious° / fishy ; **ça sent la corde**, I can smell a rat. 4. **il pleut / tombe des cordes**, it's raining heavily°, it's pouring, it's bucketing (down), it's raining cats and dogs.

cornard n.m. cuckold°, two-timed husband.

cornet n.m. 1. throat°, gullet, guzzle. 2. stomach°, belly, gut ; **se mettre quelque chose dans le cornet**, to eat°, to nosh, to chow down, to fill one's bread-basket.

corniaud adj. idiotic°, dumb, boneheaded, nitwitted.

corniaud n.m. idiot°, dumbo, wally, jerk.

cornichon n.m. 1. idiot°, mutton-head, birdbrain, potato head. 2. telephone°, blower, horn.

corrida n.f. 1. fight°, punch-up, brannigan, donnybrook. 2. trouble°, hassle, bother, nightmare ; **pour arriver jusqu'ici ça a été une de ces corridas**, it was a real headache trying to get here.

cosmique adj. great, amazing, smashing, magic, cosmic.

cossard adj. lazy°, bone-idle, drag-assed, born tired.

cossard n. indolent person°, lazybones, layabout, slob.

cosse n.f. indolence°, laziness, idleness ; **avoir la cosse**, to feel lazy° / drag-assed, to feel like doing damn-all ; **tirer sa cosse**, to idle about°, to laze about, to lounge around, to do damn-all.

costard *n.m.* 1. man's suit°, whistle and flute, threads ; **costard-cravate**, suit and tie°, whistle and flute and fourth of July ; **au bureau, c'est costard-cravate de rigueur,** at the office it's the old obligatory suit and tie look. 2. **se faire tailler un costard,** to get beaten up° / worked over / done in, to get the living daylights beaten out of one.

costaud *adj.* 1. well-built, hefty, beefy, husky. 2. strong°, sturdy, tough, solid ; **je veux pas la camelote ordinaire, il me faut quelque chose de costaud,** I don't want any of the usual junk, I need something that'll hold up. 3. strong, hard, heavy *(drink).* 4. difficult°, tough, rough, tricky ; **le problème de maths était vachement costaud,** the maths question was really stiff.

costaud, -aude *n.* 1. strong person°, beefy type, well-built character. 2. **du costaud,** a) strongly-built stuff, well put-together material ; **ces jeans, c'est du costaud,** these jeans are real tough stuff ; b) strong alcohol°, the heavy / real / hard stuff.

cosy *adj.* comfortable°, comfy, cosy.

cote *n.f.* (good) reputation°, good rep, high rating ; **avoir la cote avec qqun,** to rank high in s.o.'s esteem°, to be in s.o.'s good books, to rate high with s.o. ; **hier soir elle m'a appelé,** je crois que j'ai la cote, she called me last night and I think I might be in with a chance ; **avoir une grosse / super-cote,** to be very popular°, to be right up there in the rankings, to be very highly thought of ; **faire monter sa cote,** to make oneself more popular°, to give one's popularity a boost, to raise one's market value ; **après le coup qu'il a fait au patron, sa cote est en baisse,** after the stunt he pulled on the boss he's certainly gone down in the hit parade.

côte *n.f.* 1. **une côte,** a glass° of Côtes-du-Rhône wine. 2. **chatouiller les côtes à qqun,** to give s.o. a beating° / a thrashing / a hiding, to knock the living daylights out of s.o. 3. **être à la côte,** to be penniless° / broke / skint / flat-bust.

côtelette *n.f.* 1. rib°, side, slat *(human)* ; **il a morflé dans les côtelettes,** he got it in the sides. 2. **pisser sa côtelette,** to give birth°, to have a kid / nipper, to drop one / a pup / a sprog.

coton *adj.* difficult°, tricky, tough, stiff ; **pour démêler cette embrouille, ça va être coton,** it's going to be no easy task to unravel this one.

coton *n.m.* difficulty°, trouble, spot of bother, pickle.

couche (en tenir une) *loc.* to be a complete idiot° / a total dope / a real blockhead ; **celui-là, il en tient une sacrée couche,** that guy is as thick as two short planks.

coucher 1. *v.i.* a) **coucher avec qqun**, to make love° / to sleep / to go to bed with s.o. ; **et alors, elle couche ?** well, does she go ? ; **coucher à droite et à gauche**, to have many sexual partners°, to sleep around ; b) **un nom à coucher dehors**, an unpronounceable name°, a name you can't get your tongue round, a real tongue-twister of a name ; c) **va coucher !** clear off !, on your bike !, get outta here ! 2. *v.pr.* **se coucher**, a) to abandon° *(games , sp. poker)*, to give up, to throw in the towel, to fold ; b) to admit to defeat° *(in an argument, etc.)*, to give in, to throw in the towel.

coucheries *n.f.pl.* sexual antics°, sexual shenanigans, how's your father, a bit of the other ; **leurs coucheries, je ne veux pas en entendre parler**, I don't want to hear about what they get up to in private.

coucheuse *n.f.* promiscuous woman°, easy lay, town bike, pushover, charity girl.

couci-couça *adv.* average°, so-so, fair to middling.

coucou *n.m.* old vehicle°, crate, heap, bone-shaker ; **vieux coucou**, old plane° / kite.

coude *n.m.* 1. **lever le coude**, to drink heavily°, to bend the elbow, to knock it back, to booze. 2. **ne pas se moucher du coude**, a) to have a high opinion of oneself°, to take oneself

for someone, not to take oneself for shit ; **tu l'aurais vu à la télé, je te jure qu'il se mouche pas du coude**, you should've seen him on the telly, the guy clearly thinks he's God's gift ; b) to do things in grand style°, not to spare any expense, to live in the lap of luxury ; **champagne et caviar tous les soirs, ils se mouchent pas du coude**, with their champagne and caviar every evening, you certainly couldn't say they have a frugal lifestyle. 3. **huile de coude**, energy°, elbow grease.

couenne *n.f.* 1. skin°, rind, hide, bark ; **se gratter / se racler la couenne,** to shave°, to knock off the whiskers, to chiv. 2. **quelle couenne !** what a nitwit / jerk / dumbo !

couic (n'y piger que) *loc.* to understand nothing° / damn-all, not to have the slightest / the foggiest.

couille• *n.f.* 1. testicle°, marble, goolie ; *pl.* **couilles**, nuts, balls, bollocks ; **baiser à couilles rabattues**, to bang like a shit-house door in a gale, to shag like a rattlesnake ; **se faire des couilles en or**, to become extremely wealthy°, to make a packet, to get stinking rich ; **avoir des couilles (au cul)**, to be tough°, to have guts / balls / spunk ; **casser les couilles à qqun**, to annoy s.o. severely°, to break s.o.'s balls, to piss s.o. off, to give s.o. a pain in the arse ; **t'as pas bientôt fini de**

me casser les couilles avec ton baratin ? would you ever stop busting my ass with your spiel ? 2. **mes couilles !** what a load of balls / bollocks / cobblers ! 3. **une couille molle,** a gutless person°, a wimp, a wet, a limp-dick, a big girl's blouse. 4. **partir / tourner / tomber en couille,** to fail°, to fall through, to go down the drain ; **notre projet de vacances est parti en couille,** our holiday plans just went up in smoke. 5. **de la couille,** a load of old rubbish / tripe / balls / bollocks. 6. **une couille,** a) a mistake° / blunder / cock-up / balls-up ; **j'ai fait une couille,** I fucked up / ballsed up ; b) problem°, hic-cup, hitch, snag ; **y a eu une couille,** there was a bit of a fuck-up ; **y a comme qui dirait une couille dans le potage,** there seems to be some sort of nasty gremlin in the works. 7. **tenir / avoir qqun par les couilles,** to have s.o. at one's mercy° / by the short and cur-lies / by the balls.

couiller• *v.t.* to swindle°, to con, to fuck over ; **se faire couiller,** to get taken to the fucking cleaners, to get fucked over.

couillon• *adj.* 1. stupid°, bloody thick, damned daft ; **être couillon comme pas deux,** to have shit for brains. 2. *(things)* silly°, idiotic, asshole ; **c'est vraiment trop couillon,** how bloody dumbarse can you get.

couillon• *n.m.* 1. idiot°, dick-head, asshole, dipshit ; **quel couillon !** what a fucking jerk ! ; **faire le couillon,** to play the fool°, to act the asshole, to cunt around. 2. *(address)* **eh, couillon !** hey boss !, hey chief !, eh-up man !

couillonnade• *n.f.* 1. nonsense°, rubbish, bull, bullshit ; **il sort couillonnade sur couillon-nade,** he comes out with one piece of crap after another. 2. mistake°, blunder, balls-up, fuck-up ; **le gouvernement accumule les couillonnades,** the government is making one cock-up after another.

couillonner• *v.t.* to swindle°, to con, to make a sucker / a dick of s.o. ; **je me suis fait couillon-ner en beauté,** I've been right-ly fucked over.

couillonnerie• = **couillonnade•**.

couillu• *adj.* 1. **bien / sacrément couillu,** with large genitals°, well-endowed, well-hung, well-slung. 2. tough°, gutsy, ballsy, spunky ; **il faut être plutôt couillu pour sauter en para-chute,** it takes real balls to para-chute.

couiner *v.i.* 1. to sound° / beep / honk one's horn, to beep, to honk. 2. to talk in a high-pitched, annoying voice°, to whine on, to yap.

coulant *adj.* indulgent°, accom-modating, easy-going, cool, laid-back.

coulant *n.m.* very ripe camem-bert cheese°, spread-straight-from-the-fridge cheese.

coule (à la) *loc.* 1. well-informed°, up-to-date, in the know, on the ball ; **être à la coule**, to know what's what, to know the ropes. 2. relaxed°, laid-back, easy-going, cool.

couler *v.pr.* **se la couler douce**, to have things easy°, to have an easy time of it, to live a cushy life, to lead the life of Riley.

couleur *n.f.* 1. a) **annoncer la couleur**, to speak one's mind°, to lay one's cards on the table, to shoot straight from the hip ; b) **annoncez la couleur !** name your poison !, what's yours ? *(of drink / food).* 2. **ne pas en voir la couleur**, not to see a sign / a trace of s.t. ; **l'argent qu'il m'avait promis, j'en ai jamais vu la couleur**, I've never seen a penny of the money he promised me. 3. a) **en voir de toutes les couleurs**, to endure a lot°, to have a rough time of it, to go through hell ; b) **en faire voir de toutes les couleurs à qqun**, to make s.o. endure difficulties°, to put s.o. through hell / through the ringer.

coulos = **cool**.

coup *n.m.* 1.• a) sexual partner°, lay, ride, fuck ; **un bon coup**, a good lay / screw ; **c'est un coup**, she's good in bed ; **un ancien coup**, an old conquest ; b) the sex act°, a screw, a ride ; **tirer un coup**, (i) to have sex°, to get one's end away, to have it off ; (ii) to ejaculate°, to shoot one's load, to cream. 2. **coup (à boire)**, drink°, glassful, drop ; **boire un coup**, to have a jar ; **payer un coup (à qqun)**, to buy° / stand (s.o.) a drink ; **un coup de rouge**, a glass of red wine° / plonk ; **un coup de trop / dans le nez / dans l'aile**, one too many, one over the limit. 3. scheme, deal, operation ; **être sur un coup**, to be onto something ; **faire un coup**, to pull off a scam ; **faire un coup fumant**, to pull a master stroke ; **faire le coup**, to carry out the operation, to do the job ; **monter un coup**, to set up a job ; **coup fourré**, shady operation. 4. the scene, the action ; **être dans le coup**, a) to be in on it, to be in the know ; **t'es dans le coup, ou tu y es pas ?** do we count you in or out ? ; b) to be up-to-date, to be in ; **je ne suis plus dans le coup**, I'm not really with it any more ; **être au coup**, to be in the know, to be wised-up ; **expliquer le coup à qqun**, to put s.o. wise about s.t., to gen s.o. up on s.t. ; **mettre qqun dans le coup**, a) to fill s.o. in on s.t., to put s.o. in the picture ; b) to involve° / to bring s.o. in on the action. 5. ruse°, trick, stunt ; **encore un coup du patron**, that's another one of the chief's stunts, that's got the guv'nor's handwriting all over it ; **sale coup**, dirty / mean trick ; **coup de vache / de salaud**, dirty, low-down trick ; **monter le**

coup (à qqun), to cheat° / swindle / con (s.o.), to take (s.o.) in ; **faire le coup à qqun**, to play the old dodge on s.o., to pull a fast one on s.o. 6. trial°, go, attempt ; **tenter le coup**, to try one's luck, to have a go / a bash / a stab at it ; **valoir le coup**, to be worth a try, to be worth it. 7. blow°, shot, strike ; a) **prendre un coup de vieux**, to age suddenly° , to put on the years, to look failed ; **(en) prendre un coup (au moral)**, to be hit by a severe blow / shock ; **ça m'a fichu / foutu un coup**, it really bowled me over / knocked me for six ; b) **en mettre un (vieux) coup**, to work hard° , to put one's back into it, to get down to it ; c) **coup de feu**, moment of intense activity° *(newspapers, restaurants, etc.)*, the rush, the busy period ; d) **coup de filet / de torchon / de serviette**, police raid / bust ; e) **coup de tête / de boule**, (i) blow with the head° , head-butt ; (ii) sudden impulse° / fancy / whim ; **je suis parti sur un coup de tête**, I left on the spur of the moment ; f) **coup de bambou / de barre / de masse / de pompe**, sudden fatigue° , attack of burnout ; **à midi j'ai eu un coup de barre pas possible**, at noon I just flaked out / pooped / keeled over ; g) **coup de masse / de massue**, emotional shock wave° , tough blow ; h) **coup de bambou / de barre /**

de masse / de fusil**, over-priced° / stinging bill ; i) **coup de bambou**, attack of madness° , bout of barminess ; j) **coup de fil / de biniou / de bigophone**, telephone call° , ring, shout, buzz ; k) **coup de châsse**, look (at s.t.)° , dekko, butcher's, shufty ; l) **coup de queue / de saucisse•**, act of sexual penetration° , screw, ride, shaft ; m) **coup de veine / de bol / de pot / de cul**, piece of good luck° , stroke of luck, lucky break ; n) **coup de balai**, sweeping renovation° , clear-out, spring cleaning ; o) **coup de torchon**, fight° , punch-up, scrap ; p) **coup de foudre**, instant attraction° , love at first sight ; q) **coup de gueule**, shouting° , screaming, bawling, hollering. 8. **avoir un bon / sacré coup de fourchette**, to be capable of eating a lot° , to be able to shovel it down / to put it away. 9. **marquer le coup**, to mark the event, to make it a special occasion. 10. **écraser le coup**, to make peace° , to let bygones be bygones, to bury the hatchet. 11. **tenir le coup**, to endure s.t.° , to hold out, to hang in there, to stick it out. 12. **avoir le coup**, to have the way / the knack / the touch.

coupe-chiasse *n.m.* pharmacist° , druggie.

coupe-cigare *n.f.* guillotine° , chopper.

couper 1. *v.t.* **couper le sifflet / la chique à qqun**, to astonish° / flabbergast s.o., to knock s.o. for six, to bowl s.o. over ; **ça te la coupe, hein !** you weren't expecting that one, were you ?, that shook you, didn't it ? 2. *v.i.* **couper à qqch.**, to avoid° / to duck out of / to dodge s.t., to give s.t. the slip ; **ne pas y couper**, to have no way out of doing s.t.°, not to be able to skip / to juke / get around s.t. ; **cette fois-ci, la fessée, tu vas pas y couper**, this time, you're not going to get out of a good spanking. 3. *v.pr.* **se couper**, to contradict oneself°, to give oneself away, to spill the beans on oneself.

coupe-tifs, coiffe-tifs *n.m.* hairdresser°, hair bender ; **aller chez le coiffe-tifs**, to go and have a haircut°, to get one's ears raised, to have one's lawn mowed.

courant d'air *n.m.* 1. a) someone who is very difficult to meet or to locate°, someone who is always on the move / never in, ghost ; **ce type, c'est un vrai courant d'air**, it's impossible to track this guy down ; b) **se déguiser en courant d'air**, to vanish into thin air, to go out of circulation. 2. leaked information°, leak. 3. **faire courant d'air avec les chiottes**, to have disgusting / bad / foul breath, to use pigshit toothpaste.

courante *n.f.* diarrhoea°, the trots, the shits ; **avoir la courante**, to have the runs.

coureur, -euse *n.* person

constantly seeking the company of the opposite sex°, randy so-and-so, goer, horny one ; **coureur de jupons**, promiscuous man°, skirt-chaser, womanizer, wolf ; **coureuse**, promiscuous woman°, hotpants, mink, easy lay.

courir 1. *v.t.* a) **courir les filles**, to run after girls°, to chase skirt, to womanize ; **courir les mecs**, to run after men°, to trouserchase, to be cruising for guys ; b) **courir qqun**, to annoy s.o.°, to get on s.o.'s wick / case / nerves ; **tu commences à me courir**, you are starting to give me a real pain in the neck. 2. *v.i.* a) **courir sur le haricot / le système à qqun**, to annoy s.o. severely°, to get up s.o.'s nose, to get on s.o.'s tits, to piss s.o. off ; b) **ne pas courir après qqch.**, not to be overly interested in s.t.°, not to be mad / crazy / overkeen on s.t. ; **je ne cours pas après le fromage**, I'm not exactly the world's greatest cheese fan ; c) **tu peux toujours courir !** not bloody likely !, go jump in the lake !, you can take a running jump ! ; d) **laisser courir**, to leave (s.t.) alone°, to let (s.t.) drop / ride ; **laisse courir !** forget it !, leave it be !

cours (ne pas avoir) *loc.* to be unacceptable°, to be out of order, not to be kosher ; **pisser dans la rue, ça n'a pas cours**, pissing in the street is just not done.

court-jus *n.m.* short-circuit°, short.

couru *adj.* c'est couru (d'avance), it's certain°, it's a (dead) cert, it's bound to happen, it's a sure thing.

couscous-pommes frites *adj.* Franco-North African°, mixed.

cousue *n.f.* une (toute) cousue, an industrially-made cigarette°, a non-rolly, a ready-made fag.

cousu main (du) *loc.* a certainty°, a sure thing / bet, a dead cert.

couvert (remettre le) *loc.* to repeat s.t.°, to do s.t. over again, *sp.* to make love again°, to do it one more time, to come back for seconds.

couverture *n.f.* 1. fictitious occupation°, front, cover. 2. protection from a superior°, cover ; j'agis sous la couverture du patron, the boss is covering me on this one.

couvrante *n.f.* blanket°.

cow-boy *n.m.* motorcycle police officer°, motorbike cop, chopper copper, Evel Kneivel.

crabe *n.m.* 1. vieux crabe, old man°, old dodderer / fogey / timer. 2. corporal°, corp. 3. prison warder°, screw, yard bull. 4. crab-louse°, crab.

craché (tout) *adj.* 1. identical°, xeroxed ; c'est son père tout craché, he's the spit / spitting image of his father, he's a dead-ringer for his father. 2. typical°, hallmarked, autographed ; c'est lui tout craché, that looks like his doing, that's him all over.

cracher 1. *v.i.* a) cracher dans la soupe, to criticize the source of one's income°, to bite the hand that feeds ; après tout ce qu'on a fait pour toi, tu vas pas venir cracher dans la soupe, quand même ? after all we've done for you, you're not going to throw it all back in our faces, are you ? ; b) ne pas cracher sur qqch, not to disdain s.t.°, not to turn one's nose up at s.t., not to say no to s.t. ; la cuisine de ta femme, je ne crache pas dessus, I'm not exactly adverse to your wife's cooking ; c) to emit loud sounds°, to make one hell of a noise, to boom out ; la sono crache un max, ce soir, the P.A. is really exploding tonight. 2. *v.t.* a) to pay up°, to cough up, to fork out ; pour avoir une bagnole, faut cracher six mois de salaire, to get a new car, you've got to shell out six months' wages ; b) cracher le morceau, to confess°, to spill the beans / one's guts, to come out with it ; à force de le cuisiner, ils ont fini par lui faire cracher le morceau, after having given him a good grilling, they managed to get him to start singing in the end ; c) cracher son venin•, to ejaculate°, to shoot / drop one's load, to shoot / come one's wad, to get one's rocks off ; d) cracher le feu, to be energetic°, to be a live-wire, to be full of beans ; e) cracher ses pou-

mons, to cough a lot°, to cough one's guts up ; f) **cracher le marmot**, to give birth°, to have a kid, to drop a sprog. 3. *v.pr.* **se cracher = crasher (se)**.

crachoir (tenir le) *loc.* to monopolize the conversation°, to hold forth, to do all the talking.

crack *n.m.* 1. champion°, ace, champ, *sp.* star / wonder pupil ; **en maths, c'est un crack**, he's a genius at maths. 2. smokable cocaine°, crack.

cracra *adj.* dirty°, filthy, crud(dy), yucky.

crade, cradingue, crado, crados *adj.* 1. filthy°, grungy, crud(dy), crusty, gross. 2. down-market°, shabby, seedy, lousy, sleazy *(bar, etc.)*.

craignos *adj.* 1. horrible°, awful, crappy, shitty ; **le film d'hier soir était craignos**, the film last night was a real bummer. 2. repulsive°, poxy, gross, cruddy ; **la bouffe ici, c'est carrément craignos**, the grub here really sucks. 3. dubious°, shady, dodgy, sleazy ; **je me fierais pas à ce mec, il est plutôt craignos**, I wouldn't trust that guy, he's a bit shifty. 4. old-fashioned°, uncool, unhip, square.

craignos *n.* repulsive° / gross / sleazy person ; **va pas dans ce quartier, ça grouille de craignos**, don't go into that area, it's crawling with sleazebags.

craindre *v.i.* 1. to be wanted by the police°, to be on the run, to have an APB out on one.

2. to be incompetent° / awful / pathetic, not to make the grade ; **au volant les bouseux craignent un max**, you've got to watch out for those godawful country drivers. 3. a) to be dangerous° / heavy / dicey / chancy ; **le vol libre, ça craint un max**, gliding is really hairy ; b) to be unpleasant° / awful / crappy / shitty, to suck ; **là où ça craint vraiment, c'est quand ils sortent ensemble avec le chien**, the thing that really kills me is when they go out together with the dog ; c) to be repulsive° / poxy / yucky / cruddy, to stink ; **la bouffe pour chats, ça craint**, catfood is really gross ; d) to be dubious° / shady / dodgy / sleazy ; **n'allez pas au bar du coin, il craint vraiment**, don't go to the local bar, it really sucks ; e) to be old-fashioned° / uncool / unhip / square ; **le style baba cool, ça craint**, the hippy look is really out.

cramé *n.m.* 1. burning smell°, whiff of something burning ; **ça sent le cramé**, it smells like something's burning, something's frazzling somewhere. 2. **le cramé**, the burnt part° / bit ; **tu me gardes le cramé, c'est ce que je préfère**, save me the frazzled bit, that what I like the best.

cramer 1. *v.i., v.t.* to burn°, to frazzle, to burn to a frazzle ; **merde, j'ai cramé le moteur**, shit, I've done the engine in.

2. *v.pr.* **se cramer**, to burn°, to go up in smoke, to burn to a frazzle ; **reste pas au soleil, tu vas te cramer la cervelle**, don't sit in the sun or you'll get your brains fried.

cramouille• *n.f.* vagina°, fanny, beaver, pussy.

crampe (tirer sa)• *loc.* to have sex°, to get one's end away, to have it off, to lay pipe.

crampette• *n.f.* quick sex°, quick one, quickie ; **tirer une crampette**, to have sex°, to have it off, to get one's end in.

crampon *adj.* hard to get rid of°, tough to shake off, clinging.

crampon *n.* clinging person°, leech, pest.

cramponner *v.pr.* **se cramponner à la rambarde / aux balustrades / au bastingage**, to prepare oneself for something° ; **cramponne-toi à la rambarde !** now, hold on to your hat !, wait till you hear this one !

cran (être à) *loc.* to be tensed up° / on edge / on eggs / up to high do ; **au bout de deux jours avec ma belle-mère, je suis à cran**, after two days with my mother-in-law, I'm just about ready to explode.

crâne *n.m.* 1. **crâne de piaf**, idiot°, nitwit, birdbrain, dope. 2. **faire un crâne**, to make an arrest°, to nick s.o., to pull s.o. in.

crâner *v.i.* to put on a display°, to put on airs and graces, to show off, to swank, to swan about.

crâneur *adj.* ostentatious°, swanky, swaggering, showy.

crâneur, -euse *n.* ostentatious person°, show-off, swank, swaggerer.

crapaud *n.m.* 1. small child°, kid, brat, rascal. 2. despicable person°, creep, rat.

crapoteux *adj.* dirty°, filthy, cruddy, grungy.

craquant, craquos *adj.* 1. hilarious°, side-splitting, hysterical ; **une histoire craquante**, a real scream of a story. 2. adorable°, cute, cutsie, peachy ; **sur cette photo, elle est carrément craquante**, she looks like a real honey in this picture. 3. wonderful°, great, wicked, bad ; **descendre sur la côte en cabriolet, c'était craquant**, driving to the coast in a convertible was pure magic.

craque *n.f.* 1. lie°, fib, yarn ; **tu vois pas qu'il te raconte des craques ?** can't you see he's having you on ? 2. joke°, crack, wisecrack.

craquer 1. *v.i.* a) to be at breaking-point°, to break up, to crack up ; **quand il m'a dit que le chat était mort, j'ai craqué**, when he told me the cat had died, I just lost it ; b) to lose one's temper° / patience°, to fly off the handle, to crack up ; **si ça continue comme ça je vais craquer**, if things go on like this I'm going to explode ; **je craque !** I just can't take it any longer ! ; c) not to be able to resist°, not to be able to hold back, to fall for ; **l'Italie me fait toujours craquer**, Italy always sends me ; **du chocolat belge ? alors là, je craque**, I just can't say no to Belgian chocolate ; **craquer pour qqun**, to fall in love with s.o.°, to fall head over heels for s.o. 2. *v.t.* to burgle°, to break into, to do over ; **craquer une porte**, to force open a door.

craquos = craquant.

crasher (se), se cracher, se scratcher *v.pr.* 1. to crash° *(car, plane, etc.)*, to prang ; **on s'est crashés contre un pylône**, we piled into a pylon. 2. to lie down°, to tumble down, to fall in a heap ; **se crasher sur le canapé**, to crash out on the couch.

craspec *adj.* dirty°, filthy, cruddy, grungy .

crasse *n.f.* **faire une crasse à qqun**, to play a nasty / mean trick on s.o., to do the dirt(y) on s.o.

crasseux *n.m.* comb°, bug-rake.

cravate (s'en jeter un derrière la) *loc.* to have a quick drink°, to knock one back, to have a swift one.

cravater *v.t.* 1. to arrest°, to nick, to pull in, to pick up. 2. to steal°, to swipe, to pinch ; **je me suis fait cravater mon stylo**, somebody nicked my pen.

crayon *n.m.* 1. credit° ; **avoir du crayon**, to have credit° / a slate (with s.o.). 2. *pl.* **crayons**,

hair°, grass, thatch, barnet ; **se faire tailler les crayons**, to get a haircut°, to get one's ears raised, to have one's lawn mowed.

crèche *n.f.* 1. home°, pad, place, joint. 2. room°, bedsit, den, kennel.

crécher *v.i.* to reside°, to shack, to crash, to nest ; **où c'est que tu crèches ?** where do you perch ?

creepers *n.m. pl.* crêpe-soled shoes°, stompers, (brothel) creepers.

crème 1. *n.m. (abr. = café-crème)* coffee with cream°, white coffee. 2. *n.f.* a) **de la crème**, an easy job°, a piece of cake, a good thing, a soft touch ; b) **la crème**, (i) the best°, the bestest, la crème de la crème, the tops ; **la crème des hommes**, the best guy around, one of the finest ; (ii) High Society, the upper-crust.

crémerie *n.f.* 1. drinking establishment°, watering hole, gin palace. 2. eating establishment°, eaterie, nosherie. 3. **changer de crémerie**, to change bars°, to move on, to check out a new watering-hole.

crêpage de chignon *n.m.* fight between women°, hair-pulling session, female free-for-all.

crêpe *n.f.* 1. idiot°, clot, dope, dumbo. 2. **se retourner comme une crêpe**, to totally change one's mind°, to change one's tune, to make a U-turn.

cresson *n.m.* 1. hair°, tuft, thatch,

barnet ; **avoir le cresson clair-semé**, to have very little on top. 2.• pubic hair°, pubs, garden, grass ; **brouter le cresson**, to practice cunnilingus°, to go muff-diving, to dine at the Y. 3. money°, dough, bread, cabbage. 4. **idem au cresson**, the same°, ditto, the same with knobs on it ; **c'est idem au cresson**, it's six of one (and half a dozen of the other).

creuser (se) *v.pr.* **se creuser (la tête / la cervelle / le ciboulot / le citron)**, to think hard°, to rack one's brains, to give the old brains a shaking, to put one's thinking-cap on.

crevant *adj.* 1. tiring°, knackering, killing, destroying ; **élever des gosses, c'est crevant**, bringing up kids is back-breaking work. 2. hilarious°, side-splitting, hysterical ; **ça, c'est crevant**, that really cracks me up.

crevard, -arde *n.* unhealthy-looking person°, goner, walking corpse ; **depuis son opération, il a une tête de crevard**, since his operation, he looks like he's got one foot in the grave.

crève *n.f.* influenza°, cold, flu ; **attraper / choper la crève**, to catch a stinking cold ; **avoir la crève**, to be down with the flu.

crevé *adj.* 1. dead°, finished, dead meat, stiff ; **c'est pas la peine de le refoutre à la baille, il est crevé**, no use throwing it back into the water, it's a goner.

2. exhausted°, knackered, dog-tired, bushed, buggered.

crève-la-faim *n.m.* 1. person who does not eat enough°, half-starved person, starveling. 2. tramp, down-and-out, bum.

crever 1. *v.i.* a) (i) to die°, to go, to buy it, to drop off, to snuff it ; **tu peux crever (la gueule ouverte)** ! go and get knotted !, go away and die ! ; **qu'il crève** ! to hell with him !, who gives a damn about him ? ; **marche ou crève** ! do or die ! ; (ii) **crever de qqch.**, to be dying with / of s.t. ; **crever de faim**, to be capable of eating a horse, to be starving to death ; **crever de jalousie**, to be green with envy, to be jealous as hell ; **crever d'ennui**, to be bored to death / to tears / out of one's mind ; **crever de rire**, to kill oneself laughing, to be in stitches ; **crever d'envie de faire qqch.**, to be dying to do s.t., not to be able to wait to do s.t. ; b) to have a flat tyre°, to have a flat ; **j'ai crevé deux fois en venant**, I got two punctures on the way here. 2. *v.t.* a) **crever le ventre / la peau à qqun, crever qqun**, to kill° / to bump off / to do in / to get rid of s.o. ; **crève-le** ! rub him out ! ; b) **crever la faim / la dalle**, to be very hungry° / famished / starving, to have the munchies ; c) **crever les yeux à qqun**, to be really obvious°, to be staring one in the face ; **ça fait dix minutes que tu cherches et ça**

te crève les yeux, you've been looking for it for ten minutes and it's right under your very nose. 3. *v.pr.* **se crever**, to exhaust oneself°, to tire / knock oneself out, to knacker oneself ; **se crever au boulot**, to work oneself to death ; **se crever le cul à / sur qqch.**, to bust one's ass over s.t.

crevette (sentir la) *loc.* to smell bad°, to stink, to have B.O.

crevure *n.f.* despicable person°, git, shit, douchebag.

cri (la bête a lâché son) *loc. (at the moment of ejaculation)* there she blows !, the bells are ringing !

Crime (la) *n.f. (GB)* the Criminal Investigation Department°, *(GB)* the CID, *(US)* the FBI, *(US)* the Feds.

crincrin *n.m.* violin°, fiddle, scratch box.

crise *n.f.* 1. fit / bout of anger, tantrum ; **piquer / faire une crise**, to fly off the handle, to blow up / a fuse ; **faire sa crise**, to go into one of one's rages / tantrums. 2. outburst of laughter°, fit of hysterics ; **chaque fois qu'il fait son numéro, c'est la crise**, every time he does his turn, he has us all in stitches ; **quelle crise !** what a howl / a scream !

criser *v.i.* 1. to become angry°, to blow one's top, to get all hot and bothered, to work oneself into a lather ; **quand mes parents ont su, ils ont crisé**, when my parents found out,

they hit the roof. 2. to panic°, to hit the panic button, to have kittens ; **quand on lui a annoncé la nouvelle, il a crisé**, when they broke the news to him, he went ape.

crocs *n.m. pl.* 1. teeth°, fangs, pearlies, choppers. 2. **avoir les crocs**, to be hungry° / starving / ravenous ; **depuis hier soir que j'ai pas bouffé, j'ai les crocs**, I haven't eaten a thing since last night, God, I could eat a horse.

croire 1. *v.i.* a) **croire au père Noël**, to be gullible°, to believe anything, to swallow things hook, line and sinker ; **si tu t'attends à ce que je paye pour toi, tu crois au père Noël**, if you think I'm going to pay for you, you've got another thing coming ; b) **t'as qu'à croire !** no bloody way !, not bleeding likely !, you'd better believe it ! 2. *v.t.* **croire que c'est arrivé**, to delude oneself°, to live in a fool's paradise, to have pipe dreams. 3. *v.pr.* **s'y croire**, to think a lot of oneself°, to take oneself for somebody / for the bee's knees ; **t'as vu ce con avec sa caisse, il s'y croit vraiment**, check out this guy with the wheels, he really thinks he's the dog's bollocks.

croque (*abr.* = **croque-monsieur**) *n.m.* toasted cheese and ham sandwich°, croque-monsieur, cheese-and-ham toastie.

croquer *v.t.* 1. to eat°, to munch, to nosh, to chow down ; **j'ai**

rien croqué depuis deux jours, I haven't had a bite in two days. 2. to squander°, to spend, to blow, to chuck money down the drain. 3. **en croquer**, a) to inform°, to grass, to squeal ; b) to accept a bribe°, to have one's palm greased, to take an envelope.

croquignol, croquignolet *adj.* 1. nice°, cute, sweetie, cutsie. 2. ridiculous°, silly-looking, pathetic ; **la décoration de leur appartement, c'est quelque chose de croquignolet**, the decoration of their flat is so kitsch.

crosses (chercher des) *loc.* to ask for trouble, to pick a fight, to be asking for it ; **si tu me cherches des crosses, tu vas les avoir**, if you're looking for trouble, you've come to the right place.

crotte ! *excl.* sugar !, shoot !, blast it !, darn it !

crotte *n.f.* 1. **crotte (de bique)**, rubbish, trash, junk, tripe ; **ce film, c'est de la crotte**, this movie is absolute balderdash. 2. **ne pas se prendre pour de la crotte**, not to underestimate one's own value°, to take oneself for somebody, to take oneself for the bee's knees ; **tous ces ministres, ça se prend pas pour de la crotte**, all these ministers think they're God's gift. 3. **ma (petite) crotte**, my dearest, my little bunny rabbit / potato / swee- tie pie / sugar bowl.

crotter *v.i.* to defecate°, to crap, to dump, to drop a turd.

crouille•, crouilla(t)•, crouya• *n.* North African arab°, Arab, A-rab.

croulant *adj.* old°, ancient, over-the-hill, past-it, long-in- the-tooth.

croulant *n.m.* 1. old person°, old codger, relic, fossil. 2. *pl.* **les croulants**, the parents°, the old folks, the fossils.

croume (à) *loc.* on credit°, on tick, on the slate, on the never-never.

crouni *adj.* dead°, dead meat, stiff, gone, cold.

crouni *n.m.* dead person°, stiff, goner, history.

croûte *n.f.* 1. a) **casser une croû- te**, to have a bite to eat, to have a quick snack ; **casser la croû- te**, to eat°, to nosh, to dig in, to munch ; b) **gagner sa croûte**, to make one's living°, to earn one's bread, to bring home the bacon ; c) **à la croûte !** dinner's ready !, grub's up !, come and get it ! 2. bad paint- ing°, scribble, daub. 3. bad student°, dunce, dodo, dork.

croûter *v.i.* to eat°, to nosh, to chow down, to munch.

croûton (vieux) *n.m.* old man°, old fogey, old dodderer, fossil, relic.

crouya = crouille.

cruche *adj.* stupid°, dopey, daft, thick.

cruche *n.f.* idiot°, dumbo, nitwit, dimwit ; **quelle cruche tu fais, mon pauvre !** you're such a silly-billy.

cucu(l) (-la-praline) *adj.* idiotic°, silly, daft, dopey ; **cette année la télé a battu les records dans le genre cucu-la-praline**, this year the telly really broke all records in the dumdum programmes field.

cueillir *v.t.* 1. to arrest°, to nick, to pull in, to nab. 2. to gather information°, to pick up, to dig up ; **où est-ce que t'as été cueillir ça ?** what little birdie told you that ?

cuiller *n.f.* 1. hand°, mitt, hook, flipper ; **serrer la cuiller à qqun**, to shake paws with s.o. 2. **en deux coups de cuiller à pot**, very quickly°, in two shakes (of a lamb's tail), in next to no time, before you can say Jack Robinson. 3. **être à ramasser à la petite cuiller**, a) to be exhausted° / bushed / knackered / wrecked ; b) to be badly hurt°, to get smashed up, to be in a pretty bad way. 4. **ne pas y aller avec le dos de la cuiller**, to go the whole way° / the whole hog, to stop at nothing ; **eh ! bien, pour le repas de noces, vous n'y êtes pas allés avec le dos de la cuiller**, well, I think it can be said that there were no half measures when it came to the wedding reception.

cuir *adj.* sado-masochist°, S&M, leather ; **lui, c'est plutôt le genre cuir**, he's really into leather gear.

cuir *n.m.* 1. skin°, hide, rind ; **se rôtir le cuir**, to sunbathe°, to catch some rays. 2. leather jacket°, flying jacket.

cuire *v.i.* 1. to be very hot°, to be scorching / roasting, to fry. 2. **cuire dans son jus**, to be left to deal with one's own problems°, to stew in one's own juice.

cuisine *n.f.* 1. intrigue°, scheming, dirty tricks, wheeling and dealing ; **la cuisine électorale**, electoral goings-on. 2. **petite cuisine**, professional secrets°, tricks of the trade, the dodges of the business ; **chaque métier a sa petite cuisine**, every profession has its little ruses.

cuisiner *v.t.* 1. to interrogate°, to grill, to put through the mangle / under the spotlight. 2. to come up with°, to concoct, to cook up ; **qu'est-ce qu'il a encore cuisiné ?** what's he come up with now ?

cuistance *n.f.* 1. kitchen°, cookhouse, crumb stash. 2. cooking°, grub-making. 3. food°, grub, grubstakes, nosh.

cuistot, -ote *n.* cook°, cookie, sizzler, babbling brook.

cuit *adj.* 1. drunk°, jarred, canned, pissed, sozzled. 2. ruined°, done for, washed-up, all over ; **il est cuit**, he's in for it, his goose is cooked ; **c'est cuit, les carottes sont cuites**, it's finished°, it's all over, the game is up, it's down the drain. 3. exhausted°, wrecked, bushed, knackered ; **après dix kilomètres à pied, j'étais cuit**, after walking ten kilometres, I was worn to a frazzle. 4. **c'est du tout cuit**, a) it's a certainty°, it's a (dead) cert, it's in the bag, it's a foregone conclusion ; b) it's easy°, it's a cakewalk, it's as easy as pie, it's a piece of cake.

cuite *n.f.* bout of drunkenness°, a real skinful, serious drinking session ; **prendre une cuite**, to get drunk° / bevvied (up) / tanked (up) / polluted / legless ; **avoir sa cuite**, to be drunk° / jarred / plastered / sozzled / sloshed ; **tenir une sacrée cuite**, to be very drunk° / pissed as a newt / stewed to the gills / out of one's head.

cuiter (se) *v.pr.* to get drunk° / smashed / bombed / totalled / paralytic.

cul• *adj.* 1. sexually attractive°, teasing, sexy, horny ; **qu'est-ce qu'elle est cul !** she's really hot stuff ! 2. a) affected°, airish, stuck-up ; **il est tout cul**, he's so over-the-bloody-top ; b) pretentious°, kitsch, tacky, naff ; **chez ma voisine, c'est vraiment cul**, my neighbour's place is really trashy. 3. stupid°, dopey, dipshit, asshole ; **il est tellement cul qu'il faut tout lui expliquer**, he's such a dickhead, you've got to explain everything to him.

cul• *n.m.* 1. bottom°, backside, bum, *(GB)* arse, *(GB)* hole, *(US)* ass, *(US)* fanny ; a) **botter le cul à qqun**, to kick s.o.'s ass, to give s.o. a boot up the hole ; b) **rouler du cul**, to wiggle one's bum ; c) **en rester / en être sur le cul**, to be astonished°, to be floored / knocked for six ; **quand j'ai su que mon cheval avait gagné, j'en suis resté sur le cul**, when I found out my horse had won, you could have knocked me over with a bloody feather ; d) **être sur le cul**, to be exhausted°, to be bloody bushed / knackered / shagged ; e) **se taper le cul par terre**, to laugh uproariously°, to split one's sides laughing, to be in stitches ; f) **lécher le cul à qqun**, to behave sycophantically to s.o.°, to lick s.o.'s ass, to brownnose s.o. ; g) **être comme cul et chemise**, to be very friendly°, to be bosom buddies / kissing cousins ; h) **en avoir plein / ras le cul**, to be fed up (to the back teeth), to have had it up to here ; **les PV à tout bout de champ, j'en ai ras le cul**, I'm really pissed off getting parking tickets all the time ; i) **péter plus haut que son cul**, to have an unduly high opinion of one's capabilities°, to be too big for one's boots / one's britches ; **hier soir, il a pété plus haut que son cul**, last night he bit off more than he could chew ; j) **l'avoir dans le cul**, to be swindled° / had, to get shafted / screwed / fucked (over) ; **dans le cul la balayette !** up yours !, up your hole ! ; k) **se magner le cul**, to hurry up°, to get a move on, to shift ass ; l) **avoir chaud au cul**, to have a narrow escape°, to have a close call / shave ; **avec les chiens qui lui couraient après, le chat a eu chaud au cul**, with all those dogs on his tail, the cat was a near goner ; m) **pendre au cul à qqun**, to be threatening s.o.°, to be hanging over s.o. ; **ça lui pend au cul**, he's got it coming to him ; n) **avoir le cul entre deux chaises**, to be undecided°, to fall between two stools, to have one's ass on the fence ; o) **avoir le feu au cul**, (i) to be sexually excited° / horny / randy, to have the hots, to be in heat ; (ii) to be in a hurry° / in a rush / hard-pressed / pushed for time ; p) **avoir qqun au cul, pisser au cul à qqun**, to hold s.o. in contempt°, not to be able to stand the sight of s.o., to hate s.o.'s guts ; **je te pisse au cul !** fuck you ! ; q) **se torcher le cul**, (i) to clean one's bottom°, to wipe one's ass ; (ii) **s'en torcher le cul**, not to care about s.t.°, not to give a damn / a flying fuck about s.t. ; **tes affaires de cœur, je m'en torche le cul**, I don't give a monkey's about your love life ; r) **traîner son cul, tirer au cul**, to avoid work°, to dodge off / skive off work ; s) **tu peux te le foutre / mettre au cul !** you can shove it / stick it up your ass ! ; t) **cause à mon cul, ma tête est malade !** fuck off and give my head peace ! ; u) **touche à ton cul !** it's none of your business !°, keep your fucking nose to yourself ! ; v) **mon cul !** no (fucking) way !, not fucking likely !, balls !, bollocks ! ; **et mon cul c'est du poulet !** what a load of crap !, and I'm the fucking Queen of Sheba !, pull the other one, it's got bells on it ! 2. sex°, porn, horn ; **un film de cul**, a porn / blue movie, skinflick ; **parler cul**, to talk dirty ; **histoires de cul**, a) dirty / smutty jokes ; b) sex talk ; **j'en ai marre de ses histoires de cul**, I'm fed up hearing about his sex life. 3. luck°, Lady Luck ; **avoir du cul**, a) to be lucky° / jammy, to be a jammy bastard ; b) to strike it lucky, to luck out ; **avoir un cul d'acier, avoir le cul bordé de nouilles / de médailles**, to have all the luck / the luck of the devil ; **quel cul !** how jammy can you get ! 4. **cul béni**, devout church-goer°, Holy Joe, Jesus freak. 5. **cul- terreux**, peasant°, yokel, hick. 6. idiot°, ass, arse-hole, wanker ; **espèce de cul !** stupid dickhead !

culbutant *n.m.* trousers°, strides, bags.

culbuter• *v.t.* to have sexual intercourse°, to screw, to fuck, to ride ; **il avait l'habitude de culbuter les femmes sur son**

canapé, he made a habit of bonking women on his sofa.

culotte *n.f.* 1. heavy loss°, beating, disaster, clobbering ; **prendre / ramasser une culotte**, to get a good thrashing / walloping, to lose one's shirt, to get taken to the cleaners. 2. **baisser sa culotte (devant qqun)**, to back down, to bail out, to chicken out. 3. **faire / chier• dans sa culotte**, to be very frightened°, to shit one's pants, to shit a brick, to be scared shitless. 4. **marquer qqun à la culotte**, a) *(sports)* to mark s.o. closely°, to stick tightly to s.o., to keep on s.o.'s bootlaces ; b) to keep a close watch° / an eye on s.o., to breath down s.o.'s neck ; **le maire marquait son adjoint à la culotte**, the mayor kept an eagle eye on his deputy.

culte *adj.* mythical, legendary ; **un film culte**, a cult movie.

curé (bouffer du) *loc.* to be anti-clerical°, to hate the cloth.

cureton *n.m.* priest°, padre, sky pilot.

D

D (système) *n.m.* 1. getting by / through, managing (by hook or by crook). 2. fiddling, wangling, artful dodging.

dab, dabe *n.m.* 1. father°, dad, da, pop. 2. *pl.* **les dabs**, the parents, the folks, the fossels.

dac ! (*abr.* = **d'accord !**) *excl.* okay !, right on !, you bet !, you got it ! ; **OK, dac ?** right, are you on ?

dache *n.m.* 1. **à dache**, God knows where, the back of beyond, faraways ; **il habite à dache**, he lives in nowhere-land / in the middle of the jungle. 2. **envoyer qqun à dache**, to tell s.o. to get lost / where to go / to go to hell.

dada *n.m.* 1. horse°, dobbin, gee-gee ; **aller à dada**, to ride a horse° / a cock-horse. 2. favourite topic°, pet subject, hobby-horse.

dalle *n.f.* 1. throat°, gullet ; **se rincer la dalle**, to have a drink°, to wet one's whistle, to irrigate the tonsils ; **avoir la dalle en pente**, to enjoy a drink°, to be fond of a drop, to like to knock one back. 2. **avoir / crever la dalle**, to be hungry° / starving / famished ; **je crève la dalle**, I could eat a horse.

dallepé *n.m.* (*verl.* = **pédale**) homosexual°, queer, poofter, pansy.

dame ! *excl.* sure !, you bet !, I'll say !

dame *n.f.* 1. wife°, old lady, missus ; **comment va vot' dame ?** how's your good lady-wife ? 2. **aller à dame**, to fall down°, to come a cropper, to take a tumble, to hit the deck.

dame-pipi *n.f.* female toilet attendant°, loo-keeper.

damned ! *excl.* drat and double drat !, darn it !, blast !, sacre-bleu !

dard• *n.m.* penis°, dick, cock ; **avoir du dard**, to be hot-blooded / randy / horny.

dardillon• *n.m.* penis°, prick, pecker ; **avoir le dardillon**, to have an erection°, to have a boner.

dargeot, dargif• *n.m.* backside°, bum-hole, arse.

darpon ? *excl.* what's that ?°, say again ?, come again ?

daube *n.f.* rubbish, junk, tripe ; **c'est de la daube**, it's a load of old trash.

dauber 1. *v.i.* to smell°, to stink, to pong ; **ça daube !** it stinks to high heaven ! 2. *v.t.* a) to wreck°, to mess up, to balls up ; **ce salaud m'a daubé ma chaîne**, the bastard buggered up my hi-fi ; b) to fake°, to doctor, to do up.

dauffer 1. *v.i.* = **dauber** 1. 2.• *v.t.* to sodomize°, to bugger, to bumfuck, to ream.

dé à coudre• *n.m.* 1. anus°, arse-hole, ring. 2. vulgar finger sign°, index, finger ; **faire un dé à coudre**, to give the finger.

deal *n.m.* 1. drug-deal. 2. bargain°, good deal ; **faire un deal**, to do / crack a deal.

dealer, dileur *n.m.* drug-dealer, pusher, candyman, dope-peddler.

dealer *v.i., v.t.* to sell drugs°, to deal, to hussle, to peddle.

deb = **débile**.

débâcher (se) *v.pr.* to get up°, to get out of the sack, to rise and shine.

déballer *v.t.* 1. to confess°, to own up, to talk, to unload ; **allez, déballe !** come on, spit it out ! 2. to tell°, to come out with, to spout ; **il m'a déballé un tas de mensonges**, he shot me a whole load of lies.

déballonner (se) *v.pr.* 1. to lose one's courage°, to cop / chicken out, to cry off. 2. to fart, to let one off / fly, to drop one.

débander• *v.i.* 1. to lose one's erection°, to go all limp, to have a droop. 2. to be afraid°, to have the creeps, to shit one's pants.

débarquer 1. *v.i.* a) to arrive°, to turn up, to land in, to hit the scene ; **quand ma belle-mère débarque, je prends le large**, when my mother-in-law checks in, I check out ; b) not to be up-to-date, to be out of touch ; **ben alors, tu débarques ?** where have you been recently ? ; **tu sais, moi, je débarque, il faut m'informer**, you know, I'm just off the boat, so you'll have to fill me in ; c) **les Anglais ont débarqué**, *(menstrual cycle)* I've / she's got her period°, it's that time of the month, the decorators are in. 2. *v.t.* to dismiss°, to sack, to give the boot, to kick out.

débectant *adj.* disgusting°, revolting, sickening, pukey, gross.

débecter *v.t.* to disgust°, to sicken, to gross out ; **ça me débecte**, it makes me want to puke.

débile, deb, debs, debilos *adj.* 1. *(thing)* idiotic°, dumb, crappy, poxy ; **ce film est complètement débile**, the movie is total bilge. 2. *(person)* idiotic°, lamebrained, out-to-lunch, soft-in-the-head ; **ce type est totalement débile**, this guy is a real spastic.

débile *n.* idiot°, dope, spastic, spa ; **quel débile !** what a jerk !

débinage *n.m.* disparagement°, knocking, slagging-off, panning ; **la voisine donne dans le débinage**, my neighbour's hobby is bad-mouthing.

débine *n.f.* abject poverty°, the bottom of the barrel, Queer Street ; **être dans la débine**, to be flat broke / touching bottom / down on one's luck.

débiner 1. *v.t.* a) to denigrate°, to knock, to badmouth, to slag off ; b) to inform°, to grass, to snitch ; **débiner le truc**, to spill the beans. 2. *v.pr.* **se débiner**, to run off°, to scram, to skedaddle, to scarper.

débineur, -euse *n.* denigrater°, begrudger, knocker, backstabber.

débiter *v.t.* to say°, to mouth, to come out with ; **débiter des conneries**, to talk a load of crap, to spout bullshit.

déblayer *v.i.* to run off°, to scarper, to split, to make tracks ; **allez, déblaye !** get outta here !

débloquer *v.i.* to talk nonsense / bullshit / a load of crap ; **mais tu débloques, mon pauvre !** you must be outta your head, mate !, you must be round the bend.

déboisé *adj.* bald°, baldy ; **il est légèrement déboisé des hauts plateaux**, he doesn't exactly have much on top.

déboiser (se) *v.pr.* to have a receding hairline°, to be losing one's barnet.

débourrer• *v.i.* to defecate°, to crap, to shit, to have a dump.

déboutonner (se) *v.pr.* to confess°, to sing, to spill the beans / one's guts ; **au bout de deux heures d'interrogatoire, il a fini par se déboutonner**, after a two-hour grilling, he ended up coming clean.

débris *n.m.* **un vieux débris**, an old man° / oldtimer / old dodderer / old fuddy-duddy, a fossil.

débrouillard *adj.* resourceful°, wised-up, on-the-ball, copped-on.

débrouillard *n.m.* resourceful person°, smart cookie, no dope, survivor ; **c'est un débrouillard**, he'll always get by.

débrouillardise = débrouille.

débrouille *n.f.* resourcefulness°, smartness, sharpness, savvy ; **si t'as un problème, appelle-le, c'est le roi de la débrouille**, if you have any problems, give him a call, he can sort out any mess.

débrouiller 1. *v.t.* a) to unravel a problem°, to fix things up, to sort things out ; **t'inquiète pas, je vais te débrouiller ça**, don't worry, I'll look after that ; b) **débrouiller qqun**, to arrange a situation for s.o.°, to get s.o. out of a fix, to see s.o. right ; **va le voir de ma part, il te débrouillera**, tell him I sent you and he'll fix you up. 2. *v.pr.* **se débrouiller**, to cope on one's own°, to get by, to manage, to live by one's wits ; **dans la vie, faut savoir se débrouiller**, in life, you've got to be able to look after yourself ; **il se débrouille en chinois**, he can get by in Chinese ; **c'est pas mon problème, t'as qu'à te débrouiller**, it's not my problem, you'll just have to sort it out for yourself.

déca (*abr.* = décaféiné) *n.m.* **un déca**, a decaffeinated coffee°, a decaf.

décalé *n.* nonconformist°, drop-out ; **c'est un décalé**, he lives on the fringe.

décaniller *v.i.* to leave°, to scarper, to make tracks, to hit the road.

décapant *adj.* 1. innovative°, fresh, avant-garde, ground-breaking. 2. *(alcohol)* rough, harsh, hairy ; **ton whisky, il est vraiment décapant,** your whisky is real paint-stripper.

décaper *v.i.* to have a powerful taste°, to burn one's mouth / one's belly ; **attention, ça décape !** watch out, this stuff is lethal !

décaver *v.t.* to stare at°, to gawk at, to eyeball, to get a load of.

déchard *adj.* penniless°, (stony) broke, flat-bust, skint.

déchard, -arde *n.* penniless individual°, poverty-stricken person, church mouse, have-not ; **chez les déchards, on est tous frères,** amongst the hard-up, we're all brothers.

décharge• *n.f.* ejaculation°, come off, shoot, blow.

décharger• *v.i.* to ejaculate°, to drop one's load, to shoot one's wad, to get one's rocks off.

dèche *n.f.* abject poverty°, the bottom of the barrel, Queer Street ; **être dans la dèche / une dèche noire,** to be in dire (financial) straits.

décher *v.i.* to pay up°, to fork out, to cough up ; **aujourd'hui, c'est moi qui dèche,** it's my shout today.

décheur, -euse *n.* spender°, spendthrift, last of the big spenders, fast one with a buck.

déchiré *adj.* 1. drunk°, pissed, plastered, jarred, cut. 2. drug-ged-up°, stoned, bombed, out-of-it.

décoiffer *v.i.* 1. to go fast°, to go like a bomb, to hammer along ; **tu veux essayer ma nouvelle**

bagnole, elle décoiffe ! do you want to try my new car, it can certainly burn rubber. 2. to have a powerful effect°, to be really hot, to be something else, to kick ass ; **quand le groupe est sur scène, ça décoiffe,** when the group hits the stage, they really let loose.

décollage *n.m.* first drink of the day°, early-morning shot.

déconnade *n.f.* messing / muck-ing about / fooling around session.

déconnage *n.m.* 1. silly beha-viour°, fooling around, fart-ing about, pissing around. 2. rubbish, tripe, crap, bull, bullshit.

déconnance *n.f.* foolishness°, silliness ; a) messing around, tomfoolery, acting the goat ; b) poppycock, claptrap, twaddle ; **de la pure décon-nance,** total gobbledygook.

déconnant *adj.* 1. idiotic°, batty, hare-brained, geeky, screwy. 2. malfunctioning°, out of whack, on the blink, haywire, kerflooey.

déconnecter *v.i.* 1. to isolate oneself°, to cut oneself off, to go out of circulation ; **elle est revenue à la boîte après avoir déconnecté pendant trois ans,** she came back to the company after having been out of the picture for three years. 2. to cease paying attention°, to switch off, to fall asleep ; **j'ai déconnecté au bout de cinq minutes de conférence,** my mind went for a stroll after five minutes of the lecture.

déconner *v.i.* 1. to behave in a foolish manner°, to mess / to muck around ; a) to talk rubbish°, to spout crap, to bullshit ; **ne l'écoute pas, il déconne toujours**, don't listen to him, he's full of piss and wind ; **déconner à pleins tubes**, to talk a load of old bollocks ; **sans déconner**, no joking, no kidding ; b) to act the idiot°, to play the fool, to arse about, to dick around ; **à force de déconner, tu vas finir par y avoir droit**, if you keep pricking around, you'll get what you deserve. 2. to have fun°, to mess around, to muck about ; **on a passé la soirée à déconner**, we spent the whole evening fooling around. 3. to malfunction°, to be out of whack, to go on the blink, to go haywire ; **il y a un truc qui déconne quelque part**, there's a bloody gremlin in the works somewhere.

déconneur, -euse *n.* fun-loving person°, messer, joker, trickster, funster.

déconnomètre *n.m.* any apparatus used for transmitting the voice°, bullshit amplifier ; **t'aurais dû l'entendre au déconnomètre, c'était à crever de rire**, you should have heard him bullshitting over the airwaves, it was a real scream.

décor *n.m.* **aller / partir / valser / foncer / rentrer dans le décor**, *(vehicle)* to go off the road°, to plough over the side.

découiller• *v.i.* to have sex°, to ball, to spunk, to bang, to shag.

décrocher 1. *v.i.* a) to retire°, to pack it in, to call it quits, to hang up one's boots ; b) to go off drugs°, to go clean, to kick the habit, to come off ; c) to cease paying attention°, to switch off, to fall asleep. 2. *v.t.* to obtain°, to pick up, to snap up, to cop ; **il a décroché un contrat en or**, he landed himself a fantastic contract ; **décrocher le cocotier / le gros lot / le jackpot / la timbale**, to hit the jackpot, to make a lucky strike, to strike oil.

déculottée *n.f.* 1. heavy defeat°, hammering, clobbering, whipping, licking ; **prendre / ramasser une déculottée**, to get / take a real drubbing. 2. *(gambling)* heavy loss°, whitewashing ; **prendre / ramasser une déculottée**, to lose one's shirt, to get taken to the cleaners.

déculotter (se) *v.pr.* 1. to abandon°, to pull / back / chicken out, to cry off. 2. to confess°, to own up, to sing, to come clean, to spill the beans.

dedans *adv.* 1. **être dedans**, a) to be in prison° / inside / in the clink ; b) *(cards)* to lose°, to bite the dust, to crap out. 2. **mettre / ficher / foutre qqun dedans**, a) to deceive s.o.°, have s.o. on, to take s.o.

in, to take s.o. for a ride ; b) to get s.o. into trouble°, to land / drop s.o. in it, to get s.o. into a fix / a jam ; c) to confuse s.o.°, to mess s.o. up, to get s.o. into a muddle ; **ses explications m'ont foutu dedans**, his explanations really got me mixed up ; d) to put s.o. in prison°, to stick s.o. away, to shove s.o. in the clink. 3. **se ficher / se fiche / se foutre dedans**, to make a mistake°, to drop a clanger, to put one's foot in it. 4. **rentrer dedans à qqun**, to beat s.o. severely°, to knock the living daylights out of s.o., to smash s.o.'s face in, to lay into s.o.

défausser (se) *v.pr.* 1. **se défausser de qqch.**, to discard°, to get rid of, to chuck ; **il s'est défaussé du butin avant l'arrivée des flics**, he ditched the loot before the cops turned up. 2. **se défausser sur qqun**, to incriminate s.o. else°, to shift the blame onto s.o. else, to have s.o. else carry the can.

défendre (se) *v.pr.* 1. to do s.t. well°, to hold one's own, to know one's stuff ; **question cuisine, il se défend**, he's no mean cook. 2. to be doing quite well°, to be hanging in there, to keep going ; **malgré tout, il se défend encore pas mal**, all things considered, he's doing alright.

défiler (se) *v.pr.* 1. to disappear°, to vanish into thin air, to slip away, to fade away. 2. to avoid

a task°, to duck out, to skip out on, to get around ; **il a promis, et puis il s'est défilé**, he promised but then he backed out.

déflaquer• *v.i.* to defecate°, to crap, to shit, to go for a dump.

défonce *n.f.* 1. drug-induced state°, high, trip, hit. 2. drugs°, dope, junk, shit, goods.

défoncé *adj.* 1. drugged°, high, tripping, stoned, spaced, junked up. 2. drunk°, jarred, smashed, stoned, plastered. 3. highly excited°, wired, hyper, charged, fired up.

défoncer 1. *v.t.* a) *(drugs)* to give a high, to bring off, to get stoned ; **l'herbe, ça te défonce la tête**, grass really gets you out of your head ; b)• to have sex with°, to bang, to ball, to screw ; **défoncer l'oignon / la rondelle à qqun**, to sodomize° / to bumfuck / to buttfuck s.o. ; c) **défoncer la gueule / la tête / le portrait à qqun**, to beat s.o. severely°, to smash s.o.'s face in, to knock s.o.'s head in. 2. se défoncer ; *v.pr.* a) *(drugs)* to get high / stoned / out of it / out of one's tree ; b) to get drunk° / bombed / stewed / pissed ; c) **se défoncer à qqch.**, to get enjoyment out of s.t.°, to get off on s.t., to get a kick / buzz / charge out of s.t. ; **elle se défonce au jardinage**, she gets her rocks off gardening ; d) to work extremely hard°, to break one's back, to work like a dog ; **pour finir avant midi, j'ai dû me défon-**

cer, to finish up before lunchtime, I really had to put my nose to the grindstone.

défonceuse• *n.f.* penis°, cock, weapon, ramrod, shaft.

défouler (se) *v.pr.* to give free rein to one's instincts°, to let it all hang out, to let one's hair down, to get one's yayas out.

défourailler *v.i.* 1. a) to shoot a gun°, to pull the trigger, to fire, to squeeze one off ; b) to produce a weapon°, to pull / to draw a gun. 2. to get out of prison°, to go back on the street, to get out. 3.• to produce one's penis°, to whip it out, to pull out the lad.

défrimer *v.t.* **défrimer qqun**, to stare into s.o.'s face°, to gawk at s.o., to eyeball s.o.

défringuer 1. *v.t.* **défringuer qqun**, to undress s.o.°, to take s.o.'s gear off, to strip s.o. off. 2. *v.pr.* **se défringuer**, to undress°, to strip off, to peel off.

défriser *v.t.* to annoy°, to bug, to needle, to cheese off ; **ça me défrise quand tu passes trois heures à la salle de bains**, it really pisses me off when you spend half an hour in the bathroom.

défroquer (se) *v.pr.* to pull one's trousers down°, to debag oneself.

défrusquer = **défringuer**.

deg = **dégueulasse**.

dégager *v.i.* 1. to leave°, to clear off, to get out of the way, to beat it ; **dégage !** get outta here !, clear off !, vamoose ! 2. to have an impressive effect°, to make a splash, to slay, to knock out ; **sur sa moto, il dégage un max**, he's got a really killer look on his bike. 3. to smell bad°, to stink, to pong, to whiff ; **chez lui, ça dégage pas qu'un peu**, it really stinks to high heaven in his house. 4. to fart, to let one fly / go, to drop one.

dégaine *n.f.* unusual appearance°, weird look ; **t'as vu la dégaine !** check this one out !, cop a hold of this one !

dégauchir *v.t.* to find°, to dig up, to come up with, to suss out.

dégelée *n.f.* beating°, walloping, tanning, leathering.

déglingué *adj.* broken°, bust, falling apart, buggered ; **ma télé est toute déglinguée**, my telly is totally banjaxed.

déglinguer 1. *v.i.* to go crazy°, to lose the head, to go round the bend, to go out to lunch. 2. *v.t.* a) to break°, to bust, to bugger up, to bollocks up, to banjax ; **il m'a déglingué ma chaîne**, he ballsed up my hi-fi system ; b) to criticize°, to slag off, to pan, to knock. 3. *v.pr.* **se déglinguer**, to deteriorate°, to go down the drain, to go to the dogs ; **il s'est vachement déglingué depuis deux ans**, he's been going downhill over the last two years.

dégobillade *n.f.* vomit°, vom, puke, spew, barf.

dégobillage *n.m.* vomiting°, barfing, puking, throwing-up.

dégobiller *v.i., v.t.* to vomit°, to puke, to throw up, to Ralph ; **le chat a encore dégobillé sur le canapé**, the cat has barfed all over the sofa again.

dégoiser 1. *v.i.* to talk endlessly°, to rabbit on, to prattle on, to gab ; **dégoiser sur qqun**, to badmouth s.o., to backstab s.o. 2. *v.t.* to go on about, to spout, to yack on ; **il m'a dégoisé un bobard à dormir debout**, he spun me a huge yarn.

dégommer *v.t.* 1. to unseat°, to kick out, to get rid of ; **se faire dégommer**, to get the chuck ; **il s'est fait dégommer aux élections**, he got the boot at the elections. 2. a) to shoot dead°, to gun down, to plug ; b) *(plane, etc.)* to shoot down°, to down, to zap, to blast ; c) to knock over°, to send flying, to flatten ; **il a dégommé le champion en trente secondes**, he floored the champ in thirty seconds.

dégonflage = dégonfle.

dégonflard, -arde = dégonflé *n.*

dégonfle *n.f.* cowardice°, climbing down, chickening out, crying off ; **la dégonfle, ça le connaît**, when it comes to copping out, he's no stranger.

dégonflé *adj.* cowardly°, gutless, chicken, yellow(-bellied), lily-livered.

dégonflé, -ée *n.* coward°, chicken, yellow-belly, scaredy cat, lily liver.

dégonfler 1. *v.t.* **dégonfler qqun**, to deflate s.o.'s ego°, to take s.o. down a peg, to put s.o. in his / her proper place. 2. *v.pr.* **se dégonfler**, to lose one's courage°, to chicken out, to back down, to get cold feet, to cry out ; **au moment de dire oui, il s'est dégonflé**, he lost his bottle just before he was to say "I do".

dégo(t)ter *v.t.* to find°, to dig up, to come up with, to suss out ; **où c'est que t'as dégotté cette merveille ?** where did you stumble upon that little wonder ?

dégoulinant *adj.* melodramatic°, soppy, corny, cornball, slushy.

dégouliner *v.i.* to be full of melodrama° / sop / corn ; **dans ce film, ça dégouline de partout**, this film is as schmaltzy as they come.

dégoûtant (gros) *n.m.* disgusting individual°, slob, pig, crud, slimebucket.

dégoûtation *n.f.* disgusting° / cruddy / poxy / sleazy thing ; **sa baraque, c'est l'abomination de la dégoûtation**, his house is the grottiest of the grotty.

dégrouiller 1. *v.i.* to hurry up°, to get a move on, to shake a leg, to get going ; **allez, dégrouille !** come on, get your skates on ! 2. *v.pr.* **se dégrouiller**, to hurry up°, to get cracking, to step on it, to move one's tail ; **pour avoir le train, on s'est dégrouillés**, in order to make the train we had to really get a move on.

dégueulando *adj.* *(music)* sentimental°, sugary-sweet, soppy, slobbery, slushy.

dégueulasse, dég, dégueu *adj.* 1. disgusting°, gross, cruddy, poxy, yucky ; **les crottes de chien sur les trottoirs, c'est dégueulasse**, dog's dirt on the pavement is just sickening ; **il fait un temps dégueulasse**, the weather is really stinking ; **il a un stock inépuisable d'histoires dégueulasses**, he's got an endless store of dirty stories ; **c'est pas dégueu**, that's not half bad, that's great. 2. reprehensible°, disgraceful, scandalous, low-down, lousy ; **la guerre, c'est vraiment dégueulasse**, war is a really dirty business.

dégueulasse, deg, dégueu *n.* 1. disgusting person°, slob, pig, crud, slimebucket. 2. reprehensible person°, bastard, swine, sod, bugger.

dégueulasser *v.t.* to dirty°, to mess / muck up, to leave in a terrible state ; **les gosses ont tout dégueulassé dans le living**, the kids have made a mess of the whole sitting-room.

dégueulasserie *n.f.* reprehensible action°, nasty trick, rotten stunt ; **il m'a fait dégueulasserie sur dégueulasserie**, he pulled one dirty trick after another on me.

dégueulatoire *adj.* disgusting°, sickening, sick-making, vomit-inducing.

dégueulbi, dégueulbif, dégueulbite = **dégueulatoire**.

dégueuler *v.i., v.t.* 1. to vomit°, to throw up, to puke, to barf ; **il a tellement bu qu'il en a dégueulé toute la nuit**, he drank so much that he was spewing up all night ; **il a une tronche à dégueuler**, he's got a face that would make you puke. 2. a) to speak°, to spout, to blab, to gab ; **vas-y, dégueule ta valda !** go on, spit it out ! ; b) **dégueuler sur qqun**, to say nasty things about s.o.°, to badmouth s.o., to run s.o. down ; **leur passe-temps favori, c'est de dégueuler sur les copains**, their favourite pastime is backstabbing friends.

dégueulis *n.m.* vomit°, puke, barf, spew.

dégueuloir *n.m.* mouth°, kisser, bake, trap, gob.

déguster *v.i., v.t.* 1. to be severely reprimanded°, to get badly chewed, to get a right royal telling-off, to get one's ears warmed ; **je te promets qu'il va déguster**, I swear to you, he's in for it. 2. to receive a beating°, to get a hiding / thrashing / clobbering, to get done (over / in) ; **il a dégusté un marron de derrière les fagots**, he took one hell of a piledriver. 3. to endure°, to be on the receiving end, to take it on the chin, to take flak ; **qu'est-ce qu'il a dégusté dans sa vie !** he's been through hell in his life.

déharnacher *v.t.* to undress s.o.°, to take s.o.'s gear off, to strip s.o. off.

déj (petit) (*abr.* = **petit déjeuner**) *n.m.* breakfast°, brekkie, brekkers, morning chow.

déjanté *adj.* eccentric°, oddball, weirdo, cuckoo, off-the-wall.

déjanter *v.i.* to go crazy° / nuts / crackers / bananas, to flip one's wig.

délirant *adj.* extraordinary°, magic, wicked, awesome, bad.

délire *n.m.* great fun°, magic scene, rave of a time ; **c'est le délire**, it's awesome !

déloquer = **défringuer**.

délourder *v.t.* to open a door°, to open up ; **j'ai dit au larbin de délourder à l'avance**, I asked the doorman to open up for my return.

démaquer (se) *v.pr.* to separate°, to split up, to break up, to untie the knot.

déménager *v.i.* 1. to be crazy° / bonkers / out to lunch, not to be at home. 2. to have a powerful effect°, to be really hot, to be something else, to kick ass ; **leur dernier single déménage un max**, their last single is really hot stuff.

dément *adj.* wonderful°, wicked, magic, bad, awesome ; **y avait une ambiance démente**, there was a really wild atmosphere.

démerdard• *adj.* resourceful°, wised-up, on-the-ball, copped-on ; **il est plutôt du genre démerdard**, he's a pretty shrewd operator.

démerdard, -arde• *n.* resourceful person°, smart cookie, nobody's fool, survivor.

démerde• *n.f.* resourcefulness°, smartness, sharpness, savvy ; **il s'en sort toujours à la démerde**, he always manages by hook or by crook.

démerder• 1. *v.t.* to give assistance°, to help out, to give a helping hand, to look after s.o.'s shit ; **moi, je suis toujours là pour démerder les copains**, I'm always there if my mates are in the shit. 2. *v.pr.* **se démerder**, a) to cope on one's own°, to get by, to manage, to live by one's wits ; **c'est toi qui t'es foutu dedans, t'as qu'à te démerder tout seul**, you got yourself up shit creek, now find yourself a paddle ; **elle se démerde toujours pour nous avoir des billets**, she always manages to wangle us tickets ; b) to hurry up°, to get the lead out of one's arse, to get one's finger out, to shift ass ; **démerde-toi, ça va commencer !**, move your ass, it's going to start !

démerdeur, -euse• = **démerdard, -arde•**.

demi *n.m.* glass of draught beer°, half-pint, jar.

demi-merde• *n.f.* highly despicable person°, piece of shit, scum of the earth ; **j'en ai marre d'être traité comme une demi-merde**, I'm sick of being treated like a real fuckpig.

demi-portion *n.f.* small person°, half-pint, runt, pint-size, squirt.

démonté *adj.* temporarily without one's car°, confined to foot, motorless.

dentelle (ne pas faire dans la) *loc.* to do s.t. in a rough manner°, to go in feet first, to have a bit of a bullish way of going about things.

dep (*verl.* = **pédé**) *n.m.* homosexual°, queer, fag, fruit.

dépagnoter (se) *v.pr.* to get up°, to get out of the sack, to rise and shine.

dépatouiller (se) *v.pr.* 1. to get out of trouble° / a fix / a jam / a pickle ; **y a qu'à le laisser se dépatouiller**, let him get himself out of his own mess. 2. to manage°, to get by, to make do.

déphasé *adj.* out of touch with reality°, out of it, not with it, not together, spaced, phased.

dépieuter (se) *v.pr.* to get up°, to get out of the sack, to rise and shine.

déplumé *adj.* bald°, baldy, going short on top.

déplumer (se) *v.pr.* 1. to lose one's hair°, to go baldy, to go scarce on top. 2. to become poor°, to go bust / broke / under / to the wall.

déposer son bilan *loc.* to die°, to snuff it, to kick the bucket, to cash in one's chips.

dépoter *v.i.* 1. to go fast°, to go like a bomb, to hammer along ; **en moto, tu dépotes**, you really open the throttle on your bike. 2. to have a powerful effect°, to be really hot, to be something else, to kick ass.

dépouille *n.f.* stealing°, mugging, ripping-off, appropriation ; **il vit de la dépouille**, he lives by burning others.

dépouilleur, -euse *n.* stealer°, robber, mugger, operator.

déprimer *v.i.* to be depressed°, to be in the doldrums, to be down, to have one's ass in a sling.

dépuceler *v.t.* to use s.t. for the first time°, to christen, to inaugurate, to break in ; **dépuceler une bonne bouteille**, to crack open a good bottle.

derche• *n.m.* bottom°, backside, bum, butt, *(US)* ass, *(GB)* arse ; **un coup de pied dans le derche**, a good kick up the hole.

dernière (la) *n.f.* 1. the most recent news°, hot-off-the-presses item, the latest ; **tu connais la dernière ?** have you heard what's up ? 2. the most recent joke°, the latest yarn, the new one.

dérouillée *n.f.* 1. beating-up°, working-over, hiding, tanning, thumping. 2. heavy defeat°, walloping, licking, whipping, whitewashing.

dérouiller 1. *v.i.* to get a beating° / thrashing / hiding / tanning ; **il a dérouillé comme jamais**, he got the walloping of his life. 2. *v.t.* to beat up°, to do in / over, to rough up, to work over.

dérouler *v.i.* to go round the bars, to go on a pub-crawl, to visit various watering-holes.

désaper (se) *v.pr.* to undress°, to take one's gear off, to strip off.

descendre 1. *v.i.* *(police)* to raid, to move in on, to hit, to bust. 2. *v.t.* a) to kill°, to take out, to bump off, to blow away, to waste ; **il s'est fait descendre par les flics**, he got burned by the cops ; b) *(sports)* to tackle ferociously°, to bring down, to take out ; c) **descendre un verre**, to down a drink°, to knock one back, to put one away, to have a swift one ; d) **descendre qqun en flammes**, to destroy s.o. verbally°, to shoot s.o. down in flames (from a great height), to rubbish s.o.

descente *n.f.* 1. a) attack°, raid, blitz ; **les loubards ont fait une descente au centre-ville**, the yobs made a swoop on the town centre ; b) *(police)* raid°, swoop, bust. 2. **avoir une sacrée descente**, to be capable of drinking large quantities°, to be able to handle the stuff, to know how to put it away. 3. **descente à la cave / au lac / au barbu•**, cunnilingus°, muff-diving, dining at the Y. 4. **descente de lit**, feeble-minded person°, doormat, wimp.

désordre (ça fait) *loc.* what a disaster°, it's a right royal cock-up, it's a bad business, it's a bit of a mess.

désosser *v.t.* to disassemble°, to take apart, to take to bits, to part out ; **ils désossent les voitures pour revendre les pièces**, they strip down cars to sell the parts.

dessalé *adj.* wise°, sharp, on-the-ball, tuned-in.

dessaler *v.t.* to tell s.o. about life°, to teach s.o. a thing or two, to initiate s.o. in the university of life.

dessin *n.m.* **faire un dessin à qqun**, to explain s.t. in detail to s.o.°, to make s.t. crystal-clear to s.o. ; **tu veux que je te fasse un dessin ?** do I really have to spell it out for you ?

dessouder 1. *v.i.* to die°, to snuff it, to kick the bucket, to hang up one's hat. 2. *v.t.* to kill°, to waste, to blow away, to erase, to neutralize.

destroy *adj.* 1. belligerent°, tough, hard, rough ; **musique destroy**, hard punk / pogo music. 2. unkempt°, grungy, grubby, scuzzy ; **un look destroy**, dirty appearance°, out-at-the-elbows / down-at-the-heel look. 3. self-destructive°, suicidal, kamikaze ; **avoir un plan destroy**, to be on a one-way trip. 4. totally crazy°, brain-dead, wiped-out, down the tubes.

destroy (faire un) *loc.* to smash / break things up, to go on the rampage.

destroyer *v.t.* to destroy°, to demolish, to trash, to total ;

ils ont **destroyé le bar,** they smashed up the whole bar.

détail (ne pas faire de) *loc.* to try to obtain s.t. regardless of the means°, to go the whole way / the whole hog regardless ; **quand il veut quelque chose, il fait pas de détail,** when he wants something, he dispenses with the niceties.

détente (dur à la) *loc.* 1. miserly°, tight-fisted, stingy ; **être dur à la détente,** to be a skinflint, to have short arms and deep pockets. 2. not quick to understand° / to pick up, a bit slow on the uptake / on the trigger.

deudeuche, deux-pattes *n.f.* " Deux Chevaux " motor car°.

deux *adj.* 1. **en moins de deux,** straight away°, in two ticks, in two shakes (of a lamb's tail). 2. **comme pas deux,** incomparable°, like nobody else, like nobody alive ; **il est con comme pas deux,** he's as dopey as they come. 3. **ça fait deux,** we're / they're irreconcilable / not well-matched / poles apart, we / they don't get on ; **les maths et moi, ça fait deux,** maths and me don't agree. 4. **de mes deux•,** very bad°, really shitty, fucking awful ; **il m'a refilé un matériel de mes deux,** he passed me on some really fucking naff gear ; **de mes deux !** balls to you !, bollocks !

deuxio *adv.* secondly°, second of all ; **primo, il a pas envie et**

deuxio, moi non plus, on the one hand he doesn't want to and on the second hand I don't either.

deux-pattes = deudeuche.

devanture *n.f.* 1. breasts°, knockers, boobs, upper frontal superstructure. 2. **se faire refaire la devanture,** to get a face-lift° / a facial.

dévisser 1. *v.i.* to die°, to snuff it, to check out, to weigh out. 2. *v.t.* **dévisser son billard,** to die°, to kick the bucket, to buy the farm. 3. *v.pr.* **se dévisser,** to die°, to cash in one's chips, to hang up one's hat.

diam (*abr. =* **diamant**) *n.m.* diamond°, rock, sparkler.

dico (*abr. =* **dictionnaire**) *n.m.* dictionary°, word-book, dic.

dieu *n.m.* genius°, king, boss, champ ; **au tennis, c'est un dieu,** he's a real ace at tennis.

dileur = dealer.

dimanche *n.m.* 1. **s'habiller en dimanche,** to dress up°, to put on one's Sunday best, to put on one's glad rags. 2. **du dimanche,** unprofessional°, amateurish, Mickey Mouse ; **les chauffeurs du dimanche,** Sunday drivers.

dingue, dingo *adj.* 1. crazy°, bananas, cuckoo, screwy, cracked ; **faut être dingue pour conduire comme ça,** that guy should be locked up, driving like that ; **il est dingue d'elle,** he's head over heels in love with her. 2. unbelievable°, incredible, mind-blowing, unreal ; **c'est dingue, ce que tu racontes !** now that's a real turn up for the books !

dingue, dingo *n.* 1. crazy person°, headcase, screwball, fruitcake, mental case. 2. fanatic°, addict, freak ; **un dingue du jazz**, a jazz head.

dinguerie *n.f.* 1. madness°, craziness, silliness. 2. **des dingueries**, wild behaviour°, mad things, loony stunts.

dire 1. *v.i.* a) **je veux dire**, I mean, I mean to say, you know, you see (what I mean) ; b) **je te dis que ça, je te dis pas**, I couldn't even begin to tell you, you couldn't even imagine ; **il avait une de ces caisses, je te dis pas**, you should've seen his car, it was really something ; c) **c'est pas pour dire, mais...**, I don't mean to blow my own trumpet, but..., without boasting I think I can say... ; d) **y a pas à dire**, you've got to accept that..., there's no denying ; e) **je te le fais pas dire**, you said it, you can say that again. 2. *v.t.* a) **qu'il dit**, that's his version / his side of the story ; b) **qu'est-ce que ça dit ?** how's tricks ?, how's it going ? ; c) **on dit ça**, that's your opinion, that's your story.

directo(s) *adv.* directly°, straight, slam bang ; **on y est allés directo**, we headed straight there ; **je lui ai dit directo**, I told him straight out.

dirlo *n.m.* director°, boss, bossman, chief, gaffer.

disjoncter *v.i.* to go mad° / berserk / ape / bananas, to lose the head.

DJ *n.m.* disc-jockey°, deejay, DJ.

doc (*abr.* = **documentation**) *n.f.* documentation°, info, fliers.

doche *n.f.* 1. mother°, ma, old lady / woman. 2. *pl.* **les doches**, period°, the monthlies, the curse ; **avoir ses doches**, to be on the rag, to have the decorators in.

docu (*abr.* = document) *n.m.* 1. document°, doc. 2. documentary film°, doc.

dodo *n.m.* sleep°, beddy-byes ; **faire dodo**, to sleep°, to crash out ; **aller au dodo**, to go to bed°, to go to beddy-byes, to go to dreamland.

dodoches *n.f. pl.* breasts°, tits, boobs, knockers.

doigt *n.m.* 1. **faire qqch. les doigts dans le nez / dans le cul•**, to do s.t. with great ease°, to walk s.t., to do s.t. no sweat / no probs. 2. **avoir les doigts crochus**, to be a thief°, to be light-fingered / sticky-fingered.

domb, dombi (*verl.* = **bidon**) *adj.* awful°, crappy, cruddy, poxy.

domb, dombi (*verl.* = **bidon**) *n.m.* worthless individual°, good-for-nothing, piss artist, crap merchant.

dominos *n.m.pl.* teeth°, pearlies, ivories, choppers.

dondon (**grosse**) *n.f.* fat woman°, big lump, baby elephant.

donné *adj.* **c'est donné**, it's cheap°, it's for nothing, they're giving it away ; **c'est pas donné**, it's quite expensive°, it's on the dear / stiff / steep side, they're not giving it away.

donner 1. *v.i.* a) to have an impressive effect°, to be hot, to make a splash ; **ça donne !** it's really awesome ! ; **sur scène elle donne**, she's really something else on stage ; b) **avoir déjà donné**, to have already given enough of one's time°, to have been through it already, to have already donated to that particular charity ; **j'ai déjà donné**, I've already had my fill of that ; c) **donner dans qqch.**, (i) to be excessively inclined to do s.t.°, to go in for s.t., to have a big thing about s.t. ; **cet écrivain donne dans le romantique**, this author has a particular penchant for the romantic style ; (ii) to be involved in illegal activity°, to deal / to traffic in s.t., to be in the trade / business ; **donner dans la came**, to push drugs. 2. *v.t.* **donner qqun**, to inform on s.o.°, to grass on s.o., to put the finger on s.o., to blow the whistle on s.o. ; **il s'est fait donner par les voisins**, the neighbours squealed on him.

donneur, -euse *n.* informer°, grass, snitch, stool pigeon, fink.

dope *n.f.* drugs°, dope, shit, stuff.

doré *adj.* lucky°, jammy, having the luck of the devil.

dorer *v.t.* 1. **se dorer la pilule**, a) to sunbathe°, to get tanned, to cop / bag some rays ; b) to have an easy time, to have it easy, to live the life of Riley. 2. **se faire dorer•**, to get sodomized° / buggered / bum-fucked ; **va te faire dorer !**, go and get screwed !

dorme *n.f.* sleep°, shut-eye, kip, forty winks.

dos *n.m.* 1. **l'avoir dans le dos**, to lose out°, to get done, to get buggered / shafted ; **aux élections, il l'a eu dans le dos**, at the elections, he took a right hammering. 2. **en avoir plein le dos**, to be fed up with s.t.°, to be sick and tired of s.t., to have had s.t. up to the back teeth.

dose *n.f.* 1. **en avoir / en tenir une dose**, a) to be drunk°, to have had a skinful, to be legless ; b) to be a total moron / a prize idiot. 2. **avoir sa dose**, a) to have taken a bad beating, to have got one's face / head smashed in ; b) to have had more than enough, to have had it up to here.

doublage *n.m.* betrayal°, double-crossing, sellout.

doublé (faire un) *loc.* to get two of s.t., *sp.* to give birth to twins°, to do the double, to go back for seconds ; **elle a fait un doublé, garçon et fille**, she had double helpings, a boy and a girl.

doubler *v.t.* 1. to betray°, to stab in the back, to double-cross ; **il a doublé tous ses collègues,** he sold out all his colleagues. 2. to get ahead°, to beat out, to gazump ; **c'était une occasion en or, mais je me suis fait doubler,** it was a golden opportunity but I got beaten to it.

doublure *n.f.* legitimate representative for illegal affairs°, front, frontman.

douce *n.f.* 1. **en douce,** surreptitiously°, on the quiet / the sly, softly-softly ; **filer en douce,** to sneak off. 2. marijuana°, grass, blow.

doucettement *adv.* 1. very gently°, smoothly, softly-softly ; **il s'est fait engueuler doucettement par le patron,** he got a nice royal bollocking from the boss. 2. ever so softly°, so-so, fair to middling ; **les affaires vont tout doucettement,** business is a little on the slow side.

douche *n.f.* 1. heavy rain°, shower, downpour ; **prendre une douche,** to get soaked to the skin. 2. strong reprimand°, severe telling-off, bollocking, carpetting. 3. great disappointment°, severe let-down, bitter pill ; **quelle douche ça a été, quand elle est partie !** it was a real bummer when she left !

doucher *v.t.* 1. to disappoint severely°, to let down, to bring down, to piss on s.o.'s

parade ; **quand il a vu arriver son assiette, il a été drôlement douché,** when he saw his plate coming, he really had his balloon punctured. 2. **se faire doucher,** to get rained on° / soaked (to the skin) / dunked / drenched / pissed on.

doudounes *n.f.pl.* breasts°, boobs, coconuts, bazoombas.

douiller *v.i.* 1. to pay up°, to fork out, to cough up ; **c'est à moi de douiller,** it's my shout. 2. **ça douille,** a) it's costly°, it's steep / stiff, it's on the dear side ; b) it's profitable°, it pays, it's a going concern.

douilles *n.m. pl.* hair°, barnet, thatch, grass.

douleur (comprendre sa) *loc.* to realize one's misfortune°, to know one is in it, to understand one's pickle ; **c'est quand j'ai vu la queue que j'ai compris ma douleur,** it was when I saw the length of the queue that I knew I was up the creek.

doulos *n.m.* 1. hat°, titfer, lid. 2. informer°, nark, grass, snitch, stool pigeon.

douloureuse *n.f.* bill°, check, tab ; **fais voir la douleureuse,** what's the damage ?

down *adj.* 1. depressing°, bluesy, depresso ; **il y avait une ambiance plutôt down,** there was a pretty glum feeling in the air. 2. depressed°, down, in the dumps, low, blue ; **j'étais complètement down ce soir-là,** I was really at rock bottom that evening.

down *n.m.* period of depression°, bout of the blues, fit of the grumps, downer.

dragée *n.f.* bullet°, slug, piece of lead.

drague *n.f.* seduction°, chatting-up, pulling, scoring ; **question drague, il est champion**, he can really sweep them off their feet.

draguer 1. *v.i.* to go in search of adventure°, to go cruising, to go out looking for action ; **draguer sur les boulevards**, to go out on the town. 2. *v.t.* to attempt to seduce°, to go on the pick-up / the pull / the touch, to go chasing ; **elle drague tout ce qui passe**, she chases anything in trousers.

dragueur *n.m.* flirtatious man°, womanizer, skirt-chaser, ladies' man.

dragueuse *n.f.* flirtatious woman°, flirt, trouser-chaser.

drapeau (planter un) *loc.* to leave without paying°, to do a runner, to do a bunk.

drauper (*verl.* = **perdreau**) *n.m.* policeman°, cop, copper.

driver *v.t.* to be in charge°, to lead, to head, to be the boss ; **c'est moi qui drive ici**, I call the shots here.

droit-co, droico (*abr.* = **droit commun**) common criminal°, ordinary decent criminal, ODC.

drôlement *adj.* incredibly°, awfully, amazingly ; **c'est drôlement joli !** it's really terribly nice.

droper *v.i.* to hurry up°, to get a move on, to get one's skates on, to step on it.

dropou (*verl.* = **poudre**) *n.f.* 1. heroin°, powder, horse, smack. 2. cocaine°, snow, coke, white.

du- *pref.* (*slang prefix implying contempt, e.g.* **con** *becomes* **ducon**, **gland** *becomes* **dugland**, **nœud** *becomes* **dunœud**, **schnoque** *becomes* **duschnoque** *and* **Schtroumpf** *becomes* **duschtroumpf**, *etc.*).

ducon, duconno, duconnosof *n.m.* idiot°, dickhead, jerk, prick.

dupont-la-joie (la-bite-en-fleur) *n.m.* average (reactionary) Frenchman°, your typical MCP frog.

dur *adj.* hard°, tough, nasty, rough ; **là, t'es un peu dur**, you're being a bit of a stickler.

dur !, dur-dur ! *excl.* hard luck !°, hard lines !, tough beans ! ; **ah ! dur !** tough shit !

dur *n.m.* 1. rough man°, tough guy, hard man, tough cookie. 2. **le dur**, a) the train° / choo choo / iron horse ; **brûler le dur**, not to pay one's fare°, to bunk the train ; b) the underground°, the subway, the tube.

duraille *adj.* painful°, tough, rough, hurting.

dure *n.f.* 1. tough woman°, hard nut, tough broad, tough cookie. 2. **coucher / dormir sur la dure**, to sleep outside°, to sleep rough.

dynamite *n.f.* cocaine°, coke, candy, white.

E

eau *n.f.* 1. **il y a de l'eau dans le gaz,** there's a problem° / a snag, things aren't going so well, there's a fly in the ointment. 2. **tourner en eau de boudin,** to go wrong°, to go down the drain, to take a nose-dive. 3. **ne pas avoir inventé l'eau chaude,** not to be very intelligent°, not to be the quickest off the mark, not to be the brightest spark in the heavens. 4. **dans ces eaux-là,** more or less, roughly speaking, in that realm ; **mille balles ou dans ces eaux-là,** a thousand francs, give or take a few.

ébouriffant *adj.* incredible°, mind-blowing, far-out, wild.

échalote• *n.f.* anus°, bumhole, arsehole, servants' entrance.

échappé de bocal *n.m.* small person°, pint-size, pipsqueak, little runt.

échassière *n.f.* prostitute (working in a bar)°, hostess, bar-girl, bar-hustler.

échelle (monter / grimper à l') *loc.* 1. to be fooled°, to get taken in, to be had on, to have one's leg pulled. 2. to lose one's temper°, to blow a fuse, to lose one's nut, to hit the roof.

échouer *v.i.* to finish up (somewhere)°, to get shipwrecked, to land ; **et c'est là que j'ai échoué,** and that's where I ended up.

éclat (c'est l') *loc.* that's great !°, that's bloody brilliant !, that's

the goods !, that's where it's at !

éclater (s') *v.pr.* 1. to get high (on drugs), to trip, to get out of one's head / one's tree. 2. to enjoy oneself immensely°, to cut loose, to whoop it up, to let one's hair down.

écluser 1. *v.i.* to urinate°, to take a piss, to have a Jimmy Riddle. 2. *v.t.* to have a drink°, to throw one down, to put one away ; **écluser un godet,** to knock a jar back.

écolo *adj.* ecological°, green.

écolo *n.* ecologist°, green, eco-nut.

éconocroques *n.f. pl.* savings°, nest-egg, piggy-bank ; **faire des éconocroques,** to save up (for a rainy day).

écoper *v.i.* 1. to get a prison sentence°, to cop time ; **écoper de dix ans de taule,** to get ten years in the clink. 2. to be the victim°, to cop it, to carry the can ; **c'est toujours moi qui écope,** I'm always the fall-guy / the one who takes the rap.

écorcher *v.t.* to overcharge°, to rip off, to skin ; **écorcher le client,** to fleece a customer ; **se faire écorcher,** to be taken in, to be had.

écoutilles *n.f. pl.* ears°, flaps, lugs.

écrase-merde *n.f. pl.* large shoes°, shit-stompers, roach-killers.

écraser 1. *v.i.* a) **écrase !** shut

up !, dry up !, knock it off ! ; b) **en écraser**, to sleep°, to kip ; to take forty winks ; **il en écrase un max**, he's a big sleeper. 2. *v.t.* a) **écraser le champignon**, to speed°, to put the foot down, to step on it ; b) **écraser le coup**, to keep s.t. quiet°, to keep s.t. under raps, to keep mum about s.t. 3. *v.pr.* **s'écraser**, to withdraw°, to drop out, to lie low.

écroule (avoir un plan) *loc.* to want to go to bed°, to feel like hitting the hay / like crashing (out).

écroulé (de rire) *adj.* highly amused°, bent double, cracked up, in stitches.

écrouler *v.t.* to make (s.o.) laugh°, to have (s.o.) in stitches, to split (s.o.) sides laughing.

effacer *v.t.* 1. to consume (food *or* drink)°, to polish off, to knock back, to wolf down. 2. to kill°, to rub out, to bump off, to do in. 3. **effacer un coup**, to receive a blow°, to take a bang, to cop a clout. 4. **machine à effacer le sourire**, truncheon°, cosh.

effeuilleuse *n.f.* striptease artist°, stripper.

égoïner• *v.t.* to copulate°, to fuck, to screw, to grind.

éjecter *v.t.* 1. to eject°, to kick out, to bounce, to chuck out. 2. to dismiss°, to give the sack, to fire.

éléphant *n.m.* 1. leader°, boss, chief ; **les éléphants du parti**,

the big guns in the Party. 2. **rater un éléphant dans un couloir**, to miss an easy target°, to miss a sitting-duck / a sitter.

elpé *n.m.* LP, disc, platter.

emballage *n.m.* (police) arrest°, raid, bust.

emballer 1. *v.t.* a) to please°, to turn on, to give a kick, to grab ; **ça m'emballe pas**, it doesn't do anything for me ; b) to arrest°, to nick, to cop ; **se faire emballer par les flics**, to get brought in by the cops ; c) to succeed in seducing°, to pick up, to get off with, to score ; d) **emballez, c'est pesé !** that's it !°, that wraps that up !, that's that !, that does the job ! 2. *v.pr.* **s'emballer**, to get overexcited°, to get carried away, to get worked up ; **t'emballe pas**, take it easy, cool it (down).

embarquer *v.t.* 1. to arrest°, to nick, to nab, to toss in the can ; **se faire embarquer par les keufs**, to get hauled in by the cops. 2. **être embarqué / se laisser embarquer dans qqch.**, to become involved in s.t.°, to get caught up in s.t., to get mixed up in s.t. 3. to steal°, to swipe, to pinch, to nick ; **il m'a encore embarqué mon briquet**, he's made off with my lighter again.

embistrouiller *v.t.* to annoy°, to bug, to nark, to piss off.

embobiner *v.t.* to fool°, to take in, to lead up the garden path.

emboîter *v.t.* 1. to make fun of, to mess about, to take the piss /

the Mickey. 2. **se faire emboîter,** to get a bad reception°, to get booed, to get hissed.

embouché (mal) *adj.* coarse°, ill-bred, low, scummy, foul-mouthed.

embrasser un platane *loc.* to run into a roadside tree°, to meet up with the scenery.

embrayer *v.t.* 1. to start°, to get at it, to get cracking, to get busy. 2. to begin to understand° / to cop on / to cotton on ; **ça y est, t'embraies ?** has the penny dropped ?

embringuer *v.t.* to involve°, to mix up in ; **se laisser embringuer dans une sale affaire**, to get caught up in dirty business.

embrouille *n.f.* 1. confusion°, mess, muddle, shambles ; **il m'est arrivé une embrouille,** I ran into a snag. 2. dubious operation°, shady deal, fishy business. 3. **l'Embrouille,** the Paris Stock Exchange°.

embrouiller *v.t.* to cheat°, to con, to have on, to take in.

émeraudes *n.f. pl.* haemorrhoids°, piles, hems.

emmanché• *adj.* 1. homosexual°, queer, bent, poofy. 2. stupid°, dumb, soft-in-the-head, dopey.

emmanché• *n.m.* 1. homosexual°, queer, poof, faggot, arse-bandit. 2. idiot°, blockhead, dildo, prat, dick.

emmancher• *v.t.* to sodomize°, to bugger, to bum-fuck, to go up the old dirt road.

emmêler (s') *v.pr.* s'emmêler **les pédales / les pinceaux / les crayons,** to get confused° / muddled up / mixed up.

emmerdant• *adj.* 1. extremely boring°, ball-breaking, ass-busting. 2. extremely annoying°, damn sickening, bloody painful ; **qu'est-ce que c'est emmerdant !,** that's a real bugger !, that's a real drag !

emmerde• *n.f.* problem°, bother, drag, snag ; **avoir des emmerdes,** to be in the soup, to be in the shit ; **faire des emmerdes à qqun,** to stir it up for s.o., to shit s.o. around ; **chercher des emmerdes,** to ask for trouble, to go looking for it.

emmerdé• *adj.* **être emmerdé,** to have a problem°, to have a spot of bother, to be a bit hassled ; **être drôlement / sacrément emmerdé,** to be really in the shit, to be up shit creek (without a paddle).

emmerdement• *n.m.* trouble°, hassle, botheration ; **j'ai eu les pires emmerdements pour faire installer le téléphone,** it was bloody difficult getting my phone put in.

emmerder• 1. *v.t.* a) to totally bore°, to bore stiff / to tears / shitless ; b) to annoy s.o.°, to get on s.o.'s nerves, to get on s.o.'s tits, to bust s.o.'s ass ; **il nous emmerde à la fin,** he's a real pain in the arse ; c) to create problems for°, to muck about, to mess around, to give shit to ; **je me suis fait emmerder par un mec dans le métro,**

I got hassled by a guy in the metro ; d) **je t'emmerde !** sod you !, fuck you ! ; **celui-là, je l'emmerde,** I don't give a flying fuck about him. 2. *v.pr.* **s'emmerder,** a) to be totally bored°, to be bored to tears / to death / stiff ; **qu'est-ce qu'on s'emmerde !** this is a real bloody drag ! ; b) to go out of one's way°, to worry oneself, to annoy one's head ; **t'emmerde pas avec ça,** don't bother about that ; c) **ne pas s'emmerder,** not to worry oneself°, to be doing alright (Jack), to know what side one's bread is buttered on ; **le café à quinze balles ? il s'emmerde pas !** charging fifteen francs for a coffee ? this guy has some fucking cheek !

emmerdeur, -euse• *n.* annoying person, pain in the ass, shithead, shit.

emmieller *v.t.* to irritate°, to get on s.o.'s nerves / wick / case, to brown off.

emmouscailler *v.t.* to annoy°, to pester, to get on s.o.'s wick, to cheese off.

empaffé• *adj.* homosexual°, queer, bent, poofy, pansy.

empaffé• *n.m.* 1. homosexual°, queer, arse-bandit, faggot. 2. annoying person°, bloody nuisance, ball-breaker.

empaillé *n.m.* clumsy person°, clot, clodhopper, butterfingers, wally.

empapaouter• *v.t.* to sodomize°, to bugger, to bum-fuck, to go up the dirt road.

empaqueté *n.m.* awkward person°, clot, wally, clodhopper.

empaumer *v.t.* to fool°, to take in, to con, to have on ; **il s'est laissé empaumer,** he was taken for a ride.

empiffrer (s') *v.pr.* to eat voraciously°, to fill / to stuff one's face, to shovel it down.

empiler *v.t.* to swindle°, to take in, to con, to have on ; **je me suis fait empiler,** I was had.

emplafonner *v.t.* to collide with° *(vehicle),* to crash / to smash / to ram / to pile into.

emplâtre *n.m.* 1. spineless person°, wimp, creampuff, big girl's blouse. 2. punch°, bang, belt, smack. 3. **avoir une gueule d'emplâtre,** to have an ugly face°, to be as ugly as sin, to have a face like the back of a bus / a face only a mother could love.

emplâtrer *v.t.* 1. to hit°, to whack, to beat up, to smack around. 2. to collide with°, to crash / to smash / to pile into.

empoté *adj.* awkward°, butterfingered, bumbling, ham-fisted, all fingers and thumbs.

empoté, -ée *n.* awkward person°, clot, clodhopper, goofball, galoot.

en *pron.* **il en est,** he's one of them *(homosexuals, police, opponents, etc.).*

encadrer *v.t.* 1. to hit° / smack / clout / clobber s.o. (repeatedly) in the face. 2. to collide with°

(vehicle), to crash / to smash / to pile into. 3. to bear°, to take, to put up with ; **je peux pas l'encadrer, ce mec**, I just can't stomach that guy.

encaisser *v.t.* 1. to receive a blow°, to take a clout, to take a dig. 2. **ne pas pouvoir encaisser qqun**, not to be able to bear° / to stand / to stomach s.o., not to be able to stick the sight of s.o.

encaldosser• *v.t.* to sodomize°, to bugger, to bum-fuck ; **se faire encaldosser**, to get it up the arse.

enceintrer *v.t.* to get (a woman) pregnant°, to put up the spout, to put in the club.

encloquer *v.t.* to get (a woman) pregnant°, to knock up, to put s.o. in the family way.

encrister, enchrister *v.t.* to send to jail°, to put inside, to send down, to put behind bars.

encroumé *adj.* in debt°, in the red, in the ketchup, in hock, up to one's ears in debt.

enculage• *n.m.* 1. sodomy°, buggery, bum-fucking. 2. **enculage de mouches**, quibbling°, nit-picking, hair-splitting.

enculé• *n.m.* 1. homosexual°, fag(got), arse bandit, turd burglar. 2. despicable person°, stupid cunt, rotten bastard, real fucker ; **bande d'enculés !** what a load of fucking wankers !, **enculé de ta race !** fuck you and all cunts like you !

enculer• *v.t.* 1. to sodomize°, to bugger, to bum-fuck ; **va te faire enculer !** go and fuck yourself !, fuck away off ! 2. **enculer les mouches**, to quibble°, to nit-pick, to split hairs.

endauffer, endoffer• *v.t.* to sodomize°, to bugger, to bum-fuck.

endormir *v.t.* to fool°, to have on, to take in, to pull the wool over s.o.'s eyes.

endosses *n.f.pl.* shoulders° ; **mettre qqch. sur les endosses de qqun**, to have s.o. take the blame°, to have s.o. carry the can / take the rap.

enduire d'erreur *loc.* to mislead°, to give a bum steer, to send in the wrong direction.

enfant *n.m.* 1. **enfant de salope•**, despicable person°, sonofabitch, motherfucker, son of a whore, S. O. B. 2. **faire un enfant dans le dos de qqun**, to betray s.o.°, to stab s.o. in the back, to do the dirt(y) on s.o. 3. **enfant de chœur**, innocent person°, goodie-goodie, choirboy ; **c'est pas un enfant de chœur**, he's no angel.

enfer *n.m.* 1. **c'est l'enfer**, this is really terrible°, this is poxy, this is the pits, this is hellish ; **cette chaleur, c'est vraiment l'enfer**, this heat is really deadly. 2. **d'enfer**, wonderful°, smashing, amazing, mind-blowing, far-out ; **avoir un look d'enfer**, to look really snazy, to be wearing amazin' gear.

enfiler 1.• *v.t.* to fornicate°, to fuck, to ball, to bang. 2. *v.pr.*

a) **s'enfiler•**, to make love°, to fuck, to bonk, to have it away ; b) **s'enfiler un verre**, to have a drink°, to knock one back, to throw one down ; c) **s'enfiler qqch.**, to have to do s.t. unpleasant°, to get landed / lumbered with s.t. ; **s'enfiler un boulot**, to get stuck with a job.

enflé *n.m.* idiot°, dope, wally, dickhead.

enflure *n.f.* = **enflé**.

enfoiré• *adj.* stupid°, dumb, dopey, thick.

enfoiré• *n.m.* 1. despicable person°, dickhead, prick, wanker. 2. homosexual°, poofter, queer, fag(got).

enfoirer• *v.t.* to sodomize°, to bugger, to bum-fuck.

enfoncer 1. *v.t.* a) to blame°, to finger, to tie the can on, to put the heat on ; **pour sauver sa peau, il a enfoncé son pote**, to save his own skin he had his pal take the rap ; b) to beat°, to hammer, to kill off, to knock the stuffing out of ; **aux élections, notre parti a été enfoncé**, our party took a hammering at the elections. 2. *v.pr.* **s'enfoncer dans la merde•**, to get into deeper trouble, to slide deeper into the shit, to get further up shit creek.

enfouiller *v.t.* to pocket°, to stick / to shove / to bung in one's pocket.

enfourner *v.t.* to eat ravenously°, to gobble up, to shovel down, to wolf down.

engelure *n.f.* annoying person°, pest, pain in the arse, boring bastard.

engin• *n.m.* penis°, weapon, tool, third leg.

engrainer *v.t.* to hire (an employee)°, to take on, to sign up, to bring on board.

engraisser *v.t.* to support financially°, to keep, to provide for, to look after ; **ce parasite se fait engraisser par ses parents**, the leech has his parents who take care of all his needs.

engueulade *n.f.* 1. reprimand°, scolding, good dressing-down, bollocking. 2. argument°, argy-bargy, stinking row, blow-up.

engueuler 1. *v.t.* a) to insult°, to hurl abuse at, to call all the names of the day ; b) to reprimand°, to bawl out, to bollock, to give stick ; **engueuler qqun comme du poisson pourri**, to chew s.o.'s balls off. 2. *v.pr.* **s'engueuler**, to argue with each other°, to bawl at each other, to have a stinking row with s.o.

enguirlander *v.t.* to reprimand°, to give a good talking-to, to carpet, to give a piece of one's mind.

énième *adj.* umpteenth, umpteenth dozen ; **pour la énième fois, je te demande de te taire**, how many times do I have to tell you ? please shut up.

enrouler *v.i.* to pedal along

easily° *(cycling)* , to stroll it.

ensuqué *adj.* 1. a) very tired°, knackered, wrecked, bushed ; b) dazed°, out of it, fuzzy, woozy, punch-drunk. 2. high (on drugs), stoned, out of one's head / tree.

entoiler *v.t.* to arrest°, to nick, to pull in, to lift ; **se faire entoiler**, to get tossed in the can, to get busted.

entortiller *v.t.* to persuade through talk°, to sweet-talk, to smooth-talk ; **il m'a tellement entortillé que j'ai fini par signer**, he gave me such a spiel that I ended up signing.

entourloupe, entourloupette *n.f.* confidence trick°, con, rotten stunt, dirty one ; **il m'a fait une entourloupe**, he pulled a really dirty stunt on me.

entraver *v.t.* to understand°, to cop, to connect, to dig ; **j'y entrave que dalle**, I've no idea, I haven't a clue.

entrée *n.f.* 1. **d'entrée**, from the very beginning°, right from the start, straight off ; **d'entrée j'y ai dit non**, right from the word go I said it wasn't on. 2. **entrée des artistes•**, anus°, servants' entrance, Khyber Pass, bumhole, arsehole.

entreprendre *v.t.* to converse with°, to chat to s.o. about, to hold in conversation ; **il m'a entrepris sur la décoration de mon appart**, he started to banter about my flat's interior decoration.

entuber• *v.t.* 1. to sodomize°, to bugger, to brown-hole, to ass-fuck. 2. to swindle°, to take in, to con, to do s.o.

envapé *adj.* drugged up, high, stoned, out of one's head.

enviander• *v.t.* to sodomize°, to bugger, to reem, to bum-fuck.

envoyer 1. *v.t.* a) to pass°, to throw, to toss, to chuck ; **envoie le sel**, can you fling the salt over ? ; b) **ça, c'est envoyé !** good one ! *(joke, shot, etc.)*, nice one ! ; c) **envoyer la purée / la sauce**, (i) to fire (a machine-gun)°, to open up ; (ii) •to ejaculate°, to drop one's wad, to pop one's cork, to shoot one's load ; d) **les envoyer**, to pay up°, to fork out, to cough up ; e) **envoyer dinguer / valser**, to throw°, to chuck, to fling, to toss ; f) **envoyer qqun balader / chier / paître / péter / promener / au bain**, to dismiss°, to tell s.o. where to go / where to get off, to send s.o. packing, to tell s.o. to get stuffed ; **tout envoyer promener**, to throw everything up in the air ; g) **envoyer qqun en l'air**, to kill s.o.°, to bump / to knock s.o. off, to rub s.o. out. 2. *v.pr.* **s'envoyer**, a) to consume°, to have, to down, (i) to eat°, to shovel down, to chow down ; (ii) **s'envoyer un verre**, to have a drink°, to knock one back, to toss one down ; b) **s'envoyer qqun**, to have sex with s.o.°, to have it off / away with s.o., to get one's oats with s.o. ; c) **s'envoyer en l'air**,

(i) to have sex°, to have it off, to get laid, to get one's crumpet ; (ii) to commit suicide°, to do oneself in, to wipe oneself out ; d) to have to do s.t. unpleasant°, to get landed / lumbered with ; **s'envoyer toutes les corvées**, to get stuck with all the chores.

épate *n.f.* ostentation°, parading, showing-off, swanking ; **faire de l'épate / des épates**, to be a show-off, to strut one's stuff.

épée *n.f.* specialist°, pro, guru ; **mon toubib, c'est une épée**, my quack sure knows his onions.

épicemar *n.m.* grocer°, corner-shop (owner).

épingler *v.t.* to arrest°, to nick, to cop, to pull in ; **il s'est fait épingler**, he was nabbed.

éponge *n.f.* 1. alcoholic°, dipso, soak, wino. 2. nymphomaniac°, nympho, nymph. 3. lung°, air bag, wind bag.

éponger *v.t.* 1. to ruin° *(gambling)*, to clean out, to take to the cleaners. 2. to bring to orgasm°, to make (s.o.) come, to bring off ; **se faire éponger**, to reach orgasm°, to come, to blow, to get it off.

époques (avoir ses) *loc.* to have one's period° / one's month-lies, to be on the rag, to have the decorators in.

erreur d'aiguillage *n.f.* error°, mix-up, cock-up, foul-up.

esbigner (s') *v.pr.* to run off°, to scarper, to hightail it, to beat it.

esbroufer *v.t.* to impress by appearances°, to fool through bluff, to shoot a line, to have on ; **il a esbroufé toute la bande avec son cinéma**, he managed to pull the wool over everyone's eyes with his production number.

escadrin *n.m.* stairway°, stairs, apples and pears.

escagasser *v.t.* to hit°, to beat up, to smack, to bash.

escaladeuse de braguette *n.f.* 1. promiscuous woman°, hose monster, goer, come-to-bed eyes. 2. prostitute°, hooker, working girl, tart.

escalope *n.f.* 1. foot°, hoof, trotter ; **les escalopes**, the plates of meat. 2. ear°, lug, lughole. 3. tongue°, flapper, stinger ; **rouler une escalope à qqun**, to give s.o. a French kiss, to swap spits with s.o..

esgourde *n.f.* ear°, flap, lug.

espèce *n.m., n.f.* 1. a real..., a prize..., a genuine... ; **un(e) espèce d'andouille s'est pointée ici tout à l'heure**, some bloody eejit turned up a while ago. 2. absolute°, total, complete, bloody, damned ; **espèce de con** ! stupid bloody jerk !

espingo• *adj.* Spanish°, spic, dago.

espingo• *n.m.* 1. Spaniard°, spic, dago. 2. Spanish (language)°, spic.

espingouin• *adj.* Spanish, spic, dago.

espingouin• *n.m.* 1. Spaniard°, spic, dago. 2. Spanish (language)°, spic.

esquinter 1. *v.t.* a) to damage°, to wreck, to write off, to total ; b) to wound°, to damage, to leave in a bad way ; **il l'a drôlement esquinté**, he really left him black and blue. **2.** *v.pr.* a) s'esquinter **(la santé, le tempérament)**, to damage one's health through work°, to work oneself into the ground, to do oneself an injury ; **s'esquinter les yeux**, to ruin° / strain one's eyesight ; b) to get damaged°, to get ballsed-up / messed up ; **si tu laisses ton vélo sous la pluie, il va s'esquinter**, if you leave your bike in the rain, it'll get buggered up.

essorer• *v.t.* to bring to orgasm°, to make (s.o.) come, to bring off ; **se faire essorer**, to reach orgasm°, to come, to blow, to go over the mountain.

essoreuse *n.f.* large, noisy motorbike°, cyclone cycle.

estamper *v.t.* to swindle°, to con, to skin, to take in ; **se faire estamper**, to be had / conned.

estanco *n.m.* bar°, café, pub, watering-hole.

estomac, estom *n.m.* **1.** stomach°, belly, tummy ; **avoir de l'estom(ac)**, a) to have courage° / guts / balls / true grit ; b) to be daring°, to have some nerve / cheek / a brassneck. **2. le faire à l'estom(ac)**, to swindle°, to hoodwink, to con, to do ; **il me l'a fait à l'estom(ac)**, he took me in.

estourbir *v.t.* to kill°, to rub out, to do in, to bump off.

étagère à mégot *n.f.* ear°, lug, lughole, cauliflower.

étendre *v.t.* **1.** to fail (in an exam)°, to flunk, to shoot down, to clobber. **2. se faire étendre**, to lose badly°, to be taken to the cleaners, to get hammered / whitewashed / thrashed.

éternuer (dans le sac) *loc.* to get guillotined°, to lose one's head, to be given the big chop.

Etienne ! (à la tienne) *loc.* cheers !, bottoms up !, down the hatch !, here's looking at you kid !

étincelles (faire des) *loc.* **1.** to surpass oneself°, to shine, to sparkle ; **à l'exam, il a fait des étincelles**, he passed the exam with flying colours. **2.** to be very intelligent°, to have plenty of grey matter, to have lots up top. **3.** to create an effect°, to send sparks flying, to make waves ; **quand ces deux-là se rencontreront, ça va faire des étincelles**, when those two meet up, all hell's going to break loose.

étiquette *n.f.* ear°, lug, lughole.

étonner *v.t.* **tu m'étonnes !** *(iron.)* isn't that incredible !, well what do you know ! surprise, surprise !

étouffer *v.t.* **1.** to steal°, to pinch, to swipe, to nick ; **je me suis fait étouffer mon vélo**, somebody made off with my bike. **2.** to drink°, to quaff, to swill, to down ; **en étouffer un**, to throw one back.

être *v.i.* 1. **en être**, to be one of them *(homosexual, police, opponent, etc.)*. 2. **l'être**, to be cuckolded°, to be two-timed, to be cheated on. 3. **être de qqch.**, to have to do s.t.°, to be on duty ; **je suis de vaisselle aujourd'hui**, it's my turn to do the dishes today. 4. **être un peu là**, to be competent°, to be no dope / no slouch, to be nobody's fool ; **question mécanique, il est un peu là**, when it comes to mechanics, he certainly knows his stuff. 5. **y être**, to understand°, to cop (on), to twig, to dig ; **tu y es ?** are you with me ?

étriller *v.t.* to swindle°, to con, to rip off, to skin.

éventail (avoir les doigts de pied en) *loc.* to be well satisfied°, to be pleased as punch / over the moon / well-chuffed / in the pink.

évident *adj.* easy°, no problem, a cinch ; **c'est vraiment pas évident**, it's not quite that simple, it's really no walkover, it's certainly no picnic.

ex *n.* ex-husband° / wife° / companion°, ex, one-time.

exam (*abr.* = **examen**) *n.m.* examination°, exam.

excusez-moi si je vous demande pardon *loc.* (*iron.*) oh, I do ever-so beg your pardon, I really am terribly, awfully sorry, please accept my humblest apologies.

exhib (*abr.* = **exhibitionniste**) *n.m.* exhibitionist°, flasher, dirty mac man, Flash Gordon.

exo *n.m.* (school) exercise°, ecker.

expédier *v.t.* 1. to end°, to finish off, to polish off, to get s.t. over and done with. 2. **expédier ad patres**, to kill°, to rub out, to knock off, to send s.o. to his / her maker.

expliquer (s') *v.pr.* 1. to argue°, to have words (with s.o.), to have a slanging match (with s.o.), to have a barney (with s.o.). 2. to be a prostitute°, to be on the game, to streetwalk ; **elle s'explique à Pigalle**, she works Pigalle.

extra *adj.* great°, super, smashing, brill ; **c'est extra**, that's really A-1.

extra *n.m.* treat°, little something ; **se payer un petit extra**, to buy oneself an ice cream.

F

fabriquer *v.t.* to do°, to be up to, to be at ; **qu'est-ce que tu fabriques ?** what the hell are you cooking ? ; **ça fait trois heures que je l'attends, qu'est-ce qu'il fabrique ?** I've been waiting for him for ages, where on earth is he ?

fac *n.f.* university°, uni.

façade *n.f.* face°, dial, puss ; **se faire démolir la façade**, to get one's mug bashed in ; **s'arranger la façade**, to make oneself up°, to tart oneself up ; **se refaire la façade**, to redo one's make-up° / one's face ; **se faire ravaler la façade**, to get a face-lift° / a face-job.

face *n.f.* **face de rat / de crabe / d'œuf !** pig-face, dog-face, shit-face !

facho *adj.* fascist°, nazi.

facho *n.* fascist°, nazi.

facile *adv.* easily°, no problems, no sweat ; **un bon vin rouge, il en boit un litre facile**, he could knock back a litre of good red wine and no mistake.

fada *adj.* 1. idiotic°, dopey, dumb, moronic. 2. crazy°, bananas, nutty, loony.

fada *n.m.* 1. idiot°, dope, dumbo, moron. 2. crazy person°, nutcase, loony, crackpot.

fade *n.m.* 1. share°, whack, piece ; a) **toucher son fade**, to get one's slice / cut ; b) **y aller de son fade**, to pay one's cut / one's whack, to chip in ; c) **avoir son fade**, to have had more than enough° / one's fair share / a bellyful ; **la poisse, j'en ai mon fade**, I've had more than my fair share of rotten luck. 2. **prendre son fade**, to reach orgasm°, to come, to blow, to go over the mountain.

fader *v.t.* 1. to share out°, to give s.o. a cut / whack *(of the loot / takings, etc.)*. 2. **se faire fader**, to catch VD°, to get a dose (of the clap).

faf *n.* fascist°, nazi.

faffe *n.m.* 1. banknote°, greenback, bill. 2. *pl.* **les faffes**, identity papers° ; **montrer les faffes**, to show one's ID papers.

fagot *n.m.* 1. former convict°, ex-con, ex-jailbird. 2. **de derrière les fagots**, excellent°, first-class, top-notch ; **il nous a sorti un petit vin de derrière les fagots**, he served us a really vintage bottle of wine.

fagoté *adj.* dressed°, togged up, decked out ; **mal fagoté**, dressed like a dog's dinner, badly geared out.

faible *adj.* 1. **tomber faible**, to faint°, to pass out, to collapse. 2. **tomber faible sur qqch.**, to steal° / to pinch / to nick / to swipe s.t.

faible *n.m.* **avoir un faible pour qqch. / qqun**, to have a liking° / a slight weakness / a soft spot for s.t. / s.o., to be partial to s.t. / s.o.

faire 1. *v.t.* a) **faire les poches (à qqun)**, to steal from s.o.°, to pickpocket s.o. ; **faire les porte-monnaie**, to lift / to swipe money ; b) **faire qqun**, to seduce° / to get off with / to pick up s.o. ; **faire un client**, to have a client° *(prostitute)*, to turn a trick ; c) **savoir y faire**, to be competent°, to know what's what, to know one's onions / stuff ; d) **la faire à qqun**, to fool s.o.°, to take s.o. in, to have s.o. on ; **on me la fait pas**, you can't pull the wool over my eyes ; **la faire aux sentiments**, to play up the emotional side ; e) to finish up, to come in ; **il a fait troisième**, he ended up in third place ; f) **être fait (comme un rat)**, (i) to get arrested° / nicked / collared / pulled in ; (ii) to be cornered°, to be hemmed in ; g) **faut le faire !** (i) nice going !, great stuff ! (ii) *(iron.)* well done !, congratulations ! ; **téléphoner à trois heures du mat, faut le faire !** calling at three in the morning, that takes some beating ! ; h) **ça commence à bien faire**, that's going a little too far, I've had enough of this business ; i) **faire (ses besoins / commissions)**, to defecate°, to do the business, to do number two ; **faire dans son froc / sa culotte**, to be frightened°, to be shit-scared, to shit one's pants. 2. *v.pr.* **se faire**, a) **se faire cinq mille balles par jour**, to earn° / make / pull in five thousand francs a day ; b) **se faire qqun**, (i) to fornicate with° / to shag / to have it off with s.o. ; (ii) to bear° / to stomach / to put up with s.o. ; **celui-là, il faut se le faire !** this guy is a real pain ! ; c) **s'en faire**, to worry°, to get uptight, to get into a lather ; **t'en fais pas !** take it easy !, chill !, easy does it !

faisan, faisandier *n.m.* swindler°, conman, crook.

fait *adj.* drunk°, full, jarred, smashed.

falzar *n.m.* trousers°, bags, strides.

familles (des) *loc.* 1. unpretentious°, simple, down-to-earth, homely ; **un petit gueuleton des familles**, a nice little meal. 2. traditional°, good olde, old-time ; **un bon vieux rock des familles**, a golden oldie rock song.

fana *adj.* keen°, into, crazy about, gone on ; **être fana de qqch.**, to be mad keen on s.t., to be heavily into s.t.

fana *n.* devotee°, fanatic, addict, freak ; **un fana de cinéma**, a film buff ; **un fana de foot**, a football fan.

Fanny *n.f.* **baiser Fanny / baiser le cul de Fanny / prendre une Fanny**, to lose a game of pétanque *(bowls)* without scoring a single point°, not to break one's duck.

fantaisie• *n.f.* fellatio°, blow-job, deep throat.

fanzine *n.m.* underground

magazine°, fanzine.

farcir 1. *v.t.* to shoot repeatedly°, to shoot up, to fill full of holes / of lead. 2. *v.pr.* **se farcir**, a) **se farcir un gueuleton**, to eat a great meal°, to feed one's face, to grub it up ; b) **se farcir qqun**, to have sex° / have it off with / have it away with s.o., to get one's oats ; c) to have to bear° / to put up / to stomach ; **on va se farcir toute la smala pendant trois jours**, we're gonna be stuck with the whole mob for three days ; d) to defeat°, to whitewash, to have for breakfast ; **celui-là, je vais me le farcir**, I'm really going to have his guts for garters.

fastoche *adj.* easy°, dead simple, easy as pie ; **c'est fastoche**, it's a piece of cake.

fatigué *adj.* old°, run-down, worn-out ; **ma caisse commence à être un peu fatiguée**, the old banger is on its last legs.

fatma *n.f.* 1. • Arab woman°. 2. woman°, chick, dame.

faubourg• *n.m.* backside°, arse, Khyber Pass, servants' entrance.

fauche *n.f.* 1. theft°, pinching, tea-leafing. 2. the state of being penniless° / skint / broke / flatbust.

fauché, faucheman *adj.* without money°, broke, skint ; **je suis fauché comme les blés**, I'm absolutely flat broke / boracic (lint).

faucher *v.t.* to rob°, to pinch, to nick, to swipe ; **on m'a fauché ma moto**, someone's made off with my bike.

fausse couche (résidu de)• *n.m.* weakling°, funk, wimp, limpdick.

fauteuil (arriver dans un) *loc.* to win easily° / hands down, to walk away with it, to romp home.

faux-cul, faux-derche *n.m.* deceitful° / sly / shifty person, fake, phony.

faveur *n.f.* fellatio°, deep throat, head ; **faire une faveur à qqun**, to suck s.o. off, to gobble s.o.

fayot *n.m.* 1. (green / runner) bean°. 2. sycophant°, toady, boot-licker, apple-polisher.

fayotage *n.m.* sycophancy°, boot-licking, toadying, sucking up.

fayoter *v.i.* to ingratiate oneself°, to lick, to suck up to, to toady.

fébou (*verl.* = **bouffe**) *n.f.* food°, nosh, grub, eats.

féca (*verl.* = **café**) *n.m.* coffee°, java.

feeling *n.m.* instinct°, gut feeling, hunch ; **faire qqch. au feeling, y aller au feeling**, to follow one's intuition° / one's nose, to feel it in one's bones.

feignant, feignasse *adj.* lazy°, bone-lazy, born tired.

feignant, feignasse *n.* idler°, lazy-bones, lay-about, bum.

feinter *v.t.* to fool°, to take in, to con, to have on.

fêlé *adj.* crazy°, bananas, loco,

nuts.

fêlé *n.* crazy person°, nutcase, head-the-ball, loony.

femme *n.f.* 1. **bonne femme**, a) wife°, other half, missus ; b) woman°, hen, broad ; **les bonnes femmes**, women°, dames, dolls. 2. **femme du capitaine**, inflatable doll°, blow-up companion.

fendard, fendant *adj.* funny°, hysterical, screaming, side-splitting.

fendard, fendant *n.m.* (men's) trousers°, strides, bags.

fendre (se) *v.pr.* 1. **se fendre la gueule / la pipe / la pêche**, a) to laugh uproariously°, to split one's sides, to be in stitches ; b) to amuse oneself°, to have fun / a good time / a ball / a laugh. 2. to pay°, to fork out, to cough up ; **je me suis fendu de 100 francs**, I shelled out 100 francs.

fente• *n.f.* vagina°, slit, crack, box.

ferme *n.m.* **un ferme et deux avec sursis**, one year in prison° / inside / in the nick and a two-year suspended sentence.

fermer *v.t.* **fermer sa gueule**, to shut up°, to shut one's trap, to put a sock in it ; **ferme-la !, la ferme ! ferme ta gueule !** shut it !, shut your gob !, belt up !

ferraille *n.f.* coins°, brass, jangle ; **il me reste que de la ferraille**, I've only small / loose change left.

fesse• *n.f.* 1. a) women as sex objects°, talent, crumpet, ass ; **où est-ce qu'on peut trouver de la fesse par ici ?** where can we get some fanny around here ? ; b) sex°, porn, blue ; **journal de fesse**, dirty / porn mag ; **film de fesse**, blue / porn movie, skin flick. 2. *pl.* **fesses**, buttocks°, a) **serrer les fesses**, to be frightened°, to have the creeps, to be scared stiff ; b) **avoir chaud aux fesses**, to have a close call / shave / a close run thing ; c) **avoir qqun aux fesses**, to be followed° / tailed, to have s.o. on one's tail ; d) **coûter la peau des fesses**, to be very expensive°, to cost an arm and a leg / a bomb / the earth ; e) **de mes fesses**, very bad°, awful, stinking, dreadful ; **qu'est-ce que c'est que ce matériel de mes fesses ?** where did this poxy stuff come from ?

festouille *n.f.* party°, binge, shindig, rave.

fête *n.f.* **faire sa fête à qqun**, to beat s.o. up°, to do s.o. over, to knock s.o. about ; **ça va être ta fête !** you're in for it !, you're gonna get it good !

feu *n.m.* 1. gun°, piece, rod, shooter. 2. **péter / cracher le feu**, to be in top form° / in great shape / full of beans. 3. **y a pas le feu !** there's no need to hurry !°, there's no rush !, take it easy ! 4. **avoir le feu au cul / aux fesses**, a) to be in a hurry° / hell of a rush, to go like greased lightening ; b) to be sexually excited°, to feel sexed up / hot / horny / randy.

feuille *n.f.* 1. ear°, flapper, lughole ; **être dur de la feuille**, not to hear very well°, to be hard of hearing, to be Mutt and Jeff ; **feuilles de chou**, large ears°, Big-ears, cauliflower ears, Dumbo ; **jouer à la feuille**, to play (music) by ear. 2. **feuille de chou**, newspaper°, rag. 3. **voir la feuille à l'envers**, to make love in the countryside°, to have a roll in the hay.

feuje• (*verl.* = **juif**) *n.m.* jew°, abe, yid.

fiasc, fiasque *n.m.* failure°, disaster, fiasco, flop.

ficelé *adj.* dressed up°, tarted up, togged up ; **être mal ficelé**, to be badly geared out / dressed like a dog's dinner.

ficelle *adj.* cunning°, shrewd, crafty, sly ; **être ficelle**, to know what's what.

ficelle *n.f.* 1. tie°, fourth of July. 2. cunning individual°, cute customer, shrewd operator, nobody's fool, wily fox. 3. **faire ficelle**, to do s.t. quickly°, to shake a leg, to look lively, to get a move on. 4. **tirer les ficelles**, to be in charge°, to pull the strings, to run the show from behind the scene. 5. **connaître toutes les ficelles**, to be knowledgeable°, to know the ropes / the story / the ins and outs.

ficelles de caleçon ! *loc.* congratulations !°, congrats !, congra-

tumalations !

ficher, fiche 1. *v.t.* a) to do°, to be up to, to be at ; **il n'a rien fichu de la journée**, he hasn't done a bloody tap all day ; **il (en) fiche pas une rame**, he does absolutely damn-all ; **qu'est-ce qu'il fiche, ça fait trois heures que je l'attends**, I've been waiting for him for ages, what the hell is he up to ? ; **qu'est-ce que ça peut me fiche ?** what the hell do I care ? ; **on en a rien à fiche**, we couldn't give a damn ; b) to give° ; **ficher une trempe / une raclée à qqun**, to give s.o. a blow° / a smack / a bang ; **fiche-moi la paix !** give my bloody head peace ! ; **ça me fiche la trouille**, that gives me the creeps / the willies ; **qui est-ce qui m'a fichu un connard pareil ?** what a bloody dickhead ! ; c) to put°, to shove, to jam, to stick ; **ficher qqch. par terre**, to chuck s.t. on the floor ; **tout ficher par terre**, to cock everything up (*project, plan*) ; **ficher qqun par terre / à plat**, to demoralise s.o.°, to knock s.o. for six / into next week ; **ficher qqch. en l'air**, (i) to get rid of s.t.°, to chuck s.t. out (the window), (ii) to mess / balls / cock s.t. up (*object, machine*) ; **ficher qqun à la porte**, (i) to kick s.o. out, to chuck s.o. out the door ; (ii) to dismiss° / to sack s.o., to give s.o. the boot, to chuck s.o. out of his / her job ; **ficher l'argent**

par les fenêtres, to throw money down the drain, to blow money ; **ficher la merde (dans qqch.)**, to stir up the shit, to muck things up ; d) **ficher le camp**, to piss off / bugger off / clear off ; **fiche-moi le camp !** get outta here ! 2. *v.pr.* **se ficher**, a) **se ficher par terre**, to fall over°, to fall flat on one's face, to hit the deck ; b) **se ficher dedans**, to balls up, to cock up ; **se ficher dans un drôle de pétrin**, to get oneself into soapy bubbles, to get into a jam / a pickle ; c) **se ficher de qqch. / qqun (comme de l'an quarante / comme de sa première chemise)**, not to give a damn about s.t. / s.o. ; **se ficher (de la gueule) de qqun**, to make fun of s.o.°, to take the Mickey out of s.o. ; **tu te fiches de ma gueule ?** do you take me for a wally ? ; **s'en ficher (pas mal / complètement)**, not to give a damn ; **le foot, je m'en fiche complètement**, I really couldn't give a monkey's about football ; **se ficher du monde**, to take everyone for fools ; **deux briques le mètre carré, ils se fichent du monde !** 20,000 francs per square metre, these guys must think we were born yesterday !

fichtrement = fichument.

fichu *adj.* 1. finished°, buggered, bust, all-in ; a) **après son accident, on savait qu'il était fichu**, after his accident it was clear that he was done for ;

b) **cette robe est fichue**, this dress has had it ; c) **fichu d'avance**, a foregone conclusion°, up in the air before the starting gun. 2. **mal fichu**, a) not well°, under the weather, out of sorts, not so hot ; **après les huîtres d'hier soir, je me sens tout mal fichu**, after last night's oysters I feel a bit below par ; b) badly constructed° / put together, thrown together ; **cette salle de bains est vraiment mal fichue**, this bathroom is really badly thought out ; c) **mal fichu, fichu comme l'as de pique / comme quat'sous**, badly dressed° / decked out, dressed like a dog's dinner. 3. **bien fichu**, great°, super, smashing ; a) **ton appart est vachement bien fichu**, your place is really well laid-out ; b) **mec / nana bien fichu(e)**, a hunk of a guy / a well-built chick. 4. **fichu de**, capable of° , a) **il est pas fichu de laver ses slips**, he can't even wash his own damn underwear ; b) **il est tellement con qu'il est fichu d'arriver à trois heures du mat**, he's such a dickhead that he just might turn up at three in the morning. 5. bloody, damned, bleeding ; **une fichue baraque**, a bloody gorgeous pad ; **un fichu crétin**, a real prize moron.

fichument *adv.* extremely°, incredibly, awfully, bloody, damned.

fiérot *adj.* 1. arrogant°, cocky,

uppity, big-headed. 2. snobbish, stuck-up, snooty, snotty.

fiesta *n.f.* party°, blast, knees-up,
rave ; **faire la fiesta**, to whoop
it up, to paint the town red.

fieu *n.m.* 1. son°, boy. 2. young
boy° / fella, lad.

fifille *n.f.* 1. young (cute) girl°,
doll, dolly. 2. daughter°, girl ;
la fifille à maman, mammy's
little sweetie-pie.

fifine *n.f.* sanitary towel°, fanny
pad, jam rag.

fifrelin *n.m.* penny°, cent, farthing ; **j'ai pas un fifrelin**, I'm
skint, I haven't a red cent.

fifti-fifti *adv.* fifty-fifty, half
and half ; **faire fifti-fifti**, to go
halfers, to split it.

figne•, **fignard•**, **fignarès•**,
fignedé•, **fignolet•** *n.m.*
behind°, bum, arse, *(US)* fanny,
butt.

figue• *n.f.* 1. vagina°, fanny,
cunt, snatch. 2. *pl.* **figues**,
testicles°, nuts, bollocks, goolies ; **avoir les figues molles**, to
lack sexual desire°, to have a
limp rabbit, to have a dead rabbit.

filer 1. *v.i.* a) to leave°, to clear
off, to make tracks ; **faut que je
file**, must be off, gotta go ; **filer
à l'anglaise**, to leave discreet-
ly°, to take French leave, to
slink / slip off ; b) **en filer / filer
du chouette**, to be a passive
(male) homosexual°, to be the
bottom man. 2. *v.t.* a) to give°,
to slip, to chuck ; **file-moi une
clope**, give us a smoke ; **filer
une raclée / trempe / avoine à
qqun**, to give s.o. a smack /

thump / clout ; **filer une maladie à qqun**, to pass on an
illness to s.o.°, to give s.o. a
dose ; b) **filer qqun, filer le
train à qqun**, to follow s.o.°, to
tail s.o., to be on s.o.'s tail.

fileur, fileuse *n.* policeman who
follows a suspect°, tail. 2. infor-
mer°, nark, grass, stoolie.

filochard *adj.* cunning°, shrewd,
crafty, street-wise.

filoche *n.f.* surveillance°, shad-
owing, tailing ; **prendre qqun
en filoche**, to put a tail on s.o.

filocher 1. *v.i.* to go quickly°, to
go like a bomb, to go full blast.
2. *v.t.* to follow°, to tail, to
shadow.

filon *n.m.* 1. easy job°, cushy
number, money for old rope.
2. lasting good luck°, eternal
jam ; **trouver le bon filon**, to
strike it lucky / rich, to hit a rich
seam.

fils à papa *n.m.* boy with a rich
father paying for everything°,
daddy's boy.

fin *adj.* 1. **avoir l'air fin**, to look
idiotic° / like a real dope / like
a proper Charlie / like a prize
twit ; **avec ta casquette de
baseball, t'as l'air fin !** you
look like a real jerk with your
baseball cap ! 2. good°, great,
smashing ; **la fine occase**, a real
bargain.

fin *adv.* absolutely°, totally,
incredibly ; **fin prêt**, ready to
go / roll ; **fin soûl**, very drunk°,
absolutely out of it, completely
pissed.

fini *adj.* 1. total°, prize, absolute,

out and out ; **c'est une salope finie**, she's a mega-bitch ; **c'est un menteur fini**, he's a downright liar. 2. **il est fini**, it's all over / curtains for him, that's the end for him, he's history.

finir • 1. *v.t.* to bring to orgasm°, to make (s.o.) come, to ring s.o.'s bell, to bring off. 2. *v.pr.* **se finir (à la manivelle)**, to reach orgasm through masturbation°, to jerk oneself off, to pop one's own cork.

fiole *n.f.* face°, mug, mush, dial.

fion • *n.m.* 1. anus°, ring, arse-hole, Khyber Pass. 2. a) bum, arse, *(US)* fanny, butt ; b) luck°, jam ; **avoir du fion**, to be a lucky devil ; c) **l'avoir dans le fion**, to suffer°, to get buggered, to get badly pissed about, to get fucked (over).

fissa *adv.* quickly°, zippy, in a flash, in two shakes, pronto ; **faire fissa**, to go like the clappers, to get a move on, to zip along.

fissure (mastiquer une) *loc.* to astonish°, to flabbergast, to knock out, to bowl over ; **ça m'en a mastiqué une fissure**, that really knocked me for six.

fissurer *v.i.* to be close to the edge° *(with pleasure / anger, etc.)*, to be near boiling point / on the point of blowing up / ready to explode.

fiston *n.m.* young man°, lad, son, sonny, sonny-boy.

fixe *n.m.* dose (of drugs)°, fix, shot, hit, bang.

fixer (se) *v.pr.* to inject (drugs)°, to shoot up, to give oneself a fix.

Flacmann (aller chez) • *loc.* to defecate°, to sit on the throne, to ride the porcelain bus.

flag (en) *(abr. = en flagrant délit) loc.* in flagrante delicto°, red-handed, in the act, with a smoking gun ; **être pris en flag**, to be caught with one's hands in the till.

flagada *adj.* exhausted°, bushed, knackered, whacked ; **hier soir j'étais tout flagada**, last night I was completely shagged out.

flageolet • *n.m.* penis°, pecker, third leg, chopper.

flambard *n.m.* pretentious person°, show-off, swank ; **faire le flambard**, to show off, to swank.

flambe *n.f.* gambling°, action ; **un habitué de la flambe**, gambler°, punter, hustler.

flamber 1. *v.i.* to gamble large sums°, to go for the action in a big way. 2. *v.i., v.t.* to spend large amounts°, to go through money like water, to throw money around ; **flamber sa paie**, to blow one's wages.

flambeur *n.m.* gambler°, punter, hustler.

flan *n.m.* 1. rubbish°, balderdash, tripe, crap ; **c'est du flan**, it's a load of bull ; **faire du flan**, to tell lies°, to fib, to bull. 2. **à la flan**, carelessly°, everywhichway, slapdash. 3. **au flan**, at random°, on the off chance ; **j'ai choisi mon plat au flan**, I took a shot in the dark for my dish. 4. **en rester comme deux ronds de flan**, to be astonished°, to be bowled over, to be flabbergasted.

flancher *v.i.* 1. to become weaker°, to cave in, to wimp out ; **j'ai la mémoire qui flanche**, my memory's fading. 2. to abandon°, to cop out, to chicken out, to lose one's nerve.

flanelle (faire) *loc.* to fail sexually°, not to get it up, to go all limp.

flanquer 1. *v.t.* a) to give°, to slip ; **flanquer la frousse à qqun**, to frighten s.o.°, to give s.o. the willies / the jitters ; **flanquer la chtouille à qqun**, to give s.o. a dose (of the clap) ; **flanquer sa main sur la gueule de qqun**, to give s.o. a smack in the gob ; **flanquer un coup de pied à qqun**, to give s.o. a good boot ; b) to throw°, to fling, to chuck ; **flanquer qqch. par terre**, to chuck s.t. on the ground, to fling s.t. on the floor ; **flanquer qqun à la porte** (i) to eject s.o.°, to kick s.o. out, to show s.o. the door ; (ii) to dismiss° / sack / fire s.o. 2. *v.pr.* **se flanquer par terre**, to fall over°, to hit the deck, to take a spill.

flapi *adj.* exhausted°, wrecked, knackered, bushed, whacked.

flaquer *v.i.* 1. to defecate°, to have a crap, to do a shit. 2. to abandon°, to pull out, to back down.

flash *n.m.* sensation felt immediately after injecting drugs°, hit, flash, bang.

flashant *adj.* exciting°, smashing, stunning, sexy.

flasher 1. *v.i.* **flasher sur qqch. / qqun**, to be excited by° / turned on by / to get all worked up over s.t. / s.o. ; **faire flasher qqun**, to excite s.o.°, to get s.o. going, to turn s.o. on. 2. *v.t.* **se faire flasher**, to be caught by a hidden traffic camera°, to get one's photo took by the speed cops.

flèche 1. *n.f.* a) **c'est pas une flèche**, he's not very intelligent° / not the brightest spark / not exactly Einstein ; b) **faire flèche**, to get together° / to team up, to gang up. 2. *n.m.* **être sans un flèche**, to be penniless° / broke / skint / flat bust.

flemme *n.f.* laziness°, sloth, lounging, mucking around ; **j'ai la flemme de bûcher**, I just don't feel like swotting ; **tirer sa flemme**, to mess around, to fart about.

flemmingite *n.f.* laziness°, sloth ; **être atteint de flemmingite**, to be congenitally lazy, to be bone idle, to have lazy bones.

fleur *n.f.* 1. favour°, good turn ; **faire une fleur à qqun**, to render s.o. a service°, to do s.o. a good turn / a good deed. 2. **s'envoyer des fleurs**, a) to congratulate each other°, to give each other a pat on the back ; b) to insult each other°, to call each other all the names of the day, to have real words with each other ; **vous avez bientôt fini de vous envoyer des fleurs ?** will you ever give over giving out to each other ? 3. a) **comme une fleur**, easily°, no problems / bother / sweat ; b) **arriver comme une fleur**, to arrive without prior knowledge of the situation°, to turn up out of the blue, to show up just like that. 3. **être fleur**, to be penniless° / broke / skint / flat bust. 4. **perdre sa fleur (d'oranger)**, to lose one's virginity° *(female)*, to lose one's cherry, to have one's cake cut.

flibuster *v.t.* to swindle°, to con, to diddle, to do.

flibustier *n.m.* swindler°, con-artist, diddler.

flic *n.m.* policeman°, cop, bear, pig.

flicage *n.m.* surveillance°, checking-up, keeping tabs, keeping a close eye ; **le proviseur fait du flicage sur nous**, the principal keeps a file on each of us.

flicaille *n.f.* the police°, the pigs, the heat, the filth.

flicard *n.m.* policeman°, pig, flatfoot.

flingue *n.m.* firearm°, piece, equaliser, shooter.

flingué *adj.* 1. penniless°, broke, skint, flat bust. 2. out-of-order°, buggered, finito, kaput.

flinguer 1. *v.t.* a) to shoot°, to gun down, to blast, to plug ; b) to shoot dead°, to blow away, to blow s.o.'s head off, to burn ; c) to destroy°, to wreck, to smash up, to total. 2. *v.pr.* **se flinguer**, to shoot oneself dead°, to do oneself in, to top oneself ; **y a pas de quoi se flinguer**, come on, things ain't that bad.

flingueur *n.m.* professional assassin°, hit-man, contract killer.

flip *n.m.* 1. pinball machine°, silver ball ; **on se fait un petit flip ?** do you fancy a quick game of pinball ? 2. drugs°, gear`, stuff. 3. depression°, the dumps, the pits.

flippant *adj.* 1. exhilarating° *(drugs)*, spacey, trippy. 2. depressing°, gloomy, humpy. 3. frightening°, spooky, freaky.

flippé *adj.* 1. high (on drugs), tripping, stoned. 2. depressed°, down in the mouth, in the doldrums / dumps.

flipper *v.i.* 1. to get high / stoned (on drugs), to trip. 2. to be depressed°, to be down in the dumps, to have the hump ; **le SIDA, ça me fait vraiment flipper**, this AIDS business really gets me down.

fliquer *v.t.* to keep under surveillance°, to keep a close watch on, to keep tabs on ; **avec le nouveau patron, on est tous fliqués**, this new boss keeps a close eye on us all.

fliquesse, fliquette *n.f.* policewoman°, lady cop, Dickless Tracey, mama bear.

flop *n.m.* complete failure°
(*theatre, cinema*), total flop ;
faire un flop, to be an absolute disaster.

flopée *n.f.* large amount°,
bucketfuls, lashings, loads (of
s.t.) ; **il y a une flopée d'amer-
loques dans cette ville**, there
are millions of yanks in this
town.

flotte *n.f.* 1. water°, Adam's ale,
H2O ; **tomber dans la flotte**,
to fall into the water°, to fall
into the drink. 2. rain°, pleasure
and pain ; **il tombe de la flotte**,
it's bucketing, it's pissing
down.

flotter *v.i.* to rain°, to spit, to piss
(down) ; **ça flotte**, it's pouring.

flotteurs• *n.m. pl.* breasts°, tits,
boobs, knockers.

flouse, flouze *n.m.* money°,
dough, spondulicks, bread.

flouser *v.i.* to fart, to let off, to
drop one.

fluber *v.i.* to be afraid°, to have
the willies / the creeps, to have
one's wind up.

flubes (avoir les) *loc.* to be very
frightened°, to be scared stiff,
to have the willies.

flûtes *n.f.pl.* legs°, pegs, timbers.

foie *n.m.* **avoir les foies (blancs)**,
to be frightened°, to pee in
one's pants, to shit a brick.

foin *n.m.* 1. tobacco°, baccy.
2. **faire du foin**, a) to make
noise°, to make a racket / a
din / a rumpus ; b) to com-
plain°, to kick up a stink, to
raise hell ; **faire un foin de tous
les diables**, to kick up a right

royal fuss.

foirade (avoir la) *loc.* 1. to have
diarrhoea° / the runs / the shits.
2. to be frightened°, to shit a
brick, to have the willies.

foire *n.f.* 1. **avoir la foire**, to
have diarrhoea°, to have the
trots / the shits / gyppy tummy.
2. **c'est la foire ici !** it's really
bedlam / hectic / a shambles /
chaotic here ! 3. **faire la foire**,
to celebrate°, to go out on the
town, to go on a binge, to live it
up.

foirer 1.*v.i.* a)• to defecate°, to
shit, to crap ; b) to go wrong°,
to flop, to fall through ; **ça va
foirer**, this is going to be a
disaster. 2. *v.t.* to miss°, to mess
up, to bugger up, to cock up ;
j'ai foiré mon coup, I really
made a balls of that.

foireux *adj.* 1. cowardly°,
chicken, yellow-bellied. 2.
a) unsuccessful°, dead, useless,
snafued ; **un coup foireux**, a
real flop ; b) faulty°, cocked-up,
buggered, on the blink.

foirida, foiridon, foirinette *n.f.*
party°, binge, blast, rave, shindig.

foiron• *n.m.* backside°, bum,
arse, butt ; **avoir le foiron
flottant**, to wiggle one's ass.

foldingue, folingue *adj.* crazy°,
batty, harpic, off the wall,
balmy.

folichon *adj.* exciting° ; **c'est pas
folichon**, it's not up to much,
it's nothing to write home
about, it's no great shakes.

folie (de) *loc.* amazing°, far out,

mind-blowing, wild.

folkeux, -euse *n.* folk music fan°, folkie.

folklo (*abr.* = **folklorique**) *adj.* strange°, bizarre, weird, wild ; **t'aurais dû voir son appart, c'était vraiment folklo**, you shouldda seen his place, it was a real scene.

folklorique *adj.* eccentric but not serious°, offbeat, off the wall.

folle *n.f.* homosexual°, fairy, queen ; **dis-moi, grande folle !** hi sweetie !, hello ducky !

foncer *v.i.* 1. to go fast°, to go full blast, to go like the clappers. 2. to seize the opportunity°, to go for it ; **vas-y, fonce !** go on, just do it ! 3. **foncer dedans**, to hit hard°, to beat the hell out of, to knock the livin' daylights out of ; **foncer dans le tas**, to go right for, to charge straight into. 4. **foncer dans le brouillard**, to head on regardless, to forge ahead blindly.

fonceur *n.m.* dynamic person°, go-getter.

fondu *adj.* crazy°, out of it, barmy, loony, crackers.

format *n.m.* **grand format**, 500 franc note°, big one ; **petit format**, 100 franc note°.

forme *n.f.* **être en forme**, to feel fine°, to be in good shape, to be full of beans ; **avoir / tenir la forme**, to be fit°, to be in trim / in shape.

formidable *n.m.* half a litre of beer°, a pint.

formide (*abr.* = **formidable**) *adj.* great°, smashing, super, brill.

fort *adj.*. difficult to believe°, over the top, steep, stiff ; **ça, c'est un peu fort de café**, that's goin' a bit too far.

fort *adv.* **y aller / faire fort**, to exaggerate°, to go OTT, to lay it on a bit thick.

fortiche *adj.* 1. intelligent°, clever, smart, brainy. 2. well-built°, hefty, burly, beefy.

fossile *n.m.* **(vieux) fossile**, senile person°, (old) dodderer, (old) fogey, crumblie, fossil.

fouetter *v.i.* 1. to smell bad° / awful, to reek, to pong ; **ça fouette ici**, this joint stinks to high heaven. 2. to be frightened°, to have the willies / the creeps ; **tu fouettes ?** are you freaked ?

foufou, fofolle *adj.* crazy°, scatter-brained, cracked, batty, touched.

foufoune• *n.f.* vagina°, pussy, kitty-cat, beaver.

fouille *n.f.* pocket°, Lucy Locket ; **c'est dans la fouille**, we've got it in the bag, it's all sewn up.

fouille-merde *n.m.* 1. scandal journalist°, shit-stirrer, muckraker. 2. investigator°, private dick, private eye. 3. spy°, spook.

fouiller (se) *v.pr.* to be deprived°, to do / go without, to get by without.

fouinard *adj.* prying°, nosey, snoopy.

fouine *n.f.* prying person°, nosey-parker, snoop(er) ; **c'est une véritable fouine,** he's really bloody nosey.

fouiner *v.i.* 1. to pry°, to nose around, to snoop about. 2. to explore°, to ferret around, to hoke around ; **moi, j'aime bien fouiner dans les greniers,** I really enjoy rummaging around in peoples' attics.

fouler (se) *v.pr.* to make an effort°, to take pains / trouble, to go out of one's way ; **il ne se foule pas,** he's not what you would call overburdened, he doesn't exactly flog himself to death working.

foultitude *n.f.* 1. crowd°, mob, pack, posse. 2. **il a une foultitude de bonnes idées,** he's got lots° / heaps / loads / piles of great ideas.

four *n.m.* failure° *(theatre)*, disaster, flop ; **sa nouvelle pièce a fait un four,** his new play flopped.

fouraille *n.f.* firearm°, piece, shooter, equaliser.

fourbi *n.m.* 1. material°, gear, stuff ; **et tout le fourbi,** and the whole works / shebang. 2. rubbish°, junk, trash ; **fous-moi ce fourbi à la poubelle,** chuck all this shit out. 3. **fourbi arabe•,** a real mess, a total shambles.

fourgue, fourgat *n.m.* receiver of stolen goods°, buyer, fence.

fourguer *v.t.* 1. to sell stolen goods to a fence, to fob stuff off. 2. to sell off°, to sell on the cheap, to flog.

fourmi *n.m.* 1. small-time drug seller° / dealer / pusher. 2.• Japanese person°, Jap, Nip.

fournée *n.f.* crowd° / batch / bunch / gang of people.

fourrer 1. *v.t.* a) to put°, to stick, to shove ; **fourrer ses mains dans ses poches,** to bung one's hands into one's pockets ; **fourrer son nez dans les affaires des autres,** to stick / poke one's nose into other peoples' business ; **fourrer en prison,** to put s.o. away, to chuck s.o. into jail ; b) to put°, to place°, to bung ; **où est-ce que j'ai bien pu fourrer mon passeport ?** where the hell did I stash my passport ? ; c)• to copulate with°, to fuck, to shag, to screw. 2. *v.pr.* **se fourrer,** a) **se fourrer une idée dans la tête,** to get an idea into one's head, to take a notion ; b) **se fourrer les doigts dans le nez,** to pick one's nose ; c) **fourrer le doigt dans l'œil (jusqu'à l'omoplate),** to be completely wrong°, to be way off, to be a mile wide ; d) **se fourrer dans un guêpier,** to get into trouble°, to land oneself in it, to get into a pickle ; e) **s'en fourrer jusque-là,** to eat ravenously°, to fill one's face, to pig out, to shovel it down.

fourrure• *n.f.* pubic hair°, pubs, bush, squirrel ; **humecter sa fourrure,** *(female)* to urinate°, to take a piss.

foutaise *n.f.* rubbish°, crap,

bull(shit) ; **tout ça, c'est de la foutaise**, that's all a load of bollocks / bunch of shit.

fouteur de merde• *n.m.* trouble-maker, shit-stirrer ; **ne l'écoute pas, c'est un fouteur de merde**, don't listen to him, he's always stirring up shit.

foutoir *n.m.* 1. brothel°, whorehouse, knocking-shop. 2. shambles, mess, hole, dump ; **quel foutoir !** what an awful bloody mess.

foutre• *n.m.* sperm°, come, spunk.

foutre !• *excl.* balls !, shit !, fuck !

foutre• 1. *v.t.* a) to do°, to be up to, to be at ; **il n'a rien foutu de la journée**, he hasn't done a fucking thing all day ; **il (en) fout pas une rame**, he does sweet F.A. ; **qu'est-ce qu'il fout, ça fait trois heures que je l'attends**, I've been waiting for him for ages, what the fuck is he up to ? ; **qu'est-ce que ça peut me foutre ?** what the fuck do I care ? ; **on en a rien à foutre**, we couldn't give a fuck ; b) to give°, to slip ; **foutre une trempe / une raclée**, to give s.o. a smack / bang ; **fous-moi la paix !** give my fucking head peace ! ; **ça me fout la trouille**, that gives me the creeps / the willies ; **qui est-ce qui m'a foutu un connard pareil ?** what a fucking dickhead ! ; **des biftecks à cinquante balles, je**

t'en foutrai ! steak at fifty francs a go, you're fucking welcome to it ! ; c) to put°, to shove, to jam, to stick ; **foutre qqch. par terre**, to chuck / to fuck s.t. on the ground ; **tout foutre par terre**, to fuck everything up *(project, plan)* ; **foutre qqun par terre**, to screw / fuck s.o. up ; **foutre qqch. en l'air**, (i) to throw out°, to chuck / fuck out (the window) ; (ii) to balls / fuck s.t. up *(object, machine)* ; **foutre qqun en l'air**, to kill° / to bump off / to waste s.o. ; **foutre en taule**, to fuck into jail / the clink ; **foutre qqun à la porte**, (i) to kick s.o. out, to fuck s.o. out the door ; (ii) to sack, to give s.o. the boot, to fuck s.o. out of his / her job ; **foutre l'argent par les fenêtres**, to throw money down the drain ; **foutre la merde (dans qqch.)**, to stir up the shit, to fuck things up ; **ça la fout mal**, that gives a bad impression°, that looks bad ; **ne pas aller à leur mariage, ça la fout mal**, if we don't go to their wedding, it won't look the best ; d) **foutre le camp**, to piss off / bugger off / fuck off ; **fous-moi le camp !** bugger off !, fuck off ! ; e) to screw, to fuck ; **va te faire foutre !** go and get screwed !, go and fuck yourself ! 2. *v.pr.* **se foutre** ; a) **se foutre par terre**, to fall over°, to fall flat on one's face, to hit the deck ; b) **se foutre dedans**, to balls up, to fuck up ; **se**

foutre dans un drôle de pétrin, to get oneself into soapy bubbles, to get into deep shit ; c) **se foutre de qqch. / qqun (comme de l'an quarante / comme de sa première chemise)**, not to give a (flying) fuck about s.t. / s.o. ; **se foutre (de la gueule) de qqun**, to take the piss out of s.o. ; **tu te fous de ma gueule ?** do you take me for a dickhead ? ; **s'en foutre (pas mal / complètement)**, not to give a (fucking) damn ; **le foot, je m'en fous complètement**, I really couldn't give a flying fuck about football ; **se foutre du monde**, to take everyone for fools ; **deux briques le mètre carré, ils se foutent du monde !** 20,000 francs per square metre, these guys must think we were fucking born yesterday ! ; d) **se foutre sur la gueule**, to beat the hell out of each other, to get stuck into each other ; e) **se foutre en l'air**, to commit suicide°, to top oneself, to do oneself in ; f) **s'en foutre plein la lampe**, to feed one's face, to shovel it down, to pig out.

foutrement• *adv.* extremely°, bloody, damned, fucking ; **c'est foutrement bon !**, it's fucking great ! ; **il est foutrement con**, he's a real fucking cunt.

foutu *adj.* 1. finished°, buggered, fucked ; a) **après son accident, on savait qu'il était foutu**, after his accident it was clear that he was done for ; b) **cette robe est foutue**, this dress has had it ; c) **foutu d'avance**, a foregone conclusion°, buggered before even starting ; **quatre contre un, c'était foutu d'avance**, with four onto one I didn't stand a fucking chance. 2. **mal foutu**, a) below par, out of sorts, not so hot ; **après les huîtres d'hier soir, je me sens tout mal foutu**, after last night's oysters I feel a bit under the weather ; b) badly constructed° / put together, thrown together ; **cette salle de bains est vraiment mal foutue**, this bathroom is really badly thought out ; c) **mal foutu, foutu comme l'as de pique / comme quat'sous**, badly dressed° / decked out, dressed like a dog's dinner. 3. **bien foutu**, great°, smashing, A-1 ; a) **ton appart est vachement bien foutu**, your place is really well laid-out ; b) **mec / nana bien foutu(e)**, a hunk of a guy / a well-built chick. 4. **foutu de**, capable of°, a) **il est pas foutu de laver ses slips**, he can't even wash his own bloody underwear ; b) **il est tellement con qu'il est foutu d'arriver à trois heures du mat**, he's such a dickhead that he just might turn up at three in the morning. 5. bloody, fucking, damned ; **une foutue baraque**, a fucking gorgeous pad ; **un foutu con**, a real fucking dickhead.

foutument *adv.* extremely°, fucking, bloody, god-damned.

fraîche *n.f.* money°, hard cash, readies.

frais (arrêter les) *loc.* to cut one's losses, to engage in damage-limitation, to get out while the going's good.

fraise *n.f.* 1. face°, mug, puss, dial ; **ramener sa fraise**, a) to show up, to turn up ; b) to interrupt°, to butt in, *(US)* to put in one's two cents, to say one's piece ; c) to show off°, to come the big guy, to swank. 2. **envoyer qqun sur les fraises**, to reprimand°, to tell s.o. where to go / get off. 3. **aller aux fraises**, a) to go off the road° *(accident)*, to plough into a field ; b) **(allez) aux fraises !** get lost !, get outta here !, get stuffed ! 4. **sucrer les fraises**, to be old (and have the shakes)°, to be an old dodderer, to be on one's last legs. 5. oneself° ; **ma fraise**, me°, yours truly, me-myself-I ; **vos fraises**, you°, yourselves, you lot, you guys.

framboise• *n.f.* clitoris°, button, clit, boy in the boat.

francforts *n.m. pl.* fingers°, chipolatas.

Franchecaille *n.f.* France°, Frogland.

franchouillard *adj.* French°, frog, froggie.

franchouillard, -arde *n.* average French person°, average frog, French square.

franco *adv.* directly°, straight ;

y aller franco, to get straight to the point (and no messing around) ; **vas-y franco !** go for it !

franco-français *adj.* specifically French° ; **c'est un problème franco-français**, that's a purely French problem.

frangin *n.m.* 1. brother°, brud, bro. 2. friend°, mate, mucker. 3. man°, fella, guy, chap.

frangine *n.f.* 1. sister°, sis. 2. girl°, chick, bird. 3. mistress°, bit on the side. 4. prostitute°, pro, tart. 5. lesbian°, lizzy, dyke. 6. nun°, penguin.

frappadingue *adj.* crazy°, round the bend, out to lunch, bats in the belfry.

frappe *n.f.* vandal°, thug, yob(bo) ; **une petite frappe**, a petty hooligan.

frappé *adj.* crazy°, touched, mental, bananas.

frapper (se) *v.pr.* to get worried° / worked up, to get into a state / a lather ; **faut pas te frapper !** come on, take it easy !

freak *n.m.* drug addict°, junkie.

fréquenter 1. *v.t.* to go out with, to go steady with ; **il la fréquente depuis longtemps**, she's been his steady for a while now. 2. *v.pr.* **se fréquenter**, to masturbate°, to wank, to jerk / jack oneself off, to play with oneself.

frérot *n.m.* one's younger brother°, the kid brother, the wee brother.

fric *n.m.* money°, cash, dough,

spondulicks, bread ; **être bour-ré / plein de fric**, to be filthy / stinking rich ; **nager dans le fric**, to be rolling in it ; **puer le fric**, to stink of money ; **aboule / sors ton fric** ! pay up !, fork 'em out !

fric-frac *n.m.* 1. burglary°, break-in, B&E. 2. burglar°, cat-burglar, second-storey man.

frichti *n.m.* food°, nosh, chow, eats ; **être de frichti**, to be in charge of the grub ; **qui est de frichti ce soir ?** who's the chef tonight ?

fricotage *n.m.* underhand dealing°, fiddling, operating ; **c'est du fricotage**, it's not upfront, there's something fishy here.

fricoter *v.t.* 1. to engage in underhand business°, to be on the fiddle, to wangle ; **qu'est-ce qu'il fricote ?** what's he up to ?, what's he cooking up ? 2. to cook up°, to rustle up ; **il fricote bien**, he's a great cook.

fricoteur *n.m.* swindler°, fiddler, con artist, conman.

frifri *n.m.* vagina°, fanny, fuzz-burger ; **cache-frifri**, G-string, bikini bottoms.

frigo *adj.* very cold° / parky / chilly / nippy ; **il fait frigo**, it's bloody freezing.

frigo 1. *n.m.* refrigerator°, fridge, *(US)* icebox ; **mettre qqch. au frigo**, to put s.t. on ice, to hold s.t. over.

frime *n.f.* 1. face°, mug, dial, kisser. 2. external show°, put-on, act, production ; **c'est de la**

frime, it's all show.

frimer 1. *v.i.* to show off°, to peddle one's wares, to swank, to strut one's stuff ; **il passe toute la journée à frimer sur sa moto**, he spends the whole day posing on his motorbike. 2. *v.t.* to look at°, to eyeball, to check out.

frimeur *n.m.* show-off°, Flash Harry, poser.

fringué *adj.* dressed up°, togged up, decked out ; **être bien fringué**, to look sharp, to look cool.

fringuer 1. *v.t.* to dress°, to tog up, to doll up, to kit out. 2. *v.pr.* **se fringuer**, to dress oneself°, to tart oneself up, to get all dogged-up, to get kitted out.

fringues *n.f. pl.* clothes°, gear, threads, duds ; **fringues de coulisse**, female underwear°, lingerie.

fripe *n.f.* 1. clothing business°, the rag trade. 2. **les fripes**, clothes°, gear, clobber, duds.

friqué *adj.* wealthy°, loaded, stinking ; **son père est très friqué**, his dad's rolling in it / made of money.

frisé• *n.m.* German°, Kraut, Hun, Jerry.

frisquet *adj.* cold°, chilly, nip-py ; **il fait frisquet**, there's a chill in the air, it's a bit parky.

frite *n.f.* 1. face°, mug, dial. 2. **avoir la frite**, to be in great form°, to be in tip-top shape, to feel A-1, to be full of beans.

friture (petite) *n.f.* unimportant

people°, small fry, spear carriers.

fritz• *n.m.* German°, Jerry, Kraut, Hun.

froc *n.m.* trousers°, bags, *(US)* pants ; **baisser son froc**, to humiliate oneself°, to let the side down, to lower one's flag ; **faire / chier dans son froc**, to be afraid°, to be shit-scared, to shit a brick, to piss one's pants.

from, fromegi, frometon, fromgom *n.m.* cheese°, bended knees.

fromage *n.m.* 1. easy, lucrative job°, soft touch, piece of cake ; **il a un bon fromage**, he's really on the gravy train. 2. **en faire tout un fromage**, to exaggerate the importance of s.t.°, to make a big deal / production out of s.t., to make a mountain out of a molehill. 3. *pl.* **les fromages**, feet°, hooves, trotters, plates of meat.

froussard, -arde *n.* coward°, chicken, wimp, funk.

frousse *n.f.* 1. fear°, the creeps, blue funk ; **avoir la frousse**, to be scared stiff, to wet one's pants. 2. cowardice°, funk ; **avoir la frousse**, to be chicken, to be wimpy.

frusquer (se) *v.pr.* to get dressed°, to put one's duds on, to get togged up.

frusques *n.f. pl.* clothes°, gear, clobber, duds.

fumace, fumasse *adj.* angry°, peeved, browned / cheesed off ; **être fumace**, to boil over, to blow a fuse, to hit the roof.

fumace, fumasse *n.f.* ire°, peeve, goat, dander ; **être en fumace**, to be sore / all steamed up.

fumant *adj.* amazing°, super, brill, class ; **un coup fumant**, a master stroke.

fumée *n.f.* 1. **balancer / envoyer la fumée**, a) to fire (a gun)°, to open up ; b)• to ejaculate°, to shoot one's load, to drop one's wad. 2. **avaler la fumée•**, to swallow sperm° / come, to suck off, to give a blow job.

fumer *v.i.* 1. to smoke marijuana° / dope, to blow, to toke. 2. to be angry°, to be hot and bothered, to be fuming.

fumette *n.f.* smoking (of drugs)°, toking, blowing.

fumier• *n.m.* bastard, shithead, shit-for-brains ; **quel gros tas de fumier !** what an absolute wanker !

furax *adj.* furious°, raving, apeshit ; **ton père est furax**, your dad is absolutely livid.

furibard *adj.* furious°, in a lather, extremely miffed.

fusains *n.m. pl.* legs°, shanks, pins.

fusée *n.f.* 1. fart, thumper. 2. diarrhoea°, the shits, the trots. 3. **lâcher une fusée**, to vomit°, to barf, to throw one's ring.

fusiller *v.t.* 1. to destroy°, to wreck, to smash up, to total. 2. to overcharge°, to rip off, to skin. 3. to waste (money)°, to blow, to fritter away. 4. **se faire fusiller**, to lose° *(gambling)*, to get cleaned out, to lose one's shirt.

futal, fute *n.m.* trousers°, bags, strides *(US)* pants.

fute-fute *adj.* intelligent°, smart, brainy, all there ; **il est pas fute-fute**, he's not exactly Einstein, he's a bit soft in the head.

futé *adj.* cunning°, shrewd, sly, crafty.

futé (petit) *n.* clever person°, sly operator, smart alec ; **c'est un petit futé**, he's a clever little blighter.

G

gâche *n.f.* **une bonne gâche**, an easy job°, money for jam, a cushy number.

gâcher *v.i.* 1. to work°, to slog, to graft. 2. to waste°, to blow, to piddle away.

gâchette *n.f.* gunner°, trigger-man ; **une bonne gâchette**, a crack shot.

gâcheuse *n.f.* 1. effeminate man°, nancy-boy, la-de-da type. 2. pretentious woman°, nobby toff, Lady Muck.

gadin *n.m.* 1. head°, bonce, noggin, nut. 2. fall°, spill, header, nosedive ; **ramasser un gadin**, to go head first, to fall flat on one's face.

gadjé *n.m.* 1. a non-gypsy *(used by gypsies)*. 2. simpleton°, square, dope, dork.

gadoue, gadouille *n.f.* 1. mud°, muck, slime. 2. disorder°, mess, dog's dinner, shambles.

gaffe 1. *n.m.* prison officer°, screw, yard bear. 2. *n.f.* a) mistake°, boob, bloomer, blooper ; **faire une gaffe**, to drop a clanger, to make a booboo ; b) **faire gaffe**, (i) *(threat)* to be careful, to watch it ; (ii) to watch oneself, to look out, to take care.

gaffer *v.i.* 1. to act as lookout° / earwig / peeled eye, to keep dick. 2. to be careful°, to watch out. 3. to blunder°, to goof, to cock up.

gaffeur *n.m.* blunderer°, goofer, goof-ball, foul ball ; **c'est un**

sacré gaffeur, he's a blunderin' eejit, he's always dropping clangers.

gaga *adj.* senile°, gaga, doddering, moth-eaten, on one's last legs.

gagne-pain• *n.m.* backside°, bum, butt, bunghole.

gagneuse *n.f.* prostitute earning good money°, hard working girl.

galère *adj.* difficult°, tough, nasty, rotten ; **un plan galère**, a terrible idea, a crappy scheme.

galère *n.f.* difficult experience°, tight spot, pickle, jam ; **c'est la galère**, this is really tough, it's a bad scene / bad trip.

galérer *v.i.* 1. to experience difficulties°, to have a hard / tough time of it ; **j'ai galéré pendant des années avant de trouver un boulot**, I went through shit for years before finding a job. 2. to work very hard°, to slog away, to sweat it out, to work one's arse off.

galerie *n.f.* onlookers°, mob, crowd ; **amuser la galerie**, to play to the crowd.

galette *n.f.* 1. money°, dough, bread. 2. record°, platter. 3. **c'est galette !** it's simple°, it's easy (as pie), it's a piece of cake !, it's a cakewalk.

galipettes (faire des) *loc.* 1. to have sex°, to dance on the mattress, to have a quick tumble. 2. to misbehave°, to carry on, to trash around, to mess about.

galoche *n.f.* kiss°, smacker, smooch ; **rouler une galoche à qqun,** to give s.o. a French kiss, to swap spit.

galon (prendre du) *loc.* to get promoted°, to move upstairs, to climb the ladder.

galopin *n.m.* half a normal measure of beer°, half, half 'un.

galuche *n.f.* Gauloise cigarette° / ciggie / fag.

galure, galurin *n.m.* hat°, titfer.

gamahucher• *v.i.* to have oral sex°, to do a sixty-nine / soixante-neuf. 1. to perform fellatio°, to suck off, to go down on. 2. to perform cunnilingus°, to dine at the Y, to muff-dive.

gamberge *n.f.* 1. reflection°, thought°, brain-racking. 2. worry°, worriment, botheration ; **la gamberge, c'est pas son genre,** he's not exactly what you'd call a worrier.

gamberger *v.i.* 1. to think hard°, to chew the cud, to rack one's brains, to put on one's thinking cap. 2. to worry°, to get into a sweat, to get hot and bothered ; **avant d'avoir de ses nouvelles, j'ai gambergé un max,** I was really in a mucksweat until I heard from her.

gambette *n.f.* leg°, pin, peg.

gambille *n.f.* dancing°, bopping, shaking the hips, jiving.

gamelle *n.f.* 1. **s'accrocher une gamelle,** to go without food, to go hungry. 2. **prendre / ramasser une gamelle,** to fall

flat on one's face, to hit the deck, to take a flier.

gamin *n.m.* 1. young boy°, lad, nipper. 2. son°, the wee lad ; **le gamin a sept ans,** my kid / boy is seven. 3. **il fait très gamin,** a) he really looks very young, b) he's very childish.

gamine *n.f.* 1. young girl°, wee girl, young lassie. 2. daughter°, the wee lassie ; **la gamine a huit ans,** my kid / girl is eight.

gamme *n.f.* 1. **toute la gamme,** the lot°, the whole bloody shebang / shooting gallery ; **le directeur, les cadres, toute la gamme,** the boss, the executives, the whole bloody lot of them. 2. **haut de gamme,** top-level°, high-class, top-class, top-notch.

ganache *n.f.* idiot°, numbskull, dope, dork.

gapette *n.f.* cap°, beanie, dink.

garage (voie de) *n.f.* 1. job without promotion prospects°, dead-end, elephants' graveyard. 2. **mettre sur une voie de garage,** to put to one side (forever)°, to put off indefinitely, to shelve, to put in cold storage.

gare *n.f.* 1. **à la gare !** get lost !, bugger off !, vamoose !, get outta here ! 2. **envoyer à la gare,** to dismiss°, to throw out, to boot out, to chuck out.

gargariser (se) *v.pr.* se gargariser de qqch., to delight in s.t.°, to be tickled pink by s.t., to wallow in the success of s.t. ; **il se gargarise de son bouquin,** he's basking in the success of his book.

garni, garno *n.m.* 1. furnished accommodation°, digs. 2. brothel°, whorehouse, knocking-shop.

gaspard *n.m.* rat°.

gâteau *n.m.* 1. **c'est du gâteau**, it's simple°, it's a piece of cake, it's wee buns, it's easy as pie. 2. **partager le gâteau**, to divide the takings°, to split the profits, to carve up the loot, to hand out the cut. 3. **papa gâteau**, over-generous father°, over-indulgent daddy, softie daddy.

gâterie *n.f.* 1. fellatio°, blow-job, deep-throat, head. 2. cunnilingus°, dining at the Y, muff-diving, furburger.

gaucho *n.* left-winger°, lefty, trot, bolshie.

gaufre *n.f.* 1. face°, mug, kisser ; **se sucrer la gaufre**, to make oneself up°, to do one's face up. 2. **prendre / ramasser une gaufre**, to fall over°, to hit the deck, to take a flier. 3. **faire une gaufre**, to make a mistake°, to drop a clanger, to make a boob.

gaufrer 1. *v.t.* to arrest°, to nick, to pull in ; **se faire gaufrer**, to get hauled in / lifted. 2. *v.pr.* **se gaufrer**, a) to treat oneself, to buy oneself s.t. nice ; b) to fall°, to come a cropper, to take a nosedive.

gaule• *n.f.* penis°, bayonet, rod ; **avoir la gaule**, to have an erection° / a hard-on / a boner.

gauler• *v.t.* 1. to have sex°, to get one's leg over, to slip s.o. a

length. 2. to steal°, to pinch, to nick, to tealeaf ; **je me suis fait gauler mon portefeuille**, someone's made off with my wallet. 3. to arrest°, to bust, to pull in, to round up ; **se faire gauler**, to get nicked / busted.

gay *adj.* homosexual°, gay ; **un bar gay**, a gay bar.

gay *n.m.* homosexual°, gay.

gaz *n.m.* 1. **mettre les gaz**, a) to accelerate°, to put one's foot down, to step on it ; b) to run off°, to hightail it, to scarper, to make like a banana and split. 2. **éteindre son gaz**, to die°, to snuff it, to cash in one's chips, to check out. 3. **il y a de l'eau dans le gaz**, there's a problem°, something's up, there's trouble in the air.

gazer *v.i.* **ça gaze ?** how're things ?, howz it goin' ?, how's tricks ? ; **ça gaze avec ta copine ?** things OK with your girl ? ; **ça gaze !**, everything's hunky-dorey !, everything's A-OK.

GDB = **gueule de bois**.

gazier *n.m.* man°, guy, geezer, fellah.

gazon *n.m.* 1. pubic hair°, pubes, lawn, squirrel. 2. hair°, barnet, thatch.

géant *adj.* fantastic°, awesome, rad, wicked, bad ; **il a fait un truc géant**, what he did was absolute magic.

gégène 1. *n.f.* a) *(power)* generator° ; b) torture using electricity°. 2. *n.m. (military)* general°, gen.

geindre *v.i.* to complain°, to moan, to gripe, to beef.

gelé *adj.* 1. drunk°, jarred, smashed, poleaxed. 2. crazy°, nuts, clean round the bend, out to lunch, bananas.

geler (se les) *loc.* to be extremely cold°, to have one's balls frozen off, to be fucking freezing.

génial *adj.* great°, smashing, super, brill ; **un bouquin génial**, a super book.

genre *adv.* sortta, kinda, like, like you know, you know what I mean ; **il a commencé à me brancher genre je te lave ton pare-brise**, this guy comes up and starts hassling me about, you know, washing my windscreen ; **je lui ai fait le coup genre monte voir ma collection de miniatures**, so I tried the old trick, you know, come on up and check out my collection of miniatures ; **c'était un mec genre baraque, tu vois, genre Rocky**, this guy like, was like big, I mean Rocky kinda guy.

genre *n.m.* type, kind, sort ; **lui, c'est le genre tous les week-ends au ski**, he's the sort of guy goes skiing every week-end.

géo (*abr.* = **géographie**) *n.f.* geography° (*school subject*), geog.

gerbant, gerbax *adj.* disgusting°, sickening, gross, grody ; **c'est carrément gerbax**, that really makes me wanna puke / throw up.

gerbe *n.f.* 1. a year's prison sentence°, a year inside, a stretch. 2. vomiting°, puking, throwing up, heaving.

gerber 1. *v.i.* to vomit°, to puke, to spew one's ring, to barf ; **c'est à gerber**, it makes you want to throw up. 2. *v.t.* to be in prison°, to do porridge, to do time ; **il a gerbé six mois**, he got six months.

gerboise *n.f.* (young, passive) homosexual°, debutante, twinkie.

gerce *n.f.* prostitute°, pro, streetwalker.

giclée *n.f.* 1. burst (from an automatic weapon), spurt . 2. **lâcher une giclée•**, to ejaculate°, to come, to cream, to pop one's cork.

gicler *v.i.* 1. to fire° (*weapon*), to go off. 2. to leave°, to scram, to clear off, to scarper ; **allez, gicle !** go on, get outta here ! / get lost !

gidouille *n.f.* 1. navel°, belly-button. 2. stomach°, belly, tummy, breadbasket.

gig *n.m.* concert°, gig, one-night-stand I.

gigolo *n.m.* 1. gigolo°, toy-boy, fancy-man. 2. jack (*cards*), knave.

gigot *n.m.* leg°, pin, shank ; **une belle paire de gigots**, a nice pair of drumsticks.

girafe (peigner la) *loc.* to waste time°, to fritter away one's time, to mooch about.

girond *adj.* attractive°, good-looking, a bit of alright ; **elle**

est gironde, she's a nice bit of stuff.

girond *n.m.* (passive) homosexual°, kiki, bottom man.

giton *n.m.* (young, passive) homosexual°, debutante, possesh.

givré *adj.* 1. crazy°, crackers, bananas, bonkers, nuts. 2. drunk°, jarred, canned, smashed, plastered.

glaglater *v.i.* to be cold°, to have the shivers, to be freezing.

gland• *n.m.* 1. penis°, willy, cock, prick. 3. idiot°, dope, dick, prick ; **quel gland, ce type**, what a dickhead this guy is.

glande *n.f.* 1. doing nothing°, messing around, farting around. 2. **avoir les glandes**, a) to be angry°, to be het up, to be peeved ; b) to be worried°, to be hot and bothered, to be in a sweat.

glander 1. *v.i.* to waste time°, to mess about, to fart around ; **il glande toute la journée**, he just dicks about all day. 2. *v.t.* to do°, to be up to, to be at ; **qu'est-ce que tu glandes ?** what are you playing at ?

glandeur, -euse *n.* lazy individual°, cornerboy, waster, good-for-nothing.

glandouiller *v.i.* to waste time°, to bum around, to muck around, to fart about.

glandouilleur, -euse *n.* lazy individual°, cornerboy, waster, good-for-nothing.

glandu, -ue *n.* idiot°, dope, dickhead, prick, jerk.

glasse *n.m.* 1. (drinking) glass°, jar. 2. drink°, jar, bevvy ; **prendre un glasse**, to have a gargle / shot / slug.

glauque *adj.* disreputable°, shady, low-down, fishy ; **il est glauque, ce mec**, this guy's a bit of a hood.

glave, glaviot *n.m.* spittle°, gob.

glavioter *v.t.* to spit°, to gob.

glisser un fil *loc.* to urinate°, to take a leak, to have a pee, to do a Jimmy Riddle.

glouglouter *v.t.* to drink°, to knock back, to gargle.

gluant *n.m.* baby°, sprog, ankle-biter.

gnace, gniasse *n.m.* man°, guy, fellah, chap.

gnaf *n.m.* shoemaker°, cobbler.

gnaque *n.f.* sticky matter°, goo, slime.

gniard *n.m.* child°, nipper, kiddie, brat ; **les gniards paient demi-tarif**, the kids get half-price.

gnognote *n.f.* rubbish°, junk, tripe ; **c'est de la gnognote**, that's a load of crap.

gnôle, gniole *n.f.* spirits°, liquor, hard stuff, moonshine, paint-stripper.

gnon *n.m.* 1. punch°, smack, uppercut, clout ; **flanquer un gnon à qqun**, to put one on s.o., to thump s.o. 2. dent°, bump, bang.

gnouf *n.m.* jail°, the nick, the clink, the slammer.

go (on y) *loc.* let's go°, let's get on our way, let's head, let's hit the road, vamos.

gober *v.t.* 1. to believe naïvely°, to swallow hook, line and sinker ; **il gobe tout ce qu'on lui raconte**, he takes in everything he's told. 2. to like°, to be fond of ; **cette pétasse, je peux pas la gober**, I can't take / stand / stomach that bitch.

godant *adj.* exciting°, sexy, randy, horny.

godasse *n.f.* shoe°, stomper.

gode•, godemiché• *n.m.* 1. vibrator°, dildo. 2. penis°, dick, cock, prick.

goder• *v.i.* 1. to be excited° / horny / randy / hot ; **faire goder qqun**, to get s.o. going, to turn s.o. on. 2. to have an erection°, to have a boner, to have a hard-on.

godet *n.m.* 1. (drinking) glass°, jar. 2. drink°, bevvy, jar ; **écluser un godet**, to down a jar, to knock one back.

godillant *adj.* exciting°, sexy, horny, randy.

godiller• *v.i.* to have an erection°, to have a hard-on, to have a boner.

godillot *adj.* blindly faithful°, loyal to the last ; **les deputés godillots**, the yes-men in parliament.

godillot *n.m.* big shoe°, shit stomper, clodhopper.

gogo (à) *adv.* in huge quantities°, galore, tons of, by the dozen ; **avoir du fric à gogo**, to have heaps / piles of bread.

gogo *n.m.* idiot°, gobshite, square, mug.

gogol = **gol**.

gogues, goguenots *n.m. pl.* toilet°, bogs, shithouse, *(US)* john ; **où sont les gogues ?** where's the bogs / *(US)* the can ?

goinfrer (se) *v.pr.* to make a lot of profit°, to make a pile of money, to rake the cash in, to make mega-bucks.

gol, gogol *adj.* idiotic°, dumb, boneheaded, dopey.

gol, gogol *n.m.* idiot°, wally, dickhead, jerk.

goldo *n.f.* Gauloise cigarette° / ciggie / fag.

gomme *n.f.* 1. (car) tyre°, rubber, shoe. 2. speed°, zip ; **mettre la gomme**, to accelerate°, to put the foot down ; **mettre toute la gomme**, to go as fast as possible°, to go flat out. 3. **à la gomme**, useless°, trashy, crappy.

gondoler (se) *v.pr.* to laugh uproariously°, to laugh one's head off, to be in stitches laughing, to split one's sides.

gone *n.m.* child°, kiddie, nipper, brat, sprog.

gonflant *adj.* annoying°, bugging, peeving ; **vous êtes gonflants, tous les deux**, you two are a real pain in the neck.

gonflé, gonflaga *adj.* 1. courageous°, ballsy, spunky, game (for anything) ; **pour descendre le Mont Blanc à ski, il faut être vachement gonflé**, to ski down Mount Blanc you have to have some guts. 2. insolent°, cheeky, lippy, smart ; **t'es gonflé, toi**, you've got a hell of a cheek, you've got some nerve. 3. **un moteur gonflé**, a souped up / beefed up engine.

gonfler 1. *v.i.* to exaggerate°, to blow up, to lay it on thick, to bullshit ; **écoute pas, il gonfle**, don't listen, it's just a tall tale. 2. *v.t.* to annoy severely°, to piss / brown / cheese off ; **tu me gonfles**, you really get on my wick / my nerves ; **il nous les gonfle**, he's a real pain in the ass.

gonflette *n.f.* bodybuilding°.

gonze, gonzier *n.m.* man°, bloke, fellah, chap, guy, customer.

gonzesse, gonze *n.f.* 1. girl°, bird, babe, chick, bit of skirt. 2. wife°, old lady, trouble and strife.

gorgeon *n.m.* glassful° *(of wine, etc.)*, jar.

gosse *n.* 1. child°, kid, kiddiwink, sprog ; **mes gosses**, the brats. 2. **ma gosse**, darling, love. 3. **être beau / belle gosse**, to be attractive° / a good-looker / a bit of alright.

gouape *n.f.* hooligan°, good-for-nothing, bruiser, hood, yob(bo).

goudou• *n.f.* lesbian°, lezzie, dyke.

gougnafe, gougnafier *n.m.* clumsy person°, oaf, clot, clodhopper ; **c'est un vrai gougnafier**, he's all fingers and thumbs.

gougnotte• *n.f.* lesbian°, dike, lesbo.

gougnotter• 1. *v.i.* to indulge in lesbianism°, to be a lezzie.

2. *v.pr.* **se gougnotter**, to perform mutual oral sex° *(women)*, to give each other head, to do a soixante-neuf.

gouine• *n.f.* lesbian°, lez, dyke.

goumi *n.m.* (rubber) truncheon° / cosh.

goupiller 1. *v.t.* to arrange°, to fix up, to put together ; **il a très bien goupillé son truc**, he managed things nicely. 2. *v.pr.* **se goupiller**, to happen°, to turn out, to come off ; **notre projet de vacances s'est plutôt bien goupillé**, our holiday plans worked out pretty well in the end.

gourance, gourante *n.f.* mistake°, boo-boo, bloomer, clanger.

gourbi *n.m.* 1. dirty house°, kip, dump. 2. house°, home, pad, joint, place.

gourde *adj.* idiotic°, dumb, dopey, moronic.

gourde *n.f.* idiot°, blockhead, dingbat, goof.

gourdin• *n.m.* penis°, willy, prick, dick ; **avoir le gourdin**, to have an erection°, to have a hard-on ; **filer le gourdin**, to give s.o. a boner ; **avoir du gourdin pour qqun**, to be excited° / turned on by s.o.

gourer (se) *v.pr.* 1. to make a mistake°, to make a boo-boo, to cock up, to goof ; **je me suis gouré de route**, I took the wrong bloody road. 2. **se gourer de qqun**, to mistrust s.o.°, to have doubts about s.o., to find s.o. fishy.

gourmandise *n.f.* fellatio°, blow-job, head, deep throat.

gousse (d'ail) *n.f.* lesbian°, lez, dyke.

goutte *n.f.* 1. **boire une goutte**, to have a drink° / a jar / a drop. 2. **boire la goutte**, a) to be partial to alcohol°, to be fond of the hard stuff, to like a drop ; b) to drown°, to go under, to visit Davy Jones's locker ; c) to lose a large amount of money° / a packet, to go to the wall, to go under.

gouzi-gouzi *n.m.* tickle°, ticklie-ticklie.

goyau, goyot *n.m.* 1. countryman°, yokel, cow-poke. 2. (cheap) prostitute°, fleabag, scrubber.

graf (*abr.* = **graffiti**) *n.m.* wall scribbling°, graffiti.

graille *n.f.* food°, chow, nosh, eats ; **à la graille**, grub's up.

grailler *v.i.* to eat°, to nosh, to have a bite.

graillon *n.m.* spittle°, spit, gob.

grain *n.m.* 1. **avoir un (petit) grain**, to be crazy°, to have a few screws loose, to be slightly touched. 2. **grain de café•**, clitoris°, clit, boy in the boat.

graine *n.f.* 1. food°, grub, nosh, eats ; **casser la graine**, to have a bite to eat. 2. **monter en graine**, to grow (taller)°, to sprout, to shoot up. 3. **en prendre de la graine**, to follow s.o.'s example°, to take a leaf out of s.o.'s book. 4. **graine de...**, a future..°, a potential... ; **graine de champion**, an up-and-coming champion ; **graine de con**, idiot°, dickhead, jerk ; **c'est de la mauvaise graine**, he's a baddie / bad egg.

grainer *v.i.* to eat°, to chow down, to grab a bite, to nosh.

graisse *n.f.* 1. **à la graisse d'oie, à la graisse de chevaux de bois**, false°, fake, phony ; **il m'a débité un boniment à la graisse d'oie**, he shot me a line, he gave me a lot of old bull. 2. **faire de la graisse**, to exaggerate°, to go over the top, to lay it on with a trowel.

graisser la patte *loc.* to bribe°, to grease (s.o.'s) palm, to pay (s.o.) a backhander, to give (s.o.) a sweetener.

grappin (mettre le) *loc.* 1. to catch°, to pull in, to get one's hands on ; **elle a mis le grappin sur un richard**, she sure hooked herself a fortune. 2. to arrest°, to nick, to pull in, to lift.

gras *adj.* 1. **il est un peu gras du bide**, he's fat°, he's got a bit of a belly / corporation. 2. **y en a pas gras**, there's not a lot of it°, there's not exactly loads of it, it's in short supply. 3. **se la faire grasse**, to live in luxury° / like a king, to live the good life / the life of Riley.

gras *n.m.* profit°, net, gravy ; **faire du gras**, to make money°, to do alright, to come out on top.

gratin *n.m.* high-society°, the jet-set ; **elle connaît tout le gratin**, she's in with all the upper-crust.

gratiné *adj.* incredible°, over-the-top, ginormous, whopping ; **on a pris une cuite gratinée,** we got absolutely rat-arsed drunk.

gratos *adj., adv.* free of charge°, for love, free, gratis and for nuthin'.

gratte *n.f.* 1. guitar°, axe. 2. extra income°, something on the side. 3. scabies°, the itch.

gratter 1. *v.i.* to work°, to graft, to slave. 2. *v.t.* a) to go faster and overtake°, to take ; b) **gratter le papier,** to write°, (i) to scribble *(journalist, writer)*, (ii) to be a pen-pusher *(civil servant)*. 3. *v.pr.* **se gratter,** to be deprived°, to do / go without ; **tu peux (toujours) te gratter !** no way !, no chance !, absolutely no hope !

grave *adj.* pitiful°, pathetic, beyond redemption ; **il est grave, ton copain,** your mate is a serious case.

gravos, -osse *(jav. = gros) adj.* fat°, chubby, beefy.

gravos, -osse *(jav. = gros) n.* fat person°, fats, fatso, jumbo.

greffier *n.m.* cat°, pussy-cat, puss.

greffière• *n.f.* vagina°, fanny, pussy, beaver.

grelot *n.m.* 1. telephone°, blower ; **passer un coup de grelot à qqun,** to give s.o. a call° / a shout / a buzz. 2. *pl.* **grelots,** a)• balls, nuts, goolies ; b) **avoir les grelots,** to be frightened°, to have the willies, to have the creeps.

greluche *n.f.* woman°, chick, bird.

grenouillage *n.m.* 1. underhand operating°, shady dealing, wheeling and dealing ; **grenouillage électoral,** vote buying. 2. gossiping°, bad-mouthing, back-stabbing.

grenouille *n.f.* 1. **manger / bouffer la grenouille,** to embezzle°, to steal from the till, to make off with the kitty. 2. **grenouilles de bidet,** sperm° / come / wank stains.

grenouiller *v.i.* 1. to be involved in underhand dealing°, to be up to dirty business, to be on the con / the fiddle. 2. to gossip°, to bitch, to dish the dirt, to backbite.

grenouilleur *n.m.* 1. underhand dealer°, fiddler, wheeler-dealer, conman. 2. gossip°, bitch, checkpoint charlie.

griffer (se) *v.pr.* 1. to make oneself up°, to tart oneself up ; **se griffer la devanture,** to do one's face up. 2.• to masturbate°, to pull oneself off, to pull one's wire.

grifton = griveton.

grigri *n.m.* lucky charm°, rabbit's foot, four-leafed clover.

grille d'égout *n.f.* teeth°, set of choppers / fangs.

griller *v.t.* 1. to smoke°, to puff, to toke ; **en griller une,** to have a smoke, to puff a fag. 2. to overtake°, to pass, to take. 3. **griller un feu (rouge),** to go through a red light°, to break a traffic light, *(GB)* to crash the lights, *(US)* to run a red light. 4. a) to blow s.o.'s cover ; **cet indic est grillé,** that grass has been uncovered ; b) **être grillé,** to lose one's reputation° / good name ; **après ce scandale, il est grillé,** his name was taken off the list after that scandal ; c) **c'est grillé,** that's the end of that, it's down the drain, it's curtains.

grimpant *n.m.* trousers°, strides, bags, *(US)* pants.

grimper 1. *v.i.* **grimper à l'arbre,** to believe naïvely°, to be had, to get taken in, to have the piss taken. 2.• *v.t.* to have intercourse°, to jump, to bang, to ride.

grimpette• *n.f.* rapid act of sexual intercourse°, fast-fuck, quickie.

gringue *n.m.* **jeter / faire du gringue,** to flirt, to come on strong, to try and make it with s.o.

grisbi *n.m.* money°, dough, dosh, bread.

griveton, grifton *n.m.* soldier°, squaddie, *(GB)* tommy, *(US)* GI.

grognasse *n.f.* woman°, old cow, bitch.

grole, grolle *n.f.* 1. shoe°, stomper ; **avoir traîné ses grolles,** to have been around, to have seen the world. 2. **avoir les grolles,** to be afraid°, to be scared stiff, to have the willies.

gros, grosse *adj.* 1. **c'est un peu gros,** a) that's going a little too far, that's going over the top ; b) really obvious°, barefaced ; **gros comme une maison,** as subtle as a brick, sticking out like a sore thumb ; **je l'ai vu venir gros comme une maison,** I saw it coming as plain as day. 2. *(to emphasize an insult)* **gros con,** silly bugger, stupid bastard ; **gros dégueulasse,** dirty pervert. 3. **gros rouge (qui tache),** coarse red wine°, plonk. 4. **un gros bonnet, une grosse légume,** a VIP, a bigwig, a big gun. 5. **du gros poisson,** important people°, the big time, large fry. 6. **grosse tête,** intellectual°, brainbox. 7. **gros sous,** large sums (of money)° ; big money, **c'est une histoire de gros sous,** it's a deal involving big bucks.

gros, -osse *n.* 1. **gros plein de soupe,** fat man°, fatso, tubby. 2. **alors, mon gros ?** what's up boss ? 3. **une grosse,** a woman°, a broad, a chick ; **t'as vu la grosse ?** have a look at that tart. 4. **les gros,** important people°, the quality, the nobs.

gros-cube *n.m.* large motorcycle°, big bike, chopper.

gros-cul *n.m.* 1. heavy lorry° / truck, juggernaut, rig. 2. large motorcycle°, chopper, big bike.

grossium *n.m.* big businessman°, bigwig, big shot.

grouiller, se grouiller *v.i., v.pr.* to hurry up°, to shake a leg, to make it snappy, to get one's skates on.

groupie *n.f.* female fan°, groupie.

grue *n.f.* 1. prostitute°, pro, call-girl, working girl. 2. **faire le pied de grue**, to be kept waiting°, to be left hanging around, to be left kicking one's heels.

guédro (*verl.* = **drogué**) *n.m.* drug addict°, junkie, AD.

guenon (avoir la) *loc.* to be in need of drugs°, to need a fix, to have cold turkey.

guêpe *n.f.* 1. **pas folle, la guêpe !** not so stupid !, not as green as it looks. 2. **avoir la guêpe**, to be in need of drugs, to need a fix.

guette-au-trou *n.* midwife°.

gueulante *n.f.* loud scream°, squawk, holler ; **pousser une / sa gueulante**, to shout°, to whoop, to squawk, to holler.

gueulard *adj.* 1. loud-mouthed, gabby, mouthy. 2. complaining°, gripey, yappy, grouchy. 3. greedy°, piggy, grabby. 4. garish°, gaudy, loud.

gueulard, -arde *n.* 1. big talker°, mouthpiece, loudmouth, gab. 2. complainer°, gripe, yap, grouch, moaner. 3. crying baby°, yapping kid, bawling brat. 4. big eater°, greedgorb, pig, foodie, greedyguts.

gueule *n.f.* 1. mouth°, gob, trap, cakehole ; a) **(ferme) ta gueule !** shut up !, shut it !, shut your trap !, put a sock in it ! ; **vos gueules !** shut up, the lot of you ; **grande gueule**, big-talker, big-mouth ; **pousser / donner un coup de gueule**, to

shout one's head off, to holler ; b) **s'en mettre / s'en foutre plein la gueule**, to eat ravenously°, to fill one's face, to shovel it back ; **ça t'emporte / t'arrache la gueule**, it's really hot / spicey, it really burns your gob off ; **une fine gueule**, (food) connoisseur°, gourmet ; **tu peux crever la gueule ouverte**, you can go to hell, for all I care ; **se saouler / se bourrer la gueule**, to get drunk° / pissed / rat-arsed / sloshed ; **avoir la gueule de bois / la GDB**, to have a hangover°, to have a sore head (the morning after), to have that morning after feeling ; c) **se fendre la gueule**, (i) to laugh one's head off, to split one's sides laughing ; (ii) to have fun°, to have a good time. 2. face°, mug, dial, puss ; a) **une belle gueule**, a good-looker ; **avoir une bonne gueule**, to look friendly°, to seem like a nice guy / girl ; **avoir une sale gueule**, to look mean, to seem like a bit of a hood ; **une gueule de raie / à coucher dehors / à chier (dessus)**, disgusting face°, ugly mug, face like the back of a bus ; **gueule d'amour**, seducer°, playboy ; **faire la gueule (à qqun)**, to be in a huff (with s.o.), to sulk ; **faire / tirer une gueule d'enterrement / une de ces gueules / une gueule longue comme ça**, to look really down in the dumps, to pull a long face, to have a face like an undertaker ; **délit de sale gueule**, the crime of not being caucasian° ; **prendre qqch. en pleine gueule**, to get it right in the gob / the kisser ; b) appearance°, looks ; **avoir de la gueule**, to look good°, to be classy / nifty ; **j'aime bien ta nouvelle caisse, elle a de la gueule**, I fancy your new car, it's a real stunner ; **avoir une drôle de gueule**, to look strange° / funny / weird ; **avoir la gueule de l'emploi**, to look the part. 3. the body°, the person ; a) **casser la gueule / rentrer dans la gueule / foutre sur la gueule à qqun**, to smash s.o.'s face in, to get laid into s.o., to beat the living daylights out of s.o. ; **tu vas voir ta gueule à la récré / sortie**, just you wait till I get my hands on you (afterwards) ; **se faire casser la gueule**, to get beaten up, to get done over, to get one's face remodeled ; **se casser la gueule**, (i) to fall flat on one's face, to come a cropper ; (ii) to plummet° *(profits, stocks, etc.)*, to take a nosedive ; (iii) to malfunction°, to get buggered up / ballsed up ; b) **en prendre plein la gueule**, (i) to get beaten up, to get one's face smashed up ; (ii) to get reprimanded° / bawled out, to be told where to get off ; (iii) to be impressed by s.t.°, to get blown away by s.t., to flip over s.t. ; c) **se payer / se foutre de**

la gueule de qqun, to make fun of s.o.°, to take the Mickey / the piss out of s.o., to have / to put s.o. on ; d) **ma gueule**, (i) me-myself-I, yours truly ; (ii) my (old) dear, luv.

gueule de bois *n.f.* hangover°, morning after feeling.

gueuler 1. *v.i.* a) to scream°, to yell, to holler ; **gueuler comme un sourd**, to shout like a madman ; **gueuler sur / après qqun**, to yell at s.o., to bawl s.o. out ; b) **gueuler contre qqch.**, to protest° / yap / bitch about s.t. ; **s'ils ne changent pas cette loi, il faudra gueuler**, if they don't change that law, we'll have to kick up a fuss ; c) **faire gueuler la télé**, to have the TV turned up full volume / full blast. 2. *v.t.* to shout° *(orders, advice)*, to bawl, to yap.

gueuleton *n.m.* big meal°, nosh-up, grubfest, tuck-in.

gueuletonner *v.i.* to have a good meal° / nosh-up / feed.

gugusse *n.m.* 1. man°, guy, customer, character. 2. idiot°, dope, blockhead, twit ; **faire le gugusse**, to mess about, to act the dickhead, to fart around.

guibolle *n.f.* leg°, peg, shank ; **tu tiens pas sur tes guibolles**, you're a bit shaky on the old timbers.

guignol *n.m.* 1. court of law°, bench ; **passer au guignol**, to be up before the court. 2. policeman°, cop, bobby. 3. a) fool°, dumbo, twat, wally ; **faire le**

guignol, to act the eejit, to clown around ; b) unreliable person°, clown, joker.

guimauve *adj.* sentimental°, corny, soppy, schmaltzy.

guimauve *n.f.* 1. sentimentality°, soppiness, corn, mush, schmaltz. 2. guitar°, axe.

guimbarde, guinde *n.f.* old car°, old wreck, old banger, crate.

guinche *n.m.* dance°, hop, ceili.

guincher *v.i.* to dance°, to boogie, to shake a leg.

guincheur, -euse *n.* dancer°, bopper, jiver.

guinde = **guimbarde**.

guise•, guizot• *n.m.* penis°, willy, prick, cock.

guitoune *n.f.* 1. (camping) tent°. 2. electric guitar°, axe.

gus(se) *n.m.* man°, guy, fella, customer ; **c'est qui, ce gus ?** who's that crater ?

H

H *n.m.* 1. heroin°, H, smack, horse. 2. hashish°, shit, dope.

habillé *n.m.* uniformed policeman° / cop ; **les habillés**, the boys in blue.

hachès, hachesse, HS (*abr.* = **hors service**) *adj.* 1. out of order°, buggered, bollocksed. 2. exhausted°, out of it, whacked, bushed ; **j'suis complètement hachès**, I'm bloody knackered.

haine (avoir la) *loc.* 1. to be in a bad mood° / grumpy / peevish. 2. to be angry° / miffed, to be pissed / cheesed / browned off.

halluciné, -ée *n.* crazy person°, madman, raving nutcase, lunatic.

halluciner *v.i.* 1. to hallucinate°, to trip, to see things. 2. to be amazed°, not to believe one's eyes, to be flabbergasted ; **là, j'hallucine total**, this just can't be for real.

hannetons (pas piqué des) *loc.* excellent°, tip-top, ace, A-1 ; **ce vin n'était pas piqué des hannetons**, that was a glorious little wine.

hard *adj.* 1. difficult°, tough, nasty, no picnic. 2. aggressive°, uptight, wired ; **quand il est hard, il est insupportable**, when he's hyper, he's unbearable. 3. pornographic°, hardcore. 4. heavy°, *(music)* headbanging, hard.

hard *n.m.* 1. explicit pornography°, hard-core porn. 2. heavy

rock music°, heavy metal, hard rock.

hareng *n.m.* 1. procurer°, pimp, ponce. 2. policeman°, cop, copper.

haricot *n.m.* 1. **courir sur le haricot à qqun**, to annoy s.o.°, to get on s.o.'s nerves / wick / case, to give s.o. a pain in the neck, to drive s.o. up the walls. 2. **des haricots**, nothing°, bugger all, sweet F.A., peanuts ; **des haricots !** no way !, no chance !, not on your life ! ; **travailler pour des haricots**, to work for little money° / for buttons / for peanuts / for sweet F.A. 3. **la fin des haricots**, the absolute end°, curtains ; **c'est la fin des haricots**, it's all over, it's the end of the line.

harnacher (se) *v.pr.* to get dressed up°, to tart oneself up, to tog oneself up.

harnais *n.m. pl.* clothes°, clobber, duds, gear.

harponner *v.t.* to stop s.o.°, to nab s.o., to collar s.o. ; **je me suis fait harponner dans la rue par ce con**, I got buttonholed in the street by that bloody prick.

hasch *n.m.* hashish°, dope, hash.

haute *n.f.* high society°, the upper classes, the toffs ; **il est de la haute**, he's a hoity-toity.

herbe *n.f.* 1. marijuana°, grass, shit ; **fumer de l'herbe**, to smoke reefer. 2. **brouter l'herbe**, to fall° *(horse racing)*, to hit the deck.

hétéro (*abr.* = **hétérosexuel**) *adj.* heterosexual°, hetero, straight.

hétéro (*abr.* = **hétérosexuel**) *n.* heterosexual°, hetero, straight.

heure *n.f.* 1. **je (ne) t'ai pas demandé l'heure qu'il était**, keep your nose out of it, mind your own business. 2. **s'emmerder à cent sous de l'heure**, to be extremely bored° / really pissed off, to be bored to death / to tears / stiff.

heureux (un imbécile) *loc.* a contented idiot°, a happy dope.

high *adj.* under the influence of drugs°, stoned, high, out of it.

hippie, hippy *adj.* hippie, hippy.

hippie, hippy *n.* hippie, hippy.

hirondelle *n.f.* uninvited guest°, crasher, gatecrasher.

histoire *n.f.* 1. **qu'est-ce que c'est que cette histoire ?** what's going on ?°, what's going down here ?, what the hell is this ? 2. **histoire de...**, for the sake of...°, just for..., in order to... ; **je suis allé voir, histoire de me faire une idée**, I went just to get a look for myself ; **histoire de rigoler**, just for kicks. 3. *pl.* **histoires**, a) trouble°, fuss, probs ; **arrête de faire des histoires !** stop creating a scene ! ; **je ne veux pas d'histoires**, I don't want any messing around ; b) **avoir ses histoires**, to have one's period°, to be on the rag, to have the curse.

homard• *n.m.* English person°,
Anglo, Brit.

homme *n.m.* 1. a) husband°, man, main man ; b) lover°, man, guy. 2. **comme un seul homme**, all together°, at the same time, to a man.

hommelette *n.f.* spineless man°, wimp, doormat, big girl's blouse.

homo (*abr.* = **homosexuel**) *adj.* homosexual°, homo, gay.

homo (*abr.* = **homosexuel**) *n.m.* homosexual°, homo, gay.

honte (c'est la) *loc.* that's bloody embarrassing !, that looks really bad !

horreurs (musée des) *loc.* group of unfriendly-looking people°, chamber of horrors, rogues' gallery.

hosto *n.m.* hospital°, sickhouse.

houri *n.f.* woman°, chick, doll, bird.

HS = **hachès**.

hublots *n.m. pl.* glasses°, specs, goggles.

huile *n.f.* 1. important person°, VIP ; **c'est une huile**, he's a bigwig ; **les huiles**, the big boys / big guns. 2. **huile de coude**, energy°, elbow grease.

huître *n.f.* idiot°, dumbbell, dope, clutz, dork.

humecter le gosier (s') *loc.* to have a drink°, to wet one's whistle, to have a jar.

hure *n.f.* face°, kisser, mug, dial ; **se gratter la hure**, to have a shave°, to mow the lawn, to knock off the whiskers.

hurler (c'est à) *loc.* 1. it's very funny°, it's a real scream, it's side-splitting. 2. it's dreadful°, it's really awful, it sucks.

hyper *adv.* exceptionally°, extraordinarily, ginormously, incredibly.

hystérique *adj.* promiscuous° *(woman)*, fast, cheap, loose.

hystérique *n.f.* promiscuous female°, goer, mount, fast woman ; **c'est une hystérique**, she's a real nympho.

hystéro (*abr.* = **hystérique**) *adj.* agitated°, wired, hyper, uptight.

hystéro (*abr.* = **hystérique**) *n.* hysterical person°, bundle of nerves, nervous wreck.

I

idée *n.f.* 1. **se faire des idées**, to have delusions°, to see things ; **si tu crois que je vais faire ça pour toi, tu te fais des idées**, if you think I'm gonna do that for you, you've got another thing coming. 2. **des idées noires**, horrible thoughts°, the worst ; **comme tu ne revenais pas, je me suis fait des idées noires toute la nuit**, when you didn't come home I spent the night sleepless and worried as hell. 3. **il y a de l'idée**, it's got something going for it, there's something to it. 4. **avoir dans l'idée que...**, to suspect°, to have a feeling that... ; **j'ai dans l'idée que les voisins sont un peu cinglés**, I've a notion that the neighbours are a bit cuckoo. 5. **se changer les idées**, to give one's head a shower ; **si on allait à la pêche, histoire de se changer les idées ?** how about a little spot of fishing just for a change of scenery ?

idem *adv.* the same°, likewise ; **il a une maison à la campagne et moi idem**, he's got a house in the country, me too.

idem au cresson *loc.* the same thing°, likewise ; **c'est idem au cresson**, it's the same difference.

ièche•, yèche• (*verl.* = **chier**) *v.i.* **se faire ièche**, to be bored stiff / shitless ; **qu'est-ce qu'on se fait ièche !** God, this is fucking boring ! ; **c'est ièche**, it's as boring as shit.

illico *adv.* immediately°, straight away, on the double ; **illico presto**, like a shot, in less than no time.

ils *pron.* unidentified, hostile others°, they ; **qu'est-ce qu'ils ont encore fabriqué avec ma bagnole ?** someone's been at my car again ; **ils m'ont encore collé un PV, ces salauds**, the buggers have slapped another parking ticket on me.

image *n.f.* banknote°, folding stuff ; **grande image**, 500 franc note°, big one.

imbitable *adj.* unintelligible°, in-fucking-comprehensible ; **c'est imbitable**, it's double Dutch, that beats me, I haven't the foggiest.

imblairable *adj.* insufferable°, god-awful ; **cette nana est tout simplement imblairable**, I really just can't stomach that chick.

imbuvable *adj.* unbearable°, dreadful ; **il est imbuvable, ce mec-là**, that guy is really hard to take / to swallow.

impair *n.m.* mistake°, blunder, boob ; **faire un impair**, to drop a clanger, to put one's foot in it ; **faire un impair à qqun**, to do the dirt on s.o., to drop s.o. in it.

impasse *n.f.* **faire l'impasse sur qqch.**, to avoid studying a topic hoping it will not be

examined°, to question-spot ;
j'ai fait l'impasse sur la géo-
métrie et j'ai pas été collé ! I
skipped geometry revision and
still managed to pass !

impec (*abr.* = **impeccable**) *adj.*
super, great, fantastic.

impec (*abr.* = **impeccable**)
adv. wonderfully°, wickedly ;
impec ! you got it !, right on !

imper (*abr.* = **imperméable**)
n.m. raincoat°, mackintosh,
mac.

impérial *adj.* great, smashing,
superb ; **pendant la deuxième**
mi-temps, il a été impérial,
in the second half he played a
blinder.

in *adj.* fashionable°, trendy,
with-it, swinging ; **c'est la**
boîte in du coin, it's the in
local nightspot.

incendier *v.t.* to reprimand°, to
dress down, to bawl out ; **je**
me suis fait incendier par le
chef, the boss gave me a real
bollocking.

incollable *adj.* unbeatable°, all-
knowledgeable ; **en géo, il est**
incollable, in geography he's
got all the answers.

incruste (taper l') *loc.* to turn up
uninvited°, to gate-crash ; **il**
arrive à survivre en tapant
l'incruste à droite et à
gauche, he muscles in on lots
of parties and that's how he
manages to get by.

incruster (s') *v.pr.* to overstay
one's welcome°, to take root ;
je ne voudrais pas m'incrus-
ter mais..., I don't want to butt

in here, but...

incrusteur, -se *n.* uninvited
guest°, gate-crasher.

indécrottable *adj.* inveterate°,
hopeless, desperate ; **le voisin**
est un flemmard indécrot-
table, our neighbour is a total
loafer.

indic (*abr.* = **indicateur**) *n.m.*
informer°, grass, copper's
nark.

infection *n.f.* something smelly
and / or disgusting°, a revolting
scene ; **t'aurais vu ces mon-**
ceaux d'ordures, c'était une
véritable infection, God, you
should have seen the piles of
rubbish, it was absolutely
sickening.

infichu, infoutu *adj.* unskilful°,
all fingers and thumbs, bungling ; **ce type est infoutu de**
changer un pneu crevé, this
guy is so useless he couldn't
even change a flat tyre.

info (*abr.* = **information**) *n.f.*
1. news° *(TV, radio, etc.)* ;
c'est l'heure des infos, it's
news time. 2. info, tip ; **il m'a**
passé une info en or, he gave
me a red-hot tip.

infoutu = **infichu**.

installer (en) *loc.* to show off,
to play to the gallery, to strut
one's stuff ; **ce mec, il arrête**
pas d'en installer, this guy is
such a show-off.

instit (*abr.* = **instituteur, -trice**)
n. primary school teacher°,
teach.

insupporter *v.t.* to be unbearable
to s.o.°, to be bothersome to

s.o. ; **cet oiseau m'insupporte**, this bird is something up with which I cannot put.

intello *adj.* intellectual°, highbrow.

intello *n.* intellectual type°, brain ; **ce bled est bourré d'intellos**, this place is full of egg-head types.

interdit de séjour *loc.* persona non grata°, barred *(from a pub, etc.)* ; **depuis le dîner de l'autre soir, il est interdit de séjour chez eux**, after what happened during dinner the other night, his presence in their house is no longer required.

interpeller *v.t.* to concern° ; **ça m'interpelle (quelque part)**, this is an issue I feel very committed to.

intox *n.f.* propaganda° ; **est-ce de l'info ou de l'intox ?** is it true bill or make-believe ?

introduire (l')• *loc.* to swindle°, to con, to screw, to pull a fast one ; **à ta place, je me méfierais de ce vendeur, il est du genre à te l'introduire**, if I were you I'd watch out for that salesman, he's the sort that'll take you for a ride.

investir (s') *v.pr.* to get involved in s.t.°, to commit oneself to s.t. ; **s'investir complètement dans un projet**, to throw oneself completely into a project.

iroquois *n.m.* punk with mohican haircut°, mohican.

iroquoise *n.f.* mohican haircut°, mohican.

itou *adv.* also, likewise ; **moi itou**, me likewise, same for me.

J

jackpot (faire un) *loc.* to withdraw money from a cash machine°, to use the hole-in-the-wall, to get instant cash.

jacques, jacquot *n.m.* 1.• penis°, John Thomas, dick. 2.• vibrator°, dildo. 3. **faire le jacques**, to act the idiot / clown, to fool around ; **arrête de faire le jacques**, stop play-acting around. 4. crowbar°, jemmy.

jactance *n.f.* talk°, tongue-wagging, patter ; **avoir de la jactance**, to be a good talker°, to have the blarney, to have a gift of the gab.

jacter *v.t.* 1. to talk°, to yak, to gab, to rabbit on ; **arrête de jacter pour rien !** would you give over bantering for nothing ! 2. **jacter sur qqun**, to talk behind s.o.'s back, to badmouth s.o., to gossip about s.o. 3. to inform°, to sing, to spill the beans.

jaffe *n.f.* food°, nosh, chow, eats ; **à la jaffe !** grub's up !, come and get it !

jaffer *v.i.* to eat°, to nosh, to grub up, to tuck in ; **et si on allait jaffer ?** how about going for a bite ?

jaja *n.m.* red wine°, vino, plonk.

jalmince *adj.* jealous°, green, yellow-eyed.

jamais tu... ? *loc* would you please... ?°, will you ever... ?, enough of the... ; **jamais t'arrêtes de faire le con ?** will you ever stop acting the prick ?

jambe *n.f.* 1. **ça me fait une belle jambe**, that'll do me a lot of good *(iron.)*, a fat lot of good that is. 2. **tenir la jambe à qqun**, to keep s.o. chatting, to hold s.o. up yakking ; **j'étais pressé mais il m'a tenu la jambe pendant une heure**, I was in a rush but he kept me for an hour rabbiting on. 3. a) **traiter qqun par-dessous / par-dessus la jambe**, to treat s.o. badly° / like dirt ; b) **faire qqch. par-dessous la jambe**, to do s.t. shoddily°, to only half finish s.t. ; **le peintre a fait ce boulot par-dessous la jambe**, the painter made a really messy job of this. 4. **ça vaut mieux que de se casser une jambe**, it's not as bad as it seems, things could have turned out worse. 5. **une partie de jambes en l'air**, sexual relations°, a bit of the other, a roll in the hay ; **on s'est fait une partie de jambes en l'air dans le pré**, we had ourselves a bit of crumpet in the meadow. 6. **lever la jambe**, to be a promiscuous woman° / an easy lay / an easy make / a charity girl / a dirty leg ; **elle a la réputation de lever la jambe**, she's known as a bit of a goer. 7. **jambe du milieu•**, penis°, middle leg, third leg.

jambon *n.m.* thigh°, drumstick.

jambonneau *n.m.* guitar°, banjo°, *etc.*, axe ; **gratter le**

jambonneau, to play some axe.

jante (rouler sur la) *loc.* to be exhausted° *(cycling)*, to be on one's last legs / all in ; **vers la fin de l'étape, même le champion roulait sur la jante**, towards the end of the stage even the champion was ready to drop.

jap *(abr. = japonais) adj.* Jap, Nip.

Jap *(abr. = japonais) n.* Jap, Nip.

jaquette *n.f.* male homosexuality°, gayness ; **être / filer / refiler de la jaquette (flottante)**, to be gay°, to be queer, to be bent ; **mon pauvre cousin refile de la jaquette**, my dear old cousin is a bit of a gender-bender.

jaser *v.i.* 1. to talk°, to yap, to cackle, to palaver ; **les voisins passent leur temps à jaser**, the neighbours spend the whole day chewing the fat. 2. to spread rumours°, to badmouth, to gossip ; **ça va faire jaser dans les chaumières**, that'll set tongues wagging amongst the neighbours. 3. to open one's mouth too much, to blow the whistle, to sing ; **si les flics l'arrêtent, il va certainement jaser**, if the cops pick him up, he's bound to spill the beans.

jaspin, jaspinage *n.m.* chat, jabbering, gossip.

jaspiner 1. *v.t.* to talk° ; **il jaspine le japonais**, he can gab in Japanese. 2. *v.i.* to chat, to yak, to natter ; **ils ont jaspiné à perte de vue**, they shot the breeze until the cows came home.

jaspineur *n.m.* 1. talkative person°, gasbag, bigmouth ; **le voisin est un jaspineur de première**, our neighbour is one hell of a chatterbox. 2. lawyer°, loudmouth.

jaune *adj.* strike-breaking°, blackleg ; **les syndicats jaunes**, scab trade unions.

jaune *n.m.* 1. strike-breaker°, scab, blackleg ; **ces salauds de jaunes ont encore frappé**, those blackleg bastards have been at it again. 2.• oriental°, chink, gook.

java *n.f.* 1. party°, bash, shindig ; **faire la java, être en java**, to be out on the town, to live it up, to be out on the piss ; **on va se faire une de ces javas !** we're going to have ourselves a wing-dinger of a jamboree ! ; **partir en java**, to go places and do things. 2. beating°, basting, hiding ; **la java des baffes**, a good leathering, a good hiding ; **filer une java à qqun**, to give s.o. the works, to give s.o. a good going-over.

javanais *n.m.* 1. javanese° *(slang whose sole rule is to place* " av " *in the middle of a word ; e.g.* " gros " *becomes* " **gravos** "). 2. incomprehensible language°, double-Dutch, gibberish ; **c'est du javanais**, it's Greek to me.

jazz-tango *adj.* bisexual°, swinging both ways ; **être**

jazz-tango, to be ambidextrous / AC-DC.

jean-foutre *n.m.* worthless person°, good-for-nothing, lay-about ; **espèce de jean-foutre !** you useless bollox !

jean-nu-tête• *n.m.* penis°, John Thomas, willy, yoyo.

je-m'en-foutisme *n.m.* the attitude of indifference°, not giving a damn / a shit about ; **je ne supporte pas le je-m'en-foutisme**, I just can't stand people with a couldn't-care-less attitude.

je-m'en-foutiste *n.m.* indifferent individual°, one who couldn't give a damn ; **ton voisin est un sacré je-m'en-foutiste**, your neighbour just doesn't give a shit about anything.

je-sais-tout *n.* 1. arrogant individual°, know-all, smartypants. 2. **Monsieur / Madame / Mademoiselle Je-sais-tout**, Mr. / Mrs. / Miss Know-it-all, smart alec(k).

jésus *n.m.* 1. **mon jésus**, my little angel, my little one. 2. young homosexual°, débutante, twinkie.

Jésus ! (doux) *loc.* sweet Jesus !, holy God !

jeté *adj.* crazy, bonkers, cracked ; **il est complètement jeté, ce mec**, this guy is totally round-the-bend.

jeter 1. *v.i.* **en jeter**, to have class, to be neat, to look like a million dollars ; **elle en jette, ta nouvelle nana !** your new girlfriend's a nice bit of stuff ! ; **ses lunettes, elles en jettent !** that's a nifty pair of shades he's got ! 2. *v.t.* a) (i) to throw / chuck s.o. out ; **il s'est fait jeter de sa boîte**, he got the sack from his job ; (ii) to drop / chuck ; **il s'est fait jeter par sa meuf**, his chick gave him the chuck ; b) **s'en jeter un (derrière la cravate)**, to have a drink°, to knock one back ; c) **n'en jetez plus (la cour est pleine) !** (i) (*in response to praise*) you're too kind ! ; (ii) (*iron.*) that's more than enough praise !, any more compliments ? ; d) **jeter l'argent par les fenêtres**, to waste money°, to blow one's cash, to chuck money down the drain.

jeton *n.m.* 1. **faux jeton**, hypocrite°, two-faced person, backstabber. 2. **les jetons**, fear°, the willies ; **avoir les jetons**, to be scared°, to get one's wind up, to have the creeps ; **ficher / foutre les jetons à qqun**, to scare the hell out of s.o. ; **la foudre, ça me fout les jetons**, lightning scares the shit out of me. 3. punch°, clout, belt ; **prendre un jeton**, to get one in the eye.

jeu *n.m.* 1. **cacher son jeu**, to be secretive°, to play it close to one's chest. 2. **faire / jouer / sortir le grand jeu**, to pull out all the stops, to peddle all one's wares ; **pour boucler l'affaire il a dû sortir le grand jeu**, to clinch the deal he had to bring out the big guns.

jeune *adj.* insufficient°, leaving something to be desired, shy ; **dix balles, c'est un peu jeune**, a quid, come on, you can go better than that.

jeunot *adj.* young°, youngish, on the young side, wet behind the ears.

jeunot *n.m.* child°, kid, youngster, whippersnapper ; **c'est rien qu'un petit jeunot**, he's only a nipper.

jinjin *n.m.* 1. brain°, grey matter, brains ; **ne rien avoir dans le jinjin**, to have nothing up top. 2. red wine°, plonk ; **tu veux un coup de jinjin ?** do you fancy a drop of vino ?

job *n.m.* 1. job°, position, line, one's thing ; **elle se cherche un petit job pour l'été**, she's looking for a slot for the summer. 2. a) **monter le job à qqun**, to swindle° / con s.o., to take s.o. for a ride ; b) **se monter le job**, (i) to have delusions°, to kid oneself, to have oneself on ; (ii) to worry needlessly°, to fret, to work oneself into a lather.

jobard *adj.* gullible°, easily taken-in, wide-eyed, patsy ; **je ne suis pas aussi jobard que j'en ai l'air**, I'm not as green as I'm cabbage-looking.

jobard, -arde *n.* 1. gullible person°, sucker, soft-touch. 2. crazy person°, fruitcake, headcase.

joice, jouasse *adj.* in a good mood°, breezy, chuffed, happy as Larry ; **je suis tout joice aujourd'hui**, I'm over the moon today.

joie *n.f.* **c'est pas la joie**, it's not great, it's not the best.

joint *n.m.* 1. marijuana cigarette°, spliff, joint. 2. **trouver le joint**, to come up with the right way (of doing s.t.)°, to find the key.

jojo *adj.* 1. fine°, nice, neat ; **la réalité n'est pas très jojo**, the reality isn't very pleasant ; **c'est pas très jojo**, it's not exactly great. 2. attractive°, good-looking ; **elle est pas très jojo**, she's not exactly what you'd call a stunner. 3. in trouble°, up the creek, done for ; **et te v'là jojo !** and you're rightly shagged / buggered ! 4. incredible°, stunning, mind-blowing ; **mon histoire de bagnole, c'était jojo**, what happened with my car was really something to write home about.

jojo *n.m.* 1. **un affreux jojo**, a horrible child°, a little horror, a holy terror, a wee brat. 2. **faire son jojo**, to act / come across the goodie-goodie.

joli (c'est du joli !) *loc.* a right bloody mess this is !, what a cock-up !

jonc *n.m.* 1. gold°, dust, yellow stuff. 2. money°, gold, gelt.

Joseph (se faire appeler) *loc.* to be reprimanded°, to get a dressing-down, to be bawled out ; **il s'est fait appeler Joseph par le patron**, the boss read him the riot act.

jouer 1. *v.i.* a) **jouer au con**, to

act the idiot° / dickhead / jerk ; **joue au con, tu vas perdre !** don't piss around or you're in for it ! ; b) **jouer des flûtes / guibolles / compas**, to run away°, to make oneself scarce, to scarper, *(US)* to make like a banana split. 2. *v.t.* a) **jouer l'homme** *(sports)*, to go for the player°, to play the man ; b) **la jouer**, to behave°, to act, to play it ; **la jouer tranquille**, to take it easy / things easy ; **on l'a jouée tranquille**, we played it cool. 3. *v.pr.* **se la jouer**, to behave°, to act, to play it ; **se la jouer classe**, to do things in grand style.

jouir *v.i.* 1. to orgasm°, to come, to go over the mountain ; **je veux qu'on jouisse en même temps**, I want us to come off at the same time. 2. to experience great pleasure°, to get off on s.t. ; **qu'est-ce qu'on va jouir !** we're gonna have ourselves a ball ! 3. *(iron.)* to experience great pain° ; **le dentiste m'a fait jouir !** the visit to the dentist was great fun !

jouissif *adj.* 1. wonderful°, orgasmic, stupendous, fantabulous ; **le voyage était super jouissif**, the trip was awesome. 2. *(iron.)* painful°, wicked, fun ; **quand je suis passé sur le billard, tu vois, c'était jouissif**, being operated on was really something else, if you get my meaning.

journaleux *n.m.* journalist°, pencil pusher, hack.

joyeuses• *n.f.pl.* testicles°, balls, goolies, nuts and bolts ; **il a pris un bon coup dans les joyeuses**, he got a good kick in the rocks.

juif• *adj.* mean°, jewy, tight.

juif• *n.m.* miser°, scrooge, Jew.

jules *n.m.* 1. man°, guy, dude ; a) boyfriend°, beau, main man ; **lui, c'est mon jules**, he's my steady (boyfriend) ; **t'as un jules en ce moment ?** you got a fellah at the moment ? ; b) husband°, the old man, hubby. 2. procurer°, pimp, ponce, hustler.

julie *n.f.* 1. woman°, chick, broad ; a) girlfriend°, baby, G.F. ; **elle, c'est ma julie**, she's my steady (girlfriend) ; b) mistress°, bit on the side, kept woman ; c) wife°, the old lady, the missus. 2. **faire sa julie**, to act / come on the goodie-goodie, to be miss goodie-goodie two shoes ; **voilà qu'elle recommence à faire sa julie**, there she goes again acting the proper little madam.

julot = **jules** 1.

jumelles *n.f.pl.* buttocks°, buns, (nether) cheeks.

junkie *n.* addict°, user, junkie, AD.

jus *n.m.* 1. electricity°, juice ; **couper le jus**, to switch off° / knock off the AC / DC. 2. coffee°, java, Joe ; **on se boit un petit jus ?** how about a quick cawfee ? ; **jus de chaussette**, weak, watery coffee°, dishwater. 3. petrol°, gas, (bug) juice ; **donner du jus**, to speed up°, to step on it ; **aller plein jus**, to go full speed°, to go flat out. 4.• sperm°, come, spunk ; **lâcher le jus**, to drop one's load. 5. water°, the drink, the soup ; **tout le monde au jus !** everybody in (for a swim) ! 6. **jus (de parapluie)**, rain°, wet stuff, sky juice ; **t'as vu un peu le jus qui est tombé aujourd'hui ?** it didn't half pour today, didn't it ? 7. **laisser cuire / mijoter / mariner qqun dans son jus**, to let s.o. deal with his / her own problems°, to let s.o. stew in his / her own juice. 8. **jeter du jus**, to make a big impression, to be classy, to have what it takes ; **ta bagnole jette du jus**, that's a really fab car you've got. 9. **c'est du peu au jus**, we're almost out (of the army), it'll soon be demob day ; **c'est du 15 au jus**, only two weeks to go to Civvy Street. 10. **valoir le jus**, to be worth it, to be worth a go / a shot ; **ça vaut le jus**, it's worthwhile. 11. **être au jus**, to know what's happening° / what's up, to be in the know ; **t'es au jus ?** have you heard the latest ? 12. **c'est le même jus**, it's the same difference, it's six of one.

jute• *n.m.* sperm°, come, spunk.

juter *v.i.* 1.• to ejaculate°, to cream, to pop one's cork ; **j'ai juté partout sur les draps**, I spunked all over the sheets. 2. to look good, to have class, to come across well. 3. to be lucrative°, to be juicy ; **cette affaire jute un maximum**, this deal is a real money-spinner.

juteux *adj.* profitable°, juicy ; **une affaire juteuse**, a lucrative caper, a money-spinner.

K

kasbah *n.f.* house°, home, chez-moi, pad ; **tu veux passer à la kasbah ?** why don't you drop round to my place ?

kawa *n.m.* coffee°, java, cawfee.

kebla, keubla (*verl.* = **black**) *adj.* black° *(people)*.

kebla, keubla (*verl.* = **black**) *n.* black person°.

kébour, kep's *n.m.* 1. peaked cap°, kepi. 2. policeman°, cop, badge.

kébra (*verl.* = **braquer**) *v.t.* to rob°, to hold up, to stick up ; **hier la banque s'est fait kébra**, there was a heist at the bank yesterday.

képa (*verl.* = **paquet**) *n.m.* dose of cocaine°, line, fix.

képi *n.m.* policeman°, copper, badge ; **gaffe les mecs, v'là les képis**, watch out guys, here comes the cops.

kep's = **kébour**.

kès (**c'est du**) *loc.* it's the same°, it's the same difference, it makes no odds.

keuf (*verl.* = **flic**) *n.m.* policeman°, cop, bobby, esclop ; **attention, on a les keufs derrière**, watch out, we've got the pigs on our tail.

keum (*verl.* = **mec**) *n.m.* man°, fellah, bloke, dude ; **allez les keums, on y va !** alright you guys, let's get a move on !

keupon (*verl.* = **punk**) *n.m.* punk (rocker).

kezaco ? = **qu'es-aco ?**

khâgne *n.f.* Arts preparatory class for Ecole normale supérieure°.

khâgneux, -euse *n.* student in **khâgne**.

kif *n.m.* 1. **c'est du kif**, it's much of a muchness, it's six of one (and half a dozen of the other), it's the same difference. 2. hashish°, hash, kif. 3. pleasure°, thrill, kick, fun ; **c'est quoi, ton kif ?** what do you get off on ?

kifer *v.i.* to experience pleasure°, to get a charge out of s.t., to get off on s.t. ; **qu'est-ce qui te fait kifer ?** what sends you ?

kif-kif (bourricot) *adj.* the same, six of one, the same difference ; **c'est kif-kif (bourricot)**, it makes no odds, it all boils down to the same thing.

kiki *n.m.* 1. throat°, windpipe, guzzle ; **serrer le kiki à qqun**, to strangle s.o.°, to wring s.o.'s neck. 2. **c'est parti, mon kiki !** let's go !, and they're off !, away we go !

kil *n.m.* litre (bottle) of red wine°, litre of plonk.

kilo *n.m.* 1. one thousand francs°, a grand. 2. **(dé)poser un kilo•**, to defecate°, to take a shit, to drop a big one, to take a dump ; **va poser un kilo tranquillement et reviens**, go, dump your load and come back.

kir *n.m.* blackcurrant liqueur and white wine°, kir.

kopeck *n.m.* penny°, ha'penny, red cent ; **ne plus avoir un**

kopeck, to be skint / broke ; **ça ne vaut pas un kopeck,** it's not worth tuppence.

kroumir (vieux) *n.m.* old man°, old dodderer, old codger, geri.

L

là *adv.* 1. **être un peu / se poser là** ; a) to be imposing°, to make one's presence felt ; **comme clown, il est un peu là,** he certainly is one hell of a clown ; b) to be an expert°, to have what it takes, to know one's stuff ; **comme conducteur, il se pose là,** he certainly knows how to handle a car ; c) to be 100% reliable, to be always there (when needed) ; **en cas de besoin, un peu qu'il est là,** whenever you need anything you can count on him. 2. **la question n'est pas là,** that's not the point. 3. **tout est là** ; a) that's what it's all about, that's it in a nutshell ; b) that's the beauty of it, that's what so great about the whole thing. 4. **avoir qqun là,** to have had enough of s.o.°, not to be able to take s.o. any more ; **je l'ai là,** he's really pissing me off. 5. **là ! là !** there, there, don't worry. 6. well, so ; **alors là, tu vois,** well, you know, you see what I mean ; **là, c'est trop,** well that's just too much ! ; **ben alors là !** well, I'll be damned !

là-bas *adv.* 1. place one prefers not to mention° (*prison, mental institution, etc.*), you-know-where, the other place ; **j'ai passé pas mal de temps là-bas,** I spent quite some time inside. 2. the homeland°, back home ; **quand est-ce que tu retournes là-bas ?** when are you going back to the old country ?

lac *n.m.* 1.• vagina°, fanny, pussy, crack ; **descente au lac,** cunnilingus°, muff dive, seafood. 2. a) **tomber dans le lac,** to fail°, to flop, to fall through, to go bust ; **l'affaire est tombée dans le lac,** the whole business was a complete wash-out ; b) **être dans le lac,** to be a failure° / flop / wash-out ; **notre projet de vacances est dans le lac,** our holiday plan is down the drain.

lâchage *n.m.* dropping, unloading, dumping, jilting (*girl-friend / boyfriend*).

lâcher *v.t.* 1. to leave°, to chuck ; a) **lâcher son boulot,** to quit one's job, to chuck one's job in ; b) **lâcher son amant(e),** to drop / dump / walk out on one's boyfriend / girlfriend. 2. **lâcher qqun, lâcher les baskets / la grappe à qqun,** to leave s.o. alone° / in peace, to give s.o.'s head peace ; **lâche-moi !** leave me be ! 3. **lâcher qqun,** to quit the scene on s.o., to walk out on s.o. ; **il nous a lâchés dans un trou perdu,** he left us high and dry in the middle of nowhere. 4. **les lâcher,** to pay up, to fork out, to cough up ; **elle est pas du genre à les lâcher facilement,** she's not exactly what you'd call Miss Generosity. 5. **en lâcher une,**

lâcher une caisse / un colis / une louise / Médor, to fart, to drop one, to let one fly. 6. *(sports)* to leave (far) behind, to make a break ; **le champion a lâché le peloton**, the champion broke from the rest of the pack.

lâcheur, -euse *n.* unreliable person°, s.o. one can't count on, s.o. who doesn ́t ́eliver / who lets you down ; **quel lâcheur, ce mec !** you can't trust that guy as far as you can throw him.

ladé, laga, lago *adv.* there°, over there ; **qu'est-ce que tu fous laga ?** hey over there, what the hell are you up to ?

laine *n.f.* 1. **avoir les jambes en laine**, to have tired legs°, to be knackered, to be dead-beat, to have one's legs turn to jelly. 2. **une petite laine**, a woolen sweater° ; **alors, on a mis sa petite laine ?** so you've put a wee pullover on ?

laisser *v.t.* 1. **laisser tomber / choir qqch.**, to drop s.t., to pack s.t. in, to forget s.t. ; **j'ai tout laissé choir**, I called the whole thing quits ; **laisse béton !**, leave it out !, knock it on the head !, pack it in ! 2. **laisser courir / pisser**, to let it ride, to let it go ; **t'as qu'à laisser pisser**, just let the whole thing slide.

lait *n.m.* 1. **boire du petit-lait**, to lap up (compliments), to lap it up, to take it all in ; **quand le patron l'a félicité, il buvait du petit-lait**, when the boss praised him, he just loved every minute of it. 2. **ça se boit comme du petit-lait**, it goes down nicely, it doesn't take much effort to knock this stuff back. 3. **lait de chameau / tigre**, pastis°. 4. **presse-lui le nez, il en sortira du lait**, he's only a new-comer° / greenhorn / rooky, he's still wet behind the ears.

laitue• *n.f.* 1. vagina°, pussy, cabbage. 2. pubis°, beard, beaver.

laïusser *v.i.* to speak pompously°, to pontificate, to speechify.

lambda *adj.* ordinary°, common or garden, mainstream ; **le pékin lambda**, Mr. Average, your average bloke, Joe Bloggs, *(US)* John Doe.

lame *n.f.* 1. knife°, blade, cutter. 2. a good guy, a nice bloke ; **c'est une lame**, he's a good type / a regular guy. 3. **pisser des lames de rasoir**, to have gonorrhoea° / VD, to have a dose / the clap.

lampe *n.m.* 1. throat°, gullet, pipes ; **s'en mettre / coller / foutre plein la lampe**, to eat a lot°, to shovel it down, to pig out ; **s'humecter la lampe**, to have a drink°, to wet one's whistle, to knock one back. 2. **lampe à souder**, a) machine gun°, tommy-gun, typewriter ; b) large nose°, big neb, snozzle.

lampion *n.m.* windpipe°, gullet ; **s'en mettre un coup dans le lampion**, to have a drink°, to knock one back, to throw one down the hatch.

lance-flammes *n.m.* cigarette lighter°, flint, zippo.

lance-pierres *n.m.* **manger avec un / bouffer au lance-pierres**, to eat quickly and badly°, to wolf down, to grab a quick bite ; **à midi j'ai dû bouffer au lance-pierres**, at noon, I had to bolt my lunch down.

lancequine *n.f.* rain°, wet stuff, sky juice.

lancequiner *v.i.* 1. to rain°, to spit, to piss. 2. to urinate°, to take a leak, to pee.

langouse, languetouse *n.f.* tongue°, flapper ; **faire une langouse à qqun**, to French kiss s.o., to give s.o. tongue sushi, to swop spits with s.o.

langue *n.f.* 1. **avaler / perdre sa langue**, to remain silent°, to lose one's tongue ; **t'as perdu ta langue ?** has the cat got your tongue ? ; **retrouver sa langue**, to speak after silence°, to find one's tongue. 2. **donner sa langue au chat**, to give up (guessing), to fold ; **tu donnes ta langue au chat ?** do you give up / in ? 3. **ne pas avoir sa langue dans sa poche** ; a) not to be stuck for words, to be sharp-witted ; b) to talk (a little) too much, not to be the silent type ; **il n'a pas sa langue dans sa poche**, he likes to get his spoke in. 4. **avoir la langue bien pendue**, to be chatty / gabby, to talk up a storm ; **on peut dire qu'il a la langue**

bien pendue, it wouldn't be going too far to say he enjoys a good tongue-wag. 5. **avoir la langue fourchue**, to speak with forked tongue. 6. **avoir la langue qui fourche**, to make a slip of the tongue, to sputter ; **la fourche lui a langué**, he made a tip of the slung. 7. **ne pas savoir tenir sa langue**, not to be able to keep quiet° / to hold one's tongue ; **mes gosses sont incapables de tenir leur langue**, my kids don't know when to shut up. 8. **avoir un bœuf sur la langue**, to keep a secret°, to keep one's gob shut, to have one's lips sealed. 9. **se mordre la langue**, to regret having spoken°, to wish to take s.t. back ; **mieux vaut se taire que de se mordre la langue après coup**, it's better to say nothing, than to shoot off one's mouth and regret it.; 10. **tirer la langue**, to be in difficulty°, to be in a bad way, to be in dire straits ; **à la fin du mois je tire la langue**, I have trouble making ends meet at the end of the month. 11. **la langue verte**, slang, street talk. 12. **la langue de bois**, meaningless, stereotyped language°, bafflegab ; **mettez de côté la langue de bois et parlez normalement !** cut the gobbledygook jargon and speak normally ! 13. **une mauvaise langue, une langue de vipère**, scandal-spreader°, gossip-monger, scuttlebutt, gatemouth. 14. **faire une**

langue (fourrée), to French kiss, to swop spits. 15. **faire aller / marcher les langues**, to have people talking°, to set tongues wagging ; **le scandale a fait marcher les langues**, everybody is yakking about the scandal.

lanterne *n.f.* 1. **lanterne rouge**, contestant bringing up the rear (*sports*), last straggler. 2. *pl.* **lanternes**, eyes°, lamps, headlamps. 3. **s'en fourrer plein la lanterne**, to eat greedily°, to shovel it down, to pig out.

lapin *n.m.* 1. **mon petit lapin**, my sweetie, my pet, my little one. 2. **un chaud lapin**, a highly-sexed man°, a horny bugger, a randy so-and-so ; **son mari est un chaud lapin**, her husband is a real goer. 3. guy, fellah, bloke ; a) **un sacré lapin**, a great guy, a cool dude, a hell of a character ; b) **un drôle de lapin**, a queer character, an oddball, an odd stick ; c) **un fameux lapin**, a bit of a lad, a Jack the lad. 4. **poser un lapin à qqun**, to leave s.o. waiting°, to stand s.o. up, to keep s.o. hanging around ; **c'est la troisième fois qu'il me pose un lapin**, this is the third time he's left me in the lurch. 5. **ça ne vaut pas un pet de lapin**, it's worthless°, it's not worth a toss / a tinker's curse.

lapine *n.f.* 1. **une (mère) lapine**, mother with numerous children°, baby manufacturer ; c'est une vraie lapine, elle arrête pas de pondre, she must have a permanent bed in the maternity ward because she keeps dropping kids. 2. **une chaude lapine**, a highly-sexed woman°, a real goer, a cuddle bunny ; **et c'est là que j'ai compris que c'était une chaude lapine**, and that's when I discovered that she wasn't adverse to a bit of the other.

lapiner *v.i.* to give birth frequently°, to breed like a rabbit ; **arrête donc de lapiner, tu vas surpeupler la planète**, would you ever stop dropping sprogs, you're not improving the world's overpopulation problem.

larbin *n.m.* 1. servant°, lacky, serf. 2. waiter°, garçon ; **va demander au larbin un verre d'eau**, go and ask the dogsbody for a glass of water. 3. servile person°, yes-man, flunky.

lard *n.m.* 1. skin°, rind, bark ; **se gratter le lard**, to scratch oneself, to have a good scratch ; **se racler le lard**, to shave°, to knock off the whiskers ; **sauter sur / rentrer dans le lard à qqun**, to hit s.o. hard°, to lay into s.o., to knock s.o.'s block off ; **sauver son lard**, to save one's skin / bacon ; **prendre tout sur son lard**, to take full responsibility°, to take the rap / the heat. 2. **un gros lard**, (very) fat person°, fatty, fatso ; **eh ! gros lard, bouge ton cul**, hey, tub-of-guts, get your ass moving ! 3. **tête de lard**, (extremely) stubborn person°, pig-headed sod, dog in the manger ; **il est vraiment un peu tête de lard**, he's really as stubborn as a mule. 4. **se demander / ne pas savoir si c'est du lard ou du cochon**, not to be able to figure s.t. out, not to be able to catch the drift ; **en l'écoutant parler, je me demandais si c'était du lard ou du cochon**, I couldn't make head nor tail of what he was getting at. 5. **(se) faire du lard, faire son lard**, to get fat through slovenliness°, to become a fat-cat. 6. **mettre le lard au saloir**, to go to bed°, to hit the hay, to hop in the sack.

lardon *n.m.* child°, kid, brat, snapper, squirt ; **avoir un lardon dans le tiroir**, to be pregnant°, to have a bun in the oven.

lardu *n.m.* 1. police station°, cop-shop. 2. policeman°, cop, bobby.

larf, larfeuil *n.m.* wallet°, poke, skin.

largeurs (dans les grandes) *loc.* completely°, absolutely, all the way ; **il s'est foutu de moi dans les grandes largeurs**, he took the total mickey out of me ; **emmerder qqun dans les grandes largeurs**, to piss s.o. off in a big way.

largonji *n.m.* butchers' slang° *(in which the letter L replaces the first consonant, pushing it to the end of the word ;* *e.g.* " boucher " *becomes* " loucherbem " *and* " vingt " *becomes* " linvé " *).*

larguer *v.t.* 1. a) **larguer qqun**, to give s.o. up°, to drop / to chuck / to give s.o. the big E ; **elle a largué son mec la semaine dernière**, she ditched her bloke last week ; b) **larguer qqch.**, to throw out / chuck out / ditch s.t. ; **j'ai été forcé de larguer ma bagnole**, I was obliged to dump my car. 2. to leave s.o. (far) behind *(sports)* ; **le champion a largué tout le monde**, the champ broke from the rest of the competitors. 3. **être largué** ; to be lost, not to have a clue, to be all at sea ; **alors là, je suis largué**, God, I'm snookered there. 4. **larguer les amarres**, to go away°, to push off, to raise anchor.

larmichette *n.f.* small amount (of liquid)°, a drop, a (tiny) wee dram.

larve *n.f.* lazy person°, lay-about, lazybones ; **quelle larve !** what a drag-ass ; **aujourd'hui j'ai été une vraie larve**, today I did nothing but vegetate.

larzac *adj.* ecological°, green.

larzac *n.m.* ecologist°, green, eco-freak.

lascar *n.m.* man°, guy, fellah, chap ; **un rude lascar**, a tough guy ; **un sacré lascar**, one hell of a guy.

latte *n.f.* 1. foot°, hoof, trotter ; **filer un coup de latte à qqun**, to give s.o. a good boot. 2. *pl.* **lattes**, shoes°, clodhoppers ; **traîner ses lattes** ; a) to knock about, to hang around, to hang out ; b) to go places ; **j'ai traîné mes lattes un peu partout,** I've been around, I've seen the world. 3. **filer un coup de latte à qqun,** to borrow (money) from s.o.°, to cadge (money) from s.o.

latter *v.t.* 1. to borrow° / to cadge (money), to touch s.o. for dough. 2. to put the boot in (to s.o.), to leather, to kick (s.o.'s) ass.

lavasse *n.f.* weak coffee°, soup°, etc., dishwater, rat's pee ; **c'est pas du café, ça, c'est de la lavasse,** you don't call that coffee, that's cat's piss.

lavdu, lavedu, *n.m.* dupe°, mug, patsy ; **eh ! vas donc, espèce de lavedu,** get out of here, stupid sucker !

laver *v.t.* 1. a) to launder (money) ; b) to sell off (stolen goods), to push, to fence. 2. **laver la tête à qqun,** to reprimand s.o.°, to give s.o. a dressing-down, to wipe the floor with s.o. ; **si tu rentres trop tard, tu vas te faire laver la tête,** if you get home late you're going to get your knuckles severely rapped.

lavette *n.f.* 1. spineless person°, wimp, namby-pamby, big girl's blouse. 2. tongue°, flapper.

lazagne *n.f.* wallet°, poke, skin.

lèche *n.f.* sycophancy°, arse-licking, brown-nosing ; **faire de la lèche,** to lick (s.o.'s) arse / ass, to brown-nose, to bootlick.

léché *adj.* well-done°, neatly executed, polished ; **ça c'est du travail léché,** this is a fine piece of work.

lèche-bottes, lèche-pompes *n.m.* sycophant°, boot-licker, toady, *(US)* apple-polisher.

lèche-cul• *n.m.* sycophant°, brown-noser, ass-licker.

lécher *v.t.* 1. to carry out work meticulously°, to do a polished job ; **lécher un tableau,** to paint a picture with extreme care°, not to scribble s.t. off in a few seconds. 2. **lécher qqun•,** to perform cunnilingus on s.o.°, to eat s.o. out, to eat s.o.'s pussy. 3. **lécher qqun, lécher les pieds / les bottes / le cul• à qqun,** to behave sycophantically to s.o.°, to suck up to s.o., to lick s.o.'s boots / arse / ass.

léger (faire du) *loc.* to take no risks°, not to put one's head on the line, not to stick one's neck out.

légitime *n.f.* the wife, the missus, the trouble and strife ; **je vous présente ma légitime,** may I introduce my better half.

légume *n.f.* 1. VIP, big cheese, heavyweight ; **les grosses légumes,** the top guys, the men in suits, the top brass. 2. **perdre ses légumes,** to lose control of oneself° *(fright or incontinence)*, to shit oneself, to shit one's pants.

Léon (vas-y) *loc.* go on !, have

a go, Joe !, go for it, Britt !

lerche (*larg.* = *cher*) *adj.* expensive°, stiff, pricey ; **c'est un peu lerche**, it's a bit steep.

lerche (*larg.* = *cher*) *adv.* a lot, heaps ; **y en a pas lerche**, there's not a helluva lot of it.

lessivé *adj.* 1. exhausted°, wacked, washed up ; **je suis complètement lessivé**, I'm totally knackered. 2. financially ruined°, cleaned out, wiped out ; **depuis son passage au casino, il est lessivé**, his visit to the casino has left him flat bust.

lessiver *v.t.* 1. to ruin s.o. (financially)°, to clean / to wipe s.o. out, **se faire lessiver**, to get totally taken to the dry cleaners. 2. to kill°, to bump off, to wipe out ; **il s'est fait lessiver**, he got polished off. 3. a) to launder (*money*), b) to sell off, to fence (*goods*).

lever *v.t.* 1. to seduce°, to pick up, to pull ; **tous les samedis, il lève une nouvelle nana**, he gets off with a different chick every Saturday. 2. to steal°, to nick, to lift ; **je me suis fait lever ma bagnole**, somebody's pinched my car. 3. to arrest°, to pick up, to nick.

lévo (*verl.* = *voler*) *v.t.* to steal°, to pinch, to nick ; **merde ! je me suis fait lévo mon vélo**, some sod's taken a hike with my bike.

lèvres *n.f.pl.* **je ne le connais ni des lèvres ni des dents**, I've never met him before°, I don't

know him from Edam.

levrette (en) *loc.* in the doggie way°, doggie-style ; **baiser en levrette•**, to fuck in doggie-fashion.

lézard *n.m.* indolent person°, lazybones, lay-about ; **faire le lézard**, to laze around in the sun.

lézarder *v.i.* to laze around in the sun ; **on a passé tout l'été à lézarder**, we spent the whole summer lounging about basking in the sun.

lichette *n.f.* nibble, small taste, drop ; **donne-m'en juste une lichette**, just give me a teensey-weensey bit.

ligne *n.f.* line (of cocaine), line shot.

limer• *v.t.* to copulate°, to slowly screw / bang / shaft ; **il est capable d'en limer quatre à la suite**, he's been known to grind four in a row.

limite *adj., adv.* 1. **c'est limite**, that's about as far as it can go, can't really push it any further, it's touch and go ; **au point de vue fric, c'était un peu limite**, moneywise, we could just barely make it. 2. **être limite**, to have just enough°, to be borderline, to make it and no more ; **à l'examen de maths, j'étais limite**, I just about scraped through the maths exam ; **pour le dîner, on était un peu limite**, we turned up just in time for dinner.

limite (à la) *loc.* 1. if it was

really necessary°, if you pushed it, if push came to shove ; **à la limite, je viendrai te chercher à l'aéroport**, if needs be, I'll pick you up at the airport. 2. it could be necessary°..., it might go as far as... ; **à la limite, je lui foutrais bien une baffe**, I might just have to give him a clip round the ear.

linge (beau) *n.m.* high society, the jet-set ; **au cocktail de réception, il y avait du beau linge**, there were plenty of beautiful people at the cocktail reception.

lingé *adj.* overly well-dressed°, decked out nobby, rigged out posh.

linvé (*larg.* = **vingt**) *adj.* twenty°, a score.

lion *n.m.* 1. forceful and energetic man°, lionheart, brave soul ; **vous devriez voir mon fils, c'est un véritable lion**, you should see my son, he's a real brave-heart. 2. **avoir mangé / bouffé du lion**, to be extremely energetic°, to be full of beans, to be ready for anything ; **eh ben alors, on dirait que t'as bouffé du lion !** God, you look like you've swallowed a can of spinach ! 3. **se défendre comme un lion**, to defend oneself with courage and energy°, to put up a mighty defence ; **il s'est défendu comme un beau lion**, he resisted tooth and nail.

liquette *n.f.* shirt°, dicky dirt, Uncle Bert.

liquider *v.t.* 1. to kill°, to liquidate, to bump off, to waste ; **il s'est fait liquider par un bel après-midi d'été**, he was rubbed out on a beautiful summer afternoon. 2. to get rid of (s.t.), to deal with (s.t.) ; **cette affaire est liquidée, on n'en parle plus**, the whole business is taken care of, let's forget it.

lisbroquer *v.i.* to urinate°, to piss, to take a leak ; **tu me laisses aller lisbroquer ?** do you mind if I take a quick piss ?

Lisette ! (pas de ça) *loc.* out of the question !°, no way Jose !

litron *n.m.* litre bottle of wine°, litre bottle of plonk.

locdu, loquedu *adj.* 1. strange°, weird, whack. 2. worthless°, no-good, two bit.

locdu, loquedu *n.m.* 1. crazyman°, weirdo, screwball ; **les péquenots sont tous des locdus**, country yokels are all whackos. 2. worthless person°, good-for-nothing, bum ; **on ne peut pas dire que tu sois un locdu**, nobody could call you a lay-about.

loche *n.f.* 1. ear°, lughole. 2. taxi-driver°, cab-driver, cabbie.

locomotive *n.f.* 1. leader°, kingpin, front runner ; **votre fils est la locomotive de la classe**, your son is the pace-setter in the class ; 2. lynchpin, dynamo, engine room ; **c'est la locomotive de l'équipe**, he's the powerhouse of the team.

loilpé (à) (*larg.* = **à poil**) *loc.* naked°, starkers, in the nude / nip / altogether.

lolo *n.m.* 1. a) milk°, moo juice ; b) **(ça) c'est du lolo**, it's great°, it's yummy, that's brill. 2. *pl.* **lolos**, breasts°, tits, knockers, jugs ; **quelle magnifique paire de lolos !** what a fantastic pair of coconuts !

loloches *n.f. pl.* breasts°, boobs, bazooms ; **allez, montre-moi tes belles loloches**, go on, show me your beautiful bazongas.

longuet *adj.* long°, longish, on the long side ; **allez, grouille, ça commence à devenir un peu longuet**, come on, get a move on, we haven't got all day.

longueur d'ondes (être sur la même) *loc.* to understand one another perfectly°, to be on the same wavelength.

look *n.m.* appearance°, style, image ; **il a un look d'enfer, ce mec**, that guy looks really cool ; **changer de look**, to change one's image ; **mon collègue a un problème de look**, my workmate has an image problem.

looké (être) *loc.* to have the appearance of°, to have an image ; **être looké rap**, to have a rap look ; **aujourd'hui je suis looké motard**, today, I'm in my biker gear.

lope, lopette *n.f.* 1. homosexual°, queer, faggot, nancy-boy. 2. spinless person°, wimp, namby-pamby, big girl's blouse ; **quelle lopette, ce mec !** this guy is such a doormat.

loquer *v.t.* 1. to dress°, to rig out, to fit out ; **je vais te loquer à neuf**, I'm going to kit you out in a new set of clothes. 2. **se loquer**, to get dressed°, to get togged out, to get rigged out ; **je me suis loqué très tard ce matin**, I put my gear on very late this morning.

loques *n.f.pl.* clothes°, clobber, gear.

loser, -euse *n.* loser, pooch, never-was ; **mon beauf est un loser**, my brother-in-law is a non-starter.

lot *n.m.* 1. desirable woman°, a bit of stuff ; **un joli / beau petit lot**, a nice bit of alright. 2. **gagner / décrocher le gros lot**, to score a resounding success°, to turn up trumps, to strike it rich, to luck out ; **le jour où je me suis marié, j'ai décroché le gros lot**, the day I got married, I really hit the jackpot.

loterie *n.f.* game of chance, gamble, bet ; **le mariage, c'est une loterie**, marriage is all down to Lady Luck.

loto (avoir les yeux en boules de) *loc.* to have round eyes°, to have eyes like ping-pong balls.

loub, loubard *n.m.* thug, yob, *(US)* hoodlum, punk.

loucedé (en), loucedoc (en) (*larg.* = **en douce**) *loc.* discretely°, on the q.t., on the sly ;

elle s'est tirée en loucedé, she sloped off.

louche *n.f.* hand°, hook, mitt ; **ils se sont serré la louche**, they shook paws.

loucherbem, loucherbème, louchébem (*larg.* = **boucher**) *n.m.* butcher°, meatman.

louf, loufoque, louftingue *adj.* crazy, off the wall, round the bend, harpic ; **ce chien est un peu loufoque**, this dog is really out to lunch.

louf, loufoque *n.* mad person°, nutcase, head-banger, fruitcake ; **la serveuse avait tout d'une loufoque**, the waitress was a real banana pie.

loufe *n.f.* fart, beast, raspberry tart.

loufer *v.i.* to fart, to drop one, to drop a beast ; **mon collègue ne cesse de loufer**, my workmate does nothing but cut the cheese.

loufiat *n.m.* waiter°, garçon, coffee bean.

loufocoïdal *adj.* strange°, weird, goof ball, wombat.

louise *n.f.* fart, beast, raspberry tart ; **lâcher une louise**, to fart, to drop one, to let one fly.

loulou, -oute *n.* 1. thug, yob, *(US)* hoodlum ; **les loulous de banlieue**, the yobs from the housing estates. 2. **mon gros loulou, ma grande louloute**, my darling, my little honeypie, my little chickadee.

loup *n.m.* 1. **mon petit loup, mon gros loup**, my darling, my sweetie-pie, my pet. 2. mis-take°, blunder, cock-up ; **y a un loup quelque part**, someone's made a balls-up somewhere. 3. **un vieux loup de mer**, an old sailor°, an old seadog, an old salt. 4. **avoir vu le loup**, to have lost one's virginity°, to have had one's cherry popped / one's cake cut.

loupage *n.m.* action of messing up° / cocking up / bungling / ballsing up s.t.

loupe *n.f.* indolence°, idleness, dawdling.

louper 1.*v.i.* to fail°, to go wrong, to come a cropper ; **ça n'a pas loupé**, that's exactly what was supposed to happen°, that was spot on ; **j'avais vu le coup venir et ça n'a pas loupé**, I saw it coming and sure enough it came ; **j'avais peur que la bagnole tombe en panne et ça n'a pas loupé**, I was afraid my car might break down and, guess what, it did ; **ça va tout faire louper**, that'll cock everything up. 2. *v.tr.* to miss°, a) to mess up, to foul up ; **ils ont complètement loupé leur coup**, they totally cocked the whole thing up ; **j'ai loupé mes exams**, I ballsed up my exams ; b) to arrive too late°, not to make it in time ; **louper son avion**, not to make one's plane ; **elle a loupé son rendez-vous de dix minutes**, she turned up ten minutes late and missed her appointment ; c) **ne pas louper qqun**, (i) to severely reprimand s.o.°, to bawl s.o.

out, to give s.o. a bollocking ; **quand je verrai mon mari, je vais pas le louper**, when I see my husband, he's going to get a piece of my mind ; (ii) to hit s.o.°, to beat s.o. up, to knock the daylights out of s.o. ; **t'inquiète pas, celui-là, je vais pas le louper**, don't worry, that guy is not going to get away without a good hiding ; d) **ne pas en louper une**, not to miss an opportunity°, to be always on the ball ; **il en loupe pas une**, he doesn't miss a trick ; e) **se louper**, to attempt (but fail) suicide°, to bungle / botch one's suicide attempt ; **ne pas se louper**, (i) to commit suicide°, to top oneself good and proper ; **il s'est pas loupé**, he did himself in once and for all ; (ii) to accidentally injure oneself badly°, to smash oneself up badly ; **j'ai vu ma cousine, je peux te dire qu'elle s'est pas loupée**, I saw my cousin and I can tell you she's certainly messed herself up good and proper ; (iii) to accidentally kill oneself°, to do oneself in ; **t'as vu les nouvelles, le plongeur, il s'est pas loupé**, did you see that diver on the news, he certainly made a great job of his final exit.

loupiot, loupiotte n. child°, kid, kiddie, squirt.

loupiote n.f. 1. light°, dimmer. 2. lamp°, torchlight, flash. 3. (light) bulb°, Edison.

lourd adj. stupid°, thick, dopey ; **ce qu'il peut être lourd !** he can be a real dunderhead !

lourd n.m. 1. wealty person°, moneybags, fat cat. 2. country bumpkin, yokel, cultie.

lourde n.f. 1. door°, slammer ; **boucle la lourde !** shut the door ! 2. powerful drug°, hard stuff, the business.

lourder v.t. 1. to dismiss°, to sack, to fire ; **il s'est fait lourder à la veille des vacances,** he got the chuck just before the holidays. 2. to eject°, to show the door to, to kick out ; **je vais te me les lourder, ça va pas traîner,** just you wait, I'm going to chuck them out on their ear.

lourdingue adj. 1. heavy°, bulky, on the heavy side. 2. stupid°, dumb, dopey ; **le propriétaire est un peu lourdingue sur les bords,** the landlord is really of the thick variety.

loute n.f. woman°, chick, dame.

loyale (à la) loc. honestly°, fair, straight-up, by the book ; **jouer à la loyale,** to play it straight.

lune n.f. 1.• backside°, ass, bumhole, brownie ; **se faire taper dans la lune,** to get buggered, to take it up the back passage. 2. **con comme la lune,** as thick as two short planks, a prize dickhead. 3. **demander la lune,** to ask for the impossible°, to ask for the earth ; **promettre la lune,** to make unrealistic promises°, to promise the earth, to promise a miracle ; **et puis quoi encore, tu veux que je**

te **décroche la lune** ? and I suppose on top of that, you want me to give you a million ? 4. **avoir des lunes**, to be changeable° / moody ; **ma mère a ses lunes**, my mother has her ups and downs.

lustucru *n.m.* idiot°, dope, noodle, dumbo.

lustucru ? (*abr.* = **l'eusses-tu cru ?**) *loc.* well fancy that ?, unbloodybelievable !

luttanche *n.f.* fight°, scrap, brawl, free-for-all.

luxe *adj.* deluxe°, classy, chic, upmarket ; **une bagnole super-luxe,** a really classy chassis.

luxe ! (c'est pas du) *loc.* it's the bare minimum, that's the least can be done.

M

maboul *adj.* crazy°, bananas, bonkers, nutty.

mac *n.m.* 1. procureur°, pimp, ponce. 2. hard character°, tough guy, hard man, tough cookie, bit of a lad.

macab = **macchabée**.

macache *adv.* 1. nothing°, nout, damn-all, bugger-all ; **à bouffer, y a macache**, there's zilch to eat. 2. never°, not on your life, not in a month of Sundays, not for all the tea in China ; **faire le boulot tout seul, macache**, there's no bloody way I'm doing that work on my own.

macaroni• *n.m.* 1. Italian°, eye-tie, wop, spaghetti bender. 2. penis°, plonker, salami, sausage ; **s'allonger le macaroni**, to masturbate°, to jerk the gherkin, to beat the bishop, to flog the dummy.

macchabée, macchab, macab *n.m.* corpse°, stiff, dead meat, carcus.

macdo (*abr.* = McDonald's) *n.m.* hamburger°, burger ; **se faire un macdo**, to go for a burger.

machin, -ine *n.* 1. thing°, thingy, whatsit, doodah, widget ; **passe-moi voir le machin, là**, hand me the thingamajig, would you ? 2. **Machin**, thingy, what's-his-name / what's-her-name, whachamacallim / whachamacaller ; **t'as vu Machin avec son pantalon de golf ?** have you seen what's-his-face with his golfing trousers ? 3. **vieux machin**, old man°, old dodderer, fossil, old fogey 4 penis°, thing, thingy, ying-yang.

machinchose, machinchouette, machintruc = **machin** 2.

macho *adj.* agressively masculine°, nacho, hairy-chested.

macho *n.m.* agressively masculine man°, macho, he-man, hairy-chest, medallion man.

madame *n.f.* brothel-keeper, madame.

mademoiselle *n.f.* male homosexual°, pansy, poof, fairy.

magner (se), se manier *v.pr.* to hurry up°, to get one's skates on, to get a move on, to make it snappy ; **magne-toi, l'avion décolle dans cinq minutes**, shake a leg, the plane takes off in five minutes ; **se magner le cul / la rondelle / les fesses / le train**, to get one's ass into gear ; **magne(-toi) !** move it !

magnéto (*abr.* = **magnétophone**) *n.m.* tape-recorder°, (tape-) deck.

magouillard = **magouilleur**.

magouille *n.f.* underhand scheme°, caper, scam, wangle ; **y a de la magouille dans l'air**, something fishy's up ; **leurs magouilles, ça me regarde pas**, I don't want to know about their shady dealings.

magouiller 1. *v.i.* to arrange°, to scheme, to wangle, to finagle, to operate ; **fais gaffe, elle est du genre à magouiller dans ton dos,** watch out, she's the sort who'll hustle behind your back. 2. *v.t.* to arrange°, to fix up, to cook up ; **fais-lui confiance, il va te magouiller une affaire en or,** you can trust him to line you up with a great deal.

magouilleur *n.m.* schemer°, fixer, wangler, operator ; **les politiciens, tous des magouilleurs,** politicans are just a bunch of fiddlers.

mahomet *n.m.* sun°, sol, rays.

mahousse = **maousse**.

main *n.f.* 1. **avoir qqun / qqch en main,** to have s.o. / s.t. under control, to be in charge of s.o. / s.t. ; **cette poulette ne fera pas d'impair, je l'ai en main,** this chick won't mess around, she knows who's boss ; **être en main,** a) to be under control°, to be taken care of ; **la situation est en main,** everything's being looked after ; b) to have a boyfriend / girlfriend°, to be attached / hitched / spoken for. 2. **avoir qqun à sa main,** to have total influence over s.o.°, to have s.o. under one's thumb, to rule the roost with s.o. ; **sa femme l'a à sa main,** his wife certainly cracks the whip with him. 3. **mettre la / une main au panier,** to caress intimately°, to feel / touch up, to drop / slip the hand ; **avoir la main baladeuse,** to be a groper, to have wandering hands. 4. **passer la main,** to abandon°, to pass on, to step down, to hand over ; **vu son âge, il a décidé de passer la main,** given his age, he decided to bow out. 5. **avoir un poil dans la main,** to be lazy° / bone-idle, to be a bit of a layabout / drag ass.

maison *adj.* genuine°, real, original and best ; **une engueulade maison,** a right royal bollocking ; **une andouille maison,** a prize dope.

maison *n.f.* 1. **la maison...,** the milieu° / world of..., the... scene ; **la maison Poulaga,** the police°, the cops, the goon squad, *(GB)* the Old Bill, *(US)* John Law ; **à côté, c'est la maison glandu,** next-door is really idiotville ; **la maison pipi-caca,** the world of toddlers. 2. brothel°, knocking-shop, whorehouse.

mal *adv.* 1. **ça va faire mal,** a) there's going to be trouble° / a riot / some aggro, things are going to hot up ; **les flics sur le campus, ça va faire mal,** with the cops on campus, things are going to get hairy ; b) that's going to have quite an effect° / to set tongues wagging / to make waves ; **quand il va passer à la télé, ça va faire mal,** when he appears on the telly, people are going to sit up and take notice. 2. **ça la fout mal,** that makes a very bad impression°, that doesn't look good, that's bad news ; **arriver après**

la réunion, ça la fout mal, turning up at the end of the meeting leaves you looking really stupid. 3. **ça me ferait mal !** that's impossible°, I don't believe it !, don't give me that !, tell me another ! 4. **ça te ferait mal de... ?** would you ever mind... ?, do you think you might be able to... ? ; **ça te ferait mal de lever le petit doigt pour m'aider ?** I suppose it's asking too much to get you to give me a hand ?

malabar *n.m.* well-built man°, he-man, beefy guy, hulk, powerhouse.

malade *adj.* crazy°, sick-in-the-head, bonkers, off one's rocker ; **il est malade, celui-là !** the guy is nuts !

malade *n.* 1. crazy person°, lunatic, headcase, nutter ; **conduire comme un malade**, to drive like a maniac. 2. devotee°, fanatic, fan, freak, fiend ; **c'est un malade du boulot**, he's a workaholic.

malaise *n.m.* problem°, hiccup, snag, hitch ; **y a comme un malaise**, there's a bit of botheration somewhere.

mal-baisé, -ée• *n.* 1. sexually frustrated individual°, someone who's not getting it / not getting enough ; **c'est un mal-baisé**, he needs a good fuck. 2. difficult individual°, ballbreaker, assbuster, headache ; **dans cette ville, y a que des mal-baisés**, this town is full of fucking moaners.

mal barré *adj.* **c'est mal barré**, things aren't looking the best, it doesn't look too hot ; **on est mal barrés**, we're in for it, there's a storm brewing.

maldonne (y a) *loc.* there seems to be some confusion°, there's been a misunderstanding / a mix-up.

malheur *n.m.* 1. **faire un malheur**, a) to do something awful°, to go buck mad, to lose one's head ; **retenez-moi ou je fais un malheur**, hold me back or I'll do something stupid ; b) to be successful°, to score a hit, to make it big, to strike oil ; **leur disque va faire un malheur**, their record is going to top the charts. 2. **de malheur**, bloody, damned, bleeding, god-awful ; **coupe ta radio de malheur !** turn that sodding radio off !

malle *n.f.* 1. **se faire la malle**, to leave°, to get on one's way, pack up and go, to beat it. 2. **ferme ta malle !** shut up !, shut your gob !, shut your trap !

mama *n.f.* mother of large family°, baby manufacturer, assembly line.

maman ! *excl.* I'm scared !, I want my mammy !, jeepers-creepers !, jeez !

-man *suff.* (*slang suffix rendering nouns and adjectives more unconventional*, e.g. " *accroché* " *becomes* " **accrocheman** ", " *fauché* " *becomes* " **faucheman** " *and* " *poulet* " *becomes* " **poulman** ".

manche *n.f.* begging°, beggary, panhandling ; **faire la manche**, to beg°, to panhandle, to bum.

manche *n.m.* 1.• penis°, dick, root, rod, poker ; **avoir le manche**, to have an erection°, to have a hard-on. 2. awkward person°, clot, clump, clodhopper, clunker ; **se débrouiller comme un manche**, to do things really badly°, to go about things in a half-assed way. 3. **tomber sur un manche**, to happen on a difficulty°, to come across a snag, to hit on a hitch. 4. **du côté du manche**, on the winning side, with the winners ; **il s'arrange toujours pour se mettre du côté du manche**, he always works things out so he ends up in the winners' enclosure.

manchot *adj.* clumsy°, butter-fingered, all fingers and thumbs, ham-fisted ; **ne pas être manchot**, to be skilful° / handy / nifty / no slouch, to have a good pair of hands.

mandale *n.f.* slap°, clout, bang, smack, crack ; **coller / filer / foutre une mandale à qqun**, to give s.o. a good clip round the ear.

mandibules *n.f.pl.* jaws°, chops, clams ; **claquer des mandibules**, to be very hungry° / famished, to be starving to death.

mandoline (jouer de la)• *loc. (woman)* to masturbate°, to finger oneself (off), to pet the poodle, to beat the beaver, to grease the gash.

manettes *n.f.pl.* 1. ears°, lugs, lugholes, flaps. 2. **à fond les manettes**, very fast°, at full throttle, at break-neck speed, all out, like a shot.

manger *v.t.* 1. **manger un morceau**, to eat something°, to have a quick snack, to have a bite. 2. **manger le morceau**, to confess°, to spill the beans / one's guts, to come clean, to sing. 3. **manger la consigne**, to forget one's instructions°, not to follow orders. 4. **manger un coup**, to receive a blow°, to take a punch, to take one on the chin ; **qu'est-ce qu'il a mangé !** he really took quite a hiding. 5. **en manger**, to endure°, to have a hard time of it, to go through a lot ; **il en a mangé dans sa vie**, he's certainly been through rough times in his life. 6. **manger à tous les râteliers**, to take advantage of several situations simultaneously°, to have an iron in every fire.

mangeuse d'hommes *n.f.* woman with large sexual appetite°, nympho, man-eater, goer.

manier (se) = magner (se).

manif (*abr.* = **manifestation**) *n.f.* demonstration°, demo.

manipe (*abr.* = **manipulation**) *n.f.* 1. a) scientific experiment° ; b) operation°, move ; **faire une fausse / mauvaise manipe**, to press the wrong button. 2. under-hand scheme°, caper, scam, wangle ; **derrière ces élections, il y a eu toutes**

sortes de manipes, there was all sorts of wheeling and dealing going on behind the scenes at the elections.

manitou (grand) *n.m.* head°, boss, big (white) chief, bossman, big noise.

manivelles *n.f. pl.* 1. arms°, flippers, flappers, fins. 2. legs°, pins, pegs, stumps.

manouche *n.* 1. Romany°, gipsy, gip. 2. Romany°, gypsy talk.

manque (à la) *loc.* worthless°, crummy, two-bit, poxy, trashy ; **ne confie pas ton dossier à un avocat à la manque**, don't let any third-rate lawyer touch your case.

manque *n.m.* 1. *(drugs)* withdrawal°, cold turkey, the cure ; **quand t'es en manque, tu ferais n'importe quoi pour avoir de la came**, when you're badly in need of a fix, you'd do anything to get some gear. 2. **manque de bol ! / de pot !** a) hard luck !° / cheese !, tough beans ! / shit ! ; **manque de bol, t'as raté ton bus !** hard lines, you've missed your bus ! ; b) wouldn't you know !, just my luck ! ; **je voulais voir son film, et manque de pot, il passe plus**, I wanted to see his movie but of course with my luck it wasn't showing any more.

maousse, mahousse *adj.* gigantic°, ginormous, whopping, colossal, strapping ; **un maousse de sandwich**, one mother of a sandwich.

maqué *adj.* 1. involved in a relationship°, taken, spoken-for, hitched ; **pas la peine de courir après, il est maqué**, there's no point chasing him, he's already been caught. 2. cohabiting°, living in sin, shacking up ; **ça fait trois ans qu'ils sont maqués**, they've been living together for three years.

maquer (se) *v.pr.* to cohabit°, to live together, to shack up together, to share a bathroom.

maquereau *n.m.* procurer°, pimp, ponce, mack.

maquerelle *n.f.* 1. female brothel-keeper°, madam. 2. match-maker, go-between.

maquiller *v.t.* to tamper with°, to doctor, to touch up ; **des papiers maquillés**, fiddled documents.

marave *n.f.* trouble°, aggro, fisticuffs, roughhouse ; **tu cherches la marave ?** are you cruisin' for a bruisin' ?

maraver *v.t.* to beat s.o. up°, to bash s.o.'s face in, to knock s.o.'s head in.

marcel *n.m.* 1. sleeveless undergarment°, string vest. 2. **petit marcel**, boyfriend°, main man, guy.

marchand *n.m.* **marchand de...,** -man, -merchant, 1. **marchand de sommeil**, owner of a cheap hotel°, seedy landlord. 2. **marchand de soupe**, a) proprietor of a poor quality restaurant°, greasy spoon owner ; b) businessman caring only for profit and not quality°, profiteer. 3. **marchand de rêves**, seller of illusions°, dream salesman.

marchandise *n.f.* 1.• excrement°, crap, shit ; **t'as largué ta marchandise ?** did you have a good crap ?, did you do the business ? 2. male sexual organs°, accoutrements, nick-nacks, gear ; **déballe la marchandise !** show your equipment ! 3. stolen goods°, gear, stuff, take, loot.

marcher *v.i.* 1. to accept a lie as the truth°, to fall (for s.t.), to be taken in, to be had, to swallow ; **il ne marche pas, il court**, he's gone for it hook, line and sinker ; **faire marcher qqun**, to take s.o. for a ride. 2. to accept to be involved°, to go along, to count oneself in, to want a taste of the action ; **alors, tu marches ?** do we count you in ? ; **marcher dans la combine**, to be in on the deal. 3. **marcher à l'ombre**, to keep out of sight, to lie low, to make oneself scarce, to retire from circulation.

margeo(t), **marjo** *n.m.* outsider°, outcast, dropout.

margoulette *n.f.* mouth°, kisser, gob, mush ; **se casser la margoulette**, to fall over°, to fall flat on one's face, to come a cropper.

margoulin *n.m.* unscrupulous trader°, slick operator, cowboy merchant ; **n'achète pas chez eux, c'est des margoulins**, don't go to their shop, they're real conmen.

marguerite *n.f.* condom°, frenchie, rubber, johnny.

marida *adj.* married°, hitched, tied, spliced, hooked.

marida *n.m.* marriage°, knot, wedding bells.

marida (se) *v.pr.* to get married°, to tie the knot, to walk down the aisle, to take the plunge ; **alors, quand est-ce que tu te marida ?** so, when's it wedding bells for you ?

Marie-Chantal *n.f.* stylish and snobbish young woman°, toff, Sloane (ranger).

marie-couche-toi-là *n.f.* promiscuous woman°, easy lay, town bike, tramp, floosie.

marie-jeanne *n.f.* marijuana°, grass, weed, blow, Mary Jane.

marie-salope *n.f.* 1. dirty woman°, scrubber, filthy cow, sleazy bitch. 2. tomato juice and vodka°, Bloody Mary.

mariner *v.i.* to wait aimlessly°, to hang about, to wait around ; **tu vas me laisser mariner comme ça encore longtemps ?** are you going to have me kicking my heels here for much longer ?

mariole, mariolle *n.m.* idiot°, clown, messer, joker ; **faire le mariole**, to fool around, to mess about.

marjo = **margeo(t)**.

marlou *n.m.* hooligan, yob, gangster, hood.

marmelade *n.f.* 1. **en marmelade**, in a tired condition°, like jelly, like cotton wool.

2. **réduire qqun / qqch. en marmelade**, to smash s.o. / s.t. up, to make mincemeat of s.o. / s.t., to batter s.o. / s.t. to a pulp.

marmouset *n.m.* fœtus°, little stranger, new kid on the block.

marner *v.i.* 1. to work hard°, to break one's back, to sweat blood ; **qu'est-ce qu'on a marné !** that was bloody tough going ! 2. to wait aimlessly°, to hang about, to kick one's heels, to wait around.

marolepe *(verl. = **ma parole**)* *loc.* 1. well, did you ever !, I'll be a monkey's uncle !, fuck me said the queen bee !, shit a brick ! 2. honest to God !, I swear !, cross my heart !, on my mother's grave !

marquer 1. *v.i.* **marquer mal**, to make a bad impression°, to look bad, to leave a blotch ; **la pelouse pas tondue, ça marque mal**, an uncut lawn, that doesn't exactly look the best. 2. *v.t.* **marquer midi•**, to have an erection°, to have a hard-on, to have a stiff one.

marrade *n.f.* 1. session of laughter°, giggle, bundle of laughs. 2. enjoyable occasion°, fun time, great crack, ball.

marrant *adj.* 1. funny°, screaming, priceless, side-splitting ; **il est pas marrant, ce type**, this guy is no joker, this character is a real misery-guts. 2. strange°, bizarre, weird, freaky.

marrant, -ante *n.* funny person°, clown, joker, laugh.

marre *adv.* 1. **y en a marre !** that's enough !°, I've had it !, I can't take any more ! 2. **c'est marre**, that's it !, it's all over !, that'll do !, enough's enough !

marrer (se) *v.pr.* 1. to laugh°, to roar, to giggle, to crack up ; **qu'est-ce que t'as à te marrer ?** what's so hilarious ? ; **il me fait marrer !** he cracks me up ! 2. to enjoy oneself°, to have a good time / good fun / a ball ; **qu'est-ce qu'on s'est marrés hier soir !** last night was really great fun ; **qu'est-ce qu'on se marre !** *(iron.)*, this is such a laugh !, this is so bloody boring !

marron *adj.* 1. swindled°, conned, taken in, had ; **on a été marron**, we were rightly done. 2. **être fait marron**, to be caught in the act / red-handed / with a smoking gun. 3. disreputable°, shady, crooked ; **un avocat marron**, a bent lawyer.

marron *n.m.* 1. blow°, clout, smack, thump. 2. **chauds, les marrons, chauds !** *(during a fight)* go on, get stuck in !, sock it to him !, roll up, roll up, scrap in progress !

marronner (se faire) = **marron** *adj.* 2.

marteau *adj.* crazy°, nuts, bonkers, bananas ; **faut être marteau pour se balader dans cette tenue**, you've got to be round the bend to go out in gear like that.

martien *n.m.* individual ignorant of current affairs°, alien, guy from outer space ; **qu'est-ce que c'est que ce martien qui n'écoute pas la radio ?** who's the extra-terrestrial who doesn't listen to the radio ?

martyriser *v.t.* to kill°, to bump off, to chill, to do in, to dispose of.

maso (*abr.* = **masochiste**) *adj.* masochistic°, self-punishing, self-flagellating ; **rester avec ce mec, t'es maso, ma vieille ?** you're a real glutton for punishment if you stay with that guy.

maso (*abr.* = **masochiste**) *n.* masochist°, glutton for punishment.

massacre *n.m.* **faire un massacre**, to be very successful°, to score a big hit, to strike oil ; **sa dernière chanson a fait un massacre**, his last song topped the charts.

massacrer *v.t.* to execute badly°, to make a mess of, to balls up, to murder ; **massacrer le travail**, to botch up the work.

masse *n.f.* 1. **à la masse**, a) dazed°, stunned, out of it, spaced out, punch-drunk ; b) crazy°, nuts, screwy, loony. 2. **y en a pas des masses**, there's not a whole lot of it, there's not loads, it's in pretty short supply.

mastic *n.m.* confusion°, mess, mix-up, mishmash ; **t'aurais vu le mastic**, you should have seen the dog's breakfast.

mastoc *adj.* heavy°, hefty, whopping, super-colossal ; **il**

m'a filé un morceau mastoc, he gave me a jumbo-sized piece.

mat (*abr.* = **matin**) *n.m.* morning°, morn ; **on est revenus à trois heures du mat**, we got back at 3 a.m. / in the wee small hours.

mataf *n.m.* sailor°, salt, swabbie, sea dog.

matelas *n.m.* large sum of money°, packet, lump sum, bundle, wad.

mater *v.t.* to observe intently°, to eyeball, to take in, to get a load of ; **qu'est-ce que t'as à me mater ?** what are you looking at, sunshine ? ; **mate un peu ce mec**, check this guy out.

mateur *n.m.* voyeur°, peeping Tom, peek freak.

matheux, -se *n.* 1. mathematics student°, maths bod. 2. individual gifted for mathematics°, maths whizz-kid.

maths (*abr.* = **mathématiques**) *n.f. pl.* mathematics°, maths ; **les maths, c'est pas mon fort**, I'm not that hot at maths.

maton *n.m.* prison warder°, screw, (*US*) yard bull.

matos *n.m.* equipment°, gear, kit ; **sans matos, on peut rien faire**, without our stuff, we can't really do anything.

matraque *n.f.* 1. **avoir la matraque•**, to have an erection°, to have a hard-on, to have a blue-veiner. 2. **mettre la matraque**, to do everything possible°, to go the whole way / the whole hog, to give it one's best shot, to pull out all the stops.

matraquer *v.t.* 1. to overcharge°, to clobber, to rip off, to sting, to skin ; **on s'est fait matraquer au resto**, we got really burned at the restaurant. 2. to punish severely°, to come down hard on, to throw the book at ; **il s'est fait matraquer au procès**, he got really clobbered at the trial. 3. to overpublicize°, to hype, to do the overkill ; **ça fait des mois qu'ils nous matraquent cette pub**, they've been beating us over the head with this ad for months.

matricule *n.m.* **fais gaffe à ton matricule !** you'd better watch out / watch your step ! ; **en prendre pour son matricule**, to receive a severe punishment°, to get a good going over, to cop it, to get hell, to get what for.

mauvais temps ! *loc.* bad news !, heavy scene !, things are looking black !, trouble's in the air !

maximum, max (un) *n.m.* a vast amount°, the mostest, a hell of a lot, a bundle ; **avant de passer l'exam, j'angoissais un max**, before the exam, I was plenty uptight ; **il gagne un max de fric**, he's making mega-bucks.

mayonnaise *n.f.* 1. confusion°, (unholy) mess, cock-up, mishmash ; **avec l'accident, il y a eu une de ces mayonnaises**, after the accident there was one

hell of a foul-up. 2. **monter une mayonnaise**, to arrange s.t.°, to cook s.t. up, to throw s.t. together ; **pour que les gens viennent, il suffit de monter une mayonnaise**, to get people to come, all you have to do is to come up with a few tricks.

mec *n.m.* man°, guy, fella(h), chap, character ; **un mec, un vrai**, the genuine male article ; **un super-mec**, an alright guy ; **d'accord, mec**, alright mate ; **mon mec**, my boyfriend°, my guy, my main man.

meca (*verl.* = **came**) *n.f.* drugs°, dope, shit, gear, stuff.

méca (*verl.* = **camé**) *adj.* drugged°, stoned, high, out of it.

méca (*verl.* = **camé**) *n.* drug addict°, junkie, dope-fiend, user, head.

mécaniques (rouler les) *loc.* to swagger°, to ritz it, to strut one's stuff, to parade one's wares.

mécano (*abr.* = **mécanicien**) *n.m.* mechanic°, wrench, grease monkey.

méchamment *adv.* extremely well°, mightily, almightily, terrifically ; **un plan méchamment bien préparé**, a really wickedly planned operation.

méchant *adj.* fabulous°, amazing, awesome, rare, wicked ; **il a un méchant gauche**, he's got a dynamite left.

mèche *n.f.* 1. **être de mèche avec qqun**, to be in association with s.o.°, to be hooked up / in cahoots / partners with s.o. ; **ces deux-là, ils sont de mèche**, those two guys are a combo. 2. a) **il y a pas mèche**, nothing doing, no bloody way, not likely ; **y a pas mèche de trouver du travail par ici**, there's just no chance of finding work around here ; b) **y en a pas mèche**, there's not a lot of it, it's pretty scarce on the ground, there's not exactly heaps.

mecton *n.m.* man°, guy, chum, matie, chappie ; **écoute, mecton, tu marches avec moi ou tu disparais**, listen, pal, you do what I say or you drop it.

méga- *pref. (slang prefix indicating hugeness* e.g. " **bouffe** " *becomes* " **mégabouffe** ", " **chiée** " *becomes* " **mégachiée** " *and* " **boum** " *becomes* " **mégaboum** ".

mégalo (*abr. = mégalomane*) *adj.* megalomaniac°, power-crazed, power-hungry, ego-tripping.

mégalo (*abr. = mégalomane*) *n.* megalomaniac°, big-head, ego-tripper.

mégotage *n.m.* miserliness°, skimping, penny-pinching, nickel-nursing.

mégoter *v.i.* to skimp°, to penny-pinch, to go easy on the wallet ; **pour une occasion pareille, faut pas mégoter**, for such an occasion we mustn't cut corners.

megra (*verl. = gramme*) *n.m.* gramme°.

meilleure (la) *n.f.* ça, c'est la **meilleure !** that's just incredible !, well, that takes the biscuit !, that just beats the band !

mélanger (se) *v.pr.* to make love°, to make out, to rock and roll, to parallel park.

mélasse *n.f.* 1. close weather°, muggy day, soft weather. 2. **être dans la mélasse**, to be in trouble° / in the soup / in a jam / up the creek.

mêlé-cass *n.m.* strong liquor and cassis°.

mêler (se) *v.pr.* to interfere°, to meddle, to stick / poke one's nose in, to butt in ; **mêle-toi de tes oignons**, mind your own business ; **de quoi je me mêle ?** what's it got to do with you ?

mélo (*abr. = mélodramatique*) *adj.* melodramatic°, melo, corny, soapy.

mélo (*abr. = mélodrame*) *n.m.* melodrama°, piece of corn ; **avec tes histoires de cœur, on est en plein mélo**, anybody would think we were in a soap-opera with all your love stories.

melon *n.m.* 1. head°, nut, noggin, block ; **prendre un coup dans le melon**, to get a dig in the head. 2.• Arab°, A-rab, wog.

membre *n.m.* penis°, member, pecker, plonker.

mémé *n.f.* 1. grandmother°, grandma, grannie, gran. 2. old woman° / bat / bag / biddy.

mémère *n.f.* 1. old woman° /

bat / bag / biddy. 2. conventional° / set-in-her-ways / square woman ; **elle fait un peu trop mémère à mon goût,** she's a bit too straight for my liking.

ménage *n.m.* 1. homosexual couple°, gay twosome, duet ; **ils forment un joli ménage, ces deux-là,** don't those two guys form a lovely couple. 2. **faire le ménage,** a) to overhaul°, to spring-clean, to make sweeping changes ; **le nouveau patron a fait le ménage dans la direction,** the new boss totally revamped management ; b) *(sports)* to play rough°, to go in dirty, to hack down ; **il a fait le ménage dans l'attaque,** he left the attackers lying on the ground.

mener *v.t.* 1. **mener qqun en barque / bateau,** to deceive s.o.°, take s.o. for a ride, to lead s.o. up the garden path. 2. **mener le petit au cirque•,** *(man)* to have sex°, to get one's banana peeled, to dip one's wick, to make like the birds and the bees.

m'enfin *(abr. = mais enfin) loc.* come on now, come off it, cut the crap ; **m'enfin, t'as fini de me casser les pieds ?** that's enough now, will you stop annoying my head ?

méninges *n.f.pl.* brain°, brains, gray matter, loaf ; **se creuser / se fatiguer / se fouler / se remuer les méninges,** to think hard°, to rack one's

brains, to put on one's thinking cap ; **pour son bouquin, il s'est pas trop creusé les méninges,** he didn't exactly bust his skull brainstorming for his book.

mensuelles *n.f.pl.* menstruation°, monthlies, rag, curse.

mental *n.m.* mental approach°, mind-set, attitude ; **il faut un mental d'acier pour gagner un tournoi comme ça,** you need nerves of steel to win a tournament like this.

menteur *n.m.* newspaper°, rag, scandal sheet.

menteuse *n.f.* tongue°, clapper, stinger ; **être doué de la menteuse,** to be a good talker°, to have the gift of the gab, to have kissed the Blarney Stone.

mer *n.f.* **c'est pas la mer à boire,** it's not that tough, it won't kill you, it's nothing to get your knickers in a twist over.

merdaillon• *n.m.* worthless individual°, little runt / shit.

merde• *n.f.* 1. a) faeces°, crap, shit, kaka ; **marcher dans la merde, ça porte bonheur,** stepping in shit brings good luck ; b) piece of excrement°, turd, job(bie), piece of shit. 2. a) worthless individual°, shit, dick, cunt ; **normal que la boîte ne marche pas, y a que des merdes aux commandes,** no wonder the company's in trouble, the guys in charge are just a bunch of jerk-offs ; b) worthless goods°, junk, crap, shit, balls ; **faut choisir, vous voulez de la qualité ou vous voulez de la merde ?** you've got to make up your mind if you want quality goods or tripe ; **ce truc que vous m'avez vendu, c'est de la merde en paquet**, that thing you sold me is just a load of crap ; **une merde** ; a worthless item°, a piece of shit / crap ; c) **de merde**, worthless°, trashy, shitty, crappy ; **quel film de merde !** that movie is just a load of old bollocks ; d) **ne pas se prendre pour de la merde**, to think highly of oneself°, to think the sun shines out of one's ass, to take oneself for the dog's bollocks ; e) **traîner qqun dans la merde**, to sully s.o.'s reputation°, to smear s.o., to sling mud at s.o., to rubbish s.o. 3. problem°, balls-up, hitch, snag ; **il m'est arrivé une merde**, I had a bit of a cock-up. 4. tough situation°, heavy scene, the shit ; **être dans la merde**, to be up shit creek (without a paddle) ; **c'est la merde**, it's the pits, it's shit city. 5. confusion°, chaos, mess, muddle ; **les jours de grève des transports, c'est une de ces merdes**, whenever there's a public transport strike, things are really fucked up ; **foutre / semer la merde**, to create havoc°, to put a spanner in the works, to stir up shit ; **tout allait très bien jusqu'à ce que tu viennes foutre ta**

merde, everything was going just fine till you ballsed it all up. 6. hashish°, shit, dope, gear. 7. **merde !** shit ! ; **merde alors !** holy shit ! ; **bordel de merde !** holy fucking shit ! 8. **dire merde à qqun**, to tell s.o. where to go / where to get off ; **oui ou merde ?** yes or no ?°, make up your fucking mind ! ; **alors tu viens, oui ou merde ?** well, are you fucking coming or not ? 9. **merde !** good luck !, break a leg !, I spit on your boots !

merder• *v.i.* 1. to do badly°, to make a mess of, to cock up, to balls up ; **à l'oral j'ai complètement merdé**, I really made a balls of the oral exam. 2. to malfunction°, to foul up, to screw up ; **l'imprimante a merdé**, the printer fucked up.

merdeux• *adj.* 1. soiled°, shit-stained, covered in crap ; **les trottoirs merdeux, c'est dégueu**, dog shit everywhere on the pavement is really disgusting. 2. = **merdique**.

merdeux, -se• *n.* 1. worthless and pretentious individual°, big-headed bastard, arrogant fucker, fucking show-off. 2. **petit merdeux**, obnoxious child°, beastly little brat, rotten little runt.

merdier• *n.m.* 1. disorder°, mess, hash, muck-up ; **tu m'as foutu un de ces merdiers !** you've really fucked things around in a big way here ! 2. difficult situation°, fix, pickle, jam ; **sans visa, ils sont dans un merdier invraisemblable,** without a visa they're really up shit creek.

merdique• *adj.* worthless°, shitty, crappy, poxy ; **le film d'hier soir était vraiment merdique,** last night's movie was a real load of shit.

merdouille *n.f.* 1. piece of dirt° / crap / shit ; **il doit y avoir une merdouille dans le carburateur,** there must be some crud in the carburettor.

merdouiller, merdoyer *v.i.* to flounder°, to get into a muddle, to get all mixed up ; **arrête de merdouiller et mets-toi au boulot,** straighten yourself out and get down to work.

mère *n.f.* 1. **la mère...,** old mother..., old ma... ; **la mère Machin,** old Mrs. Whats-her-name. 2. **(nique) ta mère !•,** go fuck yourself !, dirty sonofa-bitch !

mérinos (laisser pisser le) *loc.* to bide one's time°, to sit things out, to let things go.

métallo *n.m.* steel worker°.

météo (*abr.* = météorologie) *n.f.* 1. weather report°, forecast. 2. bad weather°, inclement meteorological conditions ; **la sortie a été annulée pour cause de météo,** the outing was rained off.

métro, boulot, dodo *loc.* the daily routine° / grind, a nine-to-five lifestyle, a humdrum existence.

mettable• *adj.* sexually attract-ive°, fuckable, buckable, screwable ; **elle s'est trouvé un mec tout ce qu'il y a de mettable,** she certainly got herself a piece of alright.

mettre 1. *v.t.* a) **mettre un (vieux) coup à qqun,** (i) to give s.o. a beating° / a hiding / a thrashing, to do s.o. over ; (ii) to defeat s.o.°, to destroy s.o., to take s.o. to the cleaners ; **qu'est-ce qu'il lui a mis !** he really took him apart ; b)• to fuck, to lay, to screw ; **va te faire mettre !** go fuck yourself ! ; **mettre le poisson dans le bocal,** to slip a length, to lay pipe, to bang ; c) **mettre les bouts / les voiles,** to leave°, to beat it, to shoot, to make tracks ; d) **mettre le paquet,** to do one's best° / utmost / darnedest / damnedest, to give it one's best shot / all one's got ; e) **tu peux te le mettre où je pense !** you know where you can shove it !, you can stick it up your arse ! 2. *v.pr.* a) **s'en mettre plein la lampe, s'en mettre jusque-là,** to eat heartily°, to stuff oneself / one's face, to pig out ; b) **ne plus savoir où se mettre,** to be extremely embarrassed°, not to know where to hide / where to put oneself, to be cut off ; c) **se mettre à table,** to confess°, to own up, to spill the beans / one's guts, to come clean.

meuf, meffe (*verl.* = femme) *n.f.* woman°, chick, bird, doll.

meule *n.f.* 1. motorbike°, bike,

cycle. 2. *pl.* **les meules**, the buttocks° / cheeks / buns.

meumeu *adj.* wonderful°, smashing, super, ace.

mézig, mézigue *pron.* myself°, yours truly, numero uno ; **c'est toujours mézigue qui prends**, it's always old Uncle Dudley who gets it.

miches *n.f.pl.* 1. buttocks°, buns, bum, ass. 2.• testicles, balls, bollocks, goolies ; **avoir les miches à zéro**, to be scared shitless. 3. breasts°, tits, boobs, knockers.

mickey *n.m.* 1. uninteresting character°, nobody, pipsqueak, crumb, lightweight. 2. **faire son Mickey**, to show off in a ridiculous fashion, to act the clown / the welly / the dick.

micketterie *n.f.* mistake°, blooper, cock-up, foul-up.

micro *n.m.* mouth°, trap, gob ; **ferme ton micro !** shut up !, shut it !, put a lid on it !

microbe *n.m.* small person°, pint-size, midget, little squirt, pipsqueak.

midi ! (c'est) *loc.* it's all over !, too late !, time's up !

miel ! *(euph.* = **merde !**)*excl.* sugar !, shoot !, suffering cats !

miel (c'est du) *loc.* it's very simple°, it's easy as pie, it's a piece of cake.

mieux (plus) *loc.* better°, more good, more better ; **avec du beurre, c'est plus mieux**, try it with some butter, it's the bestest.

milieu (le) *n.m.* the world of crime°, the underworld, gangland.

millefeuille *n.m.* 1.• female genitals°, pussy, lunch-box, furburger. 2. wad of banknotes°, bundle of greenbacks.

mimi *adj.* nice°, cute, cutsey ; **ça, c'est mimi !** now that's sweet !

mimile *n.m.* working-class man°, cloth cap.

mimines *n.f. pl.* hands°, mitts, paws.

mince ! *(euph.* = **merde !**) *excl.* my goodness !, shoot !, sugar !, jeez !, crikey !

mine *n.f.* 1. **mine de rien**, without giving the impression°, without looking it, you wouldn't know ; **mine de rien, il cuisine comme un chef**, you wouldn't think it to look at him, but he's a great cook ; **mine de rien, il s'est taillé une belle fortune**, while nobody paid any attention, he managed to put together quite a pretty penny. 2. **avoir bonne mine**, to look foolish°, to look like an idiot / a prize dick / a right Charlie ; **quand le président est arrivé ivre à la conférence de presse, son équipe avait bonne mine**, when the president rolled up drunk for the press conference, his staff looked like a right bunch of jokers.

minet *n.m.* 1. self-consciously stylish young man°, trendy, faddy. 2. young effeminate man°, fop, dandy. 3.• female genitals°, pussy, snatch, cunt.

minette *n.f.* 1. young girl°, chicklet, babe, baby doll ; **draguer les minettes**, to chat up the young cuties. 2.• **faire minette**, to perform cunnilingus°, to eat fur pie, to muff-dive, to eat out.

mini-keum *n.m.* tough little guy, little rascal, pint-sized punk.

minou = minet 3.

minus *n.m.* insignificant individual°, pipsqueak, nobody, lightweight, squirt, runt.

minute, papillon ! *loc.* just a second !, hang on !, wait a minute !

miraud = miro.

mirettes *n.f. pl.* eyes°, peepers, lamps, eyeballs ; **en mettre plein les mirettes à qqun**, to impress s.o.°, to blow s.o. away, to knock s.o. for a loop, to slay s.o.

miro, miraud *adj.* short-sighted°, blind.

mise en l'air *n.f.* 1. burglary°, break-in, second-story job. 2. robbery°, stick-up, heist, holdup job.

miso (*abr.* = **misogyne**) *adj.* misogynous°, woman-hating.

mistigri• *n.m.* female genitals°, pussy, cunt, snatch.

mistoufle *n.f.* poverty°, misery, Mean Street ; **être dans la mistoufle**, to be down on one's luck.

mitard *n.m.* solitary confinement cell°, solitary, cooler, hole.

miteux *adj.* shabby°, grotty, grungy, cruddy ; **un quartier miteux**, a run-down area.

mitraille *n.f.* small change°, coppers, brass, jangle, jingle-jangle.

mitrailler *v.i., v.t.* to take numerous photographs°, to take shot after shot, to shoot off a roll, to click away ; **les stars sont habituées à se faire mitrailler à tout bout de champ**, stars are used to being snapped all the time.

mob *n.f.* pedal motorcycle°, moped.

moche, mochard *adj.* 1. ugly°, scuzzy, grungy, manky ; **moche à pleurer / hurler / chier**, as ugly as sin / as they come, buck ugly ; **ce tableau est ultra-moche**, this painting is really hard on the eyes. 2. nasty, rotten, beastly, lousy ; **un coup moche comme ça, je ne suis pas près de l'oublier**, I'm not going to forget a dirty trick like that in a hurry. 3. unfortunate°, terrible, godawful, grim ; **mourir si jeune, c'est vraiment moche**, dying so young is just a tragedy.

mochement *adv.* meanly°, nastily, in a rotten way ; **les flics l'ont mochement arrangé**, the cops really did him over in a bad way.

mocheté *n.f.* 1. ugly individual°, dogface, ugly mug ; **où est-ce que t'as pêché cette**

mocheté ? where did you pick up that paper bag job ? ; **il sort avec une vraie mocheté en ce moment,** he's going out with a real boot at the moment. 2. ugly thing°, piece of rubbish / crap, something the cat dragged in ; **demander un tel prix pour une mocheté pareille, c'est du vol,** putting a price-tag like that on such a grotty piece of rubbish is daylight robbery.

mode *adj.* stylish°, chic, classy, natty ; **une robe très mode,** a really trendy dress.

mode *adv.* fashionably°, trendily, up-to-the-minute, nattily ; **s'habiller mode,** to dress in a snazzy way.

mœurs (les) *n.f. pl.* the vice squad°, the pussy posse.

mohammed• *n.m.* Arab°, A-rab, rab.

moins une (c'était), c'était moins cinq *loc.* it was a close call / thing / shave, it was touch and go.

mois (tous les trente-six du) *loc.* almost never°, once in a blue moon, once in a month of Sundays ; **mon mari, je le vois tous les trente-six du mois,** I see my husband every thirty-first of February.

moisir *v.i.* 1. to wait indefinitely°, to knock around, to hang about ; **tu as l'intention de me laisser moisir ici encore longtemps ?** do you intend to keep me clicking my heels here for much longer ? 2. to stagnate in one's career°, to go nowhere, to vegetate ; **il a moisi des années comme sous-fifre avant d'avoir sa chance,** he rotted away for years as a dogsbody before he got his chance.

moiter, mouetter *v.i.* to be fright-ened°, to have the creeps, to wet one's pants, to shit a brick.

moites (les avoir) *loc.* = **moiter.**

moitié *n.f.* **ma moitié,** my wife°, my better half, the missis, the wife.

molard, mollard *n.m.* spittle°, spit, gob.

molarder, mollarder *v.i., v.t.* to spit°, to gob.

mollasse, mollasson *adj.* indolent°, dozy, snoozy, drag-ass ; **t'es vraiment mollasson, bouge-toi !** get a move on, you're such a couch potato !

mollasson, -onne *n.* indolent person°, lay-about, lazybones, lump ; **bouger ce mollasson, c'est pas une mince affaire,** getting this lazy lout moving is no small feat.

mollo (y aller) *loc.* to use caution°, to soft-pedal it, to take it easy ; **vas-y mollo !** easy does it !, steady as she goes !

mollusque *n.m.* slow individual°, slowcoach, snail ; **avance, mollusque !** get a move on, drag ass !

momack *n.m.* child°, kid, squirt, snapper.

môme *n.f.* girl°, chick, bird ; **une jolie môme,** a real peach, a good-looker.

môme *n.m.* child°, youngster, kid, brat ; **pisser un môme**, to give birth°, to drop a sprog ; **les mômes**, the kids, the sprogs.

mômeries *n.f. pl.* childish behaviour°, kids' antics ; **tes mômeries, ça suffit !**, stop acting the baby !

mondaine (la) = **mœurs (les)**.

mongol, -ole *n.* idiot°, dope, mongolid, dickhead ; **espèce de mongol !** you silly prat !

monnaie (faire de la) *loc.* to make a lot of money°, to roll it in, to make mega-bucks.

Monsieur... *n.m.* self-styled expert of s.t.°, Mr. ..., the world's number one... ; **attention les gars, voilà Monsieur la Science**, watch out guys, here comes Professor Science.

monstre *adj.* enormous°, gigantic, mammoth, awesome ; **une manif monstre**, a monster rally ; **soldes monstres**, monster sale.

monstrueux *adj.* 1. enormous°, gigantic, monstrous, ginormous, whopping ; **avoir un cul monstrueux**, to have the luck of the devil. 2. wonderful°, great, wicked, magic ; **le concert était monstrueux**, the concert was really awesome.

monté *adj.* **bien monté**, sexually well-developed° *(man)*, well-hung, well-equipped, well-endowed ; **être monté comme un âne / un cheval**, to be hung like a bull.

montgolfière *n.f.* 1. nymphomaniac°, nympho, goer. 2. *pl.* **les montgolfières**, a) breasts°, balloons, boobs, coconuts ; b)• testicles°, balls, goolies, nuts.

montre *n.f.* 1. exhibition°, show, act ; **pour la montre**, for the gallery ; **faire qqch. pour la montre**, to do s.t. for show, to play to the gallery, to show off ; **son bouquin, il l'a fait rien que pour la montre**, he wrote his book just for the parade. 2. **jouer la montre**, to slow down a game purposefully°, to time waste.

monumental *adj.* enormous°, gigantic, whopping, super-colossal ; **une connerie monumentale**, a ginormous boob.

morbac, morbaque *n.m.* 1. crab-louse°, crab. 2. child°, kid, brat, squirt.

morceau *n.m.* 1. **un beau morceau**, an attractive person°, a bit of alright, a nice bit of stuff. 2. **un sacré morceau**, a large thing°, a real whopper / monster / mother ; **le pêcheur a sorti un sacré morceau**, the fisherman pulled out a real heavyweight. 3. **cracher / lâcher / manger le morceau**, to confess°, to spill the beans / one's guts, to come clean, to sing. 4. **casser le morceau à qqun**, to tell s.o. the truth with no frills°, to give it to s.o. straight out, to tell s.o. what's what and no messing.

morcif *n.m.* piece°, bit, taste,

drop ; **passe-m'en un morcif,** chuck me a hunk.

mordre 1. *v.i.* **mordre à qqch.,** to understand s.t.°, to catch / cop / cotton onto s.t. ; **l'électricité, j'y mords que dalle,** I haven't a clue when it comes to electricity. 2. *v.t.* a) **mords-le ! mords-y l'œil, t'auras la queue !** go for him !, kill him !, get stuck into him !, give him hell ! ; b) **c'est à se les mordre,** it's very funny°, it's a real scream / howl, it's enough to make you piss yourself (laughing).

mords-moi-le-nœud (à la), à la mords-moi-le-paf *loc.* low-grade°, crummy, two-bit, mickey-mouse ; **qui est-ce qui m'a foutu ce secrétaire à la mords-moi-le-nœud ?** who fobbed me off with this dilly secretary ?

mordu *adj.* 1. in love°, smitten, head over heels, moonstruck ; **y a rien à faire, il est mordu,** it's hopeless, he's totally hooked. 2. extremely keen°, mad about, gone on, nuts about ; **il est mordu de moto,** he's really crazy about motorbikes.

mordu, -ue *n.* devotee°, fan, addict, buff, freak ; **un mordu du jardinage,** a mad-keen gardener ; **un mordu de rock,** a rock fanatic.

morfale *adj.* gluttonous°, greedy, piggy, grabby.

morfale, morfalou *n.* glutton°, pig, greedy-guts ; **ce morfale**

a vidé le frigo, the greedy hog just went through the whole fridge.

morfaler *v.i., v.t.* to eat voraciously°, to wolf down, to stuff one's face, to scoff down ; **faut le voir morfaler,** you should see him when he ties on the nosebag.

morfalou = morfale.

morfler 1. *v.i.* a) to endure difficulties°, to be on the receiving end, to take / cop it ; **j'en ai marre de morfler à la place des autres,** I'm fed up taking the punches for other people ; b) to be sentenced°, to be put away / inside ; **il a salement morflé,** he was sent down for a packet ; c) to get damaged°, to suffer, to bear the brunt ; **les meubles ont morflé dans le déménagement,** the furniture got a bit of a bashing during the move. 2. *v.t.* to receive° / take / cop / handle *(blow, disease, etc.)* ; **il a morflé trois claques en pleine gueule,** he got three smacks right on the chin.

morgane *adj.* in love°, smitten, hooked, enamoured ; **être morgane de qqun,** to be head over heels about s.o.

morlingue *n.m.* wallet°, poke, frame ; **constipé du morlingue,** miserly°, stingy, tight-fisted, sticky-fingered.

mornifle *n.f.* 1. slap°, clip, smack ; **si tu continues, je vais te filer une mornifle que tu n'oublieras pas,** if you keep on, you're going to get a crack round the ear you won't forget in a hurry. 2. small change°, coppers, brass.

morpion *n.m.* 1. crab-louse°, crab. 2. child°, kid, brat, snapper.

mort *adj.* out of order°, kaput, buggered, shot ; **les piles sont mortes**, the batteries are knackered.

mort (à) *loc.* extremely°, totally, plenty, bloody, all the way ; **freiner à mort**, to break hard ; **cravacher à mort**, to work one's ass off ; **visser à mort**, to screw bloody tight ; **bander à mort•**, to have a huge erection, to have a blue-veiner.

mort aux vaches !• *loc.* down with the police !°, fuck the pigs !

mortibus *adj.* dead°, gone, cold, stiff.

mortel *adj.* 1. extremely boring°, deadly, drag ass ; **hier soir, c'était carrément mortel**, last night was such a yawn. 2. wonderful, smashing, awesome, fresh.

morue *n.f.* 1. prostitute°, whore, tart, hooker. 2. unpleasant woman°, bitch, cow ; **vieille morue**, old bag.

morveux *n.m.* child°, kid, brat, rascal ; **espèce de petit morveux !** dirty little squirt !

mot *n.m.* **mot de Cambronne / de cinq lettres**, *(euph.= merde)* vulgar word°, four-letter word, the S word.

motard, -arde *n.* 1. motorcy-clist°, biker, bikie. 2. motorcycle policeman°, (motor-bike) speed cop, chopper copper.

motorisé (être) *loc.* to have a car / motorcycle°, to be on wheels / motorized ; **t'es motorisé ou tu veux que je te ramène ?** are you in the banger or do you want me to drop you off ?

motte• *n.f.* 1. female genitals°, pussy, beaver, fanny ; **brouter la motte**, to perform cunnilingus°, to muff-dive, to dine at the Y. 2. anus°, ass, arsehole, keister.

motus (et bouche cousue) ! *loc.* keep quiet about it !°, mum's the word !, don't spread it around !, don't say boo !

mou *adv.* cautiously°, softly-softly, with kid gloves ; **y aller mou**, to take it easy, to tread lightly, to watch one's step.

mou *n.m.* 1. **rentrer dans le mou à qqun**, to beat s.o. up°, to lay into s.o., to knock the living daylights out of s.o. 2. **bourrer le mou à qqun**, to deceive s.o.°, to have s.o. on, to take s.o. for a ride ; **t'as fini de me bourrer le mou ?** woud you stop taking the Mickey ?

mouchard, -arde *n.* 1. informer°, grass, nark, fink. 2. telltale, squealer, tattler, stoolie.

moucharder *v.i., v.t.* to inform (on)°, to grass (on), to finger, to rat (on) ; **ce salaud a mouchardé ses copains**, the bastard spilt the beans on his mates.

mouche *n.f.* 1. = **mouchard**.

2. **mouche à merde**, scandal-spreader, gossip-monger, shit-stirrer.

moucher 1. *v.t.* **moucher qqun**, a) to reprimand s.o.°, to tell s.o. off, to bawl s.o. out, to read s.o. the Riot Act ; b) to deflate s.o.'s ego°, to take s.o. down a peg (or two), to cut s.o. (down to size) ; **il était temps qu'il se fasse moucher**, it was high time he was put in his place. 2. *v.pr.* **ne pas se moucher du coude / du pied**, a) to have a high opinion of oneself°, to take oneself for s.o., not to take oneself for shit ; b) to do things in grand style°, not to spare any expense, to live in the lap of luxury.

mouchodrome *n.m.* bald head°, billiard ball, chrome dome.

mouchoir *n.m.* **arriver dans un mouchoir**, to finish closely°, to come in neck and neck, to end up in a photo finish ; **la course s'est jouée dans un mouchoir**, the race had a real nail-biting finish.

mouetter = **moiter**.

mouflet, -ette *n.* child°, kid, brat, squirt, nipper.

moufter, mouffeter *v.i.* to complain°, to speak up, to talk out, to moan ; **ne pas moufter**, to remain silent°, to keep one's mouth shut, to keep mum ; **il a accepté sans moufter**, he agreed without grumbling.

mouillé *adj.* involved°, in on the act / deal, tied-up, mixed-up ; **il est mouillé dans l'affaire des faux billets**, he's knee-deep in the counterfeit money scam.

mouiller 1. *v.i.* a)• to be sexually excited°, to be turned on, to be horny ; **rien qu'en le voyant, elle mouille déjà**, she only has to look at him to get all steamed up ; b) **mouiller pour qqun•**, to be sexually excited by s.o.°, to get turned on by s.o., to have the hots for s.o. ; **il mouille pour tout ce qui porte jupe**, anything in a skirt gets him creaming in his jeans ; c) to be afraid°, to piss one's pants, to shit a brick ; **arrête de mouiller, tu me fais pitié**, stop shitting yourself, you're making me sick ; d) **ça mouille**, it's raining°, it's spitting, it's pissing. 2. *v.t.* a) **mouiller sa culotte / son froc**, to be frightened°, to shit a brick, to piss one's pants ; **ce couillon mouille son froc pour un oui ou pour un non**, this wimp gets shit-scared over nothing ; b) **mouiller sa chemise**, to work hard°, to bust one's ass, to sweat blood ; c) **mouiller qqun**, (i) to involve s.o.°, to drag s.o. in, to rope s.o. in ; **il a mouillé la moitié du gouvernement dans sa magouille**, he had half the government mixed up in his shady dealings ; (ii) to compromise s.o.°, to finger s.o., to name s.o., to blow the whistle on s.o. ; **pour éviter la prison, il a mouillé tous ses copains**, to avoid going to prison, he spilt the beans on all his chums. 3. *v.pr.* **se mouiller**, to take a risk°, to stick one's neck out, to go out on a limb ; **elle s'est drôlement mouillée pour me protéger**, she really put herself on the spot to protect me.

mouilles *n.f. pl.* buttocks°, cheeks, buns.

mouise *n.f.* 1. poverty°, misery, Mean Street, hard times ; **être dans la mouise**, to be in (financial) difficulties°, to be hard up, to be in a pickle / a jam / the shit (financially). 2. bad° / rotten / tough luck.

moujingue *n.m.* child°, kid, brat, nipper.

moule 1. *n.f.* a)• female genitals°, fanny, pussy, slit, snatch ; b) worthless person°, idiot, wally, jerk, twat ; **quelle moule !** what a plonker ! ; c) luck°, jam, good break ; **quelle moule !** how lucky can you get ! ; **avoir de la moule**, to have the luck of the devil, to be jammy. 2. *n.m.* **moule à gaufres**, imbecile°, dope, dickhead, lamebrain.

moulée *adj.* **bien moulée**, *(woman)* well-proportioned°, well-built, well-stacked ; **moulée dans du latex**, having it in all the right places.

mouler *v.i., v.t.* to defecate°, to shit, to crap ; **mouler un bronze / un cake**, to take a shit / a crap.

moulin *n.m.* engine°, motor°, power plant.

mouliner *v.i. (cyclists)* to pedal steadily°, to pedal / motor along.

moulinette *n.f.* **passer qqun à la moulinette** 1. to kill s.o.°, to liquidate / rub out / waste s.o. 2. •to have sex with°, to screw, to bang, to shaft.

moult *adv.* many / much°, molto, mucho, loads, tons ; **j'ai fait ce voyage moult fois**, I've done this trip umpteen times.

moumoute *n.f.* 1. sheepskin coat° / jacket°. 2. wig°, rug, head falsie. 3.• female genitals°, pussy, beaver.

mouron (se faire du) *loc.* to be extremely worried°, to worry oneself to death / sick, to be up to high do, to work oneself into a lather.

mouscaille *n.f.* 1.• excrement°, crap, shit. 2. poverty°, misery, Mean Street, hard times. 3. trouble°, jam, fix, pickle ; **être dans la mouscaille**, to be in the shit.

mousse *n.f.* 1. worry°, botherment, worriation ; **se faire de la mousse**, to get worried°, to work oneself into a lather. 2. **une mousse**, a beer°, a jar, a pint, a brew ; **on se prend une mousse ?** do you fancy a cold one ?

mousser *v.i.* 1. a) **mousser (de colère / de rage)**, to get angry°, to hit the roof, to blow a fuse, to get steamed up ; b) **faire mousser qqun**, to get s.o. annoyed°, to cheese / piss s.o. off, to get s.o.'s back up. 2. **faire mousser**

qqch., to overpraise s.t.°, to build / blow / puff s.t. up ; **pour faire mousser sa camelote, il est champion**, when it comes to trumping up the value of his stuff, he takes the biscuit. 3. **se faire mousser**, to extol one's own worth°, to sing one's own praises, to blow one's own trumpet.

moutard *n.m.* 1. young boy° / whippersnapper, kiddiwink, pup. 2. *pl.* **les moutards**, the children°, the kids, the brats, the sprogs.

mouton à cinq pattes *n.m.* 1. outlandish person°, freak, weirdo, wombat, goofball. 2. rare object°, four-leafed clover ; **chercher le mouton à cinq pattes**, to go in search of the impossible, to go looking for the Holy Grail.

mouver (se) *v.pr.* to hurry up°, to get a move on, to make tracks ; **allez, on se mouve !** come on, get your skates on !

moyen *n.m.* **tâcher moyen de faire qqch.**, to try to find a way to do s.t.°, to make a stab at trying to do s.t., to take a shot at attempting to do s.t.

-muche *suff. (slang suffix, e.g.* " **argot** " *becomes* " **argot- muche** " *and* " **truc** " *becomes* " **trucmuche** " *).*

mur *n.m.* 1. **faire le mur**, to escape°, to go over the wall, to make a getaway. 2. **aller dans le mur**, to fail°, to come a cropper, to fall through, to miss the boat ; **si on continue comme ça, on va droit dans le mur**, if we keep going at this rate, we're going to bite the dust.

mûr *adj.* drunk°, well-oiled, pickled, plastered.

museau *n.m.* face°, dial, mug, puss.

musico, musicos *n.m.* musician°, band man, cat, muso.

must *n.m.* essential thing°, absolute necessity, must ; **ce film est un must**, this movie is unmissable.

mytho *(abr. =* **mythomane***) adj.* lying°, spoofing, bullshitting ; **il est complètement mytho**, he's a real bullshit artist.

mytho *(abr. =* **mythomane***) n.* pathological liar°, spoofer, jiver, crap merchant.

N

na ! *excl.* so there !, see if I care ! ; **voilà, je le dirai à maman, na** ! I'm going to tell mum on you, so there !

nada *adv.* 1. no°, nope. 2. nothing°, nout, zippo.

nager *v.i.* 1. to be incapable°, to be at sixes and sevens, to be out of one's depth ; **en philo je nage complètement**, I haven't a clue about philosophy. 2. **savoir nager**, to know what's what, to be well genned up ; **t'inquiète pas pour lui, il sait nager**, have no worries about him, he knows how to look after himself.

nana *n.f.* 1. girl°, bird, doll ; **c'est une sacrée nana**, she's one hell of a chick ; **je suis sortie avec les nanas hier soir**, I went out with the girls last night. 2. female friend°, girlfriend ; **ma nana**, the girlfriend, my girl. 3. *pl.* **les nanas**, women°, chicks, dames ; **les nanas au volant, ça craint** ! chicks haven't a clue how to drive.

nanar *n.m.* 1. worthless goods°, junk, rubbish. 2. piece of rubbish, dud, turkey ; **ce film est un vrai nanar**, that movie is a real bummer / a load of tripe.

NAP, napy *adj.* typical of **napy** society°, *(GB)* Sloane (Ranger), *(US)* preppie.

NAP, napy *n.* an inhabitant of Neuilly, Auteuil and Passy *(wealthy Parisian neighbou-rhoods)* noted for his / her Sloane Ranger-like dress style and behaviour°, *(GB)* Sloane (Ranger), *(U.S.)* preppie.

narines *n.f. pl.* **prends ça dans les narines** ! (it) serves you right !, you had it coming !, that'll learn you !

narpi *(verl. = pinard) n.m.* wine°, plonk, vino.

narzo *n.m. (verl. = zonard)* hooligan°, thug, yob(bo).

nase, naze *adj.* 1. out of order°, clapped out, buggered ; **ma bagnole est complètement naze**, the old banger has packed it in. 2. crazy°, wacky, flipped, bananas ; **ce mec est complètement nase**, the guy is totally nuts. 3. drunk°, pissed, jarred, bombed.

nase, naze *n.m.* 1. nose°, neb, conk. 2. syphilis°, the clap, the French illness ; **cloquer le naze**, a) to get a dose (of the clap) ; b) to pass on a dose (of the clap).

nature *adj.* forthright°, straight-up, no frills ; **je l'aime parce qu'elle est nature**, I really like her because she's so up front.

nature *adv.* naturally°, natch, it goes without saying, you bet.

nature *n.f.* 1. **dans la nature**, in the middle of nowhere ; **disparaître dans la nature**, to disappear God knows where, to vanish into thin air ; **partir / se retrouver dans la nature**, to end up in a field *(after an* *accident*) ; **lâcher qqun dans la nature**, a) to drop s.o. in the middle of nowhere ; b) to abandon s.o.°, to leave s.o. to his / her own devices ; **mon père m'a lâché dans la nature quand j'avais treize ans**, my father left me to fend for myself at the age of thirteen. 2. **une petite nature**, a feeble complainer°, a moaning weakling ; **quelle petite nature tu fais !** you're such a wimp ! 3. **une nature**, an extraordinary person°, a phenomenon, something else (again) ; **la boulangère est une sacrée nature**, the baker's wife is one hell of a character.

naturlich *adv.* naturally°, natch, bloody right, you bet.

nave *n.f.* idiot°, square, mug, jerk.

navet *n.m.* 1. bad° / crappy / poxy / tacky work (*movie / book*) ; **le film d'hier soir était un vrai navet**, last night's movie was a real piece of crap. 2. **avoir du sang de navet**, to lack courage°, to have no balls / guts ; **on ne peut pas dire que le chien du voisin ait du sang de navet**, you certainly couldn't say that the neighbour's dog was spineless.

naveton *n.m.* idiot°, dope, sucker, mug.

naviguer *v.i.* to move about from place to place, to shuttle around ; **cet été on va naviguer entre Cannes et Toulon**, this summer we'll be shifting between Cannes and Toulon.

naze = **nase**.

nazebroque = **nase** *adj.*

nazi *adj.* **être nazi**, to have venereal disease°, to have a dose, to have the pox.

nèfles *n.f. pl.* **des nèfles !** no bloody way !, not a bloody chance !, you gotta be kidding !

négifran *n.f. (verl.* = **frangine**) sister°, sis.

nègre• *n.m.* 1. black person°, nigger, sambo, coon ; **travailler comme un nègre**, to work like a nigger / a slave. 2. a) general dogsbody, the brawn behind the operation, he who does the donkey work ; **ici c'est moi le nègre**, I'm the chief cook and bottle-washer around here ; **faire le nègre**, to get landed with the shit work ; b) ghost-writer. 3. **parler petit-nègre**, to speak broken French / pidgin French. 4. **c'est comme un combat de nègres dans un tunnel•**, it's not very clear°, it's as clear as shit. 5. **noir comme dans le trou du cul d'un nègre•**, as black as the ace of spades / as a nigger's arsehole.

négrier *n.m.* boss employing undeclared workers°, illegal slavedriver.

neige *n.f.* cocaine°, snow, white shit.

nénés *n.m. pl.* breasts°, tits, knockers ; **quelle belle paire de nénés !** what a lovely pair of kajoobies !

nénesse *n.f.* 1. woman°, chick,

bird. 2. wife°, old lady, the missus.

nénette *n.f.* 1. girl°, bit of skirt,
bird ; **quelle sacrée nénette !**
she's one hell of a chick !
2. head°, loaf ; **se casser la
nénette**, to rack one's brains ;
il se casse pas la nénette, he
doesn't make much of an
effort ; **en avoir par-dessus la
nénette**, to have one's fill of
s.t., to be sick up to here of s.t.

net (pas) *adj.* suspicious°,
shady, funny ; **c'est une affaire pas nette**, there's something
fishy about the whole thing.

nettoyage *n.m.* 1. ruining (financially)°, cleaning out, wiping
out . 2. killing°, *sp.* assassin-
ation°, wasting, taking out ; **ce
type est un spécialiste du nettoyage**, this guy is a specialist
in contract work.

nettoyer *v.t.* 1. to ruin (financially)°, to clean out, to wipe out ;
**je me suis fait nettoyer aux
courses**, I got taken to the cleaners at the races. 2. to assassin-
ate°, to hit, to bump off, to rub
out ; **il s'est fait nettoyer par
l'ennemi**, he got wasted by the
opposite camp.

neuneu *adj.* silly°, dopey,
kooky ; **il est un peu neuneu
sur les bords**, he's a bit on the
goofy side.

neuneu *n.m.* silly person°, goof,
dope, dingbat ; **le ministre est
un véritable neuneu**, the
minister is a total airhead.

neveu ! (un peu, mon) *loc.*
bloody right !, you'd better

believe it !, not half !, is the
Pope a Catholic !

nez *n.m.* 1. **avoir du nez / le nez
fin / le nez creux**, to have a
good nose (for s.t.), to have the
knack of getting it right, to
understand what's what ; **pour
les bonnes affaires, elle a un
de ces nez**, she can smell a
bargain a mile off. 2. **à plein
nez**, strongly° *(smell)*, to high
heaven ; **putain, ça sent le gaz
à plein nez !** God, that gas
smell gets right up your nose !
3. **mettre à qqun le nez dans
son caca**, to call s.o. to task, to
call s.o. to order, to tell s.o. to
deal with their shit ; **s'il continue à déconner, je lui mettrai
le nez dans son caca**, if he
keeps dicking around, I'll have
to call the bugger back into line.
4. **avoir qqun dans le nez**,
not to be able to stand / to put
up with / to stomach s.o. ;
**depuis qu'il m'a piqué ma
copine, je l'ai dans le nez**,
since he ran off with my girlfriend, I just can't stand the
sight of him. 5. **se bouffer le
nez**, to argue bitterly°, to jump
down each others' throats, to go
at each other ; **je ne supporte
plus les voisins, ils passent
leur temps à se bouffer le nez**,
I just can't take the neighbours
any longer, they're always loc-
king horns with each other. 6.
à vue de nez ; at first sight, at a
rough guess ; **à vue de nez, je
dirais que ce môme a deux
ans**, my guess would be that

this kid is about two. 7. **avoir un verre dans le nez**, to be slightly drunk° / tipsy / merry / a little tight, to have had one or two ; **je l'ai vu hier soir, il avait un verre dans le nez**, I saw him last night and he was a little the worse for wear ; **se piquer le nez** ; to get drunk° / plastered / jarred / three sheets to the wind. 8. **piquer du nez**, to fall asleep° *(while seated)*, to nod off, to doze off, drop off ; **elle n'arrive jamais à la fin du repas sans piquer du nez**, she never makes it through dinner without snoozing. 9. **faire qqch. les doigts dans le nez**, to do s.t. with great ease°, to walk s.t., to do s.t. no problems ; **le cheval a gagné les doigts dans le nez**, the horse strolled home. 10. **ça lui pend au nez**, he's got it coming to him, he's going to get his just deserts ; **ça va nous tomber / retomber sur le nez**, we're going to get hit / done, we're in for it. 11. **tirer les vers du nez à qqun**, to drag information from s.o., to worm s.t. out of s.o. ; **il refusait de parler, mais j'ai fini par lui tirer les vers du nez**, he refused to talk, but I managed to get it out of him in the end. 12. **se casser le nez**, a) to find nobody at home (when visiting or telephoning)°, to get no joy ; **j'ai voulu appeler mon banquier, mais je me suis cassé le nez**, I wanted to call my bank manager but I drew a blank ; b) to go

bankrupt°, to go to the wall ; **l'affaire s'est cassé le nez**, the business went bust ; c) to fall°, to come a cropper, to take a nose-dive. 13. **passer sous le nez à qqun**, to slip through s.o.'s fingers ; **la truite lui est passée sous le nez**, he missed the trout by a whisker. 14. **ça se voit comme le nez au milieu de la figure**, it's as plain as the nose on your face, it's as clear as daylight. 15. **avoir un sale nez**, not to look the best, to seem the worse for wear, to look under the weather ; **ah ! ben, tes fleurs ont un sale nez !** well, it looks like your flowers have seen the wars ; 16. **avoir / faire un drôle de nez**, to look strange° / funny, to seem out of sorts ; **qu'est-ce qui t'arrive, tu en fais un drôle de nez !** what's up, where'd you get that funny look on your face ?

niac•, niak•, niacoué• *adj.* Vietnamese°, Viet, gook, dink.

niac•, niak•, niacoué• *n.m.* Vietnamese°, Viet, gook, dink.

nib *adv.* 1. nothing°, nout, zilch ; **nib de nib**, sod all, sweet F.A. ; **avoir nib de tifs**, to be bald as a coot ; **avoir nib de thune**, not to have a red cent ; **être bon à nib** ; to be good-for-nothing.

nibards *n.m. pl.* breasts°, tits, boobs, knockers.

niches, nichons *n.m. pl.* breasts°, tits, jugs, coconuts ; **gros nichons**, big Bristols, huge knockers ; **l'autre jour,**

j'ai reluqué ses nichons, I got a good look at her knockers the other day.

nickel *adj.* 1. clean°, spotless, gleaming, squeaky ; **la cuisine est nickel,** the kitchen is spick and span. 2. well-dressed°, smart, sharp ; **le dimanche, il est toujours nickel,** he's always well togged out on Sundays.

nickelés (avoir les pieds) *loc.* to be lucky° / jammy, to get the breaks, to have all the luck / the luck of the devil.

niet ! *adv.* no°, nope !, no way !, nada !

nipper *v.t.* 1. to dress (s.o.)°, to rig (s.o.) out, to tog (s.o.) out ; **j'ai nippé ton fils de la tête aux pieds,** I decked your son out, from head to toe. 2. **se nipper,** to dress oneself°, to tog oneself up, to rig oneself out ; **je me nippe aux puces,** I get my gear at the flea market.

nique *n.f.* **faire la nique à qqun•,** 1. to thumb one's nose at s.o., to give s.o. the finger(s). 2. to tell s.o. where to get off / where to put it, to give s.o. the verbal finger(s) ; **t'as vu comment on a fait la nique aux flics ?** d'you see how we told the cops to get on their bike !

niqué• *adj.* 1. ruined°, buggered, ballsed-up, screwed-up ; **ça y est, l'ordinateur est niqué !** there you are, the computer is fucked ! 2. **niqué de la tête,** crazy°, bonkers, out to lunch, round the bend ; **ce mec, je**

veux plus le voir, il est complètement niqué de la tête, I never want to see that guy ever again, he's totally harpic.

niquer• *v.t.* 1. to copulate with s.o.°, to fuck, to bang, to shag ; **je l'ai niquée dans l'ascenseur,** I shafted her in the lift. 2. **nique ta mère !** go and fuck yourself, sonofabitch !, fuck you motherfucker ! 3. **se faire niquer,** a) to be had, to be taken in, to get screwed ; **je me suis fait niquer par le dileur,** the dealer fucked me over ; b) to get caught° / nicked / screwed ; **elle s'est fait niquer par les contrôleurs,** she got nabbed by the ticket inspectors. 4. to ruin°, to bugger (up), to bollocks (up) ; **je dois t'avouer que j'ai niqué ta caisse,** I must confess, I fucked your car up.

niveau de (au) *loc.* as regards°, as for, talking about, in terms of ; **au niveau du vécu,** when it comes to the way things are.

noce *n.f.* 1. fun time, blow-out, ball ; **faire la noce,** to go on the tear, to go out on the town ; **après tout ce boulot, je te jure qu'on va faire la noce,** I swear when we get this work over with, we're gonna paint the town red. 2. **être à la noce,** to be happy° / chuffed / over the moon ; **à l'école, les enfants ne sont pas toujours à la noce,** at school the kids don't always have an easy time of it ; **elle n'avait jamais été à pareille noce,** she was having the time of her life, she was having a whale of a time.

nœil, neunœil *n.m.* eye°, headlight ; **les nœils**, eyes°, optics, peepers.

nœud *n.m.* 1.• a) tip of the penis°, knob, roundhead ; b) penis°, dick, cock, dong. 2.• idiot°, dick, dildo, wally ; **tête de nœud**, dickhead. 3. **peau de nœud**, nothing°, zilch, (sweet) F.A., bugger-all ; **tout ce boulot pour peau de nœud ?** all this work for bugger-all ! 4. problem°, hiccup, hitch ; **un sac / paquet de nœuds**, a can of worms / peas ; **à force de tourner en rond, j'ai fait un sac de nœuds**, after driving around in circles for hours, I got myself in a real pickle.

nœud-pap *n.m.* bowtie°, dickybow.

noir *adj.* drunk°, jarred, pissed, three sheets to the wind ; **hier soir, il était noir**, last night he was really tight.

noir *n.m.* 1. **un (petit) noir**, an expresso coffee. 2. **au noir**, illegally°, under the counter / the table ; **acheter qqch. au noir**, to buy s.t. on the black market ; **travailler au noir**, to moonlight. 3. opium°, black, brown stuff.

noisettes• *n.f. pl.* testicles°, nuts, balls, rocks.

noix *n.f.* 1. idiot°, dope, dipstick, twat ; **quelle noix !** what a jerk !, **vieille noix**, old dodderer, old fossil. 2. **à la noix (de**

coco), useless°, duff, lousy, crummy ; **j'ai vu un film à la noix hier soir**, last night I saw this really cruddy movie ; **quelle idée à la noix que t'as eue là !** that's a really trashy idea you had ! 3. *pl.* a)• testicles°, goolies, nuts ; **arrête de me casser les noix !** stop busting my balls ! ; b) buttocks°, cheeks ; **une belle paire de noix**, a nice pair of buns.

noix *adj.* ridiculous°, nerdy, kooky, dumb ; **ce que tu peux avoir l'air noix avec ton galurin !** you look like a prize twat in that hat !

nom *n.m.* 1. **un nom à coucher dehors**, an unpronounceable name°, a name you can't get your tongue round, a real tongue-twister of a name. 2. a)• **nom de Dieu !** Jesus Christ ! Christ Almighty !, **nom de Dieu de bordel de merde !** Holy fucking Jesus Christ Almighty ! **nom de nom !** holy God !, for God's sake !, good God ! ; b) **nom d'une pipe !, nom d'un petit bonhomme !** great gosh !, heavens to Betsy !

nombril *n.m.* 1. **il se prend pour le nombril du monde**, he really thinks the world revolves around him, he takes himself for the cat's pyjamas, he thinks he's hot shit. 2. **être décolletée jusqu'au nombril**, to be wearing an extremely revealing dress° / a very low-cut blouse, to be showing a lot of cleavage.

noraf•, nordaf• (*abr.* = **Nord-Africain**) *n.m.* North African Arab°, Arab, A-rab.

nord (perdre le) *loc.* 1. to go crazy / bonkers, to lose one's head, to crack up ; **le pauvre chien, il a complètement perdu le nord**, the poor dog has just gone totally bananas. 2. **ne pas perdre le nord**, to have a good sense of what's what's, to know what's good for one ; **alors lui, il ne perd pas le nord !** now he certainly recognizes the good things in life.

nouba *n.f.* party°, shindig, do, bash ; **faire la nouba**, to party°, to go on a bust, to hit the high spots, to paint the town red.

nougat *n.m.* 1. foot°, hoof, trotter. 2. **c'est du nougat, c'est un vrai nougat**, it's easy°, it's a piece of cake, it's wee buns ; **ce boulot, c'est du nougat**, this job is a real cushy number. 3. **toucher son nougat**, to get one's share° / slice / cut (of the takings / the loot).

nouille *adj.* stupid°, dopey, dumb, chump ; **quelle idée nouille !** what a goofy idea !

nouille *n.f.* idiot°, square, noodle, numbskull ; **quelle nouille !** what a wally !

nouillerie *n.f.* stupidity°, numb-skullery, boneheadedness, goofiness ; **c'est alors que la nouillerie a atteint son maximum**, and it was at that point that we hit the heights of hammerheadedness.

nozigues *pron.* we°, us°, we-ourselves-us, us guys.

NTM• (*abr.* = **nique ta mère**) *loc.* fuck you !, F.U. !, S.O.B !

nul, nullard, nullos *adj.* dreadful°, crap, pathetic, poxy ; **le gardien est complètement nullos**, the keeper really sucks ; **nul à chier•**, really fucking awful, absolutely fucking grotty ; **ton plan est nul à chier !** that idea isn't worth a shit !

nul, nullard *n.m.* worthless person°, dickbrain, jerk, twat ; **le dépanneur était un vrai nul**, the repairman was a real dildo.

numéro *n.m.* 1. **un numéro, un drôle de numéro, un sacré numéro**, a right case, a real turn, one hell of a customer ; **ton voisin est un sacré numéro**, your neighbour is some character. 2. performance°, show, turn ; **mon fils nous a fait son célèbre numéro**, my son put on his usual show for us. 3. exploit°, feat, stunt ; **quel numéro d'enfer !**, that's one hell of an act ! 4. **avoir tiré le bon numéro**, to strike it lucky, to pick a winner ; **tu sais, ta sœur, avec son mari, elle a tiré le bon numéro**, you know, your sister certainly hit the jackpot with her husband.

numéroter tes abattis ! (tu peux) *loc.* I'm gonna break every bone in your body !, I'm gonna have you for dinner !

nunuche, nunuchon *adj.* silly°, nerdy, goofy, kooky ; **j'ai un**

élève qui est un peu nunu-chon, I've got a pupil who's a bit birdbrained.

O

-o *suff. (slang suffix with a pejorative undertone, e.g.* " **clochard** " *becomes* " **clodo** " *and* " **propriétaire** " *becomes* " **proprio** ").

objo (*abr.* = **objecteur de conscience**) *n.m.* conscientious objector°, conchie, CO, peacenik.

obligado *adv.* by necessity°, got to, have to, must ; « **va falloir y aller – obligado !** », « we gotta hit the road – you bet ! » ; **faire qqch. obligado,** to do s.t. under coercion°, to be pressured / press-ganged / shanghaied into doing s.t., to have one's arm twisted into doing s.t. ; **j'ai fait mon lit obligado,** I was strongarmed into making my bed.

obsédé *adj.* sex-crazy°, randy, horny ; **être obsédé,** to have a one-track-mind.

obsédé *n.m.* sex maniac°, horny bugger, randy sod ; **mon beauf est un de ces obsédés,** my brother-in-law's got a one-track-mind.

occase (*abr.* = **occasion**) *n.f.* 1. opportunity°, break ; **profiter de l'occase,** to make the most out of s.t. 2. **à l'occase,** should the occasion arise°, one of these days ; **je passerai à l'occase,** I'll drop by if I get the chance. 3. bargain°, good deal ; **c'est une occase,** it's a snip at the price. 4. **d'occase,** used°, second-hand ; **bagnole d'occa-**se, second-hand car.

occuper (s') *v.pr.* **s'occuper de ses affaires,** to mind one's own business°, to stick to one's knitting ; **occupe-toi de tes oignons !** keep your paws off !, keep your nose out of it ! ; **t'occupe !** mind your own business !, butt out !

-oche *suff. (slang suffix, e.g.* " **cinéma** " *becomes* " **cinoche** ", " **télévision** " *becomes* " **téloche** " *and* " **facile** " *becomes* " **fastoche** ").

œil *n.m.* 1. **avoir / tenir qqun à l'œil,** to keep s.o. under surveillance°, to keep one's / an eye on s.o., to eyeball s.o. ; **t'inquiète pas, je l'ai à l'œil,** don't worry, I've got my eye on him. 2. **obéir au doigt et à l'œil,** to follow orders strictly, to do what one's told ; **le chien m'obéit au doigt et à l'œil,** the dog follows my every command. 3. **faire de l'œil à qqun,** to give s.o. the eye / the come-hither look, to make goo-goo eyes at s.o. ; **ce mec arrête pas de me faire de l'œil,** that guy over there keeps giving me the glad eye. 4. **se rincer l'œil,** to take a good long look (at s.t.), to get a load (of s.t.), to get an eyeful / basinful (of s.t.) ; **dans cette rue, il y a de quoi se rincer l'œil,** there's certainly plenty to lay your glims on in this street. 5. **se battre l'œil de qqch.,** not to care about s.t.°, not to give a damn / a hoot about s.t. ; **les sports, je m'en bats l'œil**, I don't give a toss about sports. 6. **taper dans l'œil à qqun**, to attract s.o.°, to take s.o.'s fancy, to go over big with s.o. ; **elle m'a tapé dans l'œil**, she certainly made a hit with me. 7. **se mettre / se fourrer le doigt dans l'œil (jusqu'à l'omoplate)**, to have it all wrong, to be way off base, to be barking up the wrong tree. 8. **tourner de l'œil**, to faint°, to pass out, to go out like a light ; **il faisait tellement chaud que j'ai tourné de l'œil**, it was so hot that I just keeled over. 9. **avoir un œil qui dit zut / merde à l'autre**, to be cross-eyed°, to have one eye looking at you and the other looking for you. 10. **à l'œil**, free (of charge)°, on the house, for love ; **on a eu le dessert à l'œil**, we got the desert free, gratis and for nothing. 11. **un œil poché / au beurre noir**, a black eye, a shiner, a goog. 12. **avoir l'œil américain**, to sum up at a glance, to take things in quickly ; **il pige vite puisqu'il a l'œil américain**, he cops on pronto with his quick eye. 13. **l'avoir dans l'œil**, to have been had / taken in / conned ; **au garage, je l'ai eu dans l'œil**, they really diddled me at the garage. 14. **mon œil !** my eye !, my (left) foot !, tell me another !, come off it ! 15. **avoir l'œil**, to be a keen

observer°, to have a good / keen eye ; **pour ce qui est des occases, il a l'œil**, he certainly has an eye for a bargain. 16. **ouvrir l'œil et le bon**, to keep a sharp lookout, to keep one's eyes peeled ; **un fin pêcheur doit ouvrir l'œil et le bon**, the true fisherman must always keep his eyes skinned. 17. **jeter un œil**, to have a glance° / a butcher's / a look-see ; **viens jeter un œil**, here, have a squint. 18. **risquer un œil**, to have a peep, to take a peek ; **je crois que je vais risquer un œil du côté de la cuisine**, I think I'll have a quick dekko at what's cookin' in the kitchen.

œuf *n.m.* 1. idiot°, meathead, jerk, numbskull ; **t'as pas bientôt fini de faire l'œuf ?** will you ever give over acting the twit ? 2. **plein comme un œuf**, a) full to the gills, packed, jammed, jam-packed ; **pour rentrer, c'était plein comme un œuf**, the road home was chock-a-block ; b) drunk°, full as a lord, drunk as a skunk, pissed as a newt ; c) full-up, stuffed to the gills, fed to the teeth. 3. **aux œufs**, wonderful°, something else, mind-blowing, knockout, the tops ; **le dîner était aux œufs !** dinner was dynamite ! 4. **casser son œuf**, to have a miscarriage°. 5. **marcher sur des œufs**, to be in a delicate situation°, to walk on eggs, to walk through a minefield ; **en ce moment, avec ma**

mère, je marche sur des œufs, the situation with my mother is very tense at the moment. 6. **aller se faire cuire un œuf**, to clear off, to get on one's bike, to drop dead ; **va te faire cuire un œuf !** get outta here !, get lost !, go jump in the lake ! 7. **tondre un œuf**, to be a miser° / a scrooge / a penny-pincher / a cheapskate. 8. **l'avoir dans l'œuf**, a) to have been conned / had / taken in / ripped off ; b) to be in a difficult situation°, to get nobbled, to get buggered, to be snafued ; **sans clé, seul dans la rue, je l'avais dans l'œuf**, locked out and on my own, I was rightly screwed. 9. **c'est comme l'œuf de Colomb (fallait y penser) !** it's easy when you know how !, all you have to do is think of it ! ; **pour brancher la musique, il suffisait d'une rallonge, c'est comme l'œuf de Colomb, fallait y penser !** to plug in the cassette-player all we needed was an extension lead, it was as simple as that ! 10. **être chauve comme un œuf**, to be as bald as a coot / a billiard ball. 11. **avoir des œufs sur le plat**, to be flat-breasted°, to have little to show ; **elle a des œufs sur le plat**, she's as flat as a pancake. 12. **tête / crâne d'œuf**, intellectual°, egghead, brains.

offense (il n'y a pas d') *loc.* don't worry about it, no pro-

blem.

officiel *adj.* officiel !, c'est officiel ! there's no doubt it, it's sure and certain, it's 100 %.

officiel *n.m.* **de l'officiel**, the real thing, the genuine article ; **je ne déconne pas, c'est de l'officiel !** no messing around, it's straight from the horse's mouth.

oie (à la graisse d') *loc.* bad quality°, third-rate, crummy, chea-po ; **qu'est-ce que c'est que ce canard à la graisse d'oie ?** what sort of a rat-ass rag is this ?

oignes, oignons, oignards *n.m.pl.* feet°, hooves, plates of meat.

oignon *n.m.* 1.• anus°, bumhole, arse, *(US)* fanny ; **je vais t'en foutre un coup dans l'oignon**, I gonna give you a good boot in the ass. 2. **aux (petits) oignons**, perfect°, great, spot on, out of sight ; **merci pour tout, c'était aux petits oignons**, thanks for everything, it was really the bee's knees. 3. **en rang d'oignons**, in a line°, in a row ; **les enfants se sont mis en rang d'oignons devant le maître**, the children lined up in single file in front of their teacher. 4. **ses oignons**, one's (own) business, one's knitting ; **c'est pas tes oignons**, it's none of your concern° / your business ; **mêle-toi / occupe-toi de tes oignons !** mind your own business / stick to your own knitting, butt out ! 5. **avoir**

de l'oignon, avoir l'oignon qui décalotte, to be lucky°, to get all the breaks, to be jammy ; **aux courses, j'ai toujours de l'oignon**, I have the luck of the devil at the racetrack.

oilp (à), à oilpé (*verl.* = **à poil**) *loc.* naked°, starkers, in the raw, in the nip.

oiseau *n.m.* 1. odd guy, strange character ; **c'est qui, cet oiseau ?** who's that weird guy ? 2. **donner des noms d'oiseaux à qqun**, to insult s.o.°, to call s.o. all the names of the day, to call s.o. all the so-and-sos ; **les députés ont commencé à se donner des noms d'oiseaux**, the MPs started to let the insults fly.

OK, okay *adj.* okay, fine, alright ; **elle m'a dit que tout était OK**, she said it was all systems go.

OK, okay *adv.* okay, fine, alright ; **okay !** no problem !

ollé-ollé *adj.* dirty, a little blue, slightly smutty (*joke, story, etc.*) ; **ton histoire était un peu ollé-ollé**, your story was a bit on the risqué side.

olives *n.f.pl.* 1.• testicules°, balls, nuts°, rocks. 2. **changer l'eau des olives**, to urinate°, to have a pee, to take a leak.

olkif, olpif, olpette, olpiche *adj.* chic°, sharp, nifty, (*US*) neat.

olrette *adv.* alrite, okay, trays beeyen.

ombre (à l') *loc.* in jail°, inside, in the clink ; **j'ai passé dix ans à l'ombre**, I spent ten years in the slammer.

omelette *n.f.* 1. **faire une omelette**, to smash up, to do a place over, to trash. 2. **omelette soufflée**, a pregnant woman°, a woman in the pudding club.

on *pron.* (*pronoun replacing any French personal pronoun*) ; **bon, alors là, on va essayer de pas trop déconner**, right, well I'm gonna try and not mess around too much ; **alors on se promène ?** out for a walk then ? ; **qu'est-ce qu'on s'est marrés !** we had a great time ! ; **alors, les enfants, on va faire dodo ?** alright, kids, off to bed with you ! ; **on m'a piqué ma bagnole**, somebody stole my car.

onze (prendre le train) *loc.* to walk (it)°, to foot it, to hoof it.

OPA (faire une) *loc.* to take control°, to take over, to make a bid for ; **le parti a fait une OPA sur les villes de province**, the party made a play for the provincial towns.

opérer *v.t.* 1. to stab to death°, to cut up, to carve up. 2. **opérer qqun de qqch.**, to con / do / screw s.o. out of s.t. 3. to do, to work on, to operate on ; **opérer une banque**, to do a bank job ; **opérer les pneus**, to slash tyres ; **les loubards opèrent les pneus la nuit de préférence**, yobos prefere carving up tyres at night.

or *n.m.* 1. **en or**, priceless, wonderful, fabulous ; **une occasion**

en or, a golden opportunity ; **une affaire en or**, a) a great bargain, a real steal ; b) a money-spinning business, a goldmine ; **une femme en or**, a peach of a woman, a wife worth her weight in gold ; **une idée en or**, a gem of an idea. 2. **l'avoir en or**, to be a lucky° / jammy bugger, to have the luck of the devil ; **il arrête pas de gagner, il doit l'avoir en or**, this guy must be sleeping with Lady Luck, he just keeps winning. 3. **rouler sur l'or**, to be very rich°, to be rolling in it, to have money to burn. 4. **c'est de l'or en barres**, it's a sure thing / a safe bet, it's a rock-solid investment.

orange *n.f.* 1. small breast°, tiny grapefruit, pimple. 2. fist°, fistful ; **balancer une orange à qqun**, to give s.o. a bunch of fives.

ordure *n.f.* contemptible person°, bugger, piece of crap ; **quelle ordure !** what a wanker !

oreille *n.f.* **les avoir en oreilles de cocker**, to be exhausted after making love°, to be rightly knackered, to be absolutely buggered.

orphelines• *n.f. pl.* testicles°, balls, goolies, nuts.

orteil *n.m.* **avoir les orteils en éventail**, to be extremely satisfied°, to be over the moon, to be in the pink.

orties ! (faut pas pousser mémé dans les) *loc.* don't go too far°,

don't push your luck !, don't rip the arse out of it !, don't go OTT !

OS (*abr.* = **obsédé sexuel**) *n.* sex maniac°, horny bugger, randy sod ; **il a la réputation d'être un OS**, he's got the reputation of having a one-track mind.

os *n.m.* 1. difficulty°, glitch, hiccup ; **y a un os**, there's a snag ; **y a un os dans le fromage**, there's a gremlin in the works ; **tomber sur un os**, to come up against a hitch. 2. **l'avoir dans l'os•**, to be in bother°, to get buggered / screwed / shafted ; **il l'a eu en plein dans l'os !** he got rightly fucked (over) ! 3. **jusqu'à l'os**, totally, utterly, 100%, all the way ; **il nous a eus jusqu'à l'os**, he conned us good and proper. 4. **ça vaut l'os**, it's well worth it, it's worth the shot. 5. **gagner son os**, to earn one's living°, to make a buck, to bring home the bacon ; **par les temps qui courent, il est dur de gagner son os**, these days it's tough to bring home the groceries. 6. **os à moelle**, a) nose°, neb, conk, schnozzle ; b)• penis°, cock, prick, bone ; **faire juter l'os (à moelle)**, to ejaculate°, to spunk, to shoot one's load. 7. *pl.* os, a) **ne pas faire de vieux os**, to be dying° / on the way out, not to be long for this world ; **si elle continue comme ça, elle ne va pas faire de vieux os**, if she keeps going like that, she's not going to be with us much longer ; b) **rompre / casser les os à qqun**, to break every bone in s.o.'s body, to beat the hell out of s.o. ; c) **les os**, oneself° ; **mes os**, myself°, yours truly ; **ramène tes os**, get yourself over here ; **fais gaffe à tes os !** (i) just you watch yourself ! (ii) take care ! ; d) **sauver ses os**, to save s.o.'s bacon / skin.

-os *suff. (slang suffix , e.g.* "**nul**" *becomes* "**nullos**", "**gratuit**" *becomes* "**gratos**", "**tranquille**" *becomes* "**tran-quillos**" *;* "**cool**" *becomes* "**coolos**" *;* "**matériel**" *becomes* "**matos**" *and* "**musi-cien**" *becomes* "**musicos**"*)*.

oseille *n.f.* 1. money°, dosh, dough, cabbage ; **avoir de l'oseille**, to be in the money, to be rolling in it ; **faire son oseille**, to make money°, to make a buck, to bring home the bacon ; **il ne pense qu'à nous piquer l'oseille**, all he thinks about is to do us out of our bread. 2. **la faire à l'oseille à qqun**, a) to take s.o. in, to con s.o., to sucker s.o. ; b) to make fun of s.o., to have s.o. on, to take the Mickey out of s.o.

osier *n.m.* money°, bread, spondulicks, cabbage.

osselets *n.m. pl.* **courir sur les osselets à qqun**, to get on s.o.'s nerves, to drive s.o. up the wall ; **tu commences à me courir sur les osselets**, you are beginning to get up my nose.

ostrogoth *n.m.* extremely vulgar person°, lowlife, savage, yahoo ; **quel ostrogoth !** what a palooka !

où je pense *loc.* you know where, in those regions ; **tu peux te le mettre où je pense**, I'll tell you where you can stick it.

ouah-ouah *n.m.* dog°, doggie, bow-wow.

oua-oua *n.m. pl.* **les oua-oua**, the toilets°, the crapper, *(GB)* the bogs, *(US)* the john / can.

ouais *adv.* yeah, yup, right on !

ouatères = **waters**.

oublier 1. *v.t.* a) **oublier de respirer**, to die°, to kick the bucket, to cash in one's chips ; b) **oublie-moi !** leave me alone !, get outta here ! 2. *v.pr.* **s'oublier**, a) to be incontinent°, to wet oneself ; **il s'est encore oublié sur son pantalon**, he's peed in his pants again ; b) to fart, to let off, to drop one ; c) to dirty one's pants, to crap oneself.

oubliettes *n.f. pl.* **mettre / jeter qqch. aux oubliettes**, to put s.t. off indefinitely, to put s.t. on the shelf ; **j'ai décidé de mettre ce projet aux oubliettes**, I've decided to shelve this project.

ouf *(verl.* = **fou**) *adj.* crazy, nuts, bananas, bonkers ; **il est complètement ouf, ce mec !** this guy is totally harpic !

ouistiti *n.m.* 1. person°, customer, case ; **c'est un drôle de ouistiti**, he's some character. 2. skeleton key°.

ours *n.m.* 1. uncouth person°, rough diamond ; **c'est un ours mal léché**, he's such a palooka. 2. literary *or* artistic work° ; **voici mon ours**, here is my chef-d'œuvre. 3. **avoir ses ours**, to have one's period°, to have the curse, to have one's monthlies, to be on the rag.

oursin *n.m.* **avoir des oursins dans le morlingue**, to be miserly°, to be tight / tightfisted / mingy, to be tight as a drum.

-ouse *suff. (slang suffix ; e.g.* " **piqûre** " *becomes* " **piquouse** ").

out *adj.* no longer in fashion°, uncool, unhip ; **cette chanson est out**, that song is no longer in.

outil *n.m.* 1. knife°, blade, cutter. 2.• penis°, tool, dick. 3. **déballer ses outils**, to vomit°, to throw up, to spew one's ring.

outillé• *adj.* **être bien outillé**, to have a large penis°, to be well-hung / well-endowed.

outiller *v.t.* to knife°, to stab, to cut up.

ouvre-cuisses *n.m.* cheap red wine°, plonk.

ouvrir *v.t.* **l'ouvrir, ouvrir sa (grande) gueule**, 1. to open one's big mouth, to open one's trap ; **tu parleras quand on te demandera de l'ouvrir**, you'll speak when you're spoken to. 2. to confess°, to come clean, to spill one's guts. 3. **l'ouvrir sur qqun**, to badmouth s.o., to tell tales on s.o.

overdose *n.f.* 1. drug overdose°, OD, overcharge. 2. excess°, overdose, over-exposure ; **cet été j'ai pris une overdose de soleil**, this summer I got an overkill of sun.

pacsif, pacson, paxon *n.m.*
1. parcel°, packet, package,
load. 2. large amount of
money°, packet, load, mega-
bucks ; **gagner / toucher le
pacson**, to hit the jackpot.

paddock, padoc *n.m.* bed°,
sack, pad, hay.

padoquer (se) *v.pr.* to go to
bed°, to hit the sack / the hay, to
turn in, to flake out.

paf *adj.* tipsy°, merry, happy,
tiddled, whoozy ; **complètement paf**, totally plastered / jarred / pissed.

paf• *n.m.* 1. penis°, dick, cock,
prick ; **être beau comme un
paf**, elegant° *(iron.)*, snazzy,
ritzy, swanky. 2. nose°, neb,
conk, schnozzle ; **et pif dans
le paf !**, told you so !, up your
nose !, up your jumper !

pagailleux *adj.* confused°, shambolic, topsy-turvy, in a mess.

page, pageot *n.m.* bed°, sack,
hay, pad.

pager *v.i.* to sleep°, to kip, to
crash, to pad out.

pager (se), pageoter (se) *v.pr.*
to go to bed°, to hit the hay /
the sack, to turn in, to crash out.

pagnoter (se) = **pager (se)**.

paillasse (crever la) *loc.* to stab
to death°, to knife in the belly,
to cut up.

paillasson *n.m.* 1. promiscuous
woman°, tart, floosie, easy lay.
2. spineless person°, doormat,
wimp, creampuff.

paille *n.f.* 1. **une paille**, a very
small amount° *(iron.)* , next to
nothing, peanuts ; **tu lui dois
cent mille ? une paille !** you
only owe him a hundred thousand ? chicken-feed ! 2. **être
sur la paille**, to be penniless° /
broke / flat bust, not to have a
red cent.

pain *n.m.* 1. blow°, clout, smack,
clip, dig ; **prendre un pain en
pleine poire**, to get smacked
right in the gob. 2. **ne pas
manger de ce pain-là**, not to
be involved in that type of acti-
vity°, not to be into that sort of
thing, not to stoop to that sort
of level ; **je ne mange pas de
ce pain-là**, I'm not that type of
person. 3. **perdre le goût du
pain**, to die°, to kick the bucket,
to snuff it, to cop it, to check
out ; **faire passer le goût du
pain**, to kill°, to do in, to put in
a wooden overcoat, to take care
of, to take for an airing. 4. **avoir
du pain sur la planche**, to
have a lot of work°, to have a
lot on, to have a lot on one's
plate / on the go. 5. **ça ne
mange pas de pain**, there's no
risk involved°, it costs nothing
to try, it won't put you out ; **on
peut le prendre à l'essai, ça
mange pas de pain**, we can
give him a trial period, after
all we've got nothing to lose.
6. *pl.* **petits pains**, buttocks°,
cheeks, buns.

paire (se faire la) *loc.* to run
away°, to scarper, to clear off,

to split, to hightail it.

paître (envoyer) *loc.* to dismiss°, to send (s.o.) packing, to tell (s.o.) where to go / where to get off.

paix (ficher / foutre la) *loc.* to leave (s.o.) alone°, to leave (s.o.) be, to give (s.o.) a break ; **fous-moi la paix !** stop bugging me !, give my head peace !

palanquée *n.f.* a large amount°, a bunch, loads, tons, piles.

pâle (se faire porter) *loc.* to go on sick leave°, to go on the sick, to call in sick.

paletot *n.m.* 1. **tomber sur le paletot à qqun**, a) to attack s.o.°, to jump on s.o., to go for s.o., to rip into s.o. ; b) to surprise s.o.°, to turn up out of the blue on s.o., to show up / to bust in on s.o. 2. **mettre la main sur le paletot à qqun**, to arrest° / to nick / to collar / to lift s.o., to pull s.o. in. 3. **paletot sans manches**, coffin°, box, cold meat box, pine overcoat.

pallot *n.m.* kiss on the mouth°, French kiss, smacker ; **ils ont passé la soirée à se rouler des pallots**, they spent the whole evening making mouth music.

palmées (les avoir) *loc.* to be lazy° / bone-idle / drag-ass, to be a loafer / a lay-about.

palper *v.i.*, *v.t.* to receive money°, to rake it in, to make hay, to score ; **il a dû palper un max, sinon il aurait pas fermé sa gueule**, he must be on the take, otherwise he wouldn't

have kept his mouth shut.

palpitant *n.m.* heart°, ticker, pump.

paluche *n.f.* hand°, mitt, paw, flipper.

palucher 1. *v.t.* to caress licentiously°, to grope, to paw, to feel up. 2. *v.pr.* **se palucher**, to masturbate°, to play with oneself, to touch oneself up, to stroke oneself.

panade *n.f.* misery°, dire straits, Mean Street, heartache ; **être dans la panade**, to be down on one's luck.

panais• *n.m.* penis°, dick, prick, cock.

Paname *n.* Paris°, gay Paree, Paris France.

panard *n.m.* 1. foot°, hoof, trotter ; **les panards**, plates of meat, dogs. 2. pleasure°, kick, buzz, flash ; **c'est pas le panard**, it's not great, it's not up to much, it's nothing to write home about ; **prendre son panard**, a) to get off on (s.t.), to get a kick out of (s.t.) ; b) to reach orgasm°, to come, to get one's rocks off. 3. share°, cut, slice, piece of the action.

panier *n.m.* 1. **panier à salade**, police wagon°, *(GB)* Black Maria, *(US)* paddy wagon. 2. **panier à crottes•**, backside°, bum, arse, keester ; **mettre la main / une main au panier**, to caress s.o.'s backside°, to pinch s.o.'s bum, to grope s.o.'s arse. 3. **panier de crabes**, group in which infighting is frequent°, nest of vipers ; **j'irais pas dans**

cette boîte, c'est un vrai panier de crabes, I wouldn't work in that outfit, they're always at daggers drawn. 4. **panier percé**, spendthrift°, last of the big spenders, good-time Charlie, fast one with a buck. 5. **mettre dans le même panier**, to put on the same level°, to put in the same boat, to consider much of a muchness ; **la gauche et la droite, je les mets tous dans le même panier**, as far as I'm concerned, the left or the right, it's the same difference. 6. **con comme un panier**, very stupid°, as daft as a brush, as thick as two short planks. 7. **coucouche-panier !** a) bedtime ! *(dog)*, to the kennel !, lie down ! ; b) calm down !°, easy on !, down boy !, cool it !

paniquer *v.i.* to panic°, to hit the panic button, to get panic-ky, to get on edge, to have kittens.

panne *n.f.* 1. **être en panne de qqch.**, to lack s.t.°, to be out of s.t., to run short of s.t. 2. lapse of memory°, blank, slip. 3. small role° *(theatre, cinema)*, bit-part, walk-on role, spear-carrier.

panoplie *n.f.* 1. weapons°, hardware, equipment, gear, artillery, firepower. 2. sexual organs°, toolbox, privates, bag of tricks ; **sortir sa panoplie**, to expose one's genitals°, to flash.

panouille = **panne** 3.

panse *n.f.* stomach°, belly,

tummy, breadbasket ; **s'en mettre plein la panse, se remplir la panse**, to eat heartily°, to fill / to stuff oneself, to feed one's face.

pantouflard *adj.* overly attached to home comforts°, home-bird, stay-at-home.

pantouflard, -arde *n.* 1. person overly attached to the comforts of home°, home-bird, stay-at-home. 2. civil servant who transfers to the private sector°.

pantoufler *v.i.* 1. to lead a quiet existence°, to follow a stay-at-home lifestyle. 2. to transfer from the Civil Service to the private sector°.

Pantruche *n.* Paris°, gay Paree, Paris France.

papa *n.m.* 1. older man°, dad, squire ; **alors, t'avances, papa ?** come on, get a move on, mate. 2. **de papa**, of an earlier era°, from the good-old-days, ye olde ; **les voitures de papa**, old-time cars ; **les méthodes de papa**, old-fashioned ways. 3. **à la papa**, in a leisurely way°, softly-softly, in a laid-back way, without great strain ; **baiser à la papa•**, to make love in a simple and leisurely way°, to do it like mum and dad, to have it away slowly and with no frills.

papelard *n.m.* 1. piece° / bit / scrap of paper, paper. 2. newspaper article°, piece, story, write-up. 3. newspaper°, rag, sheet, daily. 4. *pl.* **les papelards**, identity papers°, ID, ID papers.

papier *n.m.* 1. newspaper article°, piece, story, write-up. 2. **être dans les petits papiers de qqun**, to enjoy s.o.'s esteem°, to be well in with s.o., to be in s.o.'s good books, to be well up there with s.o.

papier-cul•, papier Q•, pécu•, PQ• *n.m.* toilet paper°, bog-roll, bum-fodder.

papillon *n.m.* 1. parking fine°, ticket. 2. **minute, papillon !** calm down !, take it easy !, cool it !, easy on !

papouiller *v.t.* to caress amorously°, to feel up, to grope, to paw.

papouilles (faire des) *loc.* to caress amorously°, to slap and tickle, to paw, to grope.

pap's *n.m.pl.* identity papers°, ID, ID papers.

pâquerette *n.f.* 1.• vagina°, fanny, pussy, beaver. 2. **aller aux pâquerettes**, to go off the road°, to plough into a field, to go way over the verge. 3. **au ras des pâquerettes**, at the lowest possible level°, at the basest, at the bottom of the barrel ; **ses plaisanteries volent toujours au ras des pâquerettes**, his jokes are always a bit close to the bone.

paquet *n.m.* 1. ugly woman°, boot, dog, brute, paper-bag job. 2. person with a lot of°..., bundle of... ; **paquet de grais-se**, fat person°, tub of guts, fat-so ; **paquet d'os**, skinny person°, bag of bones, skin and

bones ; **paquet de nerfs**, nervous person°, bundle of nerves, nervous wreck. 3. **mettre le paquet**, to do one's best°, to put everything one's got (into s.t.), to give it one's best shot, to go the whole hog. 4. **recevoir son paquet**, to be sharply reprimanded°, to get one's comeuppance, to get carpeted, to get chewed out. 5. **lâcher le paquet**, to confess°, to spill the beans, to sing, to spill one's guts. 6. **risquer le paquet**, to take maximum risk°, to stick one's neck out, to bet one's shirt.

para (*abr.* = **parachutiste**) *n.m.* paratrooper°, para.

parachuter *v.t.* to bring in from the outside° *(business, politics)*, to pitchfork, to draft in ; **ils ont parachuté un directeur qui ne connaît pas la maison**, they've wheeled in a manager who doesn't know the workings of the firm.

parano (*abr.* = **paranoïaque**) *adj.* paranoid°, uptight, highly strung, wired ; **sois pas parano pour si peu**, don't get so hung-up over so little.

parano (*abr.* = **paranoïa**) *n.f.* paranoia°, madness, craziness, worriment, botheration ; **on est en pleine parano**, we're just imagining things.

parapluie *n.m.* 1. fictitious profession°, cover, front. 2. **porter le parapluie**, to take the blame°, to carry the can, to take the rap, to cop it. 3. **ouvrir le**

parapluie, to shield oneself from criticism°, to run for cover, to put up a fence. 4. **avoir l'air d'avoir avalé un parapluie,** to look very stiff° / starchy / uptight, to look as if one has a brush up one's arse.

pardeusse, pardingue *n.m.* overcoat°, greatcoat.

pardon ! *excl.* incredible !, amazing !, wow !, far out ! ; **moi, je bois pas mal, mais alors lui, pardon !** I may drink a good bit but he takes the biscuit ! ; **t'aurais vu sa maison de campagne, pardon !** you should see the country house he has, it's something else !

paré *adj.* prepared°, ready, all-set, set-up ; **tu peux y aller, je suis paré,** fire away, I'm at the ready.

pare-brise *n.m.* glasses°, spectacles, specs, goggles.

pare-chocs• *n.m.pl.* breasts°, knockers, titties, front suspension, front bumpers.

pareil *adj.* 1. **pareil que / comme,** the same as°, the same like ; **t'as qu'à faire pareil que moi,** just do like what I does. 2. **c'est du pareil au même,** it's the same thing°, it's the same difference, it's as long as it's short, it's six of one (and half a dozen of the other), it's much of a muchness.

parfum (au), au parf *loc.* informed°, up-to-date, in-the-know, genned up ; **être au par-**fum, to be in the picture, to be copped, to know what's what ; **mettre qqun au parfum,** to put s.o. in the picture, to give s.o. the lowdown, to let s.o. in on s.t.

parfumer *v.t.* to inform°, to put in the picture, to let in on the act, to give the lowdown to.

parigot *adj.* Parisian° ; **j'aime pas l'accent parigot,** I can't stand the accent of the capital.

parigot, -ote *n.* inhabitant of Paris°, Parisian.

Paris-beurre *n.m.* ham baguette sandwich°, ham sambo.

parking *adj.* without a future°, dead-end ; **une formation parking,** training course leading nowhere.

parler *v.i.* 1. to confess°, to sing, to spill the beans / one's guts, to squeal. 2. **tu parles (Charles) !** a) you're telling me !, you bet !, too bloody right ! ; b) you must be joking !, you got to be kidding !, no way, Jose ! 3. **tu parles d'un...,** what a°... !, talk about... !, I've never seen a ...like it ! ; **tu parles d'un culot !** what a bloody cheek ! ; **tu parles si c'est marrant,** a) what a laugh ! ; b) hilarious ! *(iron.)*. 4. **tu peux parler,** you can talk !, look who's talking ! 5. **je te parle d'un temps,** in the old times, in the good old days, in days of yore.

parlot(t)e *n.f.* idle talk°, banter, chitchat, waffle ; **assez de parlottes, des actes !** enough hot air, we need action !

parlotter *v.i.* to chat°, to gab, to banter, to go on, to gasbag.

paroissien, -enne *n.* individual°, character, customer, client.

parole !, ma parole ! *excl.* 1. on my word of honour !°, I swear !, I swear to God ! ; **je te file le fric ce soir, parole !** I'll get you that dough this evening, on my mother's grave ! 2. upon my word !°, heavens !, God almighty ! ; **mais t'as bu, ma parole !** my God, you've been drinking !

parpaing *n.m.* blow°, clout, smack, dig, belt.

part *n.f.* 1. **à part ça**, apart / aside from that ; **à part ça, ça va ?** so what else is new ?. 2. **c'est de quelle part ?** a) whom is this from ?°, who's it from ?, who's responsible for this ? ; b) who's calling ?°, who's on the other end ?

partant *adj.* ready°, ever-ready, game ; **on peut lui demander n'importe quoi, il est toujours partant**, you can ask him to do whatever you want, he's game for anything.

parti *adj.* 1. slightly drunk°, tipsy, happy, merry, tiddly ; **hier soir, il était bien parti**, he was well gone last night. 2. drugged°, stoned, out-of-it, out of one's head / one's tree.

partie *n.f.* 1. party *(dancing)*, jive, bop. 2. **partie de jambes en l'air**, session of love-making°, a roll in the hay, a bit of the other, a bit of how's your father. 3. **partie carrée**,

orgy with two couples°, wife-swapping session, foursome. 4. *pl.* **les parties**, the genitals°, the privates, the crotch, the nether region ; **il a pris un coup de pied dans les parties**, he got a boot in the you-know-whats.

partir *v.i.* 1. **c'est parti (mon kiki)**, off we go, here we go, let's hit the road Jack, things are rolling. 2. **partir en couille•**, to fail°, to go down the chute / the drain, to get screwed up ; **avec le mauvais temps, le spectacle est parti en couille**, the whole show got fucked up because of the bad weather.

partouse, partouze *n.f.* (sexual) orgy°, circle-jerk, circus love, group grope.

partouser *v.i.* to participate in an orgy°, to be in on a circle jerk / group grope.

partouzard, -arde *n.* one who attends orgies°, group groper.

partouze = **partouse**.

pas clair = **pas net**.

pas donné *adj.* expensive°, pricey, stiff, on the dear side ; **à ce prix-là, c'est pas donné**, at that price, they're certainly not giving them away.

pas évident *adj.* difficult°, not easy, not a piece of cake, no cakewalk ; **c'est pas évident comme question**, that's a real toughie to answer.

pas net *adj.* suspicious°, fishy, not kosher, dodgy ; **ça me paraît pas net, ton histoire,**

your story doesn't sound too up-front.

pas piqué des vers / des hannetons *adj.* extraordinary°, out of this world, smashing, something else ; **ils nous ont servi un petit vin pas piqué des hannetons**, they served us a really wicked little wine.

pas possible *adj.* extraordinary°, incredible, amazing, out of this world ; **ce mec, il a un cul pas possible**, this guy is a real lucky so-and-so.

passage de la mer Rouge *n.m.* menstruation°, period, curse, monthlies, rag.

passe *n.f.* act of prostitution°, trick ; **faire une passe**, to turn a trick ; **maison de passe**, brothel°, whorehouse, knocking-shop.

passé (avoir un) *loc.* to have a criminal record°, to have form, to have been in trouble.

passer 1. *v.i.* a) **y passer**, (i) to die°, to snuff it, to kick the bucket, to go over to the other side ; (ii) to suffer°, to get the chop, to go down the drain, to go out the window ; **mon salaire y est passé**, my whole salary went on it ; b) **passer à travers**, to miss a good chance° / a golden opportunity / a gift, to just miss the bus ; c) **passer au travers de qqch.**, to escape s.t. unpleasant°, to just get out of s.t., to squeeze out of s.t., to wriggle out of a tight spot ; d) **sentir passer qqch.**, to experience s.t. painful°, to have

s.t. hard / tough, to feel s.t. bad ; **la facture de téléphone, on l'a sentie passer**, the telephone bill certainly left a hole in our budget ; e) **passer sur le corps / le ventre de qqun**, to push s.o. out of the way°, to walk all over s.o., to step on s.o. ; **il faudra me passer sur le corps !** over my dead body ! ; f) **ça fait du bien par où ça passe**, that feels good !° *(food, drink)*, that's just what the doctor ordered, that reaches the parts the others can't. 2. *v.t.* a) to give°, to pass on ; **tu me passes cent francs ?** can you spare me a hundred francs ? ; b) **passer qqch. / un savon à qqun**, to reprimand s.o. severely°, to bawl s.o. out, to give s.o. a bollocking ; **après ce que je lui ai passé, il est pas près de recommencer**, he'll not do that again in a hurry, after the chewing I gave him ; c) **passer à tabac**, to beat up°, to do in, to do over, to knock around ; d) **passer l'arme à gauche**, to die°, to kick the bucket, to snuff it, to go off the deep end ; e) **passer de la pommade à qqun**, to flatter s.o.°, to butter s.o. up, to sweet-talk s.o., to lay it on s.o. with a trowel ; f) **passer un coup de fil / de bigophone / de biniou à qqun**, to give s.o. a telephone call° / a buzz / a ring / a shout ; g) **(faire) passer qqun à la casserole**, (i) to rape s.o.°, to manhandle s.o. sexually, to screw s.o. against his / her will ; (ii) to kill°, to do in, to wipe out, to erase ; (iii) to inflict damage on s.o.°, to do s.o. in, to give s.o. his / her comeuppance, to give it to s.o.

passoire *n.f.* 1. poor goal-keeper°, butterfingers, goalie who lets them all in. 2. **avoir la mémoire comme une passoire**, to have a bad memory°, to have a memory like a sieve ; **sa mémoire est une vraie passoire**, he'd forget his head if it wasn't screwed on. 3. **transformer qqun en passoire**, to shoot s.o. repeatedly°, to fill s.o. full of holes / full of lead, to shoot s.o. up, to riddle s.o. with bullets.

pastaga *n.m.* 1. pastis°. 2. confusion°, muddle, mix-up, pickle ; **on était en plein pastaga**, we were in one hell of a mess.

pastille *n.f.* 1. bullet°, slug, lead. 2. what one has to say°, one's piece, one's story ; **alors, tu la craches, ta pastille ?** so spit it out, let's hear what you've got to say.

pastis *n.m.* confusion°, muddle, pickle, fix ; **être dans le pastis**, to be in the soup / in a jam ; **qu'est-ce que c'est que ce pastis ?** what's this mess here ?

pas triste *adj.* funny°, a laugh, a scream, hilarious ; **t'aurais dû voir sa tête, c'était pas triste**, you should've seen his face, it was a howl.

pataouète *n.m.* dialect spoken by French formerly residing in Algeria°.

patapouf *n.m.* fat person°, fatso, fatty ; **gros patapouf**, big lump.

patate *n.f.* 1. potato°, spud, tater, murphy. 2. blow°, smack, clout, bang, dig. 3. head°, nut, noggin, loaf ; **en avoir gros sur la patate**, to be upset° / peeved / hassled / harassed ; **en avoir ras la patate**, to have had enough°, to be fed up, to be sick, sore and tired, to have had it up to here. 4. fat person°, lump, slob, hulk. 5. idiot°, dope, fathead, dork ; **va donc, eh, patate !** go on, you stupid wally ! 6. very strong shot° *(football, etc.)*, piledriver. 7. energy°, good form / shape ; **avoir la patate**, to feel on top of the world, to be full of beans.

patati et patata (et) *loc.* etcetera etcetera°, and so on and so forth, blah-blah-blah, and whatever.

patauger dans la semoule *loc.* to be making no progress°, to be all-at-sea, to be at sixes and sevens.

pâte (bonne) *loc.* good-natured individual°, good bloke / sort, decent skin.

pâtée *n.f.* 1. reprimand°, telling-off, chewing, bollocking, carpeting ; **prendre la pâtée**, to get the riot act read. 2. beating-up°, leathering, hiding, tanning. 3. heavy defeat°, hammering, white-washing, walloping ; **flanquer la pâtée à qqun**, to beat the tripe out of s.o.

patelin *n.m.* village°, hole-in-the-wall, one-horse town ; **il se passe rien dans ce patelin**, nothing ever happens in this dump.

paternel *n.m.* father°, pater, the old man, daddio.

patin *n.m.* 1. shoe°, stomper, clodhopper. 2. passionate kiss°, French kiss, mouth music ; **rouler un patin à qqun**, to swap spits with s.o.

patraque *adj.* slightly sick°, out of sorts, under the weather, out of it.

patraque *n.f.* watch°, timepiece, ticker.

patron *n.m.* 1. owner of a drinking establishment°, landlord, innkeeper ; **c'est la tournée du patron**, drinks are on the house. 2. head of a medical department°, chief consultant, bossman, chief. 3. chief (police) constable°, chief, boss, bossman. 4. husband°, hubby, bossman, main man. 5. *pl.* **les patrons**, the managerial class°, the bosses.

patronne *n.f.* 1. female leader°, boss, big woman, boss woman. 2. wife°, the missus, the old lady, the sergeant-major ; **faudrait voir ça avec la patronne**, you'll have to check that with the boss woman.

patte *n.f.* 1. hand°, mitt, paw, flipper ; **bas les pattes !** hands / paws off ! ; **donner un coup de patte**, to attack verbally°, to lay into, to do down, to have a go at ; **avoir le coup de patte**, **avoir la patte**, to have manual skill°, to have the touch / the knack, to be nifty ; **graisser la patte à qqun**, to bribe s.o.°, to give s.o. a backhander, to grease s.o.'s palm ; to slip s.o. a little something ; **faire aux pattes**, a) to steal°, to nick, to swipe, to make off with ; b) to imprison°, to put away, to send down, to put behind bars ; **se tirer des pattes de qqun**, to free oneself from s.o.'s hold°, to get out of s.o.'s clutches, to shake s.o. off. 2. leg°, pin, peg, stick ; **avoir une patte folle**, to have a gammy leg ; **aller à pattes**, to walk°, to hoof it ; **être court sur pattes**, to be small° / pint-sized / a shorty ; **en avoir plein les pattes**, to be exhausted° / knackered / all-in / done-out / bushed ; **marcher sur trois pattes**, to malfunction°, to be on the blink, to be out of sync ; **retomber sur ses pattes**, to escape a difficult situation°, to get out of a tough spot, to wriggle out of a tight corner ; **tirer dans les pattes à qqun**, to create problems for s.o.°, to put a spanner in s.o.'s works, to put a spoke in s.o.'s wheel ; **se fourrer dans les pattes de qqun**, to get in s.o.'s way°, to get under s.o.'s feet, to cramp s.o.'s style ; **ça ne casse pas trois pattes à un canard**, it's no great shakes, it's nothing to write home about.

pattes d'eph (*abr.* = **pattes d'éléphant**) *n.f. pl.* wide-bottomed trousers°, flares, bell-bottoms, loons.

Pauline (faire pleurer) *loc.* to urinate°, to take a leak, to point Percy at the porcelain.

Paulo *n. (term of address to a man)* mate, boss, squire, Jack, Harry ; **vas-y Paulo !** go for it sunshine.

paumé *adj.* 1. far away°, out-of-the-way, in the middle of nowhere, out in the sticks ; **un trou paumé,** a God-foresaken place. 2. bewildered°, stumped, snookered, all-at-sea ; **en informatique, moi, je suis paumé,** when it comes to computers, I'm just lost. 3. psychologically perturbed°, out-of-it, slightly touched, screwed-up ; **avec tous ses ennuis, pas étonnant qu'elle soit un peu paumée,** it's not surprising that she's a bit disturbed with all the problems she's been having.

paumé, -ée *n.* 1. individual with psychological problems°, basket case, washout. 2. victim of society°, loser, drop-out, waster.

paumer 1. *v.t.* a) to lose° *sp.* money, to blow, to throw down the drain ; b) to misplace°, to put somewhere or other, to stash ; **moi j'ai toujours paumé quelque chose,** I'm always looking for this or that ; c) **se faire paumer,** to get arrested° / nabbed / nicked / collared. 2. *v.pr.* **se paumer,** to get lost°, not to be able to find one's way, not to know

which way is up, to go round in circles ; **le mode d'emploi, je m'y paume,** I can't make head nor tail of these instructions.

pauvre *adj.* pitiful°, poor, pathetic ; **pauvre con, pauvre taré,** stupid sod, silly bugger ; **pauvre type, pauv' type,** 1. despicable character°, pathetic creep, silly jerk ; 2. pitiful individual°, dead loss, washout, loser.

paveton *n.m.* paving stone°.

paxon = pacson.

payant *adj.* profitable°, worth it, which pays off, worthwhile.

paye *n.f.* long time°, ages, donkey's, yonks ; **ça fait une paye,** long time no see.

payer 1. *v.i.* a) to be profitable°, to pay off, to be worthwhile ; **l'honnêteté finit toujours par payer,** honesty always comes good in the end ; b) to be funny°, to be a laugh / a scream / a howl ; **quand ils sont tous les deux sur scène, ça paye,** those two on stage are absolutely hysterical ; c) to pay°, to pay up, to foot the bill, to get one's desserts ; **tu vas payer un jour ou l'autre,** you'll get your comeuppance some day. 2. *v.t.* a) to buy°, to pay for, to stand ; **je te paie une bière,** have a beer on me ; b) **je suis payé pour,** it's my job°, it's all part of the service, that's what I'm here for. 3. *v.pr.* a) to treat oneself to°, to stand oneself (s.t.), to give oneself a little surprise ; **se payer une rigolade**, to have a good laugh ; **s'en payer une tranche**, to have a good time / a ball ; **se payer la tête de qqun**, to make fun of s.o.°, to take the Mickey / the piss out of s.o. ; b) to have an unpleasant experience°, to go through, to have to put up with, to get hit with ; **je me suis payé un rhume de trois semaines**, I went down with a cold for three weeks ; c) to hit°, to crash / to smash into ; **il s'est payé la cabine téléphonique**, he took on the phone box and lost.

pays, -se *n.* person from the same village, town *or* area as oneself°, person from the same neck of the woods, person who hails from the same place ; **nous sommes pays**, we're from the same parts.

peau *n.f.* 1. **peau de balle, peau de zob, peau de zébi**, nothing°, zilch, nout, bugger-all, sweet F.A. 2. life°, hide, skin ; **crever / faire la peau à qqun, avoir la peau de qqun**, to kill s.o.°, to do s.o. in, to rub s.o. out, to settle s.o.'s score ; **il est prévenu, un jour ou l'autre la bande aura sa peau**, he's been warned, the gang will fix him some day ; **risquer sa peau**, to take a great risk°, to stick one's neck out, to risk one's hide, to put one's neck on the line ; **sauver sa peau**, to save one's skin. 3. **coûter la peau des fesses**, to cost a fortune° / an

arm and a leg / a packet / a bomb. 4. **peau de vache**, nasty person°, rotten bugger, dirty sod ; **peau de fesse**, despicable individual°, rotten bastard, dirty swine. 5. **vieille peau**, old person°, *sp.* woman°, old biddy / cow / battleaxe. 6. **avoir qqun dans la peau**, to be passionately in love with s.o.°, to have s.o. under one's skin, to be totally gone on s.o., to be head over heels about s.o. 7. **une peau de banane**, a trap°, an ambush, a snare. 8. **en peau de lapin**, low-grade°, two-bit, crummy, dime-a-dozen, mickey-mouse ; **vous êtes une bande de soldats en peau de lapin !** you lot are not soldiers, you're just a bunch of boy scouts.

pébroque *n.m.* umbrella°, brolly, brolly-stick, umberdoodle.

pêche *n.f.* 1. blow°, smack, clout, bang ; **prendre une pêche en pleine poire**, to get clocked right in the dial. 2. **avoir la pêche**, to be full of energy°, to be in great shape, to be full of beans, to have lots of get-up-and-go ; **filer la pêche à qqun**, to put a bit of jizz into s.o. 3. **poser une pêche•**, to defecate°, to take a crap, to have a shit, to dump one's stuff. 4. **se fendre la pêche**, to laugh a lot°, to split one's sides, to be doubled up, to be in stitches. 5. **aller à la pêche**, to search for things in a haphazard way°, to set about looking for things any old way, to go off in search of s.t. with no game plan.

pêcher *v.t.* to uncover°, to dig up, to come up with ; **où est-ce que tu es allé pêcher ça ?** where did you pull that one from ?

pécho (*verl.* = **choper**) *v.t.* 1. to get°, to grab, to cop ; **pécho du hash**, to come up with some hashish. 2. to arrest°, to nick, to pull in, to cop ; **se faire pécho**, to get nabbed. 3. to seduce°, to to pull, to pick up.

peclo, peuclo (*verl.* = **clope**) *n.f.* cigarette°, ciggie, (*GB*) fag, smoke.

pécole *n.f.* 1. gonorrhoea°, the clap, VD. 2. influenza°, flu, a bit of a bug.

pécore *n.* 1. peasant°, yokel, hick, country bumpkin. 2. uncouth individual°, gorilla, bruiser, lout.

pécu *n.m.* 1. = **papier-cul**. 2. piece of writing°, scribble.

pécufier *v.t.* to write at length°, to scribble a load of waffle, to spin out a piece of writing.

pédale *n.f.* = **pédé**.

pédaler dans la choucroute / la semoule / le yaourt *loc.* 1. not to make any progress°, to make heavy weather (of s.t.), to get nowhere fast, to be at a dead-loss. 2. not to understand°, to be at a loss, to be at sixes and sevens, to be all-at-sea.

pédales (perdre les) *loc.* 1. to lose one's head° / one's marbles / it, to go off one's rocker, to go round the bend.

2. to lose the sense of what's going on°, to be lost, to be all-at-sea, to be at sixes and sevens.

pédé• *adj.* homosexual°, queer, bent, fairy, (*US*) faggot ; **être pédé comme un phoque**, to be a raging queen, to be bent as a nine-bob note.

pédé•, pédoque• *n.m.* homosexual°, queer, fairy, pansy, (*US*) fag(got).

pèderie• *n.f.* homosexuality°, queerdom, poofdom.

pedibus *adv.* on foot°, hoofing it, legging it, on Shanks' pony ; **on est revenus pedibus**, we walked it back.

pédigree *n.m.* criminal record°, form ; **il a un pédigree chargé**, he's got a record as long as your arm.

pédoque = **pédé**.

pedzouille, petzouille = **pécore**.

peigne-cul, peigne-derche, peigne-zizi *n.m.* 1. lazy individual°, idler, lay-about, lout. 2. despicable individual°, jerk, bugger, ass.

peignée *n.f.* beating°, thrashing, hiding, belting, tanning.

peigner la girafe *loc.* to do a useless task°, to hang around watching the wallpaper dry, to knock around counting the flies.

peinard *adj.* 1. comfortable°, comfy, cushy, without a care in the world ; **un boulot peinard**, an easy number ; **au bureau, je suis peinard**, nobody bothers me at work ; **j'étais là bien peinard quand ces**

deux gus sont venus m'emmerder, I was there minding my own business, when these two characters showed up to give me hassle. 2. quiet°, in peace, out of harm's way ; **se tenir peinard**, to be careful°, to keep out of trouble, to keep one's nose clean.

peinard *adv.* in a quiet way°, in peace, with no bother / no problems ; **tous les matins je fais mes dix kilomètres peinard**, every morning I do my ten kilometres and no bother.

peinardement = peinard *adv.*

peinture (ne pas pouvoir voir en) *loc.* not to be able to bear° / to put up with / to stand the sight of / to stomach ; **le patron, je peux pas le voir en peinture**, I hate the boss's guts.

pékin *n.m.* 1. civilian°, civvy, man on Civvy Street. 2. individual°, character, customer, client ; **le pékin moyen**, the ordinary citizen°, the man in the street, Mr. Average, *(GB)* Joe Bloggs, *(US)* John Q. Public.

pelés et un tondu (trois) *loc.* a very small attendance°, next to nobody, a handful ; **à la réunion, y avait tout de suite trois pelés et un tondu**, you could count the people at the meeting on the fingers of a man who had had a recent encounter with a bacon-slicer.

peler 1. *v.i.* a) to be cold° *(weather)*, to freeze, to be icy cold ; **sans chauffage, ça pèle**, without heating in here it'd skin you alive ; b) to be cold° *(people)*, to be freezing, to shiver with cold ; **qu'est-ce qu'on pèle !** it's real brass monkey weather ! 2. *v.pr.* **se les peler•**, to be extremely cold°, to be freezing, to have one's balls frozen off.

pelle *n.f.* 1. fall°, cropper, dive, header ; **prendre / ramasser une pelle**, a) to fall°, to take a nosedive, to fall flat on one's face ; b) to fail°, to come a cropper, to drop the ball, to miss the boat. 2. passionate kiss°, French kiss, mouth music ; **rouler une pelle**, to swap spits. 3. **à la pelle**, in abundance°, by the bucketful, by the shovelful ; **des abrutis comme ça, y en a à la pelle**, the world's full of jerks like him.

pelloche *n.f.* photographic or cinematographic film°, roll, celluloid.

pelotage *n.m.* licentious caressing°, groping, petting, feeling - up, pawing.

pelote *n.f.* 1. fortune°, megabucks, mint ; **faire sa pelote**, to make a packet / one's pile. 2. *pl.* **les pelotes•**, the testicles°, the balls, the nuts, the bollocks.

peloter 1. *v.t.* to caress licentiously°, to feel up, to grope, to paw, to pet ; **dans le métro aux heures de pointe, ça pelote un max**, in the underground, the rush hour is the groping hour. 2. *v.pr.* **se peloter**, to exchange amorous caresses°, to make out, to smooch, *(GB)* to snog, *(US)* to neck.

pelure *n.f.* coat°.

pendouiller *v.i.* to hang loosely°, to dangle, to hang down.

pendre au nez / au cul• *loc.* to threaten° *(unpleasant experience)*, to be on the cards, to be a cert to happen ; **ça lui pend au nez**, he's got it coming to him.

pendu (avoir une veine de) *loc.* to be very lucky°, to have the luck of the devil, to be a jammy bugger.

pendule *n.f.* 1. **en chier une pendule•**, to make a fuss about s.t.°, to make a big production out of s.t., to make a song and dance about s.t. 2. **remettre les pendules à l'heure**, to restore the correct order°, to set the record straight, to straighten things out, to redress the balance.

penser *v.i., v.t.* **ce que je pense**, excrement°, crap, shit, you know what ; **zut alors, j'ai marché dans ce que je pense !** dammit, I've just stepped in a load of you know what ; **où je pense**, in the anus°, up the arse, you know where ; **ton bouquin, tu peux te le foutre où je pense !** you know where you can stuff your book !

penseuse *n.f.* head°, nut, loaf, brains.

pente (avoir la dalle en) *loc.* to drink a lot°, to bend the elbow, to knock it back, to be a bit of a tippler.

pépé *n.m.* 1. grand-father°, grand-daddy, granda, grandad, grand-pa. 2. old man°, granda, grandad, old guy.

pépée *n.f.* woman°, chick, bird, doll.

pépère *adj.* 1. quiet°, calm, easy, snug ; **il s'est construit une vie tout ce qu'il y a de pépère**, he's built himself a peaceful easy life ; **un coin pépère**, a quiet little spot ; **un boulot pépère**, a cushy number. 2. huge°, ginormous, whopping, great, fantabulous ; **un gigot pépère**, a real mother of a leg of lamb.

pépère *adv.* slowly°, laid back, easy-on ; **faut pas prendre de risques, on va jouer pépère**, don't take any risks, let's just play it cool ; **rouler pépère**, to drive slowly°, to doodle along, to mosey along, to drive along and no worries.

pépère *n.m.* 1. old man°, granda, grandad, old guy. 2. **un gros pépère**, a fat man°, a fatso, a big slob.

pépette *adj.* over-dressed° *(woman)*, tarted up, togged out, dressed up like a dog's dinner.

pépette *n.f.* 1. woman°, chick, bird, doll, broad. 2. *pl.* **les pépettes**, the money°, the dough, the bread, the cash, the readies.

pépin *n.m.* 1. obstacle°, hitch, snag, botheration ; **je peux pas venir, j'ai un pépin**, I can't come, there's something up.

2. umbrella°, brolly, brolly-stick. 3. **avaler le pépin**, to get pregnant°, to get a bun in the oven, to get into trouble, to get into the family way.

péquenot *n.m.* = **pécore**.

percher *v.i.* to reside°, to stay, to crash, to hang out.

perdreau *n.m.* policeman°, cop, copper, bobby.

perdu quelque chose ? (t'as) *loc.* what are you looking for ?°, what do you want ?, what's your problem ?

père *n.m.* 1. **petit père**, a) nice young child°, good little chap ; b) **eh ! petit père !** hey guy !, hey buddy !, listen mate ! 2. **gros père**, a) fat young child°, chubby little chap ; b) fat man°, fatso, fatty. 3. **père tranquille, père peinard, père de famille**, easy-going man°, laid-back guy, cool character.

père Noël (croire au) *loc.* to believe naïvely in the goodness of mankind°, to believe in Father Christmas, to be a bit on the green side.

perfecto *n.m.* leather jacket°, bomber jacket, bomber.

périf, périph (*abr.* = périphérique) *n.m.* ring-road°, orbital.

périscope (coup de) *n.m.* look°, butcher's, squint, looksee, dekko.

perle *n.f.* 1. a) wonderful person°, gem, treasure ; **son mari est une perle**, her husband is a real dream ; b) best of his / her kind°, the tops, ace, champ ; **sa cuisinière est une perle**, his cook is a real cordon bleu. 2. comic mistake°, howler, blooper, pearl ; **les profs collectionnent les perles**, teachers keep a record of their students' gems. 3. fart°, stinker, cheeser ; **lâcher une perle**, to let off, to let one rip. 4. **enfiler des perles**, to waste one's time°, to break rocks, to hang about doing damn-all.

perlot *n.m.* tobacco°, baccy, weed.

perlouze, perlouse *n.f.* 1. pearl°, oyster berry, teardrop. 2. = **perle** 3.

perme (*abr.* = **permission**) *n.f.* leave of absence°, pass.

perpète, perpette *n.f.* 1. (*abr.* = **perpétuité**) life sentence°, life ; **prendre perpette**, to get life. 2. **à perpette(-les-bains)**, very far away°, in the middle of nowhere, at the back of beyond, miles away. 3. **jusqu'à perpette**, for a very long time°, till dooms-day, till the cows come home.

perruque en peau de fesse (avoir une) *loc.* to be bald°, to have a billiard ball head, to have a suede-head.

persil (aller au) *loc.* to go to work°, to go to the salt mines, to clock in.

perso (jouer / être) (*abr.* = **personnel**) *loc.* to play in a selfish way (*collective sports*), to keep the ball for oneself, to hog the limelight, to play solo.

pervenche *n.f.* female traffic warden°.

pesant de cacahouètes (valoir son) *loc.* to be very funny°, to be a real laugh / scream / howl ; **avec ses blagues, il vaut son pesant de caca-huètes,** when he starts telling jokes, it's a laugh a minute.

pescal *n.m.* fish°.

pet *n.m.* 1. fart°, stinker, chee-ser ; **ne pas valoir un pet (de lapin),** to be worthless°, not to be worth a fart / a tinker's cuss. 2. **il y a du pet,** there's danger ahead°, there's trouble brew-ing, there're problems on the horizon. 3. **faire le pet,** to be on the lookout / on the watch, to keep an eye open. 4. **avoir un pet de travers,** to feel unwell°, to be under the wea-ther, to feel out of sorts.

pèt', pète *n.m.* 1. dent°, bump, bang. 2. bruise°, welt, bang ; **il a pris un vieux pèt' sur le bras,** his arm is black and blue.

pétantes *adj. pl.* precisely°, on the dot, smack-on ; **à deux heures pétantes,** at two o'clock spot-on.

Pétaouchnok *n.* imaginary, far-away place°, Patagonia, Timbuktu.

pétard *n.m.* 1. gun°, shooter, piece, rod. 2. marijuana ciga-rette°, joint, reefer, jay, spliff. 3. behind°, backside, bum, arse. 4. a) uproar°, din, racket, rumpus ; **faire du pétard,** to make a hullabaloo ; b) scandal°, fuss, ruckus, stink ; **faire du pétard,** to raise hell. 5. anger°, huff, dander ; **se mettre / se**

foutre en pétard, to get angry°, to fly off the handle, to hit the roof, to blow a fuse / a gasket / one's top / one's stack.

pétasse *n.f.* woman°, scrubber, tart, biddy, bint.

pète = pèt'.

pété *adj.* 1. drunk°, jarred, legless, pissed, arseholed, rat-arsed. 2. drugged°, high, stoned, out-of-it. 3. highly amused°, in stitches, doubled up, cracked up, pissing oneself.

pétée *n.f.* 1. bout of drunken-ness°, a real skinful, serious drinking session ; **prendre une pétée,** to get drunk°, to get bevvied (up), to get legless, to get totally pissed. 2.• ejacula-tion°, load, wad, shot ; **tirer / filer une pétée,** to shoot one's load, to bust one's nuts. 3. large amount°, loads, oodles, bunch, tons.

péter 1. *v.i.* a) to break°, to bust, to give way, to come apart ; **si on surcharge de trop, ça va péter,** if we put too much in, it'll fall through ; ; b) to burst°, to explode, to pop, to blow up ; **voilà le tonnerre, ça va péter,** there's the thunder, all hell's going to break loose ; **fais gaffe, ça risque de te péter à la gueule,** watch out or that'll blow up in your face ; **on a bouffé à s'en faire péter la panse,** we stuffed ourselves so much that our stomachs were ready to blow ; **faire péter les boutons de braguette,** to be highly desirable° *(woman),* to be a real cock-tease ; c) to fart°, to let off, to let fly ; **péter dans la soie**, to live in the lap of luxury ; **péter plus haut que son cul**, to be pretentious°, to be too big for one's boots / one's britches ; **envoyer qqun péter**, to send s.o. packing, to tell s.o. where to get off / where to go. 2. *v.t.* a) to break°, to bust, to bugger up ; **péter un carreau**, to smash a window ; **péter un appareil**, to fuck a machine up ; **péter la gueule à qqun**, to smash s.o.'s face in ; b) **péter la forme / la santé**, to be in excellent health°, to be in super form / great shape ; c) **péter le feu**, (i) to be full of energy° / of beans / of get-up-and-go / of zing ; (ii) to explode°, to blow up, to get hairy ; **ça va péter le feu**, things are going to get nasty ; d) **péter les plombs**, to go crazy°, to blow a fuse / a gasket / one's top ; e) **la péter**, to go without eating°, to have to do without, to have to pass up a meal, to go hungry ; f) **se faire péter l'anneau• / la rondelle•**, to get sodomized° / buggered / bumfucked. 3. *v.pr.* se péter (la gueule), a) (i) to get drunk° / pissed / arseholed / rat-arsed ; (ii) to get high on drugs / stoned / out-of-it / out of one's tree ; b) **se péter la gueule**, (i) to fall°, to come a cropper, to take a nosedive, to fall flat on one's face ; (ii) to fail°, to drop the ball, to get a bloody nose, to come a cropper ; **le gouvernement va se péter la gueule sur cette réforme**, the government is going to meet its Waterloo over this reform.

pète-sec, petseque *adj.* authoritarian°, strict, stickly, sharp-tongued.

pète-sec, petseque *n.m.* authoritarian person°, stickler for rules, person who cracks the whip.

péteux *adj.* pretentious°, showy, snotty, snooty, stuck up.

péteux, -euse *n.* pretentious person°, snot, smart-arse.

petiot *adj.* small°, wee, titchy, weeny, teeny-weeny.

petiot, -iote *n.* child°, tot, kiddy, kiddywink.

petit *n.m.* 1. drink°, jar, glass ; **encore un petit et on y va**, another short one and we'll hit the road. 2. young boy°, young one, kiddo, laddie ; **vas-y petit**, go for it, boyo ! 3.• **mener le petit au cirque**, to fornicate°, to get one's end away, to get one's ticket punched, to hide the salami, to exercise the ferret. 4. **faire des petits**, to grow in number°, to snowball, to multiply ; **on a mis de l'argent de côté, et ça a fait des petits**, we put some money in a piggybank and soon we had a whole family of piglets.

petite *n.f.* 1. young girl°, lassie, lass, chickedee, little missy. 2. quick game° *(cards, sports etc.)*, quick one, quickie ; **on se fait une petite ?** do you fancy a swift game ?

petit frère• *n.m.* penis°, little man, wee fellah, John Thomas.

pétochard *adj.* cowardly°, yellow, yellow-bellied, chicken, lily-livered.

pétochard, -arde *n.* coward°, yellow belly, chicken, lily liver, scaredy cat.

pétoche *n.f.* fear°, funk, creeps, willies ; **foutre la pétoche à qqun**, to give s.o. the jitters / the shits.

pétoire *n.f.* 1. gun°, shooter, piece, rod. 2. moped°, fartbox, put-put.

peton *n.m.* foot° *(children)*, tootsie, footsie ; **qu'ils sont mignons, les petits petons !** you've got lovely little tootsie-wootsies !

pétoulet *n.m.* behind°, backside, bum, derriere.

pétrolette *n.f.* small motorcycle°, moped, fart-box, put-put.

pétroleuse *n.f.* highly-sexed woman°, raver, goer, hot-pants.

pétrousquin = **pétoulet**.

petzouille = **pedzouille**.

peu (un) *adv.* 1. definitely !°, for sure !, you bet !, too right !, not half ! ; **un peu (mon neveu) !** sure thing !, you better believe it ! ; **un peu que je viens !** you can bet your bottom dollar that I'm coming ! 2. **un peu, pas qu'un peu**, extremely°, absolutely, not half, the whole way, more than a little ; **je l'ai aidé, et pas qu'un peu**, I didn't half give him a hand ; **son appartement, c'est un peu chic**, his flat is more than a shade classy. 3. **un peu fort, un peu beaucoup**, too much°, a bit much, a bit over the top / OTT, a bit too far ; **là, tu y vas un peu fort**, that's taking things a bit too far.

peuclo = **peclo**.

peuple *n.m.* 1. large amount of people°, crowd, mob ; **y avait un de ces peuples**, the world and his wife was there. 2. common°, prolo, pleb ; **il parle comme ça pour faire peuple**, he talks like that to sound like one of the prols.

pèze *n.m.* money°, dough, bread, cash, readies.

phallo *(abr. = phallocrate) adj.* sexist° *(male)*, chauvinistic, macho.

phallo *(abr. = phallocrate) n.m.* sexist male°, male chauvinist pig, MCP.

pharmaco *(abr. = pharmacien) n.m.* pharmacist°, chemist, medicine-man.

phosphorer *v.i.* to think hard°, to cogitate, to reflect deeply, to rack one's brains, to put on one's thinking cap.

photo *n.f.* 1. **tu veux ma photo ?** what are you looking at ?, do you want me to give you an autograph ?, have I got horns or something ? 2. **y a pas photo**, there is a clear winner°, there no doubt about the result, no need for a photo finish ; **ce coup-ci, y a pas photo, on les a écrasés**, this time round things are clearcut, we hammered them.

piaf *n.m.* 1. sparrow°. 2. bird°, birdie, boid, feathered friend. 3. **crâne de piaf**, stupid person°, birdbrain, peabrain, nitwit.

piano *n.m.* 1. teeth°, ivories, pearlies. 2. table for fingerprinting°, dab-board. 3. **piano à bretelles, piano du pauvre**, accordeon°, squeeze-box.

piaule *n.f.* 1. room°, den, dump, gaff. 2. home°, place, pad, joint.

picaillon *n.m.* money°, dough, spondoolicks, readies.

picoler *v.i.* to drink heavily°, to booze, to tipple, to bend the elbow, to knock it back.

picoleur *adj.* heavy-drinking°, hard-drinking, boozy, alky.

picoleur, -euse *n.* heavy drinker°, boozer, tippler, elbow-bender, guzzler.

picouse, piquouse *n.f.* 1. injection° *(medical)*, shot, jab, jag. 2. injection° *(drugs)*, hit, fix, bang.

picouser, piquouser 1. *v.t.* a) to give an injection° *(medical)*, to give a shot, to jag, to jab ; b) to give an injection° *(drugs)*, to shoot up, to bang up, to fix. 2. *v.pr.* **se picouser**, to inject oneself° *(drugs)*, to shoot up, to bang up, to skinpop, to mainline.

picrate, picton *n.m.* inferior wine°, plonk, vino.

pièce *n.f.* 1. **service trois-pièces•**, male genitals°, family jewels, family allowance, three-piece set, knick-knacks. 2. **ne pas être aux pièces**, not to be in a hurry°, to be in no big rush, not to be pushed for time.

pied *n.m.* 1. **mettre le pied quelque part à qqun**, to kick s.o. in the backside°, to give s.o. a boot up the hole, to tan s.o.'s arse ; **tu veux mon pied quelque part ?** do you want to feel some leather on your arse ? 2. **lever le pied**, a) to slow down°, to take things easy, to ease off ; b) to vanish°, to slip away, to slope off. 3. **faire du pied à qqun**, a) to caress s.o. with one's foot°, to play footsie with s.o. ; b) to make advances to s.o.°, to snuggle up to s.o. ; **les centristes font toujours du pied à droite et à gauche**, the centrists are always playing footsie with the left and the right. 4. **un pied**, awkward person°, clodhopper, clumsy clot, goofball ; **jouer comme un pied**, to be a useless player, not to be able to play for toffee ; **chanter comme un pied**, to sing like a crow. 5. **trouver chaussure à son pied**, to find the right partner°, to find the person who fits the bill, to find the perfect match. 6. **faire le pied de grue**, to wait in vain°, to hang around for nothing, to kick one's heels to no avail. 7. **prendre son pied**, a)• to experience orgasm°, to come, to come off, to go over the mountain, to get it off ; b) to receive pleasure°, to get a kick / a buzz / a hit / a high, to get off on ; **il prend son pied à faire des maquettes d'avions,**

he gets his rocks off making model planes ; **c'est le pied**, it's wonderful°, it's the tops, it's orgasmic, it's mind-blowing ; **c'est pas le pied**, it's bad° / awful / dreadful / a bummer ; **le métro aux heures de pointe, c'est pas le pied**, the underground really sucks in the rush-hour. 8. **être à pied**, to be exhausted° *(cycling, etc.)*, to be on one's last legs. 9. **être bête comme ses pieds**, to be really stupid°, to be as thick as two short planks, to be as daft as a brush. 10. **s'en aller / partir les pieds devant**, to die°, to snuff it, to kick the bucket, to pop one's clogs. 11. **casser les pieds à qqun**, to annoy s.o.°, to piss / brown / cheese s.o. off, to get on s.o.'s back / case / nerves. 12. **mettre les pieds quelque part**, to go somewhere°, to set foot somewhere ; **j'y mettrais jamais les pieds**, I wouldn't be seen dead there. 13. **mettre les pieds dans le plat**, a) to say what one has to say°, to shoot from the hip, to make no bones about something, to come straight out with something ; b) to make a mistake°, to put one's foot in it, to drop a clanger, to boob, to make a gaff. 14. **faire des pieds et des mains pour qqch.**, to do one's utmost to gain s.t.°, to move heaven and earth to get s.t., to pull out all the stops to do s.t. 15. **faire les pieds à qqun**, to give s.o. what he / she

deserves°, to teach s.o. a lesson, to give s.o. his / her just desserts / comeuppance ; **ça lui fera les pieds**, serves him right. 16. **retomber sur ses pieds**, to escape a difficult situation°, to get out of a tough spot, to wriggle out of a tight corner. 17. **aller se laver les pieds**, to go away°, to clear off, to get outta here ; **va te laver les pieds !** on your bike !, go jump in the lake !

pied-noir *n.* non-Arab Algerian-born French person°, pied-noir.

piège à cons, piéjacon *n.m.* swindle°, con, scam, rip-off, mugs' game ; **élections, piège à cons !** elections are infections !

piège à macaronis, piège à poux *n.m.* beard°, fungus, facial growth, chin whiskers.

piéton *n.m.* traffic policeman°, traffic cop.

pieu *n.m.* bed°, hay, sack ; **aller au pieu**, to crash out, to hit the hay / the sack ; **avec lui, au pieu, tu t'emmerdes pas**, there's never a dull moment in bed with him.

pieuter 1. *v.i.* to spend the night°, to crash, to kip over. 2. *v.pr.* **se pieuter**, to go to bed°, to hit the sack / the hay, to crash out.

pif *n.m.* 1. nose°, neb, conk, hooter, schnoozle ; **à vue de pif**, at first sight°, at a rough guess ; **se bouffer le pif**, to argue bitterly°, to jump down each others' throats. 2. intuition°, feeling, hunch, nose ;

faire qqch. au pif, to do s.t. on a hunch ; **y aller au pif**, to play it by ear.

piffer (ne pas pouvoir) *loc.* not to be able to stand° / put up with / stomach / swallow ; **celui-là, je peux pas le piffer**, I just can't take that guy.

pifomètre (au) *loc.* on feeling°, on a hunch, following one's nose, following a gut feeling.

piffrer = piffer.

pige *n.f.* 1. a) year of age°, year old ; **il a que vingt piges**, he's the tender age of twenty ; b) year of prison°, year of porridge, year inside ; **il a écopé de dix piges**, he went down for ten. 2. newspaper article paid by the line° / freelance piece / story / write-up ; **être payé à la pige**, to be paid by the story.

pigeon *n.m.* dupe°, mug, sucker, patsy, sitting duck.

pigeonner *v.t.* to dupe°, to con, to take in, to have on, to rip off ; **se faire pigeonner**, to be taken for a ride, to get screwed.

piger *v.t.* 1. to understand°, to cop (on), to twig, *(US)* to dig ; **tu piges ?** get it ?, follow me ? ; **j'y pige que dalle**, I haven't a clue, I can't make head nor tail of it ; **piger le topo**, to get the picture, to twig on. 2. to observe°, to check out, to catch, to take a dekko at ; **pige-moi ça !** get a load of that !, check it out !

pigiste *n.* journalist paid by the story°, freelance journalist, freelance.

pignole• *n.f.* masturbation°, wanking, jerking-off, gherkin-jerking ; **se taper une pignole**, to beat the dummy, to choke the chicken, to hand-jive, to play pocket billiards.

pignouf *n.m.* uncouth individual°, peasant, gorilla, lout, yob.

pile *adv.* 1. precisely°, spot-on, bang-on, on the noggin ; **ça fait pile cinquante francs**, that's fifty francs on the nose. 2. at exactly the right time°, in the nick of time, bang-on, just right ; **vous tombez pile !** perfect timing !, couldn't be better ! 3. suddenly°, all of a sudden, dead ; **s'arrêter pile**, to stop in one's tracks.

pile, pilule *n.f.* 1. beating°, hiding, tanning, walloping, bashing. 2. heavy defeat°, hammering, lambasting, white-washing ; **prendre une pilule**, to get stuffed / trounced.

piler 1. *v.i.* to stop abruptly°, to screech to a halt, to pull up suddenly. 2. *v.t.* a) to beat up°, to thrash, to do in, to work over ; b) to defeat heavily°, to hammer, to trounce, to stuff, to whip.

pills *n.* LSD tablet°, acid tab.

pilon *n.m.* 1. foot°, hoof, trotter. 2. wooden leg° / shank / stick / drumstick, peg. 3. beggar°, bum, panhandler, schnorrer.

pilonner *v i.* to beg°, to panhandle, to bum, to chisel.

pilpoil *adv.* 1. precisely°, spot-on, bang-on, on the dot, on the noggin. 2. perfectly°, on the button, to a T, bull's-eye, dead on.

pilule = **pile** *n.f.*

piment *n.m.* nose°, neb, conk, hooter, schnorrer ; **avoir du piment**, to have flair, to have a nose for things.

pinaillage *n.m.* quibbling°, nit-picking, hair-splitting.

pinailler *v.i.* to quibble°, to split hairs, to nit-pick.

pinailleur *adj.* quibbling°, nit-picking, hair-splitting.

pinailleur, -euse *n.* quibbler°, nit-picker, hair-splitter.

pinard *n.m.* wine°, plonk, vino.

pince *n.f.* 1. hand°, mitt, paw, flipper ; **serrer la pince à qqun**, to shake hands with s.o.°, to press the flesh with s.o. 2. leg°, pin, peg, stick ; **y aller à pinces**, to walk it, to hoof it. 3. **être chaud de la pince**, to be sexually active°, to be randy / horny / hot for it.

pinceau *n.m.* foot°, trooter, hoof ; **s'emmêler les pinceaux**, 1. to trip up°, to fall over oneself ; 2. to become confused°, to get into a mess / a muddle, to tie oneself up in knots.

pince-cul, pince-fesses *n.m.* party°, bop, shindig, do, hop.

pincer 1. *v.i.* **en pincer pour qqun**, to be infatuated with s.o.°, to have a crush on s.o., to be stuck on s.o., to have a yen for s.o., to take a shine to s.o. 2. *v.t.* a) to arrest°, to nick, to cop, to collar, to pull in, to nab,

to lift ; b) to understand°, to cop (on), to cotton on, to twig, *(US)* to dig ; **tu pinces ?** do you get it ?, do you follow me ?

pine• *n.f.* penis°, dick, cock, rod, shaft ; **revenir avec la pine sous le bras**, to fail in a sexual adventure°, not to score, not to make the grade, to get the big E.

piner• *v.t.* to fornicate°, to fuck, to screw, to spunk, to ball, to shag.

pingouin *n.m.* 1. foot°, hoof, trotter. 2. lawyer°, legal eagle.

pinocumettable• *adj.* sexually attractive°, fuckable, screwable, shaftable, shagable.

pinter 1. *v.i., v.t.,* to drink heavily°, to booze, to tipple, to knock the stuff back, to pint. 2.*v.pr.* **se pinter**, to get drunk°, to get bevvied (up) / legless / smashed / pissed / plastered.

pion, -ionne *n.* young school supervisor°, monitor, external prefect.

pioncer *v.i.* to sleep°, to kip, to get some shuteye / forty winks.

pioupiou *n.m.* 1. bird°, birdie, boid. 2. infantry soldier°, private, *(GB)* squaddie, *(US)* GI.

pipe *n.f.* 1. **se fendre la pipe**, to laugh uproariously°, to laugh one's head off, to be in stitches, to roll about laughing. 2. **casser sa pipe**, to die°, to kick the bucket, to snuff it, to cash in one's chips. 3. **par tête de pipe**, per capita°, a head, per client ; **ça fait combien par tête de pipe ?** how

much is that if we split it ?
4. **tailler / faire une pipe•**, to perform fellatio°, to give a blow-job / head, to gobble off, to go down on.

pipeau (c'est du) *loc.* that's nonsense° / rubbish / tripe / crap / balloney.

pipelet, -lette *n.* concierge°, caretaker, janitor.

pipelette *n.f.* talkative person°, chatterbox, gasbag ; **quelle pipelette !** what a gossip !

piper (ne pas) *v.i.* not to talk° / to chatter / to open one's mouth / to squeak.

pipi *n.m.* 1. urine° *(children)*, wee-wee, pee. 2. urination° *(children)*, wee-wee, number one, pee ; **faire pipi**, to do a piddle / a Jimmy Riddle, to spend a penny.

pipi de chat *n.m.* 1. tasteless drink°, dishwater, gnat's piss. 2. uninteresting piece of writing°, waffle, crap, tripe ; **son livre, c'est du pipi de chat**, his book is absolute drivel.

pipi-room *n.m.* lavatory°, loo, little boys' / girls' room, powder room, *(US)* restroom, *(US)* bathroom.

piqué *adj.* mad°, nuts, bonkers, bananas, round-the-bend, barmy.

pique-assiette *n.* parasite°, scrounger, sponger, freeloader.

pique-fesse *n.f.* nurse°.

piquer 1. *v.i.* **piquer du nez**, a) to fall asleep upright°, to doze off, to nod off ; b) to have a bad experience° *(drugs)*, to have a bad trip / bad high. 2. *v.t.* a) to steal°, to pinch, to swipe, to make off with ; **Monsieur, il m'a piqué mon stylo !** Sir, Sir, he nicked my pen ! ; **je peux te piquer une clope ?** can you lend us a fag ? ; b) to catch°, to collar, to nab, to catch on ; **il s'est fait piquer en train de fumer dans les chiottes**, he got pulled up smoking in the bogs ; c) to give an injection°, to jab, to jag ; **faire piquer un animal**, to have an animal put to sleep / put down ; d) to stab°, to knife, to cut up ; **il s'est fait piquer par des voyous**, he got carved by a bunch of yobs ; **ils ont piqué les pneus du prof**, they slashed the teacher's tyres ; e) to become infected with° *(disease)*, to catch, to cop ; **piquer une grippe**, to come down with the flu ; f) **piquer un phare / un soleil**, to become embarrassed°, to go red as a beetroot, to take a red-face / a reddner ; g) **piquer une / sa crise, piquer une colère**, to become angry°, to throw a fit, to fly off the handle, to hit the roof ; h) **piquer un roupillon / une ron-flette / un somme**, to sleep°, to doze off, to get some shuteye, to take a nap, to get forty winks ; i) **piquer un sprint / un cent mètres**, to run fast°, to sprint off, to go into top gear, to put on the booster ; j) **piquer une tête**, to dive into water°,

to take a dive / a header. 3. *v.pr.*
se piquer, a) to inject drugs°, to
shoot up, to bang up, to mainline, to skinpop ; b) **se piquer le
nez**, to get drunk° / plastered /
pissed / jarred / polluted.

piquette *n.f.* 1. bad quality
wine°, plonk, vino. 2. heavy
defeat°, hammering, lambasting, stuffing ; **prendre /
ramasser une piquette**, to get
totally trashed / walloped /
destroyed.

piquouse = **picouse**.

piquouser = **picouser**.

pisse• *n.f.* urine°, piss, piddle,
pish.

pisse-copie *n.m.* bad journalist°,
hack-writer.

pisse d'âne *n.f.* disgusting
drink°, cat's / gnat's piss, piss-
water.

pisse-froid *n.m.* morose person°,
wet blanket, killjoy, sourpuss,
droopy.

pisse-menu *n.m.* unambitious
person°, non-entity, nobody,
semi-dork.

**pissenlits par la racine (bouffer
les)** *loc.* to be dead a long time°,
to be dead and gone, to be long
dead and buried, to be pushing
up (the) daisies.

pisser• *v.i., v.t.* 1. to urinate°, to
piss, to pish, to piddle, to take
a leak, to drain the dew ; **aller
pisser un coup / un boc**, to
take a piss, to go for a slash, to
make a pit stop ; **pisser au lit**,
to wet one's bed, to piss the
sheets ; **pisser des lames de
rasoir**, to have pain on urina-

tion°, to piss razor blades. 2. to
leak°, to gush, to piss, to pour
out ; **vite, une éponge, ça pisse
de partout**, quick, get a cloth,
this thing is pissing everywhere ; **pisser le sang**, to bleed
profusely°, to piss blood. 3. to
rain°, to pour, to bucket, to piss
down ; **ça pisse**, it's peeing
down ; **il pleut comme vache
qui pisse**, it's raining cats and
dogs, it's not waiting to piss
down. 4. **laisser pisser (le
mérinos)**, to let it go / let it
ride ; **laisse pisser !** let it drop !
5. **ne plus se sentir pisser**, to
be self-important°, to be caught
up in oneself, to be full of one's
own importance ; **depuis qu'il
est ministre, il se sent plus pisser**, since he's become a minister, he thinks the sun shines out
of his arse. 6. **pisser dans un
violon**, to do something use-
less°, to piss in the wind, to
bang one's head against a brick
wall ; **je vous parle, c'est
comme si je pissais dans un
violon**, telling you is like talking to the wall. 7. **pisser sa
côtelette**, to give birth°, to drop
one, to drop a sprog. 8. **(en)
pisser dans son froc**, to laugh
uproariously°, to piss oneself,
to pee oneself laughing, to
wet one's pants. 9. **pisser le
sang**, to suffer badly°, to have a
hard time of it, to be up
against it, to bleed, to hurt ;
**pour l'avoir, faudra que tu
pisses le sang**, if you want
to get him, you're going to

have your work cut out. 10. **pisser bleu,** to be mad°, to be shit
crazy, to be bananas / nuts /
bonkers. 11. **pisser sur qqch.,**
to despise s.t.°, to look down on
s.t., to shit on s.t., to trash / rubbish s.t.

pisseur, -euse *n.* weak-bladdered
person°, pisser, wee-wee merchant.

pisseuse *n.f.* pre-adolescent girl°,
bobby-soxer, little mama.

pisseux *adj.* 1. insipid°
(colour), wishy-washy, off-
shade, washed-out. 2. dark and
dirty°, grungy, tatty, scruffy,
cruddy.

pisse-vinaigre *n.m.* 1. = **pisse-
froid.** 2. miser°, skinflint,
scrooge, cheapskate, penny-
pincher.

pissotière *n.f.* public urinal°,
street loo, publis piss-house.

pissou *n.m.* urination° *(children)*,
wee-wee, number one ; **faire
un petit pissou,** to pay a visit.

pistache (prendre une) *loc.* to
get drunk°, to get a skinful, to
get legless / plastered / tanked
(up).

pistacher (se) *v.pr.* to get
drunk° / jarred / plastered / pissed / polluted.

pister *v.t.* to follow°, to tail, to
tag, to dog.

piston *n.m.* 1. influence°, pull,
string-pulling ; **avoir du piston,** to have friends in high
places ; **avoir qqch. par le
piston,** to pull strings to get s.t.
2. influential person°, friend in
a high place, friend with clout /

with pull ; **il a un piston au
ministère,** he knows somebody
in the Ministry.

pistonné, -ée *n.* individual who
has gained his / her position
through influence°, person who
has had a hand to get up the
ladder ; **faut pas s'étonner
qu'il ait eu le boulot, c'est un
pistonné,** it's no surprise that
he got the job, he had strings
pulled.

pistonner *v.t.* to use one's
influence° / one's clout / one's
pull (for s.o.), to pull strings (for
s.o.).

pitancher *v.i., v.t.* to drink alcohol to excess°, to booze, to
tipple, to bend the elbow regularly, to put the stuff away.

pitancheur, -euse *n.* individual
who drinks immoderately°,
boozer, tippler, elbow-bender.

pitchoun, -ounette *n.* child°,
brat, kid, snapper.

placard *n.m.* 1. prison°, nick,
clink, slammer ; **prendre un
an de placard,** to go down for
a year. 2. a) **mettre qqch. au
placard,** to put s.t. off indefi-
nitely°, to shelve s.t., to sideline
s.t. ; **depuis les grèves, la
réforme est au placard,** the
reform has been put into
cold storage since the strikes ;
b) **mettre qqun au placard,** to
push s.o. aside°, to sideline, to
put s.o. on the touchline. 3. **sortir du placard,** to reveal one's
homosexuality°, to come out of
the closet, to come out.

placer une (en) *loc.* to speak°,

to get a word in, to come out with, to get one's spoke in ; **ne pas pouvoir en placer une**, to be unable to speak°, not to be able to have one's say / to get a word in edgeways.

plafond *n.m.* 1. **avoir une araignée dans le plafond**, to be mad°, to have bats in the belfry, to have a screw loose, to be a shade bonkers. 2. **être bas de plafond**, a) to be stupid°, to be thick as a brush / as two short planks, to have nothing upstairs ; b) to be small° / titchy / pint-sized, to be knee-high (to a grasshopper).

plan *n.m.* 1. project°, notion, scheme, game-plan ; **avoir un plan**, to have an idea° / an angle ; **j'ai un super-plan pour faire du fric**, I've got a great scam for making money ; **se faire un plan plumard**, to go to bed°, to crash out, to hit the sack ; **ton plan me paraît un peu foireux**, that looks like a bit of a dicky scheme to me. 2. situation°, scene, scenario, story ; **quand on est arrivés, c'était le plan y a rien à bouffer, revenez un autre jour**, when we showed up we were treated to the old 'nothing to eat, come back another day' story ; **plan galère**, tough situation, heavy scene. 3. **faire un plan**, to buy drugs°, to score, to cop, to land.

planant *adj.* 1. inducing euphoria° *(drugs)*, far-out, which gets you high / stoned / out-of-it ;

musique planante, music that blows your mind. 2. highly enjoyable°, cosmic, orgasmic, out of this world, something else.

planche *n.f.* 1. oral examination°, oral, viva. 2. **planche (à pain)**, woman with small breasts°, flat-chested woman, woman with two peas in a pod ; **être une planche à pain**, to be as flat as a pancake. 3. *pl.* **les planches**, the theatre°, the boards, the stage ; **monter sur les planches**, to tread the boards ; **brûler les planches**, to be a big hit *(theatre)*.

plancher *n.m.* 1. **débarrasser / vider le plancher**, to leave°, to skedaddle, to make tracks, to make oneself scarce, to scoot off. 2. **rouler (pied) au plancher**, to drive very fast°, to go flat-out / at full-throttle, to put one's foot to the boards.

plancher *v.i.* 1. to take a test° *(students)*, to answer questions. 2. to make a presentation in front of an audience°, to take the floor ; **le Premier ministre a planché devant l'Assemblée pendant trois heures**, the Prime Minister spoke on the floor of the House for three hours.

planer *v.i.* 1. to be in a state of euphoria° *(drugs)*, to be high (as a kite), to be stoned, to trip, to be out of one's head / one's tree. 2. to be extremely happy°, to be over the moon / flipped out / floating ; **ça plane pour**

moi, that really blows me away. 3. to be cut off from reality°, to be spacey, to be out of it ; **planer à quatre mille,** to have one's head in the clouds.

plan-plan *adj.* leisurely°, easygoing, laid-back.

planque, planquouse *n.f.* 1. a) hiding place° *(person)*, hideout, safe house ; b) hiding place° *(thing)*, stash, hole, plant. 2. police surveillance°, stakeout ; **faire la planque / être en planque quelque part,** to keep a place under surveillance°, to stake a place out. 3. easy job°, cushy number, soft touch, plum job ; **travailler aux urgences, c'est pas vraiment la planque,** working in casualty is no cakewalk.

planqué *adj.* hidden°, stashed (away), planted, under wraps.

planqué, -ée *n.* 1. individual who avoids the risks of war°, column-dodger. 2. one who has an easy job°, person on a cushy number ; **les fonctionnaires, tous des planqués,** civil servants all have it easy.

planquer 1. *v.i.* to put (a place) under surveillance° *(police)*, to stake (a place) out ; **ils ont planqué pendant quinze jours avant de l'arrêter,** they kept under cover for a fortnight before arresting him. 2. *v.t.* to hide°, to stash (away), to plant ; **planque le chocolat, voilà les gosses,** keep that chocolate under wraps, here come the kids. 3. *v.pr.* **se planquer,** to

hide°, to hide out, to lie low, to hole up.

planquouse = **planque.**

plantage *n.m.* mistake°, cock-up, balls-up, clanger, boob.

planté *adj.* out of order°*(computer)*, down.

planter 1. *v.t.* a) to knife°, to stab, to cut, to open up, to carve ; b)• to have sex°, to fuck, to screw, to shaft, to ride, to bang ; c) **se faire planter un môme•,** to get pregnant°, to get put up the shoot / up the spout, to get knocked up ; d) **planter qqun à un examen,** to fail s.o. in an exam°, to flunk s.o., to shoot s.o. down ; e) **planter un drapeau,** to leave without paying°, to do a runner / a bunk. 2. *v.pr.* **se planter,** a) to have an accident°, to crash, to come a cropper ; **l'avion s'est planté en plein désert,** the plane came down in the middle of the desert ; b) to make a mistake°, to goof up, to drop a clanger, to make a boob ; **on s'est plantés dans nos calculs,** we got our calculations all wrong ; c) to fail°, to flunk, to come a cropper, not to make it ; **son nouveau film s'est planté,** his new movie went down like a lead balloon ; d) to have a memory lapse°, to draw a blank, to dry (up) ; e) to break down° *(computer)*, to go down.

plaquage *n.m.* abandoning° *(lover)*, dropping, ditching, jilting.

plaque *n.f.* 1. ten thousand

francs°, ten grand. 2. **être à côté de la plaque,** a) to misjudge a situation°, to miss (s.t.) by a mile, to get it all wrong, to be barking up the wrong tree ; b) to be mad° / crazy / off one's nut / round-the-bend / totally harpic.

plaquer *v.t.* to abandon°, to drop, to chuck, to ditch ; **pauvre type, ça fait trois fois de suite qu'il se fait plaquer,** poor guy that's the third time in a row that he's got the big E ; **j'ai envie de tout plaquer,** I feel like throwing the whole thing in.

plastoc *n.m.* plastic° ; **les voitures d'aujourd'hui, c'est rien que du plastoc,** today's cars are just heaps of scrap.

plat *n.m.* 1. **faire du plat à qqun,** to attempt to seduce s.o. verbally°, to sweettalk s.o., to chat s.o. up, to shoot s.o. a line. 2. **faire tout un plat de qqch.,** to make a fuss about s.t.°, to make a song-and-dance about s.t., to make a production out of s.t. 3. **être à plat,** to be exhausted° / out of it / bushed / whacked. 4. **prendre / faire un plat,** to hit the water with one's belly°, to do a belly-flop. 5. **mettre qqun à plat,** to depress s.o.°, to give s.o. the blues, to get s.o. down, to chill s.o. off.

plates-bandes (marcher sur les) *loc.* to encroach on (s.o.'s) territory°, to tread on s.o.'s toes, to shoulder in on s.o.'s patch ; **si vous marchez sur ses plates-bandes, vous aurez des ennuis,** if you step on his blue-suede shoes you're in for trouble.

playboy *n.m.* seducer°, playboy, ladies' man, womanizer.

plein *adj.* 1. drunk°, full, jarred, plastered, loaded ; **plein comme une barrique,** as drunk as a skunk. 2. **plein comme un œuf,** a) very drunk°, totally Brahms and Liszt ; b) very crowded°, packed, lousy with people, fit to bust. 3. **plein aux as, plein de fric,** very wealthy°, loaded, stinking rich, rolling in it. 4. **à plein(s) tube(s),** at full volume°, at full blast, booming, ear-splitting. 5. **plein pot,** at top speed°, at full throttle, at a rate of knots, flat-out.

plein *adv.* 1. a lot°, loads, zillions, umpteen dozen ; **y a plein de films à voir en ce moment,** there's millions of movies to see at the moment. 2. filled with°, crawling with, jammed / packed with ; **y a des flics plein les rues,** the streets are lousy with cops. 3. **en avoir plein les bottes,** to be very tired° / knackered / bushed / whacked ; **en avoir plein le dos / le cul•,** to have had enough°, to be fed up (to the back teeth), to be sick, sore and tired, to have had a bellyful.

pleurer le colosse (faire)• *loc.* to urinate°, to take a leak, to go for a piss, to drain the dew from one's lily.

pleurs (bureau des) *loc.* complaints department°, groaners' corner, grumble office.

pli (ça ne fait pas un) *loc.* it's certain°, it's a sure thing, it's a dead cert ; **il va pleuvoir, ça fait pas un pli**, it's odds-on it's going to rain.

plombe *n.f.* hour°, sixty minutes, a chime ; **je vais pas attendre encore trois plombes**, I'm not going to wait around for ever.

plomber *v.t.* 1. to infect with a venereal disease°, to give a dose, to give the clap. 2. to shoot (s.o.) repeatedly°, to fill with lead, to shoot up, to fill full of holes.

plombier *n.m.* person who puts a place under electronic surveillance°, bugger, listener, wire-tapper.

plonge *n.f.* dishwashing°, the dishes, the washing-up ; **si tu peux pas payer, tu feras la plonge**, if you can't pay, you'll be on soap-sud fatigue.

plongeon (faire le) *loc.* 1. a) to lose a lot of money°, to get cleaned out, to lose a packet / one's shirt ; b) to go bankrupt° *(company)*, to go under, to bite the dust. 2. to die°, to kick the bucket, to snuff it, to cash in one's chips.

plonger *v.i.* 1. to go to jail°, to go down, to get put away (behind bars) ; **il a plongé pour vingt ans**, he was sent down for twenty. 2. to lose a lot of money°, to get cleaned out, to

lose a packet / one's shirt. 3. to wash° / to do the dishes, to do the washing-up.

plongeur, -euse *n.* individual who washes the dishes° *(bar, restaurant)*, bottle-washer, washer-upper, pot walloper.

plouc *adj.* unsophisticated°, naff, crummy, tacky ; **le short avec les bottes de ski, ça fait légèrement plouc**, shorts and ski boots together are a bit on the cheap side.

plouc, plouquesse *n.* = pécore.

plucher *v.t.* to peel° *(vegetables)*.

pluches *n.f. pl.* peeling° *(vegetables)* ; **être de pluches**, to be on potato-peeling duty°, to be on spud-bashing fatigue.

plumard, plume *n.m.* bed°, sack, hay, pad.

plume *n.f.* 1. hair°, thatch, barnet ; **perdre ses plumes**, to go bald°, to be going thin on top. 2. **voler dans les plumes à qqun**, to assault s.o.°, to jump on / to go for / to lay into / to pitch into s.o. 3. **laisser des plumes**, to suffer damage° *sp.* financially, to get badly hit, to come off the worse for wear. 4.• fellatio°, blow-job, head, gobble, deep-throat ; **tailler une plume à qqun**, to go down on s.o., to suck s.o. off.

plumer *v.t.* to fleece°, to rip off, to clean out, to take to the cleaners.

plus... tu meurs ! *loc.* that's as...as is possible°, you couldn't be more...than that, you can't get more...than that, that's about as...as they come ; **plus bouché que lui, tu meurs !** when it comes to being thick, he takes the biscuit ; **plus sympa, tu meurs !** she's the bee's knees !

pneu = poignée d'amour.

pochard, -arde *n.* drunkard°, dipso, alkie, heavy boozer / tippler.

poche *n.f.* 1. **en mettre de sa poche**, to contribute from one's own resources°, to chip in one's own money, to cough up oneself. 2. **avoir qqun dans sa poche**, to have control over s.o.°, to have s.o. under one's thumb, to twist s.o. round one's little finger, to have s.o. eating out of one's hand ; **mettre qqun dans sa poche**, to gain control over s.o.°, to get one's claws / one's hooks into s.o., to put a spin on s.o. 3. **c'est dans la poche !** it's a certainty !°, it's a dead cert !, it's in the bag !, it's a foregone conclusion ! 4. **s'en mettre plein les poches**, to make a large profit° / a packet, to rake it in, to line one's pockets. 5. **faire les poches à qqun**, to steal from s.o.°, to go through / to rifle s.o.'s pockets, to do a job on s.o.

poche *n.m.* pocket-size book°, paperback.

pochetée *n.f.* 1. ugly person°, dogface, ugly mug. 2. stupid person°, clot, twit, moron.

pocheton, pochetron = pochard.

pochette-surprise ? (eh, ton permis, tu l'as eu dans une) *loc.* you're a bad driver !°, where did you learn to drive ?, get your driving licence as a Christmas present ?

pocket ! (in ze) *loc.* it's a certainty !°, it's a dead cert !, it's in the bag !, it's a foregone conclusion !

pogne *n.f.* 1. hand°, mitt, paw, flipper ; **avoir qqun à sa pogne**, to have s.o. under one's thumb. 2.• masturbation°, wanking, jerking-off ; **se taper une pogne**, to have a wank, to pull one's wire.

pognon *n.m.* money°, dough, bread, cash ; **aboule le pognon**, show the readies.

poids *n.m.* 1. **avoir du poids**, to have influence° / weight / clout / pull. 2. **faire le poids**, to be competent°, to make the weight, to be able to cut it / to cut the mustard.

poignée d'amour *n.f.* puppy-fat just above the waist°, love-handle.

Poignet (la veuve) *n.f.* masturbation°, wanking, bishop-beating, gherkin-jerking, pocket billiards, Mary Fist.

poil *n.m.* 1. **un poil**, a small bit°, a teeny-weeny bit, a tad, a smidgin ; **déplace-le un poil sur la gauche**, move it over a wee bit to the left ; **au poil**, perfectly°, right on, spot on ; **au quart de poil**, on the button, dead on ; **le lit rentre au quart de poil**, the bed just fits in like a glove ; **au poil !** great !, smashing !, right on !, A-1 ! 2. **à poil,** naked°, starkers, in the nip / the buff ; **se foutre / se mettre à poil,** to undress°, to strip off, to peel off. 3. **avoir un poil dans la main,** to be lazy° / bone-idle / workshy / drag-ass, to be a bit of a lay-about. 4. **avoir du poil au cul•,** to be courageous°, to have guts / balls / spunk. 5. **tomber sur le poil à qqun,** to attack s.o.°, to jump on / to go for / to lay into / to pitch into s.o. 6. **être de mauvais poil,** to be in a bad mood°, to be miffed / grumpy / grouchy ; **être de bon poil,** to be in a good mood°, to be in form / on song. 7. **reprendre du poil de la bête,** to regain strength°, to get back on one's feet, to pick up. 8. **avoir qqun sur le poil,** to be closely persued by s.o.°, to have s.o. on one's back / one's tail, to have s.o. breathing down one's neck.

poilant *adj.* very funny°, hysterical, side-spitting, killing.

poiler (se) *v.pr.* 1. to laugh a lot°, to die laughing, to be in stitches, to double up. 2. to have fun° / a ball / a whale of a time / great crack.

poilu *adj.* courageous°, gutsy, ballsy, spunky.

point de chute *n.m.* 1. place to stay°, crash-pad. 2. habitual place of sojourn°, hang-out, haunt.

pointer (se) *v.pr.* to arrive°, to put in an appearance, to turn up, to roll up ; **quand je me suis pointé, y avait plus personne,** by the time I showed up, there was nobody there.

pointu *adj.* difficult° *(problem)*, tough, stiff, wicked, mean.

pointure *n.f.* expert°, ace, champion, sharp ; **je m'attaquerais pas à lui, c'est une sacrée pointure,** I wouldn't take him on, he's the real thing.

poire *n.f.* 1. face°, mug, dial, puss ; **il a pris un coup en pleine poire,** he got a clout smack in the kisser. 2. **(bonne) poire,** naïve person°, holy innocent, mug, sucker ; **faudrait pas me prendre pour une poire,** I'm not as green as I'm cabbage-looking ; **et lui, bonne poire, il a accepté,** and like the mug that he is, he accepted.

poireau (faire le) *loc.* to wait in vain°, to hang around for nothing, to kick one's heels.

poireauter, poirotter *v.i.* to wait in vain°, to hang around for nothing, to kick one's heels ; **j'ai poireauté deux heures et elle est pas venue,** I knocked around two hours waiting for her and she didn't show.

poirer 1. *v.t.* to arrest°, to nick, to cop, to collar, to pull in. 2. *v.pr.* **se poirer** = **poiler (se).**

poirotter = **poireauter.**

poiscaille, poissecaille *n.m.* fish°.

poisse *n.f.* bad luck°, jinx, rotten luck, hard cheese ; **avoir la poisse,** to be jinxed, to have the hoodoo.

poisser *v.t.* to arrest°, to nick, to collar, to lift, to nab.

poisson *n.m.* 1. **changer le poisson d'eau**, to urinate°, to take a leak, to go for a piss, to drain the dew from one's lily. 2. **être heureux comme un poisson dans l'eau**, to be very happy°, to be happy as Larry, to be over the moon, to be on cloud nine.

poivrade *n.f.* bout of drunkenness°, a real skinful, serious drinking session.

poivre, poivré *adj.* drunk°, jarred, plastered, smashed, snokkered.

poivrer (se) *v.pr.* to get drunk° / sloshed / pissed / full / legless / four sheets to the wind.

poivrot, -ote *n.* drunkard°, dipso, soak, alkie, wino.

polak•, polack•, polaque• *adj.* Polish°, Polak, Pollack.

polak•, polack•, polaque• *n.* Pole°, Polak, Pollack.

polar *adj.* 1. obsessed°, hung up, hooked, wrapped up ; **pas moyen de le sortir du bureau, il est complètement polar**, there's no way of getting him out of the office, he's a total workaholic. 2. over-studious°, swotty, wonky, *(US)* nerdy.

polar *n.* over-studious student°, swot, wonk, *(US)* nerd.

polar *n.m.* detective story°, murder mystery, whodunnit.

polard• *n.m.* penis°, dick, cock, prick.

polichinelle dans le tiroir (avoir un) *loc.* to be pregnant° / preg-gers / up the spout, to have a bun in the oven.

polir le chinois (se)• *loc.* to masturbate°, to jerk off, to flog the bishop, to jerk the gherkin, to choke the chicken.

politicard *n.m.* politician°, pol, politico, handshaker.

polluer *v.t.* to ruin°, to turn (s.t.) rotten, to make (s.t.) hellish, to make a mess (of s.t.) ; **casse-toi, tu me pollues la vie !** get outta here, you really piss me off !

pommader *v.t.* to flatter°, to butter up, to sweettalk, to lay it on with a trowel.

pomme *n.f.* 1. a) head°, nut, bonce, noggin ; b) face°, mug, dial ; **sur le coin de la pomme**, on the kisser ; **se sucer la pomme**, to kiss°, to make mouth music, to have mouth-to-mouth resuscitation. 2. **ma pomme**, myself°, yours truly, number one. 3. naïve person°, holy innocent, mug, sucker. 4. *pl.* **pommes** a) **aux pommes**, perfect°, spot on, right on, out of sight ; b) **tomber dans les pommes**, to faint°, to pass out, to go out like a light, to blackout.

pompe *n.f.* 1. shoe°, clodhopper, dog ; **des pompes de luxe**, high-class stompers ; **cirer les pompes à qqun**, to flatter s.o.°, to lick s.o.'s boots ; **marcher / être à côté de ses pompes**, a) to be day-dreamy° / spacey, to have one's head in the clouds ; b) to be mad° / crazy / bonkers / loony / round-the-bend. 2. illegal examination aid°, crib, cog note. 3. **à toute pompe**, at full speed°, at full throttle, flat out. 4. **coup de pompe**, sudden fatigue°, attack of burnout ; **à minuit j'ai eu un gros coup de pompe**, at midnight I just flaked out completely.

pompé *adj.* exhausted°, knackered, bushed, whacked, jiggered.

pomper *v.t.* 1. to copy° *(school, etc.)*, to crib, to cog ; **pour son bouquin, il a tout pompé dans des encyclopédies**, he lifted everything for his book from encyclopaedias. 2. to drink to excess°, to booze, to tipple, to knock the stuff back. 3. to exhaust°, to wear out, to tire out, to knacker, to whack out. 4. **pomper le nœud / le gland à qqun•**, to perform fellatio on s.o.°, to suck s.o. off, to give s.o. a blow-job, to gobble s.o. off. 3. **pomper l'air / les pomper à qqun**, to irritate s.o.°, to get on s.o.'s wick / back / nerves / case, to piss s.o. off.

pompette *adj.* slightly drunk°, tipsy, happy, merry, tiddly.

pompeuses *n.f. pl.* lips°, chops, kisser, rubies, smackers.

pompier• *n.m.* fellatio°, blow-job, head, deep throat, French job ; **tailler un pompier à qqun**, to go down on s.o.

pompon *n.m.* 1. **avoir / gagner le pompon**, to excel°, to be the tops, to take the biscuit ; **pour la connerie, il gagne le pom-pon**, he certainly is a prize dickhead. 2. **c'est le pompon**, that's too much°, that's the last straw, that just beats the band. 3. **avoir son pompon**, to be slightly drunk° / tipsy / happy / merry / tiddly.

pondeuse *n.f.* woman with many children°, chick who breeds like a rabbit, mamma who keeps dropping them.

pondre *v.t.* 1. to give birth°, to drop one / a sprog. 2. to create°, to produce, to give birth to (an idea).

ponte *n.m.* important person°, VIP, bigwig, big shot, big gun.

Popaul• *n.* penis°, pecker, John Thomas, hairy man, Mr. Happy, Rumpleforeskin ; **étrangler Popaul**, to masturbate°, to beat the meat / the dummy, to jerk the gherkin, to pull one's wire.

popof(f) *n.* Russian°, Russki, Rooskie.

popote *adj.* home-loving°, stay-at-home, home-bound.

popote *n.f.* 1. cooking° ; **faire la popote**, to do the cooking°, to be in charge of the grub stakes. 2. eating establishment°, eatery, noshery, greasy spoon, beanery.

popotin *n.m.* behind°, bottom, backside, bum ; **se magner le popotin**, to hurry up°, to get one's butt into gear, to get one's skates on, to get a move on.

popu (*abr.* = **populaire**) *adj.* working class°, common, plebe. **populo** *n.m.* 1. large amount of people°, crowd, mob. 2. common people°, mob, riff-raff, rabble, prols.

porc *n.m.* 1. bad-mannered individual°, dirty swine, filthy pig ; **bouffer comme un porc**, to eat like a pig. 2. **gros porc**, fat person°, tub of guts, lard ass, fat stuff.

porcif *n.f.* portion° *(food)*, serving°, helping.

porno (*abr.* = **pornographique**) *adj.* pornographic°, porn, dirty, X-rated, steamy ; **un film porno**, a blue movie.

porno (*abr.* = **pornographique**) *n.m.* 1. pornographic° / dirty / steamy film, blue movie ; **à la télé, il regarde que les pornos**, he only watches the skin flicks on the TV. 2. pornographic novel°, dirty book, adult literature. 3. pornographic cinema°, porno flea-pit.

porte à côté (c'est pas la) *loc.* it's not close°, it's quite a ways, it's not exactly next door, it's more than a stone's throw.

porte-flingue *n.m.* bodyguard°, strongman, heavy, gorilla.

porter 1. *v.i.* a) **porter sur les nerfs / le système à qqun**, to irritate s.o.°, to get on s.o.'s wick / nerves / case / back, to cheese / to brown s.o. off ; b) **porter à gauche / à droite•**, to have one's testicles on the left / on the right°, to hang to the left / to the right, to swing left / right. 2. *v.t.* a) **porter des cornes**, to have an unfaithful wife°, to be cuckolded, to be two-timed ; b) **porter la culot-**

te, to dominate one's husband°, to henpeck, to be the boss in the house, to wear the trousers.

portillon (se bousculer au) *loc.* 1. to be very numerous° / aplenty / knee deep / thick as flies ; **quand il y a des corvées, on peut pas dire que ça se bouscule au portillon**, when there's work to be done, you couldn't exactly say that the crowds are queuing up outside. 2. **ça se bouscule au portillon**, he's not managing to say what he wants to say°, he's having trouble getting his words out, his tongue is tripping itself up.

porto•, portos• *adj.* Portuguese°.

porto•, portos• *n.* Portuguese°.

portrait *n.m.* face°, mug, kisser, dial ; **abîmer / arranger le portrait à qqun**, to bash s.o.'s face in, to rearrange s.o.'s features, to have s.o. pick his / her teeth up with broken fingers.

portugaises *n.f. pl.* ears°, lugholes, flappers ; **avoir les portugaises ensablées**, to be hard of hearing°, to be on the deef side, to have cloth ears.

posséder *v.t.* to swindle°, to con, to take in, to have on, to take for a ride.

poste *n.m.* 1. radio°, wireless, tranny ; **j'y ai entendu au poste**, I heard it on the airwaves. 2. television set°, TV, telly, tube ; **causer dans le poste**, to talk on the box.

postère (*abr.* = **postérieur**) *n.m.*

behind°, backside, bottom, bum, derriere.

pot *n.m.* 1.• anus°, arsehole, bumhole, dirt road, brownhole ; **se faire défoncer / casser le pot**, to get sodomized° / bumfucked, to take it up the back way, to get it up the back entrance ; **se magner le pot**, to hurry up°, to get one's ass into gear, to shift one's arse. 2. luck°, jam, the breaks ; **avoir du pot**, to be lucky° / jammy ; **avoir un coup de pot**, to luck out, to be a lucky devil ; **manque de pot**, hard luck, no joy, tough beans. 3. drink°, glass, jar ; **prendre un pot**, to go for a pint ; **payer un pot à qqun**, to buy s.o. a drink°, to stand s.o. a jar. 4. **sourd comme un pot**, completely° / stone deaf, as deaf as a post. 5. **tourner autour du pot**, not to come to the point°, to beat around the bush, to pussyfoot around, to hem and haw. 6. **pot de yaourt**, small car°, bubble car. 7. **pot de colle**, clinging individual°, leech, cling-on ; **quel pot de colle, ça fait une heure qu'il me tient la jambe**, this guy has been spouting on for an hour and I just can't shake him off. 8. **payer les pots cassés**, to bear the consequences°, to carry the can, to take the rap, to foot the bill.

potable *adj.* acceptable°, passable, not so bad, alright, OK ; **il a fait un boulot tout juste potable**, his work just about

passed go.

potage *n.m.* 1. **être dans le potage**, a) to be unconscious° / out of it / out for the count / out cold ; b) to be half asleep° / woozy / groggy / in a daze. 2. **couille dans le potage**, problem°, hiccup, snag, gremlin in the works.

potard, -arde *n.* 1. pharmacist°, chemist, druggie, medicineman. 2. pharmacy student°.

potasser *v.i., v.t.* to study hard°, to swot (up), to cram, to bone up ; **potasser un discours**, to do one's homework on a speech.

pote, poteau *n.m.* friend°, chum, pal, buddy ; **touche pas à mon pote**, leave my mate alone.

pou *n.m.* 1. **moche comme un pou**, very ugly°, with a face like the back of a bus, as ugly as sin. 2. **fier comme un pou**, very proud°, as proud as punch / as bedamned. 3. **sale comme un pou**, very dirty° *(person)*, as filthy / grungy as bedamned, as scuzzy / cruddy as they come. 4. **bicher comme un pou (dans la crème fraîche)**, to be jubilant°, to be over the moon, to be in clover, to be on top of the world, to be in the pink. 5. **chercher des poux (dans la tête) à qqun**, to look for trouble with s.o.°, to pick a fight / a bone with s.o.

poubelle *n.f.* old vehicle° *(car, motorcycle)*, bone-shaker, heap, pile of scrap.

pouce *n.m.* 1. **se tourner les pouces,** not to do anything°, to twiddle one's thumbs, to kick one's heels. 2. **pouce !** stop ! *(children's games),* time-out !, break !

poucettes *n.f. pl.* hand-cuffs°, bracelets, cuffs, irons.

poudre *n.f.* heroin°, smack, horse, sugar.

pouf(f)iasse *n.f.* 1. promiscuous woman°, easy lay, free for all, pushover, slag. 2. woman°, tart, floosie, scrubber, tramp.

pouic (que) *loc.* nothing°, zilch, damn all, nout ; **n'y piger que pouic,** not to understand anything°, not to have a clue / a notion.

pouilleux *adj.* dirty°, filthy, grungy, cruddy, scuzzy.

pouilleux, -euse *n.* vagrant°, tramp, down-and-out, bum.

poulaga *n.m.* police officer°, cop, copper, *(GB)* bobby ; **la Maison poulaga,** the police°, the law, the fuzz, the force, the goon squad.

poulardin = poulet.

poulaille *n.f.* the police°, the cops, the bears, the boys in blue, the heat.

poule *n.f.* 1. woman°, chick, bird, broad ; **alors, ma poule ?** hey girlie / lady ! 2. prostitute°, tart, whore ; **une poule de luxe,** a high-class hooker. 3. mistress°, kept woman, bit on the side, bit of extra. 4. girlfriend°, chick, bit ; **ma poule,** my sweetheart ; **pas touche à ma poule,** keep your paws off, she's my bint.

poulet *n.m.* 1. policeman°, cop, copper, bobby. 2. **et mon cul, c'est du poulet !** what a load of crap !, pull the other one, it's got bells on it.

poulette *n.f.* girl°, bit of skirt, chick, bird.

poulman(n) *n.m.* policeman°, cop, copper, bear ; **la maison Poulman,** the police°, the fuzz, the law, the force.

poupée *n.f.* girl°, chick, bird, (baby) doll.

pour (c'est étudié) *loc.* that's what it's designed for°, that's what it's supposed to do, that's the general idea.

pourliche *n.m.* gratuity°, tip, little something.

pourri, -ri(t)e *adj.* 1. out of order°, bust, buggered, cocked-up, knackered ; **la machine à laver est complètement pourrie,** the washing machine is totally jiggered. 2. corrupt°, bent, tainted, crooked, shady. 3. **pourri de fric,** very wealthy°, stinking (rich), rolling in it, loaded, made of money.

pourri, -ie *n.* corrupt° / bent / tainted / crooked / shady individual ; **chez les poulets, y a pas que des pourris,** not all cops are on the take.

pousse-au-crime *n.m.* strong alcohol°, hard stuff, firewater, mother's ruin.

pousse-bière *n.m.* short drink° / shot accompanying beer, (whiskey) chaser.

pousser 1. *v.i.* to exaggerate°, to

go too far, to go over the top, to lay it on a bit thick ; **faut pas pousser !** that's a bit steep ! 2. *v.t.* a) **pousser le bouchon un peu loin, pousser grand-mère / mémé dans les orties**, to exaggerate°, to go way too far, to go way over the top, to lay it on with a shovel ; b) **en pousser une**, to sing (a song)°, to croon, to yodel, to belt one out.

poussette *n.f.* 1. syringe°, hypo, shooter, needle, spike. 2. push of assistance° *(cycling, etc.)*, helping hand / shove.

poussières (et des) *loc.* and a little bit more°, and some, and even a tad more ; **ça va coûter mille francs et des poussières**, it'll cost around the thousand franc mark ; **il a quatre-vingt-dix ans et des poussières**, he's ninety and a bit.

PQ = papier-cul.

P4 *adj.* unfit for military service for psychological reasons°, certified.

praline *n.f.* 1. bullet°, slug, piece of lead, cap. 2.• clitoris°, clit, boy in the boat, button.

pré-ado *n.* pre-adolescent°, pre-teenager, teeny bopper.

précautions (prendre ses) *loc.* to use contraception°, to take precautions, to be careful.

précieuses• *n.f. pl.* testicles°, family jewels, accoutrements, family allowance.

première (de) *loc.* extraordinary°, out of this world, first-class, top-notch, first-rate, A-1 ;

je me suis tapé un rhume de première, I picked up one stinker of a cold.

prendre 1. *v.t.* a) to receive°, to get, to cop ; (i) to get repriman-ded° / carpeted / bawled out ; **qu'est-ce qu'il a pris !** he got a right bollocking ! ; **en prendre plein la gueule**, to get one's balls chewed off ; (ii) to get beaten up° / bashed about / done in ; **prendre un coup / un gnon / une avoine / une beigne**, to get a dig / smack / clout / bang ; (iii) to suffer the consequences°, to take the rap, to carry the can ; **c'est toujours moi qui prends**, I always have to pay the penalty ; (iv) to be sentenced° *(prison)*, to go down for, to be put away for ; **il a pris le max**, he got the book thrown at him ; b) **ça te prend souvent ?** does this happen to you often ?, do you often take these dizzy fits ?, is this par for the course with you ? ; c) **prendre la tête à qqun**, (i) to annoy s.o.°, to get on s.o.'s nerves / back / case / wick, to cheese / brown s.o. off ; (ii) to create difficulties for s.o.°, to do s.o.'s head in, to get s.o. all in a muddle, to tie s.o. up in knots ; **les langues étrangères, ça me prend la tête**, foreign languages really freak me out. 2. *v.pr.* **se prendre**, a) to hit°, to smash / to crash into, to do a job on ; **il s'est pris le poteau en pleine gueule**, he walked slap-bang into the pole ; b) **se**

prendre la tête, (i) to create unnecessary complications for oneself°, to make life difficult for oneself, to render things a lot tougher for oneself ; (ii) to worry°, to get into a lather / all het up / all hot and bothered ; **tu vas pas te prendre la tête pour un PV**, don't get into a tizzy over a lousy parking ticket ; (iii) to become conceited° / full of oneself, to get a big head, to go on an ego trip.

presto *adv.* immediately°, pronto, on the double, right away, in a flash.

prétentiard *adj.* pretentious°, showy, splashy, stuck-up.

prétentiard, -arde *n.* pretentious person°, show-off, stuck-up character, ego-tripper, smart alec.

prévence *n.f.* custody pending trial° / on remand.

princesse (aux frais de la) *loc.* free of charge°, on the house, on the expense account, on the taxpayers' slate ; **un voyage aux frais de la princesse**, a junket.

prise *n.f.* dose of cocaine°, line / sniff / snort of white.

prise de bec *n.f.* argument°, row, flare-up, barney, tiff.

prise de tête *n.f.* complication°, botheration, worriment, headache ; **la réunion, c'était une de ces prises de tête**, the meeting was a real production.

pro (*abr.* = **professionnel**) *adj.* professional°, expert, pro, ace.

pro (*abr.* = **professionnel**) *n.*

1. professional°, expert, ace ; **du travail de pro**, a pro job. 2. professional° *(player)*, pro ; **passer chez les pros**, to go pro.

probloque, probloc = **proprio**.

prof (*abr.* = **professeur**) *n.* teacher°, teach.

profonde *n.f.* pocket°, Lucy Locket, poke, bin.

prolo (*abr.* = **prolétaire**) *adj.* proletarian°, prole, plebby.

prolo (*abr.* = **prolétaire**) *n.* proletarian°, prole, pleb.

promenade de santé *n.f.* easy victory°, cakewalk, doddle, walk in the park, cinch.

promener (se) *v.pr.* 1. to win easily°, to walk it, to run away with it, to win hands down, to breeze in. 2. to be in disorder°, to be all over the place / the shop ; **tes jouets se promènent dans tous les coins**, your toys are lying around everywhere.

promo (*abr.* = **promotion**) *n.f.* all the students of one year°, year, class ; **on était tous les deux de la promo 92**, we were both in the class of '92.

propre-sur-soi *adj.* 1. well-groomed°, neat, clean, well-shaven and shorn ; **il est très propre-sur-soi, jamais un poil qui dépasse**, he's very clean-cut, never a hair out of place. 2. upright°, clean, straight, true blue.

proprio (*abr.* = **propriétaire**) *n.* proprietor°, landlord / landlady.

prose•, proze• *n.m.* behind°,

bum, backside, arse.

protal *n.m.* headmaster, head-mistress°, principal, boss.

prout *n.m.* wind° *(children)*, fart, smelly one.

prout-prout, prout-prout ma chère *adj.* mannered°, affected, campy, high falutin'.

provoc (*abr.* = **provocation**) *n.f.* provocation°, rabble-rousing, adding fuel to flames.

proxo (*abr.* = **proxénète**) *n.m.* procurer°, pimp, ponce, hustler, flesh peddler.

proze = **prose**.

prune *n.f.* 1. blow°, smack, clout, bang. 2. bullet°, slug, piece of lead. 3. fine°, ticket. 4. *pl.* **des prunes**, nothing°, nout, zilch, damn all ; **compter pour des prunes**, not to be taken into consideration°, not to count ; **le premier tour compte pour des prunes**, the first round is just a trial run ; **travailler pour des prunes**, to work for nothing° / for peanuts, to get paid bugger all ; **des prunes !** no way !, not on your nelly !, not bloody likely !

pruneau *n.m.* = **prune** 2.

pseudo (*abr.* = **pseudonyme**) *n.m.* pseudonym°, codename, alias, a.k.a.

psy *n.* (*abr.* = **psychanalyste**) psychoanalyst°, head-shrinker, shrink, head doctor.

psycho (*abr.* = **psychologie**) *n.f.* psychology°, psych.

puant *adj.* arrogant°, stuck-up, too big for his / her boots, big-headed.

puant *n.m.* cheese°, smelly stuff.

pub (*abr.* = **publicité**) *n.f.* 1. a) advertising°, hype ; **il travaille dans la pub**, he works in ads ; b) publicity°, PR, plugging, hyping ; **chacun fait de la pub pour son truc**, everybody pushes his own thing. 2. advertisement°, advert, ad, commercial, message.

puce *n.f.* 1. **ma puce**, dear°, darling, pet, honeybunch. 2. **excité comme une puce**, very excited°, charged up, wired, fired up like an engine at full throttle. 3. **saut de puce**, short journey°, small trip, quick jaunt. 4. **secouer les puces à qqun**, to reprimand s.o. severely°, to chew s.o., to bawl s.o. out, to give s.o. what for. 5. **saque tes puces !** get outta here !, get lost !, go take a jump (in the lake) !

pucier *n.m.* bed°, hay, sack, pad.

punaise ! *excl.* oh my goodness !, sugar !, jeez !, flip me !

punk, -kette *n.* punk.

pur *n.m.* reliable individual°, one you can count on, ever-faithful.

pur jus, pur porc, pur sucre *loc.* authentic°, the real McCoy, the real thing, one hundred percent ; **c'est un Breton pur jus**, he's a thoroughbred Breton.

purée *n.f.* 1. misery°, dire straits, Mean Street ; **être dans la purée**, to be really down on one's luck. 2. **purée !** oh my goodness !, sugar !, jeez !, flip me ! 3. **réduire qqun en**

purée, to beat s.o. up badly°, to make mincemeat out of s.o., to beat s.o. to a pulp. 4. **balancer / envoyer la purée**, a) to shoot° *(gun)*, to fire off, to let fly, to open up ; b)• to ejaculate°, to cream, to drop one's wad, to shoot one's load.

putain•, pute• *adj.* sycophantic°, toady, arse-licking ; **je suis pas assez pute pour dire oui à n'importe quoi**, I'm not that much of a kiss-ass to say yes to anything.

putain• *n.f.* 1. a) prostitute°, pro, whore, hooker, slut, bitch ; b) promiscuous woman°, easy lay / ride, tart, scrubber, tramp. 2. a) **putain !** holy shit !, fucking hell !, Jesus Christ ! ; **putain de merde !** holy fucking shit !, Jesus fucking Christ ! ; **putain de bondieu de bordel de merde !** holy fucking Jesus Christ ! ; b) **putain de... !** damn... !,

bloody... !, fucking... ! ; **putain de bagnole !** fucking bloody car ! ; **y en a marre de ce putain de temps !** I'm really pissed off with this fucking weather !

putasse• = **putain•** 1.

putasserie• *n.f.* 1. moral depravation°, whoredom, tartiness, sluttiness. 2. badness°, nastiness, rottenness.

putassier• *adj.* 1. like a prostitute°, whorish, tarty, slutty. 2. sycophantic°, toady, arse-licking ; **se comporter de manière putassière**, to behave like a real kiss-ass.

pute• *n.f.* 1. = **putain** 1. 2. nasty woman°, rotten cow, dirty bitch. 3. **pute borgne !** fucking hell !, Jesus wept !, sonofabitch !

PV *(abr. =* **procès-verbal***) n.m.* police fine°, ticket ; **coller un PV à qqun**, to slap a fine on s.o., to book s.o.

Q

quadra (*abr.* = quadragénaire) *n.* a forty-year-old plus, a forty-something.

quarante-quatre *n.m.* 1. **filer à qqun un quarante-quatre maison**, to give s.o. a good kick / boot in the ass, to give s.o. an ass full of leather. 2. **chausser du quarante-quatre fillette**, to have big feet°, to have huge hooves, to wear size fifteen shoes.

quart *n.m.* 1. police station°, copshop, bear cage. 2. **démarrer / partir au quart de tour**, a) to be witty° / sharp / sharp-witted ; **tu commences à lui raconter des histoires drôles, il démarre au quart de tour**, if you start telling funny stories, you'll get him going straight away ; b) to be ready for action, to get turned on quickly, to need very little warming-up ; **elle est du genre à partir au quart de tour**, she's the sort of girl who doesn't need a starting handle. 3. **quart de brie**, big nose, huge honker, super snout. 4. **au quart de poil**, spot on, on the nose, as near as you can get ; **régler qqch. au quart de poil**, to have s.t. finely tuned / turning over nicely ; **je voudrais que tu me règles ça au quart de poil**, I want you to put that in tip-top shape. 5. **passer un mauvais / sale quart d'heure**, to go through a rough time / a tough patch ; **les flics m'ont fait passer un mauvais quart d'heure**, the cops gave me a hard time.

quat' (*abr.* = quatre) *n.m.* **un de ces quat'**, one o' these days, some time or other.

quebri (*verl.* = **brique**)*n.f.* 10 000 francs°, ten grand.

que dalle, que dale *adv.* nothing°, damn all, sweet F.A., zilch ; **piger / entraver que dalle**, to understand nothing°, to cop onto bugger-all, not to be able to make head nor tail (of s.t.) ; **les mots croisés, j'y pige que dalle**, I haven't a bloody clue about crosswords ; **foutre que dalle**, to do bugger-all ; **à l'école il fout que dalle**, at school he does absolutely sod all ; **valoir que dalle**, to be worthless°, not to be worth a toss.

quelque chose de bien *loc.* extremely°, incredibly, something amazing / shocking ; **il a merdé quelque chose de bien**, he rightly cocked up, he didn't half balls up.

quelque part *adv.* 1. (*euph.* = *unmentionable place*) **aller quelque part**, to go to the loo, to spend a penny, to see a man about a dog ; **j'ai envie d'aller quelque part**, I need to wash my hands. 2.• (*euph.* = *unmentionable part of the body*) the rear end, the posterior ; **un coup de pied quelque part**, a boot you-know-where, a kick in the you-know-what ; **se mettre qqch. quelque part**, to stick s.t. you know where ; **sa fête d'anniversaire, il peut se la mettre quelque part**, I'll tell you where he can stuff his birthday party ; **la voisine et son caniche, je me les mets quelque part**, God, you know what I'd love to do with the fucking neighbour and her fucking poodle.

quelqu'un *pron.* 1. a) **être quelqu'un**, to be somebody, to be one heck of a person ; **mon grand-père, c'était vraiment quelqu'un**, my grandfather was a real phenomenon ; b) **se croire quelqu'un, se prendre pour quelqu'un**, to really think one is somebody, to take oneself for the bee's knees ; **mon avocat se prend vraiment pour quelqu'un**, my lawyer really thinks he's the cat's whiskers. 2. **c'est quelqu'un**, that's really amazing, that's quite something ; **t'aurais dû voir le carambolage devant chez moi, c'était vraiment quelqu'un !** you should have seen the pile-up in front of my house, it was really unreal !

quenelles, quenouilles *n.f. pl.* legs°, pegs, pins, trotters.

quenotte *n.f.* tooth°, toothy-peg.

quenottier *n.m.* dentist°, tooth-puller, molar masher.

quéquette, quiquette *n.f.* penis°, (little) willy ; **allez, sors-moi ta quéquette et fais un petit pissou**, come on, take out your wee willy winkle and do a wee-wee.

quès, kès *n.m.* 1. (*abr. = question*) **en quès**, in question°, the case in point ; **le bled en quès**, the town we're talking about. 2. **c'est du quès**, it's the same difference, it's much of a muchness, it's as broad as it's long ; **la nationale et l'autoroute, c'est du kès**, it makes no odds whether you take the motorway or the main road.

qu'es-aco ?, kezaco (*loc.*) 1. what's that mean ?, what that ?, what's that when it's at home ?, come again ! 2. what's this ?, what the hell is this ? ; **il ramasse un bidule dans la rue et je lui fais " kezaco "**, so he picks up this thingamajig off the street and I says to him, " what in the name of God is that ? "

question *n.f.* 1. **question de...**, as far as...is concerned, as for... ; **question de rigoler, c'était super**, we split our sides laughing ; **question pinard, il s'y connaît**, when it comes to plonk, he knows what's what. 2. **pas question !** not on your life !, no way !, no fear !, no chance !

queude = que dalle.

queue *n.f.* 1.• penis°, prick, cock, tail ; **il a une toute petite queue ridicule**, he's got the tiniest pecker I've ever seen ; **filer un coup de queue à qqun**, to slip s.o. a length.

2. a) **faire une queue de poisson à qqun**, *(driving)* to cut in front of s.o., to jump in right in front of s.o. ; b) **finir en queue de poisson**, to come to an abrupt and disappointing end°, to end up badly ; **leur histoire s'est finie en queue de poisson**, their affair came to a sticky end. 3. **faire des queues à qqun**, to be unfaithful to s.o.°, to two-time s.o., to yard on s.o. ; **ce salaud n'arrête pas de lui faire des queues**, all that bastard does is cheat on her. 4. **s'en retourner la queue entre les jambes / la queue basse**, to go off with one's tail between one's legs. 5. **n'avoir ni queue ni tête**, to be mixed up, to have neither head nor tail, to have neither beginning nor end ; **ton histoire n'a ni queue ni tête**, I can make neither head nor tail of your story. 6. a) **pas la queue d'un**, (i) nobody°, not a soul, not a sinner ; (ii) not a single one°, not a sausage, not a bloody one ; b) **n'en avoir pas la queue d'un**, to be penniless° / broke / skint, not to have a red cent.

queune, quène *adj.* exhausted°, knackered, dead beat, bushed.

queuner• *v.i.* to make love°, to shag, to shaft, to screw.

queutard• *n.m.* philanderer°, horny sod, randy bugger, tail chaser, whorehound.

queuter• *v.t.* to fornicate°, to fuck, to shag, to screw ; **il l'a queutée toute la nuit**, he banged her silly all night.

quille *n.f.* 1. the end of military service°, demob (day) ; **à quand la quille ?** when are you getting out ?, when are you for Civvy Street ? 2. leg°, pin, peg ; **ne pas tenir sur ses quilles**, to be wobbly on the old shanks. 3. **être reçu comme un chien dans un jeu de quilles**, not to be made welcome°, to receive a cool reception, to be given a chilly welcome ; **j'ai été reçu chez ma belle-mère comme un chien dans un jeu de quilles**, my mother-in-law didn't exactly give me the red-carpet treatment. 4. girl°, chick, bird.

quimper 1. *v.i.* a) to fall°, to come a cropper, to take a nose-dive ; b) to be sentenced°, to cop a sentence, to get sent down ; c) **laisser quimper qqun**, to drop / ditch / dump s.o. ; d) **laisser quimper**, to drop s.t., to pack s.t. in ; **laisse quimper !** leave it be !, forget it ! 2. *v.t.* to seduce s.o.°, to chat up, to try to get off with.

quincaillerie *n.f.* 1. cheap jewels°, rocks, patacca. 2. (computer) hardware. 3. medals°, decorations°, chest hardware. 4. weapons°, hardware ; **et c'est alors qu'il a sorti sa quincaillerie**, and then he pulled out the artillery.

quine *adv.* **en avoir quine**, to have had enough, to have had it up to here, to be sick and tired.

quinquets *n.m. pl.* eyes°, head-lamps, blinkers ; **ouvrir / allumer les quinquets**, to keep one's eyes peeled / skinned ; **ouvre donc tes quinquets !** come on, use your blooming eyeballs ! ; **faux quinquets**, glasses°, specs.

quiquette = **quéquette**.

quintuplées *n.f.pl.* hands°, mitts, paws, flippers.

quiqui, kiki *n.m.* neck°, wind-pipe, stretcher ; **serrer le qui-qui à qqun**, to wring s.o.'s neck.

quitter *v.i.* to stop work°, to clock out ; **je quitte à 19 h,** I knock off at seven o' clock.

quoi *pron.* 1. **de quoi ?** say again ?, you what ?, what ? 2. **ou quoi ?** or something, or what ; **il est cinglé, ou quoi ?** is he nuts or what ? 3. like, you know, you see ; **tu vois ce que je veux dire, quoi,** do you see what I mean, like ?

R

rab, rabiot *n.m.* 1. second helpings, seconds, extras, left over, a little bit more ; **si y a du rab, j'en prendrai**, if there's any more going, I'll have some. 2. additional°, extra, over, spare ; **t'as pas une petite pièce en rab ?** buddy, can you spare a dime ? ; **faire du rab**, to do overtime.

rabibocher 1. *v.t.* to reconcile°, to fix / patch things up, to bring together ; **quand ils se disputent, c'est moi qui suis là pour les rabibocher**, when they have a fight, I'm the one who gets them back together again. 2. *v.pr.* **se rabibocher**, to make peace, to kiss and make up, to bury the hatchet.

rabiot = rab.

rabioter 1. *v.i.* to skimp°, to cut corners, to short-change ; **il rabiote toujours sur les portions de viande**, he's always scrimping on the meat servings. 2. *v.t.* to take more of s.t. than one's share°, to do s.o. out of s.t., to wangle s.t. from s.o. ; **le patron nous a rabioté les pourboires**, the boss pulled a fast one on us for the tips.

râble *n.m.* **sauter / tomber sur le râble à qqun**, 1. to attack s.o.°, to jump on s.o., to set about s.o., to go for s.o. 2. to surprise s.o.°, to collar s.o., to buttonhole s.o.

raccourcir *v.t.* to decapitate°, to behead, to top ; **il a fini par se** faire raccourcir, he ended up getting his block chopped off.

raccrocher *v.i.* to retire°, to pack it in, to hang up one's boots / hat ; **il a raccroché à cause de sa santé**, he called it quits for health reasons.

race ! (nique ta)• *loc.* fuck you and all like you !, fuck your kind !, fuck your tribe !

racho (*abr.* = **rachitique**) *adj.* thin°, scrawny, skinny, on the slim side ; **il nous a servi un gigot plutôt racho**, he served us a leg of lamb which needed a bit of fattening up.

raclée *n.f.* 1. beating°, thumping, hiding, thrashing ; **coller / filer / flanquer / foutre / mettre une raclée à qqun**, to give s.o. a good going over / a good walloping / a good tanning. 2. severe defeat°, whipping, licking, drubbing ; **prendre la raclée**, to get whitewashed, to take a good pating / clobbering.

raclure *n.f.* despicable person°, sod, bugger, jerk, dummy.

raconter *v.t.* **j'te raconte pas !** you couldn't even imagine !, I couldn't even begin to tell you ! ; **c'était un de ces bordels, j'te raconte pas**, you shudda seen the mess !

radada (aller au) *loc.* to make love°, to have it away, to have it off, to make like the birds and the bees.

radar (marcher au) *loc.* to

function automatically°, to be on automatic pilot, to go on the reserve tank ; **il est tellement pété qu'il marche au radar**, he's so pissed that he's operating on auto-function.

radasse *n.f.* promiscuous woman°, tart, floosie, scrubber.

rade 1. *n.f.* **laisser en rade**, to abandon°, to leave in the lurch, to let down ; **ce salaud m'a laissé en rade à minuit**, the bastard left me stranded at midnight ; **être / rester en rade**, to be left high and dry, to get ditched / dumped ; **tomber en rade**, to break down, to conk out, to die, to go kaput. 2. *n.m.* a) counter°, bar *(in a drinking establishment)* ; b) drinking establishment°, bar, watering-hole, gin joint, ale house, beer keller ; **faire la tournée des rades**, to go on a pub-crawl.

radin *adj.* miserly°, stingy, tight-fisted, nickel-nursing.

radin, -ine *n.* miser°, skinflint, cheapskate, penny-pincher, fast man with a buck.

radiner 1. *v.i.* to arrive quickly°, to turn / show up in a flash, to rush over ; **quand il saura ça, il va radiner dare-dare**, when he hears that he'll be over like a shot. 2. *v.pr.* **se radiner**, to come rapidly°, to turn / show up in no time, to bomb over ; **s'ils se radinent pas presto, on commence sans eux**, if they don't turn up pronto, we'll start without them.

radinerie *n.f.* miserliness°, stinginess, penny-pinching, tightness, hardfistedness, nickel-nursing.

radis *n.m.* 1. penny°, happenny, farthing, cent ; **être sans / ne pas avoir un radis**, to be penniless° / skint / flat-bust / stoney-broke / without a red cent ; **ne pas valoir un radis**, to be worthless°, not to be worth a penny, not to be worth bugger all. 2. toe°, tootsie, piggy. 3. **radis noir**, priest in garb°, black coat, turn-around collar.

raffut *n.m.* 1. noise°, row, racket, to-do, hullabaloo ; **faire un raffut de tous les diables**, to kick up a hell of a rumpus. 2. scandal°, fuss, ruction, stink, stir ; **quand ça se saura, ça va faire du raffut**, when the news gets out, it'll ruffle a few feathers.

rafiot, rafiau *n.m.* boat°, bucket, tub ; **un vieux rafiot**, an old rust bucket.

ragnagnas (avoir ses) *loc.* to have one's period°, to be on the rag, to have the decorators in.

ragougnasse *n.f.* unappetizing food°, pigswill, yucky muck, slop, gunge, dog vomit.

raide *adj.* 1. a) unbelievable°, far-fetched, cockeyed, thick ; **une histoire raide**, a tall / a cock-and-bull story, a fish tale ; b) difficult to accept°, hard to take / swallow, steep ; **ça c'est un peu raide**, that's taking it a bit too far. 2. a) drunk°, pissed, plastered, tight ; b) drugged°, stoned, high, spaced ; **raide def**, out of one's brains / mind / tree. 3. penniless°, skint, flatbust, stoney-broke. 4. broken°, kaput, dead, bust ; **le moteur est raide**, the engine is buggered. 5. **être raide•**, to have an erection°, to have a hard-on, to be stiff.

raide *adv.* 1. suddenly°, straight off, like a flash, on the spot ; **tomber raide mort**, to drop dead. 2. **raide comme balle**, quickly°, like a shot, quick as a flash, like a bat out of hell.

raie *n.f.* **gueule de raie !** ugly mug !, fish face !

raisiné *n.m.* blood°, claret, red gravy, people juice.

râlant *adj.* infuriating°, peştiferous, bugging ; **les grèves de métro, c'est râlant**, strikes on the underground are a real pain in the neck.

ralbol, ras-le-bol *n.m.* discontent°, vexation, soreness, boiling-over ; **la crise a provoqué un ralbol général dans la population**, the crisis really has people up in arms.

râler *v.i.* to complain°, to gripe, to grumble, to belly-ache, to beef ; **qu'est-ce que t'as à râler toute la journée ?** you do nothing but moan and groan all day long ! ; **y a de quoi râler**, somebody ought to kick up a stink ; **faut pas se laisser faire, faut râler !** you mustn't let them get at you, you've got to bitch back !

râleur *adj.* complaining°, groaning, grousing, bitching ; **qu'est-ce qu'il peut être râleur !** he's such a moaner !

râleur, -euse *n.* complainer°, moaner, bitch, whiner, grouse.

rallonge *n.f.* 1. a) additional pay°, rise, raise, little something, little extra ; b) rise in the agreed price°, little something extra ; **pour votre salle de bains, il va falloir rajouter une petite rallonge**, to do your bathroom, it'll take a little something to top up the price. 2. extension° *(time)*, a little extra time ; **cette année on a eu une rallonge de congés**, this year we got a few days' holidays on top of the usual.

ramasse (être à la) *loc. (sports)* to be last°, to bring up the rear / the tail, to be a tailender.

ramasser 1. *v.t.* a) to get°, to cop, to catch, to collect ; **j'en ai marre de ramasser des PV**, I'm fed up picking up parking tickets ; b) to arrest°, to pick up, to haul in, to nick ; **se faire ramasser**, to get lifted / busted / pulled in ; c) **ramasser une bûche / une pelle / un gadin**, (i) to fall over°, to fall flat (on one's face), to come a cropper ; (ii) to fail°, to come unstuck, to stub one's toe, to miss the boat ; **en maths j'ai ramassé la pelle de ma vie**, I really goofed up on the maths exam. 2. *v.pr.* **se ramasser**, a) to fall (down)°, to hit the deck / the dirt, to take a nose dive ; b) to fail°, to flunk, to miss one's cue, to drop the ball ; **le Premier ministre s'est ramassé à la conférence de presse**, the Prime Minister fell flat on his face at the press conference.

rambo *n.m.* tough man°, tough guy / customer, hard man, enforcer.

rambour = rencard.

ramdam = raffut.

rame *n.f.* 1. **ne pas (en) faire / ficher / fiche / foutre une rame**, to do nothing°, to do zilch / bugger-all / damn-all, not to do a stroke, not to lift a finger ; **ma secretaire ne fiche pas une rame**, my secretary doesn't do a tap of work. 2. **ne pas entraver / piger une rame**, to understand nothing° / bugger-all / damn-all, to cop onto F.A.

ramener 1. *v.t.* **ramener sa gueule / sa fraise, la ramener**, a) to show up, to turn up, to roll up ; **il va bien finir par ramener sa fraise**, he'll breeze in at some stage ; b) to butt in, *(US)* to put in one's two cents, to say one's piece ; **arrête de la ramener, on t'a pas sonné**, keep out of this, nobody asked for your opinion ; c) to protest°, to bitch, to moan, to gripe ; d) to show off, to come the big guy, to swank ; **c'est le genre de mec à ramener sa fraise à chaque occasion**, he's the sort of guy who loves playing to the gallery whenever he gets the chance. 2. *v.pr.* **se ramener**, to

show up, to put in an appearance, to turn up ; **regarde la qui se ramène avec sa marmaille**, check this one out as she rolls up with her kid.

ramer *v.t.* 1. to work hard°, to sweat blood, to slog away, to put one's back into it, to bust a gut ; **ramer pour des prunes, ça suffit !** I've had enough of slaving away for peanuts. 2. to struggle in vain°, to get nowhere, to make no head-way ; **ça fait des mois que je rame**, I've been going every which way for months. 3. to have no idea°, to be at sixes and sevens, to be all at sea ; **alors là, je rame**, I just haven't a clue there.

ramier *adj.* lazy°, bone-idle, drag-ass.

ramier, -ière *n.* lazy individual°, lazybones, lay-about, drag-ass.

ramollo *adj.* 1. half-witted°, soft in the head, touched, bird-brained. 2. listless°, dopey, dozy, snoozy.

ramollo *n.m.* 1. half-wit°, lame-brain, dope, dork, dumdum. 2. listless person°, dozy character, sleepyhead. 3.• **se taper un ramollo**, to masturbate°, to pull one's wire, to jerk off, to play with oneself.

ramoner *v.t.* 1.• to have sex°, to screw, to poke, to bang, to shaft. 2. **ramoner qqun**, to reprimand s.o. severely;°, to tell s.o. off, to read the riot act to s.o., to give s.o. a piece of one's mind.

rampe *n.f.* 1. **lâcher la rampe**, to die°, to snuff it, to kick the bucket, to go off the deep end. 2. **tenir bon la rampe**, to be well°, to be in good form / good shape, to be going strong ; **tiens bon la rampe !** keep it up !, hang in there !, keep on keeping on !

ramponneau *n.m.* blow°, clout, smack, crack.

rancard = rencard.

rancarder = rencarder.

rangé des voitures (être) *loc.* 1. to be settled down°, to be leading a new quiet existence, to have given up one's old ways ; **depuis mon mariage, je suis rangé des voitures**, since getting married, I've been on the straight and narrow. 2. to be retired°, to have called it a day, to have hung up one's hat / boots ; **je n'interviens plus maintenant, je suis rangé des voitures**, I no longer get involved, I'm well out of the game now.

raousse ! *excl.* (get) out !, getouttahere !, on your bike !

râpé (c'est) *loc.* it's all over !°, it's curtains !, forget it !, nothing doing !

rapide *n.* quick-witted person°, smart cookie, fast operator, nobody's fool.

rapido(s) *adv.* very quickly°, pronto, snappy, on the double ; **elle s'est cassée rapidos**, she split in no time.

raplapla *adj.* exhausted°, knackered, bushed, whacked ;

je me sens tout **raplapla**, I feel totally washed out.

rapper *v.i.* 1. to perform rap music°, to rap. 2. to dance to rap music°.

rappe(u)r, -euse *n.* 1. rap musician°, rapper. 2. rap fan°, rapper.

rappliquer *v.i.* 1. to arrive°, to turn up, to show up, to put in an appearance ; **ils ont tous rappliqué pour voir la vedette**, they all rolled up to see the star. 2. to go home°, to head homewards, to make tracks, to be homeward bound ; **il va falloir que tu rappliques vite fait**, you'd better get back to the homestead pronto.

rapport à *loc.* 1. as far as..., as for..., in connection with... ; **je vous téléphone rapport à l'annonce**, I'm calling about the ad. 2. on account of..., because of... ; **mieux vaut faire ça discrètement rapport à la situation**, we'd better keep this quiet, given the circumstances.

rapporter *v.i.* to tell tales°, to tell on, to fink, to snitch ; **les enfants n'aiment pas qu'on rapporte sur leur compte**, kids don't like being squealed on.

rapporteur, -euse *n.* telltale, squealer, fink, snitch, blabbermouth.

raquer *v.i.* to pay up°, to fork out, to cough up, to pick up the tab ; **quand il faut raquer, y a plus personne**, when it comes to squaring the bill, everyone goes AWOL.

ras *adj.* 1. **au ras des pâquerettes**, at a low level°, base, low-brow, cruddy ; **la conversation volait au ras des pâquerettes**, the conversation really scraped the bottom of the barrel. 2. **en avoir ras le bol / la casquette / le cul• / la patate de qqch.**, to have had one's fill of s.t.°, to be fed up (to the back teeth) with s.t., to be sick and tired of s.t., to have had it up to here with s.t.

rasdep (*verl.* = **pédéraste**) *n.m.* homosexual°, queer, faggot, gender-bender.

rase-bitume *n.m.* small person°, pint-size, short-arse, titch, half-pint.

raser 1. *v.i.* **demain on rase gratis !** *(ironic comment on politics)* if you believe that you'll believe anything !, yeah and they're going to hand out free pints !, promises, promises ! 2. *v.t.* to bore° (to death), to be deadly, to put to sleep, to give a pain in the neck ; **le spectacle m'a rasé**, the show bored me to tears. 3. *v.pr.* **se raser (à cent sous de l'heure)**, to be bored stiff / stupid / to tears / to death.

raseur *adj.* boring°, deadly, drag-ass.

raseur, -euse *n.* boring person°, crashing bore, drag, drip, pain in the neck.

rasibus *adv.* very close°, by the skin of one's teeth, only just ; **on a évité l'accident, mais c'était rasibus**, we avoided the accident but it was a close shave ; **avoir un examen rasibus**, to just scrape by in an exam.

rasoir *adj.* boring°, deadly, dead-ass, drag-ass ; **ton collègue est passablement rasoir**, your workmate is what one might call a crashing bore.

rassis (se taper un)• *loc.* to masturbate°, to play with oneself, to jerk off, to pull one's wire.

rasta (*abr.* = **rastafari**) *adj.* rastafarian°, rasta ; **une coupe rasta**, dreadlocks.

rasta (*abr.* = **rastafari**) *n.* rastafarian°, rasta.

rat *adj.* 1. miserly°, tight-fisted, penny-pinching, sticky-fingered. 2. horrible°, mean, nasty, rotten ; **qu'est-ce que tu peux être rat**, you can be a dirty rat.

rat *n.m.* 1. **face de rat !** dog-face !, rat-face !, ugly mug !, rat features ! 2. **s'emmerder comme un rat mort**, to be bored°, to be bored stiff / shit-less / to death.

ratatiner *v.t.* 1. to kill°, to waste, to liquidate, to do away with. 2. to defeat severely°, to whitewash, to lick, to drub, to take to the cleaners. 3. to destroy°, to wreck, to smash up, to total, to take apart.

rate *n.f.* **se fouler la rate**, to make an effort°, to bust a gut, to put one's back into s.t. ; **ne pas se fouler la rate**, not to make much of an effort, not to lift a finger, not to bust a gut.

raté, -ée *n.* failed person°, failure, washout, deadbeat, loser, turkey.

râteau *n.m.* comb°, rake, bugrake.

rater *v.t.* **il n'en rate pas une**, he's very quick-witted°, he's really on the ball, he never misses a trick.

ratiboiser *v.t.* 1. to ruin financially°, to clean out, to take to the cleaners (*gambling*) ; **être complètement ratiboisé**, to be totally penniless° / broke / bust / skint. 2. **se faire ratiboiser**, to get a short haircut°, to get scalped, to get a skinhead job done.

ratiche *n.f.* tooth°, ivory, pearly.

ratière *n.f.* prison°, clink, slammer, can.

ration (avoir sa) *loc.* to have been beaten°, to have been done, to have had a good hiding ; **laisse-le, il a sa ration**, leave him alone, he's had his fair share already.

ratisser 1. *v.i.* **ratisser large**, to cover a large area°, to cast one's net far and wide, to try to catch all ; **pour faire son beurre, il ne craint pas de ratisser large**, to make his dough he's got no qualms about pulling in all-comers. 2. *v.t.* to ruin financially°, to clean out, to take to the cleaners.

raton• *n.m.* Arab°, rab, Arab.

ravagé *adj.* crazy°, nuts, screwy, baked ; **complètement ravagé, le mec**, this

guy is nutty as a fruitcake.

ravalement *n.m.* plastic surgery°, facelift, face-job.

raymond *n.m.* old-fashioned individual°, square, back number, cube, unhip citizen.

rayon *n.m.* 1. **en connaître un rayon**, to be well-informed about s.t.°, to know the score / what's what / one's onions. 2. **c'est mon rayon**, that's my line, that's right up my street ; **la mécanique, c'est pas son rayon**, he's not exactly an expert mechanic.

razif *n.m.* razor°, cut-throat (razor), hook, blade.

réac (*abr.* = **réactionnaire**) *adj.* reactionary°, on the far right, hard right.

réac (*abr.* = **réactionnaire**) *n.* reactionary°, right-winger, diehard ; **il est passé chez les réacs**, he's moved a little to the right of Ghengis Khan.

rébecca *n.m.* 1. argument°, setto, blowup, tiff ; **y a eu un de ces rébeccas chez les voisins**, there was one hell of a rumpus at the neighbours'. 2. scandal°, ruction, stink ; **faire du rébecca**, to kick up a fuss.

rebectage *n.m.* reconciliation°, kissing and making up, getting back together.

rebecter (se) *v.pr.* 1. to recover°, to get back on one's feet, to get back into shape ; **donne-moi le temps de me rebecter**, give me the time to knock things back into shape. 2. to become reconciled°, to kiss and make up, to bury the hatchet ; **depuis qu'ils se sont rebectés, l'affaire tourne**, since they've patched things up, business has been booming.

rebelote ! *excl.* off we go again !, seconds out, round two !, here we go on lap two !

rebeu (*verl.* = beur) *n.* second-generation North African born in France°.

recevoir (se faire) *loc.* to get severely reprimanded°, to get badly carpeted, to get read the riot act, to get bawled out ; **si tu rentres comme ça, tu vas te faire recevoir**, if you go home in that state, you're going to get severely chewed.

recharger *v.t.* 1. to refill (*glasses*)°, to set 'em up again, to have the same again ; **patron, rechargez, s'il vous plaît !** barman, same poison please ! 2. **recharger les accus**, to rest°, to recharge one's batteries, to take a well-earned break, to take it easy for a while.

réchauffé (c'est du) *loc.* it's been said *or* done before°, it's rehashed, it's old hat, it's nothing new.

récluse (*abr.* = réclusion) *n.f.* imprisonment°, Sing Sing, time, porridge ; **dix ans de récluse**, a ten-year stretch.

recoller 1. *v.t.* a) to reconcile°, to bring together, to get back together, to fix up ; b) **recoller les morceaux**, to be left to deal with the consequences°, to

clean up afterwards, to pick up the pieces ; **quand ils se sont séparés, c'est moi qui ai dû recoller les morceaux**, after they split up, I was the one who had to fix everything up. 2. *v.pr.* **se recoller**, to be reconciled°, to kiss and make up, to patch things up, to get back together.

récré (*abr.* = récréation) *n.f.* break°, breaktime, time out ; **tu vas voir ta gueule à la récré !** you're in for it when I get my hands on you !

recta *adv.* 1. punctually°, (bang) on time, on the nail ; **payer recta**, to pay on the button. 2. **recta !** exactly !°, spot on !, on the nail ! 3. certainly°, surely, no two ways about it, without fail ; **au bout de dix minutes au théâtre, recta, je m'endors**, after ten minutes in a theatre you can bet your bottom dollar, I just fall asleep.

rectifier *v.t.* to kill°, to bump / knock off, to take / rub / scrub out ; **se faire rectifier**, to get wasted / chilled.

redresse (à la) *loc.* wise°, copped on, on the ball, with-it ; **il est à la redresse, tu la lui feras pas**, you won't pull the wool over his eyes, he knows the score.

refaire 1. *v.t.* to swindle°, to con, to take in / on ; **il se fait refaire à tous les coups**, he's always getting diddled. 2. *v.pr.* **se refaire**, to recover financially°, to get back on one's feet, to get back into good shape ; **il était ruiné, mais il s'est refait rapidos**, he got totally cleaned out, but managed to bounce back in next to no time.

refelemele ! *loc.* once more please !°, give it to me again !, encore !, I'll have more of that !

refile (aller au) *loc.* to vomit°, to puke, to throw up, to upchuck.

refiler *v.t.* 1. to get rid / shot of, to fob off, to pass on ; **il m'a refilé de la camelote**, he palmed some dud gear off on me. 2. to infect with°, to give, to pass on, to land with ; **il m'a refilé la crève**, I picked up his cold.

refouler *v.i.* to have bad breath°, to breath fumes, to have dog's breath.

refroidir *v.t.* to kill°, to bump off, to put on ice, to chill, to liquidate.

regard (suivez mon) *loc.* guess who !, without naming any names !, without pointing any elbows ! ; **comme d'habitude, tout le monde a réussi sauf un, suivez mon regard**, as usual everybody passed except you know who.

régiment (assez pour un) *loc.* lots°, loads, millions, enough to feed an army.

réglo *adj.* honest°, straight(-up), on the level, up front, kosher ; **mon copain, c'est un mec tout ce qu'il y a de réglo**, my mate is a really good bloke.

réglo *adv.* by the rules°, by the book, on the level ; **travailler réglo**, to do things straight ; **il a fait sa part réglo**, he did what was asked of him.

régulier, régule = **réglo** *adj.*

régulière (à la) = **réglo** *adv.*

régulière *n.f.* **ma régulière**, my wife°, the wife, the missus, my better half, the ball and chain.

relax(e), rilaxe *adj.* relaxed°, cool, laid back, easy ; **relax Max !**, easy does it !, chill out !, cool it maaan !

relinger *v.t.* **relinger qqun**, to buy s.o. a new set of clothes°, to refit s.o.'s wardrobe, to deck s.o. out in new gear.

relooké, relouqué *adj.* having a new appearance°, remodeled, restyled ; **c'est une prison relookée en théâtre**, the theatre is a prison with a new look.

relooker (se), se relouquer *v.pr.* to change one's style°, to take on a new look, to change image ; **avec son nouveau métier, il a dû se relooker**, now that he has a new job, he's had to find a new look.

relouquer (se) *v.pr.* to get dressed again°, to slip one's gear back on, to get back into one's outfit.

relouqué = **relooké**.

relouquer = **relooker**.

reluire *v.i.* to reach orgasm°, to come, to get it off, to go over the mountain ; **faire luire qqun**, to bring s.o. off.

reluquer *v.t.* to observe°, to eye up, to take in, to ogle ; **il passe son temps à reluquer les nanas**, he spends his time eyeballing the chicks.

remballer ses outils *loc.* to put one's trousers back on°, to slip one's bags on, to rebag oneself.

rembour *n.m.* appointment°, meet, date.

remettre *v.t.* 1. **remettre ça**, to begin again°, to start all over again, to take it from the top again ; **remettez-moi ça !** set 'em up again ! ; **tu vas pas remettre ça avec tes conneries**, are you going to start your assing about again ? 2. **remettre qqun**, to recognize s.o.°, to spot s.o., to have a make on s.o., to flash on s.o. 3. **en remettre**, to exaggerate°, to pour it on, to lay it on thick, to go OTT ; **il faut toujours qu'il en remette**, he's always blowing things up.

rempiler *v.i.* to begin again°, to go back to the drawing board, to go back to square one, to take it right from the top again ; **je me faisais tellement chier que j'ai fini par rempiler**, I got so pissed off that I ended up signing up again.

remplumer (se) *v.pr.* 1. to regain weight°, to put a few pounds back on, to fill out again. 2. to recover financially°, to get back on one's feet, to get back into shape ; **il est parti se remplumer à l'étranger**, he's gone abroad to get his finances straightened out.

renard *n.m.* **aller au / lâcher des queues de renard**, to vomit°, to puke, to throw up, to have a technicolour yawn, to pray to the porcelain god.

renaud (se mettre en) *loc.* to lose one's temper°, to lose the head, to blow a gasket, to hit the roof ; **te mets pas en renaud chaque fois que je te donne un conseil**, don't get into a lather every time I give you some advice.

renauder *v.i.* to complain°, to moan, to gripe, to bitch.

rencard, rancard *n.m.* 1. appointment°, meet, date ; **on a qu'à se filer rencard quelque part**, let's just fix a meet-up somewhere. 2. a) information°, info, low-down, dope ; **tu as le rencard que je t'ai demandé ?** have you got the gen I asked you for ? ; b) secret information°, tip, scoop, inside dope ; **il m'a filé un rencard en or**, he gave me a red-hot tip.

rencarder, rancarder 1. *v.t.* **rencarder qqun** ; a) to inform s.o.°, to fill s.o. in, to gen s.o. up, to give s.o. the low-down ; b) to arrange to meet s.o.°, to make a date with s.o., to fix a meet with s.o. ; **il m'a rencardé pour cinq heures et il est jamais venu**, he fixed a get-together for five but he never showed up. 2. *v.pr.* **se rencarder, se rancarder**, a) to get information°, to gen oneself up, to get the low-down / the dope ; b) to arrange to meet°, to make a date, to fix a meet ; **mieux vaut se rencarder avant le concert**, it would be better if we met up before the concert.

rendève (*abr.* = **rendez-vous**) *n.m.* appointment°, date, meet.

renfouiller *v.t.* to replace° / put back / slip back in one's pocket ; **tu peux renfouiller tes papiers, on est pas les flics**, you can stick your papers back in your pocket, we're not cops.

renifle *n.f.* 1. **la renifle**, the police°, the cops, the fuzz, the filth. 2. cocaine°, coke, white lady, nose candy.

renifler *v.t.* 1. **renifler le coup**, to suspect s.t.°, to smell a rat, to have a sneaking suspicion about s.t., to have a hunch about s.t. 2. **ne pas pouvoir renifler qqun**, not to be able to bear° / put up with / stomach s.o., to hate the sight of s.o.

reniflette *n.f.* cocaine°, coke, snow, white.

rentre-dedans (faire du) *loc.* to flirt flagrantly°, to come on strong, to try to get off with ; **il a beau lui faire du rentre-dedans, ça ne marche pas**, he's doing his best to pull her, but it's just not working.

rentrer *v.i.* **rentrer dedans / dans le chou / dans le lard / dans le mou à qqun**, to hit s.o. hard°, to smash s.o.'s head in, to beat the daylights / stuffing out of s.o., to knock s.o.'s block off.

renverser la vapeur *loc.* to change direction°, to make a U-turn / an about turn, to sing a totally different tune ; **si tu ne renverses pas la vapeur**

rapidement, t'es cuit, if you don't change your tune pronto, you're done for.

repasser 1. *v.i.* **pouvoir repasser**, to expect too much°, to have another thing coming, to have no hope / no chance / a snowball's chance ; **pour me persuader, tu peux toujours repasser**, if you think you're going to convince me, you've got a long way to go. 2. *v.t.* to swindle°, to con, to take in, to have on ; **on s'est fait repasser comme des naïfs**, we got taken for one hell of a ride.

repiquer au truc *loc.* 1. to try again°, to have another go / shot / bash at s.t. 2. to return to one's old habits°, to go back to one's old ways ; **il a pas bu pendant cinq ans, mais il a fini par repiquer au truc**, he didn't drink for five years but he ended up coming back off the wagon.

requin *n.m.* ruthless business-man°, shark, tough operator, hustler.

resaper 1. *v.t.* **resaper qqun**, to buy s.o. a new set of clothes°, to refit s.o.'s wardrobe, to deck s.o. out in new gear. 2. *v.pr.* **se resaper**, to put one's clothes° / one's kit back on, to get back into one's rags.

rescapé de bidet• *n.* handicapped person°, spastic, spa, spaz, gimp.

respect *n.m.* 1. **manquer de respect à qqun**, to behave insolently to s.o.°, to dis(s) s.o., to be cheeky with s.o., to give s.o. lip. 2. **donner du respect à qqun**, to respect s.o.°, to have respect for s.o., not to take liberties with s.o. ; **ma sœur, faut lui donner du respect**, you'd better treat my sister good.

respirer 1. *v.i.* **oublier de respirer**, to die°, to pass away, to snuff it, to kick the bucket. 2. *v.t.* **respirer qqun**, to bear° / stand / put up with s.o. ; **je peux pas le respirer**, I just can't stomach him. 3. *v.pr.* **se respirer qqun**, to tolerate° / live with / grin and bear s.o. ; **quand je pense qu'il va falloir la respirer toute la soirée**, I just can't bear to think that we'll have to stomach her all evening.

restau = **resto**.

rester *v.i.* 1. **rester en carafe / en plan**, to be abandoned°, to be left in the lurch, to be left high and dry, to be dumped. 2. **y rester**, to die°, to snuff it, to pass away, to cash in one's chips.

resto, restau, restif *n.m.* restaurant°, eating-house, noshery, eatery.

résultat des courses... *loc.* the final result was...°, and the end of the story is..., so at the end of the day... ; **résultat des courses, on nous a foutus à la porte**, and so the whole thing ended up with us getting chucked out.

rétamé *adj.* 1. drunk°, jarred, plastered, canned. 2. a) exhausted°, knackered, wrecked, bushed ; b) broken°, buggered, cocked-up. 3. penniless°, skint, broke, flat bust.

rétamer 1. *v.t.* a) to destroy°, to wreck, to total, to take apart ; **je lui ai prêté ma voiture, et il l'a rétamée**, I lent him my car and he smashed it up ; b) to ruin financially°, to clean out, to take to the cleaners. 2. *v.pr.* **se rétamer**, a) to get very drunk°, to get totally plastered / jarred / half-canned ; b) to fall down°, to hit the deck, to come a cropper, to take a nosedive ; c) to fail°, to flunk, to goof up, to miss the boat.

retape (faire de la) *loc.* to solicit business°, to push / hawk one's wares, to give it the hard sell ; **pour vendre une merde pareille, il va vraiment falloir faire de la retape**, to unload junk like this, we're really going to have to give it the full spiel.

retapisser *v.t.* 1. to look at°, to eye, to eyeball, to check out ; **retapisse-moi cette baraque !** get a load of this dump ! 2. to identify°, to spot, to make, to finger.

retirer 1. *v.t.* **retirer ses billes**, to withdraw from a deal°, to pull out, to back down, to fold. 2. *v.pr.* **se retirer**, to practise coitus interruptus°, to withdraw, to get off the bus, to leave before the gospel.

rétro *adj.* nostalgic°, old-time,

revivalist, retro, yesteryear ; **la mode rétro,** the good-old-days fashion.

rétro (*abr.* = **rétroviseur**) *n.m.* rear-view mirror°.

reviens (s'appeler) *loc.* to have a return-to-owner tag ; **je te le prête, mais il s'appelle reviens,** I'll lend it to you, but I'd better get it back.

revoyure (à la) *loc.* see you then !, see you later !, bye for now !, churrio !

ribouler (des calots) *v.i.* to stare in amazement°, to gawk, to goggle.

ricain *adj.* American°, Yankee, Murcan.

ricain *n.* American, Yank, Murcan.

riche (baiser à la)• *loc.* to have anal sex°, to bum-fuck, to brown-hole, to go up the old dirt road.

rideau ! *excl.* that's enough !, that'll do !, cut !

ridère *adj.* elegant°, swish, smart, sharp, natty.

rien *adv.* totally°, one hundred percent, plenty ; **il est rien con, ce film,** this movie is a load of crap.

rififi *n.m.* fight°, free-for-all, donnybrook, set-to ; **y a du rififi dans l'air,** there's going to be trouble / to be a riot.

rigolade *n.f.* 1. merriment°, fun (and games), good time, laughs, whoopee ; **une sacrée rigolade,** a right old lark. 2. **prendre qqch. à la rigolade,** not to take s.t. too seriously, to take s.t. with a pinch of salt, to laugh s.t. off ; **c'est le genre à prendre la vie à la rigolade,** he's the sort of guy who thinks life is just a game. 3. easy task°, cakewalk, piece of cake ; **ce boulot, c'est pas de la rigolade,** this job is no walkover.

rigoler *v.i.* 1. to laugh°, to crack up, to howl, to scream ; **je lui ai fait le coup, histoire de rigoler,** I played the joke on him just for a giggle. 2. not to take things too seriously°, to take things with a pinch of salt ; **tu rigoles !** you must be joking !, you got to be kidding ! ; **avec les flics, faut pas rigoler,** it's better not to mess around with the cops. 3. to enjoy oneself°, to have a good time, to have a gas ; **qu'est-ce qu'on a rigolé hier soir !** last night was a barrel of fun !

rigolo, -ote *adj.* 1. amusing°, funny-ha-ha, priceless, side-splitting ; **avec ta cravate à pois, t'as l'air plutôt rigolo,** you're a real scream with your polka-dot tie ; **ton histoire, elle est pas franchement rigolote,** your story isn't exactly gut-busting. 2. strange°, funny-peculiar, weird, bizarre ; **il m'est arrivé un truc rigolo,** something really freaky happened to me.

rigolo, -ote *n.* 1. funny person°, scream, comedian, good laugh ; **ton fils, c'est un sacré rigolo,** your son is a real howl. 2. unreliable person°, clown, messer ;

la prochaine fois, je m'adresserai pas à un rigolo, the next time I'll avoid fly-by-night merchants.

rigolo *n.m.* handgun°, rod, shooter, piece.

rikiki, riquiqui *adj.* minute°, teensie-weeny, teensie-weensie, wee ; **chez lui, c'est plutôt rikiki**, his place is a bit on the wee-small side.

rikiki, riquiqui *n.m.* little finger°, pinkie.

rilaxe = relax(e).

rincée *n.f.* shower°, downpour.

rincer 1. *v.t.* a) to wet°, to drench, to soak ; **se faire rincer**, to get soaked to the skin ; b) to buy a round of drinks°, to stand a round, to set 'em up ; **c'est moi qui rince**, it's my shout. 2. *v.pr.* **se rincer**, a) **se rincer la dalle**, to have a drink°, to wet one's whistle ; b) **se rincer l'œil**, to take a long look at (s.t.)°, to get a load / eyeful of (s.t.).

ringard *adj.* 1. old-fashioned°, uncool, unhip, passé ; **les pantalons à pattes d'eph, ça fait vraiment ringard**, bell-bottomed trousers are so square. 2. bad°, crappy, junky, rubbishy ; **leur décor était complètement ringard**, the scenery was really cruddy.

ringard, arde *n.* 1. unfashionable person°, square, redneck, uncool / unhip dude. 2. worthless person°, good-for-nothing, zero, nobody.

ringardise *n.f.* out-datedness,

squaredom, unhipness ; **le spectacle était d'une ringardise achevée**, the show was the height of uncoolness.

ringardiser *v.i.* to behave in an old-fashioned way°, to act the square, to be really uncool ; **on a ringardisé toute la soirée**, we played at remembering the good-old days all evening.

rip (jouer) *loc.* to leave in a hurry°, to hit the road, to scarper, to make tracks.

ripatons *n.m. pl.* feet°, hooves, trotters, plates of meat.

riper *v.i.* to leave°, to split, to skedaddle, to scarper.

ripou (*verl.* = **pourri**) *adj.* corrupt°, crooked, bent, not kosher, shady.

ripou (*verl.* = **pourri**) *n.m.* corrupt° / crooked / bent official ; **les politiciens, tous des ripoux**, politicians are all on the make.

riquiqui = rikiki.

rital• *adj.* Italian°, eyetie, wop.

rital, -ale• *n.* Italian°, eyetie, wop.

roberts *n.m. pl.* breasts°, knockers, boobs, boobies, milk bottles.

rocker, rockeur, -euse *n.* 1. rock musician°, rocker. 2. rock music fan°, rock fan, headbanger. 3. tough guy, rocky, hard man.

rockie *n.m.* = **rocker.**

rodéo *n.m.* 1. car chase°. 2. wild drive°, joy-ride ; **sur le boulevard, c'est le rodéo tous les samedis soir**, every Saturday evening there's a motor rally on the Boulevard.

rogne *n.f.* 1. bad temper° / mood, storm, stew, lather ; **être en rogne**, to be angry°, to be hopping mad / cheesed off / pissed off ; **se mettre / se ficher / se foutre en rogne**, to get annoyed°, to blow one's top, to hit the roof, to get one's dander up. 2. **chercher des rognes à qqun**, to look for trouble with s.o.°, to pick a fight / a quarrel with s.o.

rognons *n.m. pl.* 1. human kidneys°. 2.• testicles°, balls, bollocks, nuts.

roi (le) *n.m.* the best°, the tops, the one and only, the numero uno ; **le roi de la frite**, individual who makes the best chips°, the chip king ; **le roi des cons**, the world's number one jerk, a prize dickhead.

romano• *n.* romany°, gypsy, gyp, gypo.

rombière *n.f.* **vieille rombière**, old woman°, old cow / bag / hag.

roméo *n.m.* 1. philanderer°, lady killer, Casanova, lover boy. 2. rum and water drink°.

rond *adj.* drunk°, pickled, pissed, plastered ; **rond comme une barrique**, very drunk°, as full as a lord.

rond *n.m.* 1. a) penny°, farthing, red cent ; **ne pas avoir un rond / le rond**, to be penniless° / skint / broke / flat bust ; b) *pl.* **ronds**, money°, dosh, spondoolicks, dough ; **avoir des ronds**, to be rolling in it ; **il faut prendre les ronds là où ils sont**, you've got to make your bread where you can. 2.• **le rond, la pièce de dix ronds**, the anus°, the ring, the arsehole, the keester ; **prendre / refiler du rond**, to be sodomized°, to get buggered / bumfucked.

rond (tourner) *loc.* to function properly°, to go like clockwork, to tick over well ; **ne pas tourner rond**, 1. to function badly°, to be on the blink, to have a hitch ; **mon frigo ne tourne plus rond**, there's a gremlin in my fridge. 2. to be a little crazy°, to be slightly touched, to have a few screws loose ; **chez lui, ça tourne pas tout à fait rond**, his elevator doesn't go all the way to the top floor.

rondelle• *n.f.* anus°, ring, bumhole, arsehole.

ronflette *n.f.* short sleep°, nap, snooze, doze ; **piquer une ronflette**, to doze off, to catch forty winks, to take a catnap.

ronfleur *n.m.* telephone°, blower, phone, horn.

roploplots *n.m. pl.* breasts°, boobs, boobies, bazookas, kajoobies.

rosbif *adj.* English°, limey, sasanach, pommy ; **la cuisine rosbif, c'est pas de la tarte**, Brit cooking is hard to swallow.

rosbif *n.* English person°, limey, sasanach, pom(my), beefeater ; **les rosbifs, faut se les farcir**, the Brits are really hard to stomach.

rose *n.f.* 1. **envoyer qqun sur les roses**, to dismiss s.o.°, to tell s.o. where to go, to send s.o. packing. 2. **sentir la rose**, to smell bad°, to stink, to pong ; **ça sent la rose ici**, this place stinks to high heaven.

roseaùx *n.m. pl.* hair°, thatch, barnet.

rosette• *n.f.* anus°, ring, bum-hole, asshole.

rossée *n.f.* beating°, thrashing, bashing, tanning ; **flanquer une rossée à qqun**, to give s.o. a god hiding.

rossignol *n.m.* pass key°, skeleton key, hog eye.

rotations (avoir des) *loc.* to belch°, to burp, to repeat, to have a fit of burping.

rotatoire *adj.* which makes one belch°, burp-making.

roteuse *n.f.* bottle of champagne° / of bubbly / of champers.

roteux *n.m.* champagne°, bubbly, champers.

rotoplo(t)s *n.m. pl.* breasts°, boobs, knockers, bazooms, bazongas.

rotules (sur les) *loc.* exhausted°, knackered, bushed, whacked, on one's last legs ; **après trois nuits sans dormir, j'étais sur les rotules**, after three nights without sleep, I was worn to a frazzle.

roubignolles• *n.f. pl.* testicles°, balls, bollocks, nuts, goolies, marbles.

roudoudou *n.m.* sweet, candy.

rouge *adj.* communist°, bolchie, red ; **bastion rouge**, commie stronghold.

rouge *n.m.* 1. red wine° / plonk / vino ; **un coup de rouge**, a glass of red wine° ; **gros rouge (qui tache)**, cheap red wine°, plonk. 2. communist°, commie, bolchie ; **les rouges sont partout**, there are reds under the beds. 3. **être dans le rouge**, to be in financial difficulties°, to be in the red, to be short on / tight for cash.

rougnotter *v.i.* to smell bad°, to stink, to pong.

rouille *n.f.* bottle°, bot, soldier.

roulé *adj.* **bien roulé**, shapely°. 1. *(woman)*, well-built, well-stacked ; **elle est roulée comme un pneu neuf, celle-là**, this chick has got a classy chassis. 2. *(man)* broad-shouldered°, beefy, hunky.

roulée *n.f.* hand-made cigarette°, roll-up, rollie.

rouler 1. *v.i.* a) to go well°, to be swinging, to be going great guns ; **ça roule !** (i) things are great !, everything's A-1 ! / OK, (ii) all systems go !, you're on ! ; **ça roule ?** how's life ?, how's things ? ; b) *(restaurant)* to be ready°, to be on the way, to be coming up ; **ça roule !** order up ! ; c) **rouler sur l'or**, to be very rich°, to be rolling in it, to be stinking ; d) **rouler des miches**, to walk with a wiggle°, to wiggle one's bum / one's hips. 2. *v.t.* a) to swindle°, to con, to have on, to do ; **le pauvre naïf, il se fait rouler à tous les coups**, the poor innocent, he's always getting taken in ; **rouler qqun dans la farine**, to take s.o. for a ride ; b) **rouler les mécaniques**, to swagger°, to strut one's stuff, to parade one's wares ; c) **rouler un patin / une pelle / une saucisse à qqun**, to french kiss s.o., to swop spits with s.o. 3. *v.pr.* **se rouler**, a) **se rouler par terre**, to laugh hysterically°, to fall about laughing, to crease oneself laughing, to be in stitches ; b) **se les rouler**, to do nothing°, to twiddle one's thumbs, to sit around doing naff-all.

rouleur *n.m.* show-off°, swank, flash Harry, poser.

roulure *n.f.* promiscuous woman°, tart, town bike, easy lay, charity girl.

roupettes• *n.f.pl.* testicles°, bollocks, balls, goolies, orchestra stalls.

roupiller *v.i.* to sleep°, to nod off, to take forty winks, to get some kip ; **ce clown roupille au boulot**, this joker takes a nap at work.

roupillon *n.m.* sleep°, nap, doze, snooze ; **piquer / faire un roupillon**, to doze off, to get some kip / shuteye.

rouscaille = **rouspétance.**

rouscailler = **rouspéter.**

rouspétance *n.f.* complaining°, bitching, bellyaching,

beefing ; **pour la rouspétance il est toujours là**, when it comes to griping, you can count on him.

rouspéter *v.i.* to complain°, to bitch, to grouse, to grouch, to piss up a storm ; **si t'es pas content, t'as qu'à rouspéter**, if you're not happy, why don't you holler ?

rouspéteur, -euse *n.* complainer°, bitch, beefer, bellyacher, whiner.

rousse (la) *n.f.* the police°, the boys in blue, (the long arm of) the law, the fuzz.

roussin *n.m.* policeman°, copper, bobby, rozzer.

rouste, roustée *n.f.* beating°, hiding, bashing, tanning.

roustir *v.t.* 1. to swindle°, to con, to take in, to have on, to do. 2. to steal°, to nick, to pinch, to swipe.

roustons• *n.m. pl.* testicles°, balls, rocks, bollocks, goolies, nuts.

routard *n.m.* traveller°, globetrotter, wanderer, rover.

rupin *adj.* 1. high-class°, posh, ritzy, up-market ; **les quartiers rupins**, the snobby areas. 2. rich°, stinking, loaded, made of money, filthy ; **elle s'est trouvée un mari rupin**, she got herself a husband who's rolling in it.

rupin, -ine *n.* wealthy person°, fat cat, Daddy Warbucks, moneybags ; **les rupins**, the well-heeled, the well-to-do, the well-off.

ruscof•, ruskoff•, ruski• *n.*
Russian°, Ruskie.
rut (être en)• *loc.* to be sexually
aroused°, to be horny / randy /
turned on / in heat.

S

sable *n.m.* 1. **être sur le sable,** a) to be destitute°, to be down-and-out, to be on the rocks ; b) to be unemployed°, to be on the dole ; **mettre qqun sur le sable,** to destroy s.o. financially°, to ruin s.o., to clean s.o. out ; **arrête de me taper du fric, tu vas me mettre sur le sable,** would you ever stop tapping me for dough, you're going to sink me. 2. **le marchand de sable va passer !** bedtime !, time for beddy-byes ! ; **le marchand de sable est passé !** it's well past bedtime ! ; **avoir du sable dans les yeux,** to be sleepy°, to be dozing / nodding off.

sabord *n.m.* 1. **coup de sabord,** glance°, gander, dekko, shufty ; **donnez-y voir un coup de sabord,** go on, have a looksee. 2. **mille sabords !** shiver me timbers !, holy mackerel !, stone the crows !

sabot *n.m.* old broken-down machine°, heap of rust, old crock.

sabre• *n.m.* penis°, weapon, spear, dagger ; **filer un coup de sabre à qqun,** to have intercourse with s.o.°, to slip a length to s.o., to get one's leg over s.o.

sabrer *v.t.* 1.• to fornicate°, to screw, to fuck, to ball ; **il l'a sabrée contre le mur,** he shafted her against the wall. 2. to make cuts in *(a text)*°, to butcher, to hack up ; **les salauds, ils ont sabré mon manuscrit,** the bastards, they hacked my manuscript to pieces. 3. to ruin°, to botch, to foul up, to balls-up ; **ce couillon m'a sabré tout le boulot,** the dickhead just cocked up the whole job. 4. to reprimand°, to bawl out, to dress s.o. down, to give s.o. what for. 5. **sabrer qqun,** a) to dismiss°, to fire, to sack, to boot out ; b) to fail s.o.° *(in an examination)*, to flunk s.o., to shoot s.o. down (in flames).

sac *n.m.* 1. a) ten (new) francs° ; **ce truc coûte cent sacs,** this thing costs a thousand francs° / a grand ; b) **avoir le sac,** to be wealthy°, to be rolling in it, to be in the money ; **ces gens-là ont le sac, ça se voit,** you can tell those people are loaded ; c) **un (gros) sac,** a wealthy person°, a fat cat ; **épouser un sac,** to marry into money ; d) **faire son sac,** to make a pile, to make stacks of money. 2. **avoir la tête dans le sac,** to be penniless°, to be (stoney) broke, to be skint. 3. **sac à vin,** alcoholic°, dipso, lush, brown bagger ; **avoir son sac,** to be drunk°, to have had a skinful, to be well-oiled. 4. **sac à viande,** sleeping bag°, fleabag, fart sack. 5. **sac d'os,** thin person°, skin-and-bones, bag of bones, bean pole. 6. **un sac de**

nœuds / d'embrouilles, a difficult problem°, a can of worms, a bit of a pickle ; **mon histoire de bagnole, c'est un vrai sac de nœuds**, the whole story with my car was a real headache. 7. **sac à malices**, a) bag of tricks ; **qu'est-ce qu'il va encore sortir de son sac à malices ?** what else has he got up his sleeve ? ; b) cunning customer, clever character, smooth operator. 8. **sac à charbon / carbi**, clergyman°, black coat, devil dodger, sky pilot. 9. **sac à patates**, ugly mug, dogface, face that would crack a mirror. 10. **l'affaire est dans le sac**, it's a sure thing°, it's in the bag, it's all sewn up. 11. **vider son sac**, to speak one's mind°, to get it off one's chest, to make a clean breast of it ; **allez, vas-y, vide ton sac !**, come on, spit it out ! 12. **éternuer / cracher dans le sac**, to be guillotined°, to get the chop. 13. **mettre dans le même sac**, to put on the same level°, to put in the same basket, to tar with the same brush ; **les cathos et les parpaillots, je les mets dans le même sac**, as far as I'm concerned, papes or prods, it's the same difference. 14. **prendre qqun la main dans le sac**, to catch s.o. on / in the act / red-handed ; **cette fois-ci, tu ne peux rien dire, je te prends la main dans le sac**, this time, there's nothing you can say, I've got you with your hand in the till. 15. **être fichu / ficelé / fagoté comme un sac**, to be badly dressed°, to be dressed up like a dog's dinner, to be dressed like a scarecrow. 16. **mettez ça dans votre sac !** put that in your pipe and smoke it !, you know where you can shove that !

sac à papier !, sac à patates ! *excl.* hell's bells !, heaven's to Betsy !, stone me !, fiddlesticks !

sachem *n.m.* boss, guv'nor, the big white chief.

sacouse *n.m.* handbag°, jiffy bag, clutch.

sacré *adj.* 1. a) one hell of a..., some..., an amazing... ; **elle a un sacré bol !** she's got some luck ! ; **sacré farceur !** you're one hell of a joker ! ; **t'as une sacrée bagnole !** that's an amazing set of wheels you've got there ! ; b) damned, bloody, goddamned ; **c'est un sacré connard !** he's a goddamned bastard ! ; **sacré filou !** what a bloody rascal ! ; **j'ai eu de sacrés emmerdements !** I had awful damned trouble. 2.• **sacré nom de Dieu !** in the name of God ! ; **sacré nom d'un chien !** bloody hell ! ; **sacré bordel de merde !** holy fucking shit !

sacrément *adv.* damned, bleeding, bloody ; **il a eu sacrément peur ce jour-là**, he was scared shitless that particular day ; **il fait sacrément chaud aujourd'hui**, it's damned hot today.

sado (*abr.* = **sadique**) *adj.* sadistic°, sado.

sado (*abr.* = **sadique**) *n.* sadist°, sado.

sado-maso (*abr.* = **sado-masochiste**) *adj.* sado-masochistic°, S&M, nice and nasty.

sado-maso (*abr.* = **sado-masochiste**) *n.* sado-masochist°, S & M freak.

sagouin, -ine *n.* 1. dirty person°, filthy pig, pig-dog, swine, slob ; **ton petit frère est un vrai sagouin**, your little brother is a real crud. 2.• bastard, bugger, fucker ; **tas de sagouins !** bunch of wankers ! 3. careless° / sloppy / bungling worker ; **c'est du travail de sagouin !** this work is just the pits !

saignant *adj.* tough, hard-boiled, hard-nosed ; **le nouvel attaquant est saignant**, the new attacker is as tough as nails.

saigner 1. *v.i.* **ça va saigner !** blood will flow !°, all hell is going to break loose !, there's going to be a riot ! 2. *v.t.* a) to stab to death°, to cut up, to chop down ; **je vais le saigner comme un lapin !** I'm going to chop him up into little pieces ! ; b) to extort money from°, to bleed dry ; **saigner qqun à blanc**, to squeeze s.o. like a lemon. 3. *v.pr.* **se saigner (aux quatre veines) pour qqun**, to make sacrifices for s.o.°, to do without for s.o.

Sainte-Anne *n.pr.* mental hospital°, loony bin, nuthouse, funny farm ; **être bon pour Sainte-Anne**, to be ready for the men in white coats ; **un échappé de Sainte-Anne**, a loony-tune, a nutcase, a space cadet.

sainte-nitouche *n.f.* individual, *sp.* woman, who feigns innocence°, apparent goody-goody, seemingly naïve little angel ; **t'es une vraie sainte-nitouche**, you look as if butter wouldn't melt in your mouth.

saint-frusquin *n.m.* **tout le saint-frusquin**, the lot°, the whole shebang, the whole works, everything but the kitchen sink ; **il a ramené ses gosses, sa grand-mère, sa belle-mère et tout le saint-frusquin**, he brought the kids, the grandmother, the mother-in-law and the whole shooting gallery.

Saint-Glinglin (à la) *loc.* never ever°, never in a month of Sundays, when pigs fly, when hell freezes over, on the 31st of February ; **je vais pas t'attendre jusqu'à la Saint-Glinglin**, I'm not going to wait for you forever and a day.

saint-Jean (être en) *loc.* to be naked°, to be starkers, to be in one's birthday suit.

Saint-Martin (la même) *loc.* the same (old) thing, the same as usual ; **tous les jours, c'est la même Saint-Martin**, everyday it's just the same old grind ; **ce n'est pas la même Saint-Martin**, it's a different kettle of fish, it's a whole nother ball-game.

Saint-Trou-du-cul (jusqu'à la)• *loc.* never ever°, never in a month of sodding Sundays, when bloody pigs fly.

salade *n.f.* 1. mix-up, muddle, unholy mess ; **quelle salade !** what a mishmash ! ; **en salade,** in a hotchpotch. 2. nonsense°, rubbish, tripe, bull ; **arrête tes salades !** cut the crap ! 3. story°, yarn, spiel, line ; **il nous a sorti toute une salade,** he came out with a whole cock-and-bull story ; **vendre qqch. avec beaucoup de salade,** to give it the hard sell, to give it the full sales pitch ; **faire des salades,** to make up feeble excuses, to try and get out of doing something ; **quand il faut s'y mettre, il fait toujours des salades,** when there's work to be done, he always tries to worm his way out. 4. **vendre sa salade,** to sell one's wares, to flog one's stuff ; **le prof a essayé de nous vendre sa salade tout l'après-midi,** the teacher did his best to get his stuff through to us all afternoon. 5. **panier à salade,** police van°, Black Maria, paddy wagon.

salaud• *adj.* 1. nasty°, fucking, sodding, stinking ; **qu'est-ce qu'il peut être salaud !** he can be a real fucking cunt ! ; **le prof a été salaud avec nous,** the teacher was really shitty with us. 2. nasty°, dirty,

poxy, cunty ; **ça, c'est vraiment un coup salaud,** that's a real lowdown shitty trick ; **c'est salaud d'avoir fait ça !** that was a poxy thing to do.

salaud• *n.m.* 1. a) bastard, cunt, bugger ; **espèce de salaud !** fucking bastard ! ; **enfant de salaud,** sonofabitch ; **ce mec, c'est le roi des salauds,** this guy is the biggest bastard I've ever seen ; **un beau salaud,** a right little bugger ; b) *(affectionate)* bastard, sod, bugger ; **eh ben mon salaud, tu te fais pas chier !** well, me old bugger, you have an easy time of it ! ; **dis donc, mon salaud,** listen here, me old sod. 2. dirty° / scummy / cruddy person, grungy rat ; **petit salaud,** dirty little pig.

sale *adj.* 1. dirty°, filthy, rotten, nasty ; **flic, c'est un sale boulot,** being a cop is a poxy job ; **t'as une sale gueule, tu sais,** you look absolutely awful ; **délit de sale gueule,** the crime of being non-caucasian° ; **un sale type,** a rotten bugger, a nasty piece of work. 2. **pas sale,** excellent°, bloody great, not bad at all ; **les vacances au soleil, c'est pas sale !** a holiday in the sun, that's pretty damned good.

salé *adj.* 1. severe°, stiff, hefty ; **dix ans de taule, c'est carrément salé !** ten years in the clink, that's going it a bit heavy. 2. very expensive° / pricey, steep ; **l'addition était**

plutôt salée, the bill was more than a bit on the stiff side. 3. salacious°, smutty, sleazy, blue, juicy ; **il a toujours des histoires salées à raconter**, he's full of dirty jokes.

salement *adv.* very°, bloody, damned ; **ils l'ont salement amoché**, they really did rearrange his face, didn't they ? ; **cette maison est salement bien située**, the house is in a bloody great location.

saligaud• *n.m.* 1. bastard, sod, rat, bugger ; **c'est le pire saligaud que j'aie jamais vu**, he's the most rotten swine I've ever met. 2. dirty person°, cruddy rascal, filthy brat ; **espèce de petit saligaud !** you grungy little brat !

salingue *adj.* dirty°, filthy, cruddy, grungy ; **ton voisin est carrément salingue**, your neighbour is a sleazy bugger ; **il est amateur de photos salingues**, he's a bit of a dirty picture collector.

salingue *n.m.* dirty° / filthy / sleazy person, crud, sleazebag ; **mon beauf est du genre salingue**, my brother-in-law is one of the Great Unwashed.

saloir *n.m.* bed°, sack, fleabag ; **mettre le lard / la viande au saloir**, to hit the sack / the hay.

salopard• *n.m.* bastard, bugger, wanker, scumbag ; **quel salopard, ce mec !** this guy is a real asshole !

salope• *n.f.* 1. *(of women)* cow, slut, scrubber ; **ta belle-sœur**

est une vraie salope ! your sister-in-law is a real bitch ! ; **enfant de salope**, son of a bitch. 2. *(of machines)* bastard, fucker, cunt ; **encore cette salope de bagnole qui veut pas démarrer !** here we go again, the bastard of a car won't start !

saloper• *v.t.* to ruin°, to make a mess of, to cock up, to balls up, **tu l'as vraiment salopé, ce boulot**, you really ballsed that job up, didn't you ?

saloperie• *n.f.* 1. bad food°, crap, shit ; **ma belle-mère nous sert toujours des saloperies**, my mother-in-law always serves up real bilge. 2. nasty remark°, bitchy comment, mean crack ; **t'as bientôt fini de me sortir des saloperies ?**, would you ever give over with your bitchy backtalk ? 3. **faire des saloperies à qqun**, to play dirty tricks on s.o., to pull a mean stunt on s.o. ; **il m'a fait une saloperie que je suis pas près d'oublier**, he pulled a real nasty one on me that I won't forget in a hurry. 4. rubbish°, trash, junk ; **ce qu'il vend, c'est de la saloperie**, the stuff he sells is real tripe ; **saloperie de temps !** rotten day, isn't it ? ; **quelle saloperie, cette bagnole !** this car isn't worth shit !

salopiot• *n.m.* dirty person *or* child°, stinking rascal, filthy brat.

salsifis *n.m.pl.* 1. fingers°, claws, hooks. 2. toes°, piggies.

salutas ! *excl.* 1. hello° !, hi !, howdy ! 2. bye bye !, churrio !, so long !, be seeing you !

sandec, sans dec (*abr.* = **sans déconner**) *adv.* 1. seriously !°, no kidding !, no messing around !, straight out ! 2. are you serious ?°, are you putting me on ?, no kidding ?

sang *n.m.* 1. **avoir du sang dans les veines**, to have drive° / get-up-and-go / bounce / zing ; **ils ont pas de sang dans les veines**, they've got no juice in them ; **avoir du sang de navet**, to be a feeble person° / a wimp, to be gutless, to have no get-up-and-go. 2. **se ronger les sangs**, to be worried sick / to death / stiff, to work oneself into a lather. 3. **bon sang !** goodness gracious ! ; **bon sang de bonsoir !** hell's bells ! ; **bon sang de bondieu !** bloody hell ! ; **bon sang de pauvre couillon !** you stupid bloody dickhead ! ; **bon sang mais c'est bien sûr !** Holy God, of course !, why didn't I bloody think of that before !

sans dec = **sandec**.

sans un (être) *loc.* to be penniless° / skint / flat-busted / clean broke ; **ça fait des mois que je suis sans un**, I haven't had a red cent for months.

santé *n.f.* 1. **avoir de la santé, en avoir une santé**, to be audacious°, to have a nerve, to have a right cheek ; **ben dis donc, t'as de la santé !** God, you've got a brass neck. 2. **avoir la santé / une belle santé**, to be in good form°, to be full of beans, to have lots of zip ; **il faut avoir une sacrée santé pour travailler par cette chaleur**, you really need to be in excellent shape to work in this heat. 3. **avoir une petite santé**, not to be in the best of health, not to be the healthiest ; **ma cousine a toujours eu une petite santé**, my cousin has always been on the fragile side. 4. **santé !** cheers !, bottoms up ! ; **à votre santé !** to your very good health !

santiags *n.f.pl* pointed Mexican boots with a chamfered heel°, cowboy boots.

sape *n.f.* 1. the clothing industry° ; **il travaille dans la sape**, he works in the rag trade. 2. *pl.* **sapes**, clothes°, threads, duds, clobber ; **si t'enlevais tes sapes ?** why don't you take your gear off ?

sapé *adj.* dressed°, togged out, geared up, rigged out ; **t'es sapé comme un prince**, you're really dressed to kill.

saper 1. *v.t.* a) to dress°, to tog out, to rig out ; b) to convict°, to send down, to put away. 2. *v.pr.* **se saper**, to get dressed°, to get dolled up, to put on the dog ; **ah !, pour une fois, tu t'es sapé !** so, for once you've decided to get decked out !

sapin *n.m.* 1. taxi°, cab. 2. **pardessus en sapin**, coffin°, pine overcoat, six-foot bungalow ;

sentir le sapin, to be on the way out, to have one foot in the grave.

saquer *v.t.* 1. a) to dismiss°, to fire, to sack, to boot out ; b) to fail° *(examination)*, to flunk ; **je me suis fait saquer par le prof d'anglais**, the English teacher shot me down in flames. 2. to bear°, to put up with, to stomach ; **je peux pas le saquer, ce mec**, I just can't stand that guy.

sardine (égoutter la) *loc.* to urinate°, to take a leak, to drain the dew.

satané *adj.* blasted, cursed, bleeding ; **un satané farceur**, a bleeding clown.

satyre *n.m.* exhibitionist°, flasher ; **j'en ai marre de tous ces satyres dans le métro**, I've had enough of all those Flash Gordons in the underground.

sauce *n.f.* 1. shower°, downpour ; **on a reçu une de ces sauces**, we got soaked to the skin, we got bucketed on. 2. petrol°, gas, juice ; **mettre (toute) la sauce**, to put the foot down, to go full blast. 3. **être dans la sauce**, to be in trouble°, to be in the soup, to be in soapy bubbles. 4. **allonger / rallonger la sauce**, to elaborate° *(story)*, to waffle, to string out, to pad out, to spin out ; **pour l'endormir, j'ai dû rallonger un peu la sauce**, to get him to go to sleep, I had to stretch the story out a bit. 5. **balancer /**

envoyer la sauce, a) to fire a machine gun°, to give 'em all one's got, to open up ; b)• to ejaculate°, to shoot one's wad, to drop one's load. 6. **mettre qqch. / qqun à toutes les sauces**, to put s.t. / s.o. to every possible use, to make the most of s.t.'s / s.o.'s attributes ; **je te préviens qu'on te mettra à toutes les sauces**, I warn you, we'll make use of all your talents. 7. **faire de la sauce**, a) to improvise° *(music)*, to fill in ; b) to fill out° *(writing)*, to pad, to waffle.

saucée *n.f.* heavy shower°, downpour ; **attraper une saucée**, to get soaked to the skin.

saucer *v.t.* 1. to wet completely°, to soak to the skin, to drench ; **se faire saucer**, to get soaked to the bone ; **être saucé**, to be wet right through. 2. **saucer qqun**, to reprimand s.o.°, to give s.o. a telling-off, to carpet s.o., to bawl s.o. out ; **se faire saucer**, to get a scolding°, to get chewed, to have the riot act read to one.

sauciflard *n.m.* salami sausage°, horse cock sausage.

saucisse *n.f.* 1. idiot°, clot, dope, twat. 2. **rouler une saucisse à qqun**, to French kiss s.o., to swap spits. 3.• penis°, dick, cock, sausage, frankfurter ; **filer un coup de saucisse à qqun**, to have sexual intercourse with s.o.°, to slip s.o. a length, to get one's leg over s.o. 4. **ne pas attacher son chien**

avec des saucisses, to be miserly°, to be a penny-pincher, to be tight as a drum, to have short hands and deep pockets. 5. **saucisse montée sur pattes,** sausage dog.

saucisson *n.m.* 1. a) second-rate song°, durge ; b) classic tune°, golden oldie. 2. **être serré / ficelé comme un saucisson,** to be bulging out of one's clothes, to be bursting out all over.

saucissonnage *n.m.* 1. picnicking, having a snack. 2. dividing-up (of land)°, cutting-up, carving-up.

saucissonné *adj.* bursting out (of one's clothes), bulging all over.

saucissonner 1. *v.i.* to have a quick snack / picnic ; **on a saucissonné sur l'herbe,** we had a quick bite on the grass. 2. *v.t.* a) to fit very tightly°, to squish ; **ton pantalon te saucissonne,** you're bursting out of your trousers ; b) to carve up *(land)* ; (i) to cut up *(for planning purposes)*, to chop up ; **il n'est pas question de les laisser saucissonner toute la région,** there's no way we'll let them carve up the area ; (ii) *(political)* to gerrymander.

saut (faire le grand) *loc.* to die°, to bite the dust, to go off the deep end.

saute-au-crac• *n.m.* sex maniac°, sex fiend ; **c'est un saute-au-crac,** he's got a one-track mind, he's a real cum-freak, he'd screw anything that moved.

saute-au-paf• *n.f.* nymphomaniac°, nymph(o) ; **c'est une saute-au-paf,** she's a real goer, she's an easy lay.

sauter 1. *v.i.* a) **sauter au plafond,** to get very emotional ; (i) to get very annoyed°, to hit the roof, to fly off the handle ; **quand ma mère a vu le bordel chez moi, elle a sauté au plafond,** when my mother saw the mess at my place, she went buck mad ; (ii) to be very happy°, to be over the moon, to jump for joy ; (iii) to be very surprised°, to jump out of one's skin, to be bowled over ; (iv) to be frightened°, to jump out of one's skin, to be scared stiff ; b) **et que ça saute !** on the double !, jump to it !, look lively !, pronto ! ; **je voudrais des cuisses de grenouille, et que ça saute !** give me a crocodile sandwich and make it snappy ! ; c) **sauter du train en marche,** to practise coitus interruptus°, to withdraw, to leave before the gospel, *(GB)* to get out at Gateshead. 2. *v.t.* a)• to have sexual intercourse°, to mount, to ride, to hump ; **il l'a sautée sur la table de la cuisine,** he banged her on the kitchen table ; b) **la sauter,** to skip / pass up eating ; **hier, j'avais pas le temps de manger, je l'ai sautée,** yesterday I didn't have time to eat and so I just gave it a miss.

sauterelle *n.f.* girl°, bit of skirt, baby doll.

sauterie *n.f.* 1. party°, bash, hop, rave. 2. intimate gathering°, chummy session, bosom get-together ; **hier soir, on s'est fait une petite sauterie entre amis**, we had a cozy little soirée between friends last night.

sauteur, -euse *n.* 1. untrustworthy person°, shifty customer, shady dealer ; **on ne peut pas compter sur lui, c'est un sauteur**, frankly, I wouldn't trust him as far as I could throw him. 2.• sexually promiscuous person°, a) **sauteur**, skirtchaser, lady-killer, playboy ; **un sacré sauteur**, a randy bugger, a horny bastard ; b) **sauteuse**, pushover, bike, pleaser ; **une petite sauteuse**, an easy lay, a right little tart.

sauvage *adj.* 1. spontaneous°, off the cuff ; **une grève sauvage**, a wildcat strike. 2. illegal°, out of line ; **le stationnement sauvage**, wildly unauthorized parking. 3. **sauvage !** fantastic !, awesome !, bad !

sauvage *n.m.* 1. **se mettre en sauvage**, to strip off° / to peel off one's clothes, to strip to the buff ; **à la campagne, il aime bien se mettre en sauvage**, when he's in the country he loves to run around in his birthday suit. 2. individual who flouts accepted behaviour°, savage, mad-dog ; **de nos jours, on ne voit que des sauvages dans la rue**, these days

you see so many weirdos in the street.

savate *n.f.* 1. clumsy idiot, oaf, fool ; **faire qqch. comme une savate**, to do s.t. very badly° / abominably / in a lousy way ; **il chante comme une savate**, he can't sing for toffee. 2. **traîner la savate**, to be penniless and jobless°, to be down and out, to be down on one's luck.

savater *v.t.* to kick (s.o.)°, to give (s.o.) a taste of one's boot ; **je lui ai savaté les noix**, I gave him a good boot in the goolies.

saveur (coup de) *loc.* glimpse°, butcher's, dekko, looksee.

savon *n.m.* scolding°, dressing-down, ticking-off ; **passer un savon à qqun**, to bawl s.o. out, to give s.o. some stick ; **je lui ai passé un savon maison**, I gave him a piece of my mind ; **recevoir un savon**, to get chewed, to get a mouthful.

savonner *v.t.* to scold°, to haul over the coals, to tear (s.o.) off a strip ; **se faire savonner (la tête)**, to get bawled out, to get chewed, to be given both barrels.

savonnette *n.f.* dangerous° / baldy / worn tyre.

scalp *n.m.* arrest°, bust, nick, cop.

scalper *v.t.* to arrest°, to nick, to pick up ; **il s'est fait scalper par les keufs**, he got lifted by the pigs.

scaphandre de poche *n.m.* condom°, frenchie, rubber, johnnie.

scato (*abr.* = **scatologique**) *adj.* scatological°, lavatorial, dirty, smutty.

schizo (*abr.* = **schizophrène**) *n.* schizophrenic°, schizo, skitzo, skitzoïd.

schlaffe, chlaffe *n.f.* sleep°, kip, shuteye ; **aller à la schlaffe**, to go to bed°, to crash out, to hit the sack, to turn in.

schlague, chlague *n.f.* 1. corporal punishment with a cane° ; **donner la schlague**, to cane, to strap ; **six coups de schlague**, six of the best. 2. **la schlague**, brutal authority°, the boot ; **qu'est-ce qu'on a souffert sous la schlague !** things were tough under the yoke.

schlasse, chlasse *n.m.* knife°, blade, cutter.

schlâsse, schlasse, chlâsse, chlasse *adj.* 1. drunk°, pissed, snootered, comboozelated ; **elle était complètement schlâsse**, she was totally schnoggered. 2. tired°, knackered, beat out ; **je suis schlâsse**, I'm absolutely bushed.

schleu•, chleu•, chleuh• *adj.* German°, Jerry, Kraut, Hun.

schleu•, chleu•, chleuh• *n.m.* German°, Jerry, Kraut, Hun.

schlinguer, schlingoter, chlinguer, chlingoter, *v.i.* 1. to smell awful°, to stink to high heaven, to reek. 2. to be awful° / poxy / shitty / crappy ; **cette ville schlingue !** this town sucks !

schlipoter, chlipoter *v.i.* to smell bad°, to stink, to pong, to reek.

schloffe, chloffe *n.m.* sleep°, kip, forty winks, shuteye ; **aller à schloffe**, to hit the sack, to turn in.

schmilblic *n.m.* 1. **le schmilblic**, the mystery item, the sixty-four dollar question. 2. thing°, thingamy, thingamajig ; **qu'est-ce que c'est que ce schmilblic ?** what's that thingamabob ? 3. **faire avancer le schmilblic**, to move things along, to get things going ; **c'est pas ça qui va faire avancer le schmilblic**, well, that's not going to get us very far.

schmitt *n.m.* policeman°, cop, rozzer.

schmoutz, chmoutz• *n.m.* Jew°, yid, shonk, kike.

schnaps, chnaps *n.m.* strong liquor°, the hard stuff, hootch, firewater, poteen.

schnick, schnique, chnique = **schnaps**.

schniquer, chniquer *v.i.* to smell bad°, to phew, to pong, to reek.

schnoque, schnock, chnoque *n.m.* idiot°, dope, bonehead, bozo ; **vieux schnoque**, old dodderer, old codger, silly old dodo / numbskull / dunderhead.

schnouf(fe), chnouf(fe) *n.f.* heroin°, big H, horse, junk.

schnouffé, -ée, chnouffé, -ée *n.* heroin addict°, junkie, smack head.

schnouffer (se), se chnouffer *v.pr.* to take heroin°, to do H, to mainline.

schpile / chpile (avoir beau) *loc.* to be in an easy position°, to have no problem ; **elle a beau schpile de me parler argent**, it's easy for her to talk to me about money problems ; **tu as beau schpile de me faire des reproches**, you're a right one to complain about me.

schproum, chproum *n.m.* 1. noise°, din, ruckus, hullabaloo. 2. scandal°, fuss, stink ; **faire du schproum**, to raise hell, to kick up a stink. 3. violent argument°, blow-up, rumpus ; **il va y avoir du schproum !** there's going to be aggro !

schtarbé, chtarbé *adj.* crazy°, bonkers, bananas, loony ; **complètement schtarbé, le mec !** this guy is plain off his rocker !

schtroumpf *n.m.* idiot°, cretin, wally, dingbat.

schtroumpfer *v.i.,v.t. (all-purpose verb meaning what the speaker wishes)* to whachamacallit, to thingamajig ; **je n'y schtroumpfe rien !** I haven't a baldy ! ; **j'en ai rien à schtroumpfer !** I don't give a monkey's !

schtuc, chtuc *n.m.* small amount°, smidgeon, tad ; **j'en prendrai juste un schtuc**, I'll just have a tiny wee bit.

sciant *adj.* very boring°, deadly, drippy, ho hum.

scie *n.f.* 1. cliché°, old chestnut ; **il a encore chanté sa scie**, he sang us his old standard. 2. boring person°, crashing bore, drip.

scier *v.t.* 1. to throw out, to boot out, to chuck out ; **il s'est fait scier de la bande**, the gang gave him the boot. 2. to ruin a company°, to bring a business down. 3. **scier (le dos à) qqun**, a) to annoy s.o. immensely°, to cheese s.o. off, to get under s.o.'s skin, to get on s.o.'s case ; **tu commences à me scier le dos !** you're really starting to get on my nerves ! ; b) to bore s.o. silly / stupid / stiff, to put s.o. to sleep ; **qu'est-ce qu'il nous a sciés avec ses histoires à la con !** God, he really bored the pants off us with his stupid stories ! 4. to amaze°, to floor, to blow away, to bowl over ; **j'en étais scié**, I was flabbergasted.

scoop *n.m.* 1. exclusive° *(press, etc.)*, scoop. 2. startling piece of news°, hot info, the gen ; **tu veux savoir le scoop ? mon frère se marie !** did you hear the latest ? my brother's getting married !

scoubidou *n.m.* 1. inter-uterine device (IUD)°, coil, loop. 2. small personal object°, doodah, whatsit, thingamajig, gismo ; **t'as pas vu mon scoubidou quelque part ?** have you seen my widget anywhere ?

scoumoune *n.f.* run of bad luck, jinx ; **avoir la scoumoune**, to be jinxed.

scrafer *v.t.* to arrest°, to nick, to pick up, to pull in.

scratcher (se) = **crasher (se)**.

scribouillard *n.m.* 1. a) writer°, scribbler, scribe ; b) journalist°, hack, inkspiller. 2. bureaucrat°, pen-pusher, pencil-driver.

scribouiller *v.i.* to write°, to scribble, to sling ink.

scrogneugneu ! *excl.* hell and damnation !, heavens to Murgatroyd !, gadzooks !, Jeepers Creepers !

scrogneugneu *n.m.* grumpy old man°, grouchy old dodderer.

se *pron. (slang usage of reflexive pronoun with normally transitive verbs e.g. " faire " becomes " se faire ", " prendre" becomes " se prendre ", etc.)* ; **on se prend un petit café ?** do you fancy a quick coffee ? ; **on se fait une bouffe ?** we'll have to have dinner together some time ? ; **on va se prendre une cuite ce soir !** we're going to get so pissed tonight !

sec *adj.* 1. a) completely puzzled°, answerless, stumped, snookered ; **en maths, je suis resté sec**, I just dried up during the maths exam ; b) **rester / être sec**, to forget one's lines° *(theatre)*, to dry (up), to corpse ; c) without inspiration°, dried up ; **après son deuxième roman, il est resté sec**, after his second novel, he just ran out of ideas. 2. **l'avoir sec**, to be upset°, to be shook up, to be in a botheration.

sec *adv.* 1. precisely°, on the button, on the nose ; **ça m'a coûté cinq cents francs sec**, it

cost me five hundred francs on the noggin ; **il a pris dix ans sec**, he went down for ten years, no more no less. 2. **aussi sec**, immediately°, on the double, pronto, in a flash ; **je lui ai répondu aussi sec**, I answered him straight off ; **en cinq sec**, very quickly°, in two shakes (of a lamb's tail), in double time, before you can say Jack Robinson ; **on a fait à dîner en cinq sec**, we got dinner ready in next to no time. 3. **boire sec**, to drink a lot°, to knock the stuff back, to be a serious drinker, to bend the elbow regularly.

sec (à) *loc.* 1. **être à sec**, to be penniless°, to be broke, not to have a red cent, to be skint. 2. **mettre qqun à sec**, to ruin s.o. financially°, to send s.o. to the wall, to take s.o. to the cleaners ; **ce petit voyou m'a mis à sec**, the little hood just cleaned me out.

sécateur (baptisé au)• *loc.* Jew°, yid, bagel bender, clipped dick.

sèche *n.f.* cigarette°, ciggie, fag ; **passe-moi une sèche**, chuck us a smoke.

sécher 1. *v.i.* a) to have no answer°, to be left answerless, to draw a blank, to dry up ; **à l'oral d'histoire, j'ai séché lamentablement**, I just clammed up completely during the history oral exam ; b) to forget one's lines° *(theatre)*, to dry (up), to corpse ; c) to lose one's inspiration°, to run out of ideas, to dry up. 2. *v.t.* a) to miss°, to jump, to duck out of ; **j'ai séché les cours tout l'après-midi**, I skipped class all afternoon ; b) to drink°, to down / to knock back a drink ; **après le match, il a séché deux bouteilles d'eau**, he polished off two bottles of water after the game ; c) to kill°, to waste, to bump off, to do away with ; d) to knock out, to KO, to floor ; **vous avez vu comment le défenseur a séché l'attaquant ?** did you see how the defender flattened the attacker ?

sécot *adj.* tall and thin°, lanky, lofty.

secouée *n.f.* lots°, heaps, no end of, oodles and oodles ; **ils se sont ramenés avec une secouée de mômes**, they turned up with a whole pile of kids.

secouer 1.*v.t.* a) to steal°, to nick, to pinch, to make off with ; **merde, on m'a secoué mon vélo !** shit, somebody's swiped my bike ! ; b) **secouer le paletot / les puces à qqun**, to severely reprimand s.o.°, to give s.o. a good dressing-down, to haul s.o. over the coals, to jump down s.o.'s throat ; **si c'est nécessaire, j'irai lui secouer les puces**, if I have to I'll throw the book at him ; c) **secouer le petit homme•**, to masturbate°, to wank, to flog the dummy, to jerk the gherkin ; d) **n'avoir rien à**

secouer de qqch. / qqun, not to care about / not to give a damn about / not to give a toss about s.t. / s.o. ; **j'en ai rien à secouer !** I don't give a fiddler's ! 2. *v.pr.* se secouer, a) to hurry up°, to get a move on, to move it, to step on it ; **secoue-toi !** shake a leg ! ; b) to cheer oneself up, to buck oneself up, to snap out of it ; **il va falloir que tu te secoues !** you're going to have to pull yourself together ; c) to make an effort°, to get one's act together, to shape oneself up ; **faudrait voir à vous secouer un peu !** you guys are going to have to buck your ideas up !

Sécu (la) (*abr.* = la Sécurité sociale) *n.f.* the French social security system°.

semer la merde• *loc.* to create havoc°, to stir it up, to stir up the shit ; **t'as pas bientôt fini de semer la merde ?** are you ever going to stop putting a fucking spanner in the works ?

semoule *n.f.* 1. **pédaler / patiner / patauger dans la semoule**, a) to make slow progress, to make heavy going, to be getting nowhere fast ; **ça fait trois heures qu'on pédale dans la semoule**, we've been bogged down for three hours ; b) to have confused ideas°, to be in a muddle, to be all mixed up ; **je peux pas te dire, je patauge dans la semoule**, I couldn't tell you, I'm all at sea. 2. **envoyer / balancer / lâcher la semoule•**, to ejaculate°, to shoot one's wad, to drop one's load.

sensass *(abr. = sensationel) adj.* wonderful°, brill, stupendous, super.

sent-bon *n.m.* perfume°, smell good ; **sens-moi, j'ai mis du sent-bon !** have a wiff, I put on some smell-well.

sentinelle *n.f.* 1. piece of excrement°, turd, jobbie. 2. **relever une / la sentinelle**, to have a drink° / jar standing at the bar ; **si on allait relever la sentinelle ?** do you fancy a swift one at the bar.

sentu *(incorrect past participle of " sentir ")* **je l'ai pas vu, mais je l'ai sentu**, I haven't seen him but I've smelted him.

série *n.f.* 1. **passage en série**, collective rape°, group-grope, gang-bang, bunch-punch. 2. **série noire**, series of misshaps°, run of bad luck ; **cet été, ça a été la série noire**, this summer it was just one disaster after the other. 3. **dans la série...**, as far as... are concerned°, in addition to..., on top of... ; **dans la série catastrophes, le frigo est en panne**, and on top of everything else, the fridge is out of order ; **dans la série charmeuses, on fait pas mieux !** as far as charmers go, she's the tops ; **dans la série je t'emmerde, je vais te taper encore une clope**, and just to keep up the old tradition, I'm going to bum another fag off you !

sérieux *n.m.* litre glass of beer°, big one.

seringue *n.f.* 1. firearm°, shooter, piece. 2. **chanter comme une seringue**, to sing off key°, to murder a song.

seringuer *v.t.* **seringuer qqun**, to shoot s.o.°, to fill s.o. full of lead, to put a slug in s.o.

serpent de mer *n.m.* recurrent issue°, old chestnut, same old story.

serpillière *n.f.* (woman's) dress°, rag.

serrer 1. *v.t.* a) to steal°, to nick, to pinch ; **je me suis fait serrer mon passeport**, I got my passport swiped ; b) to arrest°, to nick, to pull in, to collar ; **il s'est fait serrer par les flics**, he got picked up by the cops ; c) **serrer la vis à qqun**, to treat s.o. with severity°, to put the screws on s.o. ; **après son dernier exploit, ses parents lui ont serré la vis**, after his latest escapade, his parents came down on him a lot harder ; d) **serrer la pince / la cuillère à qqun, en serrer cinq à qqun**, to shake hands° with s.o., to shake mitts with s.o. ; **on s'est serré la pince pour conclure l'affaire**, we shook on the deal ; e) **serrer les fesses**, to be tensed up ; (i) to clench / grit one's teeth, to gear oneself up ; **vas-y, t'as qu'à serrer les fesses, et tu arriveras !** go on, put your back into it and you'll get there ! ; (ii) to be frightened°, to have one's wind up, to have the creeps ; **pendant l'orage, j'ai serré les fesses**, during the storm, I was nearly peeing in my pants ; f) **serrer (le kiki à) qqun**, to strangle s.o.°, to throttle s.o., to wring s.o.'s neck. 2. *v.pr.* **se serrer la ceinture**, to go / do without, to tighten one's belt ; **il va falloir qu'on se serre la ceinture**, we're just going to have to cut down on spending.

service *n.m.* 1. **service trois-pièces•**, male genitals°, the privates, the family jewels, three-piece set. 2. **entrée de service•**, anus°, stagedoor, Khyber (Pass). 3. **être service-service** ; a) to be overly meticulous°, to go by the book, to be a stickler for the rules, to be strictly business ; b) to do one's job conscientiously°, to do one's stuff, to put one's heart and soul into one's job ; **je suis très service-service, je peux pas m'attarder à papoter**, I can't stop and chat, you know how devoted I am to my job.

serviette (coup de) *n.m.* (police) raid°, swoop, bust.

seulâbre *adj.* alone°, on one's Jack ; **je suis tout seulâbre**, I'm on my Tod.

shampooing *n.m.* 1. **passer un shampooing à qqun**, to reprimand severely°, to give s.o. a good talking-to, to bawl s.o. out, to give s.o. some stick ; **t'aurais vu le shampooing que mon père m'a passé !** you should have seen the bol-locking my dad gave me ! 2. **shampooing maison / shampooing à Charles le Chauve•**, fellatio°, blow-job, head, deep throat.

shit *n.m.* hashish°, shit, dope ; **t'as pas du shit ?** you got any hash ?

shoot *n.m.* 1. injection° *(drugs)* , fix, bang. 2. shot° *(sports)*, strike, bash ; **quel magnifique shoot !** what a piledriver !

shooter (se) *v.pr.* to inject oneself with a drug°, to shoot up, to mainline, to bang up ; **arrête de te shooter, tu vas te tuer !** you gotta stop popping or you'll kill yourself !

shooteuse *n.f.* syringe° *(drugs)*, needle, spike, hypo.

show-bise, show-bize *n.f.* show-business°, show-biz.

sidaïque• *n.* person with AIDS°, person riddled with AIDS, AIDS victim ; **les sidaïques, il faut les mettre dans des camps**, these so-called AIDS " sufferers " should be locked up.

sidateux• *adj.* suffering from AIDS°, riddled with AIDS.

siècle (du) *loc.* most wonderful°, most incredible, of the century ; **notre attaquant vient de rater l'occasion du siècle !** our attacker just missed a real gift !

sifflard *n.m.* French salami sausage°, horse cock sausage.

siffler *v.t.* to drink quickly°, to down, to gulp down ; **siffler un verre**, to knock a drink back, to throw one down (the hatch).

sifflet *n.m.* **couper le sifflet à qqun,** to shut s.o. up, to button s.o.'s lip ; **sa réponse m'a coupé le sifflet,** his answer left me speechless.

singe *n.m.* 1. corned beef°, corned dog, bully beef. 2. boss, bossman, gaffer, guv'nor.

sinoque, sinoqué *adj.* crazy°, nuts, round-the-bend, bananas.

siphonné *adj.* crazy°, cracked, bananas, loony, **ce type est totalement siphonné,** this guy's completely off his rocker.

sirop *n.m.* 1. a) water°, H2O, Adam's ale, aqua ; b) sea°, the drink, the soup ; c) **sirop (de pébroque),** rainwater°, sky juice, wet stuff. 2. alcoholic drink°, booze, drink ; **avoir / tenir un coup de sirop,** to be drunk°, to have had one too many, to be juiced up. 3. **sirop de corps d'homme•,** sperm°, spunk, love juice, home brew. 4. **être dans le sirop,** to be in a fix / in a pickle / in hot water, to be up the creek ; **avec la tondeuse en panne, je suis dans le sirop,** now that my lawn-mower is broken down, I'm really in soapy bubbles.

skating à mouches *n.m.* bald head°, suedehead, chrome-dome.

skeud (*verl.* = **disque**) *n.m.* record°, platter, disc.

skin *n.m.* skinhead, skin.

slalom (faire du) *loc.* to zig-zag in and out whilst over-taking cars, to dodge in and out, to be a weaver bird.

slibar *n.m.* underwear°, kecks, Alan Whickers.

smack *n.m.* heroin°, horse, smack.

smak *n.m.* 1. cigarette°, cig, ciggie, fag. 2. big kiss°, smacker(oo).

smala *n.f.* large family°, tribe ; **et toute la smala,** and all the clan.

snefeu *n.f.* SNCF°, French National Railway Company°.

snif ! *excl.* sound of crying°, boo-hoo !

snif *n.m.* cocaine°, coke, snow, nose candy.

sniffer *v.t.* to inhale drugs °, to sniff, to snort, to toot, to get one's nose cold.

socialo *n.m.* socialist°, pinky, lefty.

sœur *loc.* **(et ta)** *loc.* mind your own bloody business !, what's the whole bloody thing got to do with you ! ; **« et ta soeur ? – elle bat le beurre ! »** « keep your bloody nose out of it ! – same to you ! »

soie *n.f.* 1. **se faire la soie,** to run off, to clear off, to do a runner / a bunk. 2. **avoir qqun sur la soie,** to be followed°, to have s.o. on one's track / one's tail. 3. **péter dans la soie, coucher dans des draps de soie,** to live in the lap of luxury, to live the life of Reilly, to live off the fat of the land ; **les ministres, ça pète dans la soie,** our ministers certainly lead the good life.

soif (il fait) *loc.* this weather makes you thirsty°, it's thirsty weather, I could murder a drink.

soiffard, -arde *n.* 1. a) person who drinks regularly°, boozer, juicer, tippler ; **quelle bande de soiffards** ! those guys certainly like their booze ! ; b) alcoholic°, soak, dipso, souse. 2. person with perpetual thirst°, thirst merchant.

soigné *adj.* extraordinary°, wicked, whopping ; **une engueulade soignée**, a right royal talking-to ; **je me suis tapé une grippe, quelque chose de soigné !** I was knocked out with a stinking flu.

soigner ! (faut te faire) *loc.* you need seeing to !, you need to get your head examined !

soir (le grand) *loc.* the night the revolution will happen°, the Revolution ! ; **vous feriez mieux d'agir, au lieu de rester là à attendre le grand soir**, why don't you guys get off your butts and do something, instead of sitting around waiting for the big one.

soixante-neuf *n.m.* simultaneous and reciprocal oral sex°, sixty-nine, soixante-neuf.

soleil *n.m.* 1. one million francs°, a million smackers / big ones. 2. **piquer un soleil**, to blush°, to take a reddner, to go as red as a beetroot. 3. **ça craint le soleil**, *(of stolen goods)* this stuff is best kept out of sight,

this gear is hot.

solo *adj.* alone°, on one's Jack (Jones), on one's lonesome ; **il est venu à la fête solo**, he turned up at the party on his Todd.

son et lumière *n.m.* old man°, old-timer, old-codger ; **les sons et lumières**, the old folks, the fossils, the crumblies.

sonné *adj.* 1. dazed°, knocked out, groggy. 2. crazy°, loony, bonkers, bananas. 3. **bien sonnés**, well past, at least ; **il a cinquante ans bien sonnés**, he's on the wrong side of fifty.

sonner *v.t.* 1. **sonner qqun**, to bang s.o. over the head, to beat s.o.'s brains in, to give s.o. a working over ; **le dernier coup l'a complètement sonné**, the final blow totally knocked him out. 2. **ne pas sonner qqun**, not to require s.o.'s presence°, not to ask for s.o. ; **mais qu'est-ce que tu fous là, on t'a pas sonné ?** what the hell are you doing here, nobody rang for you ? 3. **sonner (les cloches à) qqun**, to reprimand severely°, to give s.o. a good telling-off, to read s.o. the riot act ; **après ma fugue, je me suis fait sonner les cloches par le dirlo**, after my escapade, I got my knuckles rightly rapped by the headmaster.

sono *n.f.* public address system°, P.A., sound system.

Sophie (faire sa) *loc.* to make a fuss, to act up, to carry on ; **arrête de faire ta Sophie !** stop acting the giddy goat !

sorbonnard *adj.* 1. intellectual°, brainy, smart. 2. pedantic°, smart alecky, nerdy.

sort *n.m.* **faire un sort à qqch.**, to finish s.t. off°, to polish s.t. off, to make short work of s.t. ; **on a fait un sort à son hachis parmentier**, we made quick work of her shepard's pie.

sortable *adj.* presentable° ; which makes a good impression ; **il est vraiment pas sortable, son mec**, you really can't take her boyfriend anywhere.

sortie (être de) *loc.* to be missing°, to be AWOL, to be nowhere to be found ; **c'est pas la peine de lui parler, son cerveau est de sortie**, no point in talking to him, his brain is out to lunch.

sortir 1. *v.i.* a) **sortir de faire qqch.**, to have just done s.t.°, to be only after doing s.t. ; **non merci, je sors de boire un coup**, no thanks, I've just had a drink ; **sortir d'en prendre**, to have already given (one's due) ; **merci bien, je sors d'en prendre**, thanks, but no thanks, I've already done my stint ; b) **en sortir, sortir du trou**, to be released from prison°, to come out, to get out of the slammer, to finish porridge ; c) **sortir avec qqun**, (i) to go out with s.o.°, to go steady with s.o., to date ; **ces deux-là, ils sortent ensemble**, those two are an item ; (ii) to make love with s.o.°, to sleep with s.o.,

to go all the way with s.o. ; d) **sortir par les yeux (et les oreilles) / par les trous de nez à qqun**, to be unbearable for s.o.°, to be too much for s.o., to be over the top for s.o. ; **mon boulot me sort par les yeux**, I've had about as much of this work as I can take ; e) **c'est nouveau, ça vient de sortir !** *(iron.)* that's a new one !, I haven't heard that one before !, last time I heard that one, I fell off my dinosaur ! ; f) **ne pas être sorti de l'auberge**, to be far from finished, to have a long way to go ; **avec tout ce qu'on a encore à faire, on est pas sortis de l'auberge**, with everything that's left to do, the war is far from over. 2. *v.t.* a) to invent°, to come out with, to come up with ; **qu'est-ce qu'il va encore nous sortir ?** what's he going to think of next ? ; **il a sorti un tir du tonnerre de Dieu**, he pulled out one hell of a shot ; b) to eject°, to kick / boot out, to show the door to ; **y en a marre de ce bouffon, qu'on me le sorte !** I've had enough of this clown, get him out of here !

sostène *n.m.* brassière°, bra, boulder-holder, lung hammock.

soufflant *n.m.* revolver°, piece, shooter.

souffle *n.m.* audacity°, nerve, cheek ; **il manque pas de souffle**, he's got some nerve, he's got a bloody cheek.

souffler *v.t.* 1. to amaze°, to flabbergast, to blow away ; **j'en étais soufflé !** I was just bowled over ! 2. to steal°, to pinch, to swipe ; **je me suis fait souffler une place devant chez toi**, I had a parking spot right in front of your house, nicked from under my nose.

soufflerie *n.f.* lung°, gasper, air bag, wind bag ; **cracher sa soufflerie**, to cough one's guts up.

souffrante *n.f.* match°, striker, cut and scratch.

souk *n.m.* chaos°, mess, rat's nest, shambles ; **tu verrais la chambre des enfants, c'est un de ces souks !** you should see the kids' room, it's a total pigsty.

soulager 1.*v.t.* a) **soulager qqun de qqch.**, to steal s.t. from s.o.°, to relieve s.o. of s.t., to liberate s.o. of s.t. ; **j'ai vu un richard se faire soulager de son portefeuille**, I witnessed the requisitioning of a wealthy gent's wallet ; b) **soulager qqun•**, to bring s.o. to orgasm°, to bring s.o. off, to ring s.o.'s bell. 2. *v.pr.* **se soulager**, a) to urinate°, to relieve oneself, to answer nature's call ; b) to masturbate°, to bring oneself off, to play with oneself.

soûlard, -arde *n.* drunkard°, drunk, alko, lush ; **un vieux soûlard**, an old dipso.

soûlaud, -aude, soûlot, -ote = **soûlard**.

soulever *v.t.* 1. to steal°, to pinch, to make off with, to swipe. 2. to seduce°, to make it with, to pull ; **soulever une poulette**, to get off with a chick.

soupe *n.f.* 1. food°, nosh, eats, scoff ; **à la soupe !** come and get it !, grub's up ! ; **aller à la soupe**, to have a meal°, to go and break bread, to go for eats ; **être de soupe**, to be in charge of the cooking°, to be on cook duty. 2. source of (financial) support°, the hand that feeds ; **aller à la soupe**, to be money-hungry / power-hungry ; **cracher dans la soupe**, to bite the hand that feeds one ; **par ici la bonne soupe !** a) roll up !, roll up !, get your money ready ! ; b) that's the way to make money !, he's certainly rolling it in ! 3. **soupe au lait**, irascible character°, snappish person ; **il est très soupe au lait**, he flies off the handle easily, he gets into a lather easily. 4. **venir / arriver comme un cheveu sur la soupe**, to arrive at an inopportune moment°, to turn up at an unwelcome time, to poke one's nose in at a bad time ; **à voir leur tête, j'ai eu l'impression d'arriver comme un cheveu sur la soupe**, judging from their faces, I seemed to be barging in at the wrong time. 5. **marchand de soupe** ; a) owner of a seedy retaurant ; b) owner / manager of a private educational establishment interested only in profit°, money-grabbing boss. **6. la soupe sera bonne !** *(when s.o. picks his / her nose or scratches his / her behind)* I bags first go !, share and share alike ! **7. un gros plein de soupe,** a fat person°, fatso, a big fat slob, tub of lard, blubber guts. **8. la soupe à la grimace,** a hostile welcome°, the cold shoulder ; **j'ai reçu la soupe à la grimace en arrivant à la maison,** I didn't exactly get the red-carpet treatment when I arrived home. **9.** soft snow not suitable for skiing°, slush.

soupé (en avoir) *loc.* to have had enough°, to have had it up to here, to have had one's fill ; to have had a bellyful ; **les soirées devant la télé, j'en ai soupé,** I'm fed up to the back teeth spending my evenings in front of the telly.

sourdingue *adj.* deaf°, deef, Mutt and Jeff.

souricière *n.f.* police ambush°, stake-out.

souris *n.f.* woman°, chick, bird, bit of skirt.

sous-bite *n.m.* lieutenant°, looey, loot.

sous-fifre, sous-fifresse *n.* underling°, low person on the totem pole, serf, third string ; **je voulais parler au chef, mais je n'ai eu que des sous-fifres,** I wanted to speak to the boss but I only got the stooges.

sous-marin *n.m.* swindler°, conman, crook, shark.

sous-merde• *n.f.* highly despi-

cable person°, piece of trash, scum of the earth ; **traiter qqun comme une sous-merde,** to treat s.o. like a piece of shit.

sous-off *(abr. = sous-officier) n.m.* non-commissioned officer°, N.C.O., non-com.

soutif *n.m.* brassière°, bra, boulder-holder, lung hammock.

spaghetti *adj.* Italian-style°, eyetie-style, à l'italienne ; **western spaghetti,** spaghetti western.

spécial *adj.* **1.** strange°, odd, bizarre, weird ; **il est un peu spécial comme mec,** the guy's a bit cuckoo. **2.** perverted°, kinky, queer ; **si t'as envie de trucs un peu spéciaux, t'as qu'à demander,** if you have any particular requirements, just ask.

spécial *n.m.* **1.** the " special " on a pinball machine° ; **avoir le spécial,** to win a free game. **2.** unnatural sexual practice°, French stuff ; **je te fais le spécial, chéri ?** do you fancy the special treatment, dearie ?

speed *adj.* **1.** agitated°, nervy, stressed out, uptight, hyper ; **cette nana est complètement speed,** this chick is really wired. **2.** fast°, speedy, snappy ; **t'as vu comme j'ai été speed ?** see how quick on the draw I can be ?

speed *n.m.* amphetamines°, speed.

speedé *adj.* **être speedé, 1.** to be on amphetamines°, to be speeding, to be high. 2. to be a bundle of nerves, to be excited / nervy / wired / hyper ; **j'étais tellement speedé que j'ai perdu la tête**, I was so uptight that I lost the head.

speeder *v.i.* to accelerate°, to speed up, to get a move on, to get moving ; **il va falloir speeder si on veut être à l'heure**, we'll have to get our skates on if we want to get there in time.

square *n.m.* uninitiated person°, square, greenhorn.

squat *n.m.* vacant building illegally occupied°, squat.

squatter 1. *v.i.* to illegally occupy°, to squat ; **quand on peut pas faire autrement, y a qu'à squatter**, when there's nothing left you can do, you've just got to squat. 2. *v.t.* a) to illegally occupy a building°, to squat ; **l'immeuble d'en face est squatté**, the building opposite is a squat ; b) to occupy temporarily°, to squat, to keep a place warm ; **cet été je squatte l'appart de mes parents**, this summer I'm flat-sitting in my parents' place.

staff *n.m.* 1. personnel°, staff, outfit. 2. team°, crew, squad.

stal (*abr.* = **stalinien**) *adj.* stalinist°, commie, red.

stal (*abr.* = **stalinien**) *n.* stalinist°, commie, red.

stick *n.m.* marijuana cigarette°, joint, spliff.

stone *adj.* **être stone**, to be high (on drugs), to be stoned, to be tripping.

stop *n.m.* hitch-hiking, thumbing ; **faire du stop**, to hitch (-hike), to thumb it ; **on nous a pris en stop**, we hitched a lift, we got a ride.

stoppeur, -euse *n.* hitch-hiker, hitcher, backpacker.

stressant *adj.* stressful°, heavy, wiring ; **c'est stressant de travailler dans ce bureau**, working in this office gets me really uptight.

stressé *adj.* stressed out°, uptight, highly strung, wired ; **qu'est-ce qu'elle est stressée, celle-là**, she is just so hyper.

stressé *n.m.* **c'est un stressé, celui-là**, that guy really is panicky / a bundle of nerves.

stresser 1. *v.i.* to be stressed°, to be up to high do, to jump up the wall, to get into a tizzy ; **à la fin de l'année elle a stressé un max**, at the end of the year she got really hyper. 2. *v.t.* to create stress (in s.o.)°, to get (s.o.) really tensed-up, to get (s.o.) strung-up ; **la vie à la ville, ça vous stresse**, city living really gets you on edge.

stup (*abr.* = **stupéfiant**) *n.m.* narcotics°, dope, junk ; **la Brigade des Stups**, the Drug Squad.

style *adj.* elegant ; chic, classy.

subclaquant *adj.* dying°, on the way out, close to the edge, one foot in the grave ; **avant d'avoir trouvé le remède miracle, il était subclaquant**, before finding the miracle cure, he was a goner.

subito *adv.* immediately°, pronto, chop-chop, on the double.

sucer *v.t.* 1. **sucer qqun•**, to perform oral sex on s.o.°, to suck s.o. off, to go down on s.o. ; **elle le suça sur un lit défait**, she gave him head on an unmade bed. 2. **sucer la pomme à qqun**, to kiss (s.o.) passionately°, to neck with s.o., to snog with s.o. 3. **sucer qqun (jusqu'à l'os)**, to take all of s.o.'s money°, to suck s.o. dry, to bleed s.o. white ; **les impôts nous sucent jusqu'à l'os**, the tax people squeeze us like lemons.

sucre *n.m.* 1. **du sucre**, a) the best°, the tops, the mostest, the bee's knees ; **bronzer sur la plage, c'est du sucre**, sunbathing on the beach is the be-all and end-all ; b) something easy°, a cinch, a doddle, a piece of cake ; **ce boulot, c'est du sucre** ; this work is as easy as pie. 2. **casser du sucre sur le dos de qqun**, to speak ill of s.o.°, to backstab s.o., to run s.o. down. 3. **un vrai sucre**, a real sweetheart / sweetie / sweetie-pie ; **mon (petit) trésor en sucre**, my little honeybunch. 4. **être tout sucre tout miel**, to be all sweetness, to be a real honey ; **ta fille a été tout sucre tout miel avec moi**, your daughter was a real cutie-pie with me. 5. **ne pas être en sucre**, not to be as fragile as you might think°, to be hardy ; **t'inquiète pas, ce gosse n'est pas en sucre**, don't worry, the kid is a toughie. 6. a) heroin°, sugar ; b) cocaine°, powder.

sucrer 1. *v.t.* a) to remove°, to cut ; (i) to take away, to cut off, to axe ; **je me suis fait sucrer mon argent de poche**, I had my pocket money cut off ; (ii) to edit°, to cut (out), to blue-pencil ; **ils m'ont sucré tout un chapitre**, they cut a whole chapter out of my book ; b) to arrest°, to nick, to collar ; **se faire sucrer**, to get pulled in ; c) **sucrer les fraises**, to be senile°, to be doddery, to be on one's last legs ; **le président commence à sucrer les fraises**, the president is a bit past it. 2. *v.pr.* **se sucrer**, a) to get rich at other people's expense°, to feather one's own nest, to line one's own pocket ; **le notaire s'est sucré sur la vente de notre terrain**, the lawyer made quite a whack on the sale of our land ; b) **se sucrer la gaufre**, to make oneself up°, to put on one's face, to put on one's war paint.

suer 1. *v.i.* a) (i) **suer sur qqch.**, to work hard at s.t.°, to sweat over s.t. ; **j'ai sué sur mon bouquin**, I really slaved over my book ; (ii) **en suer**, to suffer from it°, to have a hard time of it ; **qu'est-ce qu'on en a sué !** what a pain in the arse that was ! ; (iii) **suer de qqch.**, to sweat with s.t. ; **il suait de peur**, he was sweating with fear ; b) **faire suer qqun**, (i) to bore someone stupid / silly / stiff ; (ii) to annoy s.o. severely°, to brown / cheese s.o. off, to miff s.o. ; **tu me fais suer !** you really piss me off ! ; c) **se faire suer**, to be bored to tears, to be bored stiff / silly ; **on se fait suer ici !** this is a real drag ! ; d) **faire suer le burnous**, to make workers sweat, to be a slave-driver. 2. *v.t.* **en suer une**, to have a dance°, to have a bop, to shake a leg.

suif *n.m.* 1. scolding°, dressing down ; **donner un suif à qqun**, to bawl s.o. out, to carpet s.o. 2. trouble°, aggro ; **chercher du suif à qqun**, to pick a fight with s.o. ; **il va y avoir du suif**, there's trouble brewing. 3. **être en suif**, to be angry°, not to be on speaking terms ; **ma femme et moi, on est en suif**, my wife and I are on bad terms. 4. **se faire du suif**, to worry°, to be up to high do, to be in a lather. 5. **jeter du suif**, to look smart / nifty, to be dressed up to the nines.

suisse (en) *loc.* selfishly°, on one's own° / todd / Jack ; **fumer en suisse**, to smoke without offering around, to hog one's fags.

sujet *n.m.* girl°, bit of skirt ; **un joli petit sujet**, a nice bit of stuff.

sup (*abr.* = **supplémentaire**) *adj.* additional°, extra ; **faire des heures sup**, to do overtime.

super *adj.* great°, smashing, magic, awesome.

super *pref.* (*slang prefix intensifying meaning* ; *e.g.* " **génial** " *becomes* " **super-génial** ", " **chiant** " *becomes* " **superchiant** ", " **baraque** " *becomes* " **superbaraque** ", " **pied** " *becomes* " **super-pied** ", " **vite** " *becomes* " **supervite** " *and* " **magner** " *becomes* " **supermagner** ").

superblime *adj.* wonderful !°, tanfastic !, fanbloodytastic !

surboum(e) *n.f.* (wild) party°, bash, rave, shindig.

sur ce *loc.* having said that, and on that note ; **et sur ce, salut !** and on that, see you !

surface *n.f.* 1. **en boucher une surface à qqun**, to astonish s.o.°, to flabbergast / to floor s.o. ; **alors là, tu m'en bouches une surface !** well, that just blows me away ! 2. **avoir de la surface**, to be well-off, to be well-to-do, not to be short of a bob ; **mon beau-père a une sacrée surface**, my father-in-law does alright for himself. 3. **refaire surface** ; a) to come back after an absence°, to resurface ; **alors, tu refais surface ?** well, well, well, look what the cat dragged in ! ; b) to solve one's financial problems°, to get back in the money.

surgé (*abr.* = **surveillant général**) *n.m.* deputy head°, vice-principal°, deputy boss, number two.

surin *n.m.* knife°, blade, cutter, chiv.

suriner *v.t.* to stab to death°, to

cut s.o. up, to knife.

surpatte = **surboum**.

sympa *adj.* likeable°, nice, darling ; **il est très sympa ce type**, that guy's a really good bloke ; **un petit restaurant sympa**, a lovely little restaurant.

système *n.m.* 1. **taper / courir sur le système à qqun**, to annoy s.o.°, to get on s.o.'s nerves, to give s.o. the needle, to get on s.o.'s case ; **tu sais que tu commences à me taper sur le système ?** you know you're really starting to get on my wick ! 2. **système D**, a) getting by, managing (by hook or by crook) ; b) fiddling, wangling, dodging. 3. **le système**, society°, the system ; **quoi que tu fasses, tu te fais baiser par le système !** whatever you do, they fuck you over in the end !

tabac *n.m.* 1. **faire un tabac**, to score a resounding success°, to be a big hit, to top the charts, to be a best-seller ; **ce prof fait un tabac tous les ans**, this teacher goes down like a bomb every year. 2. **faire tout un tabac**, to make too much of s.t., to make a mountain out of a molehill, to make a song and dance about s.t. ; **la grippe, y a pas de quoi en faire tout un tabac**, there's no point making a big fuss over having the flu. 3. **passer qqun à tabac**, to beat s.o. up°, to work s.o. over, to do s.o. in, to give s.o. a good thrashing. 4. **c'est du même tabac**, it's the same thing°, it's as long as it is short, it's the same difference ; **les acteurs et les journalistes, c'est du même tabac**, actors and journalists are much of a muchness.

tabassage *n.m.* beating-up°, working-over, third degree, doing-in.

tabasser 1. *v.t.* to beat up°, to do in, to work over, to rough up ; **il s'est fait joliment tabasser**, he got a right working-over. 2. *v.pr.* **se tabasser**, to fight°, to have a punch-up, to be involved in fisticuffs, to lay into each other ; **ils se sont tabassés juste devant la porte**, they beat into each other right in front of the door.

table (se mettre à) *loc.* to confess°, to own up, to sing, to spill the beans ; **ils l'ont cuisiné jusqu'à ce qu'il se mette à table**, they grilled up until he spilt his guts.

tache *n.f.* 1. worthless person°, zero, nobody, non-entity ; **quelle tache !** what a wankstain ! 2. **ça fait tache**, that makes a bad impression, that leaves a bad taste, that doesn't look good ; **arriver au mariage en jean troué, ça fait tache**, turning up at the wedding in jeans full of holes looks really cruddy.

tacot *n.m.* taxi°, cab, hack, baxi.

taf *n.m.* 1. share°, cut, split, chunk ; **avoir son taf**, to get one's slice of the cake. 2. **aller au taf**, to go to work°, to go to the saltmines, to clock in, to get back to the grindstone. 3. **prendre son taf**, to have an orgasm°, to come, to get one's rocks off, to go over the mountain.

tafanard• *n.m.* backside°, bum, ass, butt.

taffe *n.f.* puff of a cigarette°, drag, blow, toke, toat.

tag *n.m.* graffiti artist signature°, tag.

taguer *v.i., v.t.* to paint graffiti°, to tag.

tagueur *n.* graffiti artist°, tagger.

tailler 1. *v.t.* a) **tailler une bavette / le bout de gras**, to chat°, to yack, to shoot the breeze, to chew the fat ; b) **tailler une**

pipe• / **une plume•** / **un pompier•**, to perform fellatio°, to suck off, to go down, to give head. 2. *v.pr.* **se tailler**, to leave°, to make tracks, to scarper, to skedaddle, to split.

tala *n.* devout Catholic°, holy Joe, knee-bender.

talbin *n.m.* banknote°, greenback, bill.

talmouse *n.f.* slap° *(round the face)*, clip, smack, crack.

tambouille *n.f.* 1. cookery°, cooking, cooking-up, grubstakes ; **c'est moi qui fais la tambouille ce soir**, I'm knocking up the nosh tonight. 2. food°, eats, grub, nosh.

tamponner (se) *v.pr.* **se tamponner (le coquillard) de qqch.**, not to care about s.t.°, not to give a damn / a shit / a monkey's about s.t. ; **je m'en tamponne**, I don't give a tinker's cuss.

tangent *adj.* close °, touch-and-go, borderline, on the edge ; **cet élève est tangent**, this pupil is cutting it a bit fine.

tangente (prendre la) *loc.* 1. to run away°, to scarper, to bo a bunk, to split. 2. to avoid the issue°, to wriggle out of a question, to dodge one's way out.

tannant *adj.* annoying°, painful, sickening ; **qu'est-ce qu'il est tannant !** this guy can be a real pain in the neck !

tannée *n.f.* beating°, tanning, hiding, hammering.

tanner *v.t.* 1. **tanner (le cuir à) qqn**, to give s.o. a good beating°, to tan s.o.'s hide, to give s.o. a right royal bashing. 2. to annoy°, to pester, to bug, to cheese off ; **t'as pas bientôt fini de me tanner ?** would you ever give my head peace ?

tante, tantouse, tantouze *n.f.* homosexual°, fairy, fruit, *(GB)* poof, *(US)* fag(got).

tapé *adj.* crazy°, nuts, bananas, loony ; **faut être tapé pour parler comme ça**, you'd need to be a bit touched to talk like that.

tape-cul *n.m.* means of transport with bad suspension°, boneshaker.

tapée *n.f.* large amount°, zillions, loads, lots, heaps ; **ils se sont ramenés avec une tapée de gosses**, they turned up with a whole bunch of kids.

taper 1. *v.i.* a) to smell bad°, to stink, to pong ; **ce fromage, il tape !** this cheese stinks to high heaven ! ; b) **ça tape !** it's very hot !° / scorching ! / sweltering ! roasting !, you could fry an egg on the pavement ! ; c) **taper sur qqun**, to criticize s.o.°, to knock / badmouth s.o., to do s.o. down ; d) **taper sur le ventre de qqun**, to be excessively familiar with s.o.°, to be a bit fresh with s.o., to be all over s.o. ; e) **taper sur les nerfs / le système à qqun**, to annoy s.o. severely°, to get on s.o.'s nerves / wick / case / goat, to annoy the hell out of s.o. ; f) **taper dans**

l'œil à qqun, to impress.so.°, to take s.o.'s fancy, to blow s.o. away, to knock s.o. out ; **on dirait qu'il t'a tapé dans l'œil**, it looks like you've fallen for him ; g) **taper dans qqch.**, to help oneself to s.t.°, to dig into / to dip into s.t. ; **t'as qu'à taper dans le frigo**, go ahead and get stuck into the fridge. 2. *v.t.* a) **taper qqun**, to borrow from s.o.°, to touch / to tap / to hit s.o. ; **taper qqch. à qqun**, to tap s.o. for s.t., to cadge s.t. off s.o. ; **il arrête pas de me taper des clopes**, he keeps bumming fags off me ; b) **taper le carton**, to play cards°, to spread the broads, to shuffle the wedges ; c) to reach a certain speed°, to hit, to clock up ; **sa voiture tape le 200**, his car can hit the double ton. 3. *v.pr.*, **se taper**, a) (i) **se taper qqch.**, to do an unpleasant task°, to get landed / lumbered / stuck with s.t. ; **je me suis tapé tout le boulot tout seul**, I ended up doing all the donkey work on my own ; (ii) **se taper qqun**, to have to bear° / stand / put up with s.o. ; **va falloir que je me tape ce con toute la soirée**, I'm going to be landed with this dick all evening ; b) **se taper qqch.**, to make oneself a present of s.t.°, to treat oneself to s.t., to stand oneself s.t. ; **on s'est tapé le menu grand luxe**, we went the whole way for the high-class menu ; c) **se taper qqun•**, to have sex with s.o.°, to

have it off / have it away with s.o., to get stuck into s.o. ; **elle se tape tous les mecs qu'elle veut**, she gets to screw any guy she wants ; d) **se taper le cul par terre**, to laugh uproariously°, to be in stitches, to split one's sides laughing, to be doubled up in laughter ; **y a pas de quoi se taper le cul par terre**, it's not as funny as all that ; e) **se taper de qqch.**, not to care about s.t.°, not to give a damn / two hoots / a shit about s.t. ; **tes souvenirs d'enfance, on s'en tape !** we don't give a monkey's about your childhood memories !

tapette *n.f.* homosexual°, fairy, fruit, *(GB)* poof, *(US)* fag(got) ; **il est pas un peu tapette, ton cousin ?** your cousin's a bit of a nancy-boy, isn't he ?

tapeur, -euse *n.* habitual borrower°, scrounger, cadger, moocher, freeloader.

tapin *n.m.* prostitution°, the game, the hustle ; **faire le tapin**, to streetwalk, to hustle.

tapiner *v.i.* to solicit customers° *(prostitution)*, to be on the game, to streetwalk, to hustle.

tapuscrit *n.m.* typed manuscript°, typescript.

taquiner le goujon *loc.* to do some fishing°, to do a spot / a bit of angling, to dabble in fishing.

tarbouif *n.m.* nose°, conk, hooter, schnozzle, beak.

tare *n.f.* worthless individual°,

nobody, zero, non-entity.

taré *adj.* idiotic°, spastic, moronic, dumdum, dilly.

taré *n.* idiot°, moron, spa, dork, dope.

targettes *n.f. pl.* 1. feet°, hooves, trotters, plates of meat. 2. shoes°, clodhoppers, kickers, clunks.

tarin = **tarbouif**.

tarpé (*verl.* = **pétard**) cannabis cigarette°, joint, reefer, spliff.

tartant *adj.* annoying°, pestering, painful, sickening ; **comme soirée, c'était carrément tartant**, the evening was a real pain in the neck.

tarte, tartignole *adj.* 1. stupid°, moronic, dilly, dumdum, dopey ; **t'as l'air rien tarte, avec ta cravate à pois**, you look like a real twat with your polka dot tie. 2. bad°, poxy, lousy, crappy ; **ce film est complètement tarte**, this movie is really trashy.

tarte *n.f.* 1. slap (in the face)°, clip, clout, smack. 2. **de la tarte**, something easy°, a piece of cake, easy meat, a cakewalk ; **c'est pas de la tarte**, it's no walkover. 3. **tarte à la crème**, cliché°, potboiler, old chestnut ; **l'écologie, c'est la tarte à la crème de notre époque**, ecology is the buzzword of our times.

tartempion *n.m.* thingy, what's-his-name, whachamacallim ; **t'as pas vu Tartempion, tu sais, celui qui sort avec la secrétaire ?** have you seen what's-his-face, you know, the guy who's going out with the secretary ?

tartine *n.f.* excessively long piece of writing°, screed, long-winded piece, load of waffle ; **pas la peine d'en faire des tartines**, keep it short.

tartiner *v.i.* to write in a long-winded manner°, to waffle (on), to ramble (on), to have diarrhoea of the pen.

tartir• *v.i.* to defecate°, to crap, to shit, to dump.

tartisses•, tartissoires• *n.f.pl.* toilet°, shithouse, *(GB)* the bogs, *(US)* the john.

tartissure• *n.f.* excrement stain°, shit stain, skid mark.

tas *n.m.* 1. **un tas de, des tas de**, a great amount°, loads / heaps / tons / piles of ; **il a un tas de fric**, he's very rich°, he's loaded ; **tas de connards !** what a bunch of cunts ! 2. **tas de ferraille / de tôle**, old car°, old banger, heap (of scrap), rustbucket. 3. **faire le tas**, to solicit customers° *(prostitution)*, to be on the game, to streetwalk, to hustle. 4. unattractive woman°, boot, dogface, pig, bat. 5. **gros tas (de viande)**, fat person°, tubby, fatso, tub-of-guts, fat stuff.

tasse *n.f.* 1. drink°, jar, drop, juice ; **on se prend une tasse vite fait ?** do you fancy a swift one ? 2. **boire une / la tasse**, a) to almost drown°, to get more than a mouthful, to almost visit Davy Jones's locker ; b) to fail°, to come a cropper, to miss the boat, to bite the dust ; **la boîte a bu la tasse,** the business went under. 3. **en avoir sa tasse de qqch.,** to have had enough of s.t.°, to have had one's fill / a bellyful of s.t., to be sick to the back teeth of s.t. 4. **ce n'est pas ma tasse de thé,** it's not my thing / my line / my cup of tea.

tassé (bien) *adj.* 1. powerful°*(drink)*, strong, stiff, hard ; **un whisky bien tassé,** a stiff whiskey. 2. well°, easily, generous ; **donnez-m'en cinq kilos bien tassés,** give me a good five kilos' worth ; **il a soixante ans bien tassés,** he's sixty if he's a day.

tasser (se) *v.pr.* to calm down°, to settle (down), to blow over, to ease off ; **t'en fais pas, ça va se tasser,** don't worry, the storm will blow itself out.

tata *n.f.* 1. aunt°, auntie. 2. childminder°, baby-sitter. 3. homosexual°, fairy, fruit, *(GB)* poof, *(US)* fag(got).

tatane *n.f.* shoe°, clodhopper, kicker ; **un bon coup de tatane,** a good kick° / boot, a taste of the boot, a piece of leather.

tataner *v.t.* to kick°, to boot, to give a taste of the boot, to give a backside full of leather.

tâter 1. *v.i.* a) **en tâter,** to know s.t. well°, to know one's onions, to know what's what, to know the ropes ; **la peinture, il tâte,** he knows a thing or two about painting ; b) **y tâter,** to be partial to°, to be inclined towards, to fancy, to have a thing for ; **la bouteille, il y tâte,** he certainly has a fondness for the drink. 2. *v.pr.* **se tâter,** to hesitate°, to weigh up the pros and cons, to think about it, to take a raincheck ; **je sais pas trop, je me tâte,** I'm really not too sure, I'm in two minds.

taulard, -arde, tôlard, -arde *n.* inmate°, convict, con, jailbird.

taule, tôle *n.f.* 1. prison°, nick, joint, slammer ; **aller en taule,** to go down, to go inside ; **faire de la taule,** to do time / porridge. 2. home°, house, den, pad ; **on se voit à la taule ?** see you over at my gaff ?

taulier, tôlier *n.m.* owner° *(pub, restaurant, hotel, lodging, etc.)*, landlord, innkeeper.

taulière, tôlière *n.f.* 1. owner° *(pub, restaurant, hotel, lodging etc.)*, landlady. 2. brothel keeper, madame.

taupe *n.f.* 1. two-year scientific preparatory course for the *Grandes Ecoles°*. 2. **vieille taupe,** old woman° / bag / bat / biddy.

taupin, -ine *n.* student in **taupe.**

taxer *v.t.* 1. to steal°, to nick, to pinch, to swipe ; **je me suis fait taxer mon portefeuille,** someone made off with my wallet. 2. **taxer qqch. à qqun,** to borrow s.t. from s.o.°, to hit / to knock s.o. for s.t. ; **je peux te taxer vingt francs ?** could you lend us twenty francs ?

tchatche *n.f.* smooth talk°, patter, banter, spiel ; **avoir de la tchatche**, to have the blarney / the gift of the gab.

tchatcher 1. *v.i.* to talk easily and well°, to have the blarney / the gift of the gab ; **pour tchatcher, il est champion**, when it comes to pitching a line, he takes the biscuit. 2. *v.t.* to charm through talk°, to smoothtalk, to sweettalk ; **il l'a tellement tchatchée qu'elle a fini par le suivre**, he chatted her up so successfully that she ended up following him.

tchatcheur, -euse *n.* conversationalist°, smooth-talker, sweet-talker.

tchi (que) *loc.* nothing°, nout, zilch, damn all, sweet FA ; **l'anglais, j'y pige que tchi**, I don't understand a word of English.

tchin-tchin ! *loc.* here's to you !, cheers !, bottoms up !, slainte !

tebi = **teube**.

tébi = **teube**.

tégnace *pron.* you°, yourself ; **bien fait pour tégnace !** good on you !

télé, téloche (*abr.* = **télévision**) *n.f.* 1. television°, TV, telly, the box. 2. television set°, TV, telly.

téléphone arabe (le) *n.m.* rumour°, the bush telegraph, the grapevine ; **je l'ai appris par le téléphone arabe**, I heard it on the grapevine.

téléphoné (c'était) *loc.* it was predictable°, you could see it coming (a mile off), it was telegraphed.

tenir 1. *v.i.* **en tenir pour qqun**, to be in love with s.o.°, to have a crush on s.o., to be crazy / nuts about s.o., to be head over heels for s.o. 2. *v.t.* a) **en tenir une (couche)**, to be totally stupid°, to be daft as a brush, to be as thick as two short planks ; b) **tenir une sacrée cuite, en tenir une bonne**, to be drunk°, to have had a skinful, to be legless, to be three sheets to the wind. 3. *v.pr.* **tiens-toi bien !** wait for this one !, wait till you hear this !, hold onto yourself !

terreur *n.f.* 1. tough character°, hard nut, tough guy / customer ; **jouer les terreurs**, to play the hard man. 2. **petite terreur**, impish child°, little terror / rascal / brat.

terrible *adj.* wonderful°, terrific, fantastic, smashing ; **c'était pas terrible**, it was no great shakes, it wasn't up to much.

terrible *adv.* much°, incredibly, something shocking, not half ; **ça balance terrible !** things are really swinging.

terroir (sentir le) *loc.* to have a country feel°, to have that homey / down-on-the-farm feeling ; **tes tomates, elles sentent vraiment le terroir**, your tomatoes have that home-grown feel.

têtard *n.m.* 1. child°, kid, brat, snapper. 2. drinker°, tippler, boozer, sponge.

tête *n.f.* 1. **tête de nœud•**, idiotic

person°, dickhead, wanker, cunt ; **tête de mort !•** / **d'anchois !•** / **de moi !•**, cuntface !, fuckbrain !, shit-for-brains !, cunty bollocks ! ; **tête de lard** / **de mule** / **de cochon**, stubborn person°, pig-headed individual, brick-wall ; **être une sacrée tête de lard**, to be as stubborn as a mule ; **tête d'œuf**, intellectual°, high-brow, egghead. 2. a) **une tête**, intelligent person°, brain, brainbox, genius bonce ; b) **petite tête**, unintelligent person°, dimwit, birdbrain, cabbagehead. 3. **petite tête**, my dear°, love, dearie, sweetie, honey. 4. **avoir la grosse tête**, to think highly of oneself°, to be big-headed / on an ego-trip / stuck on oneself. 5. **faire une grosse tête** / **une tête au carré à qqun**, to punch s.o. in the face°, to knock s.o.'s block off, to smash s.o.'s face in. 6. a) **prendre la tête à qqun**, to annoy s.o. severely°, to get on s.o.'s nerves / case / wick, to cheese s.o. off ; b) **se prendre la tête avec qqch.**, to worry about s.t.°, to get worked up / into a state / into a lather over s.t. 7. **ça va pas, la tête ?** are you crazy ?, are you all there ?, have you got a screw loose ? 8. **avoir ses têtes**, to have one's preferences° *(amongst one's staff, one's pupils, etc.)*, to have one's favourites / one's pets. 9. **laver** / **savonner la tête à qqun**, to reprimand s.o. severely°, to chew / bawl s.o. out, to

give s.o. a good ticking-off. 10. **à la tête du client**, depending on appearance°, according to looks ; **ce prof note à la tête du client**, that teacher gives good marks for good looks.

téter *v.i.* to drink excessively°, to booze heavily, to drink like a fish, to bend one's elbow frequently.

téton *n.m.* breast°, tit, boob, diddy.

teube, teubi, tebi, tébi (*verl.* = **bite**)• *n.m.* penis°, prick, cock, dick.

teuche• (*verl.* = **chatte**) *n.f.* vagina°, pussy, beaver, snatch.

teuf (*verl.* = **fête**) *n.f.* party°, do, rave, bash, blast.

teuf-teuf *n.f.* old car°, heap, bone-shaker, old banger.

teushou (*verl.* = **shoot**) *n.m.* injection *(drugs)*, fix, bang.

teuteu *n.m.* hashish°, hash, keef, shit.

texto *adv.* literally°, word for word, and I quote.

tézig(ue) *pron.* you°, yourself, your very good self.

théière *n.f.* head°, bonce, loaf, block.

thon *n.m.* ugly girl°, boot, dog.

thune, tune *n.f.* 1. coin°, bit, penny, jangler. 2. **de la thune**, money°, dough, bread, spondoolicks ; **ne pas avoir de thune**, to be penniless° / skint / broke.

thurne = turne.

ticket *n.m.* 1. **avoir le** / **un ticket avec qqun**, to be attractive to s.o.°, to have something going with s.o., to be fancied by s.o., to have cracked it with s.o. ; **vas-y, je crois que t'as le ticket !** go on, you're well in there ! 2. **faire un ticket à qqun**, to make advances to° / to make a pass at / to try to get off with / to try to pull s.o.

ticson *n.m.* 1. ticket° *(train, air-plane, etc.)*, chit, bat and wicket. 2. admission ticket°, admish, paper, chit.

tif *n.m.* hair°, frizzy ; **il a plus un tif sur le caillou**, he's as bald as a billiard ball ; **les tifs**, hair°, barnet, thatch.

tige *n.f.* 1. foot°, hoof, trotter, dog. 2. cigarette°, cig, fag, smoke. 3.• penis°, prick, cock, (divining) rod, joystick ; **brouter la tige à qqun**, to perform fellatio on s.o.°, to suck / gobble s.o. off, to give s.o. head.

tilt (faire) *loc.* 1. to become suddenly clear°, to click, to ring a bell ; **quand j'ai vu sa photo, ça a fait tilt**, when I saw his photo, it set lights flashing. 2. to go well° *(between two people)*, to click for s.o. ; **entre nous, ça a fait tilt tout de suite**, we just hit it off immediately.

timbré *adj.* mad°, crazy, bonkers, nuts, bananas.

tinette *n.f.* 1. a) old car°, old banger / jalopy / heap, bucket ; b) old motorcycle°, heap. 2. *pl.* **tinettes**, toilet°, *(GB)* loo, *(US)* john.

tintin ! *excl.* not a chance !°, no way !, no go !, nothing doing !

tintin (faire) *loc.* to be deprived of something°, to have to go without, to get sweet FA ; **tout le monde y a eu droit, mais moi j'ai fait tintin**, everybody else got their share, but I drew a blank.

tirage *n.m.* tension°, friction, hassle, heavy vibes.

tire *n.f.* car°, wheels, banger, buggy.

tire-au-cul•, tire-au-flanc *n.m.* lazy individual°, idler, layabout, drag-ass, skiver.

tire-bouton (la maison) *loc.* the world of lesbians° / lizzies / dykes, the land of Lesbia.

tirée *n.f.* long distance°, stretch, long haul, a good bit ; **on a encore une sacrée tirée à faire**, there's still a good ways to go.

tire-fesses *n.m.* ski lift°, ski tow.

tire-jus *n.m.* handkerchief°, snot-rag, sneezer, nose-wipe.

tire-larigot (à) *loc.* to full satisfaction°, to one's fill, to one's heart's content ; **hier soir on a rigolé à tire-larigot**, last night we just laughed our heads off.

tirelire *n.f.* 1. mouth°, kisser, gob. 2. face°, dial, mug. 3. head°, nut, loaf, block. 4. stomach°, belly, breadbasket. 5.• vagina°, pussy, fanny, crack.

tire-moelle = **tire-jus.**

tire-mômes *n.f.* midwife°.

tire-morve = **tire-jus.**

tirer 1. *v.i.* a) **tirer au cul• / au flanc**, to avoid work°, to skive (off), to dodge off ; b) **tirer sur la ficelle**, to go too far°, to overstep the mark, to go OTT, to lay it on too thick ; c) **tirer dans les pattes de qqun**, to create problems for s.o.°, to make life tough for s.o., to give s.o. a hard time. 2. *v.t.* a) to steal°, to nick, to pinch, to swipe ; b) to spend time in an unpleasant situation°, to put in time ; **encore un mois à tirer**, just a month to go ; **il a tiré cinq ans de taule**, he did five years inside ; b) **tirer les vers du nez à qqun**, to get information out of s.o.°, to pump s.o. for info, to squeeze something out of s.o. ; c) **tirer un / son coup•**, to fornicate°, to have it off / away, to get one's end away ; d) **tirer la couverture à soi**, to take more than one's share°, to grab all the limelight / all the headlines (for oneself) ; e) **tirer l'échelle**, to give up°, to throw in the towel, to call it a day, to throw up the head. 3. *v.pr.* **se tirer** a) to leave°, to make tracks, to split, to push off, to scarper, to be history ; b) to be nearing the end°, to be almost over (and done), to be on the last lap ; **ça se tire**, the end is nigh ; c) **se tirer sur l'élastique•**, to masturbate° *(man)*, to pull oneself off, to jerk the gherkin, to flog the bishop, to beat one's meat.

tiroir *n.m.* stomach°, tummy ; **avoir un polichinelle dans le tiroir**, to be pregnant°, to have a bun in the oven, to be in the club, to be in the family way.

tisane *n.f.* beating°, hiding, walloping, tanning, leathering.

toc *adj.* counterfeit°, fake, phony, bum ; **ça fait toc**, it's looks a bit cheap.

toc ! (et) *excl.* so there !, told you so !, serves you right !

toc *n.m.* worthless goods°, junk, fake stuff, phony gear ; **c'est du toc**, it's bum material.

tocante, toquante *n.f.* watch°, timepiece, ticker.

tocard, toquard *adj.* 1. bad°, worthless, crappy, rubbishy, poxy ; **ce bouquin est vraiment tocard**, this book is real trash. 2. ugly°, shoddy, cheap, gruesome ; **chez lui, c'est carrément tocard**, his place is the ultimate in bad taste.

toche *n.f.* cigarette°, ciggie, *(GB)* fag, smoke.

toile *n.f.* 1. film°, movie, flick ; **se faire une toile**, to go to the flicks. 2. *pl.* **toiles**, bed°, sack, pad, hay ; **se mettre / se fourrer dans les toiles**, to go to bed°, to get in between the sheets.

toise *n.f.* beating°, hiding, walloping, leathering ; **filer une toise à qqun**, to give s.o. a good tanning.

toiture *n.f.* head°, nut, noggin, block ; **onduler de la toiture**, to be crazy°, to have a screw / a tile loose, to have a slate missing.

tôlard = **taulard**.

tôle = **taule**.

tôlier = **taulier**.

tôlière = **taulière**.

tombeau ouvert (à) *loc.* very fast°, at breakneck speed, at full throttle, like greased lightning.

tomber 1. *v.i.* a) to be arrested°, to get nicked / picked up / pulled in / busted ; b) **tomber sur un bec / un os**, to encounter a problem°, to hit a snag, to come across a hitch ; c) **tomber sur qqun, tomber sur le dos / le paletot / le râble à qqun**, (i) to attack s.o.°, to lay into s.o., to set about s.o., to go for s.o. ; (ii) to reprimand s.o.°, to give s.o. what for, to read s.o. the riot act ; (iii) to surprise s.o.°, to buttonhole / to collar s.o. ; **je sortais de chez moi quand cette andouille m'est tombée sur le dos**, I was on my way out when this jerk cornered me ; d) **tomber dans les pommes**, to faint°, to pass out, to go out for the count ; e) **laisser tomber qqch. / qqun**, to abandon° / to drop s.t. / s.o., to pack s.t. / s.o. in ; **laisse tomber !** forget it ! ; f) to rain°, to pour, to bucket ; **qu'est-ce qu'il tombe !** it's pissing down ! 2. *v.t.* a) to seduce°, to woo, to score with, to draw ; **tomber les filles**, to pull the birds ; b) **tomber la veste**, (i) to take off one's jacket°, to slip one's jacket off ; (ii) to set to work°, to get stuck in, to roll one's sleeves up.

tombeur *n.m.* seducer°, womanizer, skirt-chaser, operator, ladies' man.

tondre *v.t.* 1. to cut (s.o.'s) hair very short°, to sheer, to shave ; **se faire tondre**, to get a short back and sides, to get a skinhead job. 2. to ruin° *(gambling)*, to fleece, to clean out, to take to the cleaners ; **il s'est fait tondre au casino**, he lost his shirt at the casino.

tonneau *n.m.* 1. **du même tonneau**, of the same kind°, of a feather, of the same vintage ; **ces deux politiciens sont du même tonneau**, these two politicians are tarred with the same brush. 2. ugly person°, ugly mug, bad head, hatchet-face, gargoyle ; **l'autre soir, il s'est ramené avec un tonneau**, he turned up the other night with a real dog.

tonnerre *n.m.* 1. **du tonnerre (de Dieu)**, excellent°, fab, smashing, super ; **c'est un joueur du tonnerre**, he's one hell of a player. 2. **au tonnerre de Dieu**, very distant°, at the back of beyond, way far out. 3. **tonnerre !, tonnerre de Dieu ! / de Brest !** hell and damnation !, shiver me timbers !, fire and brimstone !, heavens to Betsy !

tonton *n.m.* uncle°, unc, unks, unky.

too much *adj.* incredible°, amazing, too much, far out ; **ce mec est too much**, this guy is something else.

topo *n.m.* 1. presentation°, talk, exposé, chat ; **il nous a fait un topo d'une heure sur les problèmes sociaux**, he gave us an hour-long spiel on social issues. 2. idea°, notion, drift ; **expliquer le topo**, to paint the picture, to give the low-down ; **saisir le topo**, to get the picture, to catch the drift ; **c'est toujours le même topo**, it's the same old thing / old story.

toquante = tocante.

toquard = tocard.

toqué *adj.* 1. mad°, bonkers, nuts, touched, round-the-bend. 2. a) infatuated°, head over heels, moonstruck, flipped over ; **depuis qu'elle l'a rencontré, elle est complètement toquée de lui**, she's totally gone on him since she met him ; b) very keen on°, mad about, really into, gone on ; **il est toqué de cuisine chinoise**, he's nuts about Chinese cooking.

toqué, -ée *n.* mad person°, nutcase, loony, crackpot, basket case.

toquer (se) *v.pr.* 1. to become infatuated with°, to fall for, to be sweet on, to have it bad for. 2. to become very keen on°, to go in for (s.t.) in a big way, to be mad / crazy / nuts about.

torche-cul• *n.m.* 1. toilet paper°, bog-roll, bum-fodder. 2. bad quality newspaper°, rag, gutter press paper. 3. bad piece of writing°, drivel, piece of crap, load of rubbish.

torchée *n.f.* beating°, bashing, hiding, clobbering, leathering.

torcher 1. *v.t.* a) to write a piece quickly°, to knock off, to dash off ; **il a torché son rapport en moins de deux**, he just threw his report together in a jiffy ; b) to clean°, to wipe up, to mop (up) ; **bébé a encore fait, va falloir le torcher**, baby's done his stuff again, we'd better wipe his botty-bot ; c) to ruin°, to mess up, to muck up, to botch (up). 2.• *v.pr.* **se torcher**, a) **se torcher (le cul)**, to clean one's bottom°, to wipe one's ass ; b) **se torcher de qqch.**, not to care about s.t.°, not to give a damn / a fart / a fuck about s.t. ; **la politique, je m'en torche**, I don't give a flying fuck about politics.

torchon *n.m.* 1. a) bad piece of writing°, drivel, load of tripe, piece of crap ; b) badly presented piece of work°, mess, dog's dinner ; c) newspaper°, rag, scandal sheet. 2. **coup de torchon**, a) police raid°, bust ; b) fight°, punch-up, brawl, scrap ; c) drastic change°, spring cleaning, clear-out. 3. **le torchon brûle (entre eux)**, they're having marital problems°, they're going through a very sticky patch, their relationship is on the rocks.

torchonner = torcher 1.c).

tordant *adj.* extremely funny°, side-splitting, hysterical, priceless, too funny for words ; **ce film, c'était tordant**, that movie was a scream.

tord-boyaux *n.m.* strong alcohol°, rot-gut, paint-stripper, the hard stuff.

tordre (se) *v.pr.* to laugh uproariously°, to be in stitches, to be doubled up, to piss oneself laughing, to split one's sides.

tordu *adj.* 1. eccentric°, oddball, weird, screwy, kooky. 2. mad°, bonkers, nuts, loony, round-the-bend.

tordu, -ue *n.* 1. eccentric person°, oddball, weirdo, whacko, mooner. 2. mad person°, crackpot, loony toon, fruit-cake, nutcase.

torgnole *n.f.* blow to the face°, clout, smack, clip.

torpiller *v.t.* to borrow from (s.o.)°, to hit, to tap, to touch ; **il est toujours à torpiller du fric**, he's always cadging cash.

torpilleur, -euse *n.* habitual borrower°, cadger, skiver, scrounger, freeloader.

tortillard *n.m.* small slow train°, local.

tortiller (il n'y a pas à) *loc.* 1. there is only one way to proceed°, there's no two ways about it, there's no point beating around the bush, there's no getting out of it. 2. it's patently clear°, there's no denying it, it's as plain as the nose on your face.

tortore *n.f.* food°, grub, nosh, eats.

tortorer *v.i., v.t.* to eat°, to nosh, to get stuck in, to have a bite.

tosh *n.m.* hashish°, hash, shit.

total *adv.* in short°, in a nutshell, in a word, to sum up ; **il a joué,**

il a joué, total, il a tout perdu, he kept betting and betting and to cut a long story short, he lost the lot.

totale (la) *n.f.* the complete version°, the lot, the works, the full monty ; **la pluie, les embouteillages, la panne, on a eu droit à la totale**, rain, traffic jams, breakdowns, you name it, we had it ; **faire la totale à qqun**, to give s.o. the full treatment.

toubib *n.* doctor°, doc, quack, bones.

touche *n.f.* 1. appearance°, looks, turnout ; **avec ton nœud-pap, tu as une sacrée touche !** you look like something else with that dicky-bow ! 2. **avoir / faire une touche avec qqun**, to have successfully seduced s.o.°, to get off with s.o., to score with s.o., to make it with s.o. 3. **touche de piano**, tooth°, ivory, pearly, fang.

touche-pipi *n.m.* adolescent sexual games°, messing around, petting, hanky-panky.

toucher 1. *v.i.* a) to be an expert (at s.t.)°, to know one's onions / one's stuff, to be world class ; **question cuisine, il touche**, he's no mean cook ; b) **pas touche !** leave it alone !°, hands off !, paws off ! ; c) **avoir l'air de ne pas y toucher**, to appear very naive°, to look like butter wouldn't melt in one's mouth, to be the picture of innocence. 2. *v.t.* **toucher sa**

bille, to be an expert (at s.t.)°, to know one's onions / one's stuff, to be world class ; **au volant, il touche sa bille,** he's an ace driver ; **ne pas toucher une bille,** a) to be lost°, to be all at sea, not to have a clue ; b) to do badly°, not to be up to much, not to break one's duck, not to pass go ; **dans le débat, il a pas touché une bille,** he didn't shine for a moment during the debate. 3. *v.pr.* **se toucher•,** a) to masturbate°, to play with oneself, to stroke oneself ; b) to caress one another°, to touch one another up, to pet one another.

touffe *n.f.* 1. pubic hair°, pubs, bush, short and curlies. 2. **onduler de la touffe,** to be mad°, to be touched, to have a slate missing, to have a screw loose.

touiller *v.t.* 1. to stir (round)° *(drink)*, to mix up. 2. to mix° *(salad)*, to toss. 3. to shuffle° *(cards)*, to wash.

toutim(e) (le) *n.m.* everything°, the lot, the works, the full monty ; **et tout le toutim,** and the whole shebang, and the whole shooting gallery.

toutou *n.m.* 1. dog°, doggie, woof-woof, bow-wow. 2. **à la peau de toutou,** badly°, in a shoddy way, every which way.

toxico (*abr.* = toxicomane) *n.* drug addict°, junkie, AD, head.

trac, tracsir *n.m.* nervousness°, butterflies, collywobbles ; **filer**

le trac à qqun, to give s.o. the jitters.

tracassin• *n.m.* morning erection°, early-morning hard-on, morning rise.

tracer *v.i.* to go fast°, to bomb, to shoot, to belt.

tracsir = trac.

tradalle = traduc.

traduc (*abr.* = traduction) *n.f.* translation°.

trafic *n.m.* shady dealings°, goings-on, shennanigans.

traficoter *v.i., v.t.* to be involved in shady dealings°, to be up to no good, to be cooking up (s.t.) ; **qu'est-ce qu'il traficote dans le garage ?** what the hell is he up to in the garage ?

trafiqué *adj.* modified°, tampered with, doctored ; **un moteur trafiqué,** a souped-up engine.

trafiquer 1. = traficoter. 2. *v.t.* to modify°, to tamper with, to doctor, to fiddle with.

train *n.m.* 1. backside°, behind, bottom, bum ; **se magner le train,** to move it, to get into gear ; **filer le train à qqun,** to follow s.o. closely°, to tail s.o. 2. **sauter du train en marche,** to practise coitus interruptus°, to withdraw, to get out at Gateshead, to leave before the gospel.

traînard, -arde *n.* slow person°, lagger, slowcoach, slowpoke.

traînasser *v.i.* 1. to be slow°, to drag behind, to dawdle. 2. to do nothing°, to hang around, to mess about, to loaf / lounge around.

traîne-lattes, traîne-patins, traîne-savates *n.m.* 1. tramp°, bum, hobo, down-and-out. 2. = **traînard**.

traîner 1. = **traînasser**. 2. *v.t.* a) **traîner ses guêtres**, to move around°, to see the world, to get about ; b) **ça traîne les rues**, it's in abundance°, there's lots of it, it's not in short supply, they're a dime a dozen. 3. *v.pr.* **se traîner**, a) to move slowly°, to go at a snail's pace, to crawl along ; b) **se traîner qqch**, to carry s.t. around with difficulty°, to cart s.t. around, to lug s.t. about ; **se traîner qqun**, to have to put up with s.o.

traiter *v.t.* to insult°, to dis(s), to do down ; **t'as vu l'autre, comme il m'a traité ?** did you see the way that guy dumped on me ?

tralala *n.m.* 1. ceremony°, pomp and circumstance, big deal, fuss ; **pour le mariage, ils ont mis le grand tralala**, they really made a big production of the wedding. 2. **et tout le tralala**, and the complete version°, and the whole works / lot / shebang.

tranche (s'en payer une) *loc.* to enjoy oneself°, to have a good time / a ball, to have a whale of a time, to paint the town red.

tranquille, tranquillos *adv.* 1. easily°, without any bother, no problem ; **tu y seras en deux heures tranquille**, you'll

get there in two hours and no sweat. 2. calmly°, without making any extra effort, without putting oneself out, softly-softly ; **tu es en tête de la course, vas-y tranquillos**, you're the race leader so you don't have to bust a gut.

tranquillos *adj.* at ease°, laid back, cool ; **cet été on va rester bien tranquillos chez nous à la campagne**, this summer we're really going to take it easy at our house in the country.

trapu *adj.* 1. difficult°, tough, wicked, sticky, mean ; **on a eu droit à un problème de maths vachement trapu**, we got a real stiff maths problem. 2. intelligent°, smart, brainy, bright ; **en informatique, il est trapu**, he's a computer whiz kid.

traquer *v.i.* to be nervous°, to have the butterflies / the jitters / the collywobbles.

trav = **travelo**.

travailler du chapeau / de la touffe *loc.* to be mad° / out to lunch / nuts / bananas, to have bats in the belfry, to be nutty as a fruitcake.

travelo, trav *n.m.* transvestite°, TV, drag queen, trannie.

travers (passer à) *loc.* to miss a good chance° / a golden opportunity / a gift, to just miss the bus ; **il avait une chance magnifique, mais il est passé à travers**, he had a superb opportunity but he missed the boat.

traviole (de) *loc.* bent°, crooked, lopsided, askew, all over the place.

trèfle *n.m.* 1. tobacco°, baccy, snout. 2. money°, cabbage, dough, bread. 3. **as de trèfle•**, anus°, bumhole, arsehole, keester, dirt road.

tremblement (et tout le) *loc.* and the complete works°, and the whole shebang, and the whole bag of tricks.

tremblote (avoir la) *loc.* 1. to shake incessantly°, to have the shakes / the shivers. 2. to be afraid°, to have the willies / the creeps / the jitters.

trempe *n.f.* beating°, thrashing, walloping, bashing, lambasting.

trempette (faire) *loc.* 1. to take a bath°, to have a soak / a dunk in the bathtub. 2. to go into water without swimming°, to take a dip, to go for a paddle.

trente et un (sur son) *loc.* well-dressed°, dressed up to the nines, in one's Sunday best, in one's glad rags.

trente-six *adj.* 1. large indefinite number°, umpteen, million ; **faire trente-six choses à la fois**, to do a million things all at once ; **y a pas trente-six solutions**, there's only one way to go about it ; **faire les trente-six volontés de qqun**, to do everything s.o. asks°, to be at s.o.'s beck and call, to wait hand and foot on s.o. 2. **tous les trente-six du mois**, extremely rarely°, once in a blue moon, once in a month of Sundays. 3. **trente-six mille**, very large indefinite number°, billion, zillion ; **j'ai trente-six mille choses à faire**, I've got a million and one things to do.

trente-sixième dessous (être dans le) *loc.* to be extremely depressed°, to be way down in the doldrums / the dumps, to be at rock bottom.

tricard *adj.* prohibited° *(person)*, unwanted, persona non grata, barred.

tricard *n.* banned person°, persona non grata, individual on the black-list.

tricoter *v.i.* 1. to walk fast°, to hotfoot it, to boot it, to burn shoe leather. 2. **tricoter des gambettes**, to dance°, to bop, to jive, to shake the hips.

trifouiller *v.i., v.t.* 1. to search around in°, to rummage around, to root about, to grubble around ; **arrête de trifouiller dans mes affaires**, get your nose out of my stuff. 2. to meddle with°, to tamper / to fiddle with, to muck around with.

Trifouillis-les-oies *n.* out-of-the-way town°, hole-in-the-wall, one-horse town, Nowheresville, Nowhere City.

trimarder *v.i.* to wander from place to place°, to drift (along), to bum / to trek around.

trimardeur, -euse *n.* wanderer°, drifter, vagabond, bum, floater.

trimbal(l)er 1. *v.t.* a) to carry

with difficulty°, to cart around, to lug around, to hump ; b) **qu'est-ce qu'il trimballe !** what an idiot !° / a moron ! / a cretin ! 2. *v.pr.* **se trimballer,** a) to move around°, to knock about, to traipse around ; **il a fallu que je me trimballe à l'autre bout de la ville,** I had to get my carcass over to the other side of town ; b) to carry with difficulty°, to cart around, to lug around, to hump ; **j'en ai marre de me trimballer cette valise,** I'm fed up dragging this case around.

trime *n.f.* hard work°, slog, sweat, grind, graft.

trimer *v.i.* to work hard°, to slog, to sweat it, to grind, to graft.

tringle (avoir la)• *loc.* to have an erection°, to have a hard-on / a boner, to be up hard.

tringler• *v.i.,v .t.* to have sex°, to screw, to fuck, to shag, to bang, to shaft.

tringlette• *n.f.* act of copulation°, fuck, screw, ride, bonk, bang.

trinquer *v.i.* 1. to drink alcohol°, to booze, to gargle, to guzzle, to tip the elbow. 2. to be the victim°, to get it in the neck, to pick up the tab, to be on the receiving end ; **c'est toujours les mêmes qui trinquent,** it's always the same ones who have to carry the can.

trip *n.m.* 1. drug-induced euphoria°, trip, high. 2. period°, fad, kick ; **il est dans un trip végétarien,** he's on a vegetarian trip. 3. liking°, taste, style, cup of tea ; **c'est pas vraiment mon trip,** it's not really my thing.

tripaille *n.f.* intestines°, innards, guts, insides.

tripatouillge *n.m.* meddling°, tampering with, doctoring, fiddling.

tripatouiller *v.t.* to alter°, to tamper with, to doctor, to fiddle ; **tripatouiller les comptes,** to cook the books.

tripatouilleur, -euse *n.* schemer°, fixer, fiddler, wangler, operator.

trip(p)er *v.i.* to reach drug-induced euphoria°, to trip, to be on a high.

tripes *n.f. pl.* 1. intestines°, innards, insides, internal workings. 2. instinct°, gut feeling, deep down inside ; **je le sens avec mes tripes,** I can feel it in my bones. 3. passion°, heart, soul, heart and soul ; **jouer avec ses tripes,** to put everything one's got into it.

tripette (ne pas valoir) *loc.* to be worthless°, not to be worth a damn / a fart / a penny, to be worth peanuts.

tripeur, -euse *n.* LSD addict°, acidhead, acid junkie.

tripotage *n.m.* 1. shady dealing°, scheming, fiddling, operating ; **dans cette affaire, il y a eu beaucoup de tripotage,** there was a lot of wheeling and dealing in this operation. 2. licentious caressing°, feeling-up, pawing, handwandering, groping.

tripotée *n.f.* 1. beating°, thrashing, walloping, leathering, hiding. 2. large amount°, ton, bunch, loads, oodles ; **il s'est ramené à la fête avec une tripotée de copains**, he turned up at the party with a whole gang of friends.

tripoter 1. *v.i.* to be involved in shady dealing°, to have a finger in scheming, to be in on the act on scamming, to have a hand in fiddling ; **il tripote dans le commerce des armes**, he wheels and deals in the arms trade. 2. *v.t.* to caress licentiously°, to touch / to feel up, to grope, to paw. 3. *v.pr.* **se tripoter•**, to masturbate°, to play with oneself, to feel oneself up, to stroke oneself.

tripoteur, -euse *n.* 1. shady dealer°, operator, fixer, schemer, shark. 2. person who caresses licentiously°, feeler, groper, wandering-hand merchant.

trique *n.f.* 1. banning°, barring, blackballing, blacklisting. 2.• penis°, dick, cock, prick, rod ; **avoir la trique**, to have an erection°, to have the big stick, to have a boner, to be up a rock.

triquer• *v.i.* to have an erection°, to have a hard-on / a boner / a stiff one, to rise to the occasion.

trisser 1. *v.i.* to run away°, to hotfoot it, to skedaddle, to scarper. 2. *v.pr.* **se trisser**, to run away°, to hightail it, to scoot off, to cut out.

triste (pas) *loc.* funny°, a laugh,

a scream, crack, a gas ; **le concours de pêche à la truite, c'était vraiment pas triste**, the trout-fishing competition was a real howl.

tristounet *adj.* slightly sad°, on the depressing side, a shade gloomy ; **qu'est-ce qui va pas, t'as l'air tout tristounet**, what's up ? you look a bit down in the mouth.

trogne *n.f.* face°, mug, dial, puss.

trognon *adj.* attractive°, cute, dainty, lovely, sweet.

trognon (jusqu'au) *loc.* totally°, comprehensively, absolutely, good and proper, well and truly ; **se faire avoir jusqu'au trognon**, to be royally taken in.

trombine *n.f.* face°, dial, kisser, mug.

trombinoscope *n.m.* album bringing together individual photographs of all members of staff° *(parliament, school, etc.)*, year-book, staff directory, mug-shot register.

tromblon *n.m.* 1. old-fashioned firearm°, blunderbuss. 2. a) top hat°, topper ; b) hat°, lid, titfer. 3. **vieux tromblon**, a) old machine°, boneshaker, heap ; b) old person°, crumblie, fossil.

tromboner• *v.t.* to fornicate°, to screw, to fuck, to shag, to shaft.

tromé *(verl. = **métro**) *n.m.* underground°, metro, tube, *(US)* subway.

trompe-couillon *n.m.* swindle°, con, scam, rip-off.

tronche *n.f.* 1. face°, mug, dial, puss ; **faire la tronche**, to sulk°, to mope, to huff, to pull a sour puss ; **faire une de ces tronches**, to look amazed°, to pull a face, to look discombobulated. 2. head°, nut, bonce, noggin, loaf.

trône *n.m.* toilet seat°, throne, porcelain ; **être sur le trône**, to be on the loo.

trop *adj.* incredible°, amazing, too much, mind-blowing, something else ; **ta cravate, elle est vraiment trop**, your tie is just out of this world.

troquet *n.m.* bar°, gin palace, watering-hole, gin joint, beer-keller.

trotte *n.f.* long distance°, stretch, good bit, hike ; **d'ici à chez lui, ça fait une trotte**, it's a good way from here to his place.

trottinette *n.f.* car°, banger, jalopy, buggie.

trottoir (faire le) *loc.* to prostitute oneself°, to streetwalk, to be on the game, to hustle.

trou *n.m.* 1. small place°, spot, dump ; **un trou perdu**, a god-forsaken hole. 2. **le trou**, prison°, the joint, the slammer, inside ; **être au trou**, to do time. 3. **le trou**, the grave°, the tomb, cold storage, dustbin ; **dans le trou**, six foot under, pushing up daisies. 4. **trou du cul• / trou de balle•**, anus°, bumhole, arsehole, brownhole. 5. **faire son trou**, to do well for oneself°, to find one's niche, to corner one's market. 6. **boire comme un trou**, to drink hea-

vily°, to drink like a fish, to have holes in one's feet, to knock the stuff back (like nobody's business).

trou-du-cul•, trouduc• *n.m.* despicable person°, sod, bugger, jerk, douchebag.

trouducuter• *v.t.* to fornicate°, to screw, to fuck, to shag, to shaft.

trouf•, troufignard•, troufignon• *n.m.* anus°, bumhole, arsehole, ring, dirt road, brownhole.

troufion *n.m.* private° *(soldier)*, *(GB)* squaddie, *(US)* GI.

trouillard *adj.* cowardly°, yellow, lily-livered, yellow-bellied, chicken.

trouillard, -arde *n.* coward°, chicken, yellow belly, lily liver.

trouille *n.f.* fear°, funk, the creeps, the jitters, goose bumps ; **avoir la trouille**, to be scared witless, to have the willies ; **ficher / flanquer / foutre la trouille à qqun**, to frighten s.o.°, to scare s.o. stiff, to put the wind up s.o.

trouiller *v.i.* to be afraid°, to be scared silly, to be in a cold sweat.

trouillomètre à zéro (avoir le) *loc.* to be extremely frightened°, to piss in one's pants, to shit a brick, to be scared shitless.

trousser• *v.t.* to have sex°, to have it off / away with, to get one's nookie with, to get some crumpet with.

trouver *v.t.* 1. **la trouver mauvaise / saumâtre**, not to like s.t.°, to find s.t. a bit much, not to be overly happy about s.t. ; **quand on lui a demandé de se lever à cinq heures, il l'a trouvée mauvaise**, he wasn't too pleased about being asked to get up at five o'clock. 2. to receive one's deserved treatment°, to get what's coming to one, to get one's just deserts ; **si tu me cherches, tu vas me trouver**, if you're looking for trouble with me, you're going to get it.

truand *n.m.* 1. criminal°, crook, gangster, mafioso. 2. a) cheat°, con artist, crook, double-dealer ; b) cheat° *(school)*, copycat, crib artist.

truander 1. *v.i.* to cheat° ; a) *(school)* to copy, to crib ; b) to pull a fast one, to play a dirty game. 2. *v.t.* to swindle°, to con, to take in, to diddle.

truc *n.m.* 1. way°, trick, dodge, knack ; **piger / trouver le truc**, to figure out the wheeze ; **avoir le truc**, to have the hang / the knack ; **les trucs du métier**, the tricks of the trade. 2. thing°, whatsit, thingummy, widget ; **qu'est-ce que c'est que ce truc ?** what sort of a thing-amijig is this ? 3. something°, a thing ; **il s'est passé un drôle de truc**, a really strange thing happened ; **j'ai un truc fou à te raconter**, I've got an amazing story to tell you. 4. liking°, taste, style, cup of tea ; **la pein-**ture à l'huile, c'est son truc, he's really into oil painting ; **les fruits de mer, c'est pas mon truc**, seafood is really not my thing ; **chacun son truc**, each to his own, there's no accounting for taste. 5. **faire le truc**, to prostitute oneself°, to be on the game, to hustle. 6. **faire un truc**, to do s.t. brilliant°, to get a great result, to come up trumps ; **aux élections, le parti a vraiment fait un truc**, the party really came good at the elections. 7. **repiquer au truc**, to restart°, to pick up from where one has left off, to go back to one's old ways ; **après six mois sans tabac, il a repiqué au truc**, after six months off cigarettes, he went back to square one.

trucider *v.t.* to kill°, to bump off, to get rid of, to do in, to do away with.

trucmuche *n.m.* 1. indeterminate thing°, whatsit, thingamijig, whachamacallit, doodah ; **passe-moi voir le trucmuche**, chuck us the thingamabob, will you ? 2. person whose name one cannot remember°, whatshisname / whatshername, whatshisface / whatsherface ; **t'as vu Trucmuche à la télé hier soir ?** did you see whatchamacallim on the TV last night ?

truffe *n.f.* 1. nose°, neb, conk, hooter, schnoozle. 2. idiot°, twat, wally, jerk, dork.

truster *v.t.* to monopolize°, to

hog, to corner the market ; **il a trusté les prix au tournoi**, he made a clean sweep of the prizes in the tournament.

tsoin-tsoin *adj.* overly nice°, cutie-pie, cutesy, nicey-nice, sugary-sweet.

tubard *adj.* suffering from tuberculosis°, consumptive, TB-ridden.

tubard, -arde *n.* person suffering from tuberculosis°, consumptive, TB victim / case.

tube *n.m.* 1. telephone°, phone, blower ; **un coup de tube**, a call, a buzz, a shout. 2. tuberculosis°, TB. 3. popular song°, hit, smash, smash-hit. 4. **à pleins tubes**, a) very fast°, flat out, full throttle ; b) totally°, absolutely, good and proper, in no small way ; **déconner à pleins tubes**, to talk through one's hat.

tuer *v.t.* to reprimand°, to roast, to bawl out, to kill ; **je vais me faire tuer en rentrant**, I'm in for it when I get home.

tuile *n.f.* unexpected bad luck°, hard blow, bad setback / stroke / news ; **il m'arrive une tuile, les impôts me réclament vingt mille francs**, I've got a big headache, the inland revenue wants twenty thousand francs out of me.

tune = **thune**.

tunnel (être dans le) *loc.* to be in difficulty° / in a pickle / in a jam / in the soup.

turbin *n.m.* work°, grind, slog,

graft ; **aller au turbin**, to go to the salt mines.

turbine à chocolat• *n.f.* anus°, bumhole, arsehole, brownhole, chocolate highway.

turbiner *v.i.* to work°, to slog, to graft, to grind.

turbo (mettre le) *loc.* to go faster°, to get a move on, to step on it, to get one's skates on.

turbo-prof *n.* teacher who takes the inter-city train to work°, jet teacher.

turf *n.m.* workplace°, saltmines, sweatshop, trenches.

turlu• *n.m.* vagina°, fanny, pussy, slit, snatch.

turlute• *n.f.* fellatio°, cocksucking, head, blow-job, gobble.

turne, thurne *n.f.* 1. room°, den, pit, gaff. 2. badly kept house°, dump, kennel, pigsty.

tutoyer (se faire) *loc.* to be reprimanded°, to get torn off a strip, to get bawled out, to be read the riot act.

tuyau *n.m.* 1. inside information°, tip, info ; **un tuyau crevé**, a bum steer ; **un tuyau increvable**, a hot tip, a cert. 2. **la famille tuyau de poêle**, a) couples who exchange partners°, wife-swapping fans ; b) the world of homosexuals° / queers / *(US)* fags.

tuyauter *v.t.* to inform°, to put in the know, to tip off, to gen up ; **être bien tuyauté**, to have all the low-down.

tuyauterie *n.f.* respiratory system°, the lungs, the airbags.

type *n.m.* man°, bloke, guy, fellah, chap ; **un chic type**, a nice guy, a good bloke ; **un pauvre type**, a pathetic character, a poor sod ; **un sale type**, a rotten bugger, a dirty rat.

typesse *n.f.* woman°, bird, chick, broad.

U

U *adj.* university°, uni ; **cité U**, halls of residence° ; **resto U**, university canteen°, the mess.

-uche *suff.* *(slang suffix ;* e.g. " argot " *becomes* " **argomuche** ", " gauloise " *becomes* " **galuche** ", " Paris " *becomes* " **Pantruche** ", " patte " *becomes* " **paluche** " *and* " truc " *becomes* " **trucmuche** ").*

un (sans) *loc.* penniless°, flat broke, without a red cent ; **être sans un**, not to have two pennies to rub together.

un, une *pron.* 1. **et d'un !, et d'une !** ; a) first of all, to begin with ; **et d'un il pleut et de deux c'est trop tard**, for starters it's raining and besides it's too late anyway ; **d'abord et d'une**, first and foremost ; b) so there !, I told you so !, there you are ! ; **tu vois, je te l'avais bien dit, et d'un !** you see, I was right and guess who was wrong ? 2. **ne faire ni une ni deux**, not to hesitate°, not to think twice about it ; **on n'a fait ni une ni deux, on a pris la voiture et on est partis**, there was no pussyfooting around, we just got in the car and headed. 3. **en ... un(e)**, to ... one ; **en foutre une (sur le coin de la poire) à qqun**, to punch s.o.°, to stick one on s.o., to land one on s.o. ; **en griller une**, to smoke a fag, to light one up ; **ne pas en rater une**, not to miss a trick ; **ne pas**

pouvoir en placer une, not to be able to get a word in edgeways ; **ne pas en ficher une**, to do bugger all ; **en tenir une**, to be drunk as a skunk ; **en suer une**, to dance°, to shake a leg. 4. **c'était moins une**, it was a close call / a close shave. 5. **l'un dans l'autre**, all things considered, coming down to it ; **l'un dans l'autre, on s'en est pas mal tirés**, all in all, we managed pretty well. 6. **un(e) de ces...**, an incredible..., one hell of a... ; **il m'a fichu une de ces trouilles**, he scared me shitless ; **il y avait un de ces bazars**, there was a hell of a rumpus ; **hier, il a fait une de ces chaleurs**, God, it was really scorching yesterday.

un à zéro, la balle au centre ! *loc.* *(after a witty comment)* touché !, that's one for me !, one nil !, so there !, gottcha !

une (la) *n.f.* 1. the front page (of a newspaper), the first page ; **t'as vu la une ?** did you see the headlines ? ; **la nouvelle s'étalait sur cinq colonnes à la une**, the story was a banner headline in the paper. 2. **la Une**, the first (TV) channel, Channel One.

unité *n.f.* 10,000 francs°, ten grand.

up *(verl.* = *puer) v.i.* to smell badly°, to stink, to pong, to reck.

urger *v.i.* to be immediately

necessary°, to be deadly pressing ; **ça urge**, it can't wait, we've gotta get a move on.
usine *n.f.* 1. hive of activity ; **c'est une usine, ici !** this place really buzzes with activity. 2. **une usine à gosses**, a baby factory ; **ta femme et toi, vous êtes une vraie usine à gosses**, you and your wife

have a real production line going.
usiner *v.i.* 1. to work hard°, to grind, to slave (away) ; **on a usiné toute la journée**, we sweated it all day. 2.• to have sex°, to screw, to fuck ; **ils ont usiné jusqu'au lever du jour**, they shagged till daybreak.

V

va *loc.* 1. a) **va donc !** outta the way !, clear off ! ; b) **va donc, eh...,** go on, you... ; **va donc, eh, pauvre connard !** go on, you stupid fucker ! 2. **va pour...** it's a deal ; **va pour cent francs !** OK for a hundred francs ! ; **va pour une partie de cartes,** alright, I'll play cards with you. 3. **va !** you know, you see ; **au fond, t'es pas méchant, va !** I suppose you're alright after all ; **allez va !** go on, do it !

vacances ! (ça nous fera des) *loc.* leave it out !, that'll do ! ; **tais-toi, ça nous fera des vacances !** shut up and give my head peace !

vacant *adj.* penniless°, broke, cleaned out ; **je suis vacant,** I'm skint.

vacciné *adj.* 1. impervious°, immune ; **t'inquiète pas pour moi, je suis vacciné,** don't worry about me, I've been through it before. 2. **être adulte, majeur et vacciné,** to be able to look after oneself, to be old enough to know ; **y a pas de souci à se faire, il est adulte, majeur et vacciné,** no need to worry, he can certainly take care of himself. 3. **être vacciné avec une aiguille de phono,** to be a bit of a chatterbox, to enjoy shooting the wind ; **celui-là, y a pas moyen de l'arrêter, il est vacciné avec une aiguille de phono,** you just can't shut

this guy up, he sounds like he's swallowed a gramophone record. 4. **être vaccinée au pus de génisse•,** to have lost one's virginity°, to have had one's cherry popped.

vachard *adj.* 1. a) horrible, mean, beastly ; **ta mère, elle est plutôt vacharde, tu sais,** you know, your mother is a real cow ! ; b) difficult°, wicked, sticky ; **dis donc, ce problème de maths, il est plutôt vachard !** hey, this maths problem is a real bugger ! 2. lazy°, draggy, doggy, bone-idle ; **qu'est-ce qu'il est vachard ce mec !** this guy is such a lazybones.

vache *adj.* 1. a) nasty, rotten, beastly ; (i) *(people)* **ah ! purée, le prof de géo, ce qu'il peut être vache !** God, the geog teacher can be a real sod ! ; **allez, sois pas vache !** come on, don't be a bugger ! ; **pour une fois, les flics ont pas été vaches,** for once the cops were alright about the whole thing ; (ii) *(things)* **un coup vache,** a dirty trick ; **j'ai reçu une lettre sacrément vache des impôts,** I got a really stinking letter from the Inland Revenue ; b) hard°, tricky, nasty ; **elle était vache, la deuxième question,** question two was a real toughie. 2. **un(e) vache de...,** quite a..., one hell of a... ; **il m'est arrivé un**

vache de truc, something amazing happened to me.

vache *n.f.* 1. policeman°, cop, pig ; **les vaches**, the filth ; **mort aux vaches !•** fuck the cops ! ; **vache à roulettes**, motorbike cop, bike, chopper copper. 2. **une (peau de) vache**, bastard, rotten so-and-so ; **quelle peau de vache !**, what a douchbag !, a) *(male)* bugger, swine ; b) *(female)* bitch, cow. 3. **la vache !** incredible !, mindblowing ! something else ! ; **ah ! la vache !** a) *(suprise, admiration)* wow !, well I never !, did you ever ! ; b) *(pain, indignation)* bloody hell !, bugger that !, damn it ! 4. **vache de...**, quite a.., one hell of a... ; **quelle vache de temps !** what bloody awful weather ! ; **t'as une vache de bagnole !** that's some car you've got there ! 5. **vache à lait**, dupe°, sucker, easy touch, mug ; **ce type est ma vache à lait préférée**, that guy is my favourite clay pigeon. 6. **il pleut comme vache qui pisse**, it's raining cats and dogs, it's pissing down. 7. **être plein comme une vache**, to be very drunk°, to be drunk as a skunk. 8. **manger / bouffer de la vache enragée**, to be on the breadline, to just about get by, to be going through hard times ; **pendant la guerre, on bouffait de la vache enragée**, during the war, we ate whatever was to be had. 9. **parler français comme une**

vache espagnole, to speak French very badly°, to speak godawful French, to totally annihilate the French language.

vachement *adv.* extremely°, terrifically, mighty, plenty ; **elle est vachement bath**, she's really far-out ; **on s'est vachement bien marrés**, we had a whale of a time ; **cette viande est vachement bonne**, this meat is mighty beefy ; **le prof nous a filé une question vachement chiadée**, the teacher set us a real stinker of a question.

vacherie *n.f.* 1. mean remark°, bitchy comment ; **dire des vacheries**, to make nasty cracks ; **il a passé la soirée à dire des vacheries sur sa sœur**, he spent the whole evening bitching about his sister. 2. dirty deed, rotten trick ; **faire une vacherie à qqun**, to do the dirt(y) on s.o. ; **t'as vu la vacherie qu'il m'a faite, ce salaud ?** did you see the nasty stunt that bastard pulled on me ? 3. tiresome situation / event°, bummer, bad scene ; **quelle vacherie, ce temps !** bloody awful weather, isn't it ?

vachetement = **vachement**.

va-comme-je-te-pousse (à la), à la va-vite *loc.* carelessly°, by halves, any which way ; **il l'a fait à la va-comme-je-pousse**, he did it in a slapdash way.

vadrouille (en) *loc.* **être en vadrouille**, to be out for a prowl around, to go out for a wander around ; **partir en vadrouille**, to go roaming around ; **il n'y a personne, ils sont partis en vadrouille**, there's nobody here, they've gone off roving.

vadrouiller *v.i.* to wander around°, to knock about, to go roving.

vague *n.f.* pocket°, Lucy Locket, poke.

valda *n.f.* 1. bullet°, slug, lead. 2. what one has to say°, one's piece ; **allez, tu la craches, ta valda ?** come on, out with it now ?

valdingue *n.f.* 1. suitcase°, jiffy bag. 2. fall°, dive, header ; **aller à valdingue**, to come a cropper ; **prendre une valdingue**, to take a nosedive. 3. **la Grande Valdingue**, death°, curtains, the last roundup.

valdinguer = **valser**.

valise (se faire la) *loc.* to leave quickly°, to scarper, to do a bunk ; **on en avait tellement marre qu'un soir, on a décidé de se faire la valise**, we were so fed up that one evening we just decided to pack up and go.

valoche *n.f.* 1. suitcase°, jiffy bag. 2. **avoir des valoches sous les yeux**, to have bags / rings under one's eyes.

valse *n.f.* 1. personnel changes°, staff to-ing and fro-ing ; **la valse des ministres**, ministerial musical chairs. 2. beating°, hiding, licking ; **j'ai pris une sacrée valse**, I was given a right going-over ; **inviter qqun**

à la valse, to challenge s.o. to a fight°, to ask s.o. to step outside.

valse-hésitation *n.f.* hesitation°, pussyfooting around, hemming and hawing, sitting on the fence ; **la communauté internationale ne sait danser que la valse-hésitation**, the international community is an expert in shilly-shallying.

valser *v.i.* 1. to fall down°, to take a nosedive, to go flying ; **envoyer valser qqun**, a) to send s.o. flying / reeling ; b) to show s.o. the door, to tell s.o. where to get off. 2. to come crashing down, to go flying ; **envoyer valser qqch.**, to send s.t. flying ; **j'ai tout envoyé valser**, I just chucked the whole thing. 3. **faire valser**, to move around ; **faire valser l'argent**, to spend money like it was going out of fashion ; **faire valser le personnel**, to shift staff around, to play musical chairs with the personnel.

valseur *n.m.* 1.• backside°, bum, arse / ass. 2.• **filer du valseur**, a) to wiggle one's bum while walking ; b) to be homosexual°, to be bent / queer. 3. trousers°, pants, strides.

valseuses• *n.f. pl.* testicles°, balls, bollocks, swingers ; **t'aurais dû voir ses valseuses en action !** you should have seen them goolies go !

vanne *n.f.* 1. joke°, crack, wise-crack ; **il craint autant que**

ses vannes, he's as sick as his jokes ; **coupe les vannes, tu vas fuir**, cut the cracks or we'll crack up ! 2. snide remark°, jibe, dig ; **le journal n'arrête pas de lui lancer des vannes**, the paper keeps taking swipes at him.

vanné *adj.* very tired°, knackered, out of it, bushed ; **hier soir j'étais complètement vanné**, I was worn to a frazzle last night.

vanner 1. *v.i.* to joke°, to crack jokes, to make funnies ; **tu vois pas qu'il vanne ?** can't you see he's only kidding ? 2. *v.t.* a) to make snide comments°, to get a dig in, to make jibes ; **vanner qqun**, to take a (side) swipe at s.o. ; b) to tire out, to knock out, to knacker ; **ce boulot m'a complètement vanné**, this work just fagged me out.

vanneur *n.m.* comedian, joker, wisecracker.

vapes *n.f. pl.* 1. **être dans les vapes**, a) to be unconscious°, to be out for the count, to be out cold ; b) to be wiped out, to be out of it, to be dead to the world ; **hier soir, elle était dans les vapes**, last night she was in a bad way ; c) to daydream°, to have one's head in the clouds, to mind trip. 2. **tomber dans les vapes**, to faint°, to pass out, to go out cold.

vase 1. *n.f.* a) rain°, spit, wet stuff ; **j'espère qu'on va pas avoir la vase**, I hope it won't

bucket down ; b) hard times, fix, jam, pickle ; **être dans la vase**, to be in it. 2. *n.m.* a)• bum, arse, ass ; **l'avoir dans le vase**, to be had, to get shafted / buggered ; b) luck°, Lady Luck, the breaks ; **avoir du vase**, to be lucky°, to be in clover, to strike it lucky.

vaseliner *v.t.* to flatter°, to sweet-talk, to lay it on thick, to oil ; **il arrête pas de vaseliner le patron**, he's always sucking up to the boss.

vaser *v.i.* to rain°, to bucket, to piss down ; **je te parie qu'il va vaser cet après-midi**, I bet it'll pour down this afternoon.

vaseux *adj.* 1. out of sorts, under the weather, not up to snuff ; **je me sens un peu vaseux ce matin**, I feel a little off-colour this morning. 2. a) unclear°, mixed-up, hazy ; **une explication vaseuse**, a fuzzy explanation ; b) unfunny *(joke, story)*, sick ; **une vanne vaseuse**, a crappy joke.

vasouillard *adj.* unclear°, wishy-washy, wooly ; **j'ai trouvé son article plutôt vasouillard**, I found his article about as clear as mud.

vasouiller *v.i.* 1. to flounder (around), to be all at sea ; **depuis ce matin on vasouille un peu**, we've been muddling around all morning. 2. to go badly°, to get bogged down ; **avec le temps qu'il a fait, ça a pas mal vasouillé**, with this bad weather things have got a bit messed up.

veau *n.m.* 1. **(tête de) veau**, idiot°, moron, cretin. 2. slow vehicule°, slowcoach ; **ça fait des siècles qu'on se traîne derrière ce veau**, we've been dragging along behind this snail for ages. 3. **pleurer comme un veau**, to cry one's eyes out, to turn on the waterworks.

vécés *n.m.pl.* toilets°, *(GB)* loo, *(US)* restroom / bathroom.

veille (c'est pas demain la) *loc.* it'll never happen, that won't be for ages ; **son permis, c'est pas demain la veille qu'il l'aura**, it'll be years before he gets his driving licence.

veilleuse *n.f.* 1. **la mettre en veilleuse**, a) to lower one's voice°, to pipe down, to keep it down ; b) to shut up, to put a gag in it, to put a lid on it ; **tu peux la mettre en veilleuse ?** put a sock in it ! 2. **mettre qqch. en veilleuse**, to put s.t. on the shelf, to put s.t. on the back burner ; **ils ont dû mettre leur projet en veilleuse**, they had to put their project on ice.

veinard *adj.* lucky°, jammy, flukey.

veinard, -e *n.* lucky so-and-so, jammy sod, flukey devil ; **quel veinard, ce mec !** this guy is a lucky dog !

veine *n.f.* luck°, the breaks ; **avoir de la veine**, to be lucky°, to get the breaks ; **elle a une de ces veines**, she's a real lucky

duck ; **coup de veine**, stroke of luck ; **avoir une veine de cocu**, to have the luck of the devil ; **il a une veine de cocu**, he's a lucky bugger ; **pas de veine !** no luck !, no joy ! ; **c'est bien ma veine !** just my luck ! ; **encore une veine qu'il fasse beau !** lucky enough that the weather's good !

vélo *n.m.* 1. bicycle°, bike. 2. **avoir un petit vélo (dans la tête)**, a) to be crazy, to have a screw loose, to have bats in the belfry ; b) to be obsessed° / hung up / hooked ; **il va tous les jours aux courses, faut croire qu'il a un petit vélo**, since he goes to the horses everyday he seems to have a race-track mind.

velours *n.m.* 1. **sur le velours**, without taking risks°, without chancing it ; **jouer sur le velours**, to gamble on a cert, to be onto a sure thing. 2. stout and champagne°, black velvet. 3. profit°, gravy, velvet ; **dans cette affaire je veux un petit velours**, I wouldn't mind a little something to pay the rent, from this deal.

vendre *v.t.* to inform on s.o.°, to put the finger on s.o., to grass on s.o. ; **ses soi-disant copains l'ont vendu**, his so-called friends sold him down the river.

vendu *adj.* bribed°, bought off ; **vendu, l'arbitre !** the ref's palm's been greased !

vendu *n.m.* 1. informer°, grass, copper's nark, snitch. 2. person who accepts bribes°, bent official ; **le juge était un vendu**, the judge was crooked ; **tous des vendus !** they're all on the take !

venin *n. m.* **lâcher / cracher son venin•,** to ejaculate°, to come, to shoot one's wad, to drop one's load.

venir *v.i.* 1. a) **voir venir qqun,** to see what s.o. is getting at°, to pick up on what s.o. means ; **je te voyais venir avec tes gros sabots,** I could see exactly what you were driving at ; b) **voir venir qqch.,** to anticipate s.t. easily°, to see s.t. coming ; **j'ai vu venir le coup gros comme une maison,** I saw the whole thing coming a mile off. 2.• to reach orgasm°, to come, **je viens !** I'm coming !

vent *n.m.* 1. a) **du vent,** nothing°, hot air, waffle ; **c'est du vent,** it's all piss and wind ; b) nothing°, fresh air ; **vendre du vent,** to sell non-existant goods, to flog fresh air ; c) nothing°, zilch, nada ; **faire du vent,** to make much ado about nothing. 2. **avoir du vent dans les voiles,** to be drunk°, to be three sheets to the wind (and the other one flapping). 3. **du vent !** clear off !, vamoose !, get outta here ! 4. **être dans le vent,** to be fashionable°, to be with-it, to be up-to-date.

ver *n.m.* 1. **tuer le ver,** to have an early-morning drink°, to have a hair of the dog (that bit you). 2. **tirer les vers du nez à qqun,**

to drag a secret out of s.o., to pump s.o. for info ; **j'ai réussi à lui tirer les vers du nez,** I managed to worm the truth out of him. 3. **nu comme un ver,** totally naked°, starkers, in one's birthday suit.

verjo = **verni.**

verlan *n.m.* (*verl.* = **l'envers**) backslang (*where the rule is to reverse the order of syllables ; e.g.* " **femme** " *becomes* " **meuf** ", " **mec** " *becomes* " **keum** " *and* " **branché** " *becomes* " **chébran** ").

vermicelles *n.m.pl.* hair°, *(GB)* barnet, grass, thatch.

verni, verjo *adj.* lucky°, jammy, flukey ; **il est verni,** he's a lucky bugger.

vérole *n.f.* 1. syphilis°, the pox ; **choper la vérole,** to get a dose. 2. annoyance°, bellyache, disease, pox ; **quelle vérole, ce mec !** this guy is a real pain in the arse. 3. **comme la vérole sur le bas clergé,** extremely quickly°, like a bat out of hell, like shit through a goose.

vérolé *adj.* 1. a) syphilitic°, poxy ; b) moth-eaten, fleabitten ; **le mur d'en face est tout vérolé,** the wall across from here is all flakey. 2. damaged°, rubbishy, poxy ; **un disque vérolé,** a scratched record ; **un ordinateur vérolé,** a virus-riddled computer.

verrouiller *v.t.* to defend strongly°, to pack the defence ; **ils ont verrouillé le match,** they closed the game down.

vert *adj.* 1. **être vert**, to be taken in, to be had, to be conned. 2. a) **être vert de...**, to be green with... ; **être vert de rage**, to be furious / hopping (mad) ; **être vert de jalousie**, to be green with envy ; **être vert de peur**, to be afraid°, to be in a blue fink ; b) **en être vert**, to be floored / bowled over by s.t. ; **il a écouté mon histoire de fantômes avec intérêt, mais il en était vert**, he listened attentively to my ghost story but he looked scared stiff all the same. 3. vigorous°, full of beans, zappy ; **mon grand-père est encore vert**, there's plenty of life left in my grandfather.

vertes *n.f. pl.* 1. unusual happenings°, amazing things ; **en avoir vu des vertes et des pas mûres**, to have been through a lot in one's time ; **en faire voir des vertes et des pas mûres à qqun**, to put s.o. through hell. 2. dirty stories, risky jokes ; **en dire de vertes**, to tell smutty / blue jokes ; **en raconter des vertes et des pas mûres**, to tell shocking / eyebrow-raising stories.

verts-de-gris *n.m. pl.* German soldiers°, Jerries, Huns.

vesse *n.f. (silent, smelly)* fart, the butler's revenge ; **vesse !** watch out, fart on the loose !

vesser *v.i.* to fart, to drop one, to let off, to cut the cheese.

veste *n.f.* 1. failure°, flop, washout ; **ramasser une veste**, to fail°, to bomb, to come unstuck. 2. **retourner sa veste**, to alter one's opinion°, to change one's tune, to do a U-turn.

véto *n.m.* veterinary surgeon°, vet.

veuve *n.f.* 1. the guillotine°, the chopper. 2. **la veuve Poignet•**, masturbation°, wanking ; **aller chez la veuve Poignet**, to masturbate°, to beat one's meat, to visit Mrs. Palm and her five daughters.

veux ! (je) *loc.* that's correct !°, you bet !, you can say that again.

viande *n.f.* 1. human body°, carcass ; **ramène ta viande !** shift your carcass over here !, get your ass over ! ; **à ta place, je garerais ma viande !** if I were you, I'd keep my ass low ! ; **montrer sa viande**, to bare one's flesh / one's wares ; **mettre la viande dans le torchon**, to go to bed°, to hop in the sack, to hit the hay ; **sac à viande**, sleeping bag, fleabag, fart sack. 2.• female°, chick, piece of ass, bit (of stuff) ; **ma viande**, my wife°, the squaw, the trouble and strife. 3. **viande froide**, corpse°, dead meat, stiff.

viander (se) *v.pr.* to have a bad (car / motorbike) accident°, to get smashed up ; **ils se sont viandés contre un arbre**, their car piled into a tree.

vibure (à toute) *loc.* at top speed°, at a rate of knots, like a bat out of hell.

vicelard, viceloque *adj.* 1. depraved°, kinky, dirty ; **mon beauf est un peu vicelard**, my brother-in-law is a dirty old man. 2. strange°, weird, whacko, off-the-wall ; **ta remarque est un peu vicelarde**, your comment is a bit kooky. 3. vicious°, nasty, mean ; **ce coup était vicelard**, that was below the belt.

vicelard, -e, viceloque *n.* depraved person°, dirty old man, perv.

vidage *n.m.* 1. chucking-out, bouncing *(from nightclub, etc.)*. 2. sacking, firing *(from job)*.

vidanger *v.i.* to urinate°, to take a leak, to make a pit stop.

vidé *adj.* exhausted°, bushed, conked out, wasted.

vider *v.t.* 1. to throw out°, to chuck out, to bounce *(from bar, etc.)*. 2. to dismiss°, to fire, to sack s.o. *(from job)* ; **il s'est fait vider juste avant Noël**, he got the chuck right before Christmas. 3. to wear out, to tire out, to fag out ; **ce travail l'a vidé**, the work wore him to a frazzle.

videur *n.m.* nightclub security guard°, bouncer, chucker-out.

vieille *n.f.* mother°, the old woman, the old lady ; **ma vieille, je l'adore**, I just love my old mum.

vieux *adj.* 1. **vieux con !** rotten old bastard, silly old dickhead ! ; **vieille vache !** silly old cow ! 2. **vieille branche**, old chum, old pal.

vieux *n.m.* 1. father°, the old man / boy, the gaffer ; **t'inquiète pas pour mon vieux, ça ira**, don't worry about my old man, he'll be alright. 2. **les vieux**, the parents°, the old folks, the fossils. 3. the boss, the bossman, the guv'nor. 4. **mon vieux**, my old chum, my old pal, my old boy. 5. **un vieux de la vieille**, an old hand, an old sweat, an old timer.

vinaigre *n.m.* **faire vinaigre**, to hurry up°, to look lively, to move it.

vingt-deux *loc.* be careful !, watch out ! ; **vingt-deux, v'là les flics !** watch out, here come the cops !

violette *n.f.* 1. gift°, pressie. 2. tip° *(café, etc.)*, fringe benefit, a little something. 3. **avoir les doigts de pied en bouquet de violettes**, a) to orgasm°, to come, to pop one's cookies ; b) to laze / slouch around, to sit on one's butt, to mellow out

violon *n.m.* jail°, lockup, nick•, tank ; **il a passé la nuit au violon**, he spent the night in the birdcage.

vioque, vioc, vioquard *adj.* old°, ancient, hairy, antique.

vioque, vioc, vioquard *n.m.* 1. old person, old fossil, old coot, no spring chicken ; **elle se balade avec un de ces vioques**, she's knocking around with this old fogey. 2. *pl.* **les vioques**, the parents°, the (old) folks, the fossils.

vipère *n.f.* **vipère broussail-**

leuse•, penis°, weapon, divining rod, serpent.

virage *n.m.* 1. **prendre le virage**, to change attitude°, to make a U-turn ; **j'ai pris le virage avant que ça se mette à chauffer**, I got out while the going was good. 2. **attendre qqun au virage**, to await one's revenge on s.o., to bide one's time before getting one's own back ; **celui-là, je l'attends au virage**, he's got it coming to him.

virée *n.f.* 1. outing°, jaunt, run ; **les filles ont fait une petite virée**, the girls went out for a quick run-around. 2. *(GB)* pub-crawl, *(US)* barhop ; **si on se faisait une virée dans les troquets du coin ?** do you fancy a quick jaunt round the local watering-holes ?

virer 1. *v.i.* a) to become°, to turn, to go over to ; **il a viré homo**, he turned gay ; b) to change one's mind°, to shift, to switch over ; **après son mariage, elle a viré**, she turned over a new leaf after her marriage. 2. *v.t.* a) to dismiss°, to chuck out, to show s.o. the door ; **se faire virer**, to get the chop ; **quand j'avais quatorze ans, je me suis fait virer de l'école**, when I was fourteen I got kicked out of school ; **il s'est fait virer de son boulot**, he got the sack from his job ; b) **virer sa cuti**, to undergo a radical change°, to turn a new page, to sing a different song ; (i) to

become homosexual°, to turn gay ; (ii) to lose one's virginity°, to have one's cherry popped ; (iii) to overcome one's reticence about something°, to finally get over one's cold feet about something ; **ça y est, il a viré sa cuti, il s'est marié**, well, he finally took the plunge and got married.

viron *n.m.* short trip°, quick spin, run-around ; **on a fait un petit viron dans les environs**, we went for a quick jaunt around the joint.

viser *v.t.* to have a look at°, to have a butchers at, to eyeball ; **vise un peu la nana**, get a load of that bit of stuff, check out that chick.

vite fait (bien fait) *loc.* quickly°, chop-chop, on the double ; **on se prend un verre vite fait**, let's go for a quick one ; **tirer un coup vite fait•**, to have a quick shag, to have a quickie.

vitesse grand V (à la) *loc.* very quickly°, at top speed, all out ; **elle a décampé à la vitesse grand V**, she cleared off like a bat out of hell.

vitrier (ton père n'est pas) *loc.* you're not transparent, I can't see through you, you make a better door than a window.

vitriol *n.m.* bad wine *or* alcohol°, paint-stripper, cat's piss.

voile *n.f.* 1. **mettre les voiles**, to leave quickly°, to hotfoot it, to scram, to beat it ; **quand on a su la nouvelle, on a**

décidé de mettre les voiles, when we heard the news we decided to hit the road immediately. 2. **être / marcher à voile et à vapeur**, to be bisexual°, to be AC / DC, to swing both ways, to be double-gaited ; **dans ces milieux-là, ils sont tous à voile et à vapeur**, in those circles they're all ambidextrous.

voir *adv.* go on, just, will you ? ; **regarde-moi voir ce truc**, would you just have a look at that thing ? ; **passe-moi voir la carte**, go on, give us the map ; **écoutez voir !** just listen now ! ; **lance-moi voir le ballon**, throw the ball over, will you ? ; **montre voir**, go on, give us a looksie.

voir 1. *v.i.* a) **va voir là-bas si j'y suis !** just leave me alone !, go and play somewhere else !, go and see what's going on next door ! ; b) **voir à faire qqch.**, to see to it that s.t. gets done ; **il faudrait voir à ne pas nous rouler dans la farine**, you'd better make sure and not be having us on ; **faudrait voir à voir**, that's going a bit too far, that's going over the top. 2. *v.t.* a) **aller se faire voir (ailleurs / chez les Grecs)•**, to clear off, to sod off, to go and get fucked / get screwed ; **va te faire voir chez les Grecs !** would you ever go and fuck away off into the night ! ; b) **on va voir ce qu'on va voir !** just you wait and see ! ; **tu vas**

voir ce que tu vas voir ! you've got another thing coming to you ! ; c) **en voir de toutes les couleurs**, to have a hard time of it ; **dans ma vie j'en ai vu de toutes les couleurs**, I've been through a thing or two in my life ; **en faire voir de toutes les couleurs à qqun**, to put s.o. through hell, to give s.o. a hard time ; d) **se laisser voir**, to be worth seeing ; **les Pyramides, ça se laisse voir**, I suppose the Pyramids are worth a detour ; e) **ne pas pouvoir voir qqun (en peinture)**, not to be able to stand / stomach s.o. ; **ce mec, je peux pas le voir !** I just can't take that guy !

volaille *n.f.* 1. the police°, the cops, the fuzz. 2. woman°, chick, bird.

volée *n.f.* beating°, hiding, leathering ; **il a reçu une de ces volées !** he got one hell of a walloping.

voler 1. *v.i.* a) **voler bas, ne pas voler haut**, (i) to be stupid°, not to be the brightest, to be pretty thick ; (ii) to be of a low standard°, not exactly to reach intellectual heights ; **ça ne vole pas haut, ce soir !** the conversation is really scraping the bottom of the barrel tonight ; b) **les mouches volent bas**, something's up, there's trouble brewing ; c) **voler dans les plumes à qqun**, to attack s.o.°, to have a go at s.o., to take a swing at s.o. ; **t'as vu comment le chien a volé dans les plumes au chat ?** did you see that dog socking it to that cat ? 2. *v.t.* **ne pas l'avoir volé,** to deserve it°, to have asked for it, to get one's comeuppance ; **celle-là, tu l'as pas volée,** you certainly had that one coming to you.

volet *n.m.* **mettre les volets à la boutique,** to die°, to kick the bucket, to cash in one's chips.

voyage *n.m.* 1. *(drugs)* trip, hit, high ; **il fait un voyage,** he's high, he's tripping. 2. **emmener qqun en voyage,** to bring s.o. to orgasm°, to bring s.o. off, to ring s.o.'s bell ; **y aller de son voyage,** to orgasm°, to come, to get it off, to go over the mountain. 3. **ne pas être déçu du voyage,** to have had a wonderful time°, to have had a ball ; **t'as qu'à y aller, tu seras pas déçu du voyage,** go on, give it a try, you'll see you won't be disappointed. 4. **ne pas faire le voyage pour rien,** to get something out of it, after all, to come away with something to show, at least ; **le défenseur a raté la balle, mais il a pas fait le voyage pour rien,** the defender missed the ball but at least he managed to get the man.

vrai *n.* 1. a) trustworthy, loyal individual°, a solid customer, a sure-fire bet ; b) the real thing°, the genuine article ; **c'est un boulanger, un vrai,** he's a baker and he's certainly the goods ; c) **un(e) vrai(e) de vrai(e)** ; (i) the real thing°, the real McCoy, the stuff ; **mon oncle est un paysan, un vrai de vrai,** my uncle is what you might call an honest-to-God countryman ; (ii) a true gangster, the genuine article. 2. **pour de vrai,** for real, true bill, straight-up ; **c'est pour de vrai ou pour de rire ?** are you kidding or for real.

W

wagon *n.m.* 1. prostitute°, pro, hooker, streetwalker. 2. a lot of°, bags of, heaps of, a bundle of ; **il a apporté un wagon de livres**, he brought a whole load of books with him.

waterloo *n.m.* 1. catastrophe°, meltdown, bomb; **le match a été un véritable waterloo pour notre équipe**, the match was a real wash-out for our team. 2. run of bad luck, bad patch ; **être en plein waterloo**, to be going through a patch of rotten luck.

waters, ouatères, *n.m. pl.* **les waters**, the toilets°, *(GB)* the loo, *(US)* the bathroom ; **est-ce que je peux aller aux waters ?** can I use the bathroom ?

whisky soviétique *n.m.* glass of red wine°, glass of vino.

X

X 1. *n.f.* l'**X**, the Ecole polytechnique°. 2. *n.m.* **un X**, a student at *or* graduate of the Ecole polytechnique°.

xette *n.f.* female student at *or* graduate of the Ecole Polytechnique°.

Y

yaourt (pédaler dans le) *loc.* to find it hard going, to find the going tough, not to be able to make head nor tail of s.t. ; **en maths, je pédale dans le yaourt,** I'm at sixes and sevens in maths.

yau de poêle ? (comment vas-tu) *loc.* how's it going, mate ?, what's up, doc ?, what's cookin', good-lookin' ?, hello Joe, what do you know ?

yèche = ièche.

yeux *n.m. pl.* 1. **avoir les yeux plus grands / gros que le ventre,** a) to help oneself too copiously to food°, to take too large a portion ; **je crois que j'ai eu les yeux plus grands que le ventre,** I guess my eyes are bigger than my stomach ; b) to be overly ambitious°, to take too much on, to have too much on one's plate ; **le ministre a mal fini parce qu'il a eu les yeux plus grands que le ventre,** the minister came to a sticky end because he bit off more than he could chew. 2. **coûter les yeux de la tête,** to be expensive°, to cost a fortune / a bomb / the earth. 3. **ne pas avoir les yeux dans sa poche** ; a) to be keen-eyed°, to keep one's eyes peeled, to be always on the lookout ; **rien ne lui échappe, car elle n'a pas les yeux dans sa poche,** she doesn't miss a trick because she keeps her eyes skinned ; b) to be alert° / sharp-witted / on the ball / quick on the draw ; **votre fils, il n'a pas les yeux dans sa poche,** your son certainly keeps his ear to the ground. 4. **ne pas avoir les yeux en face des trous** ; a) not to see the obvious°, to miss something right under one's nose ; **t'as pas les yeux en face des trous ?** how can you miss it !, it's staring you in the face ! ; b) to be out of sorts, to be in a bad way, to be under the weather ; **j'y penserai un autre jour, là j'ai pas les yeux en face des trous,** I'll worry about it some other time, at the moment I'm not exactly feeling in the best of form. 5. **sauter aux yeux / crever les yeux de qqun,** to be patently obvious° / crystal clear, to be plain as the nose on one's face ; **comment tu peux ne pas le voir, ça te crève les yeux !** how can you not see it, it's right under your nose ! 6. **avoir de la merde dans les yeux•,** a) not to be able to see a thing°, to be blind as a bat ; b) to lack vision°, not to be able to see further than one's nose. 7. **entre quat'z-yeux,** in all confidence°, between you, me and the wall, entre nous ; **on s'est expliqués entre quat'z-yeux,** we had a head-to-head, we had it out face-toface. 8. **avoir / faire des petits yeux**, a) to look exhausted° / bone-weary / worn to a frazzle ; b) to be sleepy-eyed / weary-eyed ; **alors, t'es pas réveillé, t'as des petits yeux**, haven't woken up yet, sleepy-eyes ? 9. **être tout yeux**, to be extremely alert° / on the ball / all eyes. 10. **regarder qqun avec des yeux de merlan frit / de crapaud mort d'amour**, to look at s.o. with a love-sick expression, to look at s.o. in a Mills and Boon way ; **ils sont pas mignons, ces deux-là, à se regarder avec des yeux de merlan frit**, aren't those two so sweet, with that cute lovebird look in their eyes ? 11. **faire / ouvrir des yeux (ronds) comme des soucoupes, avoir les yeux en boules de loto**, to open one's eyes wide with amazement°, to be bug-eyed / wide-eyed, to have eyes like ping-pong balls. 12. **faire les yeux doux / des yeux de velours / des yeux de carpe à qqun**, to give s.o. a sheepish look, to make lamb's eyes at s.o. 13. **faire qqch. les yeux fermés**, a) to do s.t. without thinking, to do s.t. on the spur of the moment ; b) to do s.t. automatically and easily°, to do s.t. with one's eyes closed / with one's hands tied behind one's back. 14. **faire les gros yeux à qqun**, to give s.o. a threatening° / dirty / killing look. 15. **ne pas avoir froid aux yeux**, to have some cheek / some nerve, to be far from being chicken ; **pour sauter en parachute, il faut pas avoir froid aux yeux**, it takes some guts to parachute. 16. **en mettre plein les yeux à qqun**, a) to impress s.o. greatly°, to blow s.o. away, to knock s.o. for a loop ; **le programme de danse acrobatique nous en a mis plein les yeux** ; the acrobatic dance programme just slayed us ; b) to trick, to bluff, to fool ; **le magicien en a mis plein les yeux à son public**, the magician took the whole audience for a ride. 17. **attention les yeux !** a) just wait for it !, wait till you see this !, this is gonna be great ! ; b) isn't this amazing ?, what a spectacle ! 18. **faire qqch. pour les beaux yeux de qqun**, to do s.t. for s.o.'s sake, to do s.t. out of love for / for the love of s.o. ; **je ne vais pas le faire pour tes beaux yeux**, I'm not going to do it for free / for my health / for the love of it.

yéyé *adj.* pop, poppy (*in the style of the 1960s*) ; **chanteur yéyé**, pop singer, **les années yéyé**, the swinging sixties.

yéyé *n.m.* 1. **un yéyé**, a) a pop singer ; b) a pop fan, a long-hair, a bopper. 2. **le yéyé**, pop music.

yéyette *n.f.* young, female pop fan°, teeny-bopper.

yoc• *n.f.* (*verl.* = **couilles**) testicles°, balls, orchestra stalls.

youpin• *adj.* Jewish°, kike, yid.
youpin•, youtre• *n.* Jew°, kike, yid.

youvoi *n.m.* (*verl.* = **voyou**) hooligan, hood, yobbo, hoodlum.

zapper *v.i.* to change TV channels quickly°, to zap ; **au bout de dix minutes devant la télé, je me mets à zapper**, after ten minute's worth of TV, I start flicking channels.

zappeur, -euse *n.* inveterate channel-changer°, zapper ; **ma mère est une zappeuse incorrigible**, my mother can't stop herself from zapping.

zappette *n.f.* remote control°, zapper ; **passe-moi la zappette**, hand me the ray-gun.

zarbi (*verl.* = **bizarre**) *adj.* odd°, weird, off-the-wall, loopy ; **elle se traîne un mec super-zarbi**, she's hanging around with this real weirdoid.

zeb•, zébi• *n.m.* 1. penis°, cock, Uncle Dick. 2. **peau de zébi**, nothing°, sweet F.A., bugger all.

zéber• (*verl.* = **baiser**) *v.t., v.i.* to fornicate°, to fuck, to screw, to get one's end away.

zèbre *n.m.* individual°, character, fellah, customer ; **c'est un drôle de zèbre, celui-là**, he's a funny sort of guy, isn't he ?

zef *n.m.* wind°, breeze, big blow ; **y a pas de zef !** we're in an Irish hurricane.

zéro *n.m.* 1. worthless individual°, good-for-nothing, dumb-cluck, dummy ; **un zéro fini**, a total dildo ; **c'est rien qu'une bande de zéros**, they're nothing but a bunch of dickheads. 2. rubbish°, crap, junk ;

c'est zéro, it's a load of tripe. 3. **zéro (pour la question)** ! no way !, you must be joking !, not on your life ! 4. **à zéro**, a) **être à zéro**, (i) to be penniless° / broke / skint / at rock-bottom, not to have a red cent ; (ii) to be depressed° / down / down in the mouth / on a downer ; to have one's ass in a sling ; b) **(tout) reprendre à zéro**, to start all over again, to take it from the top, to go back to square one ; **il va falloir tout reprendre à zéro**, well, it's back to the drawing board ; c) **avoir le moral à zéro**, to be down in the dumps, to have hit rock-bottom ; d) **les avoir à zéro, avoir le trouillomètre à zéro•**, to be shit-scared, to be shitting one's pants ; e) **bander à zéro•**, to have an erection°, to have a hard-on / bone-on, to go up a hardener ; f) **avoir la boule à zéro**, to have a bald head°, to have a billiard ball head ; **je me suis fait faire la boule à zéro**, I got a Kojak-cut ; g) totally°,100% ; **on s'est fait battre à zéro**, we got comprehensively whipped. 5. **partir de zéro**, to begin at the beginning, to start from go / scratch.

zessegon (*verl.* = **gonzesse**) *n.f.* girl°, chick, wench, tart.

zetoupar (*verl.* = **partouze**) *n.f.* orgy, daisy-chain, circle jerk, group grope.

zézette *n.f.* (small) penis°, willy,

weenie.

zib•, zibar• *n.m.* penis°, dick, cock, prick.

ziber• *v.t.* 1. to have intercourse°, to have it off, to shag. 2. to defraud s.o. of s.t.°, to do s.o. out of s.t., to con s.o. ; **je suis zibé**, I've been shafted.

zicmu (*verl.* = musique) *n.f.* music°, noise, sounds.

zig, zigue *n.m.* guy, fellah, chap ; **un bon zig**, a good guy, a decent sort.

zigomar *n.m.* individual°, character, fellah, guy ; **c'est un drôle de zigomar**, he's a bit of an oddball.

zigoter *v.t.* to kiss passionately°, to French kiss, to swop spits.

zigoto *n.m.* 1. chap, bloke, customer ; **qu'est-ce que c'est encore que ce zigoto ?** check out this character. 2. **faire le zigoto**, to act the fool / the wally / the dipstick.

zigouigoui• *n.m.* penis°, bazooka, jigger, dickory-dock, dingaling.

zigouiller *v.t.* 1. to kill°, to do in, to knock off, to blow away ; **il s'est fait zigouiller pendant le hold-up**, he got totalled during the stick-up. 2. to break°, to bust, to smash, to bollocks up ; **j'ai zigouillé la bagnole**, I totalled the car.

zigounette• *n.f.* penis°, banana, middle leg.

-zigue *suff.* (*slang suffix used to create popular forms of the personal pronouns ;* " **mézigue** ", " **tézigue** ", " **cézi-** gue** ", " **nozigues** ", " **vozigues** ", " **leurzigues** ").

ziguer *v.t.* to destroy (*gambling*)°, to ruin, to take to the cleaners, to clean out ; **j'ai été zigué**, I lost my shirt.

zig-zig• *n.m.* intercourse°, nookie, crumpet, bit of how's-yerfather ; **faire zig-zig**, to have it off, to have it away.

zim-boum-boum *loc.* (*imitating the sound of music*) umm-pahpah, doum-tchitch-tchitch.

zinc *n.m.* 1. airplane°, crate, can, kite ; **il craint, ce zinc**, this is a real flying coffin. 2. counter in a bar, bar ; **s'accouder au zinc**, to be leaned against the bar.

zinzin *adj.* crazy, bonkers, whacko, schitzoid ; **m'enfin, il est complètement zinzin, ce type**, I mean, the guy is just totally bananas.

zinzin *n.m.* 1. any object / machine°, thingamajig, whachamacallit ; **vise un peu ce zinzin**, check out the yolk. 2. irritating noise°, annoying hum, buzz ; **j'en ai marre de ce zinzin**, that really is a noise that annoys.

zizi• *n.m.* 1. child's penis°, willy, dicky, banana. 2. **faire zizi-panpan**, to have sex°, to have a roll in the hay, to have a bit of the other.

zizique *n.f.* music°, noise, sounds.

zob•, zobi• *n.m.* 1. penis°, tool, dick, pecker ; **celle-là, je me la mettrais bien sur le zob**, I'd love to get my knob into her. 2. **mon zob !** what a load of bollocks !, absolute shit ! 3. **peau de zob / zobi**, absolutely nothing°, sweet F.A., bugger all.

zober *v.t.* to swindle° / do (s.o.), to sucker, to frig ; **se faire zober**, to get shafted, to get fucked over ; **il s'est encore fait zober**, he got screwed once again.

zomblou (*verl.* = **blouson**) *n.m.* windjammer°, bomber jacket.

zonard *n.m.* 1. homeless person°, tramp, down-and-out, floater. 2. hooligan°, hood, yobbo, hoodlum ; **il traîne toujours avec une bande de zonards**, he hangs around with a bunch of toughs.

zone *n.f.* 1. urban wasteland°, slum ; **la zone est le royaume des sans-abri**, the run-down areas are the kingdom of the homeless.

zoner 1. *v.i.* a) to waste time°, to bum around, to sit on one's ass, to hang around ; **assez zoné, au boulot**, enough messing around, let's get down to work ; b) to be homeless°, to be down-and-out, to be on the street / on the bum. 2. *v.pr.* **se zoner**, to go to bed°, to hit the hay, to turn in, to sack out.

zonga (*verl.* = **gazon**) *n.m.* marijuana°, grass, dope.

zoulette *n.f.* female rap fan°, fly girl.

zoulou *n.m.* urban rapper°, breaker boy, zulu.

zozo *n.m.* idiot°, dope, dickhead ; **ton pote, c'est un vrai zozo**, your mate's a real wally.

zozores *n.f. pl.* ears°, lugs, lugholes.

zyeuter *v.t.* to observe°, to eyeball, to check out, to get a load of ; **qu'est-ce qu'il a à me zyeuter comme ça, celui-là ?** what does that guy think he's gawking at ?

Achevé d'imprimer en août 2000
par Maury-Eurolivres
45300 Manchecourt